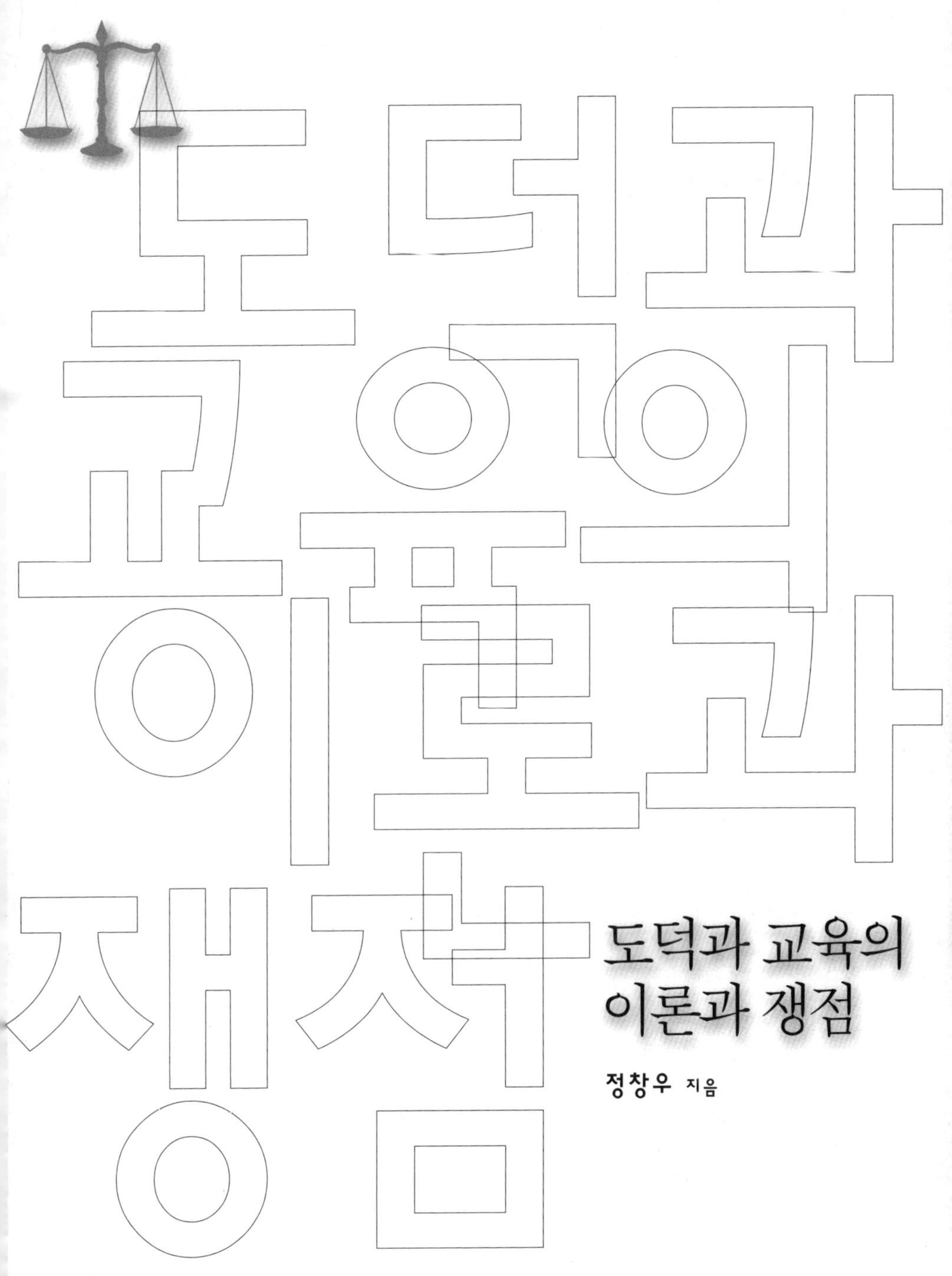

도덕과 교육의 이론과 쟁점

정창우 지음

울력

[울력에서 펴낸 지은이의 책]

『윤리와 논술 I』(2007)
『도덕·가치교육을 위한 100가지 방법』(2006, 번역서)
『도덕철학과 도덕교육』(2013, 번역서)

ⓒ 정창우, 2013

도덕과 교육의 이론과 쟁점

지은이 | 정창우
펴낸이 | 강동호
펴낸곳 | 도서출판 울력
1판 1쇄 | 2013년 8월 20일
1판 2쇄 | 2016년 8월 25일
등록번호 | 제25100-2002-000004호(2002. 12. 03)
주소 | 서울시 구로구 고척로12길 57-10, 301호 (오류동)
전화 | 02-2614-4054
팩스 | 02-2614-4055
E-mail | ulyuck@hanmail.net
가격 | 25,000원

ISBN | 979-11-85136-01-1 93370

이 도서의 국립중앙도서관 출판시도서목록(CIP)은
서지정보유통지원시스템 홈페이지(http://seoji.nl.go.kr)와
국가자료공동목록시스템(http://www.nl.go.kr/kolisnet)에서 이용하실 수 있습니다.
(CIP제어번호: CIP2013013208)

머리말

사범대학 윤리교육과에서 학생들(예비 교사들)을 가르치거나 현직 교사들을 대상으로 강의를 하면서, 그리고 도덕 교과 교육 분야를 연구하면서 항상 직면하는 물음들이 있다. 도덕과 교육은 왜 필요한가, 도덕과가 정규 교과로서 고유성과 독자성을 인정받을 수 있는 근거는 무엇인가, 도덕교육을 받은 사람(morally educated person)의 특성은 무엇인가, 도덕성의 구성 요소는 무엇이고 도덕과 교육을 위해 이러한 요소들 간의 관계를 어떻게 설정해야 하는가, 도덕과에서 다루어야 할 내용은 무엇인가, 어떤 지식이 도덕과의 교과 내용 지식으로 정당화될 수 있는 근거는 무엇인가, 어떤 교수·학습 방법을 통해 학생들의 도덕성을 보다 효과적으로 발달시킬 것인가, 그리고 도덕성 발달을 촉진시키기 위해 평가를 어떻게 적용할 것인가 등이 이에 해당한다. 이러한 물음들에 대한 답을 찾기 위해 필자는 이미 아주 오래 전부터 고민하고 연구해 왔다.

그 과정에서 필자는 『도덕교육의 새로운 해법』(교육과학사, 2004)을 통해 도덕성 발달과 도덕교육 영역에서 강조되어 온 대표적인 이론들을 고찰하고 이러한 이론들이 우리나라 도덕(과)교육에 줄 수 있는 시사점을 밝히고자 하였다. 또한, 『도덕과 교수·학습방법 및 평가』(인간사랑, 2007)를 통해 도덕과 교육이 추구해야 할 비전과 목표, 교수·학습 방법 및 평가에 관한 다양한 이론과 적용 방법들을 제시하고자 하였다. 그 외에, 번역서인 『도덕심리학과 도덕교육』(인간사랑, 2008), 『도덕철학과 도덕교육』(울력, 2013)을 통해 (도덕과의 핵심 배경 학문에 해당하는) 도덕 심리학과 도덕철학이 도덕교육을 위해 어떤 역할과 기여를 할 수 있는가에 대한 저자의 관점을 독자들과 공유하고자 하였다.

하지만 필자는 이러한 연구물들(특히 필자의 주저서인 『도덕교육의 새로운 해법』과 『도덕과 교수·학습방법 및 평가』)을 통해 도덕과 교육에 대한 다양한 관점과 실천 방안을 제시하면서도 앞서 제기한 중요한 물음들에 대한 답변으로 여전히 불충분하다는 생각을 마음속에 늘 가지고 있었다. 그리고 이러한 아쉬움과 한계 의식은 도덕과 교육을 위한 독자적인 교육 이론(도덕과 교육의 목적, 적용, 해석에 대한 독자적인 이론)을 구축하거나 이론화(theorizing)하려는 노력의 부족에서 기인한 것이라고 생각해 왔다. 즉, (외국 이론에 대한 고찰과 도덕교육적 함의를 탐색하는 수준을 넘어서) 정규 교과를 통해 도덕교육을 실시하고 있는 우리 실정에 맞는 새로운 이론을 창출하기 위한 보다 높은 수준의 사유와 성찰이 부족했다고 본 것이다.

이 책은 이러한 문제의식에서 비롯된 장기적인 연구의 작은 결실이다. 다시 말해, 여기에 실린 글들은, 외형적으로는 2008년 이후 각종 학술대회나 학회지에 발표했던 글들을 엮은 것이기는 하지만, 실질적으로는 '도덕과 교육의 이론화(theorizing)' 혹은 '도덕과의 독자적인 교육 이론 구축을 위한 토대 마련'이라는 장기적인 의도 혹은 한 가지 문제의식의 끈으로 연결되어 있다. 즉, 도덕과 교육에 대한, 그리고 도덕과 교육을 위한 이론을 체계적으로 구축 혹은 형성하기 위한 토대를 마련하는 데 중점을 둔 것이다. 이를 위해 필자는 특히 도덕과 교육의 의미와 근거를 묻고 실천적 적용을 위한 틀(framework)과 원리를 마련하기 위해 노력하였으며, 도덕과 교육의 실천을 통괄하는 이론적 구조를 구축하여 도덕과 교육의 실제를 끊임없이 창조하고 수정할 수 있는 기반을 마련해 보고자 하였다. 하지만 이와 같이 도덕과 교육의 이론화에 가장 강조점을 두면서 연구력을 집중시켰음에도 불구하고, 여전히 미진한 부분이 많음을 자인하지 않을 수 없고, 따라서 앞으로 이 책을 관심 있게 읽어 주시고 비판해 주시는 분들에 힘입어 계속 수정·보완해 나갈 작정이다.

이 책은 크게 두 부분으로 이루어져 있다. 1부의 주제는 '도덕과 교육 이론의 구축을 위한 토대'이다. 여기서는 도덕과의 정당성과 정체성, 교과의 배경 학문으로서 윤리학·도덕 심리학·정치학의 역할과 과제, 도덕윤리과 교육학의 개념과 연구 영역, 도덕과 교육과정 및 평가 영역의 개선 방안 등을 논의하면서 도덕과의 독자적인 교육 이론을 구축하기 위한 기초를 마련하고자 하였다. 특히 도덕과가 왜 필요하고 어떤 역할을 해야 하는가, 도덕윤리과 교육학이 분과 학문으로서 고유성을 인정받을 수 있는 근거는 무엇인가, 동·서양 윤리학, 도덕 심리학, 정치철학, 통일학 등 교과의 배경 학문들이 도덕과를 위해 어떤 역할과 기여를 해야 하는가 등에 대한 답변을 추구하면서 도덕과의 정체성과 학적 기반을 정립하는 데 초점을 맞추고 있다.

2부에서는 '도덕과 내용 영역별 쟁점과 과제'를 다루고 있다. 도덕과는 다양한 내용 영역으로 구성되어 있지만, 특히 최근 사회문화적 환경의 급속한 변화와 밀접한 관련이 있는 내용 영역들(글로벌 윤리 교육, 다문화 윤리 교육, 통일 교육, 과학기술 윤리 교육)을 중심으로 그 쟁점과 과제를 규명하고 있다. 이 책에서는 이러한 몇 가지 영역에 대한 교육과 학습을 '도덕적 기획(moral enterprise)'의 견지에서 접근하고자 하였다. 즉, 이러한 영역에 대한 학습이 '도덕성 발달이나 사람됨의 형성'과 구체적으로 어떤 관련성이 있으며, 도덕과 교육의 목적을 위해 어떻게 활용할 수 있는가에 대한 방안을 모색하는 데 중점을 두고 있다.

　이 책이 나오기까지 많은 사람들로부터 도움을 받았다. 우선 방대한 분량의 원고를 꼼꼼하게 검토해 주신 도서출판 울력의 강동호 사장님께 진심으로 고마움을 표현하지 않을 수 없다. 그리고 학문적, 인간적 교류와 소통의 과정에서 많은 도움을 주신 서울대 윤리교육과 동료 교수님들(박효종, 박찬구, 김병환, 박성춘 교수님)께도 이 기회에 깊이 감사드린다. 끝으로, 연구에 집중할 수 있도록 배려해 준 사랑하는 아내 은영과 내 행복의 원천인 현규, 혜인에게도 고마움을 표하고 싶다.

2013년 7월

정 창 우

글의 출처

제1부 도덕과 교육 이론의 구축을 위한 토대

제1장은 『윤리연구』 제82호(2011. 9)에 수록된 논문인 「도덕과의 정당성 및 정
체성 연구」를 일부 수정·보완한 것이다.

제2장은 『윤리연구』 제77호(2010. 6)에 실린 논문인 「인성교육에 대한 성찰과
도덕과 교육의 지향」을 이 책의 성격과 2010년 이후 변화된 인성 교육 정책
내용을 고려하여 일부 수정·보완한 것이다. 특히 인성 교육의 개념과 접근법
을 수정·보완 과정에서 필자가 공동 연구원으로 참여했던 『인성교육의 체계
화 연구』(서울특별시교육연구정보원, 2012)의 내용을 일부 반영하였다.

제3장은 『교육과정평가연구』 제15권 제2호(2012. 7)에 수록된 「도덕과교육학의
학문적 정체성과 연구 방향」의 제목과 일부 내용을 수정·보완한 것이다.

제4장은 『윤리연구』 제69호(2008. 6)에 실린 논문인 「도덕과 교육의 배경 학문
으로서 윤리학과 도덕심리학의 역할과 과제」를 이 책의 성격에 맞게 상당히
큰 폭의 수정을 한 것이다. 제2절과 제3절은 『윤리연구』 제88호(2013. 3)에 수
록된 윤영돈·정창우의 「도덕과의 학문적 정체성 제고와 타교과와의 내용 중
복성 지양 방안」 내용을 일부 반영하였고, 제4절은 이 책을 위해 새롭게 쓴

것이다.

제5장은 『윤리연구』 제87호(2012. 12)에 실린 이정렬·정창우의 「도덕심리학의 흐름 및 쟁점과 도덕과 교육의 과제」의 제목과 일부 내용을 수정·보완한 것이다.

제6장은 『초등도덕교육』 제37집(2011. 12)에 수록된 논문인 「도덕심리학 연구의 최근 동향과 도덕교육적 함의: 헤이트(J. Haidt)의 뇌과학 연구를 중심으로」를 일부 수정·보완한 것이다.

제7장은 『도덕윤리과교육』 제37호(2012. 12)에 실린 논문인 「나바에츠(D. Narvaez) 도덕발달 이론의 특성과 도덕교육적 함의」를 일부 수정·보완한 것이다.

제8장은 『도덕윤리과교육』 제38호(2013. 4)에 실린 논문인 「사회정서학습의 이론 체계와 도덕교육적 함의」를 일부 수정·보완하였고, 보론에 제시된 글은 "Social and Emotional Learning(SEL) Standards and Benchmarks for the Anchorage School District"를 번역한 것이다.

제9장은 2013 한국도덕윤리과교육학회 연차학술발표대회(2013. 8. 공주교대) 발표 원고를 이 책의 성격에 맞게 수정·보완한 것이다.

제10장은 『도덕윤리과교육』 제26호(2008. 7)에 실린 논문인 「도덕과 교육에서 시민교육 영역의 교육내용과 지도 방법」을 일부 수정·보완한 것이다.

제11장은 필자가 개발에 참여했던 『2011 도덕과 교육과정 개정 시안 연구 개발』(교육과학기술부, 2011)과 『중학교 도덕 교사용 지도서』(미래엔, 2013)의 총론 부분을 이 책의 성격에 맞게 일부 수정·보완한 것이다. 부록은 『도덕윤리과교육』 제29호(2009. 12)에 실린 논문인 「도덕과 내용 구성 원리의 쟁점과 개선 방안」을 2009년 이후 도덕과 교육과정 개정 사항을 반영하여 상당 부분 수정·보완한 것이다.

제12장은 『윤리연구』 제83호(2011. 12)에 실린 손경원·정창우의 「수행평가 적용의 타당도에 대한 도덕과 중등교사의 인식 분석」의 제목과 일부 내용을 수

정 · 보완한 것이다.

2부 도덕과 내용 영역별 쟁점과 과제

제13장은 『윤리연구』 제79호(2010. 12)에 실린 논문인 「초 · 중등 도덕과에서 글로벌 윤리교육의 과제와 지향」을 일부 수정 · 보완한 것이다.

제14장은 『도덕윤리과교육』 제32호(2011. 4)에 수록된 논문인 「다문화 윤리교육의 쟁점과 방향」을 일부 수정 · 보완한 것이다.

제15장은 『도덕윤리과교육』 제32호(2011. 4)에 실린 노수미 · 정창우의 「도덕과 통일교육의 쟁점과 과제」를 이 책의 성격에 맞게 상당 부분 수정 · 보완한 것이다.

제16장은 『도덕윤리과교육』 제35호(2012. 4)에 수록된 논문인 「도덕과에서 과학기술윤리교육의 내용체계 및 지도방법 연구」를 일부 수정 · 보완한 것이다.

도덕과 교육 이론의 구축을 위한 토대

제1장

도덕과의 정당성 및 정체성

I. 서론

　도덕교육은 도덕 혹은 윤리에 대한 전통문화적인 관점이나 종교적 기반, 그리고 근대화나 세속화 혹은 국제 관계의 영향과 각 나라가 지향하는 이념과 발전 전략에 의해 영향을 받는다(박장호, 2013: 207; 조난심, 2013: 62). 따라서 오늘날 세계 각국은 자국의 종교적, 문화적, 사회적 배경에 따라 다양하고 독특한 방식으로 도덕교육을 실시하고 있다. 예를 들어, 종교교육, 공민 혹은 시민교육 등을 통해 도덕교육을 실시하기도 하고, 도덕교육을 위한 정규 교과를 편성하여 운영하기도 한다. 〈표1〉에 제시된 바와 같이, 싱가포르, 핀란드, 한국, 중국 등의 국가들은 '도덕교육'을 위한 독립 교과 혹은 전문 교과를 개설하여 초·중등학교 학생들의 도덕적 성장을 지향하고 있다. 우리나라의 경우, 제3차 교육과정 시기에 도덕과가 정규 교과로 독립 편성된 이후, 제6차 교육과정 개정 시기부터 도덕과를 존치시킬 필요성이 있는가에 대해 의문을 제기하는 목소리가 간혹 흘러나오기도 한다. 이러한 상황에서 이 장에서는 우선 교과의 내재적 가치 및 외재적 가치의 관점에서 도덕과의

교과목 명칭	국가
도덕(교육)	한국, 말레이시아
공민 및 도덕교육(Civics and Moral Education)	싱가포르
도덕 및 사회교육(Moral and Social Education)	룩셈부르크
품성과 생활 / 품성과 사회 / 사상과 품덕	중국
종교와 도덕교육(Religious and Moral Education)	스코틀랜드
종교 / 윤리 (Religion / Ethics)	핀란드, 폴란드, 독일
종교와 윤리(Religion and Ethics)	노르웨이, 터키, 크로아티아
윤리와 공민교육(Ethic and Civic Education)	스페인
윤리와 기독교 입문(Ethics and Introduction to Christianity)	라트비아
공민과 애국교육 및 윤리(Civic and Patriotic Education and Ethics)	슬로베니아

〈표1〉 도덕교육 관련 정규 교과를 편성·운영하고 있는 대표적인 국가

정당성을 규명하고자 한다. 그런 다음, 도덕과에서 이루어지는 배움의 성격과 유형, 도덕과의 학문적 기반, 사회과와의 차별화 근거를 순차적으로 규명한 후, 이러한 논의 결과와 도덕 심리학 및 도덕철학 영역에서의 연구 성과를 바탕으로 최종적으로 도덕과의 성격 혹은 정체성을 규정하고자 한다.

물론 "도덕과가 왜 필요한가?"라는 물음에 답하는 과정에서, 즉 도덕과가 갖는 가치를 정당화하는 과정에서 도덕과의 성격 혹은 정체성을 일정 부분 밝힐 수 있을 것이다. 본문에서 자세하게 다루겠지만, 타 교과에 비해 도덕과는 '교육'의 본질과 가장 긴밀하게 연결되어 있고(내재적 정당화), 개인으로서 그리고 공동체의 구성원으로서 생활 적응과 행복 추구, 사회화 및 국가 발전과 같은 외재적 목적을 위한 수단으로서의 가치를 지닌다는 설명(외재적 정당화)을 통해 도덕과의 성격 혹은 정체성을 어느 정도 해명할 수 있을 것이다.

하지만 이와 같이 내재적·외재적 정당화가 어느 정도 이루어졌다고 하더

라도, 도덕과가 하나의 정규 교과로서 독립적으로 존재하기 위해서는 도덕과 나름의 특성과 고유성을 보유해야 하고, 교과의 성격 혹은 정체성을 보다 명확하게 제시할 수 있어야 한다. 이를 위해 도덕과 교육을 통해 실현하고자 하는 교육 목적과 목표, 도덕과의 학문적 기반 및 학습 상의 특징 등을 분명하게 제시할 필요가 있다. 즉, 도덕과를 통해 도덕성의 어떤 측면을 어떤 시기에 중점적으로 강조해야 하는지, 타 교과, 특히 사회과와는 교과의 성격 면에서 어떻게 차별화 가능한지, 도덕과의 학문적 기반은 어떻게 설정될 수 있는지, 도덕과에서 배움의 과정을 표상할 수 있는 개념으로서 '도덕 공부'란 과연 무엇인지' 등의 물음에 대해 체계적으로 답할 수 있어야 한다. 이 장에서는 이러한 물음들에 대한 논의를 바탕으로, 최종적으로 도덕과의 성격 혹은 정체성을 규정하고자 한다.

II. 도덕과의 정당화: 교과의 내재적·외재적 가치

교과의 가치와 의미를 밝히는 일에는 적어도 두 가지 방식이 있을 수 있는데, 하나는 '내재적 정당화 혹은 본질적 정당화'이고, 다른 하나는 '외재적 정당화 혹은 도구적 정당화'이다. 이 절에서는 교과의 내재적 가치 및 외재적 가치의 관점에서 도덕과의 정당성을 규명하고자 한다.

1. 도덕과 정당화의 중요성과 준거

인간성의 함양을 중심으로 했던 우리 교육의 전통은 갑오교육개혁을 거치면서 '수신(修身)'이라는 교과목에 반영되어 모든 학교에서 공통적으로 설강되었으나, 실용화, 민권화(평등화) 등의 교육 이념과 충돌을 일으키면서 그 명맥만을 유지하다가 1910년 이후 일제 강점기에는 황국신민화 교육의 중심 교과로 자리매김했다.[1] 이어서 광복 후 미 군정기(교수요목기)에는 도덕교육을 사회과 교육 내용의 일부로 가르쳤던 미국 교과 편제의 영향을 받아 '사회생활과' 내의 공민 분과를 통해 주로 민주 도의 교육을 실시하게 되었다. 그 후 도덕교육이 정식 교과로 채택된 것은 제3차 교육과정이 시작된 1973년이었으며, 1970년대 후반부터 1980년대까지 도덕과는 '독립 교과' 및 '수위 교과'로서 확고한 위상을 차지하는 것처럼 보였다.[2] 하지만 1990년대 이후 타 교과에 비해 교과의 역사가 상대적으로 짧은 도덕과의 여정은 그야말로 험난했다. 1992년에 고시된 제6차 교육과정과 1997년에 고시된 제7차 교육과정의 총론 개발 과정에서 도덕과는 교과 폐지의 위기를 힘들게 넘겨야 했다.[3] 비록 교과의 존폐가 걸린 심각한 상황은 아니었지만, 2007 개정 교육과정을 거치면서 철학계의 도전과 자극을 통해 교과의 정체성에 대한 성찰을 근본적으로 하게 되었고, 2009 개정 교육과정에서는 '창의적 체험활동을 통한 인성 교육 활성화 방안'과 '집중이수제' 및 '교과(군)별 20% 범위 내에서 시수를 증감 운영할 수 있도록 한 조치'로 인해 도덕과의 위상과 실질적 역할은 점차 위축되고 있는 실정이다. 국가청렴지수(CPI)와 같이 우리 사회의 도덕성 수준을 나타내는 각종 지표를 통해 보거나 한국 사회를 이상(理想)에 비추어 볼 때, 그리고 현존하는 여러 문화 사회와 비교해 볼 때 도덕적으로 결코 양호하다고 볼 수 없는데, 왜 도덕과는 1990년대 이후 몇 차례의 교과 위기를 맞아야 했던 것일까? 어떻게 보면 우리 사회의 도덕성의 위기와 도덕과의 위상은 마치 시소의 양끝처럼 서로 길항(拮抗)하는 상관관계를 보여 온 것 같다. 20세기 말 온갖 패륜적 범죄가

---

1. 상세 내용은 보론(「갑오교육개혁기의 수신 교육」) 참조.
2. 1977년 서울대학교 대학원 석사 과정에 '국민윤리 전공'을 처음으로 설치한 후, 1980년대에는 전국의 국립 교·사대에 '국민윤리교육과'(학부 및 대학원)를 설치하여 도덕과를 담당할 교사를 양성하였으며, 모든 대학에서 교양 국민윤리를 필수로 이수하게 했다.
3. 보다 자세한 내용은 정세구(1998), p. 4. 정세구(2005), pp. 7-36 참조.

만연한 가운데 제7차 교육과정 개정에서 인성 교육의 역할이 크게 강조되었지만, 도덕과는 '실천 위주의 인성 교육'이라는 구호 아래 심각한 존속 위기를 맞아야 했고, 2009 개정 교육과정에서도 인성 교육의 요구를 '창의적 체험활동'의 강화라는 방식으로 반영하고 있는 실정이다. 도덕성이 혼란스러워지는 상황에서 이와 같이 도덕과의 비중을 오히려 축소하려고 했던 이유는 무엇일까?

1990년에 발의된 제6차 교육과정 총론 개발 과정에서 "도덕교육은 매우 중요하지만 기존의 교과 교육으로 다루는 것보다는 모든 교과에서 다루어야 하고, 동시에 생활지도나 특별활동의 일환으로 다루는 것이 효과적이며 개인윤리교육보다는 민주시민교육적 접근(사회과 교육적 접근)이 바람직할 것"이라는 주장이 제기되었다(한면희 외, 1991: 5-7). 또한 1995년 당시 대통령자문 교육개혁위원회에 의하여 주도되었던 제7차 교육과정 개정 과정에서는 "지식 중심의 도덕·윤리교육에서 벗어나 대화, 토론, 상담, 사회봉사 등의 실천적 활동을 통해 민주시민윤리를 내면화하고, 전교과목에 걸쳐 도덕·윤리교육이 구현될 수 있도록 함으로써 학교를 도덕적 분위기로 전환시킬 수 있음"(교육개혁위원회, 1995: 46-47)을 강조한 바 있다. 이를 통해 볼 때, 도덕과 폐지를 주장하는 근거는 '도덕적 실천력' 측면에서 도덕과 교육이 과연 얼마나 실효성 혹은 효용성이 있는가에 대한 회의적인 관점[4]과, 도덕교육의 목표는 교육의 궁극적 목적 및 본질과 통하기 때문에 모든 교과

---

4. 실효성 혹은 효용성 차원에서 제기되는 비판에 대한 응답은 우선 도덕 심리학적 연구를 통해 도덕과 교육의 효과를 객관적 혹은 과학적으로 입증하거나, 아니면 도덕과 교육에 대해 실효성 및 효용성을 묻는 것은 다른 교과와의 형평성(예컨대, 영어과, 과학과 등의 교과목에 대해서는 실효성을 검증해 왔는가?) 차원에서 문제가 있고, 또한 '도덕적 행동'을 종속변수로 삼으면서 그 실효성을 객관적 혹은 과학적으로 검증한다는 것 자체에 한계가 있음을 지적하는 차원에서 이루어질 수 있다. 이 글에서는 실효성 혹은 효용성 차원에서 제기되는 비판보다는 '교육 활동 전반을 통한 도덕교육의 실행'이라는 차원에서 도덕과의 가치를 폄하하고 도덕과의 정체성에 의문을 제기하는 비판적 입장에 대해 응답을 하는 데 초점을 맞추고자 한다.

(특히 사회과)와 교과 외 활동을 통에서도 충분히 다룰 수 있다는 입장에 근거한 것으로 해석 가능하다.

이러한 상황에서 이제 도덕과는 그 자신의 정체성이 무엇인지, 왜 독립 교과로서 존속되어야 하는가에 대해 우리 스스로 답변을 추구할 수밖에 없다. 법정에 끌려온 늙은 소크라테스처럼 이제 도덕과는 자신의 존재 이유를 홀로 변호하라는 압력을 받고 있다. 정체성에 대한 명료화와 독립 교과로서의 필요성에 대한 정당화는 이제 도덕과의 존속과 발전을 위한 필수 선결 과제가 되어 버렸다. 이 두 가지 물음에 대한 답변을 추구하는 것은 또한 도덕윤리과 교육학이 성립하기 위한 전제조건이고 동시에 도덕윤리과 교육학의 중요한 연구 영역(도덕과 정당화론)에 해당한다는 측면에서도 중요한 이유를 가진다. 이 절에서는 교과의 가치에 대한 정당화 차원의 논의에 초점을 맞추고, 다음 절에서는 교과의 정체성에 대한 논의를 심층적으로 전개하고자 한다.

우선 도덕과가 독립 교과로 개설되어야 하는 이유에 대해 정창우는 ① '가르침에 있어서의 도덕성(morality of teaching),' '공동체의 도덕성(morality of communities),' '도덕성에 대한 가르침(teaching of morality)' 중 앞의 두 차원을 위해서는 모든 교사 및 모든 교과의 협조가 필요하지만, 적어도 '도덕성에 대한 가르침'을 위해서는 이 자체를 목적으로 두는 개별 교과가 필요하다는 점, ② 독립 교과의 접근이 결여된 상태에서의 통합적 접근은 비현실적이라는 점(Clive Beck의 지적), ③ IEA(International Association for the Evaluation of Educational Achievement)에서 실시한 '시민 윤리 교육에 관한 24개국 비교 연구'의 결과를 통해 알 수 있듯이, '모든 사람은 어느 누구도 아닌 것'과 마찬가지로 시민 윤리 교육의 주제들이 모든 교사들에 의해 논의된다고 한다면 그 책임은 교사 어느 누구에게도 없다는 점, ④ 기본적으로 내성적(introspective)인 경험과 통찰, 정의적인 차원의 학습을 자체 목적으로 삼는 교과목의 개설이 필요하다는 점(한국교육학회의 기존 입장), ⑤ 우리 조상들이『동몽선습』,『명심보감』,『소학』, 또는『내훈(內訓)』등을 교과서로 삼으면서 인간 교육을 실시한 전통을 계승하여 갑오교육개혁 때 수신(修身)이라는 교과목이 모든 학교에서 공통적으로 강설되었던 바와 같이, 인간 형성 혹은 인간성 함양이라는 우리의 교육 전통을 통해 볼 때, 교과를 통해 인격 형성을 도모하는 것은 지극히 당연하다는 점, ⑥ 핀란드와 싱가포르, 중국, 우리나라 등과 같이 독립 교과 형태로 도덕교육을 실시하는 형태, 미국과 같이 모든 교과(교실)와 공동체적 접근을 통해 인격교육(character education)을 실시하는 형태, 일본과 같이 담임교사 및 학교생활 전반을 통해 교과가 아닌 교육 영역 중의 하나로 도덕교육을 실시하는 형태 등 도덕교육의 방식은 국가별로 다양한데, 이와 같이 도덕교육의 방식이 다양성을 띠는 이유는 각 국가마다 자신들이 처한 정치·경제·사회·문화·교육적 특성을 고려하여 도덕교육의 방식을 결정한다는 데 있으므로, 미국이나 일본과 같은 일부 선진국의 사례를 통해 도덕교육이 독립 교과 형태로 개설될 필요가 없다는 주장은 도덕교육 방식의 다양성에 대한 이해 부족에서 기인한 것이라는 점 등을 이미 제시한 바 있다(정창우 외, 2007: 13-19).

이 글에서는 내재적 정당화와 수단적 정당화의 측면에서 교과의 정당화 근거를 제시하고자 한다. "교과를 정당화한다"라는 말은 한 교과가 왜 교과로서 성립될 수 있으며, 그 내용과 그것의 교육적 가치는 무엇인가를 밝히는 일이다(강현석, 2006: 31). 교과의 가치와 의미를 밝히는 일에는 적어도 두 가지 방식이 있을 수 있는데, 하나는 '내재적 정당화 혹은 본질적 정당화'이고, 다른 하나는 '외재적 정당화 혹은 도구적 정당화'이다. 전자는 교과의 교육적 가치와 의미를 교육의 규범적 의미와 이에 일관된 교육의 목적에 따라서 정당화하는 방식을 말하고, 후자는 교과의 수단적 가치를 들어 정당화하는 방식을 말한다. 여기서 원칙적으로 외재적 정당화는 그것이 내재적 정당화와 모순을 이루지 않는 범위 안에서 허용되어야 한다.

2. 도덕과의 내재적 정당화

도덕과의 내재적 정당화를 위해서는 우선 '교육'의 목적 혹은 본질과의 관련성을 밝히는 것이 필요할 것이다. 진보주의 교육에 대해 가장 체계적인 비판을 한 학자인 허친스(R. Hutchins)에 의하면, 교육은 사람을 '사람으로서' 훌륭하게 만드는 것이다(Hutchins, 1955: 71-72). 사람은 어떤 특수한 사회 현실이나 그 사회에서 그가 수행할 특수한 임무를 떠나서, '사람으로서의' 기능을 가지고 있다. 교육은 이 '사람으로서의' 기능을 최대한으로 신장시켜 주는 일이다. 이와 같이 사람을 사람으로서 훌륭하게 만들려고 하면 진위나 선악과 같은 가치의 표준이 있어야 한다. 따라서 인간을 개선하기 위해서는 무엇보다도 진위나 선악과 같은 가치를 가르치지 않으면 안 된다. 한편, 교육을 '생활'을 위한 준비가 아니라, '문명된 삶의 형식' 혹은 '인간다운 삶의 형식'에로의 성년식이라고 보는 피터스(P. S. Peters)는 이러한 삶의 형식에로의 성년식이 '지식의 형식'(삶의 모든 영역을 설명하며 삶의 질을 높이는 데 큰 공헌을 하는 인지적 내용이며, 인류가 역사를 통해 축적해 온 합리적 논의의 총체)을 추구함으로써 실현될 수 있다고 본다. 여기서 '지식의 형식을 추구하는 것'은 곧 세계가 어떻게 되어 있는가, 왜 그렇게 되어 있는가, 우리는 어떻게 행동해야 하는가, 왜 그렇게 행동해야 하는가에 대한 해답을 추구하는 것이며, 따라서 그것은 그 자체로서 '합리적으로 정당화하는 일'을 의미한다고 피터스는 기술한다.[5]

한편, 동양을 대표하는 교육사상을 꼽으라고 한다면 역시 유가, 도가, 불가를 들지 않을 수 없다. 이 세 가지 사상은 세계와 인간, 그리고 교육에 대한 각각의 독특한 관점을 제기한다. 그런데 그 특수성에도 불구하고 이들은 비교적 뚜렷한 유사성을 보여주는데, 그것은 각 사상의 학문적·실천적 관심이 결국 '심(心)'으로 모아진다는 것이다(황금중, 2004: 3). 이들 사상들

---

5. P. H. Hirst & R. S. Peters(1970), p. 164. 이홍우(2010), p. 168에서 재인용.

은 공히 심의 본질이 우주적인 신성과 맞물려 있으며, 나아가 그 본질을 실현하는 일이 곧 교육의 핵심이라고 보는 것이다. 유가, 도가, 불가는 그 자체가 '마음 교육학'이라고 해도 좋을 정도로 '심' 및 '심의 교육적 이해 및 완성' 문제를 중심으로 사유를 펼친다. 한마디로 동양 교육 전통의 맥락에서 공부나 수양은 진리를 이해하고 체화해 가면서 궁극적으로는 마음의 본질을 밝히고 실현해 가는 과정이며, 동양 사상 전통에서의 주된 교육적 문제는 바로 개개인의 자기 수양 혹은 공부를 통한 자기완성 문제라는 이해에 기반하고 있다.

이렇게 볼 때, 도덕과 교육을 통해 실현하고자 하는 가치 있는 상태, 즉 도덕과 교육의 목적은 곧 인격 완성이며, 이것은 이미 동서고금을 막론하고 '교육'의 목적 혹은 본질 속에 붙박여 있는 것이다. 사실 주요 교과라 불리는 교과들을 포함하여 대부분의 교과는 '도구 교과'의 성격이 강하다. 다시 말해서, 그러한 교과들은 우리 삶의 목표 내지 이상을 실현하는 일과 직접적으로 관련되는 것이 아니라, 그러한 목표를 실현시키기 위해 필요한 지식이나 기능을 배우기 위해 존재하는 것이다. 따라서 도덕과는 교육의 내재적 가치와 맞물려 있기 때문에, 교과목 수를 줄여서 최소 필수만 남긴다고 하더라도 당연히 '최소 필수(minimum essential)의 교육과정'에 포함되어 모든 학생에게 부과해야 한다. 하지만 이와 같이 교육의 목적과 본질에 바탕을 두고 내재적 정당화가 가능하다는 측면은 오히려 교과의 독자성과 고유성을 희석시키는 요인으로도 작용할 수 있다. 즉, 도덕과 교육에서 설정하고 있는 궁극적인 도달점은 교육 전반을 통해 실현될 수 있고 또한 실현되어야 하기 때문에, 굳이 독립된 교과 형태로 개설할 필요가 있느냐는 의문을 여전히 갖게 만들 수 있다는 것이다. 그러므로 이러한 내재적 정당화와 더불어 외재적 정당화가 필수적으로 설득력 있게 제시될 필요가 있다.

3. 도덕과의 외재적 정당화

외재적 목적을 위한 수단으로 교과를 정당화할 때, 일반적으로 '요구 (needs)'라는 용어가 사용되고 있다. 이 견해에 의하면, 교과의 목적은 국가 적·사회적 및 개인적 '요구'를 충족시키는 수단이 되는 데 있으며, 교과는 이 목적에 비추어 정당화된다. 이 글에서는 도덕과의 경우, 특히 개인으로서 그리고 공동체의 구성원으로서 생활 적응과 행복 추구, 사회화 및 국가 발전과 같은 외재적 목적을 위한 수단으로서의 가치를 충실하게 지닌다는 점을 강조하고자 한다. 이를 위해 첫째, 교과의 필요성에 대한 일반적인 교육학적 논의 구조 속에서 도덕과의 가치에 대한 정당화, 둘째, 최근 교육철학과 긍정 심리학에서 강조하고 있는 바와 같이 개인적 요구의 핵심에 놓여 있는 '행복 추구 및 증진'을 위해 삶의 유의미성과 덕에 대한 올바른 관점이 필요하다는 측면에서의 정당화, 그리고 셋째, 국가 수준의 교육과정에 나타난 국가적·사회적 요구 사항 및 범교과 주제 측면에서의 정당화에 초점을 맞추고자 한다.

첫 번째로 교과의 필요성에 대한 일반적인 교육학적 논의 구조 속에서 도덕과의 가치에 대한 정당화를 시도해 보도록 하자. 이홍우에 따르면, 역사적으로 보아, 이와 같이 교과의 중요성을 외재적 필요에 의해 규정한 대표적인 사례는 '생활 적응 교육'의 일환으로 1938년 미국 교육연합회의 교육정책위원회에서 제시한 '미국 민주주의에 있어서의 교육의 목적'과 1953년 헤비그허스트(R. J. Havighurst)의 '발달과업과 교육,' 그리고 뒤르켐(E. Durkheim)의 '사회화'에서 찾아볼 수 있다(이홍우, 2010: 148-153). 우선 '미국 민주주의에 있어서의 교육의 목적'에서는 한 사람이 개인으로서 그리고 가족, 사회, 세계시민의 일원으로서 원만하게 생활하도록 돕기 위해 자아실현, 인간관계, 경제적 효율성, 공공적 책임감이라는 교육의 4대 목표를 설정하고 있다. 한편, '발달과업과 교육'에서는 개인의 생애 중 어떤 특정한 시기에 나타나는 과업으로서 그 과업을 훌륭히 성취하면 행복을 누릴 수 있고 후일에 겪게 될 다른 과업도 잘 치러 나가게 된다는 전제 하에 6개의 연령 단계별로 발달과업을 제시하고 있다.

교육이 충족시켜야 할 '요구'에 주목하고 있는 이 두 사례의 핵심 내용은 상당 부분 우리나라 도덕과에서 강조하고 있는 교육 내용과 밀접한 관련이 있다. 우선 '미국 민주주의에 있어서의 교육의 목적'의 경우, 자아실현(인격), 인간관계(인간성의 존중, 우정, 협동, 예의), 공공적 책임감(사회정의, 관용, 준법, 자연 보존, 정치적 시민 정신, 민주주의에의 헌신, 세계시민정신) 등의 요소가 우리나라 도덕과 교육과 밀접한 관련이 있다. 다음으로 '발달과업과 교육'의 경우, 6-12세의 초등학교 시기에 해당하는 소년기(성장하는 자신의 신체에 관한 건전한 태도를 형성하기, 적당한 성역할을 배우기, 양심, 도덕 및 가치척도를 형성하기, 사회집단과 제도에 관한 건전한 태도를 형성하기)와 12-18세의 중·고등학교 시기에 해당하는 청년기(공민적 자질에 필요한 여러 지적 기능 및 개념을 배양하기, 사회적으로 적극적이고 책임 있는 행동을 바라고 이룩하기, 의도적인 가치관을 형성하기)에 제시된 발달과업이 우리나라 도덕과와 밀접한 관련성을 가진다.

여기서 제기될 수 있는 한 가지 의문은 '미국 민주주의에 있어서의 교육의 목적'과 '발달과업과 교육' 사례 모두 교과 가치의 내재적 정당화 근거로 활용될 수 있는 '인격,' '자아실현,' '공공적 책임감,' '양심' 등의 개념을 사용하고 있다는 것이다. 하지만, 이 두 사례 모두 내재적 정당화에서와 같이 교육의 목적 자체를 인격 형성에 두는 것이 아니라, '생활에의 적응'이나 '국가 발전' 등 '개인 및 국가적·사회적 요구' 차원에서 이들 개념들을 도구적으로 강조하고 있기 때문에, 내재적 정당화 차원과는 분명한 차이점이 존재한다. 즉, 이 두 사례에서는 인격, 공공적 책임감, 양심 등이 요청되는 이유를 개인의 생활을 윤택하게 하고 사회의 도덕적 타락을 교정하며 입헌 민주주의 체제의 보전 및 국가 발전이라는 '개인적·사회적 유용성'의 관점에서 파악하고 있는 반면, 내재적 정당화 차원에서는 인격, 공공적 책임감, 양심 등의 개념이 한 개인으로서 그리고 바람직한 시민으로서 인간이면 누구나 자신의 삶을 도덕적으로 이끌어 나갈 수 있는 도덕적 능력과 자질의 습득을 필요로 한다는 인간 본질적 이유에서 요청된다고 보는 것이다. 이와 같이 교과의 중요성을 외재적 필요에 의해 규정한 이 두 가지 대표적인 사례를 통해 볼 때, 교과 교육을 통해 추구해야 할 교육 목록에는 우리나라 도덕과 교육에서 강조하고 있는 내용 요소들이 상당 부분 포함되어 있음을 분명하게 확인할 수 있다. 국가적·사회적 및 개인적 '요구'를 충족시키는 차원에서 특히 자아실현(인격), 양심 계발, 도덕 및 가치척도 형성, 원만한 인간관계 형성, 공공적 책임감 및 시민적 자질 형성 등이 여기에 해당한다.

또한, 뒤르켐이 말한 바와 같이, 사회가 존립하기 위해서는 그 성원들이 '사회화'되지 않으면 안 된다. 그에 따르면, 사회라는 것은 '세대의 소멸성을 초월하여 영속하고, 세대와 세대를 결속시켜 주는 도덕적 인격체'로서,[6] 교육은 이러한 사회가 가지고 있는 '도덕적 인격'을 세대에서 세대로 전수해 주는 것을 의미한다. 그리하여 뒤르켐에 의하면, 교육은 사회가 가지고 있는 공통의 보편적 의식을 내면화하는 일, 즉 '집단적 의식의 내면화'로 규정된다. 교육의 목적을 이와 같이 사회가 가지고 있는 '도덕적 인격'을 세대에서 세대로 전수해 주는 것으로 규정한다면, 도덕과보다 이 역할을 충실하게 수행할 수 있는 교과가 과연 있겠는가?

둘째, 최근 교육철학과 긍정 심리학(positive psychology)에서 강조하고 있는 바와 같이, 개인적 요구의 핵심에 놓여 있는 '행복 추구 및 증진'을 위해 삶의 유의미성과 덕에 대한 올바른 관점이 필요하다는 측면에서 교과의 가치를 정당화해 보도록 하자. 행복이 교육의 목표가 되어야 한다고 제안하는 나딩스(N. Noddings)는 『행복과 교육』에서 덕은 끈끈하고 행복한 관계 (relations) 속에서 가장 잘 학습되고, 행복한 아이가 폭력적으로 되거나 잔

---

6. E. Durkheim(1956), 이종각 역(1978), p. 82 참조.

혹해질 가능성은 매우 드물며, 이와 동시에 훌륭한 인격이 개인적이고 직업적인 행복에 실제적으로 기여한다고 말한다(Noddings, 2003: 158). 즉, 행복은 도덕적 삶을 위한 중요한 출발점이면서 동시에 도덕적 삶의 반가운 부산물(by-product)이라는 점에서 볼 때, 행복은 도덕적 인격과 긴밀하게 연결되어 있다고 말한다. 그러므로, 특히 후자의 측면에서 볼 때, 나딩스는 학교교육을 통해 아이들을 행복하게 만들려면 그들을 무엇보다 도덕적 성장으로 안내해야 하며, 잘 통합된 성격(personality)을 계발하도록 돕는 것이어야 한다고 역설한다. 이와 같이 나딩스의 교육철학적 근거를 통해 볼 때, 좋은 인격은 삶의 행복을 위해 실질적으로 기여한다는 측면에서 행복의 원천이 되는 것이며, 사적이고 관계적이며 공적인 생활공간에서 인격 혹은 도덕성 형성을 추구하는 도덕 교과는 행복 실현을 위한 디딤돌이 될 수 있다는 점에서 의의를 지닌다. 한편, 최근 부각되고 있는 학문 영역인 긍정 심리학의 목표는 행복의 추구를 통해 즐거운 삶(pleasant life), 몰입하는 삶(engaged life), 의미 있는 삶(meaningful life)으로 나누어지는 '좋은 삶'의 목표를 추구하는 것이다. 게이블과 하이트(S. L. Gable & J. Haidt)가 "사람, 집단, 기관의 기능(functioning)을 풍성하게 하고 최적화하는 데 기여하는 조건이나 과정에 대한 연구"(Gable & Haidt, 2005: 104)라고 긍정 심리학을 규정하는 것을 통해, 우리는 긍정 심리학이 인간 삶의 번영을 설명하고 이를 위해 '우리가 어떻게 살아야 할 것인가'를 연구하는 학문임을 알 수 있다. 또한 이들과 셀리그먼(M. Seligman) 등의 긍정 심리학자들의 주장을 통해 이러한 인간 삶의 번영과 인간 기능의 최적화를 위해 도덕적인 삶은 필요조건에 해당하는 것임을 확인할 수 있다. 이와 같이 긍정 심리학적 근거를 통해 볼 때, 도덕과는 유덕한 삶을 통해 행복을 추구할 수 있다는 사실과 어떻게 사는 것이 의미 있는 삶인지를 각성시켜 줄 수 있는 교과목이라는 측면에서 분명한 존재 가치를 지닌다고 말할 수 있다.

　지금까지 도덕과의 가치에 대한 외재적 정당화 근거는 외국 사례 및 문헌

국가적·사회적 요구	다루어지는 범교과적 학습 주제		
타인에 대한 배려와 나눔을 실천하는 <u>창의·인성 교육</u>	•<u>인성 교육</u> •<u>문화예술교육</u> •<u>의사소통·토론 중심 교육</u>	•<u>정보화 및 정보 윤리 교육</u> •<u>지적 재산권 교육</u>	•<u>청렴·반부패 교육</u> •<u>논술교육</u>
다문화·다민족·글로벌 사회에 대한 준비로서의 <u>국가 정체성 교육</u>	•<u>민주시민교육</u> •<u>다문화 교육</u> •성교육 •한국문화사교육 •효도·경로·전통 윤리 교육	•<u>한국 정체성 교육</u> •통일 교육 •<u>장애인 이해 교육</u> •아동·청소년 보호교육	•국제이해 교육 •<u>인권 교육</u> •<u>양성평등 교육</u> •<u>호국·보훈 교육</u>
전 지구적 관심사에 대한 대응으로서의 <u>녹색성장 교육</u>	•<u>환경 교육</u> •경제교육 •녹색교육 •해양교육	•<u>소비자 교육</u> •<u>저출산·고령사회 대비 교육</u> •<u>지속가능발전 교육</u> •안전·재해 대비교육	•물 보호 교육 •진로교육 •에너지 교육

〈표2〉 2009 개정 교육과정에서 강조하는 국가적·사회적 요구 사항 및 범교과 주제

을 통해 마련된 것이고, 국내 차원에서 도덕과의 중요성을 외재적 필요에서 설명할 수 있는 대표적인 근거는, 교육과정 개정기마다 약간의 변화를 거치기는 하지만, 국가적·사회적 요구 사항 및 범교과 주제를 통해 확인할 수 있다. 따라서 이번에는 국가 수준의 교육과정에 나타난 국가적·사회적 요구 사항 및 범교과 주제를 통해 교과의 외재적 정당화에 초점을 맞추어 보도록 하자. 우선 2009 개정 교육과정에 따른 교과 교육과정 개정 방향에 나타난 '국가적·사회적 요구 사항 및 범교과 주제'를 살펴보면 〈표2〉와 같다 (교육과학기술부, 2011b: 60).

〈표2〉에서 밑줄로 표시한 바와 같이, 2009 개정 교육과정에서 추구하고 있는 국가적·사회적 요구(창의·인성 교육, 국가 정체성 교육, 녹색성장 교육)와 범교과적 학습 주제 거의 대부분이 도덕과 교육의 내용 체계에 이미 반영되어 있기 때문에, 국가 수준 교육과정의 교과 편제에서 분명히 최소 필수(핵

심 교과목)의 조건을 충족시킬 수 있다. 실제로 최근 중등 교사들에게 자신들이 담당하는 교과에 '창의·인성 교육, 국가 정체성, 녹색성장 교육' 및 범교과적 학습 주제가 어느 정도 반영될 수 있다고 보는지 확인해 본 결과, 도덕과 교사들은 거의 대부분의 항목이 도덕과와 관련이 있으며, 특히 9개 항목은 매우 밀접한 관련이 있다고 응답하였다(교육과학기술부, 2011c: 31). 국어, 과학, 미술, 기술·가정의 경우, 매우 관련이 있다고 응답한 항목은 불과 1개였고, 영어, 사회, 수학, 체육, 음악에서는 매우 관련이 있다고 응답한 항목이 전혀 없다는 점을 고려할 때, 도덕과의 응답 결과는 국가적·사회적 요구 충족을 위해 도덕과의 역할이 매우 중요하다는 것을 교사들이 스스로 분명히 인식하고 있다는 점을 확인시켜 준다. 하지만, 국가적·사회적 요구 및 범교과적 학습 주제가 도덕과와의 연결 고리를 찾지 못한 채 아무렇게나 도덕과에 반영될 경우, 도덕과의 정체성을 불분명하게 만들 수 있으므로, 이러한 국가적·사회적 요구 및 범교과 학습 주제는 반드시 도덕과의 성격 혹은 정체성과 정합성을 가지면서 교과 내에서 다루어져야만 도덕과의 존재 가치를 높이는 데 기여할 수 있다는 점을 유념할 필요가 있다. 이 문제에 대해서는 다음 절에서 심층적으로 논의해 보도록 하겠다.

III. 도덕과의 교과 정체성 탐구

이 절에서는 도덕과에서 이루어지는 배움의 성격과 유형, 도덕과의 학문적 기반, 사회과와의 차별화 근거를 순차적으로 규명한 후, 이러한 논의 결과와 도덕 심리학 및 도덕철학 영역에서의 연구 성과를 바탕으로 최종적으로 도덕과의 성격 혹은 교과 정체성을 규정할 것이다.

1. 도덕과에서 이루어지는 '배움'의 성격과 유형

"도덕과의 성격을 어떻게 이해하고 정의해야 하는가?"라는 물음에 대한 답을 얻으려면, 우선 도덕과에서 이루어지는 배움의 성격을 명확히 할 필요가 있다. 내면의 인격 형성을 위해 도덕과에서 취할 수 있는 배움의 방식은 구체적으로 무엇인가? 이러한 물음과 관련해 도덕과에서 최근 배움의 과정을 표상할 수 있는 개념으로 간혹 언급되고 있는 '윤리함(doing ethics)'이란 개념을 명료화해 볼 필요가 있다. '윤리함'이란 '철학함(doing philosophy)'이라는 개념에서 파생된 것이다.

철학은 철학적 사유의 학문적 축적물임과 동시에 철학적 활동(philosoph-ieren) 그 자체를 의미한다. 따라서 철학교육을 주창하는 학자들은 아동과 청소년들이 배워야 할 철학은 철학적 활동의 결과물인 학문의 체계의 '철학'이 아닌 철학적 활동 자체인 '철학함'이라고 역설한다.[7] 이러한 '철학함'의 맥락에서 '윤리함'이라는 개념이 학계에서 일부 사용되고 있다. 대표적으로 루이스 본(Lewis Vaughn)은 자신의 책『윤리함: 도덕적 추론과 동시대의 이슈들』에서 '윤리함'이란 학생들이 암기해야 하는 지식의 체계(a body of knowledge)가 아니라 활동(activity)임을 강조한다(Vaughn, 2007). 그는 이 책을 통해 비판적 사고를 강조하면서 학생들이 도덕적 진퇴양난의 상황에 빠져서 문제 해결을 위해 고민할 수 있도록 동기를 제공해야 한다고 강조한다. 이성의 능동적인 사유 능력에 대한 믿음에 바탕을 두고 전개되는 서양 철학의 전통에서 볼 때(강영안·최진덕, 1999: 51), 이러한 '철학함'과 '윤리함'은 도덕과에서 이루어지는 배움의 성격을 규정하는 데 매우 중요한 기초가 된다. 하지만 서양과는 다른 교육적 전통, 즉 '수양으로서의 학문'을 학문의 궁극적 이념으로 보았던 동양적 전통을 함께 살펴보지 않는다면, 도덕과에서 이루어지는 '배움'과 '학습'에 대한 일면적 이해에 그칠 수 있기 때문에,

---

7. E. Martens(1999), 박승억 역(2000), 이초식(1996) 참조.

동양적 전통에서의 공부론에 대해서도 주목해 볼 필요가 있다.

동양 학문의 공부론 가운데 가장 포괄적이라고 할 수 있는 주자(朱子)의 공부론에서는 예(禮)에 따라 자신의 몸을 단정하게 하는 소학(小學)을 바탕으로 하고 그 위에서 마음을 수렴(收斂)하는 거경(居敬)의 공부와 경서의 강독을 주로 하는 궁리(窮理)의 공부를 말한다. 주자의 공부론은 몸의 공부, 마음의 공부, 그리고 독서(경서 강독) 공부를 모두 아우르고 있다. 주자의 이세 가지 공부 방법은 불가분의 관계에 있으며, 사실상 동양 학문의 공부 방법을 거의 다 망라한 것으로서, 그 내용이야 서로 다르긴 하지만 불교의 삼학(三學), 즉 도덕적 실천인 계(戒), 정신적 수행인 정(定), 지혜의 연마인 혜(慧)와 상통한다고 볼 수 있다.[8]

이와 같은 몸 공부, 마음공부, 독서 공부의 불가분의 관계는 도덕과 교육에서 어느 한 가지 일변도의 공부 방법에만 치중하는 것에 한계가 있음을 시사하고 있다. 즉, 몸 공부를 통해 타인과 만나는 방법을 배우고, 마음공부를 통해 자신의 마음을 가다듬어 그 속에 함축된 자연의 진리와 만나는 방법을 배우고, 독서 공부를 통해 진리를 알고 있던 옛 성인과 텍스트 안에서 만나는 방법을 배워야 하는 것이다(강영안 · 최진덕, 1999: 61). 오늘날 거의 대부분의 수업이 교실에서 이루어지는 교과 교육의 특성상, 도덕과에서는 몸 공부, 마음공부, 독서 공부 중 마음공부와 독서(고전) 공부의 비중을 높게 두면서도 자기 자신에 대한, 그리고 시대적 상황에 대한 근원적인 '도덕적 성찰'을 이 세 공부 방법을 하나로 꿰어주는 끈이자 중심점에 위치시킬 필요가 있다.

이와 같이 동 · 서양의 도덕 공부론을 통해 볼 때, 도덕과에서 이루어지는 배움(학습)은 학생들이 도덕적 진퇴양난의 상황에 빠져서 문제 해결을 위해

---

8. 강영안, 최진덕(1999), p. 61. 개인의 발달 특성과 근기(根機)에 따른 차이를 고려해야겠지만, 전체적으로 보자면, 동양적 전통에서 공부의 강조점은 몸의 공부에서 마음의 공부와 독서 공부로 이행해 간다고 말할 수 있다.

고민할 수 있도록 동기를 제공해야 하고('윤리함'), 몸 공부, 마음공부, 독서(경서 강독) 공부에 충실을 기하도록 돕는 것이어야 한다. 이러한 성격 규정을 바탕으로 구체적으로 도덕 공부의 유형을 살펴보면, 도덕 공부란 첫째, '도덕적 실천'을 통해 다양한 도덕적 가치를 느끼고 그 의미와 소중함을 깊이 생각하는 것이다. 아리스토텔레스에 의하면, 인간은 정의로운 행동을 해 봄으로써 정의로운 사람이 되고, 용기 있는 행동을 해 봄으로써 용기 있는 사람이 될 수 있다고 한다. 또한 우리의 전통 공부법은 아이들에게 기본적으로 필요한 생활 예절, 삶의 기술을 일차적으로 요구했다. 그것은 청소하기와 인사하기 등 올바른 행동거지의 체득이었다. 또한 예의와 음악을 통한 화합, 덕행과 올바른 마음 상태 등 삶을 원활히 하기 위한 기술의 습득과 인간됨의 기본 틀을 갖추는 것이었다(신창호, 2004: 77). 그러므로 도덕과 수업을 통해 구체적인 행동 및 연습의 기회, 행동 수칙을 세워서 직접 실천해 볼 기회 등을 다양하게 제공할 필요가 있다.

둘째, 도덕 공부란 '도덕적 지식 학습'을 통해 도덕적 탐구를 위한 기초를 다지고 후속 세대에게 필요한 도덕적 자양분을 공급하는 것이다. 여기서의 도덕적 지식 학습은 고대 이후 인류가 축적해 온 학문적 노력의 결실로서 '위대한 전통'과 조우한다는 의미가 강하게 담겨 있는 것이고, 나중에 세 번째 공부 방법으로 제시될 도덕적 탐구는 '위대한 전통'과의 관계 속에서 학습자가 수용적인 입장을 취하기보다 능동적인 도덕철학자가 되어 스스로 지식을 구성해 본다는 의미가 상대적으로 강하게 담겨 있다. 물론 여기서 말하는 도덕적 지식 학습을 추구한다는 것은 과거의 것에 단순히 동조한다는 의미이기보다 위대한 사상, 훌륭한 인물·인격·행위의 진리성에 대한 믿음을 전제하면서 도덕적 메시지를 적극적으로 배우려고 하는 것으로 이해할 필요가 있다.

도덕적 지식 학습은 윤리학과 정치철학 등을 배경으로 한 도덕적 핵심 개념과 원리, 그리고 도덕성 형성을 위해 필수적이라고 생각되는 가치·덕목,

도덕원리 등을 이해하는 것이고, 인류가 탄생시킨 훌륭한 인물 및 위대한 철학·문학작품을 통해 영적 자양분을 습득하는 것이기도 하다. 이러한 위대한 사상과 작품들을 토대로 하여 인문학적 교양과 상상력 및 실천적 지혜를 기르고 도덕적 감수성을 촉진시킴으로써 학생들로 하여금 삶의 가치와 도덕적 의미를 능동적으로 탐색할 가능성을 열어준다. 이러한 도덕적 지식 학습은 고전을 활용하면서 항존하는 지식과 가치를 강조한다는 의미에서 항존주의 철학에 근거하며, 학생들의 도덕성 형성을 위해 필수적이라고 생각되는 개념과 가치, 원리 등을 강조한다는 점에서 본질주의 철학과도 관련된다. 실제 수업 과정에서는 가치의 공유 및 가치 통합의 관점이 중시되며, 설명, 내러티브, 감동·감화, 설득 등이 지도 방법으로 활용될 수 있다.

셋째, 도덕 공부란 '도덕적 탐구'를 통해 자신의 판단에 대한 합당한 이유를 가지고 합리적으로 문제를 해결하는 것으로서, 기존 학자들이 머문 그 자리에서 새로운 이론적 지형을 추가하고 재구성시키며 '자기화'하는 것이다. 즉, 윤리학자들이 연구를 실행하듯이, 최선의 도덕적 가치 이론은 무엇이냐에 대한 근본적인 질문을 다루거나, 도덕적 추론을 통해 기존 이론에 대해 비판적으로 사고하면서 대안적인 도덕적 가치 이론을 모색해 보거나, 서로 연관 없어 보이거나 대화 불가능할 것 같은 이론들 간에 새로운 관계를 모색해 보거나, 기존 이론들을 현실 문제 해결을 위한 도구로 활용해 볼 수도 있다. 그리고 공자와 칸트와 같은 학자들이 사상 정립 과정에서 가졌던 진리에 대한 그리고 진리를 향한 열정(passion)을 공유해 보는 측면도 도덕적 탐구의 과정에 포함될 수 있다. 즉, 훌륭한 사상가들이 진리 탐구의 과정에서 위대한 사상을 낳기 위해 겪었던 진통을 함께 느껴볼 수 있는 기회를 가져볼 수도 있다. 이를테면 톨스토이가 『살아갈 날들을 위한 공부』의 서문에서 독자에게 주문하고 있는 바가 바로 여기에 해당한다. 실제 수업 과정에서는 도덕적 추론이 중시되며, 탐구 공동체, 토론 등이 지도 방법으로 활용될 수 있다.

오늘은 좋은 날이다. 매일 매일을 위한 생각 모음집을 완성했기 때문이다. 이 책은 무작위로 생각들을 모아놓지 않고 논리적 체계를 갖추었다. 인생의 손님들인 사랑, 행복, 영혼, 신, 믿음, 삶, 죽음, 말, 행동, 진리, 거짓, 노동, 고통, 학문, 분노, 오만 등의 주제들이 반복되도록 했고, 하루의 생각이 앞선 생각과 관련해 의미를 가지도록 했다. 이렇게 하여 하루하루가 서로 연결된다. 또는 우리 행동의 지침이 되는 총체적인 철학으로 완결성을 가지도록 했다. 이 책은 인류에 대한 나 자신의 가장 큰 사랑의 표현이다. 함께 읽는 독자들이 내가 책을 쓰면서, 또한 매일 반복해서 읽으면서 경험했던 감동과 흥분을 함께 느껴주었으면 한다(1908-1910 톨스토이).

넷째, 도덕 공부란 '실천 지향적 성찰'을 통해 자신과 세계를 윤리적으로 성찰하는 것이다. 인간은 자신의 삶을 성찰할 수 있는 존재이며, 그렇게 하는 데에는 다양한 방법이 있고, 이러한 성찰을 시도하는 것 자체가 인간을 인격체라고 말할 수 있는 기초가 된다. 도덕적 성찰은 타인과의 관계, 공동체와의 관계 속에서 어떻게 살아야 할 것인가를 고민하고 자신의 내면을 도덕적인 관점에서 반성하고 살피는 것이다. 또한 이미 '행한' 경험적 사실을 도덕적인 관점에서 반추하면서 어떻게 살아갈 것인가에 대해 사색하는 것이기도 하다. 이는 곧 '자신의 밖'이 아니라 자신의 내면을 주시하면서 존재론적 성찰을 통해 자신의 존재를 자각하는 것이며, 자기중심적 삶의 한계를 초월하고자 하는 것이다. 성찰의 준거로는 도덕적 모범(moral exemplars), 도덕원리, 가치·덕목 등이 포함될 수 있지만, 이런 것들을 포함하는 '자기 안의 입법자(보편적 양심)'가 그 역할을 수행하게 된다. 실제 수업 과정에서는 자신의 내면성에 대한 도덕적 성찰이 중시되며, 심재, 좌망, 참선, 체찰(體察), 명상, 일기, 내러티브 등이 지도 방법으로 활용될 수 있다(정창우, 2004: 356).

앞서 제시한 '도덕적 실천,' '도덕적 지식 학습,' '도덕적 탐구'는 모두 '도덕적 성찰'과의 연결 고리를 가지면서 전개되어야만 인격 형성이 촉진될 수 있다. 도덕적 성찰은 실천과 도덕적 지식 공부 및 도덕적 탐구를 통해 습득한 경험과 지식에 생기를 불어넣으며, 도덕적 내면화·가치화·인격화를 촉진시킴으로써 도덕적 실천을 위한 동기적 힘을 제공하기 때문이다. 따라서 도덕과 수업을 통해 이루어지는 배움, 즉 도덕 공부는 '도덕적 실천,' '도덕적 지식,' '도덕적 탐구,' '도덕적 성찰'을 전체적으로 포함하되, '도덕적 성찰'이 세 공부 방법을 하나로 꿰어주는 끈이자 중심점으로서 기능할 수 있도록 하는 것이다.

2. 도덕과의 학문적 기반

2007년 개정 도덕과 교육과정을 개발하는 과정에서 가장 중요한 이슈로 부각되었던 것이 바로 도덕과에서 학제적 접근을 유지할 것인가의 문제였다. 일각에서는 철학을 도덕과의 모학문으로 규정해야 한다고 주장했고, 또 다른 쪽에서는 학제적 접근 자체에 문제가 있는 것이 아니기 때문에 학제적 접근의 본래적 의미에 충실한 형태로 현 방식을 개선하자고 주장하기도 했다. 교육과정이 개정 고시된 후, 철학이 도덕과의 모학문이라는 주장은 박병기, 정탁준, 강두호 등의 연구를 통해 문제점 및 한계가 의미 있게 지적되었다.

박병기(2007: 78-81)는 학생들의 발달 특성을 고려하여 도덕교육을 실행하기 위해서는 사회과학적 성격의 도덕 심리학이 반드시 요청되고, 응용 윤리학 영역을 중심으로 윤리학의 외연이 확장되고 있기 때문에 철학적 윤리학의 논의로는 포용하기 어려운 학제적 내용이 포함된다는 점을 고려할 경우, 철학을 도덕 교과의 모학문으로 설정해야 한다는 주장은 설득력을 갖기 어렵다고 지적한다.

정탁준(2007: 59)은 핸더슨, 피닉스, 피터스, 허스트 등이 제시한 교과의 분류 기준을 고찰하면서, 철학과 논리학 등 다른 학문 분야의 연구 방법으로는 탐구할 수 없는 '윤리' 혹은 '도덕'이라는 독립된 영역이 있음을 입증하고 있다. 또한 도덕 교과의 모학문이 철학과 같은 특정 학문임을 주장하면서 그것의 배타적 위치를 도덕 교과에서 선점하려는 시도는 '좁은 의미의 교과 교육학적 시각'(교과의 내용은 배경 학문이 맡아서 연구하고 교과의 교수 방법은 교육학에서 연구하면 된다는 시각)에 매몰되어 나오는 주장이라고 지적한다.

강두호(2009: 91-92)는 도덕 교과의 학적 근거에 대해서는 철학과 같은 모학문이 아니라 학제적 성격에 주목해야 한다고 주장한다. 그에 따르면, 도덕과 교육은 윤리, 도덕이라는 인간의 행위규범을, 곧 선의 추구를 목표로 하고 있기 때문에 '철학, 특히 윤리학'(특히 공동선 이론)을 그 기초 학문 영역으로 하며, 인간은 본성적으로 사회적 존재이므로 인간의 사회성과 그 현상을 탐구하는 것이 사회과학의 임무인 이상 도덕과 교육이 '사회학이나 정치학'(특히 공동체 이론)과 같은 사회과학의 협력을 필요로 하는 것은 자연스러운 현상이라고 말한다. 또한 도덕과 교육은 학생들에게 선을 이해하고 자각하며 실천하도록 가르치고 이끄는 과정이므로 '심리학과 교육학'(특히 사회화 및 발달 이론)으로부터 학적 토대를 제공받는다고 주장한다.

사회과학 영역에 속하는 도덕 심리학의 중요성과 응용 윤리학을 중심으로 한 윤리학의 외연 확대 등을 근거로 홍윤기의 주장을 반박한 박병기의 연구, 지식의 형식을 분류하면서 '도덕,' '윤리'의 독자성을 강조하는 정탁준의 연구, 도덕과에서 학제적 접근의 필요성과 교과 배경 학문을 구체적으로 제시한 강두호의 연구 등은 교과의 정체성을 정립해야 하는 시점에서 매우 의미 있는 연구 노력이라고 본다. 이 절에서는 이러한 선행 연구들에 대한 보완적 차원에서 모학문(철학) 설정의 부적절성을 비판하고 도덕과의 학문적 기반을 구체적으로 제시하고자 한다.

모학문(mother discipline)은 일반적으로 교과 개설의 직접적인 배경이 된 기초 학문을 일컫는데, 예컨대 수학이라는 학문을 바탕으로 수학교육이 성립될 수 있는 것이고, 자연스럽게 수학은 수학교육의 모학문이 되는 것이다. 이와 같이 기초 학문의 토대 위에서 교육학적 응용이 이루어진 타 교과와는 달리 도덕과는 도의 교육(道義教育)이라는 우리 교육 및 문화의 전통과 남북 분단이라는 특수한 상황에서 요구되는 정신교육(精神教育)의 차원에서 1973년에 독립 교과로 개설되었다. 다시 말해, 기초 학문의 토대 위에서 특정한 교과가 개설된 것이 아니라, 인격 형성을 중시하는 우리나라의 교육적 전통과 남북 분단이라는 특수한 상황의 결합이 교과 교육 개설의 배경이라고 말할 수 있다. 이렇게 본다면, 교과 개설 시기부터 특정한 기초 학문이 도덕과의 모학문으로 고려되었던 것은 아닌 것이다.

도덕과의 정체성을 찾아나가고 있는 현시점에서 배경 학문들 간의 관계를 살펴볼 때, 윤리학의 위치가 다른 학문에 비해 상대적으로 높다는 것은 인정할 필요가 있다. 윤리학은 도덕교육을 진지하게 고려하는 데 필요한 세심함과 깊이를 고무시키는 데 중요한 역할을 한다. 특히 도덕적 본질의 핵심 쟁점들을 확인하는 열쇠를 쥐고 있으며, 그것에 중요한 역할을 한다. 또한 앞서 살펴본 '윤리함'의 개념도 도덕철학자 혹은 윤리학자가 하는 일과 자연스럽게 연결된다는 점과 어떤 학문 영역이 도덕과 내에서 필요성을 인정받기 위해서는 윤리학과의 긴밀한 소통이 요청된다는 점에서 중요한 역할을 한다. 이와 같이 우리는 윤리학과 도덕과 교육의 관계를 논할 때 도덕과 교육에 대한 윤리학의 공헌에 주목해야 하겠지만, 필자는 윤리학의 한계도 동시에 논해야 한다고 본다. "윤리학은 도덕교육의 이론과 실제의 발전에 기여한 하나의 자원일 뿐이기 때문에 그 공헌의 영역과 범위를 그려내는 일이 중요하다"는 차잔(B. I. Chazan)과 솔티스(J. F. Soltis)의 주장과 도덕 심리학 및 정치철학 등도 교과의 배경 학문으로서 매우 중요한 역할을 담당하고 있다는 점 등은 윤리학의 한계를 지적할 수 있는 근거에 해당한다.

우선 차잔과 솔티스가 주장하고 있는 바를 고려해 보자.[9] 이들에 따르면,

첫째, 윤리학은 선과 옳음이 무엇인지 증명할 수 없고, 사람들이 도덕적 선택을 어떻게 정당화할 수 있는지를 정확하게 보여줄 수 없으며, 윤리학 분야에서 추론의 적절한 역할을 지적할 수 없다. 대체로 윤리학이 할 수 있는 것이란 이러한 쟁점들에 대한 대안적인 입장을 명료하게 하고, 저런 입장보다는 이런 입장이 더 중요하다는 것을 논의하는 것이다.[10] 둘째, 윤리학은 특정한 사회에서 이루어지는 도덕적인 삶을 통계적으로 측정할 수 없다. 왜냐하면 윤리학은 그러한 통계적 측정을 해낼 수 있는 적절한 방법론을 가지고 있지 못하기 때문이다. 예컨대 윤리학은 특정한 사회의 도덕적 가치를 전하는 데 도덕교육 프로그램이 과연 성공했는지 여부를 측정할 수 없다. 셋째, 윤리학은 아동의 연령적이고 심리학적인 도덕 발달을 서술할 수 없다. 이것은 심리학의 영역이다. 윤리학은 방법론적으로 서로 다른 발달단계에서 나타나는 태도 및 행동들을 측정할 준비가 되어 있지 않으며, 그것을 적절하게 일반화할 수 없다. 넷째, 윤리학은 특정한 시간과 공간 안에서 도덕교육을 실천하기 위한 교육학적 원리들을 개발할 수 없다. 왜냐하면 실현 가능한 교육원리 및 실제를 개발해 내는 과정에는 윤리학의 공헌도 고려해야 하지만 사회학, 심리학, 교육학 등의 공헌도 고려해야 한다. 뿐만 아니라 특정한 교육적 상황, 교수진, 교육과정, 학교와 사회의 특정한 도덕적 가치들을 고려해야 한다. 윤리학자가 기여할 수 있는 것은 도덕교육의 쟁점들과 관련된 도덕철학적 방법과 전통을 수립하는 것이다. 실제적이며 검증 가능한 도덕교육 프로그램을 만들어 내기 위해서는 다른 다양한 분야들의 공헌을 종합할 필요가 있다.[11]

---

9. B. I. Chazan & J. F. Soltis(1973), 이병승 역(2005), pp. 29-32 참조.

10. 차잔과 솔티스의 첫 번째 지적은 '실천학'으로서의 윤리학 자체에 대한 근본적 비판이기보다 윤리학 연구(특히 메타윤리학 영역)가 '1970년대'까지 보여 온 연구 역량의 한계를 일정 정도 지적하고 있다고 봐야 한다. 오늘날 많은 윤리학자들은 대표적인 윤리학 이론들이 선과 옳음에 대해 여러 형태의 증명을 제시하고, 도덕적 선택의 정당화를 시도하며, 추론의 역할을 밝히고 있다고 주장할 것이다.

11. 차잔과 솔티스의 주장은 "지나치게 경험적 측면에서 윤리학을 바라보고 있으며, 규범이

다음으로, 이미 차잔과 솔티스가 특히 강조한 '도덕 심리학'과 더불어, 도덕철학 혹은 윤리학에 일정 정도 의존하고 있기는 하지만 정치학의 분과 학문으로서 독자성을 가진 '정치철학'도 교과의 배경 학문으로서 매우 중요한 역할을 담당하고 있다는 점에 주목해 보자. 사회과학의 분과 학문인 도덕 심리학은 경험적이고 실증적인 근거를 바탕으로 위계적 성격을 갖는 도덕과 교육목표(예컨대, 학년별 혹은 학교급별 목표 등) 설정에 도움을 줄 수 있고, 도덕 추론, 모델링, 내러티브, 친사회적 행동, 도덕적 규율, 도덕적 갈등 해결, 역할 채택 등 도덕교육의 실천적 방법을 다양하게 제시해 줄 수 있으며, 교육 대상의 발달적 특성에 대한 분석적이고 과학적인 관점을 제공해 줄 수 있다(정창우, 2008b: 134). 또한 도덕과에서 이상적인 국가의 모습, 개인과 국가의 올바른 관계, 평등과 자유, 법과 정의 등의 본질과 필요성, 정치 권력의 도덕적 정당성, 정치와 윤리와의 관계, 전쟁과 평화, 인권이란 무엇인가 등에 대한 근원적인 물음에 관해 다루려면, 당연히 정치학의 분과 학문인 정치철학이 필요한 것이다. 특히 최근 그 중요성이 부각되고 있는 다문화 윤리와 글로벌 윤리에 대한 논의를 도덕과에서 제대로 하기 위해서도 윤리학뿐만 아니라 정치철학도 중요하게 고려되어야 한다(정창우, 2010: 243). 그러므로 윤리학뿐만 아니라, 정치철학, 도덕 심리학 등도 도덕과의 핵심 배경 학문 혹은 일차 배경 학문으로 규정할 수 있다.

도덕과의 성격 및 목표 설정, 내용 구성, 방법 선정 등을 기준으로 이 세 가지 배경 학문 간의 관계를 간략하게 살펴보면 다음과 같다. 우선 도덕

론으로서의 윤리학의 성격을 충분히 고려하고 있지 못하다"는 비판을 받을 수 있다(노영란, 2011: 144). 즉, 차잔과 솔티스의 4가지 주장 중에서 많은 윤리학자들은 첫 번째를 제외한 나머지 세 가지를 윤리학의 역할이라고 보지 않을 수 있다. 이 글에서는 윤리학의 성격과 연구 범위에 대해 차잔과 솔티스가 적절하게 평가하고 있는가의 측면에 대해서는 노영란의 지적을 일정 정도 수용하면서도, '도덕교육을 위해' 윤리학이 담당할 수 있는 범위의 한계를 지적한다는 측면에서는 차잔과 솔티스의 주장에 타당성이 있음을 강조하고자 한다. 즉, 윤리학만으로 적절한 도덕교육 프로그램을 완성할 수 없다는 측면에서 볼 때, 차잔과 솔티스의 주장은 타당성을 인정받을 수 있다는 것이다.

과가 왜 필요한가(교과의 본질 및 목적), 도덕과에서 교과 목표를 어떻게 설정해야 하는가(교과 목표)라는 물음에 답하기 위해서는 배경 학문들 중에서 특히 윤리학과 도덕 심리학이 협력해야 한다. 버코위츠(M. Berkowitz)가 AME(Association for Moral Education) 2006 연차학술대회에서 제시한 다음과 같은 관점은 단일한 학문적 관점을 통해 도덕교육의 목표를 설정하고 방법을 구상하는 것이 도덕교육의 질을 크게 손상시킬 수 있음을 함축하고 있다.

> 심리학자의 오류(psychologist's fallacy)는 하나의 구인(構因, construct)이 심리학자에게 의미 있다고 해서 그것을 도덕교육의 목표로 설정하는 것은 타당하지 않다는 것이고, 교육학자의 오류(educator's fallacy)는 직관적으로 어떤 것이 학교 도덕교육에서 효과적일 것으로 보이더라도 그것이 실제 발달을 촉진할 수 있다는 보장이 없다는 것이며, 철학자의 오류(philosopher's fallacy)는 하나의 개념(concept)이 분석적으로 정당화 가능하다고 해서 그것이 도덕 발달적으로 적합하다고 주장할 수 없다는 것을 의미한다.

또한 도덕과에서는 무엇을 가르쳐야 하는가(교과 내용)에 답하기 위해 특히 윤리학과 정치철학이 상호 협력해야 한다. 콜버그와 마찬가지로 신콜버그 학파에서도 청소년기 및 성인기의 특징을 '인습적 사고'에서 '인습 이후적 사고'로의 전환으로 본다. 여기서 인습적 사고로부터 인습 이후적 사고로의 전환이란 단순한 사회적 규범의 유지라는 관점으로부터 규칙, 법, 그리고 제도 등의 사회체제를 통해 어떻게 인간 존엄성을 실현하고 상호 협력적인 관계를 형성할 수 있을 것인가에 대한 관점으로의 진행을 의미한다(정창우 외, 2007: 28). 이렇게 보면 도덕성 발달을 위해서는 당연히 철학적 윤리학 영역뿐만 아니라 사회제도와 구조를 자유, 평등, 정의, 인권, 인간 존엄성 등의 윤리적 관점에서 볼 수 있는 안목을 형성시키기 위해 정치철학도 중요하며, 이 두 영역 간의 긴밀한 상호 연결과 소통이 요청되는 것이다. 한마디로 말해, 도덕성 형성에 있어 사회적 구조를 강조하는 입장과 개인적이고 인간적인 만남을 강조하는 입장 모두는 우리의 인간관계 및 도덕성을 구성하고 풍요롭게 하는 중요한 원동력인 것이다.

다음으로, 어떻게 가르쳐야 하는가(교육 방법)에 답하기 위해서는 특히 도덕 심리학과 교육학의 협력이 요청된다. 가르침을 통해 학생들의 도덕적 사고 구조와 내면세계의 변화를 도모하기 위해서는 학생들의 발달 특성에 대한 이해와 도덕성 발달을 촉진시킬 수 있는 방법이 활용되어야 하고, 이를 위해서는 도덕 심리학과 교육학 간의 협력이 반드시 필요한 것이다.

이외에도 윤리학이라는 특정 학문을 지나치게 강조하다 보면 '윤리학'의 개념과 내용 범주를 어떻게 해석하든 도덕과의 역할(특히 교과의 외재적 정당화 측면)과 교육 내용의 범위는 현재 수준보다 위축될 수밖에 없다는 문제점을 지적할 수 있다. 우리는 윤리학이라는 특정 학문을 통해 도덕과를 규정하는 것이 아니라, 도덕과를 위해 윤리학이든, 정치학이든, 한국학이든, 통일학이든 다양한 배경 학문을 도덕교육적 목적 및 목표를 위해 활용하는 데 관심을 두어야 한다. 윤리학적 개념과 원리, 주제이기 때문에 도덕과 교육의 내용으로 가치를 지니는 것이 아니라, 윤리학적 지식 체계(a body of knowledge)에 포섭되기 어려운 한계가 있더라도 학생들의 도덕성 혹은 인격 형성을 위해 필요한 주제라면 당연히 도덕과에서는 관심을 가져야 하는 것이다.

이상의 논의를 통해 볼 때, '철학'이 아니라 '윤리학'이라고 하더라도 모학문 개념을 도덕과에 그대로 적용하는 것에는 한계가 있다고 결론 내릴 수 있다. 이는 곧 도덕과 교육의 실천적 성과 추구와 도덕윤리과 교육학의 학문적 공고화를 위해서는 모학문 개념이 아니라 배경 학문들 간의 상호 협력과 보완이 긴밀하게 요구된다는 점에 주목해야 한다는 것이다.

하지만, 이상에서 밝힌 이유로 인해 윤리학을 모학문의 위치에 앉힐 수 없다고 하더라도, 도덕과에서 윤리학이 차지해야 하는 적정한 위상은 다른 배경 학문에 비해 상대적으로 높을 수밖에 없기 때문에, 2007년 개정 도덕과 교육과정에서 학제적 접근의 구심점을 윤리학으로 규정하고, 이를 중심으로 학제간 소통이 이루어질 수 있도록 한 노력은 일정 정도 의미가 있었다고 보아야 할 것이다. 특히 이러한 규정은 학제적 접근을 추구한다고 하면서도 실제로는 배경 학문 간 백화점식 혹은 병렬식 결합의 한계를 보여 왔던 것에 대한 하나의 대안으로서 도덕과의 정체성 확립과 학문적 기반의 체계화에 기여한 것으로 평가할 수 있을 것이다. 문제는 이러한 대안이 여전히 한계가 있다는 점이다. 앞서 지적한 바와 같이, 순수하게 도덕이나 윤리 자체를 탐구한다면 철학적·윤리학적 접근[12]이 중심이 된다고 해서 문제될 것은 없지만(즉, 학생들을 윤리학자로 만드는 것이 목표라면 문제될 것이 없지만), 인간 심성의 변화를 의도하는 도덕교육에서는 심리학적인 접근과 교육학적 접근, 정치철학적 접근 등이 소홀히 되어서는 안 된다. 따라서 도덕과의 경우, 특정 학문을 학제적 접근의 구심점으로 규정한 수준에서 머물러서는 안 되고, 교과의 배경 학문들을 하나의 '체계'로 꿰어주는 실이 어떤 것인지를 보여주어야 한다. 체계란 하나의 건축물이나 유기체처럼 부분과 부분, 부분과 전체가 무리 없이 잘 연결되어 있는 것을 말한다.

필자는 도덕과의 배경 학문들을 하나의 '체계'로 꿰어주는 실은 특정 학문이 아니라, '우리나라 초·중·고등학교 학생들의 도덕성 내지 인격적 성

---

12. '윤리학적 접근'이라는 개념은 많은 혼란을 불러일으키고 있다. 윤리학적 접근은 윤리학의 구조(이론윤리와 실천윤리)로 이해되기도 하고, '학문함'으로서의 윤리학의 방법 혹은 윤리학의 접근 방법(도덕적 탐구와 도덕적 성찰)으로 이해되기도 한다. 심지어 타 교과에서는 이를 윤리 사상과 윤리 이론 정도로 해석하기도 한다. 필자는 '도덕과'에서의 윤리학적 접근은 두 번째 관점을 중심으로 첫 번째 관점을 포함해야 한다고 본다. 하지만 두 번째 관점은 도덕교육의 방법을 풍부하게 제시할 수 있는 도덕 심리학과 협동해야 하고, 첫 번째 관점은 거시적 도덕성을 다루는 정치철학과 협동해야 한다. 이렇게 볼 때, 도덕과에서 학문적 기반 혹은 접근 방법을 온전하게 밝히기 위해서는 특정 배경 학문이 아니라 '도덕과'에 대한 고려가 핵심적으로 전제되어야 한다.

장'이라는 교과 목적 및 교과 목표여야 한다고 본다. 그리고 이를 위해 윤리학, 정치철학, 도덕 심리학 등의 핵심 배경 학문을 중심으로 학문 간 상호소통이 요구된다는 식으로 도덕과의 학문적 기반을 재규정해야 한다고 본다. "사실상 도덕교육의 학문적 배경에 대한 논의는 어느 학문이 도덕교육의 정체성을 규정하는가를 주장하는 데 목적이 있다기보다는 도덕교육의 성격이 무엇이며 도덕교육을 발전시키는 데 각 학문이 어떤 도움을 줄 수 있는지를 밝히는 데 목적이 있다고 본다"는 홍은숙의 입장이 필자의 관점과 맥을 같이하고 있다(홍은숙, 2008: 25). 배경 학문들 간의 관계, 배경 학문과 도덕과의 관계를 논리정연하게 연결하여 체계를 세우는 일은 여전히 도덕교육계에서 해결해야 할 연구 과제이다.

3. 사회과와의 차별화 근거

'바람직한 인격을 갖춘 좋은 시민'(좋은 인간 + 좋은 시민)은 인간과 사회를 도덕적 가치 지향의 측면에서 이해하고, 공동선에 대한 관심 속에서 책임 있게 행위할 수 있는 의도와 동기를 지니며, 그렇게 행동 혹은 참여할 수 있는 의지와 성향을 지닌 사람이라고 볼 수 있다. 이러한 규정 속에는 도덕교육 (moral education)과 시민교육(citizenship education) 간에 일정 정도 접점이 존재할 수 있다는 점이 함축되어 있다(정창우, 2008b: 21). 이와 같이 도덕교육과 시민교육 간에 접점이 존재한다는 점은 '최소 필수' 중심으로 교과 편제를 추구하고 교과 간의 내용 중복을 최소화하려는 최근의 교육 상황에서 '도덕과와 사회과 간에 갈등과 충돌을 불러일으킬 가능성을 높이고 있다.

이러한 상황 속에서 도덕과와 사회과 간에 상호 존중과 협력적 관계를 추구한다면, 다음과 같은 몇 가지 측면에서 두 교과 간에 반드시 풀어야 할 몇 가지 문제가 있다. 우리나라 국가 수준 교육과정의 역사에 대한 단선적 해석의 문제, 가치 교육의 영역에 대한 편의적인 해석의 문제, 그리고 사회과학 영역으로 인한 중복 등의 문제가 이에 해당한다. 우선 도덕과가 독립된 정식 교과로 채택되기 이전에 이미 사회과의 한 분과였다는 사실을 근거로 독립 교과로서 도덕과의 지위에 대해 의문을 제기하는 경우가 있다(권오정·김영석, 2006: 395). 하지만 광복 후 미 군정기(교수요목기) 및 제1차 교육과정기에는 도덕교육을 사회과 교육(social studies) 내용의 일부로 가르쳤던 미국 교과 편제의 영향을 받아 '사회생활과' 내의 공민 분과를 통해 한시적으로 민주 도의 교육을 실시한 것이었다.[13] 다시 말해, 광복 후 극심한 혼란 상황에서 미 군정 당국에 의해 미국식 교과 편제가 한시적으로 적용되었던 것이다. 서론에서 제시한 바와 같이, 도덕과는 갑오교육개혁 당시에 '수신'이라는 교과 명칭으로 이미 개설된 바 있으며, 이러한 도의 교육적 전통과 남북 분단 상황에 대한 고려 속에서 1973년에 다시 독립 교과목으로 개설된 것이다. 따라서 국가 수준 교육과정이 도입된 초기에 도덕(도의)교육이 사회과의 일부였던 것은 '특수한 상황적인 이유'로 인해 발생한 한시적인 조치에 불과하므로, 도덕과를 사회과의 분과 정도로 격하시키기 위한 근거로 이를 활용하려는 것은 부적절하다.

다음으로, 가치 교육(values education)의 영역에 대한 편의적인 해석 문제에 대해 살펴보자. 가치 교육의 개념은 많은 학문적 논쟁의 대상이 되어 왔다. 일부 학자들은 가치 교육을 '가치 명료화'라는 제한된 의미로 사용하기도 하고, 가치분석, 인지 발달, 가치 명료화를 포함하는 중범위 개념으로 사용하기도 하며, 도덕교육과 시민성 교육을 포함하면서 가치 교육을 하나의 우산 개념(umbrella concept)으로 간주하기도 한다(Taylor, 2006: 107-131). 마지막 개념 범주의 경우, 인격 및 도덕 발달(인격교육 및 도덕교육), 종교교육, 영성 발달, 시민성 교육, 사회 발달 및 문화 발달의 주제들이 가치 교육에

---

13. 1946년 미국 콜로라도 덴버시 출신 앤더슨 대위(미군정청 소속)의 주장을 수용하여 공민(민주 도의 교육, 도덕교육 포함), 지리, 역사의 통합교과로서 '사회생활과(social studies)'를 개설하게 된 것이다. 이러한 미국식의 교과목 개설은 제1차 교육과정기(1954-1963)까지 지속되었다.

중요한 주제로 고려될 수 있다. 인격교육에 관한 경계 구분 상에 다소 모호함이 있기는 하지만, 국내 사회교육계에서는 대체로 가치 교육의 중범위 개념을 따르고 있다. 사회교육계에서 가장 권위 있는 학술서 중의 하나로 평가받고 있는 『사회과 교육학의 구조와 쟁점』을 보면, "가치 교육의 전통은 크게 세 가지로 분류할 수 있는데, 인격교육과 가치명료화, 콜버그의 도덕 발달 이론에 기초한 가치분석이 그것이다"라고 밝히면서 가치 교육 영역을 사회과 교육의 일부로 포함하고 있는 미국식 접근을 토대로 우리나라 도덕과의 독립적 지위에 대해 의문을 제기하고 있다(권오정·김영석, 2006: 397). 하지만 이러한 주장은 미국식 접근을 한국에 그대로 적용해도 되느냐의 측면에서 당연히 한계가 지적될 수밖에 없으며, 이와 동시에 가치 교육이라는 개념을 전면에 내세우면서 인격교육과 콜버그의 도덕 발달 이론을 사회과의 고유 영역으로 포섭하는 것이 미국의 연구 및 교육 실제와도 합치되지 않는 측면에서도 한계가 있다. 도덕과라는 독립 교과를 두고 있지 않은 미국의 경우, 도덕교육에 대한 일부 기능을 사회과의 가치 교육 영역에서 수행하고 있는 것일 뿐, 실제적으로는 인격교육 및 도덕교육 관련 이론 및 실천적 지침 개발은 전문 학술 단체 및 교육 단체에서 주도하고 있다. 예를 들어, 도덕성 발달과 관련된 도덕교육 영역은 미국 사회과(Social Studies)가 아니라 AME(Association for Moral Education)에서 대부분 논의되고 있고, 이와 관련된 주된 저널은 JME(*Journal of Moral Education*)이다. 그리고 인격교육은 각 학교마다 프로그램을 제작하여 범교과적으로 적용하고 있고, 이론 개발 및 실천 운동을 주도하고 있는 단체는 CEP(Character Education Partnership)이며, 주된 저널은 JRCE(*Journal of Research in Character Education*)이다. 반면 미국 사회과 교육의 대표 학회는 NCSS(National Council for the Social Studies)이고, 주된 학술지는 TRSE(*Theory and Research in Social Education*)와 SE(*Social Education*)이며, 여기서 도덕교육 영역을 다루는 경우는 극히 드물다.

끝으로, 사회과학 영역으로 인한 교과 간 내용 중복 문제로서 두 교과 간에 실제로 '가장 중요한 갈등 요인'이 되고 있는 측면에 대해 논의해 보도록 하자. 인간은 인격의 성숙과 사회의 개혁을 동시에 추구하며 살아가야 한다. 즉, 인간은 도덕적으로 자신의 삶을 변화시킬 뿐 아니라 세상을 더욱 선하게 만들어 가야 한다. 이것은 도덕에 대한 성찰이 본래적으로 사회적·문화적 분석과 비판, 그리고 재구성과 연관되어 있음을 보여주는 것이며, 또한 도덕교육의 역할이 개인의 도덕성 함양뿐 아니라, 사회적 왜곡과 불의를 해소하고 사회 변화를 진전시키는 것이어야 함을 보여준다. 다시 말해, 도덕교육은 삶을 바르게 하고, 선한 삶을 살게 하며, 사회적 안녕을 증진시키는 데 기여할 수 있어야 한다.

이런 이유에서 도덕과에서는 자기 자신뿐만 아니라 세계를 도덕적인 안목으로 볼 수 있는 능력과 실천 지향적 가치·태도 및 성향을 형성시키는 데 주안점을 두고 있다. 여기서 '세계(사회)를 도덕적인 안목으로 본다는 것'에는 좋은 사회에 대한 규범적 관점과 비전을 가진다는 것, 사회제도와 구조 및 현상을 도덕적인 관점에서 볼 수 있다는 것 등이 포함되고, 이와 관련된 실천 지향적 가치·태도로는 좋은 사회를 형성하기 위해 필요한 책임과 헌신, 정의 지향의 자세 등이 포함되며, 민주 사회를 지탱하고 있는 가치에 대한 존중이라든가 시민적 덕성 등도 포함될 수 있다. 이런 이유에서 도덕과의 내용 영역 상에 사회·국가·지구촌 윤리 영역이 포함될 수밖에 없고, 이는 곧 사회과학을 배경 학문으로 설정하고 있는 사회과와 내용 중복 문제를 발생시키게 된다. 특히 다문화 교육, 글로벌 교육, 통일 교육, 정치(사회)사상 및 정치교육, 환경 교육 등의 영역에서 도덕과와 사회과 간에는 다루어야 할 주제 간에 불가피하게 중복이 발생하게 된다.

그렇다면 이 문제를 어떻게 개선할 수 있을까? 도덕과에서도 민주 사회, 다문화 사회, 글로벌 시대에 요구되는 민주 시민성, 다문화 시민성, 글로벌 시민성을 가르쳐야 하는데, 사회과와는 어떤 차별화된 시도를 할 수 있을까? 필자의 관점에서 볼 때, 도덕과에서는 정치적·사회적·문화적 제도와 상황적 맥락(context)을 다루면서 인간 존엄성과 인권, 인간 사이의 만남을 통한 이해와 공감, 그리고 사회정의의 실현이라는 관점을 토대로 삼아야 하며, 모든 사람으로 하여금 자유와 자율을 지닌 도덕적 행위 주체가 될 수 있도록 기회와 힘을 부여해 주는 데 초점을 맞추어야 한다. 우리가 지향하는 정치적·사회적·문화적 이상 속에는 도덕적 이상이 깊이 스며들어 있어야 하며, 도덕과에서는 정치적·사회적·문화적 제도와 상황적 맥락을 윤리적으로 볼 수 있는 안목과 실천적 태도 및 성향을 길러주어야 한다.

우선 여러 주제 중 글로벌 교육 및 다문화 교육 차원에 관심을 두어보자. 오늘날 인권과 정의, 환경과 문화적 다양성에 대한 관심이 지구상의 모든 영역에서 나타나고 있다. 정치적·경제적 정의 문제와 문화적 다양성에 연관된 삶의 영역을 비롯하여 미래의 생명체 존속 가능성과 인권에 대한 폭넓은 의견들에 이르기까지 세계의 상호 의존성이 더욱 두드러지게 나타나고 있다. 도덕과가 질문해야 할 것은 이처럼 점증하고 있는 지구촌의 상호 의존성을 도덕적으로 어떤 관점에서 볼 것인가 하는 점이다. 지구촌 시대의 윤리는 어떤 것이어야 하는가? 이 질문이 도덕과와 사회과의 역할을 구분하는 핵심이다. 도덕과에서는 세계가 실제로 어떤 상황에 있는지에 대한 사회과학적 분석 및 진단을 일부 다룰 수밖에 없지만, 이보다는 세계시민으로서 어떻게 행위해야 하는가, 세계가 장차 어떤 모습이 되어야 하는가, 왜 그렇게 해야 하는가 등의 실천적·근원적 물음에 대해 도덕적 규범과 가치에 근거해서 판단하고 의욕할 수 있도록 지도해야 한다.

이와 같이 글로벌 교육 및 다문화 교육에 관한 도덕과의 역할이 규범적·윤리적 관점에 근거해야 한다고 볼 때, 도덕과에서의 글로벌 및 다문화 교육에서는 문화적 다양성에 대한 이해가 아닌 문화적 경계선을 넘어서는 보편타당한 윤리에 주목할 필요가 있다. 만약 도덕의 통약불가능성(incommensurability)에 대한 주장이 옳다면, 우리는 타 문화권에서 발생하는 일들을 이해할 수도 없으며, 도덕적 판단 또한 내리지 못할 것이다. 물론 우리는 도덕에 대한 인지적 기반을 완벽하게 지니지 못하고 있기 때문에, 우리가 할 수 있는 것은 타 문화를 이해하고 포용하며 관용하는 노력이라고 말할 수도 있을 것이다. 하지만 도덕과에서는 타 문화 이해와 포용 및 관용의 수준을 넘어서 보편적·초월적 가치의 지평에서 타 문화와 자문화를 윤리적으로 성찰해 봐야 한다. 도덕과에서는 지구상에 다양한 문화와 도덕이 병존하고 있다는 사실적 설명과 이에 따른 관용적 태도보다는 선(善)과 도덕적 옳음에 대한 각기 다른 관념들을 어떻게 해석할 것인가라는 질문에 초점을 맞추어야 한다. 이것은 사회학적 질문이라기보다는 윤리학적 질문이며, 어떤 가치의 공유에 의한 결속이 어려운 우리 시대의 도덕적 상황에 대한 질문이기도 하다. 따라서 지구촌 시대의 도덕교육은 다양한 관습과 도덕적 신념들을 타당하게 평가할 수 있는 기준이 과연 무엇인가를 집중적으로 고려하는 데 초점을 맞출 필요가 있다. 이와 같이 다양한 관습과 도덕적 신념들에 대해 문제를 제기하는 사람은 이미 일종의 도덕적 성찰을 시도하고 있는 것이다. 그것은 도덕 그 자체, 즉 도덕의 기본 원리와 정신에 대한 설명의 추구이다.

다음으로, 정치 윤리 및 국가 윤리 영역에 대한 도덕과의 역할을 살펴보도록 하자. 도덕과에서는 법과 정치제도의 특징과 메커니즘을 이해하거나 사회과학적 방법론을 적용하여 정치 현상에 대한 과학적 분석을 시도하는 것이 아니라, 개인의 도덕적 삶과 국가의 관계, 정치권력의 도덕적 정당성, 애국심과 시민적 덕성, 사회정의, 준법과 시민 불복종, 민주주의와 사회주의에 대한 윤리적 평가 등의 주제에 관심을 두면서 정치사상 혹은 이데올로기 속에 담겨 있는 도덕적 이상을 확인하고 정치제도 및 현상을 도덕적 이상의 관점에서 윤리적으로 탐구 및 성찰하는 데 초점을 맞추어야 한다. 여기서 도덕적 이상(moral ideals)이란 자유, 평등, 정의, 인간 존엄성과 인권과 같은 보편적인 도덕원리에 기초한, 도덕적으로 최선의, 완전한, 혹은 탁월하게 좋은 상태를 의미한다. 화이트헤드(A. Whitehead)는 "도덕은 이상을 지향하는 가운데 존재한다"고 하였으며(Whitehead, 1933: 346), 시첼(B. Sichel)은 "도덕적 이상은 열망의 대상이며 도달해야 할 지평으로서 어떤 이념형적(ideal types) 삶의 모습이나 추구해야 할 위대한 것으로 나타나기도 한다"(Sichel, 1988: 274)고 보았다. 도덕적 관점에서 이상적 자아(ideal self)를 설계하는 것이 개인적 도덕성(private morality) 형성을 위한 기반이 되는 것과 마찬가지로, 도덕적 관점에서 이상적 사회(ideal society)를 설계하는 것은 공적 도덕성(public morality) 형성을 위한 토대가 된다(정창우, 2008b: 10). '이 세상이 어떻게 변화되는 것이 최선인가,' '우리는 어디로 가야 하는가'에 대한 안목 없이 공동체에 대한 헌신을 말하다 보면 폐쇄적이고 국가주의적인 발상도 무비판적으로 수용하게 될 위험이 있다. 이종은의 『정치와 윤리: 정치권력의 도덕적 정당성에 대한 탐구』는 도덕과에서 다루어야 할 정치 윤리와 국가 윤리 영역의 성격을 정립하는 데 중요한 함의를 제공한다.

> 인간은 동물적으로 정치를 하는 것이 아니라, 사회 속에서 다른 인간과 정치적으로 연합함으로써 인간으로서의 품성을 완성할 수 있어야 한다. 인간을 위하는 것이 무엇인지 알고 이를 실천해야만 인간은 도덕적 존재가 되며, 번영의 기틀이 다져져서 행복을 이룰 수 있다. 그래야만 인간은 인간이 될 수 있다. 정치도 이를 벗어날 수 없으며, 벗어나서도 안 된다. 그렇지 않으면 다수의 동의에 의한 지배라는 민주주의도 힘에 의한 지배와 다를 바 없게 된다. 그러면 정치는 정글의 법칙에서 벗어날 수 없다. 각자가 자신의 선을 추구하기 위해 행하는 모든 정치적 행위에는 도덕적 억제가 있어야 한다. 도덕적 억제 없이 자기 보전이라는 개인의 선을 추구하는 행위는 공동선과 조화를 이룰 수 없을 뿐더러, 다수가 동의하는 행위 그 자체도 집단적인 폭력의 행사에 지나지 않을 수 있다(이종은, 2010: 352).

요컨대, 도덕적인 인간 성장은 이를 실현시켜 줄 수 있는 사회 속에서 의미를 갖는다. 그러므로 도덕과에서는 학생들로 하여금 도덕적인 관점이 반영된 이상적인 사회의 모습을 설계해 보게 하고, 이런 관점을 바탕으로 바람직한 사회를 구현하기 위해 어떤 실천적 노력이 필요한가에 대한 실천 지향적 탐구와 성찰을 해 보게 해야 한다. 이를테면, 의무론과 공리주의, 덕 윤리 등의 준거를 가지고 혹은 도덕적 이상에 대한 비전을 가지고 국가적 수준 및 국제적 수준에서 가치 배분에 대한 정의로운 입장을 취해 보고, 공동선을 지향하기 위해 국가가 시민을 위해, 시민이 국가를 위해 해야 할 일이 무엇인가 등을 숙고해 볼 수 있는 기회를 제공해야 한다.

4. 도덕과의 성격

국가적 · 사회적 차원에서 오늘날 도덕 교과에 대한 요구는 '실천 위주의 인성 교육'의 관점을 크게 벗어나지 않고 있는데, 그렇다면 실천 능력 및 태도 형성을 위해 가시적인 성과를 보여주지 못하고 있는 도덕 교과는 과연 무용한 것인가? 교과의 필요성을 인정한다고 하더라도 도덕과는 학생들의 도덕적 행동 변화 자체를 겨냥하면서 도덕적 실천 및 습관화에 초점을 맞추어야 하는가? 다시 말해, 타 교과 및 창의적 체험활동 등과 보조를 맞추면서 '도덕적 행동' 자체를 일관되게 견지해야 하는가?

이 글에서는 이러한 관점을 도덕성 및 도덕교육에 대한 일면적 이해에서 나올 수 있는 협애한 발상이라고 간주한다. 이러한 발상에는 도덕교육의 목표로서 '지(知)'와 '행(行),' '관례적 도덕'과 '반성적 도덕' 간의 상호 보완적 관계, 도덕적 행동에 영향을 미치는 다양한 심리학적 요소들 혹은 도덕성의 구성 요소들 간의 통합적 관계 등에 대한 세밀한 고려가 전제되어 있지 않다는 한계가 있다. 도덕과는 행(行), 덕목, 행동 및 태도 등을 중시하지만, 지(知), 원리, 의도 및 동기와의 상호작용에 주목하면서 도덕교육을 체계적 · 의도적으로 설계하고 운영하는 교과이다. 그러므로 도덕과가 '도덕적 행동'

자체에 초점을 맞추어야 한다거나 타 교과 및 교과 외 활동과 동질적인 성격을 가질 필요가 있다는 주장에는 한계가 있는 것이다. 2009 개정 교육과정에서 강조한 바와 같이, 사례 중심 학습, 프로젝트 학습, 협동 학습, 문제 중심 학습, 토론·실습 학습 등의 참여 위주 학습 형태의 활용, 정직·약속·용서·배려·소유 등 덕목 실천 기회의 확대, 창의적 체험활동(자율 활동, 동아리 활동, 봉사 활동, 진리활동)을 통한 활동 중심의 방식 등의 '행' 지향, '덕목' 지향, '행동과 태도' 지향의 도덕교육은 학교 도덕교육을 위한 필요조건이기는 하지만 충분조건은 아니며, '지,' '원리,' '의도 및 동기'와의 상호작용을 통해서 자율적이고 통합적인 도덕성 혹은 인격을 형성해 나가야 한다는 점을 간과하고 있다. 도덕과에서는 이 두 가지 측면을 동시에 고려하면서 도덕교육을 실시해 나가되, 학생들의 지적·도덕적 발달 단계에 따라 교육의 강조점을 달리하는 형태로 도덕교육을 실시하고자 하는 것이다.

이제 도덕철학 및 도덕 심리학, 도덕교육 영역에서 풍부하게 논의되어 온 다양한 이론적 관점을 활용하면서 학교 도덕교육을 '도덕적 행동' 위주로 방향을 설정하는 것의 문제점을 본격적으로 지적하되, 통합적 도덕성에 대한 고려를 바탕으로, 도덕과의 경우 '도덕적 행동'을 중시하지만 단지 그 수준에서 머무르는 것이 아니라 이성을 바탕으로 한 지(知), 원리, 이론, 학문 등과의 통합을 체계적으로 시도한다는 측면에서 다른 형태의 도덕교육과는 일정 정도 차별성을 갖는다는 점을 구체적으로 확인해 볼 것이다. 이러한 논의를 해 나가는 과정에서 자연스럽게 교과 편제에서 독립적으로 설치된 도덕교육 전담 교과로서의 도덕과가 타 교과 및 교과 외 활동과 어떻게 차별화 가능한지에 대해서도 논의해 볼 것이다.

결론부터 제시하자면, 크게 보면 행(行)에서 지(知)로, 관례적 도덕에서 반성적 도덕으로 강조점을 옮기면서 도덕교육을 추구하고, 도덕 심리학적 근거를 토대로 통합적 도덕성을 과학적·체계적·의도적으로 추구하는 특징을 지니고 있는 것이 도덕 교과이다. 도덕과에서는 초등학교 저학년으로 내려갈수록 행, 덕목, 도덕적 민감성과 도덕적 정서, 관례적 도덕 등을 중시하면서 지, 원리, 반성적 도덕 등을 통해 보완하고, 초등학교 고학년, 중·고등학교 단계로 올라갈수록 지, 원리, 반성적 도덕 등을 점차 강조하되 행, 덕목, 도덕적 민감성과 도덕적 정서, 관례적 도덕 등을 통해 보완하는 구조를 취해 왔다.

1) '지(知)'와 '행(行)'의 상보성(도덕 교과적 접근법: '행'에서 '지'로)

우선 지와 행의 상보성 측면에서 도덕과가 지닌 특성을 규명해 보자. 도덕과의 경우 궁극적으로 실천을 위해 존재하는 교과라는 점에서 행, 실천, 삶의 중요성을 결코 간과할 수 없지만, 이와 동시에 지, 이론, 학문과의 상호작용을 중시해야 한다는 특성을 동시에 지니고 있다. 도덕철학과 도덕 심리학, 도덕교육의 역사는 곧 '지행일치(知行一致)'의 문제를 풀기 위한 것이라고 말할 수 있을 정도로 지행일치는 중요하고 도덕과 교육을 통해 추구해야 할 궁극적인 도달점이라고 말할 수 있다. 하지만 문제는 지와 행, 이론과 실천, 학문과 삶 등의 관계를 어떻게 규정하느냐이다.

지와 행, 이론과 실천, 학문과 삶은 서로 영향을 주고받는 순환적·상호보완적 관계에 있다(강영안·최진덕, 1999: 41). 칸트는 "실천은 모든 활동을 일컫는 것이 아니라 보편적인 것으로 표상된 절차의 원칙과 합치된 결과로 나타난 어떤 목적의 실현만을 일컫는다"고 하면서 이론과 실천의 필연적 연관성을 정확하게 지적하고 있다.[14] 어떤 사람의 행위를 도덕적이고 합리적으로 만드는 것은 단순한 몸의 움직임이 아니라, 어떤 개념 아래에서 혹은 어떤 목적의 지도 아래에서 그러한 몸의 움직임이 수행되었는지 일 것이므로, 목적이 없는 실천은 결코 인간의 실천적 행위가 될 수 없는 것이다. 또한 주자(朱子) 역시 이론(知)과 실천(行)에 대해 실천을 중시하면서도 다

---

14. I. Kant, *Gemeinspruch*, A201; 강영안·최진덕(1999), p. 39에서 재인용.

음과 같이 양자의 상호 의존성을 말한다. "지(知)와 행(行)은 늘 상호 의존한다. 마치 눈이 다리가 없으면 가지 못하고, 다리가 눈이 없으면 보지 못하는 것과 같다. 선후를 논하면 지(知)가 우선이고 경중을 논하면 행(行)이 중하다."[15] 모든 도덕적 실천은 그 자체로 존재하는 것이 아니라 늘 일정한 이론을 통해 비쳐지고 확인된 실천이다. 이론과 실천 둘 다가 '이미 만들어진 것,' '이미 존재하는 것'이 아니라 삶 속에서 방향을 설정하고 의미를 부여하며 책임 있게 행동하려는 인격적 주체인 인간의 반성 행위와 밀접하게 연결되어 있다. 사람됨은 이론과 실천이 서로 연루되어 있는 이러한 인간의 반성 행위의 소산이다.

이와 같이 칸트와 주자 등을 통해 볼 때, 실천의 중요성은 분명히 확인할 수 있으며, 이와 동시에 지, 원리, 이론, 학문과의 상호 의존성을 간과해서는 안 된다는 점도 확인할 수 있다. 이는 어떤 행동이 '도덕적으로' 관련을 맺으려면 단지 행위 그 자체가 아니라 그 행위가 자율적으로 사고하고 선택하는 것과 깊은 관련을 가지고 있다는 것을 함축한다. 즉, 이들 모두 도덕성은 적절하게 행동하고 있다는 행동주의적 의미를 포함하면서도 도덕적 행위 이면에 숨겨진 의도와 동기, 성향 등을 포함해야 한다는 것을 함축하고 있다. 또한 도덕적 행위가 되기 위해서는 우리의 관심 대상이 되는 것을 평가할 수 있어야 하며, 행위의 목적 그 자체는 본래적 가치를 가진 것이어야 한다는 점 등 다양한 조건들이 요구된다는 점을 함축하고 있다. 이렇게 볼 때, 도덕교육이 성공을 거두기 위한 기준은 단순히 관찰 가능한 행동 안에 놓여 있는 것이 아니라 그러한 행동을 이끄는 사고 과정 안에 놓여 있는 것이어야 한다. 따라서 학생들의 도덕성 발달단계를 고려한다면, 도덕교육은 훈련 및 습관화 지도를 통해 구체적인 덕목을 실천하도록 하는 데에서 출발한다 하더라도 점차 직면하는 상황에 대해 숙고하고 적절히 선택할 수 있는 사려적인 능력을 갖추는 데 초점을 맞추어야 한다(노영란, 2007: 119). 국가 수

---

15. 朱子語類 卷9; 강영안 · 최진덕(1999), p. 39에서 재인용.

준 교육과정 문서를 통해 볼 때, 도덕과는 행동주의 및 사회 학습 이론을 활용하면서도 학생들이 단지 기계적, 수동적으로 행동하도록 하는 데 머물러서는 안 되고, 학생들이 자율적으로 도덕적 결정을 내리면서 행동하도록 안내해 주어야 한다는 점을 강조해 왔다. 학생들의 지적·도덕적 발달 특성을 고려하면서, '지식 및 사고 과정'과 '행동' 간의 체계적인 연결을 시도하는 도덕교육은 도덕 교과를 통해 가능한 것이다.

2) '관례적 도덕'과 '반성적 도덕'의 조화(도덕 교과적 접근법: '관례적 도덕'에서 '반성적 도덕'으로)

도덕철학을 배경으로 한 도덕교육적 전통에서 볼 때 크게 두 가지 관점이 대립되어 왔다. 프로타고라스·메논의 입장과 소크라테스·플라톤의 입장이 그것이다. 전자에 있어 도덕은 그 사회에서 이미 통용되고 있는, 누구나 다 알고 있는 것으로서, 모국어를 배우듯이 집과 거리에서 사람들과 접촉하고 생활하는 과정에서 자연적·우연적 과정을 통해 그리고 때로는 모방과 훈계, 벌이나 반복적 실행을 통해 습득하는 것으로 간주된다(이홍우, 1992: 55-56). 도덕이 사람의 외부에 이미 있고 그것이 무엇인지 누구나 분명히 알고 있으므로, 이를 탐구하는 일은 그리 중요하지 않다. 오히려 덕스러운 사람을 길러내기 위해 힘써 해야 할 일은 누구나 다 알고 있는 덕을 잘 습득하여 실천하도록 적절한 환경을 제공하고 지속적으로 훈련시키는 일이 된다. 이에 비해 후자에 있어 도덕은 올바른 삶에 대한 통찰의 결과와 선(善)에 관한 지식(앎)에서 비롯되며, 이는 반성과 숙고를 통해 얻어지는 것으로 간주된다. 도덕적 삶이란 사물의 본질에 관한 지식에 따르는 삶이며 이러한 삶은 이성의 활동을 통해 파악되어야 하기 때문에, 덕스러운 사람을 길러내기 위해서는 그의 영혼 속에 자리하고 있는 도덕의 눈을 뜨게 하여 그 길을 가도록 안내하지 않으면 안 되는 것이다. 전자가 관례적 도덕(혹은 인습도덕)과 자연적 · 우연적 학습, 그리고 덕스러운 행동을 강조한다면, 후자는 반성적 도덕과 그것에 대한 이성적 탐구, 그리고 도덕적 지성의 연마를 강조한다. 그러나 본래 이 두 관점은 도덕적 인간 형성이라는 동일한 과정의 두 측면을 반영하는 것으로서 균형과 조화의 원리에 의해 규율되어야 하는 것이다(유병열, 1992: 55-56).

이러한 도덕철학적 배경에서의 도덕교육에 대한 두 관점은 도덕 심리학적 차원에서 도덕 사회화와 도덕 발달 간 논쟁과도 맥을 같이한다. 대부분의 사회는 그 사회에 맞는 도덕규범을 발전시켜 왔을 뿐 아니라, 그 규범들이 때로 개인의 행동 결정에 영향을 미치는 중요한 요인이라는 점은 더 이상 의심의 여지가 없는 분명한 사실이다. 하지만 도덕성을 전적으로 어떤 사회적 규범을 준수하는 문제로만 바라봐서는 안 된다. 도덕성에 대한 인습적 혹은 관례적, 사회학적 개념은 가치의 전수 및 재생산을 강조하는 일방적 성격을 지닐 수 있기 때문이다. 또한 관습이나 전통이 도덕적 삶을 위한 출발점이 되고 도덕적 행위자로서의 정체성을 형성하는 데 일정 부분 영향을 미치는 것은 사실이라고 해도, 그것이 우리의 도덕성을 정당화시켜 주는 것은 아니기 때문이다. 따라서 관례적 도덕에서 출발하더라도 차츰 도덕교육의 강조점은 비판적 반성과 성찰 쪽으로 이행해야 한다. 즉, 도덕교육에서 '도덕'이나 '도덕성' 개념은 단순히 어떤 사회 안에서 수용 가능한 것으로 여겨지는 관습이나 행동만을 언급하는 것이 아니라, 어느 특정 사회의 가치 체계를 초월하는 기준의 토대 위에서 개인적으로 직면하게 되는 행위와 대안적 원리 및 행동들 간의 선택에 대해 언급하는 것이어야 한다(이병승 역, 2005: 19-21).

관례적 도덕과 반성적 도덕이라는 개념과 유사하게, 이진우는 관례적 도덕을 의미하는 '일상의 도덕'과 이제까지 수동적으로 받아들였던 규범에 물음표를 붙이면서 우리 자신을 자유의 존재로 인식하는 '도덕의 일상'을 구분하면서 후자를 강조하고 있다(이진우, 1997: 34). 이홍우 또한 도덕과가 학교의 교과로서 성립하는 근거가 인성 교육이라는 국가적·사회적 요구와 윤리학의 학문적 성격에서 찾아질 수 있는 만큼, 도덕과에서는 일상적인 도덕적 관심과 윤리학의 학문적 관심, 또는 도덕교육의 행위적 해석(일상적인 도덕적 관심)과 비행위적 해석(윤리학적 사고 혹은 윤리학자들이 하는 일)에 의하여 각각 지적되는 두 가지 요소가 동시에 들어 있다고 본다(박용헌 외, 1989: 62). 앞의 요소에 해당하는 것은 행동적 의미가 비교적 명백한 도덕적 개념을 가르침으로써 그 행동을 실천하도록 하는 데 목적을 둔 것이며, 뒤의 요소에 해당하는 것은 행동으로부터 도덕적 개념을 추출하여 그 의미를 더욱 깊이 있게 탐구하는 데 목적을 둔 것으로 설명한다. 그러면서 학교 도덕과 교육의 강조점은 후자에 두고 있다. 오늘날 우리 도덕과의 모습은 초등학교 저학년 단계로 갈수록 '관례적 도덕'에 강조점을 두는 '실천 위주의 인성 교육' 혹은 콜버그의 인습 수준 도덕이나 최소 도덕 지향적 도덕교육의 성격을 지니면서도, 학년이 올라갈수록 관례적 도덕의 존재 근거에 대해 묻고 성찰할 수 있도록 하는 '반성적 도덕교육' 혹은 콜버그의 인습 이후 수준을 지향하는 도덕교육적 성격이 강조되고 있다. 즉, 학교급 및 학년이 낮을수록 사회화 과정을 통해 행위규범의 습득을 강조하고, 학교급 및 학년이 올라갈수록 어떤 대상(자기 자신, 타인, 사회, 국가, 세계)에 대한 윤리적인 의미를 깊이 생각하면서 합리적 판단과 비판적 반성을 통해 일관되게 숙고한 결과를 자발적으로 받아들이게 하는 것 혹은 '자기화'하는 것에 중점을 두고 있다. 이러한 특징은 다른 형태의 도덕교육 방식과는 구분되는 근거를 제공한다.

3) 통합적 도덕성의 과학적·체계적 추구

도덕과에서는 '통합적 도덕성' 혹은 '통합적 인격'을 '과학적이고 체계적'으로 지향한다는 측면에서 독자성을 갖는다. 도덕성에 관한 과학적·체계적 연구는 다름 아닌 도덕 심리학의 과제이다. 사실상 여러 학문들이 도덕교육을 이론화하는 일에 매달려 왔지만, 최근 수십 년간 도덕교육에 대한 가장 큰 공헌은 주로 도덕 심리학에 의해 주도되어 왔다고 해도 과언이 아니다. 도덕 심리학과 도덕교육의 이러한 깊은 관련성은 도덕교육 프로그램들이 아동의 도덕 발달에 대한 경험적 결과들을 고려해야 한다는 분명한 인식에 의해서 이루어진 것이다. 이러한 관점에서 도덕과에서는 통합적 도덕성의 특성을 고려하고 발달의 계열성에 부합되도록 교과 목표를 설정하기 위해 도덕 심리학 영역에서 수행된 이론적·경험적 연구 결과를 반영하고자 하였다. 이 점도 도덕과를 타 교과 및 교과 외 활동과 차별화할 수 있는 근거로 제시할 수 있는 것이다.

통합적 도덕성 형성을 추구하는 도덕교육, 즉 통합적 도덕교육 개념이 등장하기 이전에는 사실상 콜버그의 인지 발달 이론이 '도덕 심리학 및 도덕교육' 영역을 주도해 왔다고 말할 수 있다. 콜버그의 이론은 오늘날에도 여전히 영향력 있는 이론이지만, 도덕성에 대한 통합적 관점이 보다 큰 설득력을 얻고 있다. 통합성을 모색하는 관점들은 대체로 도덕적 행동의 표출을 위해 영향을 미치는 심리학적 특성들을 제시하거나, 도덕적 인격을 구성하는 심리학적 요소들에 특히 주목하고 있다. '전자'의 관점에서, 레스트 (J. Rest)는 도덕적 민감성, 도덕적 판단, 도덕적 동기화, 그리고 도덕적 품성을 도덕적 행동으로의 표출을 위한 심리학적 요소로 고려하였고, 데이먼(W. Damon)과 블라지(A. Blasi)는 도덕성과 자아의 통합 형태인 도덕적 정체성을 제시하였다. '후자'의 관점에서, 버코위츠(M. Berkowitz)는 도덕적 행동, 도덕적 가치, 도덕적 성격, 도덕적 정서, 도덕적 추론, 도덕적 정체성, 그리고 도덕적 기능화를 돕는 기초적인 심리적 특성들을 제시하였으며, 리코나 (T. Lickona)는 도덕적 인지, 도덕적 감정, 도덕적 행동의 통합적인 관점을 견지하면서 이러한 구성 요소들의 하위 영역에 여러 심리학적 요소를 포함하였다. 이와 같이 통합적 도덕성 형성에 주목하는 도덕 심리학자들은 이러한 심리학적 특성들이나 심리학적 요소들이 발달 특성에 맞게 강조될 수 있도록 도덕성 발달의 시기적 특성과 이에 따른 도덕교육의 과제를 제안하고 있다. 이러한 도덕 심리학 영역에서의 연구 결과를 도덕과에서는 어떻게 반영하면서 교육과정을 설계해 왔는지, 제6차 도덕과 교육과정 이후 2007 개정 교육과정까지의 시기에 한정해서 살펴보도록 하자.

제6차 도덕과 교육과정에서는 인지 발달의 특성과 도덕적 사고의 계열적 발달의 관념에 입각하여 도덕과 교육을 학교급별로 특성화·중점화시키는 것이 바람직하다는 입장에서, 초등의 경우 사고와 판단보다는 '행동을 통한 규범적 실천의 내면화'를 이루는 데 중점을 두고, 중학교 시기부터는 '규범적 차원의 도덕적 사고'나 '도덕 문제에 대한 사고력', 그리고 '도덕적인 규범과 가치를 판단'하는 것에 중점을 두었다. 배경 이론으로는 콜버그의 인지 발달론이 중요하게 고려되었다. 국민공통기본교육과정이라는 개념이 새롭게 등장한 제7차에서는 (학교급간 연계를 강조하면서도) 학교급별 목표를 별도로 설정하는 대신, 김안중 외 3인(1982)의 연구 결과를 중요하게 반영하여 중학교 1, 2학년은 인습 수준을, 그리고 중학교 3학년, 고등학교 1학년은 인습 이후 수준을 지향한다는 측면에서 종전의 교육과정을 부분적으로 수정·보완하였다(교육부, 1999a: 191). 배경 이론적으로는 콜버그의 인지 발달론과 더불어 리코나의 통합적 인격교육론이 주요하게 고려되었다. 2007년 개정 도덕과 교육과정에서는 도덕성 발달에 대한 국·내외 연구 결과들을 종합하고, 초등 및 중등 도덕과 교사들의 요구를 반영하여 다시 학교급별로 목표를 제시하게 되었다(교육과학기술부, 2008/2009: 173-176). 2007 개정을 위한 기초연구 차원에서 도덕성 발달에 대한 국·내외 선행 연구 결과의 체계적인 종합은 정창우에 의해 시도되었으며(한국교육과정평가원, 2003: 144-145; 정창우, 2004: 112), 이 연구 결과를 통해 도덕성 발달 특성을 고려한 도덕과의 목표 설정은 학교급별로 교육을 중점화하는 방향에서 설계할 필요가 있음을 확인할 수 있었다. 실제로 이 연구의 결과는 『도덕과 교육과정 개선 방안 연구』(한국교육과정평가원, 2005: 104)의 기초 자료로 활용된 바 있다.

도덕 심리학의 최근 동향을 전제로 할 경우, 도덕성을 전적으로 행동상의 것으로 또는 단순히 사고하는 것으로 단순화하려고 해서는 안 되며, 도덕교육은 학생들의 발달적 특성을 고려하여 체계적으로 이루어져야 한다. 레스트, 버코위츠, 리코나, 블라지, 데이먼 등 도덕 심리학 영역에서의 영향력 있는 이론을 통해 볼 때, '도덕적으로 기능(moral functioning)'하기 위해서는 도덕적 행동에 영향을 미치는 심리학적 요소들 혹은 도덕적 인격을 구성하는 심리학적 요소들 간에 통합이 이루어져야 한다. 또한 학교에서의 도덕교육은 학생들의 도덕성 발달 특성에 따라 중점을 달리할 필요가 있으며, 도덕 발달을 촉진시킬 수 있는 학습 기회를 풍부하게 제공할 필요가 있다. 이렇게 볼 때, 학교 도덕교육을 내실 있게 개선하려면, 우리나라 아동 및 청소년의 도덕성 발달 특성에 부합되는 목표를 과학적 · 체계적으로 설정할 수 있어야 하고, 도덕성 발달을 촉진시킬 수 있는 지도 방법 상의 전문성이 필요한 것이다. 이와 같이 통합적 도덕성을 고려하면서 발달 특성에 맞는 교육과정을 과학적 · 체계적으로 설계하고, 도덕 발달을 가능하게 하는 기회를 의도적으로 풍부하게 제공하는 것은 도덕과를 통해 가능하다.

4) 종합

인격 혹은 도덕성의 변화는 인간의 내면 깊숙한 곳으로부터의 변화이고 자신의 삶 전체에 대한 통찰을 필요로 하기 때문에 고도의 전문성을 필요로 한다. 보다 구체적으로 말하자면, 윤리학 · 정치철학과 도덕 심리학 등을 중심으로 다학문 간 소통 방식을 취하면서 도덕교육을 기획 · 설계해야 하고, '도덕적 행동'을 중시하지만 단지 그 수준에서 머무르는 것이 아니라 이성을 바탕으로 한 지(知), 원리, 이론, 학문 등과의 통합을 체계적으로 시도해야 하며, 학생들의 발달 특성을 고려하면서 통합적 도덕성을 과학적·체계적으로 추구할 수 있어야 하고, 도덕적인 지식을 제대로 전수하면서도 '도덕적인 삶에 대한 근본 물음과 실천 지향적 물음'을 효과적으로 제기함으로써 도덕적 성찰과 탐구를 촉진할 수 있는 교사의 전문성도 필요한 것이다.

이러한 특징은 다른 형태의 도덕교육 방식과는 일정 정도 구분되는 근거를 제공한다. 타 교과 또한 '도덕적 인간 형성'이라는 교육 본질 및 목적과 관련성을 가지면서 과학적·체계적으로 접근하면 되지 않겠느냐고 주장할 수 있겠지만, 학교급 및 학년이 올라갈수록 각 교과가 천착해야 할 고유의 역할에 충실할 수밖에 없기 때문에 도덕성의 관점에 근거해서 도덕교육을 체계적으로 실시하기 어려운 명확한 한계가 있다. 또한 창의적 체험활동과 같은 교과 외 활동은 의도적이고 체계적인 형태로 진행되는 정규 수업과는 분명히 다르기 때문에 지, 도덕원리, 도덕적 사고와 성찰 등을 제대로 다루는 데 분명한 한계가 있다. 그리고 인성 교육적·도덕교육적 차원에서 창의적 체험활동을 활용 및 지도할 수 있는 방법이나 그러한 과정으로 운영되도록 지원할 수 있는 행정적 시스템이 제대로 갖추어져 있지 않으며, 인성 교육·도덕교육에 관심을 갖고 창의적 체험활동을 운영할 수 있는 전문가도 드물고, 학교 행정가나 교사들의 사명감과 열정도 현재로서는 여러 가지로 제약을 받고 있다. 최근 우리나라에서 창의적 체험활동에 대한 연구 및 교육적 실천 수준은 학생들에게 도덕 발달을 자극하는 환경을 의미 있게 구축하는 데 공헌하기보다, 단순히 어떤 환경에 노출되면 학생들의 인성 형성이나 도덕성 발달에 도움이 될 것이라는 수동적 노출(passive exposure) 수준에 머무르고 있다.

우리나라 도덕교육의 내실화를 기대한다면, 도덕 교과와 교과 외 활동 간에 강점과 한계를 상호 비교 검토하여 학교 도덕교육에서의 역할 분담을 위한 지도(map)를 그리고, 정치적·행정적으로 이러한 교육 설계가 교육적으로 효과가 있도록 지원하는 체제를 구축해야 한다. 이를 위해 도덕교육의 과제를 MEX와 MEY의 두 가지로 인식하는 프랑케나(W. Frankena)의 이론을 활용하면서 학교 도덕교육의 역할 분담을 제안하는 유병열의 견해에 특히 주목해 볼 필요가 있다(유병열, 1992). 즉, 수업을 전제로 하는 도덕과 교육에서는 도덕에 관한 이해를 중심으로 하는 MEX에 비해 아무래도 실천을 통한 습관화 측면에서의 MEY는 약하게 추구될 수밖에 없으므로, 도덕과에서는 '강한 MEX와 약한 MEY의 결합 형태'가 적절하다는 것이다. 반면에 도덕과 이외의 도덕교육에서는 MEX라는 의도적 · 체계적 도덕교육이 약한 대신에 MEY가 추구될 기회가 많이 열려 있다고 할 수 있으므로, '약한 MEX와 강한 MEY의 결합 형태'가 이루어질 필요가 있다는 것이다. 그렇다면 전체적으로 학교 도덕교육을 강화하는 일이 무엇인지는 명백해지게 되는 것이다. 수업을 전제로 하는 도덕과 교육(강한 MEX + 약한 MEY)과 도덕과 이외 영역에서의 도덕교육(약한 MEX + 강한 MEY)이 서로 상보적으로 결합될 때 비로소 진정한 의미의 도덕교육의 강화(강한 MEX + 강한 MEY)를 결과할 수 있게 되는 것이다.

IV. 결론

이 글에서는 도덕과 교육에 대한 회의주의에 대응하여 독립 교과를 통한 도덕교육의 가능성(possibility), 필요성(necessity), 바람직함(desirability) 등을 규명하고자 하였다. 이를 규명하는 과정에서, 도덕과는 타 교과에 비해 '교육'의 본질과 가장 긴밀하게 연결되어 있고, 개인으로서 그리고 공동체의 구성원으로서 생활 적응과 행복 추구, 사회화 및 국가 발전과 같은 외재적 가치를 지닌다는 점을 교과 정당화 차원에서 강조하였다. 또한 교과 정체성 차원에서 볼 때, 도덕과 학습으로서 '도덕 공부'는 도덕적 실천, 도덕적 지식 습득, 도덕적 탐구, 도덕적 성찰을 포함하되, 도덕적 성찰이 세 공부 방법을 하나로 꿰어주는 끈이자 중심점으로서 기능할 수 있도록 해야 한다고 보았다. 또한 도덕과의 배경 학문들을 하나의 '체계'로 꿰어주는 실은 특정 학문이 아니라, '우리나라 초·중·고등학교 학생들의 도덕성 발달 내지 인격적 성장'이라는 교과 목적 및 교과 목표여야 하고, 이를 위해 윤리학, 정치철학, 도덕 심리학 등의 여러 배경 학문들이 상호 소통한다는 식으로 배경 학문 간 관계를 재규정해야 한다고 보았다. 다음으로, 사회과와의 차별화를 위해 도덕과에서는 정치적·사회적·문화적 제도와 상황적 맥락(context)을 다루면서 인간 존엄성, 인간 사이의 만남을 통한 이해와 공감, 그리고 사회정의의 실현이라는 관점을 토대로 삼아야 하며, 모든 사람으로 하여금 자유와 자율을 지닌 도덕적 행위 주체가 될 수 있도록 기회와 힘을 부여해 주는 데 초점을 맞추어야 한다고 강조하였다. 끝으로, 행(行)에서 지(知)로, 관례적 도덕에서 반성적 도덕으로 강조점을 옮기면서 도덕교육을 추구하고, 도덕 심리학적 근거를 토대로 통합적 도덕성을 과학적·체계적·의도적으로 추구하는 특징을 지니고 있는 것이 도덕 교과라는 점을 강조하였다. 이러한 특징은 다른 형태의 도덕교육 방식과는 일정 정도 구분할 수 있는 근거를 제공하며, 도덕과에서 어떤 특정한 내용이 가르칠 가치가 있는가, 즉 그것이 어떤 점에서 도덕과 교육 내용으로 정당화되는가, 그리고 어떤 특정한 교육 방법이 어째서 타당한 교육 방법인가를 답하는 데 도움을 준다.

이 시대는 오로지 잘 살기 위한 열망으로 들끓고 있다. 그러나 잘 산다는 것의 의미를 단지 경제적인 풍요로움과 물질적 쾌락의 차원에서만 이해할 뿐 그러한 삶의 가치와 목적 그 자체는 비판적으로 검토하지 않으려 한다(유병열, 1992: 110). '자기비판 및 성찰을 허용하지 않는 잘 사는 삶'의 풍조와, 교육을 '사회적 유용성'의 관점에서 접근하는 국가적 교육관이 결합하게 될 때, 교과로서의 도덕교육은 가치 없는 일로 간주된다. 그러나 도덕적 자기완성 및 영혼의 아름다움을 계발하는 일을 소홀히 간주하는 집단이 향하게 되는 길은 삶의 의미의 상실과 문화의 타락임을 우리는 깨달아야 한다. 우리 사회의 정신적 쇠퇴를 진심으로 걱정하면서 정신적 가치를 높이 여기는 문화의 재건에 관심을 돌린다면, 학교교육에서 도덕과의 중요성을 인식하는 것으로부터 시작하지 않으면 안 된다. 인격 완성을 중시해 온 우리의 교육적 전통을 바탕으로 도덕적 영혼을 일깨우고 도덕적 자기완성을 추구하기 위해서는 '체계적이고 의도적인 교육적 실천'이 '교과 교육과정'을 통해 이루어져야 하며, 이를 제대로 담당할 수 있는 유일한 교과가 바로 도덕과라는 점을 분명히 인식해야 한다.

갑오교육개혁기의 수신 교육

갑오교육개혁에 있어서 교육 이념 설정을 주도했던 유길준, 서재필, 윤치호 등은 특히 교육의 목적이 '실용'에 있다는 점을 공통적으로 강조했다(이해명, 1987: 340). 여기서 그들이 밝힌 실용의 의미는 부국강병(富國强兵)을 염두에 둔 것이었고, 직업을 수행하는 데 필요한 전문적 기능 차원에 치중한 것이었다. '홍범14조,' '교육칙어,' '교육입국조서' 등을 통하여 제시된 정부의 교육 이념 제정의 방향은 이들이 말하는 이념 또는 개념으로서의 근본 이념과 일치하는 차원에서 '실용성'을 강조한 것이었다. 예를 들어, 홍범 14조에서 제시한 "국중(國中)의 청준(聽俊)한 자제를 널리 외국에 파견하여 학술과 기술을 전습게 한다"(장대희, 1994: 7 재인용)는 조항은 외국 선진문명의 수용을 통한 부국강병을 천명한 것이고, 여기에는 실용주의와 민족주의가 교육개혁의 이념으로 작용하고 있는 것이다.

이와 같이 제도 개편의 정신이나 이념을 '실용'의 관점에서 밝히고 있는 '칙령' 수준과는 달리, 교육목표·교육 내용·교수 방법·평가 등에 대한 사항을 다루고 있는 '규칙'에서는 우리 교육의 오랜 전통인 '인간의 완성'이라는 목표가 중시되고 있다(이해명, 1987: 348). '소학교 규칙'에서는 "덕성의 함양과 인도(人道)의 실천, 그리고 생활에 필요한 기술"을 중요한 교육의 목표로 제시하고 있고, '중학교 규칙'에서는 "국민에게 필요한 중등 교육의 교수"라고 교육목표를 규정하고 있다. '성균관 규칙'에는 "경학을 학습하고 덕행을 수행하며 문명한 진보에 유의함"을 교육목표로 제시하고 있다. 그렇게 본다면 당시의 교육정책에서는 교육의 중점적인 목표를 두 가지로 생각하고 있었다는 말이 된다. 하나는 국력을 신장시키기 위한 실용적 교육이고, 다른 하나는 인간의 내면적 완성을 위한 인격교육이다. 이것은 이념적으로는 신교육의 목적이 '실용'에 중점을 두는 것이었지만, 현실적으로는 여전히 유교적 교육관이 깊이 내재된 '인격 완성'이 교육의 일차적인 목적이 되고 있었음을 의미하는 것이며, 이는 곧 이 두 방향성 간에 갈등과 혼란을 빚게 되었다는 것을 의미한다(이해명, 1987: 359). 후자를 위해 오늘날 '도덕' 교과에 해당하는 '수신(修身)'은 독서와 작문, 산술, 지리 및 역사, 물리 및 화학, 체조와 더불어 모든 학교에 공통적으로 설강되어 있는 과목이었으며, 우리 교육의 오랜 전통인 '인간의 완성'이라는 교육 본연의 기능을 위해 독립적으로 설정된 중핵 과목이었다. 1895년 8월 12일에 학교령 제3호로 공포된 '소학교 규칙 대강' 제2조를 보면 다음과 같다.

> 수신(修身)은 교육에 관한 조칙(詔勅)의 지취(旨趣)에 기(基)하고 아동의 양심을 계도하여 덕성을 함양하며 인도를 실천하는 방법을 수(授)함을 요지로 함. 심상과에는 효제(孝悌), 우애(友愛), 예경(禮徹), 인자(仁慈), 신실(信實), 의용(義勇), 공검(恭儉) 등 실천하는 방법을 수(授)하고 별(別)로히 존왕애국(尊王愛國)하는 사기(士氣)를 양(養)함을 무(務)하고 또 신민으로서 국가에 대하는 책무의 대요(大要)를 제시하고 겸하여 염치의 중(重)함을 지(知)케 하고 아동을 유도하여 풍속과 품위의 순정(純正) 취(趣)함을 주의함이 가(可)함(장대희, 1994: 11 재인용).

갑오교육개혁을 심층적으로 연구한 이해명은 갑오교육개혁을 실패로 규정하면서 다음과 같은 결론을 제시하고 있다(이해명, 1987: 368). 우선 이념상으로 정립된 교육 목적이 실제에 구현될 수 있으려면, 그 사회의 전통적 교육관이나 문화 배경이 교육개혁의 구상 단계에서 충실하게 고려되어야 한다. 다음으로, 교육개혁을 이념적으로 구상하는 단계에서는 교육을 사회 발전을 위한 수단으로 인지하는 데 반하여, 궁극적인 면에서는 교육은 개인의 내면적 완성을 위한 욕구가 반영되어야 한다는 필연성이 노출된다. 따라서 교육개혁을 구상함에 있어서 주의할 사항은 교육이 오로지 국가나 사회 발전의 수단이라는 인식이 불식되어야 한다는 점이다.

물론 갑오교육개혁 당시에 사용된 '실용'이라는 개념은 민족화(民族化) 및 민권화(民權化) 개념 등과의 연결을 통해 부국강병을 추구했다는 점에서 오늘날의 상황과 다소 차이가 있을 수 있지만, 갑오교육개혁은 교육 본래적 가치(인격 형성)와 수단적 가치(실용 혹은 부국강병)를 유기적으로 연결시키지 않으면 교육개혁이 성공하기 어렵다는 점을 오늘날의 우리 교육에 분명하게 시사하고 있다. 즉, 교육이 국력을 증진시키기 위한 도구적 수단이어야 함과 아울러, 인간 개인의 내면적 욕구를 충족시키면서 동시에 인격적 성장을 도모한다는 본래적 기능도 아울러 갖고 있어야 한다는 것을 시사하는 것이라고 볼 수 있다. 허친스(R. Hutchins)의 말을 빌리면, 교육이 '즉각적 필요'라든가 '사회 개혁'을 도외시해서는 안 되겠지만, 교육을 통한 사회 개혁은 생활의 필요나 문제 사태를 교육의 내용으로 삼아서 달성할 수 있는 것이 아니라, 학생들에게 무엇이 옳고 그른가를 가르쳐 줌으로써 달성할 수 있는 것이다(Hutchins, 1955: 71-72).

필자는 '인간 형성 혹은 인격 완성'이라는 우리의 전통적 교육관을 소중하게 여기면서 '수신'을 중핵 교과목으로 설정했던 역사적 사실이 오늘날 교육정책을 수립하는 데도 여전히 중대한 함의를 지녀야 하고, 이러한 인간교육 및 인격교육에 대한 강조가 '실용'과 같은 교육개혁의 이념과 조화를 추구하되, 실용은 교육의 내재적 가치와 모순을 이루지 않는 범위 안에서 허용되어야 한다고 믿는다.

제2장

인성 교육과 도덕과 교육의 관계

I. 서론

몇 해 전에 창의·인성교육기획위원회 위원장을 맡은 문용린은 국가 경쟁력의 핵심을 '지식·정보의 생산력'과 '사회적 자본'으로 규정하면서, 지식·정보의 생산력은 '창의성 교육'으로 확보할 수 있고, 국민 간의 신뢰와 법질서의 준수라는 사회적 자본은 '인성 교육'으로 확보할 수 있다고 했다(문용린, 2010: 6-9). 이러한 기준에 비추어 볼 때, 우리의 교육 현실은 안타깝게도 '단편적·도구적 지식 위주,' '입시 위주,' '점수 위주' 교육에 지나치게 치중한 나머지 창의성 교육과 인성 교육에는 별로 노력을 기울이지 않았다고 지적할 수 있다.[1]

이러한 교육 현실을 개선하기 위해, 특히 인성 교육의 내실화를 위해 교육정책을 마련하여 적극적으로 시행해야 하겠지만, 하나의 정책으로 단기간

---

1. 실제로 우리의 학교교육은 '지식 전달 위주의 교육과 지식 습득 정도에 초점을 맞추는 평가'에 치중함으로써 상상력과 창의성을 훼손시키고 억압해 왔으며, 학교가 입시 학원화됨으로써 건전한 인성을 형성하는 데 실패해 왔다는 비판을 받고 있다.

에 개선될 수 있다고 보는 것은 지나치게 단순한 생각에 불과하다. 인성 교육의 본연에 대한 검토와 실행을 위한 큰 틀 및 세부 방안을 마련하여 일관되게 그리고 지속적으로 강조해 나가야만 변화를 이끌어 낼 수 있다. 이를 위해 인성의 핵심 요소는 무엇이고 어떻게 형성되는지, 인성 교육의 지향점은 무엇이고 교과와 교과 외 활동을 통해 인성 교육을 어떻게 적용해야 하는지에 대해 신중하게 탐색해야 하는 것은 오늘날 우리에게 주어진 진정한 교육 과업이라고 할 수 있다. 이 글의 목적은 바로 이러한 물음에 대한 답을 부분적으로 찾는 데 두어진다.

이 글에서는 인성 교육의 목적 규명은 인성 및 인성 교육의 개념 정립을 통해 어느 정도 가능하다는 전제 하에 철학과 심리학적 관점, 그리고 다양한 교육적 관점(가치·도덕·시민성·인격교육과의 관계)을 토대로 인성 및 인성 교육의 개념을 우선 규정하고자 한다. 이와 같이 인성 및 인성 교육의 개념을 규명한 후 교과 교육과정을 통해 인성 교육을 체계적으로 적용할 수 있는 방법을 구상하고자 한다. 이러한 방법은 도덕 교과와 일반 교과의 역할을 포함하는 것으로서, 우선 인성 교육을 위해 도덕과가 어떤 유용성과 위상을 가지고 있으며, 향후 어떤 역할에 충실해야 하는지 등에 대해 고찰할 것이고, 그런 후에 도덕 이외의 일반 교과를 통해 인성 교육을 실행할 수 있는 방안을 제시할 것이다.

II. 기존 인성 교육 방안에 대한 평가

여기서는 1995년에 발표된 5·31 교육개혁안[2]과 2009 개정 교육과정 총

---

2. 교육개혁위원회(1995), 『세계화, 정보화 시대를 주도하는 신교육체제 수립을 위한 교육개혁방안』, 제2차 대통령 보고서. 2009 개정 교육과정은 창의성과 인성, 학교 자율성 등을 강

론(교육과학기술부, 2009), 그리고 교육과학기술부 창의 · 인성 교육 기본방안 (2009. 12)[3]을 평가의 주된 대상으로 삼되, 개념적인 명료성과 체계적인 방법론의 측면에서 기존 인성 교육 방안들을 평가해 보고자 한다.

1. 개념 및 성격 규정의 명료성 측면

1995년 5 · 31 교육개혁을 주도했던 교육개혁위원회에서는 인성 교육을 도덕성, 사회성, 정서 등을 포괄하는 말로 애매하게 사용하였고, 그 예시로는 예절과 기초 질서, 공동체 의식, 민주시민교육(인간 존중, 공공 법질서, 합리적 의사 결정), 세계시민교육(타 문화의 올바른 이해, 평화 교육, 외국 여행 에티켓)을 언급한 바 있다. 2009 개정 교육과정에서는 인성 교육에 대해 직접적으로 언급한 부분이 없으며, 교과부 창의 · 인성 교육 기본방안에는 다음과 같은 내용이 포함되어 있다. 여기에는 "창의 · 인성 교육의 개념이 명확치 않고 사회적 합의가 부재한 상태"이며, "인성 교육은 고리타분, 문제아 교육 등 부정적 이미지가 강하고, 전통적 · 소극적 인성 교육 개념과 차별되는 미래 지향적 · 진취적 인성 교육 개념 정립이 미흡한 실정이다"라고 기술하고 있다. 이러한 문제점의 개선을 위해 '창의 · 인성 교육'의 개념을 '포괄성'(모든 학생을 대상으로 일상적으로 이루어지는 포괄적인 교육), '종합성'(교과 활동, 창의적 체험활동, 가정교육 등을 통해 종합적으로 함양해야 하는 자질 교육), '미래 지향성'(긍정적 이미지의 미래형 교육), '동시성'(창의성과 인성을 동시에 함양하는 교육)으로 설명하고 있다.

이와 같이 몇 차례 국가 수준에서 제시한 인성 교육 방안에는 인성 교육의 개념과 성격이 분명하게 제시되어 있지 않다. 다만 5 · 31 교육개혁에서

조했다는 점에서 5 · 31의 연장선상에 있다는 지적이 있다.

3. 교육과학기술부(2010), 『창의와 배려의 조화를 통한 인재 육성 — 창의 · 인성 교육 기본방안』(2010. 1. 5. 보도 자료) 참조.

는 우리 사회에서 장려되면 좋을 것으로 공인되는 행위를 습관적으로 할 수 있도록 훈련시킨다는 의미가 비중 있게 반영되어 있고, 교과부 창의·인성 교육 기본방안에는 창의성과 인성을 동시에 쫓을 수 있는 두 마리 토끼처럼 간주하면서 이 두 개념의 공통된 속성에 초점을 맞추고 있는 것처럼 보인다.

인성 교육의 개념과 성격을 규정하기 위한 이론적 토대로서 철학적 관점에 주목하느냐, 심리학적 관점에 주목하느냐, 인성 교육의 필요성이 대두되는 사회적 맥락에 주목하느냐, 인성 교육의 이상적인 형태에 주목하느냐에 따라 각기 상이한 규정이 가능하다. 따라서 인성 교육의 개념 및 성격을 보다 명확하게 함으로써 교육적 지향점에 대한 공유된 관점을 지니도록 해야 함에도 불구하고, 국가 수준에서 제시한 인성 교육 방안에는 심리학적·철학적·현실적·이상적 관점 중 그 어느 것 하나도 제대로 반영되어 있지 않다. 이와 같이 인성 교육에 대한 개념 및 성격 규정이 애매한 이유는 지나치게 도덕 언어의 사용을 기피하는 현상에서 일부 찾을 수 있다. 도덕성, 도덕적 삶, 도덕적 인간, 도덕적 품성, 정사·선악의 분별, 인권 및 사회정의의 존중 등의 개념이 사용된다면 인성 교육은 추상성의 한계를 넘어 어느 정도 구체성을 확보할 수 있을 것이다. 손봉호의 지적처럼, 인성 교육을 도덕 교육과 동일한 것이라 할 수는 없어도, 적어도 오늘날 우리 사회가 요청하는 인성 교육이 무엇보다도 도덕적 인간을 배양하는 것이라면(손봉호, 1995: 66), 도덕적 언어를 구체적으로 사용하여 인성 교육의 개념을 보다 분명하게 드러낼 필요가 있다.

2. 타당성 및 현실 적합성 측면

인성 교육 방안이 학교의 실제적인 변화를 이끌어 내기 위해서는 모든 실천적 아이디어들이 우리나라 교육 이념과 정합성을 지녀야 하고, 동시에 인성 교육과 지식 교육의 관계, 교과와 교과 외 활동의 관계, 대입 제도와의 관계, 창의성 교육과 인성 교육의 관계 등 인성 교육과 연동되어 적용되어 할 다양한 기획들과 조화를 이룰 수 있어야 하며, 모든 아이디어들은 현실 적합성을 지녀야 한다. 이런 관점을 견지하면서 우선 인성 교육 방안의 핵심 아이디어와 우리나라 교육 이념과의 관계를 살펴보도록 하자. 안타깝게도 오늘날 우리 사회에는 국가의 교육 이념과 교육 목적을 깊이 있게 따져서 말하는 이들이 거의 없다. 국가의 교육정책을 주도하는 이들조차 교육 이념과 교육 목적에는 큰 관심을 두지 않는다. 말하자면, 홍익인간의 이념[4] 은 살아 있는 교육 이념이 아니라 장식적 수준의 교육 이념으로서의 가치밖에는 그 의미가 별로 없었다고 말할 수 있다(박균섭, 2008: 41). 2009 개정 교육과정과 교과부 창의·인성 교육 기본방안에서도 '글로벌 창의 인재 양성'이라는 국가 수준의 교육과정 개정 방향이 홍익인간의 이념과 어떻게 관련되어 있는지를 분명하게 밝혀 주지 못했기 때문에, 교육 영역에서 전통과의 단절 및 교육 이념과의 연결성 부족이라는 심각한 문제점을 발생시키고 있는 것이다.

둘째, 인성 교육과 지식 교육의 관계를 살펴보도록 하자. 5·31 교육개혁에서는 "일상생활에서 참여와 체험 활동을 통한 인성 교육을 강화하고, 주지 교과식 도덕 수업 방식을 탈피하면서 대화, 토론, 사회봉사, 학생회, 동아리에 참여하는 실천적 활동을 강화하며, '실천 위주의 인성 교육'이 '지식 교육' 못지않게 초·중등 교육의 중요한 한 부분으로 정착하도록 한다"는 내용을 강조하고 있다. 인성 교육에서 실천·체험의 중요성을 비록 인정하더라도, 인성 교육을 지식 교육과는 완전히 성질이 다른 것으로 대비시키는 입장은 근거가 빈약하다(이홍우, 2008: 257). 지식 교육도 넓은 의미에서의 인

---

4. 교육법의 기본 정신이 담겨 있는 교육법 제1조에는 "교육은 홍익인간의 이념 아래 모든 국민으로 하여금 인격을 완성하고 자주적 생활능력과 공민으로서의 자질을 구유하게 하여 민주국가 발전에 봉사하며 인류 공영(共榮)의 이상 실현에 기여함을 목적으로 한다"고 규정되어 있다.

간 교육의 일환으로서 고려되고 사람이 지녀야 할 면모, 성품, 품격 등을 지향한다면, 지식 교육은 인성 교육과 결코 무관하지 않을 것이다. 물론 지식 교육에서 지식의 의미가 도구적 지식이거나 마음공부와는 전혀 관계가 없는 단편적 지식이라면, 이때의 지식 교육은 인성 교육과 대비되는 특성을 지닐 수 있다.[5] 전자에 해당되는 지식으로는 성찰적 지식과 실천적 지식 등이 포함될 수 있고, 후자에 해당되는 지식으로는 도구적 지식, 가치가 배제된 지식 등이 포함될 수 있다. 이와 같이 인성 교육을 교육개혁 정책에 반영시켜 오면서도 정작 인성 교육과 지식 교육의 관계를 제대로 규정하지 못한 점에 대해 우리나라 교육학자들은 책임 의식을 느껴야 한다.

셋째, 인성 교육 방안에서 교과의 역할, 그리고 교과와 교과 외 활동의 관계를 어떻게 설정하고 있는지 살펴보자. 인성 교육을 체계적으로 적용해 나가기 위해서는 무엇보다 인성 교육 관련 핵심 교과와 일반 교과의 역할, 그리고 교과와 교과 외 활동의 관계 등에 대한 포괄적인 그림을 제대로 그려야 한다. 5·31 교육개혁에서는 인성 교육 관련 핵심 교과인 도덕 교과를 교과서를 읽고 외우는 식의 주지 교과식 수업을 진행하는 교과로 지적하면서, 대화, 토론, 사회봉사, 학생회, 동아리에 참여하는 실천적 활동을 강화하고 동시에 '모든 교과'에 실천 위주의 교육 내용을 강화해야 한다고 강조하고 있다. 2009 개정 교육과정 총론에서는 도덕 교과를 아예 집중이수의 대상으로 삼고 있으며, 2012년에 고시된 '프로젝트형 인성 교육 실현을 위한 교과 교육과정'에서는 국어, 사회, 도덕 교과를 중심으로 아직 개념조차도 제대로 규정되지 않은 '프로젝트형 접근법'을 적용할 것을 강조하고 있다. 또한 2009 개정 교육과정에서는 인성 교육을 위한 교과와 교과 외 활동(창의적 체험활동)의 관계, 그리고 창의적 체험활동과 인성 교육의 관련성 등을 분명하게 밝히지 못하고 있다.

지난 90년대 이후 시행된 인성 교육 정책에서 이와 같이 모든 정규 교과

---

5. 도덕과 교육에서도 실제로 지식 교육을 통해 인성 교육을 시도하는 측면이 있다.

를 통한 시민적 태도의 함양을 강조하기도 했고, 정규 교과 활동보다는 학급회 운영·동아리 활동·방과 후 활동과 같은 교과 외 활동을 통한 개성의 신장과 집단 사고의 증진을 강조하기도 했지만, 별다른 실효를 거둘 수 없었다. 인성 교육을 모든 정규 교과에 반영하여 운영하도록 한 조치는, 각 교과는 교과 고유의 학문 구조를 가지고 있기 때문에 모든 교과목에서 다루어야 하는 주제는 어떤 교과목에서도 유의미하게 다루지 않을 수 있다는 점에서, 현실적으로 한계가 있는 것이다. 즉, '모든 사람(everybody)은 어느 누구도 아닌 것(nobody)'과 마찬가지로, 모든 교과를 통한 접근 방식이 갖는 문제점은 각 교과는 각기 천착하고자 하는 고유한 교과 영역과 성취해야 할 교육적 목적을 가지고 있기 때문에 본의적 의미에서 인성 교육은 오히려 경시되는 역설을 파생시킬 수 있다는 점이다(정창우, 2004: 351). 이와 유사한 맥락에서 문용린은 인성 교육에 관한 과목의 존폐 여부와 수업 시수 배분 문제를 몇 차례 공식적으로 제기해 온 역사적 사례를 들면서, 이러한 논의를 통해 결국 나아진 것은 없고, 결과적으로 도덕과의 수업 시간수만 줄어든 꼴이 되었다는 지적을 한 바 있다(문용린, 1997: 408-409).

인성의 변화는 인간의 내면 깊숙한 곳으로부터의 변화이고, 자신의 삶 전체에 대한 통찰을 필요로 한다. 따라서 고도의 전문성을 필요로 함에도 불구하고, 과거부터 교육부는 '누가' '특히 어느 교과가' 인성 교육을 위한 주도적인 역할을 담당할 것인가에 대한 사전 준비 없이 행정 명령으로 인성 교육을 운영하려 한 것 같다. 그러다 보니, 교사가 전문적인 기술을 사용하여 직접 학생의 인성 계발을 돕기보다는 학생에게 인성 교육과 관련된 정보 또는 지식을 단순히 제공하거나 학생이 수행할 과제를 내주는 안이한 방식(사회봉사 활동)에 의존할 수밖에 없었지 않았는가 생각된다.

넷째, 인성 교육과 대입 제도의 관계 개선 차원을 살펴볼 필요가 있다. 5·31 교육개혁에서는 수련 활동 및 봉사 활동의 내용과 참여 시간 등을 '종합생활기록부'에 기록·관리하여 상급 학교 입학시 중요한 전형 자료로 활용토록 하는 새로운 평가 제도를 도입해야 한다고 강조한 바 있고, 교과부 창의·인성 교육 기본방안에서도 창의적 체험활동 이력을 대학 등 상급 학교 진학시 입학사정관 자료로 활용해야 한다고 강조하고 있다. 인성 교육을 위해 자율 활동, 봉사 활동, 동아리 활동, 진로 활동 등의 창의적 체험활동을 중시하고, 이를 입학사정관제 전형 요소에 적극 반영한다는 취지 차체는 별 문제가 없다. 하지만 여기에는 전제 조건이 있다. 즉, 인성 교육 방안을 제대로 마련하여 적용한 것에 대한 보상 체계를 입학사정관제와 연동시킨다는 전제를 충족시키는 한에서 문제가 없을 것이라는 얘기다. 안타깝게도 지금의 상태는 입학사정관제가 거의 유일한 유인책으로서 강조될 뿐, 학교 차원에서 이루어지는 인성 교육 활동에 대한 내재적(intrinsic) 동기를 제대로 부여하지 못하고 있는 실정이다. 이렇게 되다 보면, 인성 교육은 실제로 체험활동 자체보다는 활동의 결과가 입학사정관제 전형에 어떻게 반영될 것인지에 대한 측면만을 중시하는 형태로 나아갈 가능성이 있다. 인격 형성을 위해 보상을 중시하게 되면 오히려 부작용을 낳을 수 있듯이, 인성 교육에 대한 강조가 인간의 내면 공부 혹은 마음공부와 연결되지 않고 단순히 입학사정관제와의 연동이라는 보상을 전제로 한 것이라면, 이러한 창의적 체험활동을 통한 인성 교육은 대학 진학을 위한 스펙 쌓기의 일환으로 전락할 수 있다.

끝으로, 창의성 교육과 인성 교육의 관계 설정 측면을 살펴보도록 하자. 5·31 교육개혁에서는 창의성 교육과 인성 교육의 중요성을 동시에 강조하면서도, 창의성 교육과 인성 교육의 적용 방안을 각각 나누어 제시하고 있지만, 교과부 창의·인성 교육 기본방안에서는 창의성·인성 교육을 아예 하나로 묶어 운영 방안을 제시하고 있다. 물론 고도의 창의력과 높은 도덕적 품격을 지닌 인간을 길러낼 수 있어야 하지만, 창의성과 인성을 한 세트로 묶어서 동시에 추구할 수 있는 성격의 것인지, 단편적 지식 교육의 문제점을 극복하고 '창의성 교육'에 충실하자는 것과 인간의 품성과 자질 형성을 중시하는 '인성 교육'을 강화하자는 것이 어떤 방법을 통해 통합될 수 있는지에 대한 충분한 설명 없이 이 두 교육 간의 '동시성'을 주장하는 것은 무책임한 것이다.

교육과학기술부에서 구체적으로 밝히지는 않았지만, 인성과 창의성의 '동시성'에 대한 근거는 성격 심리학(personality psychology)에서 말하는 '성격의 5요인 이론(Big Five Theory)'에서 찾을 수 있을 것이다. 성격의 차원들을 수렴해 가다 보면 다섯 가지의 요인으로 축약할 수 있다는 점에 대해 많은 연구자들의 동의가 이루어져 왔다. 예컨대, 골드버그(L. Goldberg)는 1981년 자신의 연구뿐 아니라 다른 여러 연구들을 종합적으로 검토한 결과, 많은 연구들에서 일관되게 성격의 다섯 가지 요인을 밝혀내고 있음을 알게 되었고, 이 다섯 가지 요인을 'Big 5'라고 부르기 시작하였다. 여기에는 신경성 혹은 정서 안정성(Neuroticism: 신경이 과민한가 안정적인가), 외향성(Extroversion: 내성적인가 외향적인가), 친화성(Agreeableness: 우호적인가 적대적인가), 성실성(Conscientiousness: 원칙을 준수하는가 제멋대로인가), 개방성(Openness: 새로운 생각에 개방적인가 무관심한가)이 포함된다. 특히 '개방성,' 정확하게는 '경험에 대한 개방성(openness to experience)'에서 점수가 높을수록 '삶에서 끊임없이 도전하고, 상상력이 풍부하며, 창의적이고 독창적이며, 호기심이 많은' 경향이 있다는 점을 고려한다면, 개방성 차원에서의 인성과 창의성은 서로 접점을 찾을 수도 있다(McAdams, 2001: 305).

하지만 이것이 창의성과 인성을 연결할 수 있는 거의 유일한 이론적·경험적 근거이고, 이것조차 다분히 창의성 측면에 더 큰 비중을 두고 있다. 다시 말해, 위의 성격 심리학적 설명은 창의성 발달을 위해 어떤 성격이 더 적합하고 수업 분위기 조성에서 어떤 측면에 초점을 맞추어야 하는가에 대해서는 함의를 갖지만, 인성 형성을 위해 창의성 교육이 어떤 기여를 할 수 있는가에 대해서는 별로 시사하는 바가 없다. 결국 창의성 교육과 인성 교육의 '동시성'에 지나치게 주목하게 되면,[6] 인성과 창의성의 부분적 연결점이 지나치게 확대 해석되는 결과를 초래할 수 있고, 인성 교육이 창의성 교육의 그늘에 가려 그 존재성을 인정받기 어려운 상황에 처할 수 있다. 즉, 인성 교육의 독자성 및 고유성을 인정하지 않으면, 창의성 교육의 그늘 아래서 결국 무기력한 상태에 빠질 수 있다.

이렇게 볼 때, 창의성 교육과 인성 교육의 관계에 대한 최근 문용린의 지적은 타당하다. 그는 "창의·인성 교육이란 창의성 교육과 인성 교육의 독자적 기능과 역할을 강조하면서, 동시에 두 교육의 유기적 결합을 통해서 창의성의 배양과 발휘를 촉진하는 인성과 사회문화적 가치와 풍토를 조성하고, 올바른 인성과 도덕적 판단력을 구비한 창의적 인재를 육성하기 위한 교육 전략"이라고 주장한 바 있다. 또한 "인성(사회적 자본)은 창의성의 발휘를 촉진하고 확산시키는 텃밭이자 인큐베이터의 역할을 해야 한다"는 입장을 밝힌 바 있는데(문용린, 2010: 6-9), 이것은 교육에서 무엇이 더 바탕이 되고 우선되어야 하는가를 분명하게 암시하고 있다. 이 말은 창의성을 포함한 인간 능력의 잠재성을 발전시키기 이전에 최소한 그리고 우선적으로 도덕적인 자질을 갖출 것이 요구된다는 관점을 반영한 것이다(조난심, 1995: 71).

III. 인성 및 인성 교육의 개념

인성 및 인성 교육에 대한 타당한 개념 정립은 인성 교육의 목적이나 본질을 보다 명확하게 하기 위한 전제가 된다. 인성 및 인성 교육에 대한 논의는 주로 철학과 심리학, 교육학 등을 배경으로 전개되어 왔다고 볼 수 있다. 따라서 이 절에서는 인성 교육을 철학적 관점과 심리학적 관점, 그리고 다양한 교육적 관점(인간·인성·도덕교육의 관계, 가치·시민성·도덕·인격교육의

6. 아마도 이 경우에 창의적 인성이라는 개념을 사용할 수 있을 것이다.

관계 등)을 중심으로 고찰하고, 인성 개념의 하위 요소들과 이러한 요소들 간의 관계를 규명한 후, 이에 대한 논의를 바탕으로 인성 교육의 개념과 목적을 밝히고자 한다.

1. 철학적 관점의 인성 교육

철학적 관점을 통해 인성 교육의 의미를 체계적으로 밝히고자 시도했던 대표적인 연구로는 이계학·지교헌 외 연구(1998), 박병기의 연구(2009)와 강선보 외 연구(2008)가 있으며, 특히 강선보 외 연구는 동서양의 종교적 관점은 물론이고, 고대로부터 현대에 이르기까지 인성 교육에 대한 다양한 철학적 관점을 탐구함으로써 인성에 대한 종합적인 이해와 인성 교육에 대한 시사점을 제시하고 있다. 이 연구물에 담겨 있는 내용을 중심으로 철학적 관점에서 인성 및 인성 교육의 개념을 제시하면 다음과 같다.

우선 유가(儒家)적 관점에서 인성이란 심(心), 성(性), 정(情), 의(意)를 모두 포함하는 개념으로서, 지적 능력과 정의적 능력, 도덕성을 아우르는 개념이다. 유교 교육의 주류를 형성해 온 맹자의 입장에 따라 인간됨의 바탕을 이루는 품성을 인의예지의 천리(天理)에 합당하도록 형성해 나가는 것이 곧 인성 교육이다. 도가(道家)적 관점에서 인성이란 정(精), 기(氣), 신(神)을 포함하는 개념으로서, 인위(人爲)를 가하지 않은 인간의 본원적 자연성을 말한다. 따라서 도가적 관점의 인성 교육은 무위자연의 삶을 살 수 있도록 이끌어 주는 것이다. 불교적 관점에서 인성은 모든 생명의 근원으로서 텅 비고 고요(空寂)하되, 또렷또렷하여 일체를 밝게 아는 능력(靈知), 즉 불성(佛性)을 포함하는 개념이며, 불교적 관점의 인성 교육이란 인간 존재의 본원적 바탕인 불성을 발현하여 아집(我執)과 법집(法執: 대상에 대한 집착)에서 벗어남으로써 대자유인이 되도록 이끌어 주는 교육이다. 유·불·도 모두 인간의 본성을 외부에서 주어지는 것이 아니라 인간의 타고난 본성, 인간의 내재된 본성이라고 보는 점에서 공통된다. 동양의 철학적 관점에서 인성은 인간의 본성에 대해 매우 긍정적인 시각을 갖고 출발한다고 할 수 있다.

다음으로 서양 철학적 관점에서 볼 때, 플라톤은 인간의 본질을 비물질적이고 불멸하는 영혼으로 보았으며, 따라서 인성 교육은 감각과 육체적인 것으로부터 영혼의 해방, 순수화를 의미한다. 순수한 영혼은 특히 참된 인식(epistēmē), 즉 진리 또는 이데아와 상응하며, 이데아에 따라 인간과 세계를 형성시키고자 하는 것이 파이데이아(paideia)의 요체이다. 아리스토텔레스는 플라톤의 영향을 받아 영혼의 불멸을 인정하지만, 육체와 결합된 '현세적 인간'에 관심의 초점을 맞춘다. 인성 교육은 인간의 정신적 본성과 인간 삶의 사실적 조건을 함께 고려해야 한다. 그에 따르면, 인간은 식물적 영혼, 감각적 영혼, 정신적 영혼을 동시에 지닌 존재이며, 자연, 이성, 습관의 3자가 조화를 이룰 때 인성 교육이 성공할 수 있다. 칸트는 인간을 예지적 차원이 깃들어 있는 존재로 보고, 인성 교육이란 성장 세대로 하여금 감성에 의한 속박에서 벗어나 이성의 자발성을 실현시키도록 하는 것, 즉 인격을 실현하도록 하는 것이다. 이러한 플라톤, 아리스토텔레스, 칸트 등의 인성 이해는 상이한 시각과 강조점에도 불구하고, 인간의 심원한 내면성(그것을 영혼이나 정신이라고 부르든, 인격 또는 사유라고 부르든 간에)을 계발하여 이를 핵심으로 하여 모든 존재 차원을 조화·통합하려는 입장으로 수렴된다.

2. 심리학적 관점의 인성 교육

한국교육학회에서 펴낸 『인성 교육』에서는 인성이 성격(personality)과 같은 의미로 사용되는 경우가 많다는 점과 성격 이론(personality theories) 혹은 성격 심리학(personality psychology)이 인성 교육의 학문적 배경이라는 점을 특히 강조하고 있다(한국교육학회, 2001: 15-25). 즉, 인성을 심리학적 '성격' 개념으로 접근할 경우, 이에 대한 논의는 실제로 인간 행위와 경험에서 개인차에 초점을 맞추는 심리학의 한 영역인 '성격 심리학'에서 주로 논의해 왔다는 것이다(McAdams, 2006: 11).

레빈(Lewin)의 유명한 공리에 따르면, 행동(Behavior: B)은 개인(Person: P)과 상황(Situation: S)의 함수, 즉 B=*f*(P, S)이다. 이 공리는 행동을 충분히 설명하기 위해서는 성격과 상황이 함께 고려되어야 한다는 사실을 지적한다. 이러한 레빈의 공리에서 추정할 수 있듯이, 성격과 상황의 관계는 길항적(拮抗的) 특성을 가질 수 있다. 즉, 행동에 대한 설명에서 상황이 강조될수록 성격이 간과되고, 성격이 강조될수록 상황이 중요하지 않게 평가될 수 있다. 실제로 1970년대 이후 한때 상황의 영향이 과대평가되면서 성격의 지위가 위태로웠던 때가 있었다.[7] 오늘날에는 성격의 중요성이 새롭게 평가되고 있으며, 성격 심리학이 다른 연결 고리(발달심리학 및 임상심리학)를 찾게 됨으로써 성격에 대한 논의는 더욱 풍부해지면서 보다 깊이를 더해 가고 있다.

심리학에서 성격에 대한 합의된 개념 규정은 존재하지 않는다. 성격 심리학에 대한 최초의 권위 있는 저서(1937)에서 앨포트(G. Allport)는 자신이 성격에 대한 개념 정의를 새롭게 내리기 전까지 무려 49개의 상이한 개념 정의가 존재한다고 하였다(McAdams, 2009: 11). 일반적으로 성격은 지속성을 갖는 개인적 특징으로 정의된다. 성격은 다양한 상황에서 개인의 인지, 동기(motivation), 행위에 영향을 미치며, 개인이 가진 고유하거나 독특한 특성들의 역동적이고 조직화된 체계라고 정의할 수 있다. 성격이라는 용어는 가면을 의미하는 라틴어 'persona'에서 온 것이다. 과거 라틴어 사용권의 극장에서 가면은 캐릭터(character)의 정체성을 숨기기 위한 도구로 사용된 것이 아니라, 자신의 캐릭터를 전형적으로 보여주기 위해 사용된 관습의 산물이다. 그러므로 성격 개념의 어원에는 가치중립적인 특성이 반영되어 있다.

---

7. 1970년대부터 1980년대 초반에 미쉘에 의해 제기된 인성과 환경 간 논쟁, 그 후 플래니건에 의해 진행된 인격과 상황에 대한 논쟁 등을 거쳐, 인성·인격과 환경·상황의 상대적 중요성에 대한 논쟁은 계속되고 있다. O. Flanagan(2009), p. 55 참조.

성격에 대한 연구는 심리학 영역에서 풍부한 역사와 이론적 전통을 갖는다. 대표적인 이론으로는 정신 역동, 인간주의, 생물학, 행동주의 및 사회 학습 관점들이 포함된다.

'character'라는 용어는 'personality'라는 용어와 쉽게 혼동되는데, 전자에는 후자에 비해 상대적으로 많은 도덕적 함축이 담겨 있다. personality에는 다른 사람들과 차별성을 갖게 하는 '특수성'이 강조되는 데 비해, character에도 이러한 의미가 내포되어 있지만 personality에 비해 상대적으로 약하다. 그렇다고 하더라도, character를 도덕성과 너무 가까이 관련 짓는 것은 잘못이다. character에는 morality보다 인간관계와 자신의 행복에 영향을 미치는 것들이 보다 폭넓게 반영되어 있다. 쿠퍼먼(J. Kupperman)은 "X의 character라는 것은 다른 사람이나 X 자신의 행복에 영향을 미치는 문제에 대한 관심과 관여의 측면에서, 가장 분명하게는 도덕적 선택과 관련해서 X의 사고 및 행동의 정상적인 양식을 의미한다"고 규정한 바 있다(Kupperman, 1991: 17).

character와 personality의 차이점은 부정적이거나 긍정적인 문맥에서 비교적 뚜렷하게 드러난다. 예를 들어, no character라는 말은 유혹에 쉽게 넘어가는 사람, 기존 관례에 순응하는 사람, 도덕적으로 신뢰할 수 없는 사람을 의미하는 반면, no personality라는 말은 말이나 행동에서 특징이 없다는 것이고, 이는 곧 매력이 없다는 의미와 통한다. 또한 good character는 덕을 표현하는 의미이지만, good personality는 매력적이라는 의미를 지니고 있다. 이렇게 볼 때, personality, character, morality의 순으로 도덕적 어조(moral tone)가 강해진다는 것을 알 수 있다.

성격의 도덕적 차원에 대한 논의는 최근 '도덕적 성격(moral personality)'이라는 개념을 통해 이루어질 필요성이 제기되고 있다(Walker & Frimer, 2007: 845-860). 도덕 심리학자들은 지금까지 도덕 발달, 도덕적 인격, 도덕적 정체성, 도덕적 도식 및 가치, 이타주의, 친사회적 행동, 양심 등에 대해 연구해 왔지만, 최근 일부 도덕 심리학자들을 중심으로 도덕적 성격에 대한 연구가 활발하게 진행되고 있다(McAdams, 2009: 11). 진화론적 뇌 과학에 기초하여 도덕적 성격의 역동적인 관점을 제안하거나(Narvaez, 2009: 136-158), 도덕성이 성격의 일부분으로 자리 잡아야 한다는 주장이나(Blasi, 2009: 396-440), 성격의 어떤 부분이 도덕성과 밀접하게 관련되어 있는가를 밝히는 데 연구력을 집중해야 한다는 주장(L. Walker) 등이 모두 여기에 해당된다. 도덕 심리학 영역에서 인간의 도덕적 기능(moral functioning)을 포괄적이고 일관되게 설명하기 위한 노력의 일환으로 '도덕적 성격(moral personality)'에 대한 관심은 더욱 고조될 전망이다(Walker & Frimer, 2009: 232-255).

3. 인성 교육과 유사 개념의 비교

인성 교육과 유사 개념으로서 우선 인간 교육과 도덕교육의 관계를 분석해 보도록 하자. 흔히 인간다운 인간을 기르고자 하는 교육, 혹은 지성·덕성·감성·체력이 고루 발달된 조화로운 인간 형성을 추구하는 교육을 '인간 교육'이라고 하고, 지·정·의로 구성된 인간의 마음에 대한 교육을 '인성 교육'이라고 하며, 도덕성의 지적, 정의적, 행동적 측면의 조화와 통합을 추구하는 교육, 혹은 도덕적 앎과 정서, 그리고 행동을 포함하는 도덕성 형성 교육을 '도덕교육'이라고 한다면, 도덕교육, 인성 교육, 인간 교육의 순서로 그 외연이 넓어지게 된다. 즉, 인성 교육은 전인적인 인간 교육을 위한 필수적인 과정이고, 도덕교육은 인성 교육을 위한 핵심적인 영역이라고 볼 때, 도덕교육, 인성 교육, 인간 교육의 순서로 외연이 확대된다고 볼 수 있다.

한편, 인간다움의 핵심, 바람직한 인성의 핵심을 도덕성이라고 규정한다면, 인간 교육과 인성 교육, 도덕교육은 그 본질에 있어 상호 중첩적이고 기본적인 바탕을 공유하고 있다고 볼 수 있다. 즉, 인간다운 인간, 바람직한 인성을 지닌 인간, 도덕적인 인간은 거의 상호 교환 가능한 수준에 있는 개념들이라고도 볼 수 있다. 필자는 인간 교육의 핵심은 인성 교육이고, 인성 교육의 핵심은 도덕교육이며, 학교에서 이루어지는 도덕교육의 핵심은 도덕과 교육이라고 본다.

다음으로, 가치 교육, 인격교육, 시민성 교육, 도덕교육 등의 명칭들은 모두 인간의 도덕적 품성에 대한 내용을 담고 있는 용어들이다. 그러나 이러한 개념들은 모두 동일한 개념이 아니며, 개념 간의 층차를 나타내기도 한다. 우선 가치 교육(values education)의 개념은 많은 학문적 논쟁의 대상이 되어 왔다. 일부 학자들은 가치 교육을 '가치 명료화'라는 제한된 의미로 사용하기도 하고, 가치분석, 인지 발달, 가치 명료화를 포함하는 중범위 개념으로 사용하기도 하며, 도덕교육과 시민성 교육을 포함하면서 가치 교육을 하나의 우산 개념(umbrella concept)으로 간주하기도 한다(Taylor, 2006: 107-131). 마지막 개념 범주의 경우, 인격 및 도덕 발달, 종교교육, 영성 발달, 시민성 교육, 사회 발달 및 문화 발달의 주제들이 가치 교육에 중요한 주제로 고려될 수 있다. 일반적으로, 가치 교육은 개인적으로 만족스러운 삶을 위한 기반으로서 작용하는 '자아실현적 가치'와 사회적 차원에서 '도덕적 가치'를 실현하도록 도와주는 것으로서, 이를 위해 개인들이 삶 속에서 자신들의 가치를 결정·인식·실행·실현하는 것을 도와주는 것으로 이해된다.

도덕성 자체가 가치를 내포하고 있는 개념이며, 실제로 도덕교육에서는 가치·덕목에 대한 교육이 많은 부분을 차지하고 있다는 점에서 볼 때, 가치 교육은 도덕교육의 일환이다. 반면, 도덕교육을 삶과 세계에서 무엇이 가치 있는가를 가르치는 교육이라고 이해한다면, 도덕교육은 가치 교육에 포함되는 개념일 것이다. 이러한 관계를 고려할 때 도덕교육은 가치 교육과 혼용하여 쓰일 수 있는 개념일 수도 있고, 포함되는 개념일 수도 있으며, 또는 가치 교육을 포괄하는 개념도 될 수 있는 것이다.

인성 교육에서 말하는 인간다움이라는 것이 결국 인간으로서 정말 소중하게 생각해야 할 것을 중요하게 생각하느냐에 달려 있다고 할 때, 중요한 것(가치)이 무엇인지 가르치고 탐구하도록 이끄는 가치 교육은 인성 교육을 위한 유용한 접근법이 될 수 있다. 다시 말해, 가치 교육이 자기 자신과 사회에 대한 반성 및 탐구를 바탕으로 인간다움을 나타내는 정신적·인격적 가치의 중요성을 부각시킨다는 점에서 볼 때, 인성 교육의 문제의식은 가치 교육의 강조점과 상호 연결되며, 특히 최근 강조되고 있는 자연과 생명, 환경 교육과 관련하여 상당한 시사점을 지닌다.

다음으로, 인격교육(character education)은 '도덕적(moral),' '시민적(civic),' '행동거지가 바른(well-behaved),' '건강한(healthy),' '비판적인(critical),' '순응적인(compliant),' '사회적으로 수용 가능한(socially-acceptable)' 존재를 양성하기 위해 사용되는 우산 개념이다. 이 개념에 포함될 수 있는 주제로는 사회 정서 학습, 도덕적 추론 혹은 인지 발달, 생활 기술 교육(life skills education), 보건교육, 폭력 예방, 비판적 사고, 윤리적 추론, 그리고 갈등 해결 교육 등이 포함될 수 있다.

'인격(character)'은 철학으로부터 신학, 심리학으로부터 사회학 분야에 걸쳐 있는 중요한 개념이다. 인격교육과 연관될 경우의 인격 개념은 어떤 사람이 얼마나 '좋은(good)' 사람인가를 언급하기 위해 흔히 사용되어 왔다. 다시 말해, 사회에 의해 바람직하다고 간주되는 개인적 특성을 소유한 사람이 곧 훌륭한 인격을 지닌 존재로 고려되고, 그러한 개인적 특성을 함양하는 것이 흔히 교육의 목적으로 간주된다. 그러나 여기서 과연 '좋다'는 것이 구체적으로 무엇이고, 함양되어야 할 혹은 바람직한 인격적 특질(traits)이 어떤 것인가에 대해서는 인격교육론자에 따라 다소 입장을 달리한다.

심리적 특성으로서 성격(personality)이라는 기술적이고 가치중립적인 의미보다는, 바람직한 인간의 성품(moral character)으로서 규범적이고 가치 지향적인 의미로 인격(character)을 이해한다면 인성 교육은 인격교육과 맥을 같이 할 수 있다.[8] 물론 인성 혹은 인격 교육에서 도덕성에 대한 논의가 핵심적 위치를 차지하겠지만, 그렇다고 해서 도덕성에 대한 논의가 인성 교육의 전부일 수는 없다.

시민성 교육(citizenship education)은 일반적으로 민주 사회의 구성원, 즉 민주 시민에게 요구되는 능력과 태도 및 자질을 기르고 강화하는 활동을 의미한다. 여기서 시민이란 각자의 자유와 권리를 누리면서 의무를 다하고 공공의 정책 결정 과정에 책임 있게 참여하는 사람으로서, 민주 사회에서 온전한 인간으로서 살아가기 위해 꼭 필요한 다양한 능력과 의식을 갖춘 사람을 말한다. 시민성의 개념은 도덕성과의 관계를 통해 살펴볼 필요가 있다. 물론 그 경계가 애매하기는 하지만, 도덕성을 '사적 도덕성(private morality)'과 '공적 도덕성(public morality)'으로 구분할 경우(정창우, 2008a: 5; 조일수, 2009: 47-67), 시민성 교육은 통상적으로 공적 도덕성에 관한 교육 내용과 서로 공유되는 부분이 있을 수 있다. 그러나 '시민성'의 개념은 도덕적 맥락이 아닌 정치적 맥락에서도 논의가 충분히 가능하며, 실제로 시민성 교육에서 '도덕적 시민성'보다는 '정치적 시민성'에 더 강조점이 두어지는 경우가 흔히 있다. 따라서 시민성 교육이 기술적 측면보다는 규범적 관점, 공동체와 시민의 관계에서의 권리와 의무 측면, 그리고 시민의 도덕적 자질과 덕목 측면에서 인식된다면, 이는 곧 인성 교육과 그 특성이 혼재되어 있음을 알 수 있다.

끝으로, 도덕교육(moral education)과 인성 교육은 어떤 관계인가? 도덕교육 또한 학자에 따라 그 견해가 다양하게 제시되고 있으나, 일반적으로 '도덕성의 형성과 발달을 지향하는 교육' 혹은 '도덕적 인간을 배양하는 교육'으로 정의할 수 있을 것이다. 이렇게 볼 때, 인성 교육을 도덕교육과 동일한 것으로 간주할 수는 없어도 적어도 오늘날 우리 사회가 요청하고 있는 인성

---

8. 실제 우리나라에서 말하는 '실천 위주의 인성 교육'과 가장 근접한 개념은 미국의 인격 교육이라고 말할 수 있다.

교육은 도덕적 인간을 배양하는 것이라고 할 수 있다(손봉호, 1995: 66). 그럼에도 불구하고 오늘날 우리의 인성 교육은 방향 정립이 확실하게 되어 있지 않으며, 아우르는 영역을 매우 광범위하게 설정하고 있다. 도덕적 인간을 기르기 위한 교육이 인성 교육의 핵심이라고 볼 때, 인성 교육은 도덕교육을 근간으로 하는 것이다. 즉, 인성 교육이란 곧 바람직한 인격을 갖춘 삶의 자세와 태도를 기르고자 하는 도덕교육을 핵심으로 하지 않을 수 없다.

4. 인성에 대한 새로운 이해와 개념 틀의 정립

인성이라는 개념은 성품 혹은 품성, 기질, 개성, 성격, 사람됨, 인간성, 전인성, 인격, 도덕성 등 매우 다양한 의미로 사용되어 왔다. 학자 혹은 기관에 따라 달리 규정되어 온 인성 개념을 정리해 나타내면 〈표1〉과 같다.

하지만 인성의 의미를 어떻게 파악하더라도 여기에는 우리 인간이 지향하고 성취해야 하는 인간다운 면모, 성질, 자질, 품성이라는 의미가 부분적 또는 전체적으로 내포되어 있다. 즉, 인성의 개념을 명확히 하나로 규정할 수는 없지만, 인성의 개념에는 궁극적으로 우리 인간이 지향하고 성취해야 하는 인간의 모습 및 품성과 자질이 내포되어 있다. 따라서 인성에서 핵심적인 부분 혹은 차원은 도덕성과 관련된다. 물론, 인간다운 면모를 갖추기 위해서는 도덕성 이외에도 필요한 것들이 있겠지만, 도덕성은 그 모든 다른 부분들을 떠받쳐 주는 주춧돌과 같은 것이다. 주춧돌이 튼튼하지 않으면 그 위에 아무리 높은 건물을 세우더라도 위태로워질 뿐이다. 만약 인성 개념에서 '도덕성'이라는 구심점을 설정하지 않은 채 창의성, 정서, 사회성, 상상력, 영성, 개성 등과 같은 개념들을 열거하게 되면, 개념 간의 기능이 통합되기보다는 단순한 백화점식 나열에 불과할 것이다.

인성이란 '내면의 건강함과 아름다움을 가꾸고, 타인·공동체·자연과 더불어 살아가는 능력과 태도'를 의미한다. 여기에는 바람직한 인간의 모습이

구 분	인성의 개념 정의
황응연 (1992)	환경에 대응함으로써 나타나게 되는 행동 및 태도, 동기, 경향성, 인생 과정들의 총합. 사람들에게 있어 시간과 상황에 걸쳐 지속되는 독특한 구조이며, 인성은 어떠한 경험을 하느냐에 따라 크게 변화될 수 있다는 의미를 포함.
이근철 (1996)	좁게는 도덕성, 사회성 및 정서(감정) 등을 의미, 넓게는 지·덕·체 또는 지·정·의를 모두 골고루 갖춘 전인성
이윤옥 (1998)	다른 사람에게 주는 그 사람의 전체적인 인상으로 성품, 기질, 개성, 인격 등 가치 개념의 의미를 내포
한국교육학회 (1998)	사람의 마음의 바탕이 어떠하며, 사람된 모습이 어떠하다는 것을 말하는 개념으로 사람의 마음과 사람됨이라는 두 가지 요소로 구성
남궁달화 (1999)	사람의 성품이며, 성품은 성질과 품격을 말함. 성질은 마음의 바탕과 사람됨의 바탕을 가리키는 말
조난심 외 (2003)	인성은 태어나면서 지니고 있는 성격이나 특질의 개념이 아니라, 의도적 교육이나 학습에 의해 습득하거나 변화가 가능한 인간의 성품을 지칭
미국 교육부 (2007, 2008)	존중, 공정성, 보살핌 등의 도덕적, 윤리적 가치와 책임감, 신뢰, 시민성 등을 망라하는 개념으로, 개인 또는 집단의 정서적, 지적, 도덕적 자질은 물론 이러한 자질들이 친사회적 행동으로 발현되는 것을 포함.
현주(2009)	보다 긍정적이고 건전한 개인의 삶과 사회적 삶을 위한 심리적, 행동적 특성

〈표1〉 인성에 대한 학자들의 정의(천세영 외, 2012: 43에서 재인용)

투영되어 있고, 이로 인해 인성 개념의 핵심 부분 혹은 차원에는 '도덕성'이 위치하며, 이를 중심으로 몇 가지 심리적 차원들이 상호 관계한다고 보는 것이 타당하다. [그림1]에 제시된 바와 같이, 중심축 혹은 구심점이 되는 도덕성과 함께 인성을 구성하는 또 다른 중요한 차원으로는 정서, 사회성(시민성), 자아 정체성 등을 들 수 있다. 이 글에서는 이러한 개념들이 지닌 의미와 각 개념별로 강조되어야 할 핵심 인성 역량을 설정하여 제시할 것이다.

첫째로, 도덕성은 옳거나 좋은 행위 기준에 따라서 살아가려는 자질을 의미한다. 동서고금을 막론하고 도덕철학이든 도덕 심리학이든 높은 수준의 도덕성의 핵심에는 항상 인간이 자기중심성에서 벗어나야 한다는 메시지

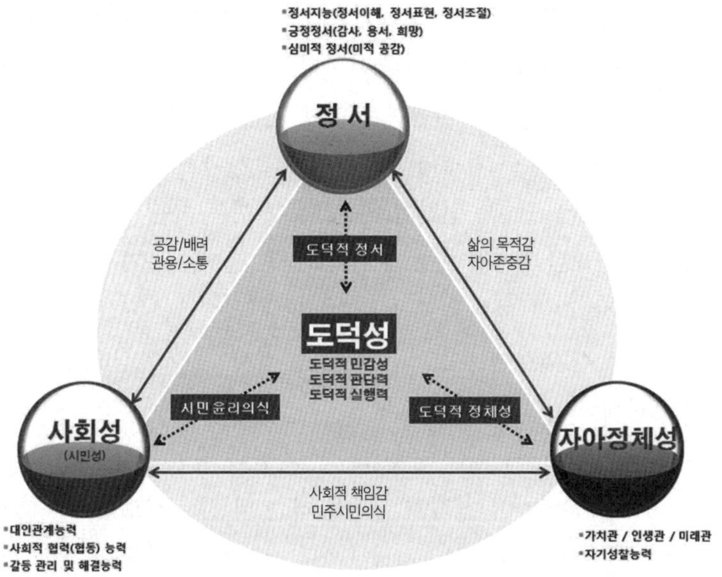

[그림1] 인성 개념의 틀

가 담겨 있다(박찬구, 2006: 310). 예수의 황금률(자신이 남에게서 대접받고자 하는 대로 남을 대접하라), 공자의 "자신이 원하지 않는 것을 남에게 행하지 말라(己所不欲勿施於人)," "남과 입장을 바꾸어 그 위치에서 한 번 생각해 보라(易地思之)," 칸트의 정언명법(너 자신의 행위 원리가 보편적 법칙 수립의 원리로서 타당할 수 있도록 행위하라), 피아제의 탈중심화(자기중심성에서 벗어나 다른 사람의 입장이나 관점을 고려할 수 있는 능력) 및 콜버그의 역할 채택(role taking 또는 perspective taking), 호프만의 공감(empathy), 길리건 및 나딩스의 배려(caring) 등은 이 점을 잘 보여주고 있다.

레스트(J. Rest)의 이론에 근거해 볼 때, 도덕성 차원에서의 핵심 인성 역량에는 도덕적 민감성(moral sensitivity), 도덕적 판단력(moral judgment), 그리고 도덕적 실행력(moral character 또는 implementation) 등이 포함된다. 즉, 도덕적 삶과 행동을 위해서는 어떤 상황을 도덕적인 문제 상황으로 감지하고 (도덕적 민감성), 도덕적인 삶의 이상을 바탕으로 무엇이 옳고 그른지 제대로 판단하며(도덕적 판단력), 어떠한 유혹이나 난관도 극복하면서 도덕적으로 행동할 수 있는 능력(도덕적 실행력)이 특히 중요하다.

둘째로, 정서(emotion)는 인간이 내면으로 느끼는 어떤 것이며, 인간의 사고와 행위에 강력한 영향을 주는 요인이다. 즉, 정서는 동기 유발 특성이 있어 인간의 지각, 사고, 행동을 유발, 조절, 안내하는 역할을 한다. 정서 차원에서의 핵심 인성 역량에는 정서 지능, 긍정 정서, 그리고 심리적 정서 등이 특히 중요하게 고려될 필요가 있다.

우선 정서 지능(emotional intelligence)은 자신과 타인의 감정과 정서를 인식하고, 차이를 변별하며, 생각과 행동을 하는 데 정서 정보를 이용할 줄 아는 능력을 의미한다(Daniel Goleman, 1995). 골먼은 "IQ가 단지 삶의 성공에서 하나의 작은 예측 변수에 불과한 반면, 정서 지능이 학업적 지능보다 성공과 행복에 있어 훨씬 중요한 예측 변수이다"라고 주장한 바 있다. 정서 지능에서는 자신과 타인의 정서를 인식하고(정서 인식), 타인의 권리를 침해하거나 불쾌감을 주지 않고 자신의 욕구나 느낌, 생각 등을 솔직하게 표현하며(정서 표현), 자신의 감정을 적절히 통제하고 적절한 반응을 할 수 있는 능력(정서 조절)이 특히 중요하다.[9]

긍정 정서(positive emotion)는 정신적이고 신체적인 건강, 안녕(well-being) 등을 위해 밝고 우호적이며 낙관적인 마음 상태를 지향하는 것이다. 즉, 두려움과 화 혹은 분노, 혐오감, 경멸감 등 부정적인 정서를 줄이면서, 대신에 감사, 용서, 희망, 사랑, 기쁨 등의 정서를 추구하는 것이다.

---

9. 샐로비(P. Salovey)와 메이어(J. Mayer)는 정서 지능이 정서의 인식과 표현, 정서의 조절, 정서의 활용 등 세 가지로 구성된다고 주장하다. 또한 골먼은 정서 지능의 구성 요소로 자기 인식, 자기 조절, 자기 동기화(어려움을 참아내고 자신의 성취를 위해 동기를 부여할 수 있는 능력), 감정이입(타인의 정서를 인식하고 그 정서를 자신의 것처럼 경험하는 능력), 대인관계 기술(인식한 타인의 감정에 적절히 대처할 수 있는 능력) 등 다섯 가지를 규정하고 있다.

심미적 정서(aesthetic emotions)는 미적 체험이나 표현, 감상 등을 하는 동안에 느끼는 감정을 의미한다. 이러한 정서는 두려움, 경이, 혹은 동정심 등과 같이 일상적으로 다양하게 느끼는 것일 수도 있고, 고상한 작품, 아름다운 작품, 저속한 작품 등과 같이 미적 맥락과 구체적으로 관련된 것일 수도 있다. 미적 체험활동은 인간의 마음을 보다 깊고 풍부하게 이끌고, 심리적 정화를 통해 보다 고결하고 품격 있는 세계로 안내한다. 이와 같이 마음의 폭과 깊이를 확장시키고 고결한 삶으로 이끈다는 점에서 볼 때, 심미적 정서는 도덕적이면서도 영적(spiritual) 함의를 갖는다. 심미적 정서에는 미적 공감이 대표적으로 강조될 수 있다. 미적 공감(aesthetic empathy)의 본질은 "언제나 다른 사람의 경험"을 함께 하는 데 있다(Lipps, 1905: 49; Stanford Encyclopedia of Philosophy에서 재인용). 우리는 공감이 다른 사람과 유사하게 어떤 것을 볼 수 있도록 해 주기 때문에 그 대상(작품)을 감상할 수 있는 것이다. 즉, 어떤 작품에 대해 공감하고 의미를 부여할 때 감상이 가능해지는 것이다. 이러한 미적 공감에는 문학작품이나 예술 작품 등을 창작한 어느 작가, 어느 예술가의 고유한 속앓이와 울분을 공유하는 것도 포함된다.

셋째로, 사회성(social skills)은 다른 사람과 관계를 맺는 능력이고, 인간의 존엄성이 구현되는 사회의 구성원이 되기 위해 필요한 자질이기도 하다. 특히 후자와 관련하여 사회성이 정치 공동체의 맥락과 연결되면 시민성(citizenship)의 개념에 가까워진다. 사회성(시민성) 차원에서의 핵심 인성 역량에는 대인관계 능력, 사회적 협력(협동) 능력, 그리고 갈등 관리 및 해결 능력 등이 포함된다(한국청소년정책연구원, 2010: 19). 대인관계 능력은 다른 사람과 좋은 관계를 시작하고 유지하며 관리하는 능력을 말한다. 여기에는 특히 의사소통 능력과 다른 문화에 개방적으로 대처하는 능력(다양성 존중)이 중요하다. 사회적 협력(협동) 능력은 다른 이들과 협동하는 능력을 의미하며, 사회적 책임감(사회적 역할 이해), 팀워크 역량 등이 특히 중요하다. 또한 갈등 관리 및 해결 능력은 갈등을 일으키는 문제를 명확하게 인식하고 합리적인 해결책을 마련하여 갈등을 해결할 수 있는 능력을 의미한다.

넷째로, 자아 정체성(self-identity 또는 ego-identity)은 자신에 관해서 통합된 관념을 가지고 있느냐에 대한 개념이다. 자아 정체성이 형성되었다는 것은 자기의 성격, 취향, 가치관, 능력, 인간관, 인생관, 세계관, 미래관 등에 대해 비교적 명료한 이해를 하고 있으며, 그런 이해가 지속성과 통합성을 가지고 있는 상태를 말한다. 이것은 개인의 이상과 행동 및 사회적 역할을 통합하는 자아의 기능에 의해서 이루어진 결과이다. 우리는 대체로 바람직한 자기 이미지에 합당한 모습으로 존재하려고 할 때, 보다 인간적인 면모를 갖추게 된다. 따라서 '나는 누구인가'라는 물음에 대해 답변을 추구하는 것은 단순히 철학적 사고 혹은 사유를 통해 삶과 인간, 자아 등에 대한 지식을 쌓고 사변적으로 이해하기 위함이 아니라, 인간의 마음을 가리고 있는 물질 세계에서 벗어나 심성의 근원에 있는 세계를 발견하고 심성을 닦아서 참된 자아로 돌아가기 위함이다. 바로 이 지점에서 자아 정체성은 바람직한 인성과 서로 만나게 된다. 바람직한 인성과 관련된 자아 정체성 차원의 핵심 인성 역량으로는 특히 가치관(인간이 삶이나 어떤 대상에 대해서 무엇이 좋고, 옳고, 바람직한 것인지를 판단하는 관점), 인생관(인생의 본질·의미·가치 등에 관한 총체적인 견해), 미래관(미래를 바라보는 관점) 등을 설계하는 능력과 자신의 정체성에 부합되는 사람으로 살아가기 위해 지속적으로 성찰하는 능력이 특히 중요하다.

앞의 [그림1]에 제시된 바와 같이, 도덕성, 정서, 사회성, 그리고 자아 정체성 등을 포함한 인성 개념의 하위 차원 혹은 부분은 2개의 측면에서 유기적으로 상호 연계되어 있다. 즉, 도덕성을 중심으로 나머지 3가지 차원 간의 긴밀한 상호작용을 고려할 수 있고, 도덕성을 둘러싼 3가지 차원 간의 상호작용을 또한 고려할 수 있다. 우선 인성 개념의 구심점에 해당하는 도덕성을 중심으로 정서, 사회성, 자아 정체성 등은 서로 접점을 갖게 되는데,[10] '도

10. 정서, 자아 정체성, 사회성(시민성)은 도덕적인 관점과 무관하거나 도덕적으로 중립 상태

덕적 정서'(도덕성과 정서), '시민 윤리 의식 혹은 도덕적 시민성'(도덕성과 사회성/시민성), '도덕적 정체성'(도덕성과 자아 정체성)이 그것이다. 실제로 이 세 가지 접점은 오늘날 국내외 도덕교육 연구 및 실천 영역에서 그 중요성이 크게 강조되고 있다.

또한 도덕성을 둘러싼 3가지 차원 간의 상호작용은 사실상 두 차원 간에 중첩 영역이 있다는 의미와 더불어, 두 차원 간 협력적 상호작용을 통해 시너지 효과를 기대할 수 있다는 의미로 해석할 수 있다. 보다 구체적으로 말하자면, 정서와 자아 정체성은 '삶의 목적감'과 '자아 존중감' 고양을 위해, 정서와 사회성은 '공감과 배려,' '관용과 소통'을 위해, 그리고 사회성과 자아 정체성은 '사회적 책임감'과 '민주 시민 의식' 함양을 위해 효과적으로 상호작용할 수 있다는 것이다.

5. 인성 교육의 개념 및 기본 접근법

인성 교육을 통해 함양시켜야 할 인성의 핵심은 '개인의 내면을 아름답고 건강하게 가꾸는 능력과 태도' 및 '타인·공동체·자연과 더불어 살아가는 능력과 태도'를 포함한다. 전자는 개인의 마음의 건강 및 바람직한 인생관, 가치관 등이 중시되며, 후자는 타인, 공동체, 자연과의 관계적 삶을 조화롭게 이끌 수 있는 능력과 태도를 중시한다. 이러한 두 가지 측면은 편의상 구분하는 것이지 실제로 엄밀하게 구분할 수 있는 것은 아니다. 내면의 아름

─────────────────

일 수도 있지만, '도덕적인 옳음이나 좋음'과 접점을 형성하는 지점이 있다. 인성의 외연은 도덕성의 범위를 넘어 '문화와 예술을 향유할 수 있는 품격 있는 인간'이 지닌 풍부한 정서 혹은 감성의 영역, '원만한 대인관계를 유지하고 공적 영역에 능동적으로 참여할 수 있는 인간'이 지닌 '사회성(시민성)'의 영역, 그리고 '삶의 목적과 의미를 추구하는 인간'이 지닌 '자아 정체성'의 영역으로 확장된다. 하지만 인성이 '바람직한 성품'이라는 측면에 초점을 맞출수록 혹은 우리가 교육을 통해 가꾸어야 할 당위적 측면에 초점을 맞출수록 도덕성을 향해 차츰 나아가고, 일반적인 정서, 시민성, 정체성보다는 도덕적 정서, 도덕적 시민성(시민 윤리 의식), 도덕적 정체성의 측면이 강조될 수밖에 없다.

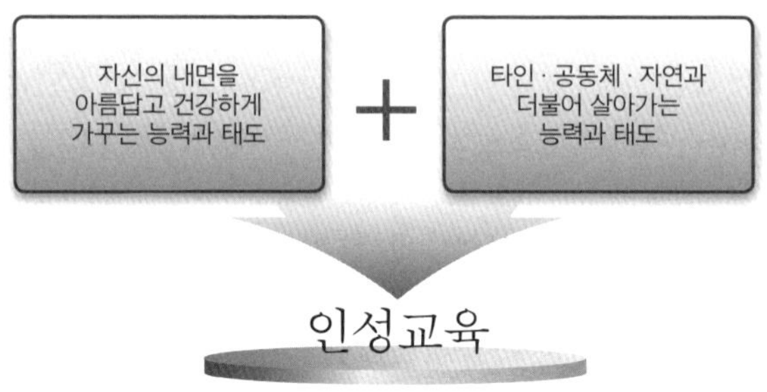

[그림2] 인성 교육의 개념

다움과 건강함을 추구하는 사람이 타인 및 공동체와 바람직한 관계를 형성할 가능성이 높으며, 자기중심적인 삶을 넘어서 타인 및 공동체적 삶을 소중하게 여기는 사람일수록 개인 영혼도 건강하고 아름다울 가능성이 높다. 이와 같이 이 두 가지 측면이 밀접한 관련성을 지니지만, 그렇다고 동일한 것은 아니다. 개인의 내면이 건강하다고 하더라도 다른 사람과의 관계적 측면에서 삶의 기술 혹은 테크네(techne)가 부족할 수도 있는 것이다.

이상에서 논의된 철학적 · 심리학적 배경에서의 인성 개념을 바탕으로 인성 교육의 개념을 최종적으로 도출한다면, [그림2]에서와 같이, 인성 교육은 '개인의 내면을 아름답고 건강하게 가꾸고, 타인 · 공동체 · 자연과 더불어 살아가는 역량을 길러주는 일'로 정의할 수 있다. 또한 이 글에서는 이미 도덕 · 가치 · 인격 · 시민성 교육과 인성 교육의 관계를 고찰하였는데, 인성 교육과 이러한 유사 개념과의 관계 등을 바탕으로 인성 교육의 개념을 도출한다면, 인성 교육은 '가치 교육 · 도덕교육 · 인격교육 · 시민성 교육 등을 포괄적으로 망라하는 교육'으로 정의할 수 있다. 이러한 관점에서 볼 때, 인성 교육은 '좋은 인간,' '도덕적 인격을 지닌 인간'(도덕교육 및 인격 교육), 민

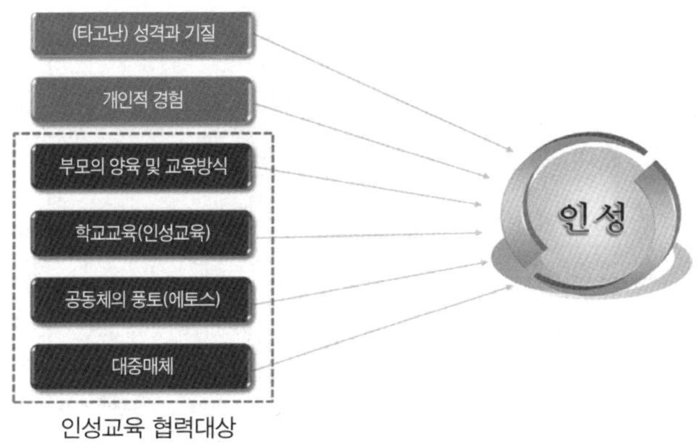

[그림3] 인성 형성에 영향을 미치는 요인 및 인성 교육의 협력 대상

주 사회에서 온전한 한 인간으로 살아가기 위해 필요한 도덕적 자질을 지닌 인간(시민성 교육), 한 개인으로서 만족스러운 삶을 위해, 그리고 인간으로서 인간답게 살아가기 위해 정말 중요하게 여겨야 하는 가치를 자각하는 인간(가치 교육)을 양성하기 위한 교육들이 핵심적인 역할과 기능을 담당해야 하는 것이다.

끝으로, 인성 교육을 위해 적극적인 노력을 기울여야 하는 대상 혹은 책임 있는 주체들을 살펴보면, 여기에는 학교, 가정, 공동체, 대중매체 등이 포함된다. 위의 [그림3]에서 제시된 바와 같이, 학교, 가정 및 공동체의 풍토, 대중매체의 역할 등이 모두 아동 및 청소년들의 인성 형성에 중대한 영향을 미치는 후천적인 요인들에 해당되기 때문이다. 따라서 인성 교육의 체계적인 적용을 위해서는 의미 있는 기본 틀 또는 포괄적인 모형을 만들어야 하며, 여기에는 인성 교육을 통해 함양해야 할 핵심 인성 역량 선정 및 적용 방안, 학교교육, 특히 교과(도덕과와 일반 교과)와 교과 외 활동(창의적 체험활동)을 통한 인성 교육 실천 방안, 인성 교육을 통해 가르쳐야 할 학습 주제(범교과 학습 주제) 선정 및 적용 방안, 가정 및 공동체 차원의 인성 교육 방

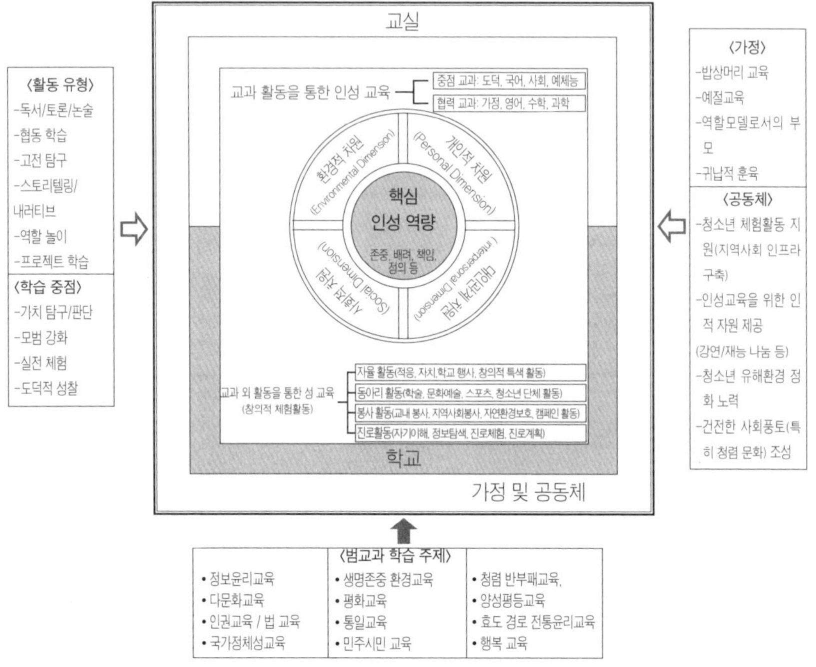

[그림4] 인성 교육의 포괄적 접근법

안 등이 포함되어야 한다. [그림4]는 이러한 다양한 측면의 인성 교육 방안이 전체적으로 포함된 '큰 그림(big picture)'을 보여주고 있으며, 인성 교육을 효과적으로 적용하기 위해서는 [그림4]와 같은 포괄적인 모형 혹은 기본 틀을 반드시 기획하고 설계해야 한다.

IV. 인성 교육에서 도덕 교과의 위상과 지향

이 절에서는 우선 인성 교육을 위해 도덕과가 어떤 유용성과 위상을 가지

고 있으며, 향후 어떤 역할에 충실해야 해야 하는지 등에 대해 고찰할 것이
고, 그런 후에 도덕과 이외의 일반 교과를 통해 인성 교육을 실행할 수 있는
방안을 제시할 것이다.

1. 인성 교육에서 도덕 교과의 위상

인성 교육에서 도덕 교과가 차지하는 위상을 생각해 보자. 여기서의 위
상은 '현실적 혹은 실제적 위상'보다는 '도덕과가 차지해야 하는 적정한 위
상'을 의미한다. 우선, 우리의 교육적 전통을 통해 볼 때, 인성 교육에서 도
덕과의 위치는 다른 교과에 비해 상대적으로 높을 수밖에 없다. 우리는 예
로부터 사람다운 사람의 자질로 도덕성을 우선적으로 꼽았고, 교육에서도
당연히 도덕교육, 인격교육이 중심적인 영역을 차지해 왔다. 유가 교육의 전
통에서 보자면, 교육의 궁극적 목적 자체가 '사람다움의 세계'를 일구는 것
이었고, 소학, 격몽요결, 명심보감, 사소절, 사서삼경 등이 모두 도덕 교과서
였으며, 이러한 우리 교육의 전통이 갖는 연속성의 관점에서 볼 때 제3차 교
육과정 시기부터 도덕과를 하나의 교과로서 가르치게 된 것은 자연스러운
귀결이었다고 볼 수 있다. 오늘날의 인성 교육에서도 여전히 도덕교육이 핵
심적인 위치를 차지할 수밖에 없다(조난심, 1995: 71).

둘째, 체계적인 연구를 토대로 인성 교육이 실행되어야 한다고 생각할 때,
이러한 연구 역량을 발휘할 수 있는 학문적 배경을 갖춘 교과는 도덕과라는
점에서 도덕과의 위상은 높을 수밖에 없다. 도덕과는 도덕철학(윤리학) 및
정치철학, 도덕 심리학 등을 핵심 배경 학문으로 삼고 있다. 윤리학과 도덕
심리학, 그리고 사회적·정치적 선(善) 영역은 공진화(coevolve)하고 개념적
으로 상호 의존할 수밖에 없다. 인성 교육을 위한 체계적인 접근을 위한 학
문적 기초는 윤리학과 도덕 심리학, 사회·정치철학[11] 중 어느 단일한 기초

---

11. 정치적 이상에는 공동체적 삶의 바람직한 상태에 대한 가치 관점, 즉 윤리적 이상이 반영

위에서 설정될 수 없다. 도덕 심리학, 윤리학, 사회·정치철학 간 통합적 접근, 기술적인 측면과 규범적인 측면의 통합적 접근, 심리학과 형이상학 간의 통합적 접근을 학문적 토대로 삼고 있는 도덕과는 인성 교육의 설계 및 운영 방안 모색을 위한 좋은 연구 조건을 갖추고 있다.

셋째, 인성 교육의 실제적 운영을 위한 전문 인력 차원에서 볼 때, 도덕과는 높은 위상을 차지할 수밖에 없다. 인성의 변화는 인간의 내면 깊숙한 곳으로부터의 변화이고 자신의 삶 전체에 대한 통찰을 필요로 하기 때문에 고도의 전문성을 필요로 한다. 인성 교육 담당자들은 인성 교육 내용 영역과 교수 방법 영역에서 전문가가 되어야 하고, 발달의 도덕적 차원(예를 들어, 피아제, 콜버그, 듀이 이론 등)과 학교교육의 도덕적 차원(예를 들어, 공자, 아리스토텔레스, 나딩스 이론 등)에 대한 충분한 지식을 갖추어야 하며, 인간 발달의 다양한 측면(예를 들어, 자아/사회 심리적, 정의적/감정적, 인지적, 행동적 영역 등)을 통합적으로 접근할 수 있는 능력을 지녀야 하는데, 이러한 영역에 대한 전문성은 대체로 도덕과 교사들이 갖추고 있다고 볼 수 있다(정창우, 2004: 352).

넷째, 인성 교육에 대한 학부모 대상 요구 결과를 통해 볼 때, 도덕과의 위상은 높을 수밖에 없다. 2009년에 한국교육과정평가원에서 실시한 조사 연구 결과[12]에 따르면, '학교에서의 인성 교육에 가장 도움이 되는 교과는 어느 교과인가?' 라는 질문에 대해 전체 대상자의 67.9%가 도덕과라고 응답하

되어 있다. 예를 들어, '자유'나 '인권'은 사람들이 올바로 산다는 것이 어떤 상태를 가리키는가에 대한 우리의 생각에 비추어서 비로소 그 말의 의미가 밝혀질 수 있다. 다시 말하면, '자유'나 '인권'이라는 용어가 지칭하는 상태는 올바르게 사는 모습에 대한 우리의 관념에 의하여 규정되는 것이다. 이런 관념 없이 현대 시민사회에서 온전하게 살아갈 수는 없는 것이다.

12. 윤현진 외(2009), 『도덕과 교육 내용 개선 방안 연구』, 서울: 한국교육과정평가원. 설문 조사는 초·중·고등학교 학생의 학부모 700명을 대상으로 실시되었고, 지역별로는 서울 205(29.3%), 수도권 146(20.9%), 부산 91(13.0%), 대구 88(12.6%), 대전 86(12.3%), 광주 84(12.0%)명이었다.

	도덕	음악/미술	체육	국어	사회
전체	67.9(475)	10.0(70)	6.9(48)	5.4(38)	5.3(37)

〈표2〉 학교 인성 교육에 가장 도움이 되는 교과에 대한 전체 응답

였다(〈표2〉 참조).

다섯째, 인성 교육을 위한 학교의 역할과 사명을 고려할 때, 도덕과의 위상은 높을 수밖에 없다. '사람으로서 사람답게 살아가기 위해' 꼭 배워야 할 내용이 있다면, 그것은 반드시 학교라는 특별한 기관에서 체계적으로 가르치지 않으면 안 된다. 여기서 '사람답다'는 말의 일차적인 의미가 도덕적 인간으로 살아가는 데 있다면, 도덕과라는 전문 교과를 통해 '자기 자신과 사물이나 현상을 도덕적인 안목으로 볼 수 있는 능력과 자질'을 향상시켜 준다는 것은 인성 교육을 위해 분명 유용한 방법인 것이다. 인성 교육은 그 성격상 구체적인 내용과 체계를 갖기가 어려우므로 교과 교육을 통해 체계적으로 가르칠 때, 그 효과는 더욱 커질 수 있다. 다양한 교과목들 중에서 도덕과 교육은 온전한 인간의 가장 핵심적인 특성인 도덕성을 다루고 있기 때문에, 인성 교육에 있어서도 핵심적인 역할을 수행할 수밖에 없다.

끝으로, 오늘날의 학교 현실을 고려해 볼 때, 도덕과의 위상은 높을 수밖에 없다. 실제로 학교에서 도덕 시간 외에 인간다운 삶의 자세에 대해 제대로 교육받을 수 있는 기회가 있는가? 입시 준비에 치중하고 있는 우리 교육 현실에서 한 인간이 삶 전체를 통해 도덕교육 및 인성 교육을 체계적으로 받을 수 있는 거의 유일한 기회는 도덕과 수업을 통해서이다. 인성 교육이 단순히 덕목을 가르치는 것, 관례적 도덕의 전수에 머무르는 수준이라면 이는 다른 교과에서도 가능하다. 그러나 도덕적 안목으로 자신에 대해 그리고 자신을 둘러싼 세계에 대하여 도덕적 추론 및 숙고, 윤리적 성찰, 정체성에 대한 고민 등을 할 수 있는 기회를 풍부하게 제공하는 것은 도덕과에서 가

능한 것이다. 즉, 마음의 눈을 뜨게 해 주는 교과는 도덕과를 제외하고 찾아보기 어렵다(김기민, 1988: 234).

이와 같이 인성 교육에서 도덕과 교육은 중핵적인 위치를 차지할 수밖에 없음에도 불구하고, 모든 교과를 통한 인성 교육이나 실천 혹은 체험 중심의 인성 교육에 강조점을 둠으로써 도덕 교과에 의해 실행되는 도덕교육의 중요성을 간과하거나 약화시키려는 입장은 적어도 '인성 교육'의 개념을 제대로 파악하지 못하고 있거나, 인성 교육의 내용과 방법에 대한 이해가 부족한 사람에게서 나올 수 있는 단편적인 아이디어에 불과하다.

2. 인성 교육을 위한 도덕 교과의 지향과 과제

1) 인성 교육 관련 도덕과 교육과정에 대한 평가

'2007년 개정 도덕과 교육과정' 해설에서는 "개정의 방향으로서 도덕적 가치와 문제들을 적절하게 다룰 수 있는 도덕적 탐구를 강조하였다. … (중략) … 이번 개정의 방향은 제7차 교육과정에서 추구하였던 '행동 실천을 위한 인성 교육 강화'와는 다른 방향이다. 제7차 교육과정에서 추구하였던 인성 교육의 강화가 나름대로 의미가 있지만, 교과 교육으로서의 도덕과 교육의 정체성을 확립하는 데에는 크게 이바지하지 못하였다고 평가하고, 인성 교육은 범교과 영역으로서 다양한 교과와 교육 영역을 통해 지도하도록 하거나 도덕과의 특별한 실천 체험 활동과 연계하여 지도할 수 있게 하고, 교과의 내용에서는 그러한 요소나 활동들을 줄여 나가자는 것이다"라고 밝히고 있다(교육과학기술부, 2009: 172-175).

이와 같이 '2007년 개정 도덕과 교육과정'에서는 제7차 도덕과 교육과정에서 강조했던 인성 교육의 비중을 줄이면서 도덕과 교육의 정체성에 부합하도록 도덕적 규범과 성찰, 탐구 등을 강조해야 한다고 밝히고 있다. 이러한 방향 설정은 실제로 교과의 정체성에 부합되고 교과의 미래를 위해 적절하게 이루어진 것인가? 필자는 우선 도덕적 규범과 성찰, 탐구 등을 보다 강조한 것은 교과 정체성 및 타 교과의 차별성 확보를 위해 적절한 선택이었다고 보지만, 인성 교육과의 관계를 설명한 부분은 인성 교육과의 '거리 두기(distancing)'로 읽힐 수 있어 결국 도덕과가 인성 교육을 위해서 기여할 수 있는 바에 대해 회의와 의구심을 발생시킬 수 있다는 문제점을 지적하고자 한다.

우선 장점 차원에서 보자면, 도덕과 교육에서 전체적으로 도덕적 탐구 및 성찰에 보다 강조점을 둔 점은 '도덕과가 추구해야 할 교육적 과제의 총괄적 범위(지·정·의, 차가운 도덕성·뜨거운 도덕성, 도덕 발달·도덕적 사회화 등)'를 포괄하는 데는 분명 한계가 있지만, 사회과, 가정과 등 타 교과와의 차별화를 통해 도덕과가 실질적으로 기여할 수 있는 부분에 주목하고 있다는 점에서 볼 때 적절한 선택이었다고 본다. 물론 넓은 의미의 도덕교육 차원에서 볼 때, 자신이 가진 도덕적 견해나 관점을 비판적으로 검토하고 성찰할 수 있는 '마음의 눈'을 떠주게 하며, 동시에 도덕적 이해에 기초하여 이를 실천할 수 있는 '마음의 힘'을 길러주는 것이 필요하다. 이러한 마음의 눈과 마음의 힘은 교과와 비교과 활동을 포함한 학교뿐만 아니라 가정과 사회 등 삶의 모든 장면에서 강조되고 또한 가르쳐야 한다. 여기서 한 가지 고려해야 할 점은 도덕적인 '마음의 눈'을 뜨게 해 주는 데 기여하는 장면은 학교에서 도덕 교과를 가르치는 것을 제외하고는 찾아보기 어렵다는 점이다(김기민, 1988: 234). 물론 우리의 삶은 도덕적 실천 및 습관과 무관한 도덕적 안목이나 이론의 탐구가 강조될 만큼 한가한 것이 아니다. 그러나 도덕적 견해의 탐구를 통한 안목의 형성이 소크라테스의 말처럼 끊임없이 자기 자신의 삶의 자세를 성찰하는 계기를 마련해 주는 것이라면 이것은 결코 한가한 문제가 아니라 도덕적 인간 형성의 중요한 측면이라는 점을 부인하기 어렵다. 이러한 점들을 감안한다면 적어도 학교에서 도덕 교과를 가르치

는 장면에서는 다른 측면보다 도덕적 안목의 형성이라는 측면이 강조되어야 할 것으로 생각된다.[13]

하지만, 도덕적 탐구와 성찰도 인성 교육에 포함되기 때문에 '2007년 개정 도덕과 교육과정'에서는 인성 교육의 의미를 '실천 위주 인성 교육'의 수준에서 지나치게 협소하게 규정하고 있다는 문제점이 지적될 수 있다. 또한 기본 생활 습관, 예절, 법과 규칙 준수와 관련된 실천 위주의 인성 교육이 도덕과 교육의 정체성 확립에 도움이 되지 않는다는 주장은 자칫 초등 도덕과 교육의 역할과 필요성을 반감시키는 결과를 초래할 수도 있다. 그러므로 '실천 위주의 인성 교육을 일정 부분 포함하면서 도덕적 성찰 중심의 인성 교육을 시도하는 교과'로 방향을 설정했더라면 교과의 정체성에 보다 잘 부합되고 교과의 미래를 위해서도 보다 유익했을 것이다.

이런 문제점은 '2009 개정 교육과정에 따른 도덕과 교육과정'(교육과학기술부, 2011a)을 통해 상당 부분 개선되었음을 확인할 수 있다. 개정된 교육과정의 성격 영역에서는 "오늘날 인성 교육을 위한 학교의 역할과 사명을 고려할 때, 도덕과는 인성 교육의 핵심 교과이며 주관 교과가 된다. 도덕과는 공동체 구성원이 공유해야 할 '행위의 표준' 혹은 '도덕적 가치의 공통 기반'을 제공할 뿐만 아니라, 어느 특정 사회의 가치 체계를 초월하는 보편적 기준의 토대 위에서 도덕적 탐구와 성찰 기회를 부여하여 학생들로 하여금 '사람다운 사람'으로 성장해 가는 데 공헌한다는 점에서 인성 교육의 중핵

---

13. 이성적 질서보다는 감성적 결속이 앞서는 가정, 관습과 전통을 포함한 문화적 힘을 통해 간접적이고 잠재적인 영향을 미치는 사회에 비해, 학교는 인성의 지적 측면을 가장 체계적으로 감당할 수 있는 기관이라는 점을 부정할 수 없다. 거기서는 합리성에 근거한 규칙을 배우고 도덕적 규범의 개념적 이해와 도덕적 선택의 원리를 학습한다. 도덕적 판단의 기준을 추구하고 성립시키며, 사회적 관행이나 도덕적 관습의 가치와 문제를 분석하고 비판하며, 자신의 신념 체계를 반성적으로 검토하고 통합하며 재구성하는 안목과 관점을 획득한다. 우리가 자율적 도덕성을 추구한다는 전제에서 볼 때, 이러한 지적 도덕성의 체계적이고 균형 있는 성장을 위해서 학교는 중요한, 어쩌면 가장 중요한 역할을 분담 받는다. 이돈희 (2002), p. 26.

교과로서의 역할을 담당한다"고 밝히고 있다. 여기에는 관습적 도덕성 함양과 반성적 도덕성 발달이 모두 도덕과를 통해 이루어지기 때문에, 인성 교육의 중핵 교과로서의 위상을 갖는다는 점이 강조되고 있다. 이를 평가적인 안목에서 보자면, 우선 개인적으로나 국가적 · 사회적 차원에서 핵심적 · 필수적 요구 사항이자, 우리 교과의 정당성 및 필요성을 제고시킬 수 있는 중요한 기반이기도 한 '인성 교육' 영역에서 '도덕과가 차지해야 하는 적정한 위상'에 대해 긍정적으로 방향성을 설정한 것은 타당하다고 볼 수 있다. 하지만, 관습적 도덕성 함양과 반성적 도덕성 발달이 도덕과 교육의 체계 내에서 어떻게 상호 연계될 수 있는지, 그리고 인성 교육이라는 넓은 교육의 지평에서 보았을 때 도덕과와 일반 교과, 교과 외 활동 등 간의 관계를 어떻게 설정해야 하는지에 대해서는 명확하게 밝히지 않고 있다는 문제점이 지적될 수 있다.

2) 인성 교육 관련 도덕과 교육의 지향

도덕 교과가 창의적 체험활동을 전담하지 않는 이상, 도덕과에서의 실천 위주 인성 교육의 의미는 '관례적 도덕성(customary morality)'을 강조하는 맥락에서 이해될 수 있다. 초등 수준, 특히 저 · 중학년 단계에서 많은 고려가 필요한(하지만 단순한 훈련training과는 구분되는 차원에서) 관습적 수준의 도덕성은 정해진 행동 규칙을 이해하고 준수하는 데 초점이 맞춰지며, 이러한 차원에 대한 교육적 강조는 관습적 도덕의 차원에서 공동체 구성원이 공유해야 할 '행위의 표준' 혹은 '도덕적 가치의 공통 기반'을 제공하는 의의를 지닌다. 한편, 중 · 고등학교 단계(가능하면 초등 고학년 단계)에서는 '원리 지향적 도덕성' 혹은 '반성적 도덕성(reflective morality)'이 강조될 필요가 있는데, 도덕원리는 도덕 실천을 위해 직접 영향을 주지는 않지만 자기 자신의 삶의 도덕철학을 형성하는 기초 혹은 전제가 되고, 도덕적 삶을 안내해 주는 잠재적인 원천이 된다. 단순하게 말하자면, 전자는 '규칙 순응(rule-conformity)'을 중시하고 관례적 도덕과 파생 규범[14]이 강조되면서 특히 행동주의 및 사회 학습 이론, 뒤르켐의 도덕적 사회화 이론으로부터 교육 방법상의 아이디어를 얻을 수 있으며, 후자는 '좋은 의도(good intention)'를 중시하고 선험적 도덕과 근본 규범이 강조되면서 칸트적 규범윤리학 및 콜버그류의 도덕 심리학으로부터 많은 아이디어를 얻을 수 있다.

하지만 이러한 '관례적 도덕교육'과 '반성적 도덕교육'은 언제나 '앎과 실천의 괴리 문제', 즉 우리 사회에서 준수되어야 할 규범에 대해 이미 알고 있고, 보편적 도덕원리로서 유의미한 것들이 무엇인지 알고 있더라도 행동으로 연결시키지 못하는 문제에 직면해 왔다. 즉, "알면 행할 수 있다"는 전제는 이미 그 한계점이 도덕 심리학을 통해 충분히 입증되어 왔다. 이러한 앎과 행동의 괴리(knowing-action gap)를 극복할 수 있는 대안으로서 필자는 최근 도덕 심리학 영역에서 강조되고 있는 도덕적 정체성 이론에 주목할 필요가 있다고 본다.

블라지(A. Blasi), 데이먼(W. Damon) 등의 학자에 따르면, 도덕적 정체성을 형성하는 교육은 좁은 의미의 도덕적 규범이나 덕목을 가르치거나 딜레마적 상황에서의 도덕 판단에 주목하는 교육보다 인간에게 훨씬 더 근본적이며 훨씬 더 강력한 행동의 지배 원리를 갖게 한다. 인간 행동은 자아의식 혹은 정체성의 중요한 부분을 구성하고 있는 삶의 바람직한 상태, 즉 삶의 도덕적 이상(理想)에 의해 결정된다. 도덕적 정체성이 형성된다는 것은 곧 도덕적 신념 체계와 개인적으로 삶의 도덕철학이 형성된다는 것이기 때문에, 이러한 도덕적 정체성은 그 개인의 모든 행동을 선택하고 결정하는 데 근본적인 기준이 될 뿐만 아니라 행동을 실천하는 근본적인 힘이 되기도 한다

---

14. 파생 규범은 일정한 시대와 장소에서 통용되는 구체적인 규범들로서 서로 상치되거나 시간이 지남에 따라 계속 변할 수 있다. 반면에 근본 규범은 다양한 구체적 규범들의 밑바탕에 놓여 있는 어떤 공통된 정신이나 기본 원리를 의미한다. 박찬구(2006), p. 45.

(박철홍, 2002: 219).

도덕적 정체성 이론에서 말하는 도덕적 앎 혹은 도덕적 이해란, 단지 인지의 수준에 제한되는 것이 아니라 개인의 자아의식·정체성과 통합된 '인격적 앎'이 되어야 한다는 점을 우리에게 시사하고 있다. 이것은 "인간의 인식(앎)이 지극해지면 그에 따라 실천의 깊이도 완숙한 경지에 다다를 것이고 이것이 지어지선(止於至善)할 수 있는 역량으로 발휘될 수 있는 기초이다"(김성기, 2004: 432 재인용)라는 주희의 말 속에 담긴 '인간의 앎' 개념과 상통한다고 볼 수 있다. 따라서 도덕적 정체성 이론의 도움을 받아 도덕과에서 인성 교육의 방향을 설정한다면, 관례적 도덕교육과 반성적 도덕교육은 언제나 '도덕적 자기 성찰과의 연결'을 통해 '도덕적 정체성' 형성을 지향해야 한다고 말할 수 있다. 그렇다면 이것은 어떤 방법으로 가능한가?

창의적 체험활동(특히 봉사 활동, 동아리 활동 등)과 같이 인성 교육을 위해 학생들이 교실 밖으로 나갈 필요도 있지만,[15] 교육과정의 대부분을 차지하고 있는 교과 교육과정이 대부분 교실에서 운영된다는 점을 감안한다면, 교실 밖에서의 경험을 교실 안으로 끌어와 자기의식과 경험의 과정을 뒤돌아보게 하고, 나아가서 자기 존재의 근원에 가로놓인 더 근본적인 것을 발견하게 하는 데 교육적 노력을 집중할 수 있다. 즉, 이 말은 관례적 도덕교육과 반성적 도덕교육을 할 때, 어떤 덕목이나 도덕규범, 도덕원리 등과 관련하여 자신이 직접 경험하고 체험해 온 다양한 삶의 이야기 혹은 내러티브 등을 통해 도덕적 성찰의 기회를 제공하는 것이어야 한다는 점이다.

최근 개인적 삶의 일관성과 지속성을 발견하려는 성격 심리학자들 중에는 '내러티브 이론(narrative theories)'에 새로운 강조점을 둘 것을 제안하고 있다. 맥아담스(D. P. McAdams)를 포함한 심리학자들에 따르면, 일상생활의 사회생태학(social ecology) 구조 속에서 삶의 이야기들은 끊임없이 생산되

---

15. 학생들에게 다양한 경험 및 체험의 기회를 제공하면 인성 교육이 저절로 이루어질 것이라고 믿는 것은 어리석은 것이다.

고 재생산되며, 수행되고 편집된다. 이러한 인간의 내면화된 삶의 이야기들은 인간의 삶이 단순히 상황적 영향의 범위를 넘어서는 것임을 우리에게 말해 준다. 이와 더불어 삶의 이야기들은 우리의 행동과 의사 결정을 안내하고, 사람들이 그들의 삶에서 의미를 어떻게 만들어 내는지에 대해 말해 준다(McAdams, 2006: 18). 결국 우리는 (다양하고 풍부한 경험을 바탕으로) 내러티브를 통해 삶의 경험들에 대해 도덕적 의미를 생산하고 부여함으로써 자신의 정체성을 형성해 간다. 매킨타이어를 비롯한 도덕철학자들 또한 특별한 가치와 도덕적 정향이 어떻게 개인 삶의 내러티브들, 가족의 이야기들, 그리고 보다 넓은 공동체의 신화와 이야기에 의해 반영되거나 형성되는가에 대해 연구해 왔다(McAdams, 2006: 14).

인성이 행동에 실제로 관여할 수 있기를 기대한다면, 도덕과 수업은 어떤 장소와 시간에서 이루어진 다양한 경험들에 토대를 둔 삶의 이야기들(life stories 또는 life narratives)을 통해 상당 부분 이루어져야 한다. 윤리 사상에 대한 이론적·개념적 학습이 주로 명제적 사고(propositional thinking)와 관련되어 있다면, 내러티브적 사고(narrative thinking)는 삶의 경험을 언어라는 수단을 통해 구체적인 맥락 속에서 풀어내는 것이다(추병완, 2000). 직접 체험할 수 있는 기회도 중요하지만, 이미 축적된 삶의 경험들에 대한 숙고와 성찰도 중요하다. 어쩌면 학교 내에서 이루어지는 인성 교육은 이미 축적된 삶의 경험 보따리들을 풀어놓을 수 있도록 내러티브적 사고를 촉진시키고 도덕적 대화의 기회를 제공하는 것이어야 한다. 이러한 윤리 사상에 대한 깊이 있는 이해와 자신의 삶의 경험에 대한 내러티브적 성찰은 도덕적으로 보다 성숙한 가치관과 세계관을 갖도록 이끌어 주며, 도덕적 삶의 바탕이 되는 도덕적 정체성 또는 도덕적 자아의 형성을 촉진시켜 준다.

3) 인성 교육 관련 도덕과 교육에 대한 비판: 응답 및 성찰

인성 교육을 위해 도덕과가 과연 역할을 제대로 수행해 왔는가에 대해 몇 가지 비판이 제기되어 왔다. 그 대표적인 예로 '학생들의 앎과 실천 간 괴리 심화'와 '도덕 교과의 주지 교과화'를 들 수 있다. '앎과 실천의 괴리' 문제는 약간 다른 맥락에서 이미 언급된 부분이지만, 이 문제의 원인을 전적으로 도덕과로 돌리는 것은 적절치 않다. 이러한 지적이라면, 이에 대한 응답은 이미 오래전 이홍우에 의해 설득력 있게 제시된 바 있다(이홍우, 2008: 134-141). 이홍우에 따르면, 첫째, 학생들이 일상생활에서 행동하는 것만 보면 도덕과 교육이 잘 되고 있는지 못 되고 있는지 알 수 있다는 주장은 생각의 결과가 행동으로 실천되는 과정에서 거치게 되는 대단히 복잡한 심리적 과정을 모르고 하는 소리인 것이다. 둘째, 앎과 행동이 일치하지 않는 주된 원인은 일상생활에서 학생들이 성인들의 언행일치 혹은 지행일치를 관찰할 수 있는 경우가 드물기 때문이다. 사실상 우리나라 아동 및 청소년들이 도덕적으로 올바른 행동을 하도록 이끌려면 사회 전체의 기성세대가 그러한 행동을 구호로써가 아니라 실천으로써 보여줄 때 가능하다고 보아야 한다. 셋째, '수학'이나 '과학' 등의 교과는 그것을 배운 증거가 일상생활에 당장 드러나지 않아도 그 교육의 효과를 별로 의심하지 않는 데 비하여, 도덕 교과는 어째서 그것을 배운 증거가 일상생활에 당장 드러나야 한다고 보는가의 측면에서 문제성이 있다. 결론적으로, 이홍우는 '과학적 현상'을 '과학적 지식의 눈'으로 보는 방법은 '과학'이라는 교과에서 배워야 하는 것과 마찬가지로 '도덕적 사태'를 '도덕적 지식의 눈'으로 보는 방법을 '도덕'이라는 교과를 통해 배워야 하고, 이것이 바로 교과로서의 도덕과가 가진 유용성이라고 규정한 바 있다.

하지만, "학교 교육에 있어서 바람직한 인성의 형성에 특히 기여해야 하는 도덕 교과가 오늘날 거의 점수를 따기 위한 도구 과목으로 전락해 버렸으며, 결과적으로 이러한 교과목을 통하여 인성을 함양한다는 것은 크게 기대할 수 없는 형편이 되어 버렸다"(강선보 외, 2008: 265)는 지적은 어떤가? 이것은 '앎과 실천의 괴리'라는 추상적이고 애매한 차원의 비판과는 달리, 도덕과 교육의 실제 모습에 대한 현상적 비판이다. 비록 국가 수준의 교육 문서에서 도덕적 사고, 정서, 행동의 통합적 접근을 강조하고 있더라도, 학교 현장에서 이루어지는 도덕과 교육이 '도덕적 지식을 언어적인 수준에서 단순히 가르치는 교과'로 일반인들에게 인식된다면 이것은 심각한 문제이다. 내성적(內省的)인 관점에서 보았을 때, 우리는 실제로 도덕과 교육을 통해 바람직한 인성을 길러주는 교육보다는 주입식, 지식 편중의 교육을 실시하고 있는 경향이 일부 있으며, 이러한 현상은 학년이 올라갈수록 심각하다는 점에 대해 어느 정도 문제점을 인정해야 할 것 같다. 우리가 인성 교육 차원에서 도덕과 교육이 핵심적 역할을 할 수밖에 없다고 주장하면서도 실제로는 그러한 역할에 충실하지 못한 면을 보인다면, 이는 결국 우리가 이중적 태도를 취하고 있는 것과 다를 바 없다. 이것은 인성 교육과 관련하여 도덕과 자체의 문제이며, 따라서 그 해결책도 도덕과 내부에서 찾아야 한다. 그 해결책은 결국 '교과를 교과답게,' 또는 '교과의 성격에 충실한 형태로' 가르치는 일에 관심이 있는 교사가 늘어나야 한다는 점에서 찾아야 할 것이다. 이러한 노력의 일환으로 도덕과 교사들은 수업을 통해 도덕적 지식을 일방적으로 주입하는 것이 아니라 '인격적 앎'을 획득하도록 돕고 있는지, 민주적이고 배려적이며 도덕적인 수업 분위기를 조성하고 삶의 모범을 보이고 있는지, '위대한 것에 대한 습관적인 대면'을 통해 삶에 대한 개인적인 도덕철학이 꽃 필 수 있는 비옥한 토양을 조성해 주고 있는지 등에 대해 깊이 성찰해 볼 필요가 있다.

V. 인성 교육을 위한 일반 교과의 역할과 과제

인성 함양은 삶의 전체적 과정을 통해 이루어진다. 그러므로 인성 교육은 학교라는 특정한 공간 및 특정 교과에 국한되지 않고 삶이 이어지는 모든 시간과 삶이 펼쳐지는 모든 공간을 통해 추구되어야 한다(박균섭, 2008: 50). 가정과 사회 또한 인간의 인격적 성장을 위하여 각기 특유의 기능을 가진 도덕적 삶의 장이며 또한 교육의 장인 것이다. 지당한 말이다. 하지만 무엇보다 학교 정규 교육 및 공교육을 통해 우리나라 아동 및 청소년들의 인성 함양에 영향을 미칠 수 있는 가능성이 존재하고 열려 있는 한, 우리는 학교교육에서 인성 교육의 적용 방향을 체계적으로 설계해야 한다. 그중에서도 학교교육의 거의 대부분을 차지하는 교과 교육과정의 운영을 통해 인성 교육에 기여할 수 있는 가능성을 적극적으로 모색해야 한다.[16]

교과 교육과정 운영을 통한 인성 교육은 물론 도덕과뿐만 아니라 모든 교과 교육과 교과 외 활동 등 학교생활의 모든 장면에서 다양하게 끊임없이 시도되어야 하는 것이다. 마치 맛있는 음식을 만들 때 주재료만 가지고 음식을 완성할 수 없는 것처럼, 인성 교육이라는 중대 과업은 각각의 교과 교육에서 주재료인 도덕과 교육의 질감과 맛을 최대한 살리기 위해 조미료와 보조 재료 등이 맡은 바 기능을 다양하게 그리고 충실하게 해 주어야 하며, 인성 함양이라는 목표를 향해 조직적으로 그리고 체계적으로 통합되어야 할 것이다.

---

16. 교과 외 활동은 교과 교육과정의 보조적 수단이기는 하지만, 창의적 체험활동(자율 활동, 동아리 활동, 봉사 활동, 진로 활동)이나 별도의 인성 교육 프로그램 등이 인성 교육을 위해 일정 정도 역할을 할 수 있을 것이다. 하지만 학교에서 창의적 체험활동 시간을 이용하여 인성 교육을 전담하는 것에는 한계가 있다. 왜냐하면 현재 이러한 활동들은 체계적이고 전문적인 과정으로 조직되지 못하고 단편적이고 일회적인 체험 학습이나 행사 수준에 그치고 있는 실정이며, 비록 이러한 문제점이 개선되더라도 '실천 위주의 체험활동'이 포괄할 수 없는 범주의 도덕성 영역이 존재하기 때문이다.

이러한 기준에 비추어 우리의 교육 현실을 냉철하게 분석하고 평가해 볼 때, 대부분의 교과 교육은 인성 교육과는 거의 관계가 없는 것으로 간주되고 있는 실정이다. 지식 정보화 사회에서 학생들이 반드시 알아야 하는 지식을 교과 교육을 통해 습득하는 것과 마음공부 혹은 인격 형성을 위한 공부는 전혀 다른 차원으로 고려되고 있다. 인성과 비교적 관련성이 있는 역사, 사회, 가정 등의 교과목에서조차 각기 지식 체계가 발전하면서 각 교과의 독자성과 전문성을 부각시켜 인성 교육을 별로 중요하게 고려하지 않고 있는 것으로 보인다. 단편적·도구적 지식 위주의 교과 교육 내용에 대해 학생들이 자신의 '마음'으로 생각해 볼 기회를 가질 수 없기 때문에, 그 배운 내용이 자신의 마음속에 들어올 가능성은 매우 희박할 수밖에 없다.

그렇다면 이런 현실을 개선하고 일반 교과에서 인성 교육에 기여할 수 있는 보다 구체적인 방법은 무엇인가? 우선, 모든 교과에서 인간 삶의 문제에 관심을 보여야 한다. 인생을 살면서 정말로 배워야 하며 또 관심을 갖고 알아야 하는 측면들, 예컨대 자신에 대해서, 인생에 대해서, 인간관계에 대해서, 우정에 대해서, 사랑에 대해서, 진·선·미에 대해서, 미래의 꿈과 진로에 대해서, 취미에 대해서 생각해 보고 이야기하고 토론하며 배울 수 있는 기회를 다른 교과를 통해서도 가져야 한다. 예컨대, 문학작품이나 예술 작품 등을 포함한 위대한 작품들을 통해 어느 작가, 어느 예술가의 고유한 속앓이와 울분을 공유하는 연습을 할 수 있어야 한다.

둘째, 사회가 변화 발전하면서 그리고 과학기술이 발달하면서 지금까지 없던 사회 및 자연에 대한 새로운 지식과 이해가 생겨나며, 이러한 새로운 지식은 새로운 도덕을 요구하게 된다.[17] 그러므로 가능하면 새로운 지식에 대한 학습은 인성 교육과 다양하게 연결을 시도해야 한다. 이와 같이 일반

---

17. 그렇다고 모든 새로운 지식이 도덕적 탐구의 대상이 될 수 있다는 말은 아니다. 예컨대, 공해와 관련된 화학적 지식 자체는 도덕적 탐구의 대상이 될 수 없으며, 배아 복제와 같이 생명과학의 발달에 따른 윤리 문제 등이 여기에 해당될 수 있다.

교과에서 새로운 지식을 학습하게 되고, 이러한 지식에 대한 학습은 해당 교과 내에서 학습자에게 도덕적 안목을 어느 정도 갖게 해 줄 수 있지만, 그렇다고 하더라도 각기 교과목 고유의 목표 추구로 인해 도덕에 대한 고려는 제한적일 수밖에 없다. 따라서 다양한 새로운 지식을 도덕적 관점에서 체계적으로 통합시킬 수 있는 교과가 필요하며, 그 역할은 도덕과에서 맡으면 된다.

끝으로, 각 교과 교육을 통해 인성 교육을 위한 수업 분위기를 제대로 조성해야 한다. 처벌이 가해지거나 처벌에 대한 위협을 느끼는 환경에서 학습하는 아동 및 청소년들은 규칙에 순종하지만, 자기 통제력(self-control)의 성장에는 역효과를 조장하는 경향이 있다. 또한 점수나 물질적 보상, 혹은 제로섬 게임 방식으로 과열 경쟁을 통해 학생들을 수업에 참여시키는 방식의 지속적 사용은 학생들의 자발성과 자율성, 그리고 배려와 협동심을 저해하는 원인이 될 수 있다. 반면, 민주적이고 배려적인 학습 풍토는 반성적인 사고와 적극적인 지식 구성을 촉진하기 때문에 수업이 진행되는 교실은 사고 및 의사 결정에 참여하는 응집력 있는 대화의 공동체가 된다. 그러므로 일반 교과 교사들은 학생들이 자신의 의견이나 신념을 동료들과 부담 없이 공유할 수 있다고 느끼는 분위기를 제공하고 있는지 반드시 확인하면서 상호 존중과 안정적인 수업 분위기를 조성하여 학생들에게 자존감, 신뢰와 협동심, 존중과 배려, 행동에 있어 자발적 혹은 내재적 동기를 길러 줄 수 있어야 한다.

VI. 결론

교육의 본연이자 궁극적인 목적은 사람다움의 세계를 일구는 일이다. 이와 같이 사람다움으로 나아가는 데 결정적으로 기여하는 작업이 바로 인성교육이고 도덕교육이다. 오늘날 우리 교육은 인간성 함양 교육에 매우 소홀하다(신창호, 2010). 그런 교육의 지속은 가르치는 자나 배우는 자가 스스로의 삶을 돌아보고 더불어 살아갈 수 있는 참된 삶의 의미를 인식하지 못하게 만든다. 도구적 지식을 공부하면서 지식의 한 부분으로 자신의 반성을 포함시킨다는 것은 지식을 암기해야 하는 교육에 방해가 될 뿐만 아니라 그러한 교육에 위배되는 것이다. 이런 점에서 도구적 지식 위주의 교육이 도덕적 인간을 기르지 못한다는 지적은 지극히 타당한 지적이라고 생각된다. 이러한 입시 위주, 단편적·도구적 지식 위주 교육에서 건전한 자아를 형성하고 바람직한 삶의 이상을 탐색한다는 것은 생각도 할 수 없는 일이다.

하지만 우리 학생들이 개인적으로 만족스러우며 사회적으로 공동선에 기여할 수 있는 삶을 살 수 있도록 도와주기 위해서는 지·정·의를 조화롭게 발달시키는 마음의 교육, 인간다움을 추구하는 교육, 삶과 세계에서 무엇이 중요한가를 가르치는 가치 지향 교육 등을 포함한 인성 교육을 추구해야 한다. 이를 위해 정규 교과 교육과정 및 교과 수업을 통해 우리 학생들은 탄생, 죽음, 사랑, 헌신, 용기, 배려, 자유, 정의, 진, 선, 미 등 삶에서 중요한 윤리적 주제 및 가치·덕목에 대해 근본적인 물음을 제기하고 윤리적으로 성찰할 수 있는 기회를 반드시 가져야 한다. 이러한 교육의 핵심적인 담지자인 윤리 교육계 학자들과 초·중등 도덕과 교사들은 인성 교육의 본연, 즉 인간다운 품성을 함양하고 고양시킬 수 있는 역할에 충실을 기할 수 있는 방안을 체계적으로 탐색하고 이를 적극적으로 실천해 나가야 할 것이다.

제3장

도덕윤리과 교육학의
학문적 정체성과 연구 방향

I. 서론

1998년에 개최된 한국도덕윤리과교육학회 연차발표대회의 학술적 연구 성과를 바탕으로 같은 해 8월에 『도덕·윤리교과교육학 개론』이 출판되었다. 이와 같이 1990년대 이후 도덕윤리과 교육학[1]의 학적 정립을 위한 연구가 본격적으로 진행되어 왔지만, 독립된 분과 학문으로서 그 나름의 자율성을 가지고 독립된 위치를 차지하는 데 여전히 한계를 보이고 있다. 이러한 문제의식에 기초하여 이 장에서는 그동안 집적된 도덕(과)교육 관련 국내외

---

1. '도덕 교과'의 교과 교육학을 지칭할 때, 지금까지 '도덕·윤리교과 교육학'(정세구, 1998), '도덕과 교과 교육학'(정탁준, 2007a), '도덕과 교육학'(추병완, 2004; 정창우, 2012c), '도덕윤리과 교육학'(황인표, 2012) 등의 다양한 개념들을 혼용해 왔는데, 이 책에서는 '도덕윤리과 교육학'이라는 개념으로 통일해서 사용할 것이다. 이에 대한 결정은 한국도덕윤리과교육학회 임원진 회의(2012. 9. 9)에서 집단적 지혜를 모아 최종적으로 이루어졌다. 국가 수준 교육과정에서의 교과 편제상 '도덕과'가 공식적인 명칭이지만, 교사 자격 기준이 되는 '표시 과목'의 명칭이 '도덕·윤리'로 되어 있고, 초·중학교 공통 교육과정('도덕')과 고등학교 선택 교육과정('윤리와 사상' 및 '생활과 윤리') 차원을 모두 포괄하기 위해서는 '도덕윤리과 교육학'이라는 개념을 사용하는 것이 더 적절하다고 보았기 때문이다.

연구 성과물을 광범위하게 활용하면서 '도덕과 교육학의 학문적 위상 제고와 역량 강화'를 위한 연구 방향을 모색하고자 한다.

지금까지 도덕윤리과 교육학의 학적 정립을 어렵게 만들었던 요인은 크게 보면 내생적(endogenous) 요인과 외생적(exogenous) 요인으로 구분할 수 있다. 내생적 요인으로는 첫째, 도덕과는 어떤 전통적인 학문의 한 영역에서 비롯된 것이 아니라 우리나라의 특수한 여건에서 개설된 것이며, 또 학제적 접근을 취하고 있기 때문에 그 정당성을 학문 체계와의 일치에서 찾기보다는 개인적 필요성 및 국가적·사회적 요구에서 찾게 되었다는 점을 지적할 수 있다(정세구, 1998: 5). 이와 같은 교과와 학문 간의 불연속성은 그동안 도덕윤리과 교육학의 학적 정립을 어렵게 만드는 요인으로 작용해 왔다. 둘째, 다양한 학문적 배경을 가진 연구자로 구성된 도덕윤리과 교육 학문 공동체 내의 소통 부족 문제를 들 수 있다. 즉, 도덕윤리과 교육학계에서 동·서양 윤리학, 정치(철)학, 북한학 및 통일 교육, 교과 교육 전공자들 간의 대화와 소통의 결핍이 도덕윤리과 교육학의 학문적 발전을 어렵게 만들었던 문제점으로 지적될 수 있다. 셋째, 하나의 학문이 학적으로 정립되기 위해서는 독자적인 인식 대상 혹은 현상, 이론 체계, 세계관, 선호하는 연구 방법론 등이 설정되어야 하는데(Szostak, 2003: 29), 도덕윤리과 교육학계에서 이러한 학문적 기반 구축을 위한 작업이 충실하게 그리고 효과적으로 진행되어 왔다고 보기 어렵다. 이러한 한계는 사실상 도덕과에 한정되어 나타난 것이 아니라 대부분의 교과가 현시점에서 공유하고 있는 학문적 난관이자 도전 과업에 해당하는 것이고, 기본적으로 '기초·일반 학문에 대한 응용적 성격'을 지닌 교과 교육학의 근본적 특성에 기인한다고 볼 수 있다.

한편, 외생적 요인으로는 자기비판 및 성찰을 허용하지 않는 삶의 풍조와, 교육을 '사회적 유용성'의 관점에서 접근하려는 국가적 교육관이 결합되면서, 독립 교과로서 도덕과의 가치가 폄하되는 문제점을 지적할 수 있다. 오늘날 우리 사회는 오로지 잘 살기 위한 열망으로 들끓고 있으며, 잘 산다는 것의 의미를 단지 경제적인 풍요로움과 물질적 쾌락의 차원에서만 이해할 뿐 그러한 삶의 가치와 목적 그 자체는 비판적으로 검토하지 않으려 한다. 또한 교육정책 수립 과정에서 '실용' 혹은 '경제 논리'가 '교육 논리'보다 앞서 나가거나, 정치권력의 변동은 필연적으로 교육정책의 변화를 수반해야 한다는 단기적이고 근시안적인 관점의 한계도 드러내고 있다. 이러한 정치적·사회적 풍조는 도덕과를 제6차 교육과정 이후 매 개정 시기마다 위기 상황으로 몰아넣어 왔고, 이러한 위기 국면은 도덕과가 학적 내실을 기하는 데 어느 정도 자극을 주기도 하였지만, 대체로 도덕윤리과 교육학의 학적 정립에 몰입할 수 있는 시간과 기회, 그리고 에너지를 분산시키고 심각하게 제한하는 악영향을 끼쳐 왔다.

이 장에서는 도덕윤리과 교육학의 학적 정립을 어렵게 만들었던 요인 중 내생적 요인에 주목하면서 도덕윤리과 교육학이 독립된 분과 학문으로서의 지위를 더욱 강화하기 위해 필요한 연구 방향을 모색하고자 한다. 이를 위해 도덕윤리과 교육학의 학문적 위상 강화의 필요성을 밝히고, 도덕윤리과 교육학의 개념 및 학문적 정체성을 보다 명확히 규정하며, 학문 체계 구축을 위해 도덕윤리과 교육학의 구조와 연구 영역을 재설정하고자 한다. 새로운 분과 학문이 자율성을 가지고 독립된 위치를 차지하기 위해서는 문제의식·관심·개념·방법들을 공유하는 해당 학문 공동체의 노력과 열성이 필요하다는 점을 감안하여, 이 장에서는 1990년대 후반 이후 도덕과 교육 학문 공동체에서 산출한 지적 탐구의 결과물들을 도덕윤리과 교육학의 학문적 정체성 탐색과 연구 방향 설정을 위한 논의 및 근거 자료로 활용할 것이다.

II. 도덕윤리과 교육학 연구의 역사와 학문적 위상 강화의 배경

1. 도덕윤리과 교육학 연구의 역사

도덕윤리과 교육학에 대한 연구가 본격적으로 이루어지기 전에 '국민윤리학'의 학적 정립을 위한 시도가 먼저 이루어졌다. '국민윤리'라는 개념은 김범부 선생이 1951년에 강의했던 "국민윤리특강"과 1962년에 저술한 '건국정치의 이념'이 수록된 『범부유고』(김범부, 1986)에서 최초로 찾아볼 수 있으며, 그의 '풍류정신'에서 이러한 국민윤리에 대한 기본 사상이 나타나고 있다.

> 국민윤리는 어떠한 한 개의 개념이라든지 한 개의 사상이 아니고 그 국민의 성격(性格)입니다. 또 진일보해서는 그 국민의 윤리적 생리(生理)입니다. 그 국민의 도덕적 생리입니다. 관념이 아니고 사상이 아니고 성격이요 생리라는 말입니다. … 국민윤리라는 것은 민족의 전통을 떠나서 성립되는 것이 아니므로 우리는 부득이 전통 속에서 우리의 윤리의 표준을 구해야 하겠는데 그 중 풍류도 정신 속에서 조화의 정신을 찾아보고 이것을 반성해 보자는 것입니다(김범부, 1978: 217-243).

범부 선생은 누란(累卵)의 위기에 처한 조국을 재건하기 위한 일념으로 '도의 정신'과 '국민 의식'을 함양시키기 위하여 국민윤리를 제창하였다(진교훈, 2011: 4). 이와 같이 1950년대와 60년대에는 김범부를 중심으로 나라의 장래를 걱정하는 학자들이 국민윤리 교육을 통해 우리 고유의 공동생활의 원리를 지켜 나가고 민족사적 정통성을 계승 및 발전시키고자 하였다. 그 후 학제적 접근을 통한 국민윤리학에 대한 학적 정립은 대체로 1970년대 초반부터 1980년대 후반까지 집중적으로 시도되었다. 이 당시 국민윤리는 국민 공동생활의 도덕, 규범 내지 기본 가치이며, 사회관계의 기본 질서이자 국가 이념 및 정치 이념의 기초로 간주되었다. 또한 국민윤리학은 개인과 국가의 관계와 국민 공동생활의 기본 원리를 규명하기 위한 차원에서 학적 정립을 시도하였다(한국국민윤리학회, 1986). 하지만 국민윤리학에 대한 연구는 학제적 연구를 통해 윤리학과 전통사상의 연결, 정치 이데올로기 비판과 정치철학의 연결, 나아가서 유교적 정치 문화와 서구의 정치 문화를 종합하여 '한국적인 윤리학의 모델'을 제시하는 차원으로 발전 및 확충되는 데에는 일정 정도 한계가 있었다(황경식, 1997: 61).

사실상 도덕윤리과 교육학에 대한 본격적인 연구는 '한국교과교육학회'와 '한국도덕윤리과교육학회'가 창립된 1990년대부터 이루어졌다. 개인 연구 차원에서 1994년부터 서울대학교 정세구 교수가 도덕윤리과 교육학의 기본 틀을 개발하였고(정세구, 1994), 도덕윤리과 교육학 관련 대학 강좌와 교과 교육 연구 및 교사 교육 실태를 조사 연구한 바 있다(정세구, 1997a, 1997b). 하지만 도덕윤리과 교육학 발전에 결정적인 계기는 전국 규모의 교과 교육학회인 '한국도덕윤리과교육학회'가 1998년 연차학술대회의 주제로 '도덕·윤리 교과 교육학의 정립'을 설정한 것에서 찾을 수 있다. 전국 사범대학과 교육대학의 (국민)윤리교육과 교수들과 한국교육과정평가원 도덕교육연구실 연구원을 중심으로 한 20여 명의 학자가 학적 정립에 대한 연구 결과를 발표하였고, 이를 토대로 『도덕·윤리교과교육학 개론』이라는 단행본을 발행하였다. 이 연구물은 도덕윤리과 교육학 연구에 초석이 될 만한 연구 성과를 거둔 것으로 평가할 수 있다. 하지만 도덕윤리과 교육학이 독립된 분과 학문으로서의 위상을 보다 굳건히 하기 위해서는 개선하고 해결해야 할 많은 취약점과 도전 과업을 지니고 있는 상황이다.

2. 도덕윤리과 교육학의 학문적 위상 강화의 배경과 목적

『도덕·윤리교과교육학 개론』이 출간된 지 14년이 지난 현시점에서 도덕윤리과 교육학의 학문적 위상을 강화하려는 배경 및 목적을 제시하면 다음과 같다.

첫째, 도덕윤리과 교육학의 학문적 정체성을 확립하려는 것이다. 현재까지 도덕윤리과 교육학은 현장 적용과 현장 개선을 위한 현장 지향적 교과교육학에 미시적으로 매달려 온 면이 있다. 물론 학교 현장에서 도덕을 가르치는 수업 현상이 존재하는 한 도덕윤리과 교육학은 그런 현장에서의 실천 지향적 역할을 수행하는 데 관여해야 할 것이다. 이는 실천 현장을 항상 동반하는 '실천 학문'의 속성을 지닌 모든 개별 교과 교육학이 공통적으로 지니고 있는 중대한 책무이기도 하고, 그간 개별 교과 교육학이 실제로 이 분야에서 괄목할 만한 성과와 공적을 쌓아온 것도 사실이다(박인기, 2006: 266-267). 하지만 문제가 되는 것은 도덕윤리과 교육학을 이러한 현장성의 관점에서만 재단하려 한다는 점이다. 이와 같이 현장 개선을 위한 '대증(對症) 처방,' '현상추수(現狀追隨),' '기능주의적' 성격을 지닌 교과 교육학은 교과 교육학 자체가 교과 교육을 토대로 성립되는 학문이라는 차원에서 인정받을 수는 있어도, 단지 기능적 역할을 수행하는 방법론에 불과하기 때문에 하나의 온전한 '학문'으로 간주되기 어렵다는 비판을 받을 수도 있다(박인기, 2006: 267). 그러므로 우리는 도덕윤리과 교육학이 왜 필요하고 어떤 역할을 해야 하는가, 그리고 도덕윤리과 교육학이 분과 학문으로서 고유성을 인정받을 수 있는 근거는 무엇인가 등에 대한 답변을 추구하면서 도덕윤리과 교육학의 학문적 정체성과 역할 정체성을 정립해 나갈 필요가 있다.

둘째, 도덕과 교육과 관련된 개별 연구 담론들을 통어(通御)하는 상위의 이론 체계를 우리의 실정에 맞게 마련하려는 것이다. 교육과정 및 교과서를 개발하거나 교원 임용 시험 평가 기준 및 교사 양성 교육과정을 개발·편성하는 과정에서 이루어지는 개별 연구 담론을 이끌어 갈 상위의 이론 체계가 아직 제대로 구축되어 있지 못한 실정이다. 교육과정 개발 과정에서 이루어지는 연구 담론을 예로 들면, 아직 도덕 발달 및 도덕교육에 대한 이론 체계를 우리 나름대로 체계적으로 구축하지 못했기 때문에, 국제적으로 콜버그의 인지 발달론이 강조되면 우리도 인지 발달론을 강조하고, 리코나의 통합적 인격교육론이 강조되면 우리도 통합적 인격교육론의 렌즈로 교과 교육을 조망해 온 측면을 부인하기 어렵다. 이제 우리는 핀란드, 싱가포르, 노르웨이 등의 국가보다 시기적으로 앞서서 독립 교과로서 도덕과를 개설해 온 소중한 경험을 바탕으로 우리의 몸에 맞는 옷을 입어야 할 때가 된 것이다. 다시 말해, 국제 수준에서 이루어지는 도덕 발달과 도덕교육에 대한 학문의 일반적, 보편적 흐름에 관심을 두면서도 우리의 토양에 맞는 도덕윤리과 교육학의 학문적ㆍ이론적 프레임을 구축하는 일에 치중해야 한다.

 셋째, 도덕과의 새로운 수요를 창출하기 위한 토대를 구축하려는 것이다. 도덕과는 인간다운 면모를 갖추는 데 교육의 목적과 방향을 설정해 왔던 우리의 도의 교육(道義敎育)적 전통과 한 나라의 국민으로서 지녀야 할 이념적ㆍ정치적 가치ㆍ태도를 길러주기 위한 국민정신교육(國民精神敎育)적 필요성이 결합되어 1973년에 독립 교과목으로 개설된 교과이다. 1970년대부터 1980년대까지 이러한 국가적ㆍ사회적 수요의 확대는 우리 교과의 융성에 추동력을 제공했다. 하지만 이제 사정은 완전히 달라졌다. 자아실현이나 행복 실현과 같은 개인적 요구와, 고도의 지식 정보 사회, 다문화 사회, 과학 기술 사회, 저출산 고령화 사회로의 이행 등 급속한 사회 환경적 변화 속에서 그 수요를 인정받지 못하는 교과는 교육과정의 전체 지형도 속에서 배제될 수밖에 없는 상황이며, 도덕과는 '모든 교과를 통한, 교과 외 활동을 통한' 논리 속에서 그 고유성과 독립성을 위협받고 있는 실정이다. 따라서 도덕윤리과 교육학의 학적 재정립은 도덕 교과에 대한 새로운 수요를 창출함으로써 교과로서의 고유한 가치를 인정받고 영향력을 확대하기 위한 노력의 일환으로 고려되어야 한다.

넷째, 도덕과의 배경 학문 간 관계를 정립하려는 것이다. '응용 학문'[2]으로서의 속성이 강한 도덕윤리과 교육학은 도덕과 교육의 목적을 달성하기 위해 크게는 동양·한국 윤리학, 서양·응용 윤리학, 정치학, 북한학·통일학, 심리학·교육학 등의 순수·일반 학문 분야에서 내용이나 원리를 응용할 수 있다. 하지만, 도덕윤리과 교육학이 이런 순수·일반 학문 분야를 닮고자 한다면, 비록 학문으로서의 외형적 혹은 표층적 권위를 갖추게 될지 몰라도, 도덕과 교육의 본래적인 기능, 즉 인간의 삶 속에서 삶의 의미를 묻고 삶의 실천적 지혜를 배움으로써 인격을 형성해 나간다는 본질적 기능을 상실할 수 있는 위험성이 있다. 그러므로 도덕과에서는 도덕과의 개별 배경 학문들이 도덕과 교육에 어떤 공헌과 기여를 할 수 있는지에 대해서 고민해야 할 뿐만 아니라('multidisciplinary'의 측면), 개별 배경 학문들 간 학문적 소통 및 융합을 통해 어떻게 도덕과 교육의 질적 개선을 도모할 수 있는지('interdisciplinary'의 측면)에 대해 숙의해야 한다.

다섯째, 도덕윤리과 교육학의 학문 체계 내에서 교과 교육학과 교과 내용

---

2. 순수 학문(pure sciences)과 응용 학문(applied sciences)은 그 경계가 모호하지만, 무엇을 위해 학문을 하느냐라는 질문에 어떻게 대답하는가에 따라 일정 정도 구분이 가능하다. 순수 학문은 학문의 내재성을 강조한다. 따라서 이 분야의 학자들은 자신들이 생산한 지식이 대상 세계에 관한 보편적 설명이나 이해력을 확장시키고, 진리의 기준에 비추어서 타당한 것이기를 바란다. 이에 비해 응용 학문은 안다는 것 자체에 목적이 있다기보다는 앎의 쓰임새에 목적이 있다. 따라서 이 분야의 학자들은 앎 자체에 그치지 않고 그것을 어떤 다른 목적을 달성하기 위한 유용한 수단으로 활용한다(장상호, 1997, p. 623). 도덕윤리과 교육학은 기본적으로 학생들의 도덕성 발달 및 인격 함양이라는 특정한 실용적 목적을 위해 학제적 형식을 띠고 순수 학문을 응용하는 성격을 갖는다. 하지만 이러한 성격 규정이 의미하는 바가 도덕윤리과 교육학을 단지 순수 학문의 소비자 혹은 지식 재활용자(knowledge reuser)로 간주해도 된다는 쪽으로 해석되어서는 안 되며, 도덕과 교육이라는 특수한 실용적 목적에 부합하는 '진정한 의미의 지식의 생산자'가 되어야 한다는 쪽으로 해석되어야 한다. 또한 도덕윤리과 교육학 내에 특히 교과 내용학 영역은 교과 교육학 영역에 비해 순수 학문적 성격을 상대적으로 더 많이 지니고 있긴 하지만, 이 또한 기본적으로 보편적 지식의 교과 교육적 변환에 연구의 강조점이 두어져야 한다는 점에서 응용 학문 지향성이 강하다고 보아야 한다.

학의 관계를 정립하려는 것이다. 교과 교육학은 개별 교과에서의 교과 교육학을 전체적으로 포괄하는 상위 개념일 수도 있지만(이 경우, '국어과 교육학 + 도덕윤리과 교육학 + … = 교과 교육학'의 관계 성립), 도덕윤리과 교육학 내에서 교과 내용학과 더불어 하나의 구성 요소로 간주될 수도 있다(이 경우, '도덕 교과 교육학 + 도덕 교과 내용학 = 도덕윤리과 교육학'의 관계 성립). 그렇다면 도덕윤리과 교육학의 범주 내에서 교과 교육학과 교과 내용학 각각의 속성과 범위는 어떻게 설정해야 하는가? 그리고 도덕윤리과 교육학의 사고와 논의에 있어서 교과 교육학과 교과 내용학 간의 균형과 조화를 추구하자는 것은 구체적으로 무엇을 의미하는가? 도덕윤리과 교육학계에서는 이러한 물음들 속에 담겨 있는 도덕윤리과 교육학, 교과 교육학, 교과 내용학 각각의 개념과 속성, 그리고 이들 간의 상호성을 규명하기 위해 또한 연구력을 집중해야 한다.

여섯째, 도덕윤리과 교육학의 기본 구조와 세부 연구 영역을 재설정하려는 것이다. 이돈희(1994)가 제시한 교과 교육학의 구조를 일부 수정하여 정세구 교수(1998)가 도덕·윤리 교과 교육학의 기본적 접근법을 제시한 바 있고, 추병완(2004)은 이러한 정세구 교수의 아이디어를 계승 발전시킨 바 있다. 향후 도덕윤리과 교육학계에서는 이러한 선행 연구들의 장점을 충분히 활용하면서도 그 타당성에 대한 세밀한 검토를 통해 도덕윤리과 교육학의 기본 구조와 세부 연구 영역 설정 수준을 한 단계 향상시켜야 한다.

이상에서 여섯 가지로 제시한 도덕윤리과 교육학 위상 제고의 배경과 목적은 후속 연구들을 통해 심도 있게 논의되어야 할 것이다. 도덕윤리과 교육학의 학문적 위상 강화를 위한 예비적 혹은 기초연구적 성격을 지니는 이 글은 특히 첫 번째로 제시된 도덕윤리과 교육학의 학문적 정체성 확립(특히 도덕윤리과 교육학이 왜 필요하고 어떤 역할을 해야 하는가, 그리고 도덕윤리과 교육학이 하나의 분과 학문으로서 고유성을 인정받을 수 있는 근거는 무엇인가 등의 문제)과 여섯 번째로 제시된 도덕윤리과 교육학의 기본 구조 및 연구 영역 재

설정에 초점을 맞춘다. '도덕윤리과 교육학의 기본 구조 및 연구 영역 재설정'(여섯째)은 '배경 학문 간 관계'(넷째)와 '교과 교육학과 교과 내용학의 관계'(다섯째)에 대한 고려 없이는 시도될 수 없기 때문에, 넷째와 다섯째 측면도 부분적으로 다룰 것이다.

III. 도덕윤리과 교육학의 개념 및 학문적 정체성 탐색

도덕윤리과 교육학에 대한 개념을 구체적으로 제시한 대표적인 학자로는 추병완(2004)과 정탁준(2007a)을 들 수 있다.

도덕과 교육학이란 도덕윤리과교육을 연구하는 학문 분야로서 각 교과의 교육에 관련된 문제를 다루는 일반적인 교과교육학의 한 영역이라고 정의할 수 있다. 즉, 도덕윤리과교육학은 학교에서 가르쳐지는 '도덕'이라는 교과의 교육을 위한 전체적인 사항들을 다룸으로써 각급 학교에서 도덕윤리과교육이 어떻게 수행되어야 하는지에 대한 포괄적인 방향과 기본 틀을 제공해 주는 학문 영역인 셈이다(추병완, 2004: 113).

도덕과 교과교육학은 '도덕'과 관련된 보편적 지식과 기능을 도덕 교과를 통해 가르칠 수 있는 지식과 기능으로 분별하고 선정하며 질서화하는 학문을 뜻한다. 즉, 도덕 교과의 배경학문에 있는 보편적 지식과 기능을, 특정의 대상에게 가르칠 수 있는 지식과 기능으로 분별하고 선정하고 체계화하면서, 그 작업이 어떤 필요와 가치에 입각한 것인지를 연구하는 학문이다(정탁준, 2007a: 52).[3]

---

3. 정탁준은 도덕과 교과 교육학에 대한 자신의 개념 규정이 박인기(2006)의 관점에 기초한 것이라고 밝히고 있다. 박인기는 "교과교육학은 이 세계에 두루 편재해 있는 보편적 지식과

추병완의 개념 규정 속에는 도덕윤리과 교육학에 대한 일반적 정의 (general definition)가 정형적으로 제시되어 있고, 정탁준의 규정 속에는 보편적 지식 및 기능의 교육적 변형이나 변환의 관점이 도덕윤리과 교육학 개념 속에 의미 있게 반영되어 있다. 하지만 전자의 개념 규정 속에는 구체성이 다소 부족하고, 후자의 개념 규정 속에는 포괄성이 다소 부족한 문제점이 지적될 수 있다. 이 글에서는 도덕윤리과 교육학의 개념과 학문적 정체성을 다음과 같이 규정하고, 후속 논의를 통해 이에 대한 보다 구체적인 논의를 전개하고자 한다.

> 도덕윤리과교육학은 도덕과교육과 관련된 제반 현상을 연구 대상으로 삼으며, 학생들의 도덕성 발달 및 인격 함양이라는 실천(교육) 지향적 목적을 위해 동양·한국윤리, 서양윤리, 응용윤리, 정치학, 북한학 및 통일학, 도덕심리학 등 많은 배경 학문들 간의 다학문적(multidisciplinary)·간학문적인(interdisciplinary) 접근에 의한 종합 학문적 성격을 갖는다. 하지만 도덕윤리과교육학을 단순히 윤리학, 정치학, 북한학, 도덕심리학 등으로 환원시키거나 이러한 배경학문들의 단순 결합체로 간주해서는 안 되고, 배경학문 간 수렴과 융합을 통해 혹은 배경학문과는 어느 정도 거리를 두면서 교과 연구를 위한 새로운 개념 체계를 형성하여 도덕과 교육의 '내용' 및 '학습과 연관되는 원리(原理)·방법'을 도출하려는 합목적성을 추구해야 한다(정창우, 2012c: 8-9).

이러한 도덕윤리과 교육학의 개념 및 학문적 정체성에 대한 규정 속에는 도덕과를 중심으로 학생들의 도덕성 발달 및 인격 함양에 도움을 주고자 하는 '실천(교육) 지향적' 성격, 다학문적·간학문적 접근에 의한 '종합 학문적' 성격, 그리고 배경 학문 간 수렴과 융합을 통해 혹은 배경 학문과는 어

기능을 '가르칠 수 있는 지식과 기능'으로 분별하고 선정하고 질서화하는 일을 담당한다"고 밝힌 바 있다.

느 정도 거리를 두면서 교과 연구를 위한 새로운 개념 체계를 형성하여 도덕과 교육의 내용 및 학습과 연관되는 원리·방법을 도출하려는 '합목적적' 성격 등이 반영되어 있다.

도덕윤리과 교육학의 개념 및 학문적 정체성에 대한 이러한 논의는 도덕윤리과 교육학이 학문적으로 확립되기 위한 제반 조건들을 어느 정도 갖추었는가를 진단함으로써 보다 깊이 있게 접근할 수 있다. 도덕윤리과 교육학이 하나의 학문으로서 그 정체성을 확립하고 학적으로 정립되기 위해서는 독자적인 연구 대상 혹은 현상, 이론 체계, 세계관, 선호하는 연구 방법론 등을 체계적으로 구축하는 일이 필요하다(Szostak, 2003: 29).

첫째, 도덕윤리과 교육학의 연구 대상은 도덕과 교육과 관련된 제반 현상이며, 그 실체는 도덕과 교육의 실천(수업)을 통해 확인된다. 도덕과 수업은 학생들의 도덕성 발달과 인격 형성을 추구한다는 지향점을 갖기 때문에 다른 인문학 및 사회과학을 학문적 배경으로 삼고 있는 교과들과 구별되는 독자성을 갖는다. 물론 도덕 문제는 인간의 보편적 관심사이기 때문에, 문학이나 역사 및 정치학·사회학 등 인문·사회과학을 배경 학문으로 설정하고 있는 교과목들에서도 도덕 문제와 도덕적 가치를 다룰 여지가 전혀 없는 것은 아니다. 하지만, 현대 인문·사회과학의 여러 분야들은 점점 독자적인 연구 분야와 탐구 방법을 정립하게 되고 이로 인해 도덕 문제와 도덕적 가치에 대한 탐구는 이들 분야들의 주요 관심사에서 벗어나 있는 실정이기 때문에, 이러한 인문·사회과학의 여러 분야들을 학문적 기반으로 삼고 있는 교과들에서 도덕 문제와 도덕적 가치가 본격적으로 취급될 가능성은 매우 희박하다. 이런 점에서 핀란드, 싱가포르, 우리나라와 같이 도덕 문제와 도덕적 가치 탐구를 다루는 '도덕과'를 정규 교과로 설정한 것은 교과의 체계 측면에서 볼 때 매우 발전된 형태라고 말할 수 있다.

둘째, 도덕윤리과 교육학에서 선호하는 연구 방법론[4]은 도덕과 교육의 존

---

4. 연구 방법론을 제대로 다루기 위해서는 연구 대상뿐만 아니라 그 학문의 존재 이유, 본

재 이유이자 목표인 '도덕성 발달 및 인격 함양'과 긴밀하게 관련지어 설정해야 한다. [그림1]에 제시된 x축은 개인윤리와 사회윤리라는 윤리의 두 층위와 관련된 도덕성, 즉 사적 도덕성(private morality) 및 공적 도덕성(public morality)을 나타낸다(Hampshire, 1978; 정창우, 2008: 5).[5] 한편, y축은 관례적 도덕성(customary morality)과 반성적 도덕성(reflective morality)을 나타낸다 (Thiroux, 2001: 17).[6] 이와 같이 사적 도덕성과 공적 도덕성, 관례적 도덕성과 반성적 도덕성을 두 축으로 볼 때, 인문학(특히 윤리학)과 사회과학(특히 심리학, 정치학 등)의 학문적 상호 교류와 활발한 소통이 요구되며, 연구 방법론적으로는 '규범적 혹은 처방적 접근'과 '메타윤리적 혹은 분석 윤리적 접근'을 포함한 '윤리학적 접근'을 중심으로 하되, 도덕 현상을 기술 또는 설명하는 기술적·경험적(descriptive and empirical) 연구와 인과관계 연구 등을 포함한 '사회과학적 접근'도 활용될 필요가 있다. 도덕윤리과 교육학계에서는 '규범과학과 사회과학의 학제적 접근 방식'(제7차 교육과정)을 거쳐 '윤리학을 중심으로 여러 학문의 접근 방법을 활용하는 방식'(2007 & 2009 개정 교

질, 성격, 목적, 세계관, 핵심 개념 및 원리 등의 문제를 전반적으로 포함하여 논의하는 것이 적절하겠으나, 논의 범위가 지나치게 포괄적이고 방대해질 위험이 있기 때문에, 이 글에서는 필요한 범위 내에서 최대한 간략하게 제시하고자 한다.

5. 사적 도덕성이 일상적인 개인 생활에서 자신이 해야 할 일을 도덕적으로 판단하고 이를 기꺼이 행함으로써 개인의 도덕적 인격(moral character) 형성을 강조하는 특성이 있는 반면, 공적 도덕성은 정치 공동체 내에서의 도덕적 의무를 올바로 판단하고 이를 기꺼이 행하고자 한다는 측면에서 볼 때 일종의 정치적 도덕성(political morality)의 성격이 강하다고 말할 수 있다.

6. 다양한 문화와 사회에 존재하는 관례적 도덕성은 우리가 가장 먼저 접하게 되는 도덕성의 측면이며, 일반적으로 관습이나 전통에 기초해서 형성되는 것이다. 관례적 도덕성은 유아기를 거쳐 성인기에 이르기까지 흔히 비판적인 분석이나 평가 없이 그 구성원에게 받아들여지는 특징이 있다. 반면, 철학적·윤리적 탐구를 중시하는 반성적 도덕성은 모든 도덕적 가르침이나 규칙 등의 토대와 근거를 이성적으로 검토해 보는 과정에서 형성되는 것이다. 여기서는 모든 관습, 전통, 규칙, 윤리 체계, 윤리 이론 등을 우리가 계속 수용할 가치가 있는지, 그것에 따라 살아가도 되는지에 대해 주의 깊게 분석하고 비판적으로 평가하는 것이 중시된다. 관례적 도덕성은 우리 사회의 공통된 도덕 기반의 공고화를 위해 필요하지만, 도덕과 교육은 관례적 도덕에 대한 비판 및 성찰을 통해 궁극적으로 반성적 도덕성을 지향해야 한다.

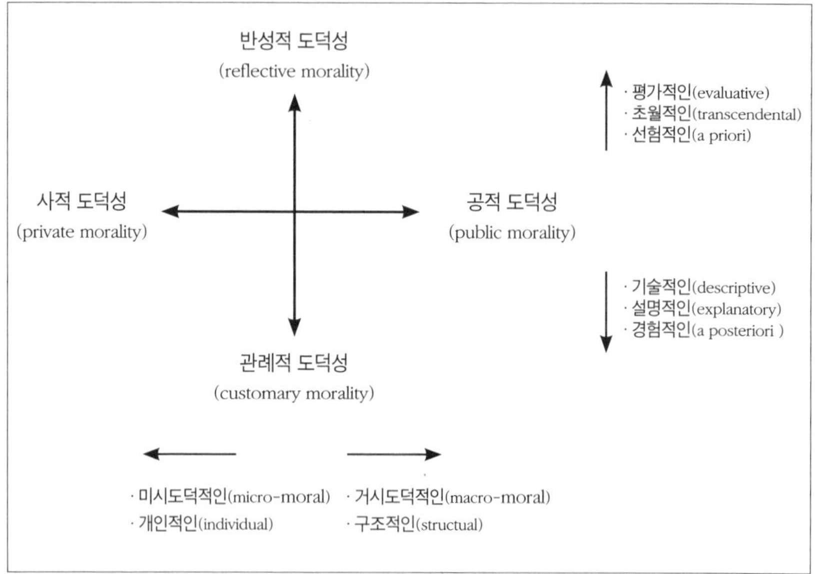

[그림1]도덕윤리과 교육학 연구 방법론의 기본 틀

육과정)을 추구함으로써 연구 방법론의 차원에서 일정 정도 개선과 진전이 있었다고 평가할 수 있다.

셋째, 도덕윤리과 교육학의 이론 체계는 도덕과 교육과 관련된 제반 현상을 설명하는 중심 개념[7]·명제·법칙 등을 포함한 이론(특히 도덕과 교육의 목적 및 목표, 적용, 해석에 관한 개념·명제·법칙 등을 포함한 이론[8])의 체계이자, 동

7. 도덕윤리과 교육학이 보다 엄정하게 하나의 학문으로 성립하려면 도덕윤리과 교육학만의 독특한 개념들이 존재해야 한다. 즉, 도덕윤리과 교육학에 내재된 고유한 중심 개념들이 존재해야 하고, 그러한 개념들을 관련짓는 관계망이 존재해야 한다. 이러한 도덕윤리과 교육학의 핵심 개념들과 그들 간의 관계를 형성하는 원리는 도덕윤리과 교육학에 통일성을 부여하는 응집력이 강한 거점의 기능을 한다.

8. 도덕과 교육의 목적 및 목표에 관련된 물음에는 도덕과 교육은 왜 필요한가, 도덕적 인간이란 무엇인가, 도덕성의 구성 요소는 무엇이고 도덕과 교육에서 이러한 요소들 간의 관계를 어떻게 설정해야 하는가, 도덕적 삶을 가능하게 하는 인격적 특질(character traits) 혹은 덕목에는 어떤 것들이 있는가, 그리고 학생들의 도덕성 발달 특성을 고려하여 목표를 어떻게 설정할 수 있는가 등이 포함된다. 또한 도덕과 교육의 적용과 관련된 물음으로는 어

시에 이를 통괄하는 상위의 이론적 구조를 의미한다. 도덕과 교육의 목적 및 목표, 적용, 해석에 관한 중심 개념·명제·법칙을 포함한 이론은 시간(전통과 현대)과 공간(서구와 동양·한국), 그리고 학문(인문학과 사회과학) 간 경계를 넘나들며 도덕과 교육의 의미와 근거를 묻고 실천적 적용을 위한 기본 틀을 마련하는 데 기여할 수 있어야 하며, 동시에 도덕과 교육의 실천을 통괄하는 상위의 이론적 구조를 구축하여 도덕과 교육의 실제를 끊임없이 창조하고 수정할 수 있는 생성력을 갖추어야 한다. 이러한 도덕윤리과 교육학의 이론 체계에서 가장 핵심적인 부분은 학생들을 바람직한 어떤 상태로 이끌어가려는 유목적적 활동을 통해 성취될 수 있는 '도덕교육을 받은 사람(morally educated person)'이 가져야 할 모습과 이런 상태로 이끌 수 있는 방법에 대한 이론을 구축하는 것이다. 이러한 독자적이고 생성력 있는 이론 체계의 구축은 도덕윤리과 교육학계가 가장 시급하게 그리고 가장 강조점을 두면서 연구력을 집중시켜야 할 부분이다.

넷째, 세계관(worldview)은 인간과 세상을 바라보고 해석하는 렌즈 역할을 하는 것이고, 또한 지식을 창출해 내는 여과기 역할을 하는 것이다. 도덕윤리과 교육학이 어떤 세계관을 가지고 있느냐는 물음은 곧 도덕과가 인간과 삶에 대한 관점(인간은 어떤 존재이며 삶의 의미는 무엇인가) 및 역사와 세상에 대한 관점(국가와 전통이 갖는 의미는 무엇이고, 이 세상은 어떻게 변화되어야 하는가)을 확립한 상태이고, 이러한 인식 기준에 근거해서 인간과 세상을 해석하고 교과 지식을 창출하고 있는가를 묻는 것이다. 이 물음에 답하기

떤 특정한 교과 내용이 어째서 가르칠 가치가 있는가(즉, 그것이 어떤 점에서 교과 내용으로 정당화되는가), 그리고 어떤 방법과 전략을 활용하면 학생들의 도덕성을 보다 효과적으로 발달시킬 수 있을까, 도덕과의 실천(수업)을 위해 어떤 제도적 혹은 정책적 지원이 이루어져야 하는가 등이 있고, 결과에 대한 해석과 관련된 물음에는 투입된 노력이 실제로 어떤 효과를 가져왔는가, 효과가 있었거나 없었다면 그런 결과를 가져온 원인(요인)은 무엇인가 등이 포함된다. 이러한 도덕과 교육의 목적 및 목표, 적용, 해석 간에는 상호 유기적인 관계가 성립된다. 도덕윤리과 교육학계에서는 이와 관련된 연구를 꾸준히 실시해 왔으나, 단편적인 개별 연구 수준을 넘어서서 이제 학계 차원의 체계화 및 조직화 작업이 필요한 실정이다.

위해서는 도덕과 교육의 교육철학적(도덕과 교육의 지향과 교육원리는 무엇인가), 도덕철학적(도덕적 인간이란 어떤 존재이고, 인간, 사회, 자연의 바람직한 관계는 무엇인가), 정치·사회철학적(국가와 세계는 과연 어떤 모습이 되어야 하는가), 도덕 심리학적(발달인가 사회화인가 등) 관점 등을 포괄적으로 고려해야 하며, 이는 곧 도덕윤리과 교육학의 가치 지향성 및 이념적·교육적 정체성과 긴밀하게 연결되어 있다. 앞서 열거한 네 가지 관점 중에 교과의 세계관에서 특히 중요한 측면은 도덕철학 및 정치·사회철학적 관점에 근거하여 주체적인 시각으로 인간과 사회, 자연을 바라볼 수 있는 안목을 제시하는 것이다. 예를 들어, 공동체와 개인(공동체주의와 자유주의 혹은 개인주의), 권리와 의무, 사회화와 발달(혹은 자유화), 덕과 의무, 특수와 보편, 민족주의와 다문화주의, 인간중심주의와 생태중심주의, 국가 안보와 화해 협력 등 상호 대립과 모순의 가능성을 상호 보완이나 상호 전화(轉化)의 방향으로 이끌 수 있는 통합적인 안목을 주체적으로 가져야 한다. 물론 여기서의 통합은 단순한 산술적 결합이나 혼합 방식이 아니라 어느 부분에 보다 강조점을 두면서 다른 부분을 보완적으로 결합시킨다든가, 아니면 두 부분 간의 종합을 통해 새로운 제3의 아이디어를 창출해 내는 형태일 필요가 있다. 이와 관련하여 2007 개정 교육과정 이후에는 "한국적 맥락에 근거한 보편 윤리," "도덕적 성찰 및 탐구" 등을 추구하고 있으나, 보다 정교한 논의가 필요한 실정이다.

이와 같이 도덕윤리과 교육학이 학문적으로 확립되기 위한 제반 조건들을 고려하면서 도덕윤리과 교육학이 하나의 분과 학문으로서 그 정체성과 독자성을 인정받을 수 있는 수준에 대해 종합적으로 평가해 보자면, 도덕과는 2007 개정 교육과정 시기부터 교과 정체성에 대한 토론과 숙의를 통해 연구 대상 및 연구 방법론, 그리고 세계관 측면에서 어느 정도 타 교과와의 차별성을 확보해 나가고 있다고 평가할 수 있지만, 도덕윤리과 교육학의 이론 체계는 아직 독자성을 확보하기에는 많은 한계가 있다고 지적할 수 있다.

IV. 도덕윤리과 교육학의 구조 개선과 연구 영역 재설정

1. 도덕윤리과 교육학의 기본 구조 개선

이돈희(1994: 20)에 의하면, 교과 교육학은 내용적 명제, 설명적 명제, 교육적 명제를 포함한다. 그가 제시한 기본 틀에 도덕과를 대입해 보면, 우선 '내용적 명제'란 도덕과의 '내용 그 자체'를 의미하는 것이고, '설명적 명제'란 도덕과에 '관한' 명제이며 도덕(과)교육의 역사, 도덕성 발달의 사회적·문화적 배경, 도덕적 사고의 성장 등을 포괄한다. 이 부분은 도덕과를 왜 가르쳐야 하며, 어떤 내용을 교육적 목적으로 선정할 것이며, 어떤 원리에 의하여 조직할 것인가를 결정하는 데 있어서 매우 중요한 기초를 제공한다. '교육적 명제'란 도덕과를 가르치는 행위에 논리적으로 직결된 것이며, 도덕과의 목적, 내용, 방법 등에 관한 명제이다.

한편, 정세구 교수(1998)는 도덕윤리과 교육학의 구조를 ① 기초 이론별 접근법(교과의 배경적 기초를 연구하는 분야), ② 관련 학문 분야별 접근법(교과의 내용 체계를 그 기본이 되는 학문 분야와 관련지어 연구하는 분야), ③ 교육과정 요소별 접근법(도덕과 교육의 지도 원리를 그 기본이 되는 교육과정 요소와 관련지어 연구하는 분야), ④ 연구 방법론(도덕과 교육에서의 연구를 위한 방법론을 연구하는 분야)으로 구분한 바 있고(정세구, 1998), 추병완은 ㉠ 기초연구 영역, ㉡ 내용연구 영역, ㉢ 실제연구 영역, ㉣ (연구 방법과 관련된) 방법연구 영역, ㉤ 정책연구 영역으로 제시한 바 있다(추병완, 2004). 정세구 교수가 제시한 구조는 이돈희(1994)의 아이디어를 도덕과의 특성에 맞게 정교하게 가공한 장점이 있고, 추병완의 구조는 정세구 교수의 아이디어를 계승 발전시킨 장점이 있다. 추병완이 사용한 ㉠~㉣ 개념은 크게 볼 때 ①~④를 기본적으로 수용한 것이고 ㉤은 새롭게 추가한 것에 해당한다. 물론 이러한 기본 구조 내에서 다루어지는 세부 항목 수준에서 일부 변경된 부분이 있다.

[그림2]에 제시된 바와 같이, 필자가 제시하고자 하는 도덕윤리과 교육학의 기본 구조를 추병완의 아이디어와 상호 비교해 볼 때, 이 글에서는 추병완 교수가 이돈희와 정세구 교수의 아이디어를 계승·발전시킨 개념인 '기초연구 영역'과 '실제연구 영역'의 경우 후자의 명칭을 일부 수정하는 것 외에는 그 특징들을 그대로 수용하고자 한다(정창우, 2012: 14). 하지만 '내용 연구 영역'은 교과의 성격, 지도 원리 및 방법 등과 엄격하게 분리해서 제시하기 어렵기 때문에, 이를 '배경 학문 연구 영역'이라는 개념으로 확대 수정할 필요가 있다고 본다. 배경 학문의 역할과 기능이 비록 교과의 내용 영역과 직결되어 있긴 하지만, 교과의 지식 체계를 제대로 구성하기 위해서는 교과의 성격 및 방법, 특히 방법과의 상호 연결성(connectivity)을 고려해야 하고,[9] 이를 위해서는 배경 학문의 존재 이유와 가치를 교과 내용 영역에 국한시켜서는 안 된다. 이와 같은 배경 학문 연구 영역은 접근 방식에 따라 다시 두 가지로 구분될 수 있다. 즉, 개별 배경 학문의 속성을 기본적으로 유지하면서 도덕과 교육의 목적, 내용, 방법 등에 기여할 수 있는 다학문적(multidisciplinary) 접근과 배경 학문들 간의 융합과 활발한 상호 교류를 통해 도덕과 교육에 기여할 수 있는 간학문적(interdisciplinary) 접근으로 구분할 필요가 있다.

도덕윤리과 교육학계에 속한 학자가 지닌 해당 학문 분야에 대한 전문성은 "학생들의 도덕성 발달 및 인격 형성"을 위한 효과적인 수단(vehicle)이 된다.[10] 동·서양 윤리학, 정치철학, 통일학 등을 전공한 학자들의 책무

---

9. 도덕윤리과 교육학에서 배경 학문의 역할은 내용 영역에만 국한된 것이 아니며, 내용과 방법 중 택일적 관점으로 보아서도 안 된다. 즉, 배경 학문의 역할에서 '내용'을 보다 중시하느냐 아니면 '방법'을 보다 중시하느냐와 같이 상대적인 강조점을 어느 쪽에 더 두느냐의 문제로 해석해야 한다. 내용에 보다 비중을 두는 배경 학문으로는 윤리학, 정치 이론 및 정치철학, 북한학 및 통일학, 미학 등을 들 수 있고, 방법에 보다 비중을 두는 배경 학문으로는 도덕 심리학과 교육학(교육심리학, 교수·학습 방법론, 교육 평가론 등) 등을 들 수 있다.
10. 이를 위해 도덕윤리과 교육학계에 속한 학자들은 개별 학문을 통해서 도덕과 교육을 조

이돈희(1994)	정세구(1998)	추병완(2004)	정창우(2012)
설명적 명제 →	기초 이론별 접근법 →	기초연구 영역 →	기초연구 영역
내용적 명제 →	관련 학문 분야별 접근법 →	내용연구 영역 →	배경학문연구 영역(I): 다학문적 접근 / 배경학문연구 영역(II): 간학문적 접근
교육적 명제 →	교육과정 요소별 접근법 →	실제연구 영역 →	실천연구 영역
	연구 방법론 →	방법연구 영역 / 정책연구 영역 →	제도·지원연구 영역 (연구 방법론 포함)

[그림2] 도덕윤리과 교육학의 기본 구조에 대한 학자 간 비교

는 개별 배경 학문들이 제공하는 핵심 개념 및 이론을 통해 학생들로 하여금 인간과 사회, 자연과의 관계 속에서 발생하는 복잡 다양한 문제들을 '도덕적인 혹은 윤리적인 안목'으로 이해할 수 있는 개념적 틀(conceptual framework)과 실천 지향적인 가치·태도를 형성시켜 주는 것이다. 예를 들어, 도덕윤리과 교육학계 내에서 정치학 전공자들의 책무는 학생들이 사회 정의, 인권, 자유, 평등 등 정치철학 영역에서의 핵심 개념들과 관련 이론들을 활용하면서 정치 공동체의 도덕성에 대해 해석과 평가를 내릴 수 있는 능력과 인권 존중 및 이상적인 사회 구현을 위한 실천적 태도를 형성시켜

망하고 규정하는 형태가 아니라, 도덕과 교육을 위해 개별 배경 학문이 어떤 역할을 할 수 있는가에 대해 탐구해야 한다. 기초·일반 학문에 해당한다는 이유 때문에 정치학과 철학(윤리학)과 같은 교과 배경 학문을 그 자체로 자기 결정성을 갖춘, 즉 학적으로 정립된 상태로 간주하면서 단순히 이러한 학문 지식을 도덕과 교육의 맥락에 응용 혹은 적용한다는 발상을 가지는 것은 도덕윤리과 교육학의 개선을 위해 결코 적절하지 않은 연구 자세이다. 이러한 연구자의 부적절한 연구 관점 및 태도는 '교과 교육학'보다는 소위 철학과 정치학 등 교과 내용학을 연구하는 학자들에게서 간혹 발견된다. 도덕과 교육을 기초·일반 학문의 단순한 응용 차원으로 인식하는 이러한 입장은 기초 학문의 지적 우월성을 암묵적으로 전제하고 있는 것이며, 목적과 수단의 관계를 잘못 이해한 결과라는 점을 반드시 고려할 필요가 있다.

주는 것이다.

이와 같이 개별 배경 학문의 의의를 인정한다는 것이 곧 도덕윤리과 교육학 연구를 개별 배경 학문별로 배타적으로 수행해야 함을 의미하는 것이 되어서는 안 되고, 간학문적 접근을 강조하는 방향으로 나아가야 한다. 실제로 우리의 도덕윤리과 교육학의 역사를 돌아보면, 도덕윤리과 교육학을 윤리학, 정치철학, 도덕 심리학, 통일학 등 배경 학문들의 단순 합으로 보아 다학문적인 성격으로 이해한 경향이 있어 왔다. 물론 각 분야 간의 상호작용에 대한 고려가 없었던 것은 아니지만, 도덕윤리과 교육학의 바탕이 되는 배경 학문들이 도덕과 교육으로 융합되는 과정에서 질적 변화를 거치지 않음으로써, 각 학문의 고유 성격이 그대로 잔존해 있는 일종의 혼합물 상태에 가까웠다고 할 수 있다. 만약 각 배경 학문 간의 단순 혼합이거나 학문적 상호 교류의 정도가 경미한 다학문적 수준에 머무른다면, 도덕윤리과 교육학의 학문적 정체성에 심각한 의문이 제기될 수 있다. 그러므로 도덕윤리과 교육학의 배경 학문 영역은 다학문적 접근과 간학문적 접근으로 구분하여 탐구해야 하며, 기본적으로 배경 학문에 대한 탐구는 도덕과 교육의 목적과 본질로서의 '도덕성 발달'이라는 상위 개념과의 *끈끈한* 연결고리를 고려하여 이루어져야 한다.

다음으로, 추병완이 제시한 '방법연구 영역'과 '정책연구 영역'은 '제도 · 지원 연구 영역'으로 통합될 수 있다. 제도 · 지원 연구 영역은 도덕과 교육의 실천을 위한 각종 제도 및 정책을 마련하는 분야이고, 동시에 도덕과 교육의 이론과 실천(개발 · 적용 · 해석 등)에 관한 연구를 과학적으로 실행할 수 있도록 지원하는 분야이기도 하다.

2. 도덕윤리과 교육학 연구 영역의 상세화

이상에서 밝힌 도덕윤리과 교육학의 기본 구조를 토대로 연구 영역을 구체적으로 제시하면, [그림3]과 같다.

첫째로, 도덕윤리과 교육학의 연구 영역 중 도덕과에 '관한' 설명적 명제에 대한 이해를 추구하는 '기초연구 영역'을 보다 구체화하면 다음과 같다.

우선 '**도덕과 역사론**'은 도덕 교과의 역사에 관한 이론을 정립하기 위한 것이다. 도덕과의 개설 및 변천 과정(특히 국가 수준 교육과정의 변천 과정)을 역사적인 관점에서 살펴보고(서강식, 2005; 이명준, 2008), 도덕 교과의 역사 및 교과 연구에 관한 학술적 성과를 종합하고 평가하며(강두호, 2009; 조일수, 2008), 과거를 거울삼아 향후 도덕과의 방향과 과제를 탐색하려는 것이다.

'**도덕과 정당화론**'은 도덕과가 독립 교과로서 설정 가능한 근거를 제시하기 위한 것이다. 제6차 교육과정 시기 이후 도덕성은 굳이 그 담당 주체가 도덕 교과가 아니어도 된다는 회의적 시각에 늘 도전받아 왔다. 따라서 도덕윤리과 교육학계는 이른바 교수학적 변환을 거친 학교 도덕교육의 방식이 교육적으로 훨씬 더 의미 있고 유용하다는 증명을 제시해야 하는 과업을 안고 있다. 선행 연구를 통해 볼 때, '교과 설정의 근거'는 외재적 정당화와 내재적 정당화(이홍우, 2010), 학문 체계에서 도덕 영역의 독자성(정탁준, 2007a), 교과 통합적 기능과 가치 통합적 기능(박병기, 추병완, 2007), 도구적 정당화와 본질적 정당화(정창우, 2011b; 황인표, 2005), 반도덕과 교육론에 대한 대응 이론을 정립하려는 시도(강민석, 1999) 등을 통해 확인할 수 있다.

'**도덕과 사회적·문화적 배경론**'은 우리 사회의 사회·문화 변동 구조의 특성을 파악하고, 그것이 한국인의 도덕적 삶에 어떠한 영향을 미치고 있는지를 탐색하려는 것이다. 최근 문화적 다양성의 증대와 글로벌화의 급속한 진전 속에서 요구되는 도덕성, 예컨대 다문화적 도덕성(윤영돈, 2010; 이정렬, 2010; 정탁준, 2007b; 추병완, 2008)이나 글로벌 시민성 등에 대한 연구(정창우, 2010) 등이 여기에 포함된다.

'**도덕과 개념 분석론**'은 도덕윤리과 교육학을 독립된 분과 학문으로 특징 짓는 핵심 개념들을 추출하고, 도덕과 교육과 관련된 개념의 논리적 분석

도덕윤리과 교육학의 연구 영역

□ 기초연구 영역
 - 도덕과 역사론
 - 도덕과 정당화론
 - 도덕과 사회적 · 문화적 배경론
 - 도덕과 개념 분석론
 - 도덕교육론
 - 도덕교육 형태론
 - 도덕과 비교론

□ 배경 학문 연구 영역(I): 다학문적(multidisciplinary) 접근에 따른 연구 영역
 - 도덕과의 동양 · 한국 윤리학적 접근
 - 도덕과의 서양 윤리학적 접근
 - 도덕과의 응용 윤리학적 접근
 - 도덕과의 정치학적 · 사회학적 접근
 - 도덕과의 북한학 · 통일학적 접근
 - 도덕과의 문학적 접근
 - 도덕과의 심리학적 접근

□ 배경 학문 연구 영역(II): 간학문적(interdisciplinary) 접근에 따른 연구 영역
 ┌ 배경 학문의 참여 범위에 따른 간학문적 접근
 └ 주제 영역(thematic areas)별 간학문적 접근

□ 실천 연구 영역
 - 도덕과 목표론
 - 도덕과 내용론
 - 도덕과 교수 · 학습 방법론
 - 도덕과 평가론
 - 도덕과 교수 · 학습자료론

□ 제도 · 지원 연구 영역
 - 도덕과 교사론
 - 도덕과 교과서 제도론
 - 도덕과 교육 연구 방법론
 - 도덕과 교육과정 정책론

[그림3] 도덕윤리과 교육학의 연구 영역

혹은 명료화 작업을 통해 도덕윤리과 교육학의 학문적 생산성을 높이려는 것이다. 최근 도덕윤리과 교육학계에서 사용하고 있는 학술 개념들 중에는 도덕 심리학 및 도덕교육 이론, 교육철학 및 교육과정학, 철학 및 윤리학, 정치철학 영역 등에서 차용된 개념들이 적지 않은데, 이러한 개념들의 사용 과정에서 흔히 혼란이 발생하기도 한다. 합리적인 의사소통과 생산적인 논의가 가능하기 위해서는 이들 개념에 대한 공유된 이해가 필수적으로 전제되어야 하고, 도덕윤리과 교육학의 학적 정립을 위해서는 외부에서 들어온 개념들을 교과의 맥락 속에 정치시켜야 한다는 점에서 볼 때, 개념의 명료성을 확보하는 일은 매우 중요한 연구 과제라고 말할 수 있다.[11]

'**도덕교육론**'은 도덕교육에 관한 이론 및 사상 탐구를 통해 도덕과 교육의 실천을 위한 도덕철학 및 도덕 심리학적 기초를 정립하려는 것이고, 나아가서 도덕과 교육의 철학과 방법론을 수립하려는 것이다. 동·서양 도덕교육 이론 및 사상에 대한 연구는 꾸준히 실행되어 왔지만(김태훈, 2008; 박병기, 추병완, 2007; 박재주, 2000, 2003; 유병열, 2006; 이영문, 2011; 정창우, 2004; 추병완, 2004), 앞으로는 도덕과 교육의 실천(수업)을 통어할 수 있는 상위의 이론 체계를 개발하는 데 보다 중점을 둘 필요가 있다.

'**도덕교육 형태론**'은 학교와 가정과 사회가 한 인간의 도덕성 혹은 인격을 형성시키기 위해 각각 어떻게 그 기능과 역할을 분담하고 있고, 그 특징은 어떻게 다르며, 서로 어떤 관련을 가지는가를 검토하려는 것이다(박찬석, 2003; 최용성, 2003).

'**도덕과 비교론**'은 타 교과 및 교과 외 활동, 그리고 외국 도덕교육과의 비교 연구를 시도하는 분야이다. 모든 교과 활동들과(창의적 체험활동을 포함

---

11. 예를 들어, 일반적으로 교육학에서 교수 목표로 분류하는 지식, 기능(skills), 가치·태도가 아니라, 도덕과에서 추구하는 지식, 기능, 가치·태도 등은 무엇인지, 도덕 심리학과 도덕교육론 등에서 흔히 사용하는 개념들, 이를테면 도덕적 정서와 도덕적 감정, 도덕적 사고력과 판단력, 인격교육과 인성 교육, 도덕적 자율성과 자율적 도덕성 등의 개념들은 어떻게 구분될 수 있는지 등이 도덕과 개념 분석론의 연구 대상이 될 수 있다.

한) 교과 외 활동은 전인적인 발달 및 사회적인 존재로서의 생활 적응과 무관할 수 없기 때문에 도덕성 발달과 인격 함양을 추구하는 도덕과와 일정 정도 관련성을 가질 수밖에 없다(관련 연구로는 김항인, 2011). 또한 세계의 어느 공동체든지 그 구성원의 자기 성장과 그 공동체의 영속적 발전을 목표로 하여 도덕교육을 실시하고 있으나, 그 형태는 다양하다(관련 연구로는 구니이 유타카, 2012; 박장호, 2011; 한국도덕윤리과교육학회, 1998b). 그러므로 타 교과 및 교과 외 활동과의 관계를 협력적으로 구축할 수 있는 큰 그림을 제시할 수 있어야 하며, 세계 도덕교육의 다양한 형태를 비교함으로써 공통점과 차이점을 이론화하고 이를 통해 시사점을 얻을 수 있어야 한다.

둘째, '배경 학문 연구 영역'은 도덕과를 성립시키는 배경 학문들을 통해 기본적으로 교과의 '내용적 명제'에 대한 이해를 추구하는 영역이지만, 보다 포괄적으로 '교과 내용'과 '목표' 및 '방법' 간의 상호 연결성을 고려하면서 배경 학문들이 교과에 공헌할 수 있는 다양한 측면들을 체계적으로 탐구하는 영역이다. 이 중 개별 배경 학문의 속성을 기본적으로 유지하면서 도덕과 교육의 공헌을 시도하는 '다학문적(multidisciplinary) 연구 영역'을 보다 구체화하면 다음과 같다.

우선 '**동양·한국 윤리학적 접근**'은 유·불·도를 중심으로 한 '동양 윤리 사상'과 이러한 동양 사상의 영향을 받았지만 일정 정도 독자성을 지닌 '한국 윤리 사상'의 전개 과정과 특징을 고찰하고, 이러한 윤리 사상에 대한 이해를 바탕으로 인간과 인간 사회의 도리가 무엇인가에 대한 도덕철학적 성찰 및 탐구와, 인격 함양을 위해 도덕 실천 및 수양을 어떻게 해야 하는가에 대한 도덕교육의 방법론적 이해를 추구하는 연구 분야이다. 지금까지 도덕윤리과 교육학계에서는 주로 유교적 원리에 바탕을 둔 도덕교육을 연구해 왔으며(강봉수, 2008; 서은숙, 2007; 장승희, 2006), 박병기(2009)와 고대만(2011) 등이 불교 도덕교육론에 대해 연구하고 있는 실정이다.

'**서양 윤리학적 접근**'은 고대부터 현대까지 전개되어 온 서양 윤리학에 근거하여 도덕과 교육의 성격 및 목표, 내용, 방법을 밝히려는 것이다. 즉, 서양 윤리학적 접근은 서양 윤리 사상(고대, 중세, 근대, 현대 윤리 사상) 및 윤리 이론(의무론, 공리주의, 덕 윤리, 담론 윤리, 계약 윤리, 책임 윤리, 배려 윤리 등)을 바탕으로 도덕적 행위의 지향점과 정당화 근거를 밝히고, 이를 통해 도덕과 교육의 성격과 목표 설정, 내용 선정, 지도 방법 설계 등을 위한 시사점을 밝히려는 것이다. 이와 관련된 연구 성과는 학계에서 꾸준하게 제시되어 왔다(노영란, 2005; 박병기·추병완, 2007; 박찬구, 2005; 변순용, 2010).

'응용 윤리학적 접근'은 현대사회에서 발생하는 다양하고 복잡한 도덕 문제를 윤리적인 관점에서 해석하고 이에 대한 대안을 설정해 나가기 위해 동양·한국 윤리학, 서양 윤리학, 정치철학, 도덕 심리학에서의 연구 성과를 다차원(multiple)·간학문적(interdisciplinary)으로 활용하려는 것이다. 지금까지 도덕윤리과 교육학계에서는 현대사회에서 발생하는 중요한 윤리적 이슈 및 토픽을 중심으로 응용 윤리학적 논의를 전개하거나(류지한, 2004; 허남결, 2011; 홍석영, 2005), 교과 교육적 맥락에서 이러한 윤리적 이슈 및 토픽을 어떻게 활용할 것인가에 대해 연구해 왔지만(김남준, 2009; 추병완, 2005), 도덕과에서 이러한 응용 윤리학적 접근의 학문적 토대는 주로 서구 윤리에 근거한 것이었다.

'정치학적·사회학적 접근'은 정치 공동체의 구성원으로서 갖추어야 할 시민의 도덕적 인간상(혹은 도덕성)과 정치 공동체의 이상적인 모습을 구명하고 도덕적 시민성을 지닌 '좋은 시민'을 길러내기 위해 정치학적·사회학적 연구 성과를 활용하려는 것이다. 여기서는 도덕 문제를 주로 개개인의 이익과 권리, 행복과 복지, 사회 공동체의 질서 유지와 공정성 확보를 위한 '제도적 규범' 차원에서 이해하며(정치학적 관점), 대부분의 사회는 그 사회에 맞는 도덕규범을 발전시켜 왔을 뿐만 아니라 그 규범들이 때로 개인의 행동 결정에 중요한 영향을 미치는 요인이라는 점을 강조한다(사회학적 관점). 이와 같이 정치학적·사회학적 접근은 어떤 제도와 도덕규범이 형성된

'상황적인 맥락'과 '풍토'를 고려하기 때문에 '기술적(descriptive) 진술'을 일부 필요로 하지만, 교과의 특성상 시민의 삶에 관련된 규범적·윤리적 관점의 정치철학에 강조점을 둔다.[12] 이와 관련된 대표적인 선행 연구로는 김상돈(2009), 박효종(2005), 손동현(2005), 정창우(2008a), 조일수(2009) 등의 연구가 있다.

'북한학·통일학적 접근'은 도덕과에서 통일 교육을 왜 다루어야 하고, 무엇을 가르쳐야 하며, 어떻게 가르쳐야 하는가를 구명하기 위하여, 통일 및 북한 문제에 대한 연구의 전문화와 특성화를 위해 새롭게 개척된 종합 학문인 '북한학' 및 '통일학'을 중심으로 윤리학 및 정치철학, 한국학, 평화학, 사회학, 도덕 심리학 등에서의 연구 성과를 학제적으로 활용하려는 것이다. '국가적·사회적 요구' 및 '통일 환경의 변화'에 따라 통일 교육의 명칭은 반공 교육, 통일 안보 교육, 통일 교육, 통일 준비 교육, 통일 대비 교육 등으로 변천해 왔으며, 도덕윤리과 교육학계에서는 이러한 기존의 통일 교육 방식에 대해 비판적 성찰을 시도하면서, 최근 도덕과를 통한 통일 교육의 새로운 접근을 다양하게 모색하고 있다(박찬석, 2008; 윤건영, 2007; 이범웅, 2011; 추병완, 2009; 황인표, 2009a, 2009b).

'문학적 접근'은 도덕교육적 목적을 위해서 문학이 어떤 의미를 가질 수 있고, 사람됨의 형성을 위해 유익한 문학작품에는 어떤 것들이 있으며, 실제 도덕과 수업에서 어떠한 방식으로 활용할 수 있는지를 탐구하려는 것이다. 문학은 궁극적으로 가치와 세계관의 문제와 관련되지 않을 수 없으며, 이를 통해 우리에게 인간다운 삶을 가르친다는 면에서 보면 인격적으로 성숙한 인간을 기르고자 하는 도덕(과)교육과 서로 만나게 된다. 아리스토텔레스와 필립 시드니에 따르면, 문학은 단순한 현실의 모방이 아니라, 시인과

---

12. 도덕과에서 다루는 정치철학적 내용에는 이상적인 국가의 모습, 개인과 국가의 올바른 관계, 평등과 자유, 법과 정의 등의 본질과 필요성, 정치권력의 도덕적 정당성, 정치와 윤리와의 관계, 전쟁과 평화, 인권이란 무엇인가 등이 포함된다.

작가가 무질서한 현실과는 다른 새로운 질서와 도덕적 비전을 바탕으로 구성한 보다 심원한 미학적 세계이다(이태동, 2005, p. 321 재인용). 따라서 문학작품을 통해 학생들은 '인간과 세계에 대한 이해'와 함께 '인간 삶의 의미와 가치'를 새롭게 이해하고 '타자들과 더불어 사는 삶의 기술'을 배울 수 있다. 보다 구체적으로는, 문학작품에 나타난 인간 존재의 성격과 관계, 인간의 욕망과 감정, 도덕적 갈등 상황과 딜레마 등을 통해 도덕적 상상력과 도덕적 감수성, 도덕적 숙고와 판단력을 신장시킬 수 있는 기회를 가질 수 있다(도홍찬, 2011; 박진환·류혜숙, 2007).

'도덕 심리학적 접근'은 도덕적 문제 상황에서 판단하고 행동하는 방식과 이와 관련된 다양한 쟁점에 대해 연구하는 학문 분야인 도덕 심리학을 기반으로, 학생들의 도덕성 발달에 대한 경험적이고 실증적인 근거를 마련하고 이에 기초하여 이들의 도덕 발달을 촉진시킬 수 있는 방안을 모색하려는 것이다. 우리나라의 경우, 도덕 심리학 영역은 도덕성에 대한 통합적 관점에서 도덕과의 목적과 목표를 설정하는 데 기여했고(남궁달화, 2009; 박병춘, 1999), 경험적이고 실증적인 근거를 바탕으로 위계적 성격(혹은 발달의 계열성)을 갖는 도덕과 교육목표(예컨대, 학교급별 목표 등) 설정에 도움을 주었으며(정창우, 2004), 도덕적 추론, 모델링, 내러티브, 친사회적 행동, 도덕적 규율, 도덕적 갈등 해결, 역할 채택 등 도덕교육의 실천적 방법을 풍부하게 제시하는 데 기여해 왔다(김태훈, 2008; 유병열, 2009).

셋째, 간학문적(interdisciplinary) 접근은 '다학문적 접근 수준'을 넘어서서 여러 배경 학문 간의 협업과 융합을 통해 도덕과 교육의 '내용' 및 '학습과 연관되는 원리(原理)·방법'을 도출하려는 것이다. 이러한 간학문적 접근은 여러 학문 간의 협업을 통해 하나의 학문만으로는 가지기 어려웠던 다각적인 안목과 설명력을 확보하는 힘을 지닌다. 다시 말해, 서로 다른 배경 학문들 간의 학제적 접근은 새로운 시너지 효과를 발생시키면서 도덕윤리과 교육학 연구를 보다 풍부하고 정교하게 이끌며, 동시에 그러한 학문 간 상호 교류 및 융합의 과정을 통해 획득된 통찰들이 개별 배경 학문들의 발전에도 긍정적인 영향을 미칠 수 있기를 기대할 수 있다.

이러한 간학문적 접근은 다시 상호 유기적으로 결합되는 배경 학문들의 참여 범위를 중시하느냐, 아니면 특정 주제 영역(thematic area)을 중심으로 학문 간 결합이 어떤 형태로 가능한가를 중시하느냐에 따라 크게 두 가지로 구분할 수 있다. 전자와 같이, 배경 학문 간 참여 범위를 중시하는 간학문적 접근에는 다시 도덕과 배경 학문 중 2개 학문 간 소통 방식(예: 정치학 + 윤리학 등)이 성립될 수 있고, 또한 3개 이상 학문 간 소통 방식(예: 정치학 + 통일학 + 도덕 심리학 등)도 성립 가능하다. 한편, 주제 영역별 간학문적 접근 방식에는 통일 교육 영역(예: 통일학 + 윤리학 + 도덕 심리학), 인권 교육 영역(예: 윤리학 + 정치(철)학 + 도덕 심리학), 다문화 교육 및 글로벌 교육 영역(예: 윤리학 + 정치(철)학 + 도덕 심리학), 과학기술 윤리 교육 영역(생명 · 정보 · 환경) 영역(예: 윤리학 + 도덕 심리학), 그리고 문화 윤리 교육 영역(예: 윤리학 + 문학)의 간학문적 접근이 시도될 수 있다.

넷째, '실천 연구 영역'은 도덕윤리과 교육학의 연구 영역 중 도덕 교과를 가르치는 행위와 논리적으로 직결된 '교육적 명제'에 대한 이해를 추구하는 영역이고, 이러한 실천 연구 영역은 앞서 언급한 기초연구 영역과 배경 학문 연구 영역의 토대 위에 정립될 수 있으며, 동시에 이 두 영역은 실천 연구 영역을 향해 상호 수렴 및 결합되는 특징을 지니고 있다. 이러한 실천 연구 영역을 보다 구체화하면 다음과 같다.

'**도덕과 목표론**'은 도덕 교과를 왜 가르치는가, 교과를 통해 달성하고자 하는 바가 무엇인가 등 '도덕과의 본질적 성격'과 '도덕과를 배우고 난 후에 획득되어야 할 도덕적 인간상 혹은 도덕적 능력 및 성향', 그리고 '학생들의 도덕성 발달 특성을 고려한 단계별(학교급별 · 학년군별 · 학년별 등) 목표' 등을 제시하려는 것이다(강두호, 2009; 김은수, 2007; 신현우, 2007).

'**도덕과 내용론**'은 도덕과에서 가르치고자 하는 지식의 성격이 무엇이고,

무엇을 가르쳐야 하는가에 대한 답변을 추구하는 영역이다. 도덕과를 통해 가르치고자 하는 지식의 성격에 부합하는 방식으로 지도 내용을 선정(selection) 및 조직(organization)해야 하고, 이 과정에서 선정과 조직을 위한 범위(scope)와 계열성(sequence)을 수립하기 위한 제반 연구를 실시하게 된다(이경원, 홍성민, 2007; 장승희, 2011; 정창우, 2009).

'도덕과 교수·학습 방법론'은 도덕과를 어떻게 가르쳐야 하는가에 대한 방법을 연구하는 분야이다. 교과 목표를 달성하기 위해 기존의 혹은 새롭게 개발된 교수·학습 모형이나 방법 등을 소개하거나 가르치고자 하는 지식의 성격에 비추어 적절한 지도 방법을 제시하고자 하는 것이다(유병열, 2011; 정창우 외, 2007; 추병완, 2000). 향후 연구 과제의 측면에서 볼 때, 단순히 다양한 교수·학습 모형을 소개하는 수준을 넘어서서 내용 지식과 내용의 수준에 부합하는 교수·학습 방법이 제시될 필요가 있으며, 특히 내용의 특성에 따라서 어떤 교수·학습 방법이 보다 적절한지에 대한 근거가 제시되어야 한다.

'도덕과 평가론'에서는 도덕과 평가가 왜 필요하고, 무엇을, 그리고 어떻게 평가할 것인가를 연구한다(김태훈, 2002; 이재호, 2009; 서강식, 2002; 정창우 외, 2007). 도덕과 평가에서는 다른 교과에 비해 정의적 영역에 대한 평가가 중요한 비중을 차지하고 있으므로 이에 대한 세심한 연구가 필요하다. 또한 평가 계획 수립, 평가 목표와 내용 설정, 평가 방법 선정 및 실시, 평가 결과의 분석·해석 등 도덕과 평가의 일반적인 지침이나 유의해야 할 사항뿐만 아니라, 도덕과 학업 성취도 결과와 실제 도덕성 수준과의 정합성을 높이고 도덕과 평가가 학생들의 도덕적 성장에 기여하기 위해 교과의 목표, 내용 및 교수·학습 방법과 연계하여 평가 준거와 평가 방법 등을 안내할 필요가 있다.

'도덕과 교수·학습 자료론'은 도덕과 수업 목표의 달성에 유용한 교수·학습 자료를 개발하여 이를 효과적으로 보급·활용하기 위한 방법을 연구하는 분야이다(추병완 외, 2005). 여기서도 교과의 목표, 내용 및 교수·학습 방법과 연계하여 교수·학습 자료의 유형을 다양하게 안내하고 이에 대한 적절한 근거가 제시되어야 한다.

다섯째, '제도·지원 연구 영역'은 도덕과 교육의 실천을 위한 각종 정책 및 제도를 마련하는 분야이고, 동시에 도덕과 교육의 이론과 실제(프로그램 개발·적용·해석 등)에 관한 연구를 과학적으로 실행할 수 있도록 지원하는 분야이기도 하다. 제도 및 정책에 관한 연구 영역에는 '도덕과 교사론,' '도덕과 교과서 제도론,' '도덕과 교육과정 정책론' 등이 포함되고, 지원 연구 영역에는 '도덕과 교육 연구 방법론'이 포함된다.

'**도덕과 교사론**'은 도덕과 교사의 전문성과 자질, 도덕과 교사의 양성 및 선발, 그리고 재교육 프로그램의 편성·운영 등에 관해 연구하는 분야이다. 여기에는 도덕과 교원 양성 교육과정의 개발 및 운영, 교사 자격 기준 (teacher certification) 및 임용 시험 평가 영역·평가 내용 요소의 개발·적용, 현직 교사 대상 교육 연수 프로그램의 편성·운영 등이 포함된다(김국현, 2011; 정창우, 2006a; 하정혜, 2007).

'**도덕과 교과서 제도론**'은 도덕과 교과서의 개발, 평가, 사용 등을 제어하는 제도나 지침에 관련된 제반 사항들을 연구하는 분야이다. 정책 혹은 제도의 한 양상으로서 '도덕과 교과서 제도'라는 것이 실재하는가의 여부에 대해서는 논란의 여지가 있지만, 도덕과 교육의 바람직한 방향과 연계해서 도덕과 교과서가 지녀야 하는 특성은 무엇이고, 이러한 특성이 실제로 반영되었는가를 평가하기 위한 기준은 무엇이며, 도덕과 교과서가 교사와 학생을 위해 어떻게 활용되어야 하는가에 대한 연구는 도덕과 교육을 위해 반드시 필요한 부분이다(이인재, 2006; 이진희, 2007; 차우규, 2006).

'**도덕과 교육과정 정책론**'은 초·중등 도덕과의 과목 편제[13] 및 이수 단위 문제, 교육과정 운영 방식 문제,[14] 도덕과 교육 내용의 양과 수준의 적정화

---

13. 현재 바른생활, 도덕, 생활과 윤리, 윤리와 사상으로 구성되어 있다.

및 연계성 문제, 교육과정 개발의 참여 대상 및 범위 설정 문제, 국가적·사회적 요구 사항의 반영 문제[15] 등 도덕과 교육과정의 편성 및 운영에 관한 제반 정책 문제를 다루는 분야이다(윤현진, 2005).

'**도덕과 교육 연구 방법론**'은 추상적인 학습자를 전제하고 논의를 진행하는 이론 연구 혹은 문헌 연구와는 달리, 양적·질적 연구 방법론을 적용하여 이론의 타당성 및 정합성을 검증하거나 도덕과 교육의 연구 성과를 과학적으로 확인할 수 있는 방법을 연구하는 분야이다. 이제껏 도덕윤리과 교육학계에서는 이론 연구, 문헌 연구 등에 치중한 나머지, 도덕과 교육의 연구 방법론에 큰 관심을 기울이지 않았다. 향후 도덕과 교사들의 실행 연구 능력을 향상시키고, 학생들의 도덕성 발달 특성을 규명하며,[16] 도덕과 교육의 성과를 가시적으로 확인하기 위해 연구 방법론에 대한 연구를 대폭 강화할 필요가 있다.

V. 결론

아직도 우리나라에서는 교과 교육학이 하나의 독립 학문으로 충분히 대우받지 못하고 있으며, '도덕윤리과 교육학'도 예외가 아니라고 할 수 있

---

14. 예를 들어, 집중이수제, 블록타임 운영 등을 들 수 있다.

15. 예를 들어, '2009 개정 교육과정에 따른 도덕과 교육과정'(혹은 '2011년 개정 도덕과 교육과정') 개정을 위해 교과부에서는 모든 교과에 창의·인성 교육 강화, 녹색 성장 교육 및 국가 정체성 교육 내용이 반영될 것을 요구했고, 정부 각 부처에서도 도덕과의 내용 구성에 영향을 미치고자 하였다(예: 국가인권위원회에서는 인권 교육, 국민권익위원회에서는 청렴 윤리 교육, 통일부에서는 통일 교육, 여성가족부와 보건복지부에서는 양성평등 교육 내용을 충실히 담아 줄 것을 주문하였음). 이와 같은 국가적·사회적 요구에 대해 도덕과는 어떻게 대응해야 하는지 교과 차원에서 숙의해야 한다.

16. 특히 우리나라 학생들의 도덕성 발달과 관계되는 종단 연구(longitudinal study)가 필요하다.

다. 여기에는 여러 가지 이유가 있겠지만,[17] 무엇보다 도덕윤리과 교육학의 학문적 정체성 및 학문 체계를 확립하기 위한 노력이 부족했고, 이로 인해 내·외부 학자들로부터 학문으로서의 고유한 정체성과 지위를 인정받지 못했기 때문이라고 할 수 있다. 따라서 국가 수준의 교과 편제에서 도덕과를 하나의 독립 교과로 개설한 지 40여 년, 국내 대학에서 도덕과를 담당할 전문 교원을 양성하기 위해 (국민)윤리교육과를 설치한 지 30여 년, 그리고 도덕윤리과 교육학 연구에 본격적으로 착수한 지 20여 년이 지난 이 시점을 새로운 반성적 성찰의 계기로 삼아야 할 것이다. 그렇지 않고 도덕윤리과 교육학계가 교과로서 존속하고 번영할 수 있는 존재 양식을 개발하여 자신의 존재 지평을 조금씩 발전적으로 확장해 나갈 수 없다면, 도덕 교과의 앞날은 불투명할 수밖에 없다.

이러한 문제 인식에 기초하여 이 글에서는 독립된 분과 학문으로서 도덕윤리과 교육학의 학문적 위상 제고를 위한 연구 방향을 제시하고자 하였다. 이를 위해 현시점에서 도덕윤리과 교육학의 학문적 위상을 강화하려는 배경과 목적을 밝히고, 도덕윤리과 교육학의 개념과 학문적 정체성을 탐구하였으며, 독자적인 연구 대상, 이론 체계, 세계관, 연구 방법론 등 도덕윤리과 교육학이 학문적으로 확립되기 위한 제반 조건들을 고려하면서 학문적 독립성과 독자성을 인정받을 수 있는 구체적인 방안을 모색하고자 하였다. 또한 도덕윤리과 교육학의 기본 구조와 연구 영역을 재설정하여 학문적 위상 제고를 위한 토대를 구축하고자 하였다. 하지만 거시적이고 포괄적인 연구를 시도한 이 글의 특성상 향후 이에 대한 보다 세밀한 논의와 연구가 필요하다. 아울러, 도덕과 교육 학문 공동체 차원에서 볼 때, 도덕윤리과 교육학이라는 큰 우산 내에 다양한 배경 학문 전공자들 간의 대화 가능성을 더욱 넓혀 나가야 하고, 타 학문의 외피(外皮)만을 추수(追隨)하는 의양지학(依

---

17. 예컨대, 신생 학문은 항상 학문적 정당성을 확보할 만한 자료를 축적하는 데 시간적인 여유를 가지고 있지 않다.

樣之學)이 아니라 도덕적 실천을 통괄하는 상위의 이론 체계를 스스로 정립해 나가는 자득지학(自得之學)의 자세가 요구된다.[18] 이와 같이 도덕윤리과 교육학계 내에서의 협업과 새로운 도덕윤리과 교육학 이론 창출을 위한 신념과 열정은 도덕윤리과 교육학의 학문적 자생력을 추동하는 힘(동력)이 될 것임을 확신한다.

---

18. 자율적인 학문을 구축하기 위해 해당 분야의 학자가 추구해야 할 이러한 태도는 글룩스만(M. Glucksman, 1974: 155)의 다음과 같은 주장에 잘 나타나 있다. "어떤 학문이건 간에 스스로 자율적인 것이 되기 위해서는 그것의 연구 영역이 정의되고 그것 자체에만 적용될 수 있는 개념이 형성되어야 한다. 그 개념들은 은유의 수단으로 이미 오래 전에 형성된 기존의 학문으로부터 차용되어서는 안 된다. 이런 조건은 이론가들의 편에서 연구의 각 단계마다 그들이 수행하고 있는 것들에 대해서 높은 수준의 자의식을 유지할 것이 요청됨을 의미한다"(장상호, 1997: 537).

제4장

도덕과 교육의 배경 학문으로서 윤리학

I. 서론

1980년대 이전까지 도덕과 교육은 교육학을 배경으로 한 학문 공동체에 의해 실제로 주도되어 왔지만, 교과의 배경 학문적 정당성을 제대로 마련하지 못하고 도덕교육과 이념 교육의 관계를 타당하게 설정하지 못하는 한계를 보여주었다. 그런 상황에서 1980년에 '국민윤리교육연구회'가 '국민윤리학회'로 학회 명칭을 변경한 후 국민윤리학의 정립을 위해 적극적인 노력을 전개하였고, 1980년 이후 대학 학부에 '국민윤리교육과'와 '국민윤리학과'가 설치되기 시작하면서 차츰 국민윤리(교육)학을 배경으로 한 학문 공동체가 그 주도권을 확보하게 되었다. 이 당시에 도덕과 교육의 학문적 배경에 대한 관점은 1981년에 '전국국립사범대학 국민윤리교육과협의회'에 의해 발표된 「국민윤리 교과 담당 교원 양성을 위한 교육과정 개발 연구보고서」에 비교적 잘 나타나 있다. 이 보고서에서는 국민윤리 교육의 목표를 "우리 민족국가의 존속과 발전을 위해 요구되는 이념과 가치 체계 및 규범 체계 등 국가 생활의 원리를 정립해 가며 이 원리와 일관된 바람직한 국민상을 형성해 가는 과정”으로 정하고, 이 일반적 목표를 달성하기 위해 국민 윤리 교육은 기존의 규범학과 인문·사회과학의 여러 학문 영역을 포함하는 종합적 성격을 수반하면서 이를 학문 연구를 꿰뚫어 국가 생활의 지도 원리를 표출하고 그것을 생활 실제에 구현하고자 하는 종합적 성격을 가지게 하여야 한다고 역설하였다(정세구 외, 2005: 11 재인용).

이와 같이 “규범학과 인문·사회과학의 여러 학문 영역을 포함하는 종합적 성격”으로 도덕과 교육의 학문적 배경을 제시한 것은 1990년에 한국도덕윤리과교육학회를 창립하고 제6차 및 제7차 교육과정과 교과서 개발의 책임을 맡았던 정세구 교수에 의해 보다 정교화되었다. 도덕과 교육의 학적 근거를 밝히면서 정세구 교수는 “도덕과는 바람직한 삶을 위한 도덕규범과 가치문제를 다루는 규범 과학적 관점과, 사회 질서 유지 및 국가·민족의 발전을 위한 국민 의식 형성 문제를 탐구하는 사회 과학적 관점을 중심으로 학제적(interdisciplinary)인 접근을 시도한다”고 역설하였다(교육부, 1997: 28).

‘2007년 개정 도덕과 교육과정’을 마련하기 위해 2005년부터 본격적으로 개정 작업이 진행되는 과정에서, 이러한 ‘도덕과에서의 학제적 접근’은 도덕과의 본질 및 성격, 그리고 정체성에 대한 성찰이 심도 있게 이루어지면서 심각한 수준에서 비판적인 평가의 대상이 되었다. 어떤 학술 단체와 일부 도덕 교사들은 철학 혹은 윤리학을 모학문으로 설정해야 한다고 주장했고, 또 어떤 단체에서는 현대사회에서 발생하는 다양하고 복잡한 도덕 문제들을 단일 학문 내에서 이해하고 해결책을 마련하기란 결코 쉽지 않다고 지적하면서 인문학과 사회과학의 학제적 접근을 시도하되 현재의 ‘학문 간 기계적 결합’ 내지는 ‘백화점식(병렬식) 나열’의 문제를 개선할 것을 주장하였다. 결국 ‘2007년 개정 도덕과 교육과정’(교육인적자원부, 2007: 1)에는 “윤리학적 접근을 중심으로 하되, 연관된 여러 학문의 접근 방법을 활용한다”고 하여 학제적 접근이라는 개념이 직접적으로 명시되지는 않았지만, 그 의미가 여전히 반영되어 있는 형태로 제시되어 있다.

필자는 '2007년 개정 도덕과 교육과정'에 제시된 도덕과 교육의 학문적 배경에 대한 진술에는 여전히 명료화가 요구되고 있고, 그 타당성이 신중하게 재검토 및 재평가되어야 한다고 본다. 따라서 이 글에서는 '2007년 개정 도덕과 교육과정'에 제시된 도덕과 교육의 학문적 배경에 대한 명료화 작업 내지는 해석과 더불어 재평가를 시도할 것이고, 도덕과의 핵심 배경 학문인 윤리학이 도덕과 교육의 학문적 배경으로 어떻게 기여할 수 있고 기여해야 하는가(특히 도덕과 교과 지식의 구조화를 위한 토대 구축 측면), 그리고 윤리학과 도덕 심리학 간의 관계가 어떻게 설정되어야 하는가를 밝히고자 한다.

II. 도덕과에서 다학문적 · 간학문적(학제간) 접근의 필요성[1]

도덕과에서의 배경 학문 논의는 크게 초학문적 접근, 다학문적 접근, 간학문적(학제간) 접근으로 구분해 볼 수 있다. 학문 간 통합의 정도와 관련하여 볼 때, 초학문적(transdisciplinary) 혹은 범학문적 접근이 가장 강하며, 간학문적(interdisciplinary) 혹은 학제간 접근은 도덕과의 핵심 물음 내지 주제에 따른 배경 학문들 간의 상호 보완을 지향하는 것으로서 통합의 정도는 보통이다. 끝으로 다학문적(multidisciplinary) 접근은 개별 학문의 연구 성과가 지닌 가치에 초점을 맞춘다는 점에서 통합의 정도가 가장 낮다(오헌석 외, 2012: 55). 학문 간의 통합 정도에 따른 세 가지 접근법은 일종의 배경 학문 간의 통합 모델을 제시한다.

이 가운데 통합의 정도가 가장 강한 '초학문적 접근(transdisciplinary approach)'은 도덕과의 배경 학문 논의에서 어떤 기여를 할 수 있을까? 이미 윌슨(E. Wilson)이 주창한 '통섭(consilience)' 개념이 우리 사회와 학계에 핵

---

1. 윤영돈 · 정창우(2013), pp. 188-189 내용을 수정 · 보완한 것임을 밝혀둔다.

심 키워드로 회자되고 있다. 그가 말하는 통섭은 "초학문적 접근"을 의미한다(Wilson, 최재천·장대익 역, 2009: 7-23).[2] 초학문적 접근이 자연과학과 인문학·사회과학의 통합적 접근으로서 필요하다는 점에서는 충분히 공감할 수 있다. 다만 월슨의 '사회생물학'의 관점처럼 생물학의 방법론으로 자연과학의 영역은 물론이고 인문학 및 사회과학의 영역까지 일관된 이론의 실로 꿰는 초학문적 접근은 다양한 삶의 세계와 인문학의 본질과 의미를 제대로 해명할 수 없다는 한계를 지니고 있다(이남인, 2009: 259-311). 그런데 월슨식의 초학문적 접근은 다양한 학문 영역을 생물학이라는 단일한 방법론으로 환원시켜 설명한다는 문제점을 노정하고 있다. 이러한 초학문적 접근을 도덕과의 배경 학문 논의에 적용할 경우, '윤리학'을 도덕과 교육의 단일한 배경 학문으로 간주함으로써 도덕과 교육을 '윤리학 교육'으로 환원시킬 수 있다는 문제점이 발생한다.

그렇다면 다학문적 접근과 간학문적 접근은 도덕과의 배경 학문의 통합 모델로서 어떤 함의가 있는가. 먼저 '다학문적 접근(multidisciplinary approach)'은 기본적으로 도덕 및 도덕성과 관련된 하나의 사태를 다양한 관점에서 바라볼 수 있는 '관점의 다각화'라 할 수 있다. 예컨대 "동양·한국윤리학적 접근, 서양윤리학적 접근, 응용윤리학적 접근, 정치학적·사회학적 접근, 북한학·통일학적 접근, 문학적 접근, 심리학적 접근" 등 개별 학문의 성과를 토대로 시대 흐름과 사회 변화에 상응하는 도덕과 교육의 내용 및 주제를 제시할 수 있다.[3] 그러나 도덕과의 배경 학문의 통합 논의가 다학

---

2. 월슨의 'consilience'를 '통섭'으로 번역한 최재천에 따르면 통섭이란 '큰 줄기' 내지 '실마리'를 뜻하는 '통(統)'과 '잡거나 쥐다'를 뜻하는 '섭(攝)'을 합쳐 만든 말로 '큰 줄기를 잡다'라는 의미가 있으며, 이는 '사물에 널리 통하는 원리로 학문의 큰 줄기'를 지향한다. 일종의 '지식의 통일성'을 의미한다. 통섭은 분석과 종합을 모두 포괄한다.

3. 도덕과 교육학의 연구 영역은 크게 '기초연구 영역'(도덕과와 관련한 역사론, 정당화론, 사회문화적 배경론, 개념 분석론 등), 배경 학문 영역(다학문적 접근과 간학문적 접근), 실천 연구 영역(도덕과의 성격, 목표, 내용, 교수 학습 방법, 평가 등), 제도·지원 연구 영역(도덕과 관련 교과서 제도론, 교육과정 정책론, 교사론 등)으로 상세화할 수 있다. 정창우(2012), pp. 98-99.

문적 접근에 머물 경우, 개별 분과 학문은 자기 학문 분야의 목소리만 보탤 뿐, 분과 학문 간 상호 연관성에 대한 고려 없이, 병렬식 구조를 지닌 다학문적 유희에 머문다는 한계점을 노출한다.

다음으로, 도덕과에서 '간학문적(혹은 학제간) 접근(interdisciplinary approach)'은 도덕과의 핵심 물음이나 논의 주제에 따라 다양한 배경 학문들이 소통하고 융합하는 방향으로 나아가는 것을 의미한다. '2007년 개정 도덕과 교육과정'에서는 "윤리학적 접근을 중심으로 하되, 연관된 여러 학문의 접근 방법을 활용한다"고 밝히고 있다. 이 내용을 잘 분석하고 구체적으로 해석해 보면, 기존의 학제간 접근의 필요성을 기본적으로 인정하면서도 여러 배경 학문 중 가장 핵심이자 근간이 되어야 할 학문으로서 윤리학을 구체적으로 명시하려고 했음을 알 수 있다. 하지만 이러한 주장이 실제적인 타당성을 인정받기 위해서는 "도덕과 교육에서 기본적으로 학제간 접근의 필요성을 인정해야 하는 이유는 과연 무엇인가? 도덕과 교육에서 학제간 접근의 필요성을 뒷받침할 수 있는 근거는 무엇인가"와 같은 근본적인 물음에 제대로 답변할 수 있어야 할 것이다.

우선 도덕성 발달 또는 인격 형성을 추구하는 교육에서, 만약 단일한 학문적 관점을 통해 도덕교육(도덕과 교육 포함)의 목표를 설정하고 방법을 구상하려 한다면, 도덕교육의 질을 크게 손상시킬 수 있다는 지적에 주목할 필요가 있다. 실제로 콜버그(L. Kohlberg), 시첼(B. A. Sichel), 샌딘(R. T. Sandin), 나딩스(N. Noddings), 그리고 커틴스(W. M. Kurtines) 등 도덕교육 영역에서의 대표적인 학자들은 현대사회에서 발생하는 다양하고 복잡한 도덕 문제들을 단일 학문 내에서 이해하고 해결책을 마련하기란 결코 쉽지 않다고 강조한다.[4] 특히 도덕적 문제 상황에 대한 윤리 이론의 단순한 적용과 해석, 가치 관련 의사 결정 과정에서 학제적 접근에 대한 무관심은 도덕교육의 질을 크게 손상시킬 수 있다고 경고하였다. 인간의 도덕성에 관한 우리

---

4. 이에 대한 보다 자세한 내용은 정창우 외(2007), p. 26 참조.

의 관점을 정립해 나가는 과정에서 윤리 이론들에 대한 이해의 중요성은 매우 중요하지만, 복잡한 도덕 문제에 대한 인식을 윤리학적인 관점에만 국한시킬 경우 보다 포괄적인 문제 인식과 보다 합리적이고 바람직한 문제 해결책을 강구하는 데 명확한 한계가 있을 수 있기 때문이다.

또한 2006년 세계도덕교육학회(AME) 연차학술대회에서 주제 발표를 통해 버코위츠(M. Berkowitz)가 제시한 관점 또한 도덕과 교육에서 학제적 접근의 필요성을 주장하는 근거로 활용할 수 있다(제1장 III-2 참조). 이러한 버코위츠의 주장 속에는 단일 학문적 접근을 통해 도덕교육의 목표를 설정하려 든다면, 그 주장의 포괄성(도덕교육을 통해 길러주어야 할 핵심적인 능력과 품성을 포괄하고 있는가?), 타당성(그것이 정말 도덕교육의 목표로서 가치 있고 타당한 것이냐?), 목표 실현 가능성(그것을 목표로 설정했을 때 실제로 학생들의 도덕성 발달을 효과적으로 달성할 수 있는가?) 등의 측면에서 심각한 문제점과 한계가 드러나게 된다는 메시지가 담겨 있는 것이다.

도덕교육 영역에서 이러한 대표적인 학자들의 주장과 더불어, 도덕과 교육에서 제기될 수 있는 핵심 물음이 무엇이고, 이 물음을 탐구하기 위한 배경 학문이 무엇인가를 고찰해 보는 것도 도덕과 교육의 학제적 접근의 필요성 여부를 체계적으로 탐구할 수 있는 하나의 방법일 수 있다(정창우, 2007a: 20). 도덕과 교육에서 제기될 수 있는 "무엇이 옳고 그른 것인가, 윤리적인 삶을 가능하게 하는 삶의 조건은 무엇인가, 윤리적인 삶을 가능하게 하는 인격적 특질 혹은 덕목은 무엇인가, 그리고 도덕성은 어떻게 획득 가능한가" 등의 질문은 이 영역에서 제기될 수 있는 핵심 물음에 해당하고, 이러한 물음에 대한 답을 찾아나가는 데 도움이 될 수 있는 학문으로는 윤리학, 도덕 심리학, 정치학(특히 정치철학), 사회학, 한국학, 통일학, 교육학 등이 포함될 수 있다.

가령, "윤리적인 삶을 가능하게 하는 삶의 조건은 무엇인가?"에 관한 물음은 정치철학, 사회학, 한국학, 통일학이 직접 관련되며, 이들 분과 학문과

도덕과 교육에서 제시되는 핵심 물음	관련 학문 영역
무엇이 옳고 그른 것인가?	윤리학
윤리적인 삶을 가능하게 하는 삶의 조건은 무엇인가?	정치학(특히 정치철학), 사회학, 한국학, 통일학
윤리적인 삶을 가능하게 하는 인격적 특질 혹은 덕목은 무엇인가?	윤리학, 도덕 심리학
〈핵심 물음 & 최종적 물음〉 도덕성은 어떻게 획득될 수 있는가?	윤리학, 도덕 심리학, 교육학

〈표1〉 도덕과 핵심 물음 및 관련 학문 영역

윤리학적 방법론(가령, 사회윤리학의 관점)이 적절하게 결합될 필요가 있고, "윤리적인 삶을 가능하게 하는 인격적 특질 혹은 덕목은 무엇인가?"에 관한 물음은 윤리학과 도덕 심리학 간의 통합이 필요하며, "도덕성은 어떻게 획득될 수 있는가?"와 같은 최종적 물음은 윤리학과 도덕 심리학, 교육학의 결합이 요구된다고 할 수 있겠다.

이러한 도덕과의 간학문적 접근은 앞으로 도덕과의 핵심 물음이나 논의 주제에 따라 다양한 배경 학문이 소통하고 융합하는 방향으로 나아갈 필요가 있다. 간학문적 접근에서 유의할 것은 도덕과다운 교과 교육의 학문적 토대로서 앞서 논의했던 '윤리학적 접근'이 중요하다는 점이다. 물론 여기서 윤리학적 접근은 다양한 배경 학문과 소통 및 융합한다는 점에서 초학문적 접근과는 차이가 있다.

Ⅲ. 도덕과에서 윤리학적 접근의 의미[5]

앞서 제시한 바와 같이, '2007년 개정 도덕과 교육과정'에서는 기존의 학제간 접근의 필요성을 기본적으로 인정하면서도 여러 배경 학문들 중 가장 핵심이자 근간이 되어야 할 학문으로서 윤리학을 명시하고 있다. 하지만 개정 교육과정이 마련될 당시 '윤리학적 접근'이 의미하는 것이 무엇인가에 대한 합의가 제대로 이루어지지 못했다. '윤리학적 접근'이란 구체적으로 무엇을 의미하는가? 단순히 동서양의 윤리학 교육을 의미하는가? 아니면 사실 수준의 논의가 아니라 당위 수준의 논의, 즉 기술적(descriptive) 차원이 아니라 규범적(normative) 차원의 논의를 의미하는가? 혹은 도덕적 탐구나 도덕적 성찰을 의미하는가?

2007 개정 교육과정 이후 '윤리학적 접근'과 관련한 도덕과 교육계의 연구를 종합적으로 살펴볼 때, 윤리학적 접근의 해명은 몇 가지 층위로 구분할 수 있는 것으로 보인다.[6]

첫째, 도덕과의 목표 설정과 관련하여 윤리학적 접근의 의미를 생각해 볼 수 있다. 동서양의 윤리학이 '무엇이 옳은 것인가,' '무엇이 선한 것인가,' '어떻게 살 것인가' 등의 물음을 해명하는 실천 학문이라고 할 때, 윤리학은 도덕과의 목표를 설정하는 데 기여하는 바가 크다. 사실 도덕과 교육은 옳고 선한 것을 추구하며, '어떻게 사는 것이 잘 사는 것인가'에 대해 묻고 탐구하는 것을 목표로 한다. 따라서 윤리학의 핵심 물음들은 도덕과의 목표 설정 과정에서 적극적으로 기여할 수 있다. 특히 한국 사회의 도덕과 교육의 지적 전통으로 동양의 불교와 유교의 인간관(가령, 보살과 선비)과 가치관

---

5. 윤영돈 · 정창우(2013), pp. 179-215 내용을 수정 · 보완한 것임을 밝혀둔다.
6. 박병기(2008), pp. 1-16; 박병기(2011), pp. 63-80; 김국현(2012), pp. 1-30; 정창우(2008), pp. 113-138; 윤영돈 · 김남준(2008), pp. 113-142 참고.

이 여전히 남아 있다는 점은 도덕과를 독립 교과로 설정하는 배경으로 유의미하게 작용하고 있다는 점도 기억할 필요가 있다(박병기, 2010: 21-22). 유교와 불교, 더 나아가 도교 사상에 내재되어 있는 윤리학적 관점은 한편으로는 동양 도덕교육론의 가능성을 확보해 주며, 다른 한편으로는 '시민교육'의 목표 설정과 관련하여 사회과 교육이 '최소 도덕'의 견지에서 접근하는 데 비해, 도덕과 교육은 '최대 도덕'을 지향할 수 있는 근거를 제시해 주기도 한다.[7]

둘째, 도덕과 교과 내용의 근거로서 윤리학적 접근을 생각해 볼 수 있다. 고등학교 선택 교과목인 『윤리와 사상』이나 『생활과 윤리』는 교과의 내용을 구성하는 데 있어서 윤리학이 중요한 학문적 원천이 된다. 물론 『윤리와 사상』에서는 '동서양의 윤리학'이 보다 중요한 기여를 하는 데 비해, 『생활과 윤리』에서는 '응용 윤리학'이 보다 부각된다. 이들 선택 교과목과 관련하여 윤리학적 접근은 '윤리학 교육'의 성격을 상당 부분 갖는 것으로 보인다. 이들 선택 교과만을 놓고 볼 때, '도덕과의 배경 학문은 윤리학이다'라는 일종의 '학문 중심 교육과정'의 관점이 현저하다. 그렇다고 이들 선택 교과가 윤리학이라는 단일 학문을 배경으로 하고 있는 것은 아니다. 왜냐하면 『윤리와 사상』은 윤리학 이외에 사회사상이나 정치사상 등 사회철학이나 정치철학 등의 학문적 배경을 지니고 있기 때문이다.

셋째, 도덕과에서 적용할 수 있는 '윤리학적 접근'의 성격은 도덕을 "공부하는 방법"에서 찾아볼 수 있다. 공통 교육과정에서 도덕과의 내용 체계는 가치 관계 확장법에 따라 제1영역부터 제4영역으로 구성되며, 배경 학문으로 윤리학은 물론이고 사회과학도 포함되어 있다. 이러한 맥락에서 윤리

---

7. 박병기(2010), pp. 46-48, 160-163, 235-238. 도덕과의 정체성을 확보하는 논의와 관련하여 "진정한 의미의 정체성은 현재의 한국인들 사이에 내재되어 있는 전통 도덕적 요소들을 심화하고 외적으로는 타 교과와 차별되는 특징적 요소들을 강조하는 입장을 취할 때 비로소 올바르게 정립될 수 있다"는 홍정근의 관점을 주목할 필요가 있다. 홍정근(2006), p. 108, 박병기(2010), pp. 160-161에서 재인용.

학적 접근이 함의하는 바는 '도덕적 탐구'와 '도덕적 성찰'이라는 공부 방법에서 확인할 수 있다. 김국현(2012: 8-9)은 도덕적 탐구가 "도덕규범, 이론을 탐구의 절차에 따라 도덕적 문제를 이해하고 분석하는 방법"으로서 일종의 도덕적 추론의 성격을 갖는다면, 도덕적 성찰은 "과거의 도덕적 경험을 분석하여 현재와 미래에 실천해야 할 도덕적 행동 유형과 인격 특성을 발견하는 데 중점"을 둔다고 밝히고 있다. 이와 유사한 맥락에서 박병기(2012: 41)는 도덕적 탐구(moral inquiry)가 일상 속에 존재하는 당위적 차원에 대한 주목이라면, 윤리(도덕)적 성찰(ethical inquiry)은 더 나아가 그 의미를 깨치고자 하는 시도라고 말한다. 부연하자면, 도덕적 탐구는 도덕 현상에 대한 탐구를 의미하고, 그것은 주로 개인의 외부에 존재하는 도덕(moral)을 대상으로 삼는 데 비해, 윤리적 성찰은 개인의 내면 속에 존재하는 도덕성(morality)을 일차적인 대상으로 삼는다는 점에서 구분될 수 있다. 그러나 도덕과 도덕성은 서로 뗄 수 없는 관계를 지니므로 도덕적 탐구와 윤리적 성찰은 "불이적(不二的) 관계" 속에 있다(박병기, 2011: 80).

넷째, 윤리학적 접근은 윤리학이 도덕과 교육의 학문적 배경을 이루는 다른 학문과 유기적으로 결합함으로써 도덕과의 정체성을 함양하는 데 기여할 수 있다는 점에서 그 의미를 찾을 수 있다. 사실 도덕을 배우는 학생의 경험을 중시한다고 할 때, 도덕과의 배경 학문으로 단일 학문을 제시하는 것은 문제가 있다. 이를테면 윤리학의 개념과 이론을 직접적으로 학생들에게 제시하기보다는 학생들의 눈높이에 맞추어 논의를 전개할 필요가 있다는 것이다. 윤리학이 실천을 전제하되 추상적 경향이 강하다면, 학생들의 인지적·정의적 발달 수준에 맞는 교육은 이론을 전제하되 구체적 경향을 지니고 있음을 이해할 필요가 있다. 후자와 관련하여 중요하게 부각되는 것이 '도덕 심리학'이다. 이를테면 학생들이 도덕적 덕목을 배운다고 할 때, 적어도 윤리학과 도덕 심리학의 적절한 상보성이 확보될 필요가 있다. 여기서 우리는 도덕과 교육의 윤리학적 접근은 그것만으로 도덕과 교육의 학문적 기반을 구축하기는 어렵다는 점을 확인할 수 있다. 그러므로 윤리학적 접근은 도덕과 교육의 학문적 정체성을 확보하기 위한 필요조건이라는 점에는 상당 부분 동의할 수 있을지라도 도덕과 교육의 내용 구성이나 교수·학습의 과정을 고려할 경우, 윤리학적 접근은 여러 가지 배경 학문과 적절하게 결합할 필요가 있다.

이상의 논의를 통해 우리는 도덕과에서의 '윤리학적 접근'은 도덕과 교육의 목표 설정, 내용 구성, 공부 방법, 윤리학과 다른 배경 학문 간의 유기적인 결합 등을 통해 도덕과를 도덕과답게 만드는 데 기여할 수 있을 것으로 전망한다.

IV. 윤리학적 관점에 기초한 도덕과 교과 지식의 구조화 방안

1. 도덕과 교과 지식의 구조에 대한 연구의 필요성 및 방향

도덕과 교과 지식의 구조는 도덕과의 기저를 이루고 있는 개념, 원리, 아이디어의 구조와 체계를 의미한다. 이는 도덕과를 통해 필수적으로 가르치고 배워야 하는, 그리고 사물이나 현상을 도덕적인 안목에서 볼 수 있도록 안내하는 지식의 체계이며, 도덕과 교육과정 내용 체계를 구성하는 준거 틀(framework)에 해당한다. 물론 이러한 도덕과 교과 지식의 구조를 밝히는 작업은 도덕과 교육의 본질 또는 교육 목적을 밝히는 것으로부터 출발해야 한다. 도덕과 교육의 본질 또는 교육 목적은 어떤 특정한 교과 내용이 어째서 가르칠 가치가 있는가(즉, 그것이 어떤 점에서 도덕과의 교육 내용으로 정당화되는가), 그리고 어떤 특정한 교육 방법이 어째서 타당한 교육 방법인가에 답하는 데 근간이 된다(도덕과의 본질 또는 교육 목적에 대한 자세한 논의는 1장

참조). 이러한 도덕과 교육의 본질 또는 목적에 부합하도록 교과 지식의 구조화를 위한 토대를 마련하기 위한 한 가지 방법으로 도덕과 교육의 본질에 비추어 윤리학적 전통에서 제기될 수 있는 핵심적 물음들을 추출해 볼 수 있을 것이다.

도덕과 교육의 목적은 "나는 누구이고, 무엇을 위해 살아야 하며, 어떻게 행동해야 하는가?"에 대한 도덕적 질문에 응답하면서 이를 삶에서 구현해 나가도록 학생들을 안내하는 데 있다. 이러한 물음을 통해 삶의 목적과 방향에 대해 진지하게 고민하고, 타인·공동체·자연과 올바르게 관계 맺는 법을 배움으로써 자신의 삶의 도덕철학을 스스로 정립해 나가도록 돕고, 궁극적으로는 훌륭한 인격을 형성하도록 돕는 것이 도덕과 교육을 실행하는 목적이다. '2007년 개정 도덕과 교육과정'부터 강조해 온 도덕적 탐구와 도덕적 성찰은 단순히 이론적 차원에서 '의무'라든가 '공리(유용성),' '덕'의 문제에 그치지 않고 바로 이 질문에 대한 대답을 추구한다. 주지하는 바와 같이, 이 질문은 개인적 차원과 사회적 차원을 모두 포괄한다. 인간은 개인적 인격의 성숙과 사회의 개혁을 추구하며 살아가는 존재이기 때문이다. 즉, 삶의 진보는 단지 개인의 영역에 그치지 않는다. 이것은 도덕적 탐구와 성찰이 사회적·문화적 분석과 비판, 그리고 재구성에 연관되어 있음을 의미하며, 도덕교육의 역할이 개인의 도덕성 함양 뿐 아니라, 사회적 왜곡과 불의를 해소하고 사회 변화를 진전시키는 것이어야 함(즉, 공적 도덕성 함양)을 보여준다. 도덕은 삶을 바르게 하고, 선한 삶을 살게 하며, 사회적 안녕을 증진시키는 데 기여할 수 있어야 한다는 것이다.

사실상 자신의 행동에 대한 무지와 아무 생각 없이 지내는 것에 취하여 살거나 가치 있는 것을 얻기 위한 최상의 길이 무엇인지에 대해 무지하다면, 그것은 인간 존엄을 훼손하는 것과 다름없으며, 이러한 사람의 삶은 사람됨의 경계선 안으로 들어오기 어렵다. 도덕적 탐구와 성찰은 삶의 영역에 삼투되어야 하며, 실천 능력을 더해주는 것이어야 한다. 도덕적 탐구와 성찰이 의도하는 것은 삶의 목적을 존중하고, 그 가치를 함양하는 데 도움이 될 지식을 더해 주며, 인간에 대한 관심과 사랑을 계발해 주는 데 있다. 도덕교육은 바로 이러한 책무를 완성하기 위한 노력의 일환이고, 윤리학은 이러한 도덕교육의 과업을 달성하는 데 근간이 되는 배경 학문이다.

윤리학의 도덕교육적 의의를 생각할 때, 도덕적 딜레마 상황에서 바람직하고 합리적인 해결책을 효율적으로 안내해 줄 수 있다거나 도덕적 문제 상황에서 학생들에게 무엇을 해야 하는가에 대해 정확하게 혹은 구체적으로 일러줄 수 있기 때문에 다양한 윤리 사상과 이론들이 의미를 갖는다고 보는 것은 윤리 사상 및 이론의 의의를 너무 협소하게 이해하는 것이다. 이보다 윤리 사상과 이론들은 도덕적 이상이나 도덕성의 본질을 이해하고 도덕적 삶의 준거로서 역할을 할 수 있는 것으로 보아야 하고, 소크라테스가 2,400여 년 전에 제기한 "어떻게 살아야 하는가(how ought to live?)"라는 강력한 물음에 대해 우리가 스스로 의미 있는 답변을 찾아나가는 데 도움을 주는 것으로 보아야 한다(Vaughn, 2007: 3). 이런 이유에서 윤리 사상과 이론들을 통해 통찰력을 제공받기 위해서는 도덕적 삶을 위해 제기될 수 있는 '가장 핵심적이고 근원적이며 일차적인 물음들(core, fundamental, and primary questions)'과 만날 필요가 있다. 여기서 '가장 핵심적이고 근원적이며 일차적인 물음들'이란 윤리학 분야에서 핵심이 될 뿐만 아니라 학생들의 도덕적 성장을 위해 필수적으로 요청되는 질문들이며, 도덕교육의 과업을 이해하고 드러내는 데 핵심이 되는 물음들이라고 할 수 있다.

윤리학 차원에서 제기될 수 있는 물음들은 크게 '근거 물음'과 '실천적 물음'으로 나눌 수 있다. 근거 물음은 '왜 그러한가'의 측면에서 타당성 있는 근거를 묻는 것이고, 대체로 근거의 계열을 소급해 올라가서 더 이상의 것이 없는 절대적 근거에까지 이르는 경향이 있다. 반면, 실천적 물음은 '어떻게 살 것인가'라는 물음이고, 변화하는 세계 안에서 타인을 포함한 타자들과 어떻게 관계 맺을 것인가에 대한 물음이다. 강영안과 최진덕(1999: 43)에 따르면, 서양적 학문은 근거 물음이 주류를 이루고, 동양적 학문에서는 실천적 물음이 주류를 이룬다. 동양적 삶의 세계는 하늘과 땅이 있고 그사이에 만물이 있는 세계로 한정된다. 인간도 만물 가운데 하나의 물(物)일 따름이다. 이런 세계가 곧 끊임없이 변화하는 세계, 즉 생생불이(生生不已)하는 '역(易)'의 세계이다. 이와 같이 변화하는 세계 안에서 변화하는 삶을 살아가야 하는 인간에게는 타자들과 어떻게 관계 맺을 것인가에 대한 실천적 물음이 실천적 요청으로서 끊임없이 제기되지 않을 수 없다. 공부의 실천을 주로 하는 동양적 학문은 다양하지만 모두 역(易)의 세계 안에서의 실천적 지혜의 추구에서 벗어나지 않는다. 반면, 고대 그리스인들에 의하면, 인간의 삶은 '근거 또는 이유를 제시하는(logon didonai)' 삶이어야 했고, 근거 또는 이유의 제시는 인간의 이성에 뿌리를 두고 있다. 근거를 제시하는 삶이란 이론적 차원에서는 논리적 이유 또는 근거를 제시하는 것이며, 실천에 있어서는 이유 있는 행동, 스스로 책임지는 행동을 하는 것이다. 그래서 합리적인 근거 또는 이유에 대한 물음은 고대 그리스 이래로 유럽 학문의 역사가 다양하게 변천함에도 불구하고 변함없이 모든 유럽적 삶과 학문의 가장 기본적인 의무가 된다(강영안·최진덕, 1999: 51).

이러한 근거 물음과 실천적 물음은 인격 형성을 위한 배움의 수단이다. 학생들은 삶의 세계의 초월적 근거를 묻거나 삶의 세계 안에서 어떻게 살아가야 하는가를 배움으로써 진리를 알고 인격을 도야하고 덕을 쌓아 나가야 한다. 이러한 물음들을 바탕으로 삶의 의미와 근거를 묻고 삶의 세계 안에서 살아가는 방법을 배움으로써 자신의 삶을 향상시키고 타자의 삶을 향상시키기 위해 노력하도록 만들어야 한다. 따라서 도덕과에서는 이러한 물음들을 학생들이 적극적으로 '자기화'하면서 도덕적인 자기 형성(修己)과 타자 형성(治人)을 위한 소재로 활용해야 한다. 언어와 논리에 의해 체계적으로 탐구하는 것 자체가 결코 목적이 될 수 없다.

필자는 향후 도덕윤리과 학문 공동체에서는 윤리학의 전통을 바탕으로 도덕적 사고 및 자각(自覺) 영역의 지도(map)를 그려내는 데 연구력을 집중시킬 필요가 있다고 본다. 이러한 지도는 도덕과 교육의 과업을 이해하고 드러내는 데 핵심이 되는 물음들을 중심으로 계발할 필요가 있고,[8] 이 지도가 완성되면 도덕과 교과 지식의 구조화를 위한 중요한 토대를 마련할 수 있게 될 것이다. 하지만 도덕과 교과 지식을 체계적으로 구성하기 위해서는 윤리학 외에도 정치학, 도덕 심리학, 북한학 등 여러 배경 학문들의 간학문적 접근이 필요하기 때문에, 이러한 간학문적 접근에 기초한 교과 지식의 구조화는 후속 연구 과제로 설정하고자 한다.

2. 윤리학적 접근을 통한 도덕과 교과 지식 구조화의 토대 구축 방안

나는 누구인가? 무엇을 위해 살아야 하는가? 어떻게 행동해야 하는가?

---

8. 이와 같이 교과 지식의 구조를 핵심적인 물음 혹은 궁극적인 질문 형태로 구성해 놓은 대표적인 국가로 싱가포르를 들 수 있다. 싱가포르의 필수 교과목인 '공민과 도덕교육(Civics and Moral Education)'의 목적은 배려적이고 자신·가족·학교·공동체·국가·세계를 향해 책임 있게 행동하는 사람을 육성하는 것이고, 이러한 교육 목적은 학생들이 다음과 같은 세 가지 질문에 대한 답변을 만들어 내는 것을 의미한다.

> ○ 나는 누구인가?
> -나의 가치와 신념은 무엇인가?
> -나의 가치와 신념을 어떻게 적용하는가?
> -나의 목적은 무엇인가? 그러한 목적들은 어떤 의미가 있는가?
> -미래를 대비하여 나 자신은 어떤 준비를 하고 있는가?
> -나를 타인과 환경에 어떻게 관계시키고 있는가?
>
> ○ 나의 역할은 무엇이며 어떤 기여를 할 수 있는가?
> -나의 가족에서?   -내가 사는 지역사회에서?   -내가 사는 국가에서?   -세계 속에서?
>
> ○ 국민으로서 우리는 누구인가?
> -우리의 국가 정체성을 구성하는 것은 무엇인가?
> -국가는 우리에게 어떤 의미가 있는가?
> -세계 공동체 속에서 우리의 몫을 어떻게 수행할 수 있는가?

이와 같은 근본적인 윤리적 물음에 대한 답변을 학문 체계와 논리 속에서 제대로 찾아내기란 결코 쉽지 않다. 아마도 이에 대한 확실한 대답을 가지고 있는 사람은 아무도 없었고, 현재도 없고, 또 앞으로도 없을지도 모른다. 도덕교육적 관점에서 보자면, 이러한 물음에 대한 답변을 추구하면서 얻은 성찰의 결실을 바탕으로 이를 현실적 삶에서 의도적으로 그리고 지속적으로 실천해 나가는 과정이 곧 도덕적 성장의 과정이라고 말할 수 있다. 따라서 초·중등 단계의 학생들은 도덕과 교사들의 안내를 받으며 이러한 물음에 관해서 더 배우고 생각해 볼 수 있어야 하고, 궁극적으로는 깨달음을 통한 실천력을 갖출 수 있어야 한다. 특히 이런 물음에 대한 응답 과정에서 자아와 타자 그리고 세계를 도구적 혹은 수단적 관점에서 대하지 말아야 한다는 점을 깨닫게 해야 한다. 이런 맥락에서 볼 때, 도덕 교사는 이러한 물음을 통해 학생들에게 깨달음을 얻게 하고 도덕적이고 행복한 삶의 안내자가 되어야 한다.

위의 세 가지 물음은 도덕적 가치관·인생관·세계관 혹은 도덕적인 삶의 철학 형성을 위한 토대를 마련하는 질문들이고, 도덕적 행동을 위한 동기화를 촉진할 수 있는 정신적 원천에 해당하는 질문들이다. 또한 수양론 혹은 양심 성찰의 준거가 되는 질문들이며, 이런 측면에서 동양 윤리에 도움을 받을 수밖에 없는 질문들이기도 하다. 이 세 가지 물음들은 상호 연결된 것이고, 상호 촉진적인 영향을 주는 역동적인 관계에 놓여 있다. 즉, 도덕적 자기 이해와 삶의 방향성 및 실천 방법에 대한 통찰은 상호 의존적이다. 무엇을 위해 살아야 하는지에 대한 사유와 어떻게 행동해야 하는가에 대한 결단은 자기 이해(self-understanding)와 복잡한 방식으로 연결되어 있어서 우리의 도덕성을 형성한다. 이것 모두 성찰을 통해 더욱 깊어지고 풍부해지는 것이다. 내가 어떤 존재인지 안다면 무엇을 해야 하는지 알 수 있다. 무엇을 해야 하는지 궁구하다 보면 초월적 자아와 만나게 된다. 순환적인 관계라고 볼 수 있다.

이 세 가지 물음은 도덕적 성숙과 성장을 추구하는 도덕교육의 본질과 직접적으로 관련되어 있으며, 도덕적 성찰을 바탕으로 도덕적 행동으로 나아가는 심리적 메커니즘을 전제로 하고 있다. 또한 자기 자신을 끊임없이 대상화하며 윤리적으로 성찰해 나가면서, 도덕 행위를 위한 내적 규범 체계를 확립해 나가는 과정을 중시한다. 도덕윤리과 학문 공동체에서는 이러한 물음들의 정확한 의미가 무엇인지, 어떤 방법으로 학생들로 하여금 그러한 물음에 대한 답을 얻도록 할 것인지에 대해 고민해야 한다. 이 과정에서 도덕윤리과 교육학을 중심으로 윤리학, 정치철학, 도덕 심리학 및 교육학 등의 학문 간에 활발한 소통이 이루어질 수밖에 없고, 논의의 범위가 더 확대되면서 구체화될 때, 이 이외의 다양한 학문들의 참여도 불가피하게 이루어지게 될 것이다.

이제부터는 이 세 가지 물음의 윤리학적·도덕교육적 의의를 살펴보면서 도덕과 교과 지식의 구조 속에 어떻게 반영될 수 있는가에 대해 보다 구체적으로 논의해 보도록 하자.

1) 나는 누구인가? (존재 영역)

다양한 윤리 사상과 윤리 이론은 '나는 어떤 존재인가?'라는 물음과 관련하여 자아 탐색의 근거를 제공해 준다. 나는 인간이기 때문에 '나는 어떤 존재인가'라는 물음은 '인간이란 무엇인가'라는 물음과도 맞닿아 있다. 인간다운 삶을 영위하기 위해 인간 및 자아에 대한 이해는 필수적이다. 인간은 스스로에 대한 이해를 추구하는 존재로서, 삶과 세계에 대한 의미를 추구하는 존재이다. 이는 자신과 인간을 이해하는 과정에 도덕적 차원이 존재한다는 것을 뜻하며, 윤리학이 반드시 인간 이해적 성격을 지녀야 한다는 것을 뜻하기도 한다. 이렇게 볼 때, 도덕교육은 나는 누구인가에 대한 자기규정 속에 도덕성에 대한 고려가 스며들도록 안내해야 하고, 올바른 자기 인식 및 자아 형성을 위해 도덕적 성찰을 추구하는 분야라고 말할 수 있다.

나는 누구인가라는 물음에 대해 답변을 추구하는 것은 단순히 철학적 사고 혹은 사유를 통해 삶과 인간, 자아 등에 대한 지식을 쌓고 사변적으로 이해하기 위함이 아니라, 인간의 마음을 가리고 있는 물질세계에서 벗어나 심성의 근원에 있는 세계를 발견하고 심성을 닦아서 참된 자아로 돌아가기 위함이다. 대체로 우리는 바람직한 자기 이미지에 합당한 모습으로 존재하려고 할 때, 보다 인간적인 면모를 갖추게 된다. 이와 같이 "참다운 의미의 자기가 누구인지"를 바탕으로 "어떻게 살아야 할 것인가"에 대해 깊이 있게 묻고 성찰하는 것의 중요성을 깨닫고 실천하기 위해 우리는 '인간이란 무엇인가'에 대한 철학적 성찰을 추구하는 '철학적 인간학', 진정한 자기 이해(지식) 및 자기 배려를 강조한 '소크라테스 사상' 그리고 행위보다는 행위자의 성품과 덕을 강조하는 '아리스토텔레스 사상,' 예지계에 속해 있는 본래적 자아를 진정한 자기 자신이라고 믿고 정언명법을 실천해야 한다는 '칸트 윤리 사상, "만물이 모두 내 안에 갖추어져 있다"는 '맹자 사상'과 이를 이은 육상산과 왕양명의 '심학'[9] 등과 같은 풍부한 동서양의 윤리학적 전통의 도움을 받을 수 있다.[10]

'나는 누구인가'라는 일차적 물음(first-order question)과 관련하여 보다 구체적이고 일반성(generality)의 정도가 낮은 이차적 물음(second-order questions) 혹은 파생 물음들을 제시해 보면 다음과 같다.

---

9. "마음을 다해 자신의 본성을 깨닫고, 그 본성을 알면 천도를 깨닫는다"는 구절에서 알 수 있듯이, 심학에서 이치의 최종적 본원은 '천'일지라도, 그 주된 출발점은 우리 안에 내재된 '마음'이다. 맹자의 '만물이 모두 내 안에 갖추어져 있다'는 사상을 이은 육상산과 왕양명의 심학은 우리 안에 내재된 마음을 궁극적 '도덕 준거'로 설정하였다.

10. 윤리학적 전통과 더불어 최근 도덕 심리학 영역에서도 도덕적 자기 이해 측면이 강조되고 있다. 예를 들어, 블라지(A. Blasi)는 도덕적 정체성이 강한 사람일수록 자신의 일상적인 삶을 보다 도덕적인 관점에서 바라보고, 자신의 도덕적 이상이나 목표에 부합하는 삶을 영위하고자 하며, 자신의 도덕 판단을 도덕적 행위로 옮기려는 강한 책임감을 갖고 있다고 강조한다.

- 나의 가치와 신념은 무엇인가, 그리고 인생관, 세계관은?

- (통시적인 관점에서) 자신이 누구였고, 지금 누구이고, 앞으로 누구여야 하는가?

- 나의 역할은 무엇인가? 가정, 학교, 지역 및 국가 공동체, 지구 공동체 의 구성원으로서 나의 도덕적 책임과 의무는 무엇인가?

- 나는 도덕적 인간인가?

- 내가 가진 인격 강점(character strengths)은 무엇인가?

- 나는 정서를 어떻게 표현하고 조절하는가?

- 나의 양심은 어디에서 온 것일까?

- 인간의 본성, 혹은 인간의 본연의 모습은 무엇인가? 인간을 인간답게 만드는 것은 무엇인가?

2) 무엇을 위해 살아야 하는가? (가치 영역)

다양한 윤리 사상과 윤리 이론은 '무엇을 위해 살아야 하는가?'라는 물음과 관련하여 삶의 목적 및 가치 체계를 제공해 준다. 동양의 인문 고전 중 『대학』을 보면, "머물 곳을 안 뒤에 방향을 정할 수 있고, 방향을 정한 후에 고요할 수 있으며, 고요해진 후에 편안해지며, 편안해진 후에 생각할 수 있고, 생각을 하고 난 뒤에 얻을 수 있다(知止而后有定, 定而后能靜, 靜而后能安, 安而后能慮, 慮而后能得)"라는 구절이 나온다. 여기서 가장 중요한 부분은 내 삶이 머물러야 할 최선의 상태를 안다는 것이며, 이와 같이 나의 삶이 머물러야 할 곳을 안다는 것은 곧 삶의 목적을 세우는 것이며, 어디에 삶의 가치를 두어야 할지를 안다는 것이다. 삶의 가치에 관한 학문인 윤리학 연구를 통해 제시되어 온 다양한 윤리 사상과 윤리 이론들은 이와 같이 삶의 목적을 세우고 삶을 이끌어 주는 가치 체계를 형성해 나가는 데 도움을 줄 수 있다.

이와 같이 "무엇을 위해 살아야 하는가"에 대해 깊이 있게 묻고 성찰하는 것의 중요성을 깨닫고 실천하기 위해 우리는 인간이 지향해야 하는 궁극적인 진리를 탐구하는 '도덕 가치론,' 삶의 목적으로서의 행복과 덕의 관계를 중시하는 '덕 윤리학,' 이성(logos)을 따르는 평온한 삶을 강조하는 '스토아 철학,' 자유로운 인격의 실현을 강조하는 '칸트 윤리학,' 인간 본연의 모습을 회복해야 한다는 동양 윤리 사상(유·불·도) 등과 같은 동서양의 윤리학적 전통의 도움을 받을 수 있다.

"무엇을 위해 살아야 하는가"와 관련된 구체적인 물음들을 제시하면 다음과 같다.

- 가장 좋은 삶은 무엇인가? 최선의 삶의 모습은?
- 삶의 의미는 무엇인가? 무엇이 인생을 살 만한 가치가 있도록 하는가?
- 인생의 목적은 무엇인가?
- 행복이란 무엇인가?
- 정의란 무엇인가?
- 무엇이 선이고 악인가, 무엇이 의이고 불의인가?
- 선은 어디에서 유래하는가? 도덕적 진리의 원천(예: 신, 자연, 직관 등)은 무엇인가?
- 왜 도덕적이어야 하는가?
- 우리는 무엇을 위해 발전을 추구하는가? 현대 물질문명 사회의 문제점과 미래 전망은?

3) 어떻게 행동해야 하는가? (행위 영역)

다양한 윤리 사상과 윤리 이론은 '무엇을 해야 하는가?' 혹은 '어떻게 행동해야 하는가?'라는 물음과 관련하여 도덕적 행동 지침 및 도덕적 판단의 근거를 제공한다. 윤리학은 실천적인 규범을 연구하는 당위의 학문이며, 도덕적 행위에 관해 탐구하는 학문이기 때문에, 윤리학 영역에서 강조되고 있는 다양한 윤리 사상과 윤리 이론은 도덕적 문제 상황을 해결할 수 있는 이론적 토대를 제공한다. 예를 들어, 도덕 문제에 직면했을 때, 칸트 윤리학은 인간 행위가 윤리적이기 위해서는 사람을 한낱 수단 가치로 취급하지 않고, 자기 자신과 타인을 인격으로 대해야 한다는 행위의 보편적 원칙을 우리에게 알려주고 있다. 또한 동·서양의 윤리 사상은 생명 윤리, 환경 윤리, 정보 윤리 등 현대사회에서 발생하는 다양한 도덕 문제를 해결할 수 있는 기준과 근거를 제공한다.

"어떻게 행동해야 하는가?"의 차원은 구체적인 실천적 문제에 답하기 위해 어떤 도덕원리를 중시할 것인지를 고려하는 것이고, 인간이 지향해야 하는 궁극적인 진리를 우리의 삶 속에서 어떻게 구현해 낼 수 있는지에 대한 실천적인 자세를 모색하는 것과도 밀접한 관련이 있다. 또한 어떻게 행동해야 하는가에 대한 심사숙고에는 '과정' 혹은 '수단'을 잘 선택했다는 의미와 함께 좋은 '목적'을 선택했다는 의미가 들어 있다는 점을 고려할 필요가 있다. 대체로 일상생활에서 발생하는 다양한 도덕 문제는 목적보다는 과정(수단)을 선택하거나 판단하고 행동으로 옮기는 경우가 많다. 여행으로 따지면, 목적지를 정하는 것과 그곳으로 가기 위한 방법을 선정하는 과정으로 구분할 수 있다. 이렇게 본다면, 무엇을 위해 살아야 하는가가 삶의 '목적'에 관련되어 있다면, 어떻게 행동해야 하는가는 '과정' 혹은 '수단'에 관련되어 있다고 말할 수 있다. 이 경우 어떻게 행동해야 하는가에 대한 탁월성은 목적을 성취하는 데 유용한 수단에 대한 올바름을 의미한다. 하지만 어떻게 행동해야 하는가에 대한 숙고는 좋은 목적을 위한 과정 혹은 수단을 선택하는 것뿐만 아니라, 과정 혹은 수단이 목적에도 관계하기 때문에 좋은 목적을 선택하는 것과도 관련되어 있다.

이와 같이 "어떻게 행동해야 하는가, 무엇이 옳은 행동인가?"의 물음(행위자의 측면에서 볼 때 "어떻게 행동해야 하는가"라고 물을 수 있고, 행위의 측면에서 볼 때 "무엇이 옳은 행위인가"라고 물을 수 있음)에 대해 깊이 있게 묻고 성찰하는 것의 중요성을 깨닫고 실천하기 위해 우리는 도덕적 행위의 근거를 밝히는 '도덕 행위론,' 보편성의 원리, 유용성의 원리, 중용의 원리 등 삶의 도덕원리에 기초한 도덕 판단 및 실천을 중시하는 '덕 윤리,' '공리주의,' '의무론,' 다양한 도덕 문제를 해결할 수 있는 기준과 근거를 설정하려는 '응용 윤리학,' 사람 사이의 관계를 어떻게 설정할 것인지, 또 어떻게 조화로운 관계를 유지할 것인지에 대한 관점을 제공하는 동양의 '유학' 등과 같은 동서양의 윤리학적 전통의 도움을 받을 수 있다.

"어떻게 행동해야 하는가"와 관련된 구체적인 물음들을 제시하면 다음과 같다.

- 마음을 어떻게 다스릴 수 있을까?
- (다양한 딜레마 상황 혹은 윤리적 이슈에서) 어떤 행동(대안)이 도덕적으로 좋은가 혹은 나쁜가, 옳은가 그른가? 예를 들어, 생명을 구하기 위해 약속을 어기는 것은 허용될 수 있는가? 사형은 허용되어야 하는가? 등
- 도덕적 책임과 의무의 범위는 어디까지인가? (잘 모르는 사람 및 멀리 있는 사람, 동·식물, 땅 등)
- 다문화 사회에서 타인 존중을 어떻게 실천할 수 있는가?
- 평화적인 갈등 해결은 어떻게 가능한가?
- 사익과 공익은 어떻게 조화를 이룰 수 있는가?
- 오늘날 지구 공동체가 처한 위기와 도전을 어떻게 극복할 것인가?

V. 도덕과 교육에서 윤리학과 도덕 심리학의 경계 논쟁과 해결 방안

우리는 도덕과 교육에서의 학문적 기여를 위해 윤리학과 도덕 심리학 간의 적절한 관계에 대하여 문제를 제기하지 않을 수 없다. 다시 말해, 도덕과 교육을 위해 도덕 심리학과 도덕철학의 영역에서 각각 무엇이 연구되어야 하는가의 문제뿐만 아니라, 어떻게 이들 연구가 서로에 대해 유익한 도움을 줄 수 있는지에 대해 우리는 묻지 않을 수 없다. 윤리학과 도덕 심리학의 관계는 사실상 매우 복잡 미묘하다. 도덕 심리학이 윤리학의 하위 학문으로 분류되기도 하고 심리학의 분과 학문으로 간주되기도 한다는 점을 통해서도 이러한 복잡한 관계는 쉽게 짐작할 수 있다. 다음은 윤리학과 도덕 심리학의 관계를 직접적으로 설명해 주거나 적어도 그 관계에 대한 함의를 제안하는 주요 사례이다.

도덕 심리학 연구는 비교적 최근까지 매우 상이한 방법론을 가진 두 가지 원칙을 추구해 왔다. 하나는 철학적 도덕 심리학으로서 대체로 사변적인 성격이 강한 것인데, 인격의 구조라든가 도덕적 추론의 성격에 대한 주장을 하면서도 체계적인 실증적 엄밀성을 충족시키는 경우가 드물었다. 반면 심리학적 도덕 심리학은 실증적인 기초는 견고하지만 중요한 철학적 고려가 부족한 한계를 보여 왔다. 21세기가 시작되면서 이러한 두 가지 분리된 원칙은 도덕 심리학의 학제적 접근을 통해 철학과 심리학의 통합적 형태를 취하고 있는 상황이다(Stanford Encyclopedia of Philosophy).

도덕 심리학은 심리학과 윤리학의 교차점에 있는 이슈들에 관해 논의한다(Steven Host).

도덕철학은 최선의 삶에 관한 규범적(normative) 이슈들에 관심을 두는 반면, 도덕 심리학은 도덕성에 대한 심리학적 이슈들을 연구하는 기술적(descriptive) 영역에 해당한다. 도덕 심리학 영역의 주요 주제로는 '행동, 행위자, 정체성 혹은 자아, 도덕적 헌신, 인격, 도덕적 행위의 평가 기준, 도덕성에서 정서의 역할, 도덕적 행동의 원인과 구조, 도덕적 사고 능력, 도덕적 사고와 정서의 관계, 윤리학과 도덕적 행동의 관계 등'이 포함된다(Wikipedia).

도덕 연구에는 두 개의 주요한 접근법이 있다. 그 첫 번째 접근법은 과학적 혹은 기술적(descriptive) 접근법으로 윤리학처럼 인간 행동과 행위를 다루는 사회과학들에 가장 널리 사용되는 것이다. 이 접근법의 강조점은 경험적이라는 것이다. 다시 말해, 사회과학자들은 인간 행동과 행위들을 관찰하고 그에 관한 자료들을 수집하여서 어떤 결론을 도출해 낸다. 예를 들어, 심리학자는 많은 상황에서 많은 인간들을 관찰한 뒤에 인간은 자주 그 자신의 이익을 위해서 행위한다는 결론에 도달한다.

두 번째 접근법은 철학적인 것인데, 이것은 과학적 혹은 기술적인 접근과 대립되는 것으로서 두 부분으로 이루어진다. 첫 번째 부분은 규범적(normative) 혹은 처방적 윤리학이라고 일컬어지는 것으로서, 규범과 처방에 관계된다. 인간은 자주 자신의 이익을 위해서 행위한다는 경우를 예로 든다면, 규범윤리학자들은 심리학자들의 기술과 결론을 넘어서고자 하며, 인간은 그 자신의 이익을 위해서 마땅히(ought to or should) 행동해야만 하는지 아닌지에 대해서 알기를 희망한다. 윤리 연구에 대한 철학적 접근의 두 번째 부분은 메타윤리학 혹은 때때로 분석 윤리학으로 불린다. 메타윤리학자들은 윤리학 언어(예를 들면, '좋다'는 말을 사용할 때 그 용어가 갖는 의미는 무엇인가?)를 분석하기도 하고, 윤리설들 혹은 다양한 윤리학자들의 논리와 추론들의 합리적 근거들을 분석하기도 한다(J. P. Thiroux).[11]

---

11. 박장호(1999), p. 13에서 재인용.

이렇게 볼 때, 윤리학 내지 도덕철학은 최선의 삶에 관한 규범적(normative) 이슈들에 관심을 두는 반면, 도덕 심리학은 도덕성에 대한 심리학적 이슈들을 연구하는 기술적(descriptive) 영역에 치중한다고 일단 말할 수 있을 것이다. 하지만 윤리학과 도덕 심리학에 대한 경계 문제(boundary problem)를 보다 깊이 있게 이해하고 이 두 학문의 바람직한 관계를 설정하기 위해서는 반드시 콜버그를 이해해야 한다.

금세기에 일어났던 가장 중대한 사건 중 하나는 바로 윤리학과 도덕 심리학 사이의 놀라운 관계 회복이다. 이는 콜버그의 업적으로, 많은 도덕 심리학자들은 이 점에 대해 대체로 긍정적인 평가를 내리고 있다. 콜버그는 여러 면에서 칸트의 의무론적 윤리가 지닌 철학적 개념들을 전제로 인지 발달론적 접근을 산출하였다. 실제로 그는 도덕 발달 연구가 도덕적 판단의 특징이 되는 메타윤리학적 가정[12]에서 시작되어야 한다고 주장하였으며(Kohlberg, Levine & Hewer, 1983), 규범윤리 이론은 정의(justice) 추론에 대한 정의(定義)를 필요로 한다고 보았다. 이러한 윤리적 근거들을 갖추었기 때문에 콜버그는 보다 쉽게 행동주의자들과 정신분석학자들로부터 도덕성 연구의 주도권을 넘겨받을 수 있었으며, 더불어 그 밖의 발달 이론을 비판하기 위한 기준을 제공하기도 하였다.

이와 같이 콜버그는 철학적 형식주의(formalism)[13]를 받아들임으로써 도

---

12. 「사실에서 당위로」에서 콜버그(1971)는 자신의 심리학적 연구가 바탕을 두고 있는 두 가지 유형의 철학적 가정을 제시하였다. 첫 번째 유형은 메타윤리학적 가정들이며, 두 번째 유형은 규범윤리적 가정들이다. 메타윤리학적 가정에는 가치 관련성, 현상주의, 보편주의, 처방주의, 인지주의, 형식주의, 원리성, 구성주의, 그리고 정의 우선성의 가정이 포함된다. 그리고 가장 높은 추론 단계인 여섯 번째 단계는 도덕적으로 적절한 원리를 규정한다는 주장, 그리고 단계가 높아질수록 도덕적 갈등을 해결하는 데 있어서 6단계의 준거를 충족시키는 쪽으로 상향된다는 주장이 바로 규범윤리적 가정에 해당된다.
13. 형식주의란 실제적 문제에 대한 합의 여부와는 관계없이, 도덕 판단에는 정의하거나 동의할 수 있는 형식적(formal) 특징들이 있다는 의미이다. 그런 이유에서 콜버그는 구조 혹은 형식과 내용을 구분하면서 '무엇'을 사고하느냐가 아니라 '어떻게' 사고하느냐를 강조하였다. 즉, 콜버그는 피험자들의 결정 내용(약을 훔쳐야만 했다 혹은 약을 훔쳐서는 안 된다)보다는 오히려 그러한 결정의 기저를 이루고 있는 이론적 근거 혹은 사고 구조, 즉 결정 내용을 정

덕 심리학이 심리학과 철학 사이의 양자택일의 심리학적 패러다임의 위기로부터 벗어나도록 하였을 뿐만 아니라, 인지 발달론적 대안을 명료하게 설명하고 정의할 수 있는 방법을 제시하였다(Kohlberg, Levine & Hewer, 1983). 콜버그의 영향력은 매우 널리 수용되었고, 그 결과 도덕 발달 연구에 있어서 철학적 분석이 심리학적 분석보다 우선적으로 이루어져야 한다는 관점이 중요하게 받아들여지게 되었다. 튜리엘은 콜버그가 지닌 영속적인 영향력으로 인한 성과는 바로 "도덕성에 관하여 철학적 숙고에 입각한 심리학적 설명이 필요하다는 위대한 인식"이라고 말하였다(Turiel, 1998: 863-932). 실제로 콜버그는 우리가 자연주의 오류를 범하는 것을 피할 수 있다고, 감히 생각지도 못한 놀랄 만한 방법으로 윤리학과 심리학의 분야를 결합시켰다(Boyd, 1986: 43-64; Kohlberg, 1971: 151-235).

콜버그는 실제로 규범윤리 이론과 심리학적 이론 간의 관계를 규정하면서 "상보성(complementarity thesis)"이라는 개념을 사용하였다. 우선, 규범윤리 이론은 우리가 왜 더 높은 단계의 관점을 선호하는지를 설명해 준다. 왜냐하면 더 높은 단계의 관점이 더욱 타당하기 때문인데, 그에 대한 이유는 철학적 이론을 통해 알 수 있게 된다. 각각의 후속 단계들은 규범윤리학에 의해 그 타당성이 평가된 철학적으로 더 높은 수준에 있는 정의(justice)의 관점이라고 할 수 있다. 그리하여 더 높은 단계가 철학적으로 더욱 높은 수준에 있음을 말하는 것은 연속적인 단계 발달을 심리학적으로 설명하는 데 있어서 중요한 부분이 된다.

다시 말해서, 철학적 이론은 심리학적 자료들을 이해하는 데 도움을 준다. 그리고 이에 대해서 콜버그와 그의 동료들은 "우리 이론은 사회과학적 분석만큼이나 도덕철학적 분석을 필요로 하고 있다"라고 적고 있다(Kohlberg, Levine & Hewer, 1983). 그렇지만 한편으로는 경험적 이론이 규범윤리 이론의 타당성에 대한 평가에 기여하였기 때문에, 여기에는 상보적 관

당화하는 이유에 더욱 많은 관심을 기울였다.

계가 성립된다고 할 수 있다. 만일 심리학 이론이 사람들에게 지지를 얻고, 또한 충분하게 경험적으로 증명된다면, 우리는 윤리학 이론의 규범적 관점에 대해 더욱 큰 확신을 지니게 될 것이다. 그러나 반대로 경험적 연구의 결과에 의해 거짓임이 드러난다면, 우리가 지녔던 규범윤리적 헌신에 대한 확신은 무너지게 될 것이다.

이와 같이 콜버그가 도덕성의 철학적 관점을 수용하여 도덕 심리학을 가능케 하는 결과를 낳았다는 사실에는 이견이 별로 없지만, 한편으로는 두 학문 분야 간의 경계를 어떻게, 어디서부터 다시 설정해야 하느냐 하는 문제가 한 차원 깊은 수준에서 본격적으로 논의되게 되었다. 또한 상보성이 어느 정도까지 받아들여질 수 있는지에 대해 의문을 제기하기 시작하였다. 심리학자들이 이런 태도를 취한 이유는 우선 심리학적 연구의 본질이 철학자들이 던진 질문을 대답하는 데 종속되다 보면 왜곡되기 때문이다. 다음으로, 경험적 자료를 가지고 메타윤리학적 문제를 해결하는 것은 결코 쉬운 과제일 수 없기 때문이다.

이처럼, 윤리학과 도덕 심리학 분야 간의 경계를 어떻게, 어디서부터 설정해야 하느냐, 그리고 상보성이 어느 정도까지 받아들여질 수 있는가에 대해 계속 의문이 제기되고 있기는 하지만, 그럼에도 불구하고 두 개의 학문 분야 사이의 이러한 경계 논쟁 자체가 윤리학자와 도덕 심리학자 간에 서로 배울 점이 매우 많고, 둘 간의 대화와 소통이 도덕교육을 위해 대단히 중요하다는 명백한 사실들을 가려서는 안 된다. 도덕성에 대한 완전한 연구, 그리고 도덕과 교육에 대한 올바른 그림을 그리기 위해서는 기술적 접근법과 규범적 접근법, 메타윤리학적 접근법은 함께 활용되어야 하고, 윤리학과 도덕 심리학은 서로 소통되어야 하기 때문이다.

이러한 전제를 받아들인다면, 이제 도덕과 교육을 위해 윤리학과 도덕 심리학의 관계는 어떻게 설정되어야 할 것인가에 대해 본격적으로 논의해 보도록 하자. 윤리학과 도덕 심리학은 모두 도덕성 및 도덕성의 발달 특성이 무엇이고, 도덕성은 어떻게 획득 가능한가에 대해 꾸준히 탐구해 온 학문으로 규정될 수 있다. 도덕과 교육의 관점에서 볼 때, 이러한 두 가지 학문적 전통은 도덕과 교육의 이상(理想)과 목적, 교육 내용과 지도 방법, 넓게는 인간 좁게는 학습자의 특성에 대한 이해를 제공해 왔다. 하지만 도덕과 교육에서 두 학문이 기여할 수 있는 부분을 엄밀하게 분석해 보면, 약간의 차이점이 있음을 확인할 수 있다.

우선 윤리학은 도덕과 교육의 본질을 말해 주고 윤리학적 전통 자체가 도덕과 교육의 주요 내용(contents)을 구성하지만, 윤리적 탐구 공동체라든가 도덕 추론 외에 도덕·윤리 교육에서 적용 가능한 구체적이고 다양한 방법을 제시하는 데 어느 정도 한계가 있다. 또한, 인간에 대한 철학적 이해가 아니라, 교육의 대상으로서 학습자에 대해서는 체계적이고 분석적이며 과학적인 시각을 제공할 수 없다는 한계가 있다.

한편, 도덕 심리학은 경험적이고 실증적인 근거를 바탕으로 위계적 성격을 갖는 도덕과 교육목표(예컨대, 학년별 혹은 학교급별 목표 등) 설정에 도움을 줄 수 있고, 도덕 추론(moral reasoning), 모델링, 내러티브, 친사회적 행동, 도덕적 규율, 도덕적 갈등 해결, 역할 채택 등 도덕교육의 실천적 방법을 다양하게 제시해 줄 수 있으며, 교육 대상의 발달적 특성에 대한 분석적이며 과학적인 관점을 제공해 주지만, 도덕과 교육의 본질이나 목적을 논할 때는 도덕철학에 의존할 수밖에 없고 그 자체로 교육 내용을 구성하는 데 한계가 있다.

이와 같이 윤리학과 도덕 심리학은 도덕과 교육을 위해 그 자체로 완전성을 갖기보다는 상호 보완적(complementary)이고 협력적인(hand-in-hand) 관계 속에서만 도덕과 교육의 성격과 목표, 내용, 그리고 지도 방법 및 평가에 대한 타당하고 과학적인 관점을 제공할 수 있다.

VI. 결론 및 제언

도덕과 교육의 중요한 과업이 학생들로 하여금 삶의 목적과 방향에 대해 진지하게 고민하게 하고, 타인·공동체·자연과 올바르게 관계 맺는 법을 배움으로써 자신의 삶의 도덕철학을 스스로 정립해 나가도록 도우며, 궁극적으로는 훌륭한 인격을 형성하도록 돕는 것이라고 할 때, 이러한 교과 교육을 위해 윤리학의 역할은 핵심적이고 중차대하다. 우리는 어떻게 살아야 하는가, 무엇을 위해 살 것인가, 무엇이 옳고 그른가, 무엇이 좋고 그른가에 대한 신념을 형성해야 하고, 이 신념 속에는 도덕적 가치, 도덕원리(원칙), 윤리 이론 등이 자연스럽게 스며들어 있어야 한다. 이러한 신념들은 우리의 삶의 세계를 규정하고, 우리가 보다 나은 사람이 되어야 하는 이유를 제공하며, 우리의 행동을 도덕적인 방향으로 안내한다. 이 장에서는 이런 관점에 근거해서 도덕과 교육을 위해 윤리학이 어떤 역할을 맡아야 하는가를 구체적으로 밝히고자 하였다.

끝으로 한 가지 제언을 하자면, 향후 도덕윤리과 학문 공동체에서는 도덕과 교과 지식의 구조화를 위해 연구력을 집중시킬 필요가 있다. 이를 위해 이 글에서는 도덕과 교과 지식의 구조화를 위한 토대 구축 차원에서 도덕과 교육의 본질에 비추어 윤리학적 전통에서 제기될 수 있는 핵심적 물음들을 추출해 보고자 하였다.[14] 앞으로 윤리학 외에 정치학, 북한학 및 통일학 등의 도덕과 배경 학문들에 기초하여 도덕과에서 다루어야 할 핵심적인 질문들을 추출해 보고, 또한 윤리학을 중심으로 여러 배경 학문들 간의 간학문적 혹은 학제간 접근을 통해 이러한 물음들을 추출한 후, 체계적인 조직화

---

14. 이러한 노력의 일환으로 2010년에 김국현이 중심이 되어 『도덕과 교과지식의 재구성 방향 모색』(한국교육과정평가원 연구보고 ORM 2010-12)이 수행된 바 있다. 이 연구의 결과도 도덕과 교과 지식의 구조화를 위해 중요한 기여를 할 수 있을 것으로 보인다.

의 과정을 거쳐 도덕과 교과 지식의 구조를 의미 있게 구축할 수 있도록 노력해야 할 것이다.

제5장

도덕과 배경 학문으로서 도덕 심리학:
전체적 개관

I. 서론

도덕성에 대한 관심은 '도덕이란 무엇인가'에 대한 정당화 차원과 '도덕은 어떻게 발현되는가'에 관한 실제적 차원으로 구분할 수 있다. 이 두 차원을 엄격하게 구분하기는 쉽지 않지만, 도덕 심리학은 도덕의 정당화 기준에 대한 탐구보다는 실제 사람들이 어떠한 도덕적 기준에 따라 어떻게 행동하는가에 보다 많은 관심을 둔다. 그러므로 도덕 심리학에서 도덕성에 대한 연구는 우리가 지닌 일상적 도덕 이해에 대한 경험적 설명과 심리적 측면 등을 반영하게 된다. 가정과 학교, 또 사회에서 사람들은 서로 다른 도덕원리에 따라 행동하며, 유사한 도덕원리를 가지고 있는 사람들 사이에서도 행동의 차이를 보인다. 또 어떤 사람은 기꺼이 다른 사람을 도우려 하고, 어떤 사람들은 남을 속이기도 하고 상상할 수 없는 비도덕적인 행동을 하기도 한다. 학교 현장에서도 아이들은 '도덕'이 당위적인 것이라고 인식하면서도 교사나 학부모가 당연히 해야 한다고 생각하는 것에 대해 귀기울이지 않거나 의도적으로 무시하기까지 한다. 또 연령이나 개인적 특성에 따라 도덕의 의미나 기준을 달리 설정하기도 한다. 이와 같이 도덕 심리학은 '인간의 도덕적 또는 비도덕적 행위와 관련된 요인과 심리적 메커니즘, 그리고 도덕 발달에 대해 연구하는 학문'이다.

하지만 도덕 심리학이 인간의 도덕성을 단지 '기술(description)' 하는 것에 제한되는 것은 아니다. 도덕 심리학의 당면 목표는 도덕적 인지, 도덕적 정서, 도덕적 행동 간의 복잡한 심리적 메커니즘을 이해하는 것이지만, 우리가 도덕 판단을 어떻게 해야 하는지, 그리고 우리가 어떻게 행동해야 하는지에 대한 윤리학적·교육학적 함의를 이끌어내는 것을 포함한다(정창우, 2012: 158). 이렇게 볼 때, 도덕 심리학의 다양한 이론들을 되짚어 보고 그 이론들의 주장과 쟁점들을 살펴보는 것은 도덕과 교육의 방향과 향후 연구 과제를 탐색하는 데 풍부한 함의를 제공할 수 있을 것이다. 이러한 맥락에서, 이 글은 도덕과의 핵심 배경 학문인 도덕 심리학 연구의 주요 흐름과 핵심 쟁점에 대한 이론적 탐색을 통해 도덕과 교육의 과제와 방향 설정을 목적으로 한다.

II. 도덕과에서 도덕 심리학적 접근의 필요성

도덕 심리학은 도덕철학과 더불어 도덕교육을 위한 핵심 배경 학문에 해당한다. '어떻게 살아야 하는가에 대한 타당한 관점과 그러한 삶과 행동을 추구해야 하는 이유'를 밝히는 것이 도덕철학자의 역할이라면, 그러한 삶과 행동에 대한 경험적 사실(facts)을 탐색하는 것이 도덕 심리학자들의 역할이며, 도덕 심리학과 도덕철학의 연구 성과를 종합하여 교육적 실천(practice)으로 나아갈 수 있는 최선의 길을 탐색하는 것이 도덕교육자의 역할이라고 할 수 있다(정창우, 2012a: 158).

그렇지만 도덕과 교육에서 다양한 학문들의 역할을 강조하는 것이 단순히 도덕철학자와 도덕 심리학자, 그리고 도덕교육자의 주장이 별개로 도덕과 교육에 적용되는 것을 의미하는 것은 아니다. 도덕과 교육에 대한 진정한 학제간 접근이 강조되지 않는 한 버코위츠(M. Berkowitz)가 2006년 세계 도덕교육학회(AME) 연차학술대회의 주제 발표에서 언급한 오류에 직면하게 될 것이다(버코위츠가 제시한 구체적인 내용은 제1장. Ⅲ-2. 도덕과의 학문적 기반 참조).

도덕과 교육이 학제간 접근을 필요로 한다는 것은 심리학자와 철학자, 교육학자의 연구가 단지 병렬적으로 존재하는 것이 아니라, 도덕과의 목적과 내용에 대한 도덕철학적 연구와 도덕 발달에 대한 도덕 심리학적 연구, 그리고 도덕 수업과 학교 공동체 운영에 대한 도덕교육적 연구와 관련된 지식이 서로 소통하며 통합적으로 적용되어야 함을 의미한다. 도덕과 교육의 배경 학문들은 도덕과 교육을 위해 그 자체로 완전성을 갖기보다는 상호 보완적이고 협력적인 관계를 통해서 도덕과 교육의 목표, 내용, 그리고 지도 방법 및 평가에 대한 타당하고 과학적인 관점을 제공할 수 있다(정창우, 2008b: 114). 따라서, 도덕과 교육의 영역에서 도덕 심리학 또한 도덕과 교육의 계획과 실행과 관련된 통합적 관심을 전제로 도덕과 교육에 기여할 수 있다. 도덕 심리학은 아동과 청소년의 도덕 발달을 포함한 인간의 도덕 발달에 대한 경험적 연구를 통해 다음과 같이 도덕과 교육 전반에 기여한다.

첫째, 도덕 심리학은 도덕과 교육의 목표를 설정하고 내용을 선정·조직하는 데 유용한 준거를 제시한다. 대부분의 다른 교과 교육과 마찬가지로 도덕과 교육에서도 '교과의 목표를 어떻게 설정할 것인가,' '무엇을 가르칠 것인가,' '어떻게 가르칠 것인가'에 대한 연구가 의미 있게 이루어져야 한다. 도덕 심리학은 도덕과의 교과 목표 설정뿐만 아니라, 학습자의 도덕 발달 특성을 고려한 학교급별 목표 설정의 근거를 마련해 줄 수 있다(정창우, 2004: 107-124). 또한, 학습자의 도덕 발달 특성과 관련된 도덕 심리학의 경험적 연구는 도덕과 내용 선정 및 조직(특히 수직적 조직의 원리로서 '계열성' 확보)에 적절한 발달적 기준을 제공한다. 도덕과 교육과정은 도덕철학 이론의 단순한 집합체가 아니며, 학습자의 도덕 발달 특성을 고려하여 내용의 체계와 계열을 설정하고 그것을 어떤 방법으로 교육해야 하는지에 대한 고민과 계획을 담아야 한다. 도덕과 교육 내용을 해당 학년에 적절하게 선정하고 성취 기준 및 성취 수준 등을 적절하게 서술하기 위해서는 학습자의 도덕 판단 단계와 공감 발달 수준 등에 관한 도덕 심리학 이론과 경험적 연구에 근거해야 한다.

둘째, 도덕 발달에 대한 도덕 심리학의 연구는 아동과 청소년의 다양한 반응과 행동을 이해하고, 이를 바탕으로 적절한 도덕교육적 처방책을 마련해 나갈 수 있는 근거와 지식을 제공한다. 교육은 이미 생성된 지식을 학생들에게 넣어주는 일방적 지식 전달 과정이 아니라 소통과 상호작용의 과정이며, 그것은 아동과 청소년들에 대한 이해를 바탕으로 가능하다. 도덕 심리학은 아동과 청소년의 도덕에 관한 이해, 또래 집단 내의 상호작용 특성, 권위에 대한 순종과 저항, 도덕적 판단 및 정체성 발달, 공감 및 정서 발달 등에 관한 제반 발달 특성을 경험적으로 연구함으로써 실제 학교교육에서 아동과 청소년들을 이해하고 교육하는 데 도움을 준다.

셋째, 도덕적 앎과 실천의 관계, 도덕적 행동으로 나아가게 하는 동기화(motivation) 요소, 그리고 성숙한 도덕적 기능(moral functioning)의 메커니즘과 이를 촉진시키기 위한 방법 등을 연구하는 도덕 심리학은 도덕과 교육의 방향성 설정에 유용한 아이디어를 제공한다. 도덕과 교육의 과제는 단지 구체적인 행동만을 이끌어내는 것도 아니지만, 그렇다고 도덕적 지식의 습득에 제한되는 것도 아니다. 스트로앤(R. Straughan)은 도덕교육이 전적으로 '이론적' 기획으로 남아서는 안 되며, '행동의 교수' 문제에 눈감고 있을 수는 없다고 주장한다. 하지만, 행동의 교수는 단지 지식과 기술의 전달로만 구성될 수 있는 것이 아니라, 도덕성 요소에 내재되어 있는 도덕성의 본질에 근거해야 한다고 강조한다(Straughan, 1988; 남궁달화 역, 1996: 133-136). 도덕 심리학은 도덕과 교육이 단순히 도덕적 지식 및 판단력의 향상, 도덕적 행동 및 습관화가 아니라, 도덕적 인격 형성에 — '도덕적 앎과 도덕적 행동' 간의 간극을 메우기 위해 — 필요한 여러 가지 요소들을 통합적으로 발달시키는 데 초점을 맞추도록 방향성을 제공해 준다.

넷째, 도덕성 발달에 적절한 도덕적 환경과 관련된 도덕 심리학의 연구는 학교 현장에서 도덕과 교육을 실행하기 위해 적절한 도덕 환경과 도덕 공동체의 구성에 대한 이론적 근거를 제시한다. 도덕성의 함양은 인간과 환경의 상호작용을 전제하며, 실제 아동과 청소년은 환경과의 상호작용을 통해 도덕의 의미를 구성하고 도덕적 정서를 발달시키고 습관을 형성한다. 따라서 비민주적이고 비도덕적인 공동체에서 도덕과 수업은 이론과 실제의 괴리를 더욱 증폭시키고 아동과 청소년의 도덕 발달에 실질적으로 기여하기 어렵다. 도덕적 환경에 대한 도덕 심리학의 다양한 연구는 학교 공동체의 형성, 수업 환경의 조성, 학생과 교사의 도덕적 상호작용 등에 대한 아이디어를 제시함으로써 도덕 공동체의 형성을 통한 아동과 청소년의 도덕성 함양에 기여할 수 있다.

끝으로, 도덕 심리학 영역에서 실행되는 연구들은 도덕과 교육의 지도 방법론을 보다 풍부하게 하고, 특정한 수업 방법 및 자료(resources and materials)의 도덕교육적 타당성에 대한 판단 근거를 제공한다. 심리학자 보울비(J. Bowlby)는 "훌륭한 이론은 이미 관찰된 수많은 자료가 의미를 갖게 할 뿐만 아니라, 훌륭한 관찰을 새롭고도 유익한 방향으로 안내하는 데 필수적인 역할을 한다"고 말했다(Doyle, 1990: 347-360). 도덕 심리학의 이론들은 기본적으로 인간에 대한 관심에서 비롯되지만, 교과서와 수업 자료, 수업 방법 등 아동과 청소년이 도덕 수업 시간에 접하는 구체적인 교육 자료와 방법 등에 대한 이론적 근거를 제공해 준다.

사실상 교사들은 좋은 수업을 위해 매일 수많은 결정을 내려야 하며, 그러한 결정 뒤에는 그 교사가 의식하든 의식하지 못하든 그것을 뒷받침하는 이론이 반영되어 있는데, 그 이론의 질, 정확성, 그리고 유용성이 그 교사의 수업 효과에 중대한 영향을 미친다(Doyle, 1990: 347-360). 이렇게 볼 때, 좋은 수업을 추구하는 도덕 교사에게는 도덕 심리학뿐만 아니라 도덕철학, 정치철학 등 도덕과의 배경 학문과 관련된 주요 이론들에 대한 풍부한 이해와 깊이 있는 지식이 요구된다. 특히 도덕 심리학 이론의 경우, 인간의 어떠한 특성에 주목하는지, 도덕을 어떻게 정의하는지, 어떠한 연구 방법에 의거했는지에 따라 매우 다양하고, 또한 각 이론 간에 공유된 관점이 있거나 혹은 상충되거나 상호 보완 혹은 상호 의존적 관계를 이룸으로써 인간의 도덕성에 대한 통찰을 주기도 하고 통합적 도덕성에 대한 아이디어를 제공할 수 있기 때문에, 도덕 교사에게는 다양한 도덕 심리학 이론에 대한 풍부한 이해와 깊이 있는 지식이 요구된다.

III. 도덕 심리학 연구의 흐름과 이론들

1. 도덕 발달에 대한 인지적 접근: 피아제와 콜버그

도덕성에 대한 인지적 접근은 도덕적 행동 그 자체를 직접적으로 다루지 않는다. 인지적 접근은 인간의 행위 그 자체보다 도덕적 사고·도덕적 추론을 도덕성의 본질적 기준으로 전제하고, 환경·타인과의 상호작용을 통해 인지 구조를 변화시키면서 도덕 추론 능력이 발달하는 것을 도덕성이 발달하는 것으로 본다. 도덕성에 대한 인지적 접근은 피아제(J. Piaget)와 콜버그(L. Kohlberg)의 이론이 대표적이다. 도덕성 발달에 대한 피아제와 콜버그의 기본 입장은 거의 유사하지만, 콜버그는 피아제의 이론을 보다 정교하게 발전시킴으로써 도덕 인지 발달과 관련된 도덕 심리학 이론을 구체화하고 체계화했다. 도덕성 발달에 대한 인지적 접근은 다음과 같은 몇 가지 공통된 특징을 지닌다.

첫째, 도덕성의 가장 본질적이고 핵심적인 요소는 '인지(cognition)'이다. 도덕성의 핵심은 정서나 행동이라기보다는 도덕적 인지이며, 그것은 도덕원리나 추론으로 나타난다. 도덕을 내용으로 보는 것이 아니라 구조화된 도덕원리로 보는 것이다. 이러한 입장에서는 특정한 관습이나 규범과 같은 구체적인 규범을 가르침으로써 학생들의 도덕성을 발달시키는 것이 아니라, 구체적인 행위에 내재한 도덕원리의 수준을 높여 도덕 발달 단계를 향상시킴으로써 도덕성을 발달시키고자 한다.

둘째, 주체적이고 능동적인 인간관을 전제한다. 인간이란 자극-반응이라는 조건화 메커니즘에 의해 학습하는 수동적 존재가 아니라 주체적이고 능동적인 학습자로 간주된다. 인지적 도덕 발달론은 인간이란 어떤 무의식적인 내적 충동들에 의해 조종되거나 전적으로 환경에 의해 통제 내지 주조되는 존재가 아니라 그 스스로 환경을 개척하고 창조하는 능동적인 존재라고 믿는다.

셋째, 도덕 판단이나 도덕원리의 형성에 대해 인식론적 구성주의 입장을 취한다. 정신분석학이나 행동주의, 사회 학습 이론에서는 도덕 발달을 동일시, 보상, 벌 등이 작용하여 부모의 가치나 문화적 규범을 내면화한 산물로 본다. 하지만, 도덕 발달에 대한 인지적 접근은 도덕에 대한 개념과 인간에 대한 전제에서부터 정신분석학이나 행동주의와 분명히 다른 특징을 가지고 있다. 인지적 도덕 발달론에서 개인은 능동적으로 환경과 상호작용하며 스스로 자기 발달을 도모하는 자기 구성적 존재이다. 즉, 도덕 판단의 원리는 스스로 결정하고 규율을 준수하는 행위자로 간주되는 사람들 사이의 역동적인 상호작용 과정에서 구성되는 것이다. 이러한 관점에서 도덕원리의 형성은 능동적인 상호작용의 과정이라고 말할 수 있다.

1) 피아제: 인지 발달 연구를 통한 아동의 도덕 발달 이론

피아제는 인간 발달 과정에서 아동기와 청소년기에 나타나는 독특한 특징에 관심을 기울였다. 피아제는 아동의 인지 발달과 도덕성에 대해 연구하였는데, 도덕 발달은 아동의 인지 구조, 즉 아동이 사물과 세계를 보는 관점을 반영한다. 피아제는 규칙에 대한 상이한 개념들이 두 개의 기본적인 도덕성, 즉 타율적 도덕성과 자율적 도덕성을 보여준다고 말했다. 대개 4세부터 8세까지의 시기에 나타나는 타율적 도덕성, 즉 강제의 도덕성은 성인들에 의해 부과된 규칙에 맹목적으로 복종하는 태도를 나타낸다. 따라서 행위들은 동기나 의도가 아닌 객관적인 결과나 규칙에 대한 정확한 순응 정도에 의해 판단된다. 이후 인지 발달과 함께 타인들의 관점에 대한 의식이 증가함에 따라 아동들의 자기중심주의(egocentrism)는 차츰 감소하게 되고 역할 채택 능력에도 변화가 생긴다. 이러한 인지 발달의 변화는 도덕 발달에도 영향을 주는데, 8세부터 10세 사이에 나타나는 자율적 도덕성, 즉 협동의 도덕성으로 나타난다. 이 시기에 아동들은 또래 집단 사이에서 '상호 존중에 근거한 도덕적 규칙들'이라는 도덕에 대한 새로운 개념에 도달하게 된다. 그러므로 아동들은 더 이상 규칙들을 외적으로 또는 강제적으로 부과된 것, 혹은 고착된 것이나 변하지 않는 것으로 여기지 않는다. 그 대신에 아동들은 도덕적 규칙이란 '인간 목적에 다가서기 위해 사회적 상호작용을 조직하고 촉진하기 위한 수단으로서 구성원들의 상호 일치에 의하여 창조되고 수정되는 것'이라는 새로운 인식을 가지게 된다. 자율적 도덕성의 단계에서 아동들은 도덕적 규칙을 성인들의 외적 권위에 근거해 있는 어떤 것으로서가 아니라 서로에게 유익함을 가져다줄 수 있는 호혜적 이해와 행동의 산물로 간주하게 된다. 그리고 옳음과 그름의 판단은 행위 자체의 객관적 결과보다는 행위자의 의도에 비추어 결정된다(Piaget, 1932; 송명자 외, 2000).

피아제는 "심리학에 고취된 교육자가 결코 벗어날 수 없는 두 가지 기본적이고 상호 관련된 원칙이 있다. 그 첫 번째로 오직 참된 진리란, 인간은 자아를 자유롭게 구축하는 것이지 타인으로부터 얻는 것이 아니라는 것이며, 둘째, 도덕적 선은 본질적이고 자율적이며, 따라서 어떤 식으로든 규정될 수 없다"고 주장했다(Piaget, 1947: 5; Crain, 2005; 송길연 외, 2011). 이러한 주장에서 나타나듯이, 피아제는 도덕성을 발달시키기 위해서는 권위에 의한 주입보다는 아동들이 능동적으로 도덕원리를 구성할 수 있도록 도와야 한다고 강조했다. 피아제는 성숙론자도 아니지만 학습 이론가는 더더욱 아니다. 그는 아동의 사고가 성인의 가르침이나 다른 환경적 영향에 의해 형성된다고 생각하지 않는다. 아동은 발달하기 위해 환경과 상호작용해야 하지만, 새로운 인지 구조를 이루게 하는 것은 환경이 아니라 바로 아동 자신이다(Crain, 2005; 송길연 외, 2011: 149). 피아제에 의하면, 아동은 자신의 인지적 성장에 적극적으로 참여하는 능동적 존재이며, 평등한 관계인 또래들과의 상호작용을 통해 자율적 도덕성을 획득해 나간다.

2) 콜버그: 보편적 도덕성에 대한 열망과 도덕 발달 이론

콜버그는 '도덕'과 '심리학'의 결합에 대해 가장 진지하게 고민한 학자라고 할 수 있다. 콜버그에 의하면, 도덕성의 성격(정의, 의미, 본질)에 대한 관심 없이 도덕성 획득의 메커니즘을 고려하는 것은 불가능하다. 콜버그는 도덕성의 개념을 철학자들처럼 철학적 사변의 성격으로 규정하거나 정신분석 이론과 행동주의 이론에서와 같이 심리학적 경험의 대상으로만 여기는 이분법에서 탈피하여, 경험적 자료의 측면과 도덕철학적 논리의 두 측면을 동시적으로 고려할 필요가 있다는 점을 강조했다(정창우, 2004: 35).

콜버그에게 있어서 '도덕적'이라는 말의 일차적 대상은 '판단'이지 '행동'이 아니다. 또한 죄의식과 같은 정서도 아니며, 의지나 습관과 같은 실천 능력도 아니다. 피아제와 마찬가지로 콜버그 또한 도덕 추론의 발달이 개인의 도덕 발달을 가장 잘 설명해 줄 수 있다고 믿었다. 콜버그가 이처럼 도덕적 인지를 중심으로 도덕성 발달 연구를 한 이유는 도덕적 행동을 위한 가장 중요한 요소가 바로 도덕적 인지이기도 하지만, 어떤 행위를 도덕적이라고 정당화할 수 있는 유일한 요소가 바로 도덕원리라는 믿음에서였다(Kohlberg, Levine & Hewer, 1983; 문용린 역, 2000).

콜버그는 도덕 판단에 관련되어 있는 도덕 추론에 관심을 가졌고, 연령이 증가함에 따라 도덕 추론이 어떻게 변화되는가를 연구하였다. 콜버그에 의하면, 도덕 추론의 발달은 3수준 6단계로 나타난다(Kohlberg, 1984; 김민남 · 진미숙 역, 2001: 161-196). 콜버그의 도덕 발달 단계는 개인의 도덕원리를 반영하는데, 도덕원리는 도덕 선택의 내용이라기보다는 그러한 선택의 이유 또는 근거를 나타내는 인지 구조이다.

콜버그에게 있어 도덕성을 발달시킬 수 있는 교육적 환경은 상이나 벌의 조작이 아니라 도덕적 상호작용이다. 콜버그가 의미하는 상호작용은 인지 갈등을 유발하게 하는 환경과의 상호작용이다. 콜버그에 의하면, 더 높은 단계의 추론에 노출되는 것은 인지적 불균형을 일으키는 작용을 한다. 이러한 인지적 비평형을 통한 도덕 발달 단계의 상승 원리는 블래트 효과(Blatt Effect) 또는 +1효과로 표현된다. +1효과를 적용한 도덕교육은 발달 수준이 높은 단계의 사람과 접촉하는 기회를 제공함으로써 도덕 판단 발달 단계의 상향적 이동을 도와주는 발달의 촉진 과정으로 이루어진다(Blatt & Kohlberg, 1975: 129-161).

이후 콜버그는 도덕 딜레마 토론의 한계를 인식하고 뒤르켐(E. Durkheim)의 관점을 반영하여 '정의 공동체 접근(Just Community Approach)'을 도덕교육에 적용한다. 정의 공동체 프로그램은 다음 세 가지 기본적인 목적을 갖는다. 첫째, 도덕적 토론에 참여하는 것을 통해서 학생의 도덕 추론 능력을 확장시킨다. 둘째, 집단의 결속이나 공동체의 형성과 민주적인 규칙 제정을 통해 도덕적인 문화를 창조한다. 셋째, 학생과 교사 모두가 도덕적 제도와 결정에 따라서 행동할 수 있는 환경을 마련한다(Higgins, 1995; 문용린 역, 2004: 87-128). 이러한 정의 공동체 접근은 '정의'와 '공동체'의 균형 및 조화를 이루려는 시도를 보여준다. '정의'의 측면은 프로그램의 민주적 절차와 제도, 도덕적 토론, 공정성과 권리 및 의무에 대한 고려에서 구체화된다. '공동체'의 측면은 보다 이상적인 형태의 학교 사회를 만들고자 하는 시도를 통해 드러난다.

도덕 딜레마 토론과 정의 공동체 접근은 아동과 청소년의 도덕성 발달을 위한 경험적 근거를 제시해 주고 있다. 즉, 도덕교육이 실질적으로 아동과 청소년의 도덕 발달을 이끌기 위해서는 딜레마 토론을 통한 도덕 추론 능력의 발달뿐만 아니라, 도덕적이고 민주적인 학교 공동체의 형성이 매우 중요하다는 것을 알려주고 있다.

2. 도덕적 정서 중심 접근: 호프만과 길리건

1) 호프만의 공감 발달 연구: 뜨거운 인지를 가능하게 하는 공감 이론

호프만은 우리의 도덕적 삶에 있어 공감(empathy) 혹은 감정이입의 역할과 중요성을 강조하였다. 공감은 "자기 자신의 상황보다 다른 어떤 사람의 상황에 보다 적절한 대리적인 정의적 반응"을 의미하며, 공감적 걱정(feeling of sympathetic distress)과 공감에 기초한 죄의식(empathy-based guilt)을 포함한다(Hoffman, 1993: 159-162).

그런데, 호프만이 강조한 공감이 발휘되는 상황은 콜버그가 제시한 도덕적 상황과 다르다. 콜버그에게 있어 도덕적 상황은 무엇이 정의로운지 평가해야 하는 딜레마 상황이다. 이 딜레마는 도덕적 심사숙고와 갈등 해결을 요구한다. 딜레마 상황에서는 합리적인 토론과 원리화된 추론을 통해 합의를 찾아 나간다. 이것은 인지적이고 이성적인 특성을 가진다. 이와 대조적으로 호프만에게 있어 전형적인 도덕적 상황은 도덕적 딜레마가 아니라 다른 사람이 위험, 곤경에 빠져 있고 우리는 그에게 도움을 줄 수 있는 위치에 있는 '방관자 개입(bystander intervention)'의 상황이다. 이 상황에서 우리의 반응은 복잡한 추론을 한다거나 원리에 호소할 필요가 없이 정서적인 것이다(Lapsley, 1996; 문용린 역, 2000: 292).

하지만, 호프만이 도덕 행동에 대한 공감적 동기와 정서적 기반을 강조했다고 해서 인지적 요소를 무시한 것은 아니다. 그는 도덕적 원리와 공감적 정서가 관련되는 방식에 대해 언급하면서, 도덕적 인지가 공감이라는 정서적 요소에 의해 '뜨거운 인지(hot cognition)'가 될 수 있다고 주장한다. 도덕 원리가 희생자, 사건, 기억들, 범죄자, 행동 등 몇몇의 정서적으로 부과된 설명들과 결합될 때 뜨거운 인지가 된다. 이 뜨거운 인지란 추상적으로 학습된 차가운 도덕원리들이 정서 및 공감적 정서들과 결합될 때 달구어지는 것을 말한다(Lapsley, 1996: 300).

또한, 호프만은 공감적 정서의 주관적 경험은 인지적 발달, 특히 다른 사람에 대한 점진적으로 발달하는 우리의 이해에 의해 중재된다고 말한다(Hoffman, 1975: 607-622). 인지 발달이 공감적·정서적 각성의 요인이 된다고 할 때, 4단계를 통해 공감 능력이 발달하는 것을 볼 수 있다. 1단계는 전반적 공감(global empathy) 단계, 2단계는 자아중심적 공감(egocentric empathy) 단계, 3단계는 타인의 감정에 대한 공감(empathy for another's feeling) 단계, 4단계는 타인의 삶의 조건에 대한 공감(empathy for another's life condition) 단계이다(Hoffman, 1975: 607-622; 1993: 159-162).

호프만의 연구에 의하면, 어린 아동들도 이타적 행동을 동기화하는 공감 능력을 나타낸다(Hoffman, 1975: 607-22; 1991: 275-301). 물론 아주 어린 아동들이 성인들처럼 완전한 역할 채택 능력과 이타적 행동이 가능한 높은 수준의 공감 능력을 보여주는 것은 아니다. 하지만, 호프만의 연구는 어린 아동들도 다른 사람의 곤경과 고통에 대해 공감하는 반응을 보여주며, 그러한 공감 능력은 연령의 증가에 따라 보다 높은 수준으로 발달한다는 점을 알려준다.

한편, 공감 능력을 함양할 수 있는 교육 방법에 대해 호프만은 사회화, 특히 부모에 의해 이루어지는 사회화가 감정이입적 반응을 계발하고 이기주의적 욕구를 극복하는 데 중요한 역할을 한다는 것을 강조한다. 그리고 도덕적 공감 능력과 관련된 도덕적 민감성과 도덕적 동기화를 발달시킬 수 있는 여러 종류의 사회화 경험들을 제시한다. 즉, 아동으로 하여금 폭넓은 정서를 경험하게 하는 것, 다른 사람의 감정에 관심을 두도록 유도하는 것, 타인들의 고통을 역설하거나 고통을 당하는 사람의 입장에서 생각할 수 있도록 고무시키는 훈육 기법을 활용하는 것, 역할 채택의 기회에 참여시키는 것, 자기 욕구에 완전히 빠지지 않고 타인의 어려움에 대해 마음을 여는 것에 많은 애정을 표시하는 것, 이타주의적이며 공감적 감정을 표현하는 모범적인 사람들을 자주 접하게 하는 것들이다(Hoffman, 1960: 129-143; 1963: 295-318; 1984: 103-31).

2) 길리건의 배려 윤리 연구: 관계와 맥락을 중시한 이론

배려에 대한 관심은 일차적으로 정서에 대한 관심에서 비롯되었다기보다는 도덕성의 성차에 대한 문제 제기로부터 시작되었다. 도덕성 발달에서 성차 또는 성편향의 문제 제기는 홀스타인의 연구(Holstein, 1976: 51-61)로부터 시작되었고, 이후 길리건(Gilligan, 1982)이 기존의 도덕 심리학이 남성 위주의 이론이었다고 비판하면서 보다 주목받게 되었다. 길리건은 3수준 6단계로 대표되는 콜버그의 도덕 발달 이론이 남성만을 대상으로 도출된 이론임에도 불구하고 그것을 여성에게까지 적용하면서 여성을 남성의 도덕성에 끼워 맞추고 있다고 비판했다. 길리건은, 여성의 반응은 콜버그의 3단계에 끼워 맞출 수 없으며, 여성의 독특한 목소리인 '배려'에 관심을 기울여야 한다고 주장했다(Gilligan, 1977: 481-517).

길리건의 관점에 의하면, 남성들은 전형적으로 정의·권리 정향(justice·rights orientation)을 나타낸다. 남성들은 개인주의적, 개별적 자아 개념, 객관주의적 경향, 직업에 기초한 자신들의 정체성, 추상적·비편향적 규칙들과 원리들에 대한 경향성을 지니기 때문이다. 반면에 여성들은 배려·감응 정향(care·response orientation)을 나타낸다. 여성들은 다른 사람들과 관계된, 그리고 상호 의존적인 것으로서의 자아에 관한 개념, 인간관계의 연관성, 따뜻한 배려, 민감성, 그리고 다른 사람에 대한 책임을 소중히 여긴다. 길리건은 자신의 유명한 저서인 『다른 목소리로(*In a Different Voice*)』에서, 여성은 남성과 '다른 목소리로' 자신들의 관점을 피력한다고 주장했다.

한편, 남성과 여성의 도덕적 정향이 상이하다는 길리건의 주장 이후, 실제로 도덕성에 성차가 있는지에 대한 연구가 이어졌다. 워커(L. J. Walker)는 도덕성의 성차를 연구하기 위해 광범위한 문헌 연구를 수행하였고, 그 결과 길리건의 주장이 경험적으로 지지되지 않는다는 결론을 내렸다(Walker, 1984: 677-691; 1986: 522-526; 1991: 333-364). 그가 리뷰한 108개의 연구물 중 단지 8개에서만 유의미한 성차가 나타났으나 그 차이는 1/2단계로 매우 미미한데다, 대부분의 경우 학력 등 다른 변인의 영향이 개입된 것으로 확인되었다.

하지만 길리건이 제시한 배려에 대한 관점은 이후 성차를 넘어서 그동안 도덕성을 정의(justice) 위주로 논의하던 도덕 심리학에 새로운 관점을 제시하였다. 그리고 이후 교육철학자인 나딩스(N. Noddings)에게 계승되어 도덕교육의 새로운 방향과 방법을 제시하는 데 이론적 근거를 마련해 주었다. 길리건의 도덕 심리학을 교육적 관점에서 계승한 나딩스는 사람이 윤리적으로 행동할 수 있는 도덕성의 근원을 도덕적 정서에서 찾았는데, 그 감정은 자연적 배려에서 윤리적 배려로 전이된다고 보았다. 여기서 배려는 이성적 추론에 근거한 의무를 전제로 하기보다는 자연적으로 남을 배려하고자 하는 감정에서 비롯되는 것이다. 나딩스는 이러한 배려의 감정을 함양하고 실천할 수 있도록 학교가 배려 공동체가 되어 교육해야 한다고 주장한다 (Noddings, 1984; 1992).

3. 통합적 도덕성 접근: 4구성요소 모형, 영역 이론, 도덕적 정체성 이론

1) 레스트의 4구성요소 모형

레스트(J. Rest)와 그의 동료들에 따르면, 도덕 행동을 산출하는 데 최소한 네 가지 과정들이 있다. 이 네 가지 과정들 혹은 요소들은 4구성요소(the Four Component Model)를 구성한다. 4구성요소들은 도덕적 민감성(moral sensitivity), 도덕 판단(moral judgment), 도덕적 동기화(moral motivation) 혹은 초점(focus), 도덕적 품성 및 실행력(moral character)이다.[1]

'도덕적 민감성'은 어떤 상황을 도덕적 상황으로 파악하는지, 그 상황에서 어떤 행위들이 가능하고 또 그 행동이 어떤 사람들에게 어떠한 영향을 미치는지를 파악하는 것과 관련된다. '도덕 판단'은 가능한 행동들 중에서 무엇이 가장 도덕적인지를 판단하는 것과 관련된다. '도덕적 동기화'는 다른 모든 가치와 의도들보다도 도덕적 가치에 우선권을 부여하고 그 가치를 실행하고자 하는 것을 의미한다. '도덕적 품성 및 실행력'은 도덕적 행동을 수행하거나 이행하는 것과 관련된다. 좌절을 극복하고 유혹에 저항하며 궁극적인 목표에 도달하게 하는 의지력과 인내, 자아 강도 등과 같이 선택된

---

1. 이에 대해서는 J. R. Rest, "The Major Components of Morality," In W. M. Kurtines & J. Gewirtz (Eds.), *Morality, Moral Behavior and Moral Development* (New York: Wiley, 1984), pp. 24-38; J. R. Rest(1995), 「도덕적 행동과 관련된 4구성요소」, 문용린 역, 『도덕성의 발달과 심리』(서울: 학지사, 2004), pp. 487-503; J. R. Rest (1980), *Moral Development: Advances in Research and Theory*, 문용린 역, 『도덕발달: 이론과 연구』(서울: 학지사, 2008) 등 참조.

행동을 수행시키는 데 필요한 사회적·심리적 기술 등을 의미한다.

이 4개의 요소들은 성격 특성 혹은 덕목을 나타내는 것이 아니라, 도덕 행위를 산출하는 데 요구되는 내적인 심리적 과정들을 의미한다. 도덕적으로 행동하기 위해서는 각각의 과정에 대한 수행과 전체적인 과정의 실행을 필요로 한다. 그런데, 개인에 따라 4개의 요소 중 어느 요소 또는 과정에서는 기능을 잘 하지만, 다른 과정이나 요소에서는 그렇지 않은 사람들도 있다. 예를 들면, 어떤 사람은 매우 탁월한 민감성을 보일 수 있지만, 도덕 판단 기술에서는 떨어질 수도 있다.

중요한 점은, 4요소가 인지와 정서의 상호작용을 통해 발휘된다는 점이다. 레스트는 4구성요소의 과정들이 다른 종류의 인지-정서적 상호작용들로 이루어진다는 점을 강조한다. 인지와 정서는 분리하여 일어나는 것이 아니다. 4구성요소 모델은 정서가 완전히 없는 인지란 없으며 인지적 측면이 전적으로 결여된 도덕적 정서도 없고, 따라서 도덕 행동을 촉진시켜 주는 정서와 인지로부터 분리된 도덕 행동이란 없다는 관점을 유지하고 있다.

레스트의 4구성요소 모형은, 도덕성은 인지, 정서, 행동 중 어느 하나만으로 설명되거나 실천될 수 있는 것이 아니라 통합적으로 접근되어야 함을 강조한다. 또한 도덕적 행동이 도덕교육의 최종 목표라면 도덕교육은 도덕적 인지뿐만 아니라, 인간 심리 기능의 다양한 요소들이 도덕 영역에 관련되어 있다는 점을 수용하면서 도덕성에 대한 보다 포괄적인 관점을 지향할 필요가 있다는 점을 알려주고 있다.

2) 튜리엘과 누치의 사회 인지 영역 이론

튜리엘(E. Turiel), 누치(L. Nucci), 스메타나(J. G. Smetana) 등의 사회 인지 영역 이론가들은 사회적 지식들이 다양한 영역으로 구분될 수 있으며, 각 영역의 특성과 영역에 따른 발달에 대해 이해할 필요가 있다고 주장한다.

우리는 하나의 전체적인 사고 체계 속에서 다양한 지식을 구성하지만, 그 다양한 지식들은 구분할 수 있는 영역 특수적인 지식들이다. 튜리엘에 의하면, "인지 구조들은 서로 다른 지식의 영역을 다룬다는 점에서 구별된다"(Turiel, 1983: 20).

사회적 지식들이 영역 특수적인 지식들로 구성되었다는 관점에서, 사회 인지 영역 이론가들은 사회적 지식의 영역을 도덕적 영역, 사회 인습적 영역, 그리고 개인적 영역으로 구분한다. 도덕적 영역은 생명의 가치, 정의, 인간 고유의 권리와 존엄성, 공정성 등과 같이 시대나 사회적 맥락에 따라 변하지 않는 본질적이며 내재적인 도덕적 인식과 판단을 포함한다. 따라서 도덕적 원리는 임의적이지 않고, 개념적으로 상대적이지 않으며, 합의에 의해서도 변경될 수 없다. 이에 비해 인습적 영역은 음식, 의복, 성역할 등 특정 사회 체계에 참여하는 사회 구성원들의 행동을 통합하며 사회적인 상호작용을 조정하는 역할을 한다. 사회 인습적 지식은 사회 구성원들의 행동에 제약을 가하지만, 도덕적 영역과 달리 임의적이고 상대적이며 가변적이고 문화 특수적이다. 한편, 도덕적·인습적 규칙들과 달리, 개인적 영역의 행동은 도덕적 관심과 사회적 규율 이외의 문제로 간주되는 행동이다. 이러한 행동은 개인적인 성격을 지니며, 도덕적 관심이나 사회적 관례 또는 인습의 요구에 의해서가 아니라 각 개인의 선호에 의해 규율되는 것으로 판단된다(Laupa & Turiel, 1995; 문용린 역, 2004: 563-584).

서로 다른 사회적 지식의 형식들은 아동이 다른 종류의 사회적 상호작용을 경험하기 때문에 발달한다. 상이하고 다양한 사회적 상호작용으로부터 아동은 영역 특수적인 방식으로 조직된 서로 다른 추론을 구성한다(Nucci & Turiel, 1978: 400-407). 따라서 어린 나이에서부터 아동들은 서로 다른 사회적 상호작용의 영역을 구분하는 판단을 형성하기 시작하며, 도덕적 영역과 사회 인습적 영역을 구분할 수 있다(Nucci, 1998: 863-932; 2001).

따라서 사회 인지 영역 이론은 발달을 하나의 원리화된 도덕 판단보다는 더 이질적이고 다면적인 도덕적 추론과 사회적 추론의 차원에서 설명한다. 이러한 의미에서, 튜리엘과 누치 등은 도덕적 인격을 함양한다고 하는 것은 도덕적 영역뿐만 아니라 인습적 영역, 그리고 개인적 영역에서 각 영역에 적합한 기준을 인식하고 그에 따라 행동하는 것이라고 함으로써 보편적인 도덕적 영역과 상대적이고 맥락적인 인습적 영역 모두 도덕교육에서 중요하게 다루어져야 한다는 통합적 관점을 제시한다. 튜리엘과 누치는 인간의 발달 과정에서 각 영역의 규범들이 우리의 인격 형성에 중요하며, 각 영역의 특징을 인식하고 영역 간 조정과 조화의 능력을 함양할 수 있도록 도덕교육에서 관심을 기울여야 한다고 주장한다.[2]

3) 데이먼과 블라지의 도덕적 정체성 이론

블라지(A. Blasi)는 도덕 판단과 도덕적 행동을 연결하는 데 핵심적인 역할을 제공하는 도덕적 정체성에 대해 연구하였다. 자신의 정체성의 중심적 부분으로 도덕성을 상정하는 사람일수록 자신의 일상적인 삶을 보다 도덕적인 관점에서 바라보고, 자신의 도덕적 이상 혹은 목표와 부합하는 삶을 추구하며, 도덕 판단을 행동으로 옮기려는 강한 책임감을 갖기 때문에 결국 자신이 옳다고 생각한 것을 행동으로 옮길 가능성이 그만큼 높아진다는 것이다. 블라지에 따르면, 도덕적 정체성은 자신의 정체성 혹은 자아감(sense of self)과 도덕성의 통합의 결과이며, 자신의 자아 개념과 일치되게 행동하려는 책임감을 생산하기 때문에 도덕적 행동을 위한 가장 중요한 원천으로 고려된다. 즉, 자아 일치(self-consistency)는 도덕적 행동을 위한 동기적 원

---

2. 이에 대해서는 E. Turiel & J. G. Smetana, "Social Knowledge and Social Action: The Coordination of Domain," In J. L. Gewirtz & W. M. Kurtines(Eds.), *Morality, Moral Behavior, and Moral Development* (New York: Wiley, 1984), pp. 261-282; L. P. Nucci(김태훈 역), 「도덕발달을 위한 교육」, In M. Killen & J. Smetana(Eds.), 『도덕성 발달 핸드북2』(고양: 인간사랑, 2010), pp. 699-748 참조.

천이 되며, 자신의 이상(ideals)과 일관된 행동을 하고자 하는 자아 일치의 욕구는 도덕적 정체성으로부터 나온다는 것이다(Blasi, 1983: 178-210).

데이먼(W. Damon)은 "사람들은 정직해야 한다"라고 말하는 것으로부터 "나는 정직하기를 원한다"는 방향으로 이동하게 될 때 일상적인 상호작용 과정에서 진실을 말할 가능성이 높아진다고 말한다. 그러면서 "자아(self)를 정의하기 위하여 도덕적 원칙 혹은 원리를 사용하는 것"이 그 개인의 도덕적 자아(moral self) 혹은 도덕적 정체성(moral identity)이라고 부를 수 있는 것이라고 본다. 데이먼에 따르면, 행동의 옳은 과정이 무엇인지를 결정하고 자신이 왜 반드시 어떤 특정한 행동을 꼭 취해야 하는가를 결정함에 있어서 도덕적 정체성이 중요한 역할을 한다고 본다(Damon, 1984: 102-107; 1999: 72-79).

데이먼은 자아 개념 발달 연구를 통해 청소년기가 도덕적 정체성이 형성되는 중요한 시기임을 강조한다. 그의 연구에 의하면, 아동기로부터 청소년기로의 이행은 도덕성과 자아 간의 분리와 부조화로부터 통합으로의 진행으로 설명할 수 있다. 데이먼은, 청소년기 중반이 될 때까지 도덕성은 자아의 지배적인 특성이 아님을 강조하였다. 아동들은 서로 관련이 없는 두 개의 구분되는 개념 체계로서의 도덕성과 자아를 갖지만, 청소년기 동안 자아를 보다 도덕적인 측면에서 바라보면서 도덕성과 자아의 체계는 점차 통합하게 된다.

도덕적 정체성에 대한 이러한 연구들은, 그동안 인지, 정서, 행동 등 도덕성의 요소에 대해 각각 분리된 접근을 하였던 기존의 연구들과 달리 도덕성을 통합적으로 접근했다는 의의를 지닌다. 또한 자아 개념 발달과 도덕적 정체성에 대한 연구는, 초 · 중등 도덕과 교육에서 학생들의 도덕적 자기 이해의 구성과 도덕적 정체성 형성을 위한 도덕 심리학적 근거를 제시해 주고 있다.

Ⅳ. 도덕 심리학 연구의 최근 동향

1. 도덕적 행동에 대한 사회생물학 연구

1975년 윌슨(E. Wilson)은 『사회생물학: 새로운 종합』을 출간함으로써 사회생물학이라는 통합 학문을 탄생시키는 데 결정적인 공헌을 하였다. 윌슨은 사회생물학을 "모든 사회적 행동의 생물학적 기초를 체계적으로 연구하는 학문"(Wilson, 1975; 이병훈 외, 1992)이라고 정의하고, 인간을 기존의 인문·사회과학적으로만 이해하는 것이 아니라 보다 사실적으로 이해하고자 시도한다.

사회생물학은 인간의 행동과 문화를 생물학적 토대, 특히 진화론의 논리를 통해 설명한다. 인간 행동의 사회적 양식을 생물학적 인과관계를 통하여 설명하려는 사회생물학적 입장에서 보면, 모든 생명체의 사회적 행동은 이른바 진화의 과정을 통해 형성된 것이다. 사회생물학에서는 인간을 비롯한 모든 동물의 '사회적 행동'을 "다른 모든 생물학적 반응과 마찬가지로 환경의 변화에 대응하기 위한 일련의 장치에 따른 것"이라고 말한다. 사회생물학은 식물과 동물뿐만 아니라 인간의 행동과 문화 현상 역시 자연선택에 의해 진화되고 유전자 안에 부호화된 자기 증식의 유전정보와 밀접한 연관을 갖는 것으로 해석한다. 또한, 사회생물학은 인간의 도덕적 행동과 관련해서도 진화론적 입장에서 설명한다. 사회생물학은 인간의 '사랑,' '협동,' '이타성' 등 인간 행동의 밝은 면뿐만 아니라, '세력권 다툼,' '부족주의,' '이방인 혐오' 등 인간의 어두운 측면에 이르기까지 생물학적 근거와 진화의 토대를 밝혀내고자 한다. 이러한 연구는 인간 행동의 사회적 양식을 생물학적 인과관계를 통해 설명하려는 시도라고 할 수 있다(Ridley, 1998; 신좌섭, 2002: 213-238).

이러한 맥락에서 사회생물학은 이타주의가 궁극적으로 생존에 유리하기 때문에 출현했고 윤리 의식도 진화의 과정에서 생긴 것이라고 주장한다. 사회생물학적 관점에서 도덕이란 생존을 보존하기 위해 발휘되는 하나의 전략이다. 즉, 인간의 이타성은 진화에 의해 선택된 하나의 적응 형태인 것이다. 이렇게 볼 때, 인간의 이타성 또한 엄밀히 보면 이기적인 동기에서 발휘되는 하나의 생존전략이라고 할 수 있다.

도덕적 행동에 대한 사회생물학적 연구는 도덕성에 대한 그동안의 인문·사회과학적 접근과 분명히 다른 연구 방법과 관점을 포함하고 있으며 도덕성 연구의 새로운 방향을 제안하고 있다. 하지만, 인간의 이타성 및 협동 등에 대한 사회생물학의 해석은 도덕성을 사실의 영역이라기보다는 당위의 영역이라고 여겨왔던 기존의 입장에서 벗어나는 것이며, 인간과 사회에 대한 생물학적 결정론의 성격을 강하게 띠고 있다. 즉, 인간의 도덕적 행동은 인간의 유전자의 진화 과정에 비추어볼 때 이미 생물학적으로 결정된 것이라고 해석할 수 있다. 이러한 주장은 도덕적 행위에 대한 결정론과 인간의 자유의지에 대한 논란을 불러일으킨다.

2. 뇌 과학을 통한 마음의 발견: 하이트의 사회적 직관주의 모형의 개념과 특징

뇌 과학은 자기공명영상(fMRI)[3]과 같은 기술의 도움으로 인간의 행동에 대한 새로운 관점을 제공하고 있다. 도덕적 판단에 대한 첫 번째 뇌 영상 연구는 하버드 대학 교수인 그린(J. Greene)에 의해 2001년도에 보고되었다. 이후 뇌 영상을 활용한 연구를 통해 그린과 하이트(J. Haidt)는 도덕 판단이, 피아제나 콜버그가 말하는 것처럼 단순히 숙고적 추론(deliberate reasoning)의 문제가 아니라, 정서(emotion)와 정서적 직관(affective intuition)이 함께

---

3. 뇌가 활동할 때 혈류의 산소 수준(BOLD: Blood Oxygen Level Dependent) 신호를 반복 측정하여 뇌가 기능적으로 활성화된 정도를 측정하는 방법을 말한다.

관여하는 문제라고 주장한다(Greene & Haidt, 2002: 6). 그리고 뇌 과학에 근거한 도덕 심리학의 종합 모델인 '사회적 직관주의 모델(social intuitionist model)'을 제시하면서 사고·감정 통합적인 측면을 크게 부각시키고 있다.

하이트에 따르면, 도덕 심리학에서 가장 중요한 두 가지 질문은 "도덕적 신념과 동기화가 어디에서 온 것인가?"와 "도덕적 판단이 어떻게 작동하는가?"이다(Haidt & Bjorklund, 2008: 180). 우선 첫 번째 질문에 대해 하이트는 "도덕적 신념과 동기화는 인간의 마음이 발달되도록 진화(evolution)가 준비해 온 '직관'으로부터 오는 것이며, 이러한 직관이 덕과 가치의 사회적 구성을 가능하게 하기도 하고 제한하기도 한다"고 답변한다. 또한 두 번째 질문에 대해서는 "도덕적 판단은 신속하고 자동적인 직관의 결과물이며, 그런 다음 느리고 의식적인 도덕적 추론을 발생시킨다"고 답변한다. 그는 사람들이 도덕적 판단의 대부분을 빠른 직관적 반응에 의존하지만, 간혹 '사적인 반성적 사고'를 통해 자신의 최초의 직관을 거부하기도 한다고 강조한다. 보다 구체적으로 말하면, '인지적 충돌'에 의해 도덕적 추론을 하는 경우는 모든 도덕적 판단의 5% 이하이며, 사적인 도덕적 추론은 가능하긴 하지만 매우 드문 현상이라고 말한다(Haidt & Bjorklund, 2008: 212). 하이트는 「정서적 개와 이성적 꼬리(The emotional dog and its rational tail)」라는 자신의 논문을 통해, 도덕적 판단과 선택에서 정서와 직감이 우선되며 이성에 의한 추론은 나중에 발휘된다는 점을 강조한다.

하이트의 사회적 직관주의 모델은 분명히 지금까지의 도덕 판단에 대한 이성주의 접근에 반대하는 주장이다. '도덕 심리학'에서 이성주의 모형은 추론과 반성적 사고의 과정을 통해서 도덕적 지식을 획득하고 도덕적 판단을 할 수 있으며, 도덕적 정서는 추론 과정에서 종종 투입 변인 역할을 하지만 도덕적 판단의 직접적인 요인으로 간주되지 않았다. 이성주의 접근은 도덕적 추론이 연령에 따라 어떻게 발달하고, 도덕적 판단과 행동을 어떻게 이끌어내는가에 관심이 있었다. 이성주의 모형에서 인간은 해로움, 정의, 권리, 공정성의 경중을 결정하는 심판관이 되는 것이다. 하지만, 도덕성에 대한 뇌 과학적 연구는 도덕성이 단지 인지 영역에 국한된 의식적 판단 명료화에만 관여된 것이 아니라, 보다 중요하게는, 정서적 직관 및 무의식 차원에 영향을 받는 종합적인 측면임을 밝히고 있다.

3. 도덕적 인격 함양을 위한 '도덕적 전문성' 모형

하이트의 사회적 직관주의 모형은 나바에츠(D. Narvaez)에게도 영향을 주게 되는데, 나바에츠는 도덕 판단과 관련하여 인지과학에서 새롭게 부각되는 핵심 주장들을 다음 세 가지로 정리한다(Narvaez & Bock, 2002). 첫째, 지각뿐만 아니라 의사 결정과 추론은 경험에 의해 발달되고 형성되는 개념 구조인 스키마들에 의해 감독을 받는다. 둘째, 많은 인지 과정들은 자각 없이 자동적으로 발생한다. 스키마는 의도나 의식적 통제 없이 활성화된다는 것이다. 셋째, 인지자의 자각 이외의 부분에서 발생하는 인간의 의사 결정에는 암시적 과정들과 암묵적 지식의 작용이 작동하며, 응답자 혹은 참여자의 언어적 발화 능력을 넘어서 존재한다는 것이다.

나바에츠는 인지과학의 연구에 근거하여 인격 발달과 교육에 대한 전문성 모형, 즉 통합적 윤리 교육(Integrative Ethical Education: 이하 IEE)을 제시하고 있다. IEE는 '인격'교육(*character* education)과 인격 '교육'(character *education*)을 모두 포함하고 있다. 이 모형에 의하면, 인격은 높은 수준의 전문성을 양성할 수 있는 일련의 기술들(skills)로 구성되어 있다(Narvaez & Lapsley, 2005; 정창우 역, 2008: 273-280). 통합적 윤리 교육에서 나바에츠는 도덕적 인격 함양을 위한 '도덕적 전문성'을 강조하는데, 전문성은 일상의 도덕적 상황에서 통제된 인지적 과정이라기보다는 자동성에 의해 발휘되는 것이다. 도덕적 전문성의 특징으로 발휘되는 자동성은 저절로 획득되는 것이 아니라, 오랜 기간 연습과 도제를 거쳐 발달되는 것이다.

도덕적 전문 기술 접근법에 의하면, 인격 계발은 연습과 도제를 거쳐 개인이 전문가가 될 수 있게 하는 기술을 발달시키는 활동으로 설명된다. 물론, 윤리적 전문 기술은 판단과 의사 결정 이상의 것을 포함한다. 효과적인 윤리적 전문 기술은 사건이 일어나는 바로 그때에 역동적이고 민감하게 자동적으로 반응하는 것이다. 진정한 윤리적 전문 기술은 다양한 과정과 지식, 그리고 기술을 사용하는 환경에서 동시적이고 효과적인 상호작용을 요구한다. 통합적 윤리 교육에서 나바에츠는 도덕 영역에서의 전문성을 레스트의 '도덕적 행동의 4구성요소' 모형을 통해서 재구조화하려고 시도한다. 즉, 도덕적 행동으로 나아가기 위해 필요한 4개의 심리적 과정들에 전문가 행동들을 설정하는 것이다. 도덕적 민감성, 도덕적 판단, 도덕적 동기화 혹은 초점, 도덕적 행동 등을 대범주로 구분하고 각 범주에 구체적인 전문성 기술들을 배치시킴으로써 도덕적 전문성을 획득하기 위한 기술들을 제시하고 있다.

도덕교육과 인격 함양에서 전문성 기술을 강조하는 나바에츠의 이러한 제안은 최근 인지과학과 신경 생물학의 연구를 토대로 한 것이다. 나바에츠는 인지과학과 신경 생물학이 도덕교육에 주는 시사점에 대해 다음과 같이 말한다(Narvaez, 2007: 3).

가치 교육은 합리적 도덕교육과 인격교육, 숙고와 직관 중의 어느 하나로서 접근되어서는 안 된다. 두 체계 모두 도덕적 행위와 도덕적 인성에 요구된다. 대부분의 시간, 의식적인 자각 없이 직관적 정신이 의사 결정을 하며 행동을 취하지만, 직관 발달을 인도하고 빈약한 직관에 대처하는 데 있어서 숙고적 정신은 결정적이다(Hogarth, 2001). 인간 정신의 이원적 본성에 비추어볼 때, 우리는 도덕교육에 어떻게 접근해야 하는가. 이 두 패러다임을 함께 융합하는 접근이 도덕적 전문 기술 발달 접근법이다.

이처럼, 나바에츠는 뇌 과학을 비롯한 인지과학과 신경 생물학 등의 연구 성과를 일정 부분 받아들이면서도 도덕성을 설명할 때 인지를 전적으로 배제해서는 안 된다고 지적한다. 그리고 도덕교육은 그동안의 주도적인 패러다임이었던 인지주의에서 벗어나 직관에 대해서도 관심을 기울여야 한다고 주장한다. 즉, 도덕교육은 이성에 의한 숙고와 직관에 의한 도덕적 자동성 모두에 관심을 기울여야 한다는 것이다. 하지만, 뇌 과학을 바탕으로 한 도덕성 연구에 대해 다양한 관점에서 의문이 제기되고 있으며 더 많은 논의와 논쟁을 필요로 한다는 점에서, 직관에 대한 연구 결과를 어떠한 근거에 의해 어느 정도로 어떻게 도덕교육에 반영하는가는 여전히 도덕교육의 과제로 남아 있다.

V. 도덕 심리학 연구 영역에서의 핵심 쟁점과 도덕과 교육의 과제

도덕 심리학 연구 영역에서의 핵심 쟁점은 도덕철학의 고전적인 문제를 포함하면서도 새로운 연구와 이론들을 통해 더욱 깊이 있고 다양해졌으며, 또 다른 한편으로는 도덕철학의 새로운 흐름을 주도하면서 도덕과 교육의 방향과 방법의 개선을 위한 이론적 토대를 제시하고 있다. 도덕 심리학의 쟁점들은 다음의 몇 개의 개념들을 중심으로 전개되며, 도덕교육에 새로운 과제를 제시한다.

첫째, 이성과 정서에 대한 논쟁이다. 도덕 심리학에서 이성과 정서에 대한 논쟁은 도덕철학의 고전적 문제를 반영하면서 심리학적 관심을 포함하고 있다.

우선, 도덕철학과 관련하여 도덕적 정당화 요소가 무엇인지에 대한 문제가 제기된다. 도덕의 보편성을 중시하는 입장에서는 도덕 심리학 연구의 대상을 인지로 설정하고 도덕적 사고의 발달이 인간의 도덕 발달을 설명해 줄 수 있다고 믿는다. 한편, 인간관계의 구체적 맥락과 실천을 강조하는 입장에서는 공감이나 배려 등의 도덕적 정서가 인간의 도덕성을 잘 설명해 줄 수 있다고 믿는다.

도덕 심리학에서 이성과 정서에 대한 고전적 논쟁은 이성주의 모형인 콜버그의 도덕 발달 이론에 대한 비판에서 잘 드러난다. 상대주의적 도덕성에 기반한 심리학 연구에 비판적인 시각을 가진 콜버그는 행동주의와 정신분석학의 도덕적 상대주의를 배격할 수 있는 도덕철학적 기준을 제공하여 도덕 심리학의 이론적 토대를 마련하려 하였다. 하지만 도덕성에 대한 인지주의적 접근은 다양한 도덕 심리학 이론들에 의해 비판의 대상이 되었다. 도덕 발달에 대한 이성주의 모형에 대한 비판은 크게 다음 세 가지 차원에서 제기된다. 첫째, 이성에 의한 도덕 추론만을 도덕 발달로 강조한다면 공감이나 배려 등과 같이 도덕적 정서에 의한 도덕적 행동을 설명하기 어렵다는 비판이며, 둘째, 도덕적 인지만으로는 도덕적 실천에 이르기 어렵다는 도덕적 동기화와 관련된 경험적 차원의 비판이며, 셋째, 도덕적 선택이나 행동이 과연 도덕적 추론이라는 과정을 통해 나타나는지에 대한 사실적 차원의 의문이다. 도덕적 동기화와 관련하여 과연 이성이 도덕적 동기화의 유일한 요소인지에 대해 의문이 제기되고 또 도덕적 판단이 이성에 의한 것이 아니라 정서나 도덕적 직관 등에 의한 것이라는 주장이 제기되고 있다.

특히, 최근 뇌 영상 기술을 활용한 뇌 과학 연구에서 인간의 도덕적 선택과 판단이 이성에 의한 것이 아니라 직관과 정서에 따른 것이라는 주장이 제기됨으로써 이성과 정서의 논쟁은 더욱 분명하고 첨예해졌다. 하이트는 합리주의 전통 내에서 연구하는 도덕철학자들과 도덕 심리학자들이 도덕 판단에서 형식적 추론의 인과적 역할을 과도하게 높이 평가한다고 비판한다. 또 그린은 자기공명영상(fMRI)에 따른 검사를 토대로, 칸트가 주장하는 의무론적 판단이 이성에 의한 것이 아니라 직관에 따른 반응이라고 주장한다. 즉, 일반적으로 권리와 의무에 대해 반성적으로 사고하는 것으로 고려되는 의무론적 도덕 판단이 직관적인 정서적 반응에 의해 일차적으로 추동된다는 것이다.

이처럼, 도덕적 직관의 개념은 도덕적 행동이 반드시 이성에 의한 숙고를 통해 발현되는 것은 아니라는 점을 지적함으로써 도덕적 행동의 기준과 동기화에 대한 새로운 관점을 제공한다. '인간은 어떻게 도덕적 판단에 도달하는가?' '도덕적 판단은 합리적인 판단의 일종인가?' '도덕적 판단의 과정에서 정서는 어떤 역할을 하는가?'라는 질문들은 인간의 도덕 판단에서 이성과 정서의 역할에 대한 문제를 제기한다(Nadelhoffer, Nahmias & Nichols, 2010). 또한, 이러한 논쟁은 도덕성의 본질이 무엇인지, 어떤 과정을 통해 도덕적 판단에 이르고 또 도덕적 실천을 하는지, 실제 도덕적 실천을 위해 강조되어야 할 것이 무엇인지에 대한 교육적 관심과 연계된다.

둘째, 도덕 판단의 과정에서 도덕적 직관의 역할에 대한 논쟁이다. 이성과 정서에 대한 논쟁은 최근 '도덕적 직관'이라는 주제에 집중되는 경향을 보인다. 최근 도덕 심리학에서 과학적 접근을 통해, 도덕적 행동을 결정짓는 것은 도덕적 추론이 아니라 직관이라는 주장이 제기되면서 도덕적 직관에 대한 논쟁은 도덕 심리학자와 도덕교육자의 관심을 모으고 있다. 도덕적 직관에 대한 논쟁은 '옳고 그름에 대한 즉각적인 도덕적 직관이란 무엇인가?' '이러한 도덕적 직관에 대해 어떤 설명이 가능한가?' '그것은 신뢰할 수 있는가?'라는 물음을 통해(Nadelhoffer, Nahmias & Nichols, 2010: 1), 도덕적 직관이 실제로 어떻게 발휘되며 우리의 도덕 판단에서 도덕적 직관의 역할과 타당성을 얼마나 신뢰할 수 있는지에 대해 탐색할 수 있는 계기를 마련하고 있다.

그동안 도덕 판단은 이성에 의한 숙고의 과정을 거치는 것으로 여겨졌다. 도덕 판단에 대한 이러한 기준은 콜버그의 메타윤리적 가정의 하나인 현상주의 원칙(principle of phenomenalism)에서 제시한 기준에 근거한 것이다.

'현상주의' 원칙은 도덕 심리학 연구에 대한 콜버그의 핵심적인 입장 두 가지를 담고 있다(Kohlberg, Levine & Hewer, 1983; 문용린 역, 2000). 첫째, 도덕 행위는 도덕원리에 의해 동기화된 행위이다. 즉, 도덕은 감정이나 욕구에 근거한 것이 아니라 이성에 근거한 것이다. 둘째, 이성에 의한 도덕적 추론은 일상의 도덕적 언어를 사용하는 의식적인 과정이며, 따라서 도덕적 동기에 대한 언어적 진술은 가치 있는 경험적 자료로서 인정될 수 있다.

하지만, 랩슬리와 나바에츠는 현상주의 원칙을 비판하면서, 우리의 인지 활동이 콜버그가 주장하는 것처럼 의식적이고 명시적이지 않다고 말한다. 사회 인지적 기능의 상당 부분이 함축적이고 암묵적이거나 혹은 자동적이며, 대개 도덕적인 행동을 하는 개인들이 자신들의 동기가 무엇인지에 대해 분명하게 표현할 수 없고, 어떤 판단들을 통해 그 행위를 하게 되었는지에 대해서도 말하지 못한다는 것이다. 사회적 인지의 자동적이고 암묵적인 특성에 의한 행동은, 콜버그의 현상주의 원칙이라는 기준에 비추어 볼 때, 도덕적이라는 평가를 받기 어려울 것이다. 랩슬리와 나바에츠는 "도덕적 행동이 의식과 명백한 숙고에 달려 있다고 한다면 많은 인간 행동들은 절대로 도덕적 행동이라고 할 수 없을 것이다"라고 말한다(Narvaez & Lapsley, 2005; 정창우 역, 2008: 255).

최근에는 뇌 영상을 활용한 뇌 과학의 발달로 인간의 선택과 행동이 이성적 숙고의 결과가 아니라 자동적이고 암묵적인 직관의 작용이라고 주장되고 있으며, 이러한 연구 결과는 현상주의 원칙을 고수하기 어렵게 만들고 있다. 하지만, 도덕적 직관에 의한 판단과 선택이 반드시 옳은 것인지에 대한 정당화와 관련해서는 논쟁이 제기되고 있다. 나바에츠는 직관에 관한 하이트의 주장을 일정 정도 타당하게 받아들이면서도, 하이트가 직관에 흠이 있거나 직관이 잘못될 수 있다는 점을 지적하지 않았다고 비판한다. 또한 사회적 직관주의 모형이 도덕적 본능의 일종인 도덕적 직관을 지나치게 강조하다 보면 결국 도덕적 직관에 따른 도덕 판단이 보편타당한지에 대한 추론의 인과적 역할을 제대로 파악하는 데 실패할 수도 있다는 지적도 있다. 또한, 도덕적 행동과 판단을 직관에 의해서만 설명할 때, 인간의 도덕 발달은 수동적 과정으로 설명될 수밖에 없다는 문제의식에 직면하게 된다.

도덕적 직관에 대한 주장은 그동안 인지 중심으로 도덕적 선택이나 행동을 설명하던 것에서 벗어나 인간의 판단과 행동에 대한 분명히 다른 패러다임을 제공해 주고 있으며 도덕 심리학의 연구 범위를 보다 풍부하게 해주고 있다. 하지만, 도덕적 이성을 배제하고 배타적으로 도덕적 직관에 의해서만 인간을 설명할 때, 도덕적 직관에 의한 선택과 행동을 도덕적으로 어떻게 정당화할 것인지에 대한 논쟁이 여전히 남아 있다.

셋째, 덕과 인격에 대한 논쟁이다. 도덕 심리학에서 덕과 인격에 대한 논쟁은, '덕은 인간에게 획득 가능한 목표인가?' '인격 특질(character traits)이란 무엇이고, 그것들은 덕 있는 행동을 설명함에 있어 어떤 역할을 하는가?' '인간은 덕을 포함해서 어느 정도까지 강건한 인격 특질을 가질 수 있고, 어떻게 인격 특질과 행동을 고쳐시킬 수 있는가?' '도덕적 정체성 또는 도덕적 자아는 덕과 어떤 관련이 있는가?' 라는 물음들과 관련된다(Nadelhoffer, Nahmias & Nichols, 2010: 1).

도덕 심리학에서 덕과 인격에 관한 논쟁은, 도덕철학의 영역에서 덕 윤리에 대한 논의가 활발해지면서 더 많은 관심을 모으게 되었다. 덕 윤리는 무엇을 해야만 하는지보다는 기본적으로 어떤 종류의 사람이어야 하는지 혹은 어떻게 살아야 하는지에 일차적인 관심이 있다. 덕 윤리는 기본적으로 사람들이 다른 인격 특질을 갖고 있고, 그러한 특질들은 그들이 취하는 행동들의 차이를 설명하는 데 유용하다고 본다(노영란, 2003: 229-237).

하지만, 인격 특질과 덕의 개념은 인격 형성과 관련하여 그리 당연하게 받아들여지지 않았으며, 도덕 심리학에서 계속적인 논쟁의 주제가 되어 왔다. 덕에 대한 논쟁은, 인간이 덕이라고 할 수 있는 인격 특질을 지니고 있는가에 대한 사실의 문제와 과연 덕과 관련된 인격 특질을 도덕적이라고 할 수 있는지에 대한 철학적 문제가 복합적으로 얽혀 있다.

인격 특질은 개인이 어떤 특정한 방식으로 행동하고자 하는 기질로서, 행동의 통일성과 일관성을 가능하게 하는 심리적 구조라고 할 수 있으며, 한 사람의 성격을 구성한다는 측면에서 서로 밀접하게 관련되어 있다. 일반적으로 특질에 대한 이러한 이해는 한 개인이 다양한 맥락과 상황에서도 안정적이고 일관되게 행동하는 성향이 있다는 것을 암시한다. '친절,' '정직,' '인내'와 같은 특질이 안정된 인격 특질로 존재한다는 견해는 인격 특질과 도덕적 인격을 자연스럽게 연계하는 전제로서 작용해 왔다. 하지만, 특질과 같은 경향성이 모든 상황에서 높은 일관성을 보여줄 것이라는 사람들의 기대는 심리학 연구에서 검증되지 못하였다. 하트숀과 메이(H. Hartshorne & M. May)의 「인격의 본질에 관한 연구(Studies in Nature of Character)」 이후로 오랫동안 심리학에서는 어떤 인격이나 성격에 안정적이고 일관된 중심이 없다는 생각이 보편적이었으며, 따라서 통합된 인격 특성에 대해 논의하기 어렵게 되었다.

한편, 콜버그의 도덕 심리학에서도 인격 또는 성격은 부적절한 개념으로 취급되었다. 행동주의 또는 정신분석학의 윤리적 상대주의를 철저히 배격하려는 콜버그의 입장은 '덕'이라는 개념이 윤리적 상대주의로 흐를 수 있다는 이유로 도덕 심리학 또는 도덕교육에서 '덕'의 개념을 배제시키게 되었다. 콜버그는 덕의 목록을 정하여 인격교육을 하는 것을 '덕목 보따리식 접근'이라고 비판하였다. 콜버그의 관점에서 바람직한 덕목의 목록을 구성하는 것은 언제나 임의적이며, 덕의 의미가 인습적인 문화적 표준에 따라 상대적이기 때문에 보편적 도덕성을 함양하는 도덕교육에는 적합하지 않다고 보았다(Kohlberg, 1981; 김민남 외, 2000).

하지만, 도덕 심리학에서 인격 특질과 인격에 대한 부정적 연구 결과에도 불구하고, 일반적으로 사람들은 인격 특질들을 지칭하면서 '도덕적'이라는 의미를 함의할 때가 있다. 예를 들면, 워커(L. J. Walker)의 연구에서 제시하고 있듯이, 도덕적 모범의 예와 그렇게 여기는 이유를 말해 보라는 요구를 받았을 때, 사람들은 인지(cognition)에 기초하기보다는 도덕적 인격을 그 근거로 드는 경우가 많았다(Walker, 2004: 8). 이는 콜버그의 관점에서 도덕적으로 모범인 사람이 주로 도덕원리에 근거한 높은 단계의 추론 능력을 사용하는 사람이라는 것과 차이가 있다. 사람들은 도덕적 모범이라고 생각하는 부분을 도덕원리에 근거한 도덕 추론 능력보다는 주로 인격 특질 또는 덕과 관련하여 설명하고 있다는 것이다.

최근 하이트는 뇌 영상을 활용한 연구를 통하여 도덕적 직관의 존재를 증명한 후, 도덕적 덕을 도덕적 직관과의 관련 속에서 설명하려는 시도를 하고 있다. 하이트는 맹자가 사덕(四德)의 단서인 사단(四端)을 모든 인간이 본래 가지고 태어난다고 주장한 점을 인용하면서, 도덕적 직관의 공통분모를 다섯 가지 제시한다. 이 다섯 가지 기본적인 도덕적 직관에는 위해(harm)/배려(care), 공정성(fairness)/호혜성(reciprocity), 권위(authority)/존경(respect), 순결(purity)/신성(sanctity), 내집단에 대한 충성(in group loyalty)이 포함된다. 하이트는 이 다섯 가지 도덕적 직관이 직관적 윤리학(intuitive ethics)의 토대로서 고려되어야 한다고 믿는다. 또한 다섯 가지 도덕적 직관은 각각 분명한 진화적 스토리를 가지고 있으며, 인간의 도덕성은 '진화'의 영향을 받은 선천적인 구조, 즉 도덕적 모듈(moral modules)에 기반하고 있다고 강조하였다(Haidt & Bjorklund, 2008: 204-205; 정창우, 2011: 108). 하이트의 이러한 주장은 우리의 덕이 이성에 의해 발휘되는 것이 아니라 '사회적 구성물로서의 덕'임을 주장하는 것이다. 하이트는 "도덕 발달은 다섯 개의 혹은 그 이상의 선천적인 도덕적 모듈이 사회적으로 구성된 덕의 구체적 목록들과 만나서 발현되는 과정"으로 이해할 수 있다고 말한다.

이처럼, 오랫동안 도덕 심리학에서 논란이 되었던 덕과 인격에 관한 문제는, 최근 덕과 관련된 인격 특질이 도덕적인가에 관한 도덕철학적 질문에서 벗어나 덕과 인격이 과연 인간의 심리적 특질로서 존재하는가와 관련된 사실적 차원에서 다루어지고 있다. 하지만 이와 관련하여 뇌 영상을 활용하여 설명되는 도덕적 직관이 과연 도덕적 특질이나 덕으로 여길 수 있는지에 대한 의문을 제기할 수 있다. 또한 최근 뇌 과학 연구에 대해 제기되는 비판은 전체론적 존재로서 접근되어야 할 인간을 뇌의 활동만으로 해석할 수 있는지에 대해 의문을 제기한다. "당신은 당신의 뇌가 아니다. 뇌는 마음과 같지 않다. 마음(의식)은 뇌와 몸, 그리고 환경(다른 사람과의 관계를 포함한)과의 상호작용에 의존한다. 마음은 삶이다"(Noe, 2009; 김미선 역, 2009)라는 메시지는 뇌 과학이 인간을 환원론적으로 접근할 수 있는 위험성에 대해 경고하고 있으며, 뇌의 활동을 통해 인간의 도덕을 증명할 수 있는지에 대한 의문을 제기한다. 덕과 인격에 대한 논쟁은 과학적 접근을 통해 '덕'과 '인격'을 증명해야만 인간의 덕에 대해 인정할 수 있는 것인지, 덕과 인격에 대한 도덕 심리학의 다른 접근이 요구되는 것인지에 대해 여전히 과제를 남기고 있다.

도덕 심리학의 네 번째 쟁점은 자유의지와 결정론과 관련된 도덕적 책임의 문제이다. 최근 사회생물학이나 인지과학의 연구를 토대로 하여 인간의 도덕성에 대한 진화론적 설명과 자동적이고(automatic) 암묵적인(implicit) 직관의 역할이 강조되면서, 자유의지와 결정론의 문제가 도덕철학뿐만 아니라 도덕 심리학에서도 제기되고 있다.

전통적으로 선택과 자유의지의 발현에 기여해 왔다고 간주되었던 고등 정신 과정은 최근에 의식적인 선택이나 안내 없이도 일어나는 것으로 밝혀지고 있으며(Bargh, 2000: 925-945), 인간의 판단에 대한 모형(model)은 이제 더 이상 의식을 통해 의도적으로 선택하는 합리적 개인을 전제하기 어려워지고 있다. 대신, 인간의 사고 과정, 결정과 선택은 암묵적으로 처리되는 사회적 맥락과 같은 외적 조건에 의해서 영향을 받을 뿐만 아니라, 의식하지 못하고 자동적으로 동시에 작동하는 다양한 내적, 무의식적 체계에 의해 추구된다는 견해가 새롭게 부상하고 있다. 이와 같은 새로운 패러다임에 따르면, 암묵적 과정은 도덕적 행동을 포함한 대부분의 행동을 지배한다. 또한 윌슨의 사회생물학에서도 인간의 이타적인 행동은 도덕적 숙고에 의해 선택된 것이 아니라 오랜 진화 과정을 거친 인간의 유전자에 의해 발휘되는 것이라고 주장함으로써 인간의 행동을 생물학적 결정론에 근거하여 설명하고 있다.

이러한 주장들은 도덕 심리학에서 자유의지와 도덕적 책임과 관련된 쟁점을 제공한다. 인간의 도덕적 행동이 이성에 의한 숙고 없이 자동적이고 암묵적인 과정을 통해 나타나는 것이고, 또 인간의 이타적 행동 또한 진화론적으로 결정되어 있는 유전자에 의해 발휘된다는 주장은, 도덕적 행동은 인간의 자유의지에 의해 발휘되는 것이라는 전통적인 도덕철학의 인식에 도전하는 것이다. 또한 도덕적 행동에서 자유의지의 문제를 제기하며 도덕적 책임의 문제에 대해 고민하게 만든다.

다섯째, 도덕적 행동의 정당화와 도덕적 실행력에 대한 쟁점이다. 도덕적 정당화와 실행력에 대한 쟁점은 앞에서 언급한 도덕 심리학의 모든 쟁점과 직·간접적으로 연계되어 있다. 도덕 심리학은 도덕철학적 관심과 도덕적 실행이라는 심리학의 관심이 복잡하게 얽혀 있는 새로운 논쟁에 직면하게 된다.

도덕적 정당화와 도덕적 실행력에 대한 논쟁은 콜버그의 도덕성 발달 이론이 과연 도덕 심리학 이론으로 타당한 것인지에 대한 비판적 관점에서도 나타난다. 블라지는 "도덕성 발달 이론의 성패는 결국 도덕적 행동에 대한 설명력에 있다"고 주장하면서, 콜버그의 이론이 도덕적 행위자를 제대로 설명하지 못한다고 비판한다. 그리고 블라지는 도덕적 정체성 이론을 통해, 도덕 판단과 도덕적 행동의 틈(gap)과 그것을 의미 있게 이을 수 있는 가교(bridge)로서의 도덕적 정체성을 강조함으로써 도덕적 행위자에 대한 설명력을 높였다(Blasi, 1980: 1-45). 도덕적 정체성에 대한 이러한 연구는 도덕 심리학 이론이 도덕적 행위자의 도덕적 동기화에 관심을 기울여야 한다는 요구를 반영한다.

인간의 도덕적 행동에서 동기화에 관한 관심은 심리학뿐만 아니라 윤리학에서도 제기되면서 인간의 본성과 동기화 구조에 대한 도덕 심리학 연구가 윤리학에 반영될 필요가 있음을 강조한다. 플래니건(O. Flanagan)은 도덕성에 대한 심리학적 접근이 도덕철학에 유익하며, 또한 도덕철학 이론을 바탕으로 한 연구가 심리학 연구를 풍성하고 활기차게 해 줄 것이라고 주장한다. 따라서 플래니건은 윤리학 이론이라면 인간의 실재하는 심리적 사실들을 고려하여 그것에 의해 제약받아야 한다는 '최소한의 심리적 실재주의 원리(Principle of Minimal Psychological Realism: PMPR)'를 제안한다. 플래니건은 최소한의 인간이 공유하는 최소한의 심리적 사실이 윤리학 이론을 규제해야 한다고 제안하면서, "도덕적 이론을 구성할 때나 인격에 관한 도덕적 이상을 기획하고자 할 때 의사 결정의 과정 그리고 규정된 행동들이 어떻게 가능한지, 또는 그것들이 어떻게 가능하다고 지각될 수 있는지를 우리와 같은 피조물들에게 최소한이라도 확실히 설명해 주어야 한다"고 주장한다(Flanagan, 1991: 32-35). 플래니건은 '최소한의 인간' 개념을 의도적인 시스템(intentional system)이라고 밝히면서, 윤리학 이론에 수용되어야 할 심리적 사실들을 소유한 주체로서의 인격(personality)의 단위를 '최소한의 인간'으로 설정하고 있다(Flanagan, 1991: 66-67).

윤리학 이론에서 도덕적 동기화에 대한 이러한 주장은 최근 부각되는 자연화된 윤리학(naturalized ethics)의 등장과 무관하지 않다. 최근 윤리학에서는 인간에 대한 자연주의적 사실들, 즉 실제적인 행위자인 인간의 본성에 대한 심리학적 사실들을 적극적으로 수용하고자 하는 경향이 증가하고 있는데, 이것이 바로 '자연화된 윤리학(naturalized ethics)'이다. 최근에 등장한 자연화된 윤리학의 관점은 '인간의 동기화, 자아 및 인간 개념의 성격, 우리의 이성이 어떻게 작용하는지, 우리가 어떻게 사회적인 인간이 되는지, 우리가 누구이며 우리의 마음이 어떻게 움직이는지에 대한 수많은 사실들'에 관해 알려진 것들을 근거로 윤리 이론의 확립을 꾀하고 있다.

이와 관련하여 매키논(C. McKinnon)은, 윤리 이론의 출발점은 인간의 본성에 대한 사실이어야 함을 역설한다. 그녀는 "만일 윤리학이 인간의 선한 삶에 관한 것이 되어야 한다면 어떠한 윤리 이론이 그 타당성을 결정하는 데 있어서 인간 본성에 대한 사실들이 관련된 것으로 간주되어야 한다"고 주장한다. 뿐만 아니라 윤리학에서 그 사실들을 올바르게 이해시키는 것은 "생물학, 동물행동학, 사회학, 심지어 신경 심리학과 인지과학의 협력을 자아낼 것인데, 이러한 분야의 연구 결과들이 바로 인간 본성에 관한 상세한 설명을 덧붙일 수 있는 연구를 보증한다고 여겨지기 때문이다"라고 설명하고 있다(McKinnon, 2005: 정창우 역, 2008: 83).

그동안 도덕 심리학은 도덕철학적 근거와 심리학의 경험적 연구를 통합하면서 인간의 도덕성에 대해 연구해 왔다. 그런데 도덕철학적 근거를 강조하면 도덕적 실천과 관련된 도덕적 동기화에 대해 설명하기 어렵고, 또 도덕적 동기화에 주목하면 도덕적 정당성을 확보하기가 어려웠다. 도덕 심리학의 이러한 문제는 도덕 심리학이 도덕적 인지, 정서, 행동과 관련된 메커니즘과 관련되면서도 왜 그 행동이 도덕적인가에 대한 도덕철학적 물음을 완전히 비껴나갈 수는 없기 때문이다.

플래니건의 '최소한의 심리적 실재주의 원리'나 '자연화된 윤리학'의 주장들은 윤리학의 이론이 도덕적 정당화와 도덕적 동기화를 모두 고려할 수 있어야 함을 강조함으로써 도덕 심리학의 오래된 논쟁인 도덕적 정당화와 도덕적 동기화의 문제를 해결할 수 있는 실마리를 제공한다. 즉, 인간의 본성에 대한 심리적 사실들을 도덕철학의 근거로 삼음으로써 도덕적 정당화와 도덕적 실행력의 간격을 좁힐 수는 있을 것이다. 하지만, 인간의 본성에 대한 사실을 도덕철학의 정당화 근거로 삼을 수 있는지와 관련된 '자연주의적 오류' 논쟁이 제기될 수 있으며, 과연 인간 본성에 대한 사실이 어느 정도까지 반영될 수 있는지에 대한 실질적인 문제가 여전히 윤리학과 도덕 심리학의 과제로 남아 있다.

VI. 결론 및 제언

도덕 심리학은 도덕과 교육의 배경 학문들 간의 소통과 협력적 관계 속에서 도덕과 교육의 목표, 내용, 지도 방법 및 평가에 과학적이고 구체적인 이론적 근거를 제시한다. 또한, 실제 학교 현장에서 나타나는 아동과 청소년의 도덕적·비도덕적 행동 특성이 도덕 심리학 연구에 반영되면서 도덕 심리학의 이론을 더욱 정확하고 풍부하게 해주기도 한다. 이처럼 도덕 심리학은 기존의 경험적 연구에 근거한 이론을 도덕과 교육에 적용하면서 도덕과 교육의 계획과 실행을 이끌기도 하지만, 학교 현장에서 관찰되는 다양한 경험적 사실을 도덕 심리학에 적용하면서 그 이론을 보다 풍부하고 깊이 있게 발전시켜 왔다.

이러한 의미에서 이 글은 도덕 심리학 접근의 흐름과 쟁점에 대한 연구를 통해 향후 도덕과 교육의 과제와 지향점을 모색해 보고자 하였다. 도덕 심리학의 다양한 이론들과 쟁점들이 향후 도덕과 교육에 주는 시사점은 다음과 같다.

첫째, 도덕 심리학의 다양한 이론들을 도덕과 교육에 적절히 적용하기 위해 도덕과 교육 공동체의 지속적인 논의와 합의가 필요하다. 어떤 학문 영역에서도 하나의 이론만으로는 인간의 행동과 특성에 대해 완벽히 설명하기 어렵다. 다양한 도덕 심리학 이론들은 도덕성이 어느 하나의 요소만으로 설명되기 어렵다는 것을 잘 나타내고 있다. 도덕 심리학 이론들은 도덕성의 요소에 대해 다양하고 심층적인 연구 결과를 제시하고 있지만, 실제 인간의 도덕성은 그 하나의 이론만으로 설명하기도 어렵고, 또 그 이론이 제시하고 있는 도덕교육의 방법만으로 통합적 도덕성을 함양하기도 힘들다.

따라서 다양한 도덕 심리학 이론의 내용과 특징, 이론들 사이의 상호 관계를 파악하여 적절히 도덕과 교육에 적용할 필요가 있다. 하나의 이론에 대한 연구와 탐색도 중요하지만, 다양한 이론들을 어떻게 통합적으로 도덕과 교육에 적용할 수 있을지에 대한 고민과 연구가 필요하다. 도덕 심리학의 이론들은 각각 다양한 도덕의 요소를 포함함으로써 이론들 간 상호 보완적 관계를 형성하기도 하지만, 한편으로는 이론들이 서로 상충되기도 한다. 특히, 최근 도덕 심리학의 새로운 접근과 이론들은 기존의 도덕 심리학 패러다임으로 설명하기 어렵거나 기존의 이론과 서로 상충되는 점이 많다. 이때 기존의 이론을 완전히 배제하거나 또는 새로운 이론에 대해 경계하고 배척하는 방향으로 나아가기보다는, 전통적인 이론들과 새로운 이론들의 패러다임들을 어떠한 기준으로 어떻게 통합하여 도덕과 교육에 반영할 것인지에 대한 고민과 논의가 요구된다.

둘째, 도덕과 교육은 도덕적 인지와 정서 등과 관련된 인간의 공통적 특징을 염두에 두면서도, 구체적인 인간관계와 공동체 그리고, 사회문화적 맥락성 등에 따라 다르게 적용되는 도덕성에 대해서도 고려할 필요가 있다. 도덕 심리학 연구와 이론은 인간에게 공통적으로 나타나는 보편적인 도덕적 특징들이 있음을 밝히고 있다. 또한 도덕 심리학의 다양한 연구들은 사회문화적 맥락, 환경 등의 독특한 상황에 따라 다르게 나타나는 도덕적 정서와 구체적 행동 또한 도덕성의 중요한 요소임을 강조한다. 따라서 도덕과 교육은 도덕 심리학의 연구에서 밝혀진 보편적인 도덕적 특징과 구체적이고 맥락적인 관계 및 상황에서 적용되는 도덕성 간의 조화와 통합에 대해 고민하고 도덕과 교육의 목표와 내용, 방법에 적절히 적용할 필요가 있다.

셋째, 도덕 심리학 연구들은 아동과 청소년의 도덕성을 함양시키기 위한 지속적이고 체계적인 도덕과 교육이 필요함을 다시 확인시켜 준다. 도덕 심리학의 다양한 연구들과 이론들은 인간의 도덕성이 한순간에 발달하거나 함양될 수 있는 것이 아니라는 점을 분명히 밝히고 있다. 아동과 청소년의 연령의 증가에 따른 발달 특성과 계속적인 발달 과정이 존재하며, 발달 특성에 적절한 도덕과 교육과정에 따라 지속적으로 도덕과 교육이 실행되었을 때 비로소 도덕과 교육의 목표인 도덕성 함양에 이를 수 있을 것이다. 따라서 도덕과 교육은 아동기에서부터 청소년기까지 지속적으로 연계되어 실행되어야 하며, 특정한 지식을 한꺼번에 암기시키는 방식으로 일정 기간 동안 한꺼번에 적용되는 단기적 프로그램이 되어서는 안 될 것이다.

넷째, 한국 아동과 청소년의 도덕 발달과 도덕적 특성, 그리고 다양한 도덕적·비도덕적 행동, 그리고 학교 공동체와 도덕과 수업에 대한 체계적인 경험적 연구가 반드시 필요하다. 한국의 도덕과 교육과정의 이론적 근거가 되어 왔던 도덕 심리학 이론들은 대부분 서구의 이론들이다. 물론, 인간의 도덕 발달에 대한 공통적 특징이 분명히 존재하기 때문에, 서구의 이론이 한국 아동과 청소년의 도덕 발달을 설명하는 데 유용하고 도덕과 교육과정의 설계와 실행에 구체적인 근거를 제시해 주었다는 점에서 의의가 있다. 하지만, 한국 아동과 청소년들의 도덕성에 대한 경험적 연구가 미약하다는 점은 부인하기 어렵다. 도덕성의 다양한 요소들에 대한 발달 특성과 학교 공동체 전반과 도덕과 수업과 관련된 경험적 연구가 반드시 실행되어야 할 것이다. 한국의 아동과 청소년들에 대한 연구는 외국의 연구와 비교할 수 있는 경험적 자료를 제공해 주며, 또 실질적으로 도덕과 교육과정을 수립하고 실행해 나가는 데 구체적이고 타당한 근거를 제공해 줄 것이다.

도덕과 교육은 통합적 도덕성의 함양을 목표로 한다. 도덕성의 다양한 요소와 영역에 걸친 도덕 심리학의 연구들과 이론들은 '통합적' 도덕성의 의미를 더욱 풍부하고 깊이 있게 제시하고 있다. 인지·정의·행동의 통합뿐만 아니라, 도덕적 영역과 인습적 영역의 통합, 보편적 도덕성과 구체적이고 맥락적인 도덕성의 통합 등 도덕성의 다양한 차원들이 도덕성의 함양에 반영되어야 함을 경험적으로 제시하고 있다. 또한 최근에는 다양한 학문 영역과 연구 방법들이 제시됨으로써 도덕 심리학 연구에 새로운 관점을 제시하고 있다. 앞으로 도덕 심리학의 다양한 연구들이 한국의 도덕과 교육에 과학적이고 구체적인 근거들을 제시해줌으로써 아동과 청소년들의 도덕성 함양과 더 나아가서 학교 도덕 공동체의 형성에 기여할 수 있기를 기대한다.

제6장

도덕과 배경 학문으로서 도덕 심리학:
도덕성에 관한 뇌 과학 연구

I. 서론

도덕철학에 있어 전통적인 견해에 따르면, 인간의 도덕성은 '선택 가능성을 인식하고, 의사 결정을 하며, 의도를 행할 수 있는' 능력인 합리성에 근거한다. 인간은 이성의 능력 때문에 열정, 외부적 통제, '자극–반응'으로부터 자유롭다. 이러한 견해가 수십 년 동안 도덕철학을 지배해 왔다. 콜버그는 아이들이 경험을 통해 철학적, 심리학적 세련됨을 지닌 사람으로 발전할 '꼬마 도덕철학자'라고 생각했다. 그 가정은 도덕적 문제를 의식적인 숙고로 접근하고, 판단의 질(quality)의 변화가 도덕적 탐구의 적절한 목표가 된다는 '현상주의(phenomenalism) 원칙'에 기초한 것이다. 이 원칙은 어떤 행동이 명백한 도덕적 판단에 의해 동기화되지 않는다면 특별한 도덕적 지위를 지닐 수 없고, 도덕적 행동은 도덕법칙의 규범적 힘에 대한 명백한 인식에 의해 동기화된다고 간주된다.

나바에츠(Narvaez & Vaydich, 2008: 292)에 따르면, 이 견해는 이제 쇠퇴하는 패러다임이다. 아는 것과 행동하는 것 사이의 불일치는 사회과학에서 패러다임의 변화를 부추겨 왔으며, 인간의 판단에 대한 모형(model)은 이제 더 이상 의식을 통해 의도적으로 선택하는 합리적 개인을 전제하기 어려워지고 있다. 전통적으로 선택과 자유의지의 발현에 기여해 왔다고 간주되었던 고등 정신 과정은 최근에 의식적인 선택이나 안내 없이도 일어나는 것으로 밝혀지고 있다(Bargh & Ferguson, 2000: 926). 대신, 최근 새롭게 부상하고 있는 견해는 인간의 사고 과정, 결정과 선택은 암묵적으로(implicitly) 처리되는 사회적 맥락과 같은 외적 조건에 의해서 영향을 받을 뿐만 아니라, 의식하지 못하고 자동적으로 동시에 작동하는 다양한 내적, 무의식적 체계에 의해 추구된다는 것이다. 이와 같은 새로운 패러다임에 따르면, 암묵적 과정은 도덕적 행동을 포함한 대부분의 행동을 지배한다.

동일 사안에 대한 상반된 견해가 있을 때, 그것들 모두 틀리거나 그중 하나가 맞거나 할 수는 있어도, 모두 맞을 수는 없는 일이다. 도덕 심리학적 문제에 대한 상반된 주장, 예컨대 도덕적 기능(moral functioning)에서 도덕적 추론이 더 중요한가 아니면 도덕적 직관이나 정서가 더 중요한가와 같은 상반된 주장은 서로 간에 강점과 약점을 바꿔 가지면서 미해결의 상태로 계속 논쟁을 이어가고 있다. 이러한 상황에서 최근에 보고되고 있는 도덕성에 대한 뇌 과학의 연구 성과들은 도덕 심리학적 문제들을 해결해 나가는 데 도움을 주기보다는 오히려 더 깊이 미궁에 빠져들게 하는 것이 아닌가 하는 의아심을 불러일으키기도 한다.

이 글에서는 도덕성에 대한 뇌 과학 연구 성과[1]에 기초하여 도덕적 판단에서 도덕적 직관과 정서의 중요성을 강조한 하이트(J. Haidt)의 연구를 중심으로 도덕 심리학 연구의 최근 동향을 고찰하고, 도덕교육적 시사점을 규명하고자 한다. 이를 위해 우선 도덕성 및 도덕 심리학의 개념과 특성을 규정

---

1. 하이트는 자신의 이론을 정립하는 과정에서 뇌 과학뿐만 아니라, 에드워드 윌슨(E. Wilson)의 사회생물학적 근거도 활용한다. 이 글에서는 자기공명영상(fMRI)을 활용한 대표적인 뇌 과학적 연구 결과(다마시오와 그린 등)를 토대로 하이트가 자신의 이론을 정당화하는 측면에 논의의 초점을 맞추고자 한다.

하고, 도덕 심리학의 역사를 간략하게 개관하며, 최근 도덕 심리학 영역에서의 핵심 연구 쟁점을 추출할 것이다. 그런 다음, 하이트의 사회적 직관주의 모형(social intuitionist model)이 도덕 심리학과 도덕교육에 미친 영향을 비판적으로 분석 및 평가하며, 이 모형의 도덕교육적 시사점을 밝히고자 시도할 것이다.

II. 도덕 심리학 연구의 최근 동향과 핵심 쟁점

최근 도덕 심리학은 진화 생물학과 게임이론으로부터 뇌 과학 및 사회심리학에 이르기까지 철학과 경험과학의 교차점에 서 있다. 연구되는 문제의 범위를 고려하고 적용되는 연구 방법론의 다양성을 생각한다면, 도덕 심리학을 연구하는 것은 매우 흥미 있는 작업이 될 수 있다. 전통적인 철학에 뿌리를 두고 있지만, 최근의 과학적 연구에서 또한 연구되고 있는 다섯 가지 쟁점을 제시하면 다음과 같다(Nadelhoffer, Nahmias, & Nichols, 2010: 1).

- 이성과 정서: 인간은 어떻게 도덕적 판단에 도달하는가? 도덕적 판단은 합리적인 판단의 일종인가? 도덕적 판단의 과정에서 정서는 어떤 역할을 하는가?
- 이타주의와 이기주의: 인간은 본질적으로 이기적인가 혹은 진정으로 이타적으로 될 수 있는가? 어떤 진화론적, 심리학적 과정이 공감과 이타주의를 설명할 수 있는가? 도덕성의 발생적 기원과 타당성의 근거가 생물학으로부터 추론될 수 있는가?
- 덕과 인격: 덕은 인간에게 획득 가능한 목표인가? 인격적 특질(character traits)이란 무엇이고, 그것들은 덕 있는 행동을 설명함에 있어 어떤 역할

을 하는가? 인간은 덕을 포함해서 어느 정도까지 강건한 인격적 특질을 가질 수 있고, 어떻게 인격적 특질과 행동을 고취시킬 수 있는가? 도덕적 정체성 혹은 도덕적 자아는 덕과 어떤 관련이 있는가?

- **행위자와 책임감**: 인간은 자율적이고 책임 있는 행위자인가? 그렇다면 인간의 의사 결정과 행동의 어떤 특징들이 우리를 도덕적으로 책임 있는 행위자로 만드는가? 그렇지 않다면, 어떤 과학적 연구 결과들이 자유롭고 책임 있는 행위자 개념을 위협하고 있는가?

- **도덕적 직관**: 옳고 그름에 대한 즉각적인 도덕적 직관이란 무엇인가? 이러한 도덕적 직관에 대해 어떤 설명이 가능한가? 그것은 신뢰할 수 있는가?

위의 연구 쟁점들은 모두 철저히 학제적 접근을 통해 인간 도덕성을 이해하려는 연구 노력의 과정에서 발생하는 것들이며, 특히 뇌 과학 및 사회생물학과 직·간접적으로 연결된다는 공통점이 있다. 이러한 도덕성에 대한 뇌 과학 및 사회생물학 연구는 분명히 새로운 연구 분야이다. 도덕적 직관이나 신념, 도덕적 정서, 도덕적 의사 결정 등에 대한 뇌 과학 연구는 적어도 1990년대 이전에는 가능하지 않았다. 도덕적 판단에 대한 첫 번째 뇌 영상 연구는 하버드 대학 교수인 그린(J. Greene)에 의해 2001년에 보고되었기 때문에, 도덕성에 대한 뇌 과학은 아직 걸음마 단계의 유아라고 볼 수 있다. 하지만 이 유아는 급속히 성장하고 있다. 오늘날 전 세계적으로 많은 연구 실험실에서는 도덕적 판단에 대한 뇌 과학적 연구를 계획하고 있거나 이미 실행 중에 있다(Sinnot-Armstrong, 2008b: xiii).

이와 같이 뇌 과학과 도덕 심리학을 연결시키려는 연구는 급속히 늘어가고 있지만, 이러한 연구들에 대한 평가 작업은 더디게 진행되고 있으며, 뇌 과학을 활용한 도덕 심리학적 연구 결과를 도덕교육적 차원에서 심도 있게 논의하는 연구는 거의 찾아보기 어려운 실정이다. 2008년에 나바에츠

(D. Narvaez)가 자신의 동료와 함께 *Journal of Moral Education*에 실은 「신경 생물학적 관심을 받고 있는 도덕 발달과 행동(Moral development and behavior under the spotlight of the neurobiological sciences)」이라는 논문 정도가 도덕성에 대한 뇌 과학 연구 성과에 대한 종합 및 평가와 더불어 도덕 교육적 논의를 전개한 거의 유일한 연구물로 인정할 수 있는 상황이다. 아마도 뇌 과학을 활용하여 도덕성 연구를 실행한 최근의 연구자들(예컨대, 하이트와 그린)과 도덕 심리학계에서 주류를 형성하고 있는 학자들 간에 '도덕적 직관'이라든가 '도덕성' 등 논의의 키워드에 대한 이해를 충분히 공유하지 못한 상태에서, 즉 언어의 통일성과 일관성을 확보하지 않은 상태에서 이루어지는 도덕교육에 대한 논의는 무익한 결과를 낳을 수 있고, 도덕성에 대한 뇌 과학적 연구 성과에 대한 경험적 검증이 아직 초기 단계를 벗어나지 못하고 있는 실정이기 때문에, 아직 이 방면에서의 연구 성과를 기대하기에는 시기상조인 측면이 있을 것이다. 하지만 2010년에 미국 세인트루이스에서 개최된 AME 연차학술대회에서 가장 주목받았던 주제가 '뇌 과학과 사회생물학 분야에서 이루어진 도덕성에 대한 연구 결과를 도덕 심리학 및 도덕교육 학계에서 어떻게 받아들여야 하는가?'였던 점을 감안한다면, 조만간 이에 대한 연구물들이 풍부하게 제시될 가능성이 매우 높다고 봐야 할 것이다.

III. 뇌 과학 연구에 대한 비판적 평가 및 도덕교육적 함의

　　뇌 과학은 자기공명영상(fMRI)[2]과 같은 기술의 도움으로 인간의 행동에

---

2. 뇌가 활동할 때 혈류의 산소 수준(BOLD: Blood Oxygen Level Dependent) 신호를 반복 측정하여 뇌가 기능적으로 활성화된 정도를 측정하는 방법을 말한다.

대한 새로운 관점을 제공하고 있다. 이와 같은 뇌 과학의 도구들은 도덕 발달과 도덕교육의 영역에 어떤 영향을 미칠까? 나바에츠(Narvaez & Vaydich, 2008: 290)는 인간 행동에 대한 최근 생물학적, 뇌 과학적 지식을 파악하는 것은 식물을 자라게 하는 토양에 대해 배우는 것과 같다고 말한다. 즉, 정원사가 토양 요소들의 구성과 상호작용에 대한 지식을 가지고 있다면, 더 번성하는 식물을 가꾸는 데 도움이 되는 것과 마찬가지로, 뇌 과학, 생물학적 체계에 대해 배우는 것은 도덕교육자와 도덕 심리학자들에게 도덕교육적 성과를 증진시키는 데 도움을 줄 것이라는 주장이다. 이러한 관점이 갖는 타당성을 일정 부분 인정하면서, 이 절에서는 최근 도덕 심리학계에서 차츰 증가하고 있는 도덕성에 대한 뇌 과학 연구의 성과들을 비판적으로 검토해 보고, 이것이 도덕교육에 어떤 함의를 제공할 수 있는가에 대해 살펴보고자 한다.

1. 하이트의 사회적 직관주의 모형의 개념과 특징

이성주의 모형(rationalist model)은 1960년대와 1970년대에 의미가 있었다. 인지 혁명은 도덕성과 도덕 발달에 관한 사고의 지평을 열었으며, 이론의 한 형태로서 도덕적 판단에 관한 생각들을 확장하는 데 기여하였다. 그러나 시대는 변하였다. 지금 우리는 대부분의 인지가 자동적으로 우리의 의식 밖에서 일어난다는 것을 알고 있다. 지금 우리는 뇌가 서서히 조절되는 연결 체계이면서도 복잡한 상황을 즉각적으로 평가할 수 있다는 것을 안다. 지금 우리는 1970년대에 생각했던 것처럼 정서들을 비합리적인 것으로 여기지 않고, 추론을 신비로운 것으로 보지 않으며, 동물들을 도덕성이 없다고 말하지 않는다. 따라서 흄(D. Hume)의 이론을 다시금 돌아봐야 할 때이다. 즉, 마치 개가 자신의 꼬리를 흔드는 것과 같이 도덕적 정서와 직관은 도덕적 추론을 조종한다(Haidt, 2001: 830).

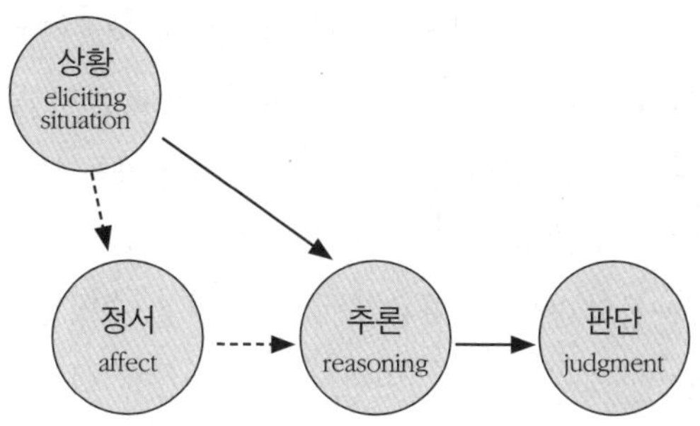

[그림1] 도덕적 판단의 이성주의 모형(Haidt, 2001, 815)

위의 글은 하이트가 뇌 과학적, 사회생물학적 근거를 활용하면서 2001년에 발표한 자신의 논문 「정서적 개와 이성적 꼬리(The emotional dog and its rational tail): 도덕적 판단에 대한 사회적 직관주의 접근」의 결론 부분에서 제시한 내용이다. 하이트에 따르면, 도덕 심리학에서 도덕적 판단에 관한 이성주의 모형은 오랜 기간 주류였다([그림1] 참조). '철학'에서 이성주의적 접근은 세상에 관한 핵심적인 진리를 발견하기 위해서는 선험적 인식의 힘이 중요하다는 것을 강조하고 있다. '도덕 심리학'에서 이성주의 모형은 추론과 반성적 사고의 과정을 통해서 도덕적 지식을 획득하고 도덕적 판단을 할 수 있으며(Kohlberg, 1969; Piaget 1932/1965; Turiel, 1983; Haidt, 2001: 814 재인용), 도덕적 정서는 추론 과정에서 종종 투입 변인 역할을 하지만 도덕적 판단의 직접적인 요인으로 간주되지 않았다.

이성주의 접근은 도덕적 추론이 연령에 따라 어떻게 발달하고, 도덕적 판단과 행동을 어떻게 이끌어 내는가에 관심이 있었다. 이성주의 모형에서 인간은 해로움, 정의, 권리, 공정성의 경중을 결정하는 심판관이 되는 것이다. 이러한 이성주의 모형에 반대하는 증거와 하나의 대안으로서 하이트는 사회적 직관주의 모형(social intuitionist model)을 제안하고 있다([그림2] 참조).

여기서 '(1) 직관적 판단'은 아무런 노력 없이 자동적으로 일어나는 과정이고, '(2) 사후 추론'은 자신의 직관적 판단을 지지하기 위해 관련 주장을 탐색하는 것이다('이성은 정념의 노예'의 논리). '(3) 추론된 설득'은 자신의 직관적 판단에 따른 추론이 다른 사람의 직관에 영향을 미침으로써 그 사람의 판단에 영향을 주는 과정이고, '(4) 사회적 설득'은 추론에 대한 명시적인 시도 없이 자신의 판단이 다른 사람의 직관을 수정함으로써 그 사람의 판단에 영향을 미치는 과정을 의미한다. '(3) 추론된 설득'과 '(4) 사회적 설득' 모두 사회적 직관주의 모형의 '사회적 부분'에 해당하는 것으로 공동체가 옳다고 여기는 방식에 따라 설득하는 과정이다. '(5) 추론된 판단'은 초기 직관을 뛰어넘어 논리의 힘으로 도덕적 판단을 내리는 것이고, '(6) 사적인 반성적 사고'는 역할 채택(role-taking) 및 추론을 통해 자신의 초기 직관을 수정함으로써 자신의 판단에 영향을 미치는 것인데, (5)와 (6)은 매우 드물게 발생하는 것으로 간주된다. 즉, 그들 스스로의 개인적인 추론을 통해 그들의 초기 직관적인 판단을 변경하거나 포기하는 일은 드물다는 것이다. 왜냐하면 추론은 자신의 태도와 신념에 관한 의문에 대해서는 드물게 사용되기 때문이다.

하이트에 따르면, 도덕 심리학에서 가장 중요한 두 가지 질문은 "도덕적 신념과 동기화는 어디에서 온 것인가?"와 "도덕적 판단은 어떻게 작동하는가?"이다(Haidt & Bjorklund, 2008: 180). 우선 첫 번째 질문에 대해 하이트는 "도덕적 신념과 동기화는 인간의 마음이 발달되도록 진화(evolution)가 준비해 온 '직관'으로부터 오는 것이며, 이러한 직관이 덕과 가치의 사회적 구성을 가능하게 하기도 하고 제한하기도 한다"고 답변한다. 또한 두 번째 질문에 대해서는 "도덕적 판단은 신속하고 자동적인 직관의 결과물이며, 그런 다음 느리고 의식적인 도덕적 추론을 발생시킨다"고 답변한다. 그는 사람들이 도덕적 판단의 대부분을 빠른 직관적 반응에 의존하지만, 간혹 '(6) 사적인 반성적 사고'를 통해 자신의 최초의 직관을 거부하기도 한다고 강조한다. 보다 구체적으로 말해, '인지적 충돌'에 의해 도덕적 추론을 하는 경

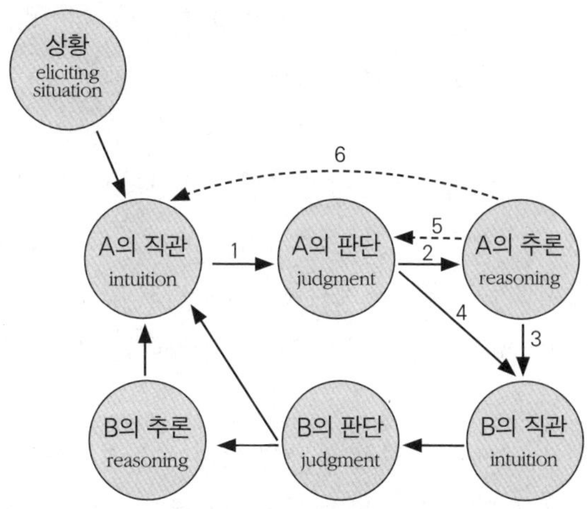

[그림2] 도덕적 판단의 사회적 직관주의 모형(Haidt, 2001, 815)[3]

우는 모든 도덕적 판단의 5% 이하이며, 사적인 도덕적 추론은 가능하긴 하지만 매우 드문 현상이라고 말한다(Haidt & Bjorklund, 2008: 212). 이렇게 볼때, 하이트의 접근법은 분명히 직관주의의 일종이다.

도덕적 행동을 결정짓는 것은 도덕적 추론이 아니라 직관임을 경험적으로 밝히기 위해 하이트는 세 개의 실험 연구를 실시하였다(Haidt & Bjorklund, 2008: 197-198). 첫 번째 연구에서는 도덕적 추론을 불러일으킨다고 알려진 콜버그의 하인즈 딜레마를 사용하였고, 두 번째 연구에서는 합의에 의한 근친상간과 같이 무해한(harmless) 금기 사항 위반 사례를 활용하였으며, 세 번째 연구에서는 죽어서 말라버린 바퀴벌레가 빠진 사과 주스를 다른 사람에게 마시도록 권하는 사례를 활용하였다. 실험을 통해 하이트는 피험자들이 논리적인 추론 과정을 중시하는지, 아니면 직관적인 결론을

---

3. (1) 직관적 판단, (2) 사후 추론, (3) 추론된 설득, (4) 사회적 설득. (5) 추론된 판단, (6) 사적인 반성적 사고. (5)와 (6)은 이성주의 모형에 해당되고, 드물게 발생되는 것으로 가정되며, 콜버그식 도덕적 판단 인터뷰(MJI)와 같은 경우 간혹 기여하기도 한다.

먼저 내린 후 지지하는 근거를 모색하는지 알아보려고 하였다. 하인즈 딜레마의 경우, 피험자들이 도덕적 추론 능력을 일부 사용하는 것이 관찰되었으며, 실험자의 반대 주장에 대해 주의를 기울이는 모습을 일부 확인하였다. 반면 나머지 두 실험에서는 직관적인 도덕적 판단이 이루어졌으며, 뒤이어 근거를 찾는 모습이 확인되었다. 실험자에 의해 근거 제시 요구를 받은 일부 피험자들은 처음부터 근거를 제시하지 못하기도 하였고, 이후에도 '도덕적 말막힘(moral dumbfounding)'[4]의 수준이 증가하는 것을 확인할 수 있었다.

하이트는 또한 정서가 도덕적 판단을 위해 핵심적이라는 자신의 생각을 뒷받침하기 위해 다수의 뇌 과학 연구 성과를 활용한다(Greene & Haidt, 2002). 먼저 정서적 반응을 고차적 인지와 통합하는 역할을 하는 '복내측 전전두피질'이 손상될 경우(특히 어릴 적에 손상을 입은 경우) 도덕적으로 무능하게 된다는 다마시오(A. Damasio)의 연구 결과를 인용한다. 이는 정서가 도덕적 학습을 위해 필수적인 역할을 한다는 것을 보여준다. 즉, 정서가 도덕적 의사 결정에서 배제될 때, 사람들은 의사 결정과 판단의 옳고 그름을 느낄 수 없게 되는 것이다. 하이트는 또한 fMRI를 이용하여 딜레마 상황에서 개인의 뇌 반응을 관찰한 그린의 연구를 인용한다. 딜레마 상황이 사람의 신체적 위해(危害)로 직결될 때(가령 5명을 살리기 위해 한 사람을 다리 밑으로 밀어버릴 때) 전전두피질이 활성화되고, 사람들은 의무론적 관점에서 판단을 내리게 된다. 이를 통해 그린은 일반적으로 권리와 의무에 대해 반성적으로 사고하는 것으로 고려되는 의무론적 도덕 판단은 직관적인 정서적 반응에 의해 일차적으로 추동된다고 주장한다. 그러나 신체적 위해 정도가 줄어드는 상황(가령 5명이 죽는 상황에서 1명이 죽는 상황으로의 변화)에서는 사람들이 결과주의적 혹은 공리주의적 판단을 내리게 된다고 그린은 강조한다. 그러

---

4. 어떤 이야기를 들었을 때 즉시 옳고 그름을 판단하고 난 후 그 이유를 찾기 위해 쩔쩔매는 모습, 즉 자신의 도덕적 판단을 정당화하는 데 어려움을 느끼는 모습을 의미한다.

면서 일반적으로 보다 큰 선(善)을 촉진시키려는 결과주의 혹은 공리주의적 판단은 도덕적 추론에 가까운 조절된 인지적 과정에 의해 지원된다고 주장한다. 이와 같은 두 판단 간의 차이를 두고 그린은 '의무론적 판단은 색깔이 화려해 보이는 정당화로 치장한 즉각적인 느낌'이라는 도발적 주장을 제시한다. 그러면서 이러한 도덕적 판단의 특성은 하이트의 사회적 직관주의 모형에서 제시된 메커니즘과 유사하다고 주장한다. 하지만 직감(gut feeling)을 우선시하고 결과주의적 반응을 앞세우다 보면, 사회적 직관주의 모형이 도덕적 추론의 인과적 역할을 제대로 파악하는 데 실패할 수 있다고 지적한다(Greene et al., 2004).[5] 예를 들어, 인지적 충돌과 같은, 즉 해결하기 어려운 개인적인 도덕 딜레마에 반응하려면 시간이 오래 걸리는 상황을 간과할 수 있다는 것이다([그림3] 참조). 이에 대해 하이트는 자신의 모형을 통해 도덕적 추론이 결코 일어나지 않는다거나 중요하지 않다고 주장한 것이 아니고, 또한 [그림2]에서 (3) 추론된 설득, (5) 추론된 판단과 (6) 사적인 반성적 사고의 가능성을 충분히 열어놓고 있기 때문에, 자신의 사회적 직관주의 모형과 그린의 연구 결과 간에 전혀 모순이 없다고 주장한다.

그린의 모형에 따르면, 도덕적 판단은 '직관적인 정서적 반응'과 '인지적으로 조절된 반응' 모두에 의해 일어난다. 이 모형은 사회적 직관주의 모형과 두 가지 점에서 다르다. 첫째, 규칙 기초적이고(rule-based) 조절된 인지적 과정의 역할, 특히 결과주의 혹은 공리주의적 도덕원리의 의식적 적용을 강조한다. 둘째, 사람들이 직접적으로 서로의 도덕적 추론 능력(즉, 도덕적 판단에 대한 의식적인 평가, 도덕원리와 일관적 행동에 대한 의식적인 평가 등)을 사용할 때 사회적 영향(social influence)과의 상호작용이 일어날 수 있다고 본다.

---

5. 그린은 자신의 동료와 발표한 최근 논문(Paxton & Greene, 2010)을 통해 도덕적 추론의 다양한 형태를 구분하면서, 적어도 어떤 종류의 도덕적 추론은 도덕적 판단에서 중요한 역할을 한다고 주장한다. 도덕적 판단에서 도덕적 추론이 의미 있는 역할을 하는 경우에는 ① 도덕적 직관을 포기해야 할 때, ② 의무론적이고 공리주의적인 도덕원리를 적용해야 할 때, 그리고 ③ 편견(bias)을 향한 자동적인 경향성에 맞서야 할 때 등이 포함된다고 주장한다.

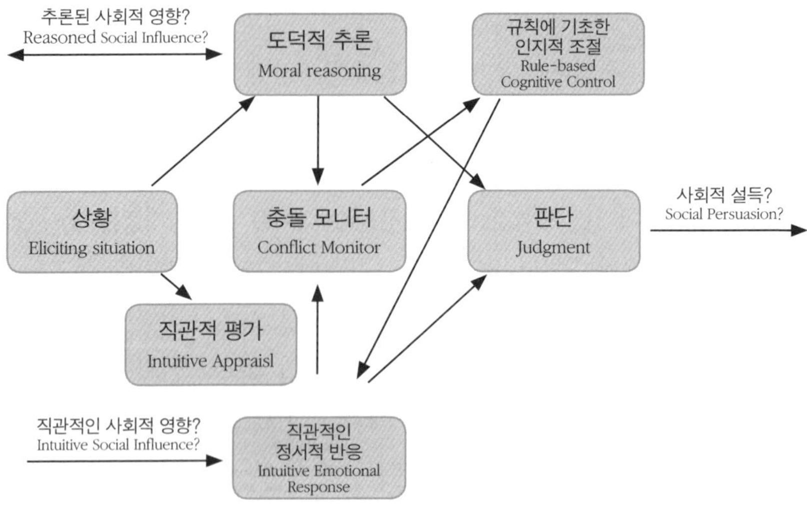

[그림3] 그린의 이중 처리 모형(dual-process model; Paxton & Greene, 2010: 4)

한편, 보다 최근에 하이트(Haidt & Bjorklund, 2008)는 모든 문화에서 동일하게 나타나는 도덕적 직관이 있음을 주장하기 위해 동양 고전인 『맹자』를 인용한다. 하이트는 맹자가 입이 맛있는 음식을 좋아하고, 귀가 좋은 소리를 좋아하고, 눈이 아름다운 경치를 좋아하는 데 대해서 언급하면서, 특별히 이(理)와 의(義)를 모든 인간에 있어서 마음의 공통 목표라고 한 부분을 강조한다.

모든 사람의 마음에 드는 것은 무엇인가? 그것은 이(理)이며 의(義)이다. 성인은 우리의 마음에 드는 것을 먼저 체득하신 분일 뿐이니, 이(理)와 의(義)가 우리의 마음을 즐겁게 하는 것은 맛있는 음식이 우리의 입을 즐겁게 하는 것과 같다(『맹자』, Haidt & Bjorklund, 2008: 202에서 재인용).

하이트는 또한 맹자가 사덕(四德)의 단서인 사단(四端)을 모든 인간이 본래 가지고 태어난다고 주장한 점을 인용하면서, 저명한 문화심리학자인 슈웨더(R. Shweder) 및 진화심리학 분야의 연구 결과를 바탕으로 도덕적 직관의 원천인 5가지 도덕성 기반(moral foundations)혹은 도덕 모듈(moral modules)을 제시한다. 이 다섯 가지 기본적인 도덕적 기반에는 피해(harm)/배려(care),[6] 공정성(fairness)/호혜성(reciprocity),[7] 권위(authority)/존경(respect),[8] 고귀함(purity)/신성(sanctity),[9] 내집단(in-group)/충성(loyalty)[10]이 포함된다.[11] 하이트는 이러한 도덕성 기반 혹은 도덕 모듈이 직관적 윤리학(intuitive ethics)의 토대로서 고려되어야 한다고 믿는다. 또한 이러한 도덕성 기반 혹은 도덕 모듈은 각각 분명한 진화적 스토리를 가지고 있으며, '진화'가 인간의 마음속에 이런 모듈이 쉽게 발달할 수 있도록 준비해 놓았다는 것에 대해 이의를 제기하지 않기를 기대한다(Haidt & Bjorklund, 2008: 204-205).

도덕성이 이와 같이 도덕성 기반 혹은 도덕 모듈에 기초하고 있다고 보면서, 하이트는 도덕성이 어떻게 발달하는가를 계속 설명해 나간다. 하이트는 직관주의 이론에서의 도덕 발달은 우선 사회의 스케줄에 따라 외부로부터 아동의 내부로 들어오는 것이기보다는, 섹슈얼리티나 언어와 같이, 도덕성은 구체적인 발달적 스케줄에 따라 아동의 내부로부터 발현되는 것이라

---

6. 다른 사람, 특히 어린 아이들과 약자들이 고통 받는 것을 싫어하거나 그들의 고통에 대한 민감성을 의미한다.

7. 호의를 갚는 데 실패한 사람들에 대해 갖는 부정적 반응으로서, 보복(tit-for-tat)과 관련된 일련의 정서적 반응을 말한다.

8. 존경 혹은 경의를 표해야 할 사람에게 적절히 처신하지 못한 것에 대한 분노. 즉, 위계 서열을 따르려는 관심을 의미한다.

9. 신성과 순결을 찬양하는 반면, 음탕과 불결을 천시하는 마음에 관련되어 있다. 매우 많은 도덕적 규칙들이 음식, 성, 시체를 다루는 것 등에 관한 이유를 설명하기 위해 필요한 것으로서, 특히 혐오와 관련되어 있다.

10. 내집단과 외집단 간의 경계에 대한 관심, 특히 내집단에 대한 헌신을 의미한다.

11. 최근 하이트는 후속 연구를 통해 한 가지 기반(자유/압제)을 추가함으로써 6가지 도덕성 기반을 확정짓는다.

고 설명한다. 선천적인 도덕 모듈과 더불어, 그는 직관주의 이론에서의 도덕 발달에 대한 두 번째 설명을 '사회적 구성물로서의 덕'을 통해 제시한다. 덕은 일정 부분 학습되거나 획득되는 개인의 자질이다. 하이트는 아리스토텔레스 이후로 철학자들이 덕의 계발을 위해 실천과 습관을 중시해 왔으며, 부모, 학교, 종교 기관 등이 아이들의 덕성 함양을 위해 많은 노력을 기울여 왔다는 점을 언급한다. 또한 철학자 처치랜드(Paul Churchland)가 덕을 "아이들이 복잡한 사회 세계를 항해할 수 있도록 돕는 기술(skills)"로 정의한 것을 인용한다.

결국, 이러한 두 가지 설명 방식을 결합하면서, 하이트는 "도덕 발달은 5가지 혹은 그 이상의 선천적인 도덕적 모듈이 사회적으로 구성된 덕의 구체적인 목록들과 만나서 발현되는 과정"으로 이해할 수 있다고 말한다. 그러면서 성인들은 덕의 사회화를 통해 타고난 도덕성의 발현을 돕지만, 흔히 아이들의 타고난 도덕적 성향의 흐름을 일정 정도 따라가야 한다는 것을 인식하지 못하기 때문에 자신들이 미칠 수 있는 영향을 과대평가하는 경향이 있음을 지적한다. 또한 모든 문화에 공통적으로 피해/배려와 공정성/호혜성과 관련된 덕이 존재하지만, 내집단/충성, 권위/존경, 고귀함/신성과 관련된 토대 위에서 덕을 구성하는 정도는 문화에 따라 매우 다양하다고 강조한다(Haidt & Bjorklund, 2008: 209). 그렇다면 도덕적 덕을 습득하기 위해 가장 적절한 시기는 언제인가? 하이트는 선행 연구(Minoura, 1992) 결과를 인용하면서, 대체로 전두엽이 수초화(myelinating)되는 시기인 7세부터 15세까지가 문화가 가진 도덕성을 가장 용이하게 학습하는 민감한 시기(sensitive period)라고 주장한다.

한편, 하이트에 따르면, 사회적 직관주의 모형이라는 명칭 속에 포함된 '사회적(social)'이 갖는 의미는 도덕적 판단이 사회적인 맥락에서 발생하고, 사회적인 과정과 개인 상호 간의 과정을 연구하여야 한다는 것을 뜻한다. 이러한 사회적 직관주의 접근의 연구 목표는 도덕적 판단의 정서적, 직관적,

사회적 기제를 규명하는 것이고, 교육적인 목표는 아동과 성인의 도덕적 직관과 사회적 환경을 개선하는 것이다.

하이트는 '도덕적 판단'을 문화 혹은 하위문화가 지닌 책무로서 덕에 대한 존경심으로 형성되는 "행동에 대한 옳고 그름의 평가 혹은 사람의 특성"이라고 정의한다(Haidt, 2001: 817). 또한 도덕적 추론을 "인간들이 도덕적 판단에 도달하기 위해서 주어진 정보를 변형하는 의식적이고 정신적인 활동"이라고 정의한다(Haidt, 2001: 818). 즉, 그에 따르면 도덕적 추론은 의도적이고 노력이 필요하며 통제할 수 있는 하나의 의식적 정보처리 수단인 것이다. 그리고 추론자 스스로 의식의 진행 과정을 인식하는 것이기도 하다. 반면, 도덕적 직관은 "탐색하고, 증거의 비중을 가리며, 결론을 내리는 추론 단계를 거치는 것과 같은 어떤 의식적인 자각이 없는 것"으로 정의되며, 정서적 원자가(affective valence)[12]를 포함하는 것으로서 도덕적 판단 과정에서 갑작스럽게 나타나는 것으로 간주된다. 하이트가 말하는 도덕적 직관은 인지의 한 종류이지 추론의 한 종류가 아니다. 하이트는 이러한 도덕적 직관은 샤프츠베리, 허치슨, 흄과 같은 18세기 영국과 스코틀랜드 철학자들이 언급한 심미적 판단과 같은 과정으로서 심리적인 과정이라고 주장한다. 즉, 사람들이 사건에 관하여 보고 듣는 즉시 승인할 것과 반대할 것을 느끼는 것에 해당한다고 강조한다.

하이트는 도덕 발달을 위해 사회적 직관주의 모형이 실제 도덕적 판단에서 추론과 직관을 효과적으로 활용할 수 있는 장점이 있다고 주장한다. 하나의 접근은 사고와 추론을 직접적으로 가르치는 것이고, [그림2]에서 '(5) 추론된 판단'과 '(6) 사적인 반성적 사고'를 더 자주 사용하도록 촉진하는 것이다. 그러나 하이트는 교실 상황에서 사고와 추론을 직접적으로 가르치려는 시도는 교실 밖의 활동에 별로 전이되지 않을 것이라고 본다(Haidt, 2001: 829). 또 다른 접근은 문화의 측면으로 도덕적 판단 방식을 다루는 것

---

12. 옳고 나쁨, 좋아하고 싫어하는 것을 의미한다.

이고, 보다 균형 잡힌, 반성적인, 공정한 판단을 촉진시키는 교실과 학교 문화를 창조하는 것이다. 하이트는 콜버그가 1970년대에 창안한 '정의 공동체 학교(just community schools)'가 바로 이를 위해 만들어진 것이라고 본다. 콜버그는 학생과 교사가 동등한 지위를 갖도록 함으로써, 학생과 교사가 평등하게 행동할 수 있는 환경을 조성하였다. 하이트가 볼 때, 이와 같이 명시적인 토론(explicit discussion)과 함께 '암묵적 학습(implicit learning)'은 정의, 권리, 공정성에 대한 직관을 점차 조절할 수 있게 하여, 종국적으로는 다양한 관점들로부터 문제를 볼 수 있는 자동적인 경향성(직관)을 갖게 하는 데 효과적이다. 도덕적 대화가 어디서든 가능하고, 성인이 훌륭한 도덕적 사고의 모델이 되는 하나의 사회를 만들어냄으로써, 정의 공동체 학교에 소속된 학생들이 [그림2]에 제시된 '(6) 사적인 반성적 사고' 능력을 스스로 강화하는 것도 가능했을 것이라고 하이트는 해석한다.

요약하자면, 하이트의 사회적 직관주의 모형에서 도덕성은 구체적인 발달적 스케줄에 따라 아동의 내부로부터 발현되는 것이면서, 동시에 하나의 구체적인 문화로부터 형성되는 것이기도 하다. 즉, 도덕적 직관은 선천적인 것이면서 문화화되는(enculturated) 것이다(Haidt, 2001: 826). 아이들은 도덕적 직관을 부분적으로 타고나고, 그들의 문화 혹은 집단의 영향을 받으면서 독특한 도덕성에 이르게 된다.

2. 사회적 직관주의 모형에 대한 비판

2001년 논문이 발표된 이후, 하이트의 사회적 직관주의 모형은 도덕 심리학 영역뿐만 아니라, 사회심리학, 진화 심리학, 사회생물학, 인지과학 등의 영역에 엄청난 파장과 논란을 불러일으켰다. 그 과정에서 많은 학문적 비판에 직면하고 지속적인 응답을 제시해야 했으며, 이러한 비판과 응답의 연속적 과정은 결국 하이트의 학문적 입장을 보다 온건하게 만든 측면이 있다.

그러나 도덕적 직관과 도덕적 정서를 도덕성의 핵심 요소로 두면서 도덕 발달을 위해 '추론'을 중시하는 오류를 범해서는 안 된다는 기본 관점은 여전히 유지되고 있다. 여기서는 '도덕 발달과 도덕교육'의 차원에 초점을 맞추면서 하이트의 사회적 직관주의 모형이 갖는 한계와 문제점을 짚어보기로 한다.

첫 번째로, 도덕적 직관을 강조하는 하이트의 입장에 대해 튜리엘(E. Turiel)은 다음과 같이 강력하게 반박한다(Turiel, 김태훈 역, 2010: 49-53). 첫째, 하이트는 인간에게는 편견이 있고 정서적이며 직관적이고 증거에 관심이 없다는 관념을 지지하는 여러 편의 사회심리학 연구를 언급하고 있지만, 인과성(causality), 의도성(intentionality), 마음 이론(theories of mind)과 같은 영역에 속하는 발달심리학과 인지심리학으로부터 나온 많은 연구들에 대해서는 언급을 생략하고 있다는 것이다. 그러한 연구들은 인간이 반드시 즉시적인 자동적 판단을 내리는 것이 아니라 의도적이고 신중하며 반성적일 수 있다는 것을 보여준다. 둘째, 하이트는 도덕적 추론에 관한 연구는 단지 사람들이 다른 사람을 설득시키기 위해 어떻게 자신의 입장을 정당화하는지, 그리고 자신의 직관적 판단에 대한 이유를 어떻게 합리화시키는지를 밝히는 것일 뿐이라고 선언한다. 그러나 그는 도덕적 추론이 어떻게 도덕적 평가를 설명하는 데 실패하는지, 혹은 그러한 추론이 어떻게 설득과 합리화의 목적을 위해 주로 사용되는지에 관한 증거를 제시하지 않고 있다. 셋째, 핵심적인 의문은 사람이 개고기를 먹거나 근친상간을 거부하는 것과 같은 사례의 보편성 차원에서 제시될 수 있다. 그것은 과연 '도덕적인 문제'에 해당하는 것이며, 인간의 도덕적 삶에 보다 일반적으로 그리고 의미 있게 적용되는가? 그렇다면 1920년대와 1950년대 사이에 미국 남부 주에서 한 흑인 소년이 '백인 전용'으로 설치된 식수대에서 물을 마신 것에 대한 판단은 어떤가? 어떤 문화에서 공유된, 그리고 그 문화에서 적용 가능한 것으로 간주하고 그냥 넘어가더라도 과연 문제가 없는가? 정의, 권리, 복지 등의 개념에 근거하여 그러한 관습이 잘못이며 변화되어야 한다고 판단하는 사람의 관점은 어떻게 설명할 수 있는가? 넷째, 도덕적 결정 방식을 입증하기 위해 근친상간 같은 예를 사용할 때 환원주의(reductionism)가 적용된다는 것이다. 또한 도덕적 의사 결정을 무엇보다 직관적인 것으로 다루는 입장도 환원주의적이라는 한계가 지적될 수 있다.

두 번째 문제점으로, 하이트가 강조하는 도덕적 직관은 진화(자연선택)에 의해 만들어진 '도덕적 본능'의 일종인 도덕 모듈과 문화의 영향에 토대를 둠으로써, 직관적 도덕 판단의 보편적 타당성을 검증하기 어렵다는 한계가 지적될 수 있다. 하이트의 입장에 대해 인식론적 입장에서 가장 강력한 비판을 제기한 학자는 시노트-암스트롱(Sinnott-Armstrong)이다.[13] 그는 전통적인 도덕 이론(특히 '이성적 도덕 직관주의'가 아닌 '경험주의적 도덕 직관주의')과 하이트의 사회적 직관주의 모형을 겨냥하면서, 도덕적 직관이 전적으로 비추론적(non-inferential) 성격을 지닌다는 입장에 맞선다. 그는 도덕적 직관은 완전히 신뢰할 수 있는 것이 아니므로 추론적 확증 없이 정당화되기 어렵다는 점을 지적한다. 즉, 시노트-암스트롱에 따르면, 도덕적 직관주의는 도덕적 직관이 때때로 추론적 확증과는 독립적으로 정당화된다는 관점에 치중하고 있기 때문에, 도덕적 직관주의는 타당하지 않을 수 있다는 것이다. 이는 직관적 도덕 판단이 여러 가지 변수에 의해 비도덕적인 판단으로 흐를 수 있다는 것을 의미하며, 따라서 그는 직관적 도덕 판단에 대한 명백한 인식론적 정당화를 요구하고 있다. 그가 자신의 글의 결론 부분에서 제시한 다음 내용은 이러한 그의 관점을 잘 드러내고 있다.

---

13. 도덕적 직관에 대한 논의를 풍부하게 전개해 온 시노트-암스트롱(2008b, 47)은 최근 자신의 논문에서 도덕적 직관을 "강한 즉각적 도덕적 신념"으로 정의한다. '도덕적 신념들'은 도덕적으로 옳거나 그른, 좋거나 나쁜, 덕이 있거나 사악한 어떤 것에 대한 신념들이다. 이러한 도덕적 신념들은 신념을 가진 사람이 확신을 갖고 쉽게 포기하려고 하지 않을 때 매우 강해진다.

내가 주장하고자 하는 바는 도덕적 직관이 추론적으로 정당화될 수 있다는 것이다. 이것이 바로 도덕적 직관주의가 왜 잘못된 것인지에 대한 충분한 이유이다. 도덕적 직관주의자들은 도덕적 직관이 어떤 다른 신념으로부터 자신의 도덕적 신념을 추론할 어떤 능력에도 의존하지 않고 정당화된다고 주장한다. 나는 어떤 신념이 그런 방식으로 정당화된다고 하는 것을 부정한다. …(중략)… 신념이 정당화될 수 있는 경우는 그것을 신뢰할 수 있거나 신념을 가진 사람이 신뢰할 수 있다고 믿을 만한 이유를 가질 때이다(Sinnott-Armstrong, 2008b: 74).[14]

무스첸가(A. Musschenga) 또한 하이트의 견해가 숙고적 추론(deliberate reasoning)의 실제적 역할에 대해 정당하게 평가하지 않고 있다고 비판한다. 그리면서 숙고적 추론은 직관적 도덕 판단에 대한 보완일 뿐만 아니라 직관적 도덕 판단의 보편타당성에 대한 중요한 검증을 위해서도 여전히 필요하다는 견해를 제시한다(Musschenga, 2009: 599). 나바에츠도 무엇이 옳고 그른지에 대한 도덕적 판단을 하이트식 직관에 의존하는 것은 다음과 같이 매우 위험한 것이라고 지적한다.

하이트의 한계는 직관에 흠이 있거나 직관이 잘못될 수 있다는 점을 지적하지 않았다는 점이다. 세임나우(S. E. Samenow)는 명백하게 범죄적인 직관, 즉 모든 상황에서 다른 사람을 희생시켜 가며 개인적 이익을 찾으려는 직관이 있음을 지적했다. 범죄적 직관은 명백하게 좋은 직관이 결코 아니다. 그렇다면 사회적 직관주의자는 개별 직관의 좋고 나쁨을 어떻게 판단하고 있는가? 직관은 개인들이 자신이 속한 사회적 집단의 규범에 순응한다면, 즉 충분히 문화화(enculturation)가 이루어

---

14. 이러한 시노트-암스트롱의 주장에 대해, 철학자 쉐퍼-랜도우(2008)는 만약 시노트-암스트롱의 주장이 옳다면 신뢰할 수 있는 도덕적 신념은 언제나 추론적으로 정당화되어야 한다고 지적한다. 그러면서 어떤 도덕적 신념은 추론적인 정당화가 필요한 경우도 있지만 어떤 신념은 비추론적으로 정당화되기 때문에 도덕적 직관주의는 완전히 잘못된 것이 아님을 지적한다.

진다면, 칭찬할 만한 것으로 간주된다. 하지만 우리는 킹 목사의 시민 불복종 행위를 지지하고 나치 군인의 법 준수 행위를 비난하기 위해 콜버그가 자신의 연구 프로그램을 시작한 이유에 대해 깊이 생각해 보아야 한다. 만약 문화적 영향력을 오늘날 우리 청소년들 대부분에게 노출된 것으로 이해한다면, 문화화는 오늘날 열광적인 팬, 물질주의 등을 합리화하는 기제로 작용하게 된다. 이러한 문화는 도덕적 성찰의 대상이지 문화화의 대상은 아니라고 봐야 한다(Narvaez, 2008: 240).

이와 같이 시노트-암스토롱과 무스첸가, 나바에츠 등의 지적을 통해 볼 때, 사회적 직관주의 모형이 도덕적 본능의 일종인 도덕적 직관을 지나치게 강조하다 보면, 결국 도덕적 직관에 따른 도덕 판단이 과연 보편타당한 것인지에 대한 추론의 인과적 역할을 제대로 파악하는 데 실패할 수 있다는 지적을 피하기 어렵다. 그 원인은 하이트가 인간에 대한 기본 관점을 '수동적'으로 규정하고 있고, 도덕적 직관을 기술적인(descriptive) 차원으로 몰아감으로써 '추론하는 존재'로서의 인간 특성을 과소평가했기 때문이라고 분석할 수 있다.

세 번째 문제점으로, 하이트는 인간 및 도덕 발달에 대한 기본 관점을 지나치게 수동적으로 보고 있다는 지적을 받을 수밖에 없다. 하이트에 따르면, 아동은 상대적으로 수동적인 존재로서, 시간에 따른 도덕 모듈의 성숙과 문화적 환경에 지배받는 것으로 보인다((Haidt & Bjorklund, 2008: 206). 이미 지적한 바와 같이, 이러한 사회적 직관주의 모형은 생물학·성숙주의적 관점(시간에 따른 도덕 모듈의 성숙)과 사회학·행동주의·정신분석학적 관점(문화적 환경의 중요성)을 포함하고 있지만, 보다 능동적인 측면에서 인간 발달 및 도덕 발달이 어떻게 가능한지에 대한 심리학적 관점은 대체로 결여되어 있다.[15] 나바에츠가 지적하는 바와 같이, 도덕 발달은 하이트가 주장하듯

---

15. 실제로 하이트는 모듈 이론을 증명하는 데 도덕 심리학적 증거를 거의 제시하지 않고 있다.

이 수동적인 과정이 아니라 능동적인 과정으로도 이해될 수 있다(Narvaez, 2008: 236-237). 개인은 환경 내에서 활동하고 문화적, 심리적, 생물학적 경향에 기반을 둔 환경적 영향에 반응하기도 하지만, 사회적 경험(특히 동료 관계)을 통해, 그리고 보다 경험이 많은 사람의 가이드를 통해 도덕적 전문성을 형성하기도 한다. 즉, 개인은 관련된 경험을 통하여 더 복잡하고 정교한 인지-정서-행동 도식을 능동적으로 구성해 나가기도 한다.

필자는 하이트의 사회적 직관주의 모형에서 이성주의 모형에 해당하는 (5)와 (6)을 통해 콜버그가 기대하는 바에 주목해 볼 필요가 있다고 본다. 즉, 콜버그가 개인을 '자신이 속한 문화적 관습을 수동적으로 수용하는 존재가 아니라 자율적으로 의미를 구성해 나가는 존재'로 인식하면서, 도덕적 딜레마 토론을 통해 자신의 태도와 신념, 그리고 도덕적 판단 기준과 도덕적인 옳고 그름의 '심연의 사고 구조'(구조화된 전체)를 성찰함으로써 도덕 발달이 가능해진다는 입장을 개진한 바와 같이, 하이트의 이론이 도덕 발달 측면에서 보다 가치 있는 이론으로 인정받기 위해서는 도덕적 직관에 따른 판단의 심연에 놓여 있는 '내면의 신념 체계(belief system)'에 대해 깊이 있는 도덕적 성찰을 가능하게 하는 방법을 제시할 수 있어야 한다고 본다.

네 번째 문제점으로, 하이트가 규정한 '도덕성'과 '도덕적 추론'에 대한 정의가 지나치게 자의적이고, 이 개념들의 범위 설정이 지나치게 협소하며, 철학적 담론에서 폭넓게 전개해 온 도덕적 의사 결정에 대한 논의에 대해 언급을 회피하고 있다는 점이 지적될 수 있다(Narvaez, 2008: 233). 하이트에 따르면, 도덕성은 "문화나 하위문화에 의해 필수적인 것으로 평가되는 일련의 덕들로 이루어진 어떤 사람의 행위나 인격에 관한 평가"로서 정의된다(Haidt, 2001: 817). 이러한 개념 규정은 도덕성의 원천을 집단(문화 혹은 하위문화)으로 귀착시키는, 그리고 집단 의무로서 간주된 모든 행위를 도덕적인 것으로 분류시키는 이중의 목적에 이바지한다. 또한 이러한 정의는 의미들이 문화 내에서 공유된다는 것을 분명하게 함축하고 있다.

하이트가 취한 이러한 도덕성에 대한 관점에 대해 튜리엘은 강력하게 문제를 제기한다. 튜리엘에 따르면, 도덕성의 발달은 사회적 기대, 규칙, 규범에 대한 적응과 관련되지 않으며, 그리고 도덕적 기능 작용은 권위자 명령, 사회적 제도, 문화적 관습과의 일치를 의미하는 것이 아니다. 사실상 인류 역사에서 나타난 문화적 관습에 대한 광범위한 반대와 저항은 도덕 발달이 '사회적·문화적으로 존재하고 있는 바에 대한 수용'보다는 '무엇이 존재해야만 하는가에 관한 판단'을 구성하는 과정이라는 것을 암시한다고 튜리엘은 주장한다.

계속해서 튜리엘은 "만약 도덕성이 현상을 이해하는 것을 포함한다면, 도덕성은 주로 정서적으로 추동된 양심이나 성격과 같은 생물학적 성향 혹은 비합리적인 성향을 통해 설명되지 않으며, 사회적 규범의 획득 혹은 문화적 관습이나 정향에 대한 고수를 통해서도 설명되지 않는다"(Turiel, 김태훈 역, 2010: 28)고 주장한다. 도덕성에 대한 이러한 입장은 인간에게 무엇이 근본적인 것인가에 관한 관점과 긴밀하게 연결된다고 지적하면서, 튜리엘은 "인간이 무엇보다 추론하는 존재"라는 점에 근거하여 도덕성을 논하는 너스바움(Nussbaum, 1999: 72)의 관점이 강한 설득력을 지닌다고 강조한다. 너스바움은 추론하는 존재로서 인간은 도덕적 선택의 권능을 소유하며, 자율성과 힘을 갖고 자신의 삶을 계획한다고 말한다. 또한 인간의 도덕적 선택은 인간이 평등한 존엄과 가치를 지닌 존재이며, 각자 서로에 의해 그리고 사회에 의해 자유와 공정한 대우가 부여되어야 한다는 인식을 내포한다고 말한다. 도덕성이 정의, 권리, 복지에 관한 추론에 바탕을 두고 있다는 비상대주의적 명제는 모든 사람이 이들 개념을 옹호하는 근거에 관한 공유된 혹은 공통된 이해를 갖고 있다는 것을 의미하는 것이다. 이와 같이 인간이 추론하는 존재라는 규정은 인간이 집단이나 집합체(사회, 문화)의 전통이나 공통 관습에 의해 구속되지 않는다는 인식을 내포한다.[16]

----

16. 이러한 관점에서 너스바움(1999, 32)은 "문화는 완전한 통일체가 아니다. 인간은 사회

나바에츠도 문화화(enculturation)와 도덕성 발달이 동등한 것이 아니라고 주장하면서, 하이트의 도덕성에 대한 관점에 한계가 있음을 지적한다.

사회적 직관주의 이론은 도덕 발달 연구의 역사에서 가장 비판적인 담론 중의 하나로 보인다. 인지 발달적 전통의 초기에 사회적 순응과 도덕 발달 간에 구분이 있었다(Kohlberg, 1969). 이런 구분은 1930년대의 독일과 같이 특정한 상황에서 사회적 순응이 도덕 발달에 어떻게 위해(危害)가 되는지, 그리고 1950년대 미국의 민권운동과 같이 사회적 압력에 대한 저항이 도덕성 발달에 어떻게 도움이 되는지를 설명하기 위해 필요했다. 콜버그는 당시 심리학에 만연했던 상대주의에 맞서 싸우고자 했다. 반면 하이트의 "충분히 문화화된 사람이 덕 있는 사람이다"라는 주장은 충격적이다. 인지 혁명과 콜버그의 성취 이전의 행동주의자와 정신분석학자처럼 하이트는 도덕적 인습 혹은 관습을 지지한다(Narvaez, 2008: 239).

계속해서 나바에츠(Narvaez, 2008, 234)는 철학적 담론에서 폭넓게 전개해 온 도덕적 의사 결정에 대한 논의에 대해 하이트가 일부러 언급을 회피하고 있다고 지적한다. 예를 들어, 칸트 이후 대부분의 철학적 담론에서 도덕적 의사 결정을 다루어 온 바, 도덕적 의사 결정은 다음과 같은 것들을 포함하고 있다. 즉, 여기에는 개인적인 목표와 계획을 설정하는 것(B. Williams), 자신의 책임이 무엇인가를 결정하는 것(H. Frankfurt), 대안들 중에서 어느 행동 선택이 최선인가를 심사숙고하는 것(J. Rawls), 다양한 고려들을 조화시키는 것(J. D. Wallace), 선택된 의사 결정과 행동을 평가하는 것(L. A. Blum)

적 인습이라는 강력한 기계에 의해 동전처럼 똑같이 찍혀 나오지 않는다"고 주장했다. 하지만 튜리엘과 너스바움 등의 입장에 대한 직접적인 비판(R. Shweder)은 이러한 관점이 서구의 도덕적 개념에 기초한 것이며 사회적 위계에 의해 구조화된 도덕성에는 어울리지 않는다는 것이다. 즉, 이러한 관점은 '자유주의 전통'을 강조하는 것일 뿐, '자연 혹은 전통에 기초한 위계에 대한 신념을 중심으로 하는 철학적 전통'을 포괄할 수 없으며, 문화적 관습은 너스바움이나 튜리엘이 말하는 것보다 더 큰 힘을 가지고 있다는 것이다.

등이 포함된다. 나바에츠에 따르면, 하이트는 욕실 위생에 대한 도덕적 정서를 학습하는 것, 타고난 도덕적 모듈에 근거한 도덕성, 덕의 구성, 자유주의자와 보수주의자 간의 의사 결정 차이, 도덕적 성격의 개인차 등을 포함한 폭넓은 도덕 심리학적 논의를 전개하고 있는 것처럼 보이지만, 사회적 직관주의 모형이 앞서 제시된 도덕적 의사 결정 형태들과 어떤 관계가 있는지에 대해 어떤 언급도 하지 않고 있다는 한계가 있다. 그녀는 비록 직관이 도덕적으로 관련된 행동에 광범위한 역할을 한다고 하여도, 우리는 도덕적 심사숙고와 의식적인 추론이 여전히 요구된다고 본다.

다섯 번째 문제점으로, 하이트가 주장하는 바와 같이 일상생활에서 도덕적 직관의 비중이 절대적으로 높은 것은 아니며, 도덕적 문제 상황에서 옳은 행동을 하기 위해서는 도덕적 직관이 아니라 직관, 추론, 상황을 위한 행동 체계를 조화시킬 수 있는 능력(예: 실천적 지혜)이 필요하다는 점이 지적될 수 있다. 하이트는 도덕적 판단이 선악의 카테고리에 따라서 사건을 평가하는 즉각적인 직관에 의하여 발생하며, 이 직관이 도덕적 판단을 좌우한다고 주장한다. 하지만 인간이 자극에 대하여 접근-회피(approach-avoidance) 반응을 포함하는 정서적 반응을 보이는 것이 사실일지라도, 즉각적인 정서 반응은 인간이 목표와 행동에 관하여 의사 결정을 하는 데 있어서 정보의 일부분일 뿐이다(Hogarth, 2001). 사람들은 하이트의 주장보다 더 복합적인 열정을 가지고 도덕적 결정, 헌신, 위반, 판단과 씨름한다. 일상의 도덕적 결정이 반드시 '미적인 판단과 같이 매우 신속하고 노력 없이 직관적으로 이루어지는' 것도 아니다. 나바에츠(Narvaez, 2008: 235)[17]는 도덕적 심사숙고가

---

17. 나바에츠는 비교적 균형 잡힌 관점을 취하면서 하이트 이론이 도덕 심리학에 공헌한 점과 한계를 동시에 지적한다(Narvaez, 2008, 233). 우선, 그녀는 하이트(Haidt & Bjorklund)가 도덕적 추론 논의에서 오랫동안 유지되어 왔던 인지적 관점에 대해 두 가지 중요한 개선안을 제안했다고 본다. 그가 주장하듯이, 심리학은 인간이 이성적인 의사 결정자로서 신중한 추론에 따라서 의사 결정을 한다는 고전적인 관점에서 벗어나고 있다. 그는 경험적 근거를 바탕으로 인간의 의사 결정은 이성적으로 이루어지는 것이 아니라 무의식의 영향을 중대하게 받는다고 주장한다. 두 번째 개선안은 인간의 인지는 서구적 전통에서 강조하듯이 개인

드문 일이 아니라는 사실을 입증하기 위해 "그가 화난 것으로 보여. 내가 무슨 말을 해야 할까?" "그녀의 마음을 상하게 하고 싶지 않아. 어떻게 해야 할까?" "이 미팅은 시간 낭비에 불과해. 모두에게 도움이 될 수 있도록 하기 위해 어떻게 해야 할까?" "어떻게 하지? 약속 시간을 맞추려면 빨리 가야 하는데, 내 도움을 필요로 하는 사람이 있네." 등과 같이 일상적으로 일어나는 도덕적 판단의 사례를 다양하게 제시한다.[18] 이러한 이슈들과 씨름하는 것은 하이트가 말한 문제 상황과 관련된 다양한 요소들에 대한 동시적 혹은 자동적 평가뿐만 아니라 나의 원칙(principles)을 고려하는 것이 포함된다. 그녀는 이렇게 본다면 직관이 도덕적 판단을 지배한다기보다는 의식적인 추론과 우선순위를 번갈아 가며 상호작용하는 과정에서 서로 협력하는 관계라고 보는 것이 적절하다고 주장한다. 하이트가 직감(gut feeling)과 도덕적 정서를 행동의 핵심으로 위치시킨 것과는 다르게, 나바에츠는 정서, 사고, 충동, 특별한 상황에서 반응 등의 요소 간 상호작용으로 인하여 행동이 일어난다고 주장한다. 그러면서 적절한 행동을 위해서는 적절한 덕을 특정한 상황에서 옳은 방식으로 적용할 것을 요구하기 때문에, 이러한 과정을 '실천적 지혜(practical wisdom)'로 이름 붙이는 것이 보다 적절할 것이라고 강조한다. 실천적 지혜는 직관, 추론, 상황을 위한 행동 체계를 조화시킨다. 그것은 풍부한 경험을 가진 전문가에 의해 거의 자동적으로 적용되기도 하

적인 활동이 아니라 사회적 상황과 공동체에 의해 많은 영향을 받는 사회현상이라는 점이다. 하지만 비록 이러한 주장들이 중요하고 가치 있다는 점을 일정 부분 인정하더라도, 사회적 직관주의 모형은 몇 가지 심사숙고를 필요로 하는 요소를 포함하고 있다는 점에서 한계점도 동시에 지니고 있다고 지적한다.

18. 무스첸가(A. Musschenga)도 많은 경우에 우리의 도덕적 의사 결정과 도덕적 판단을 평가하는 옳은 기준이 무엇인지를 우리가 잘 모른다고 지적한다. 예를 들어, "약품 개발을 위한 동물의 유전자 변형과 태아의 유전물질을 식별하는 규정은 어떻게 해야 하는가? 당장 심장 이식이 필요한 사람들 중에서 누구를 살릴 것인가?"와 같이 일상생활에서 하이트가 주장하는 것보다 빈번히 발생하는 복잡한 도덕적 문제 상황에서 직관적인 도덕적 판단의 타당성을 확신할 수 없다면 우리는 직관적인 도덕적 판단에 어떤 권위도 줄 수 없을 것이라고 지적한다.

지만, 비전문가가 신중하게 숙고함으로써 이루어지기도 한다. 나바에츠에 따르면, 도덕적 의사 결정의 실제 작업은 실천적 지혜가 바탕이 되어 이루어 진다.

3. 사회적 직관주의 모형의 도덕 발달 및 도덕교육적 시사점

하이트는 도덕 심리학자이기보다 사회 심리학자에 가깝고 도덕교육에 대한 관심은 부족한 학자이기 때문에, 사실 그의 이론으로부터 도덕교육적 함의를 직접 도출하기는 쉽지 않다. 하지만 그가 도덕교육과 관련하여 언급한 일부 내용과 하이트의 영향을 받아 도덕교육적 개선 방안을 제시한 일부 학자들의 연구물을 활용하여 도덕교육적 시사점을 제시하면 다음과 같다.

첫째, 직관주의 모형에서 도덕적 직관 형성을 위해 제안한 교육 방법은 도덕교육의 개선을 위해 어떤 시사점을 제공하고 있는지 주목해 볼 필요가 있다. 하이트의 이론을 통해 볼 때, 도덕교육의 역할은 아이들이 가지고 있는 선천적인 도덕적 모듈이 발현될 수 있도록 하는 것을 중심으로, 사회적인 구성물로서의 덕을 함양할 수 있도록 도와주는 기회를 제공하는 것이 된다. 아마도 하이트는 아동들이 문화적으로 형성된 덕의 분위기에 반응하면서 선천적인 도덕적 모듈을 발현해 나갈 것을 도덕교육을 통해 기대하고 있을 것이다. 이를 위해 잘 구조화된 환경 혹은 문화적 풍토나 분위기를 어떻게 조성해야 하는데, 하이트는 도덕적 직관 형성을 위한 독창적인 교육 방법을 제시하기보다는 콜버그의 '정의 공동체적 접근'을 끌어다가 자신의 이론을 정당화하기 위한 수단으로 활용한다.

도덕적 직관에 대한 교육 방법은 하이트 자신보다는 그의 영향을 받은 무스첸가, 드라이퍼스(H. L. Dreyfus & S. E. Dreyfus), 나바에츠 등에 의해 제안 되었다. 이른바 도덕적 전문가(혹은 전문성) 접근이라고 불리는 것으로, 도덕 성을 포함한 삶의 대부분의 영역에서 인간은 초보자에서 시작하여 전문가로 발달해 간다는 점에 주목하면서, 도덕적 기술을 전문가 수준으로 교육하는 것을 목표로 한다. 나바에츠의 경우, 통합적 윤리 교육 모형(Integrative Ethical Educatioin: IEE)[19]을 제안함으로써 도덕 발달을 위한 전문 기술의 발달에 강조점을 둔다. 이 모형에 담겨 있는 첫 번째 교육적 함의는 "교육자들이 도덕적 행동의 과정과 기술을 가르쳐야 한다"는 것이다(Narvaez, 2006: 716). 이 모형에서 도덕적 행동을 성공적으로 완성하기 위해서는 네 가지 과정, 도덕적 민감성, 도덕적 판단, 도덕적 동기화, 도덕적 실행력 모두가 요구된다. 나바에츠는 각 과정이 일련의 기술을 포함하므로, 도덕적 행동을 완수하는 사람들이 각 과정에서 기술을 적용·활용한다고 언급한다(Narvaez & Lapsley, 정창우 역, 2008: 277). 두 번째 교육적 함의는 교육자들이 도덕적 직관을 길러주기 위해 도덕적으로 잘 구조화된 환경을 조성해야 한다는 것이다. 또한 교육자들은 학생들의 도덕적 노하우가 천진함에서 능란함으로 나아가도록 교수를 설계해야 한다는 것이다. 이것은 학생들이 전문가 훈련 과정을 반영한 수업을 경험해야 함을 강조하는 것이며, 학생들이 잘 구조화된 환경에서 길러진 직관과 연계하여 이론을 제대로 배우게 해야 한다는 것을 의미한다. 따라서 도덕적 전문 기술은 심사숙고하는 마음과 직관적인 마음 두 가지의 협력을 구하는 총체적인 훈련 접근법을 체계적으로 활용하는 것에 의해 형성될 수 있는 것이다.

둘째, 하이트가 도덕교육 혹은 인격교육 프로그램에서 이성주의 모형과 사회적 직관주의 모형 간의 효과를 비교하는 실험 연구를 제안한 것은 향후 도덕교육의 목표 및 방법 개선을 위한 연구의 방향성 설정에 도움을 줄

---

19. 나바에츠는 '정의로운 사람이란 훈련과 연습을 통해 양성된 특별하고 잘 발달된 기술을 가진 숙련자'라는 플라톤의 생각에 근거하여, 훌륭한 인격을 가진 사람을 윤리적 기술에 대해 잘 알고 있는 유능한 사람이라고 말한다. 이 모형에 의하면, 인격은 높은 수준의 전문성을 발휘할 수 있는 일련의 기술들로 구성된다. 따라서 인격교육은 연습과 도제를 거쳐 개인을 보다 전문가가 될 수 있게 하는 도덕적 기술을 발달시키는 활동으로 설명된다(Narvaez & Lapsley, 정창우 역, 2008, 277).

수 있다. 사회적 직관주의의 관점에서 볼 때, 교육을 통해 도덕적 추론을 향상시킬 수 있을까? 이에 대해 하이트는 도덕 영역에 대한 사고 중심의 교수-학습이 일정 기간에 걸쳐 이루어질 경우 그 영역에 대한 아이들의 사고가 발달할 것이라는 점은 예상 가능하다고 말한다(Haidt & Bjorklund, 2008: 213). 그러나 그는 다른 선행 연구 결과(Nickerson, 1994)를 인용하면서, 사고 능력을 가르치는 프로그램을 통해서는 교실 외부로의 전이에 의한 발달이 거의 이루어지지 않을 것이라고 지적한다. 비록 사고 기술의 측면에서 전이 효과가 확인된다고 하더라도, 개인의 이익이나 즉각적인 강한 정서적 반응에 직면하게 될 경우 이러한 학습 교화는 거의 발휘되기 어려울 것이라고 예상한다. 그러면서 그는 인격교육 프로그램에서 이성주의 모형과 사회적 직관주의 모형 간의 효과를 비교하는 연구의 실행을 제안한다. 즉, 어느 집단에서는 도덕적 추론을 연습시키는 반면, 다른 집단에서는 교사 혹은 선배의 안내를 받으며 도덕적 민감성과 직관을 향상시키는 정서적 경험 기회를 갖게 하는 것이다. 과연 어느 접근이 도덕적 행동을 위해 더 큰 영향을 미치게 될까? 이러한 연구 문제에 기초한 실험 연구는 향후 도덕교육의 목표와 방법 개선을 위해 중요한 시사점을 제공할 수 있을 것이다.

셋째, 도덕적 추론과 도덕적 행동 간의 상관성이 콜버그가 주장했던 것보다 훨씬 낮다는 연구 결과가 1980년대 이후 계속 보고되고 있는 상황에서, 하이트의 주장(Haidt, 2001: 823-824)은 도덕적 추론을 보완할 수 있는 도덕성의 요소와 이에 따른 도덕 발달의 방법을 찾는 데 시사점을 제공할 수 있다. 즉, 도덕적 추론의 중요성은 과거보다 낮아지는 대신, 최근 덕 혹은 도덕적 인격(D. Carr, O. Flanagan, J. Kupperman), 도덕적 자아 혹은 정체성(A. Blasi, W. Damon), 배려(C. Gilligan, N. Noddings), 정서적 자기조절 기능(W. Mischel) 등이 주장되어 왔으며, 하이트의 주장은 도덕적 추론에 대한 또 다른 보완적 아이디어를 제공하는 데 일정 부분 기여할 수 있다.

도덕적 인지와 도덕적 행동에 관한 문헌을 통계적으로 분석한 결과, 블라지(Blasi, 1980: 37)는 지능(intelligence)이 정직성과 관련이 있다는 것을 발견하였으며, 75개 연구 중에서 57개의 연구가 도덕적 추론과 행동 간에 유의미한 상관관계를 보였다고 한다. 그는 이러한 결과가 도덕적 추론과 도덕적 행동 간의 관련성에 대한 확신을 주긴 하지만, 그 관련의 정도는 매우 미약한 수준이라고 진술하였다. 따라서 블라지는 도덕적 추론과 행동을 보다 다른 시각에서 모형화할 필요성을 제기하면서 도덕적 자아 모형을 제시한 바있다. 또한 하트와 페글리(Hart & Fegley, 1995), 그리고 콜비와 데이먼(Colby & Damon, 1992)의 연구에서는 친사회적인 도덕적 모범 집단과 보통 수준의 집단을 비교하였으며, 주목할 만한 점은 콜버그식 인터뷰 기법(MJI)에 의해서 측정한 도덕적 추론 능력에서 두 집단 간에 유의미한 차이를 보이지 않았다는 점이다. 또한 DIT의 유용성을 지지하는 증거에 대한 개관을 통하여 신콜버그주의자들(Thoma, Narvaez, Rest & Derryberry, 1999)은 DIT 점수와 부적(negative) 도덕 행동 간에는 유의미한 상관관계가 있는 반면, DIT 점수와 정적 도덕 행동 간에는 상관관계를 확인할 수 없다는 세 개의 연구 결과를 보고하고 있다. 이를 통해 볼 때, 도덕적 추론 능력과 도덕적 행동의 관계는 콜버그의 주장보다 훨씬 약하고 일관되지 않은 것으로 보인다.

하이트(Haidt, 강인구 역, 2003)가 저자 서문에서 "사회적 직관주의 모형은 합리론적 관점과 마찬가지로 완전한 관점으로 볼 수는 없을 것이다. 그러나 합리론적 관점이 인간의 도덕성 발달에 관하여 잘못된 편견을 제공한다는 점에서 사회적 직관주의 모형은 보완적 관점으로 해석하는 것이 바람직하다. 여전히 합리론적 관점은 인간의 도덕성 발달에 관한 설명으로 중요하다고 볼 수 있으며, 사회적 직관주의 모형에서 직관과 정서의 중요성을 강조하는 것이 추론의 중요성을 간과하는 것은 아니다"라고 밝힌 것은 자신이 구축한 모형의 한계를 일정 부분 인정하면서도 도덕적 직관이 도덕적 추론의 한계를 상당 부분 보완할 수 있다는 점을 강조하고 있는 것이다. 물론, 도덕적 직관이 도덕적 추론에 대한 보완적 역할을 어떻게 할 수 있는가에 대해서는 지속적인 연구가 필요하다. 도덕적 추론의 기회가 드물고 그 역할이 크지 않다는 주장 자체에 대해 엄밀한 검증이 필요하고, 도덕 발달을 위해서 도덕적 직관을 어떻게 발달시켜야 하는가의 문제도 도덕 심리학적 근거에 입각해서 충실하게 밝혀져야 할 것이다.

V. 결론

뇌 과학은 의식과 마음의 실체와 기능을 물리적 인과관계의 망 속에 놓인 것으로 간주하면서 의식과 마음을 해명하는 학문 분야이다(이남인, 2009, 271-276). 물리학이 물리 현상을 연구하는 경우와 유사하게, 뇌 과학은 의식과 마음의 구조를 해명하기 위해서 우선 뇌의 구조를 외부에서 관찰해야 하며, 필요한 경우에는 실험을 하면서 뇌의 어느 부위가 어떤 의식 현상과 관련이 있는지 또는 뇌의 어느 부위의 활동이 어떤 의식을 발생하도록 하는지 해명해야 한다.[20] 이와 같이 의식과 마음에 대한 뇌 과학적 연구를 통해 의식과 마음의 비밀이 부분적으로 밝혀질 수 있다는 점은 분명하다. 그러나 뇌 과학적 연구가 의식과 마음의 구조를 해명할 수 있는 유일한 연구는 아니다. 그 이유는 뇌 과학처럼 외적 관찰과 실험을 통하지 않고 우리는 의식과 마음의 구조를 해명할 수도 있기 때문이다. 즉, 뇌 과학이 없어도 의식과 마음에 대해서 알 수 있는 것은 우리가 내적 지각 또는 반성의 능력을 가지고 있기 때문이다. 이처럼 반성의 능력을 통해 의식 현상을 탐구하는 분야를 현상학, 해석학의 전통에서는 '의식에 대한 기술적 심리학'이라고 부른

---

20. 뇌 과학은 '마음을 만들어 내는 물리적 과정'으로서의 의식, '정신활동에 참여하는 회로가 대량으로 연결되어 있는 집합체'로서의 의식, 다시 말해 '뇌의 작용으로서의 의식'을 일정 정도 해명할 수 있다.

다.

뇌 과학이 인간의 삶을 위해 중요한 의미를 지닐 수 있는 이유는 그것이 인간의 의식을 물리적 인과관계의 망 속에서 존재하는 것으로 간주하면서 그에 대해 탐구하기 때문이다. 기술적 심리학 역시 인간의 삶을 위해 중요한 의미를 지닌다. 그 이유는 그것이 의식을 물리적 인과관계의 범주와는 다른 목적 연관, 의미 연관, 동기 연관 등의 범주를 통해서 탐구하며,[21] 이러한 범주들이 인간의 삶을 위해 필수적이기 때문이다.

이렇게 볼 때, 뇌 과학은 의식과 마음을 연구할 수 있는 다양한 학문들 중의 하나에 해당되기 때문에 뇌 과학 연구 분야가 인간의 의식과 마음에 대한 연구를 대표하거나 전체적으로 포괄할 수는 없지만, 최근 과학기술의 발달에 힘입어 새롭게 등장한 뇌 과학 연구 분야에서는 특히 도덕성과 관련된 인간의 의식과 마음에 대한 연구를 적극적으로 실행하고 있고, 여기서 나온 연구 결과는 지금까지 구축되어 온 도덕 심리학이라는 학문적 패러다임에 대한 재검토를 요청하고 있는 실정이다.

이러한 시점에서, 이 글에서는 도덕성에 대한 뇌 과학 연구 성과에 기초하여 도덕적 판단에서 도덕적 직관과 정서의 중요성을 강조한 하이트의 연구를 중심으로 도덕 심리학 연구의 최근 동향을 고찰하고 도덕성에 대한 뇌 과학 연구의 성과 및 한계를 논의하고자 했으며, 뇌 과학 연구의 도덕교육적 시사점을 규명하고자 했다. 도덕성에 대한 뇌 과학 연구의 성과 차원에서 볼 때, 뇌 연구는 특정 부분의 비정상적인 뇌 발달과 손상이 도덕적 인지와 행동에 있어 특수한 결함을 가져온다는 것을 알려주고, 도덕적 판단의 원천이 이성인지 정서인지, 의식적 의도성이 필요한지 자동적으로 작동하는지에 대한 논쟁을 보다 명백하게 해주고 있으며, 도덕적 직관 형성을 위해

---

21. 예를 들어, 목적 연관의 경우, 인간은 매 순간 어떤 목적을 가지고 선택을 하면서 살아가는 존재임을 고려해야 한다는 것이다. 또한 어떤 목적은 인간의 어떤 행위가 존재하기 위한 원인의 역할을 한다는 점을 고려할 필요가 있다는 것이다.

잘 구조화된 환경을 제공할 필요가 있다는 점과 뇌 발달이 교육자의 행동에 의해 어떻게 영향을 받는지와 관련하여 도덕교육적 함의를 제공하고 있다.

그러나 도덕성에 대한 뇌 과학 연구는 아직 초기 단계라는 점을 분명히 인식해야 한다. 하이트의 도덕적 직관에 대한 주장이 기존의 도덕 이론 및 도덕 심리학 전통에 대한 도전으로서 의미를 갖고 영향력을 확대해 나가기 위해서는 앞으로 충분한 이론적·경험적 근거를 확보해야 한다. 즉, 하이트가 규정한 도덕성 및 도덕적 직관 개념은 윤리학적 정당화에 일정 정도 성공해야 하고 경험적인 증거에 의해 확증되어야 한다. 결코 쉽지는 않겠지만, 비록 그 관문을 통과한다고 하더라도 하이트의 사회적 직관주의 모형이 '도덕 발달' 측면에서 보다 가치 있는 관점으로 인정받기 위해서는 도덕적 직관에 따른 판단의 심연에 놓여 있는 '내면의 신념 체계'에 대해 깊은 수준의 도덕적 성찰을 가능하게 하는 방법 또한 제시할 수 있어야 할 것이다.

제7장

도덕과 배경 학문으로서 도덕 심리학:
나바에츠의 도덕 발달 이론

I. 서론

다르시아 나바에츠(D. Narvaez)는 대니얼 랩슬리(D. Lapsley)와 더불어 콜버그의 현상주의(phenomenalism)[1]에 대한 무비판적인 의존이 도덕 심리학에 바람직하지 않은 영향을 끼쳤다고 비판해 왔다. 비판의 근거로서 그들은 먼저 현상주의 원칙이 도덕 심리학 연구의 목표가 될 수 있는 인간 행위(human behavior)의 범위를 지나치게 축소시켰다고 지적한다. 또한, 현상주의 원칙은 심리학의 이론적이고 경험적인 많은 연구 영역들로부터 도덕 심리학을 고립시켰다고 비판한다. 이와 함께, 협소한 연구 초점과 이론적 고립의 결과로 인해 현상주의 원칙은 도덕적 기능(moral functioning)에 대한 심리학적 설명을 심각하게 왜곡하고 생략해 버렸다고 지적한다(보다 자세

---

1. '현상주의' 원칙은 도덕 심리학 연구에 대한 콜버그의 핵심적인 입장 두 가지를 담고 있다. 첫째, 도덕 행위는 도덕원리에 의해 동기화된 행위이다. 즉, 도덕은 감정이나 욕구에 근거한 것이 아니라 이성에 근거한 것이다. 둘째, 이성에 의한 도덕적 추론은 일상의 도덕적 언어를 사용하는 의식적인 과정이며, 따라서 도덕적 동기에 대한 언어적 진술은 가치 있는 경험적 자료로서 인정될 수 있다.

한 내용은 Narvaez & Lapsley, 2005: 142 참조). 이러한 비판적 관점에서 콜버그 이론을 평가하면서 나바에츠는 도덕적 기능에 대한 연구에 있어 '도덕화된 심리학(moralized psychology)'보다는 현대 심리학 이론과 방법의 틀 안에서 도덕적 기능에 대해 연구하기를 시도하는 '심리화된 도덕(psychologized morality)' 입장을 추구할 필요가 있다고 주장한다.

2000년대 이후 나바에츠가 발표한 저작에는 실제로 이러한 학문적 정향이 뚜렷하게 반영되어 있다. 1999년에 나바에츠가 자신의 동료들(즉, 신콜버그주의자들)과 함께 내놓은 『인습 이후의 도덕적 사고(*Post-conventional moral thinking*)』(Rest et al., 1999)는 콜버그의 이론에 중대한 수정을 요구한 비판서라고 할 수 있지만, 콜버그의 인지 발달 전통에 대한 수용과 계승이 여전히 중시되고 있다. 하지만 2000년대에 들어와 특히 뇌 과학의 연구 성과에 관심을 두게 되면서, 그녀는 현상주의를 넘어 암묵적(tacit)이고 자동적(automatic)인 인지 과정의 특성, 도덕적 덕과 인격의 중요성(특히 아리스토텔레스의 관점), 사회적 직관주의자들이 주창하는 '감정에 기초한 직관'의 중요성, 도덕성에 대한 뇌 과학 및 신경 생물학 연구들이 밝혀 주는 도덕적 기능의 메커니즘, 불교 명상 및 긍정 심리학, 뇌 과학, 인지과학 등에 기초한 '마음 챙김 도덕성' 등으로 도덕성에 대한 자신의 연구 지평을 차츰 확장해 나가고 있다. 도덕교육과 관련해서는 도덕적 추론과 도덕적 덕, 이성과 직관 등이 통합된 '도덕적 전문성 모형' 혹은 '통합적 윤리 교육 모형'을 강조하고 있는 상황이다.

우리가 나바에츠에게 특별히 주목해야 하는 이유는 도덕 발달 및 도덕교육에 대한 콜버그적 전통의 장점을 계승하면서도, 최근 뇌 과학과 신경 생물학, 진화론, 심리학, 인지과학 등으로부터 산출된 도덕성에 관한 연구 성과를 효과적으로 활용하면서 학제적인 연구를 선도적으로 실행하고 있다는 점 때문이다. 이와 같이 최근 도덕 발달 및 도덕교육 영역에서 연구 경향과 양상의 변화를 주도하고 있는 학자인 나바에츠의 연구물을 통해 도덕교육 연구 및 실천의 개선 방향을 모색해 보는 작업은 매우 의미 있는 일이 될 것이다. 이런 이유에서 이 글은 2000년대 이후 도덕 발달 및 도덕교육 영역에서 발표된 나바에츠의 다양하고 풍부한 저작들을 활용하면서 그녀의 학제적 연구 기획의 산물들을 체계적으로 종합하고 이를 바탕으로 도덕교육 연구 및 실천에 주는 시사점을 도출해 보고자 한다.

II. 성숙한 도덕적 기능의 의미 및 구성 요소

나바에츠에 따르면, '포괄적인 도덕 발달 이론'은 개인과 집단에 있어 성숙한 혹은 최적의 기능(functioning)에 대한 설명, 성숙을 향한 발달과 발달적 메커니즘에 대한 설명, 성숙에 도달하기 위한 처방, 그리고 공통적인 도덕적 실패에 대한 언급 등을 반드시 제공할 수 있어야 한다(Narvaez, 2010b: 172). 자신의 이론이 '포괄적인 도덕 발달 이론'이 갖추어야 할 조건을 충족시키고 있음을 정당화하는 작업의 일환으로 '성숙한 도덕적 기능'에 대해 다음과 같은 설명을 제공한다. 그녀에 따르면, 성숙한 도덕적 기능은 의심의 여지 없이 다양한 기술(skills)과 능력(capacities)으로 구성되며, 이런 기술과 능력을 지닌 사람을 '도덕적 전문가(moral expert)'라고 부를 수 있다. 오늘날의 도덕적 전문가는 공동체와 자연 세계를 위한 긍정적인 결과를 이끌면서, 지속 가능한 인간 행복을 촉진할 수 있는 능력 및 지속 가능한 관계망(인간-인간, 인간-자연) 내에서 융통성 있게 적응(adaptation)하는 능력 — 한마디로 높은 수준의 도덕적 지능 — 을 보여준다. 보다 구체적으로, 이러한 능력은 두 개의 개인적 능력(personal capacities)과 두 개의 집단적 능력(collective capacities)으로 구성된다. 전자에는 '습관화된 공감적 관심(habituated empathic concern)'과 '도덕적 메타인지(moral metacognition)'

가 해당되고, 후자에는 '도덕적 대화(moral dialogue)'와 '도덕적 제도(moral institutions)'가 해당된다.

　개인적 능력으로서 '습관화된 공감적 관심'은 타인에 대한 연민과 책임감 및 타인의 존엄성을 위해 행위하려는 성향이 결합된 것이다. 습관화된 공감은 귀납적 훈육과 같은 정상적인 양육을 통해 어린 시절을 거치면서 자연스럽게 발달하게 되고(Hoffman, 2000), 공동체를 강조하고 타인에 대한 관심을 촉진시키는 교실, 즉 학교교육을 통해서도 향상될 수 있다(Gordon, 2001). 한편, 도덕적 메타인지는 도덕적 자아 정체성과 밀접한 관련이 있다. 가장 성숙한 도덕적 행위자는 도덕성과 도덕적 인간이 되는 것에 관심을 둔다. 즉, 도덕적 책임이 자신의 정체성에서 중심적인 부분을 차지한다(Blasi, 1984). 일반적으로 메타인지 기술은 자기 자신이 목표를 향해 ― 필요하다면 과정과 전략을 수정해 가면서 그리고 특정 영역의 일을 수행할 때 자기 효능감을 가지고 ― 자신의 향상을 모니터링하면서 과제를 잘 관리하고 완수할 수 있도록 해준다. 이와 유사하게, 도덕적 메타인지의 측면에서 성숙한 도덕적 기능에는 내면화된 도덕감 혹은 자신 및 타인의 행위에 대해 책임을 지려는 경향성(moral locus of control), 자신의 직관과 추론, 행위에서 한 걸음 물러나 생각하거나 모니터할 수 있는 '도덕적 자기 모니터링(moral self-monitoring),' 그리고 자기 기만이나 사실 및 사건의 왜곡을 피하려는 자기 비판적 태도, 자기중심주의라든가 자민족중심주의와 같은 편견과 같은 동기(motives)에 대해 비판적 시각을 유지하려는 '도덕적 자기반성(moral self-reflection)'이 포함된다. 다음으로 집단적 능력에는 (추론을 향상시킬 수 있고 문제 해결 및 사회적 변화에 동참할 수 있는 사회적 대화를 통해) '우리는 서로에게 어떤 의무를 지니는가'에 대한 토론을 촉진시키는 '공동체 도덕적 대화'와 사회적 공공재를 훼손하는 빈약한 제도와 추론에 대한 균형 및 견제 장치로 기여할 수 있는 '잘 계획된 도덕적 제도들'이 포함된다.

　나바에츠는 성숙한 도덕적 기능의 영역에서 특히 추론과 직관이 어떻게 상호 통합되는가에 주목한다(Narvaez, 2010b: 164). 역사적으로 그녀는 합리주의 진영에서 학문적으로 성장해 왔기 때문에 합리주의 관점의 장점을 간과하지 않으면서도, 보다 최근에는 전문성(expertise)과 전문성 발달의 관점에서 나온 암묵적 과정에 대해 관심을 두어 왔다. 이러한 두 관점 간의 통합에 대해 논의하면서, 그녀는 성숙한 도덕적 기능을 촉진시키기 위해 혹은 도덕적 행동 능력을 촉진시키기 위해 전문성을 길러야 한다고 보고, 이러한 전문성 영역에서 추론과 직관은 상호작용적이고 구성적이며 교육 가능하다는 관점을 취하였다.

III. 뇌 과학 연구 성과의 수용과 비판

뇌 과학은 자기공명영상(fMRI)과 같은 기술의 도움으로 인간 행동에 대한 새로운 관점을 제공하고 있다. 이와 같은 뇌 과학의 도구들은 도덕 발달과 도덕교육의 영역에 어떤 영향을 미칠까? 나바에츠에 따르면, 인간 행동에 대한 최근 뇌 과학적, 신경 생물학적 지식들을 아는 것은 식물을 자라게 하는 토양에 대해 배우는 것과 같다. 정원사가 토양을 구성하는 다양한 성분들과 이 성분들 간의 상호작용에 대한 지식을 가지고 있다면, 더 번성하는 식물을 가꾸는 데 도움이 될 것이다. 같은 방식으로 신경 생물학적 시스템에 대해 배우는 것은 도덕교육자와 도덕 심리학자들에게 도덕교육적 성과를 증진시키는 데 도움을 줄 것이다.

도덕성에 관한 뇌 과학 연구자로 많이 알려진 조너선 하이트(J. Haidt)가 뇌 과학 연구 성과를 토대로 도덕적 판단에서 도덕적 직관과 정서의 중요성에 초점을 맞추고 있는 반면, 나바에츠는 도덕성에 대한 뇌 과학 연구 영역에서 실행된 다양한 연구 결과를 체계적으로 분석·종합하면서 도덕 발달 및 도덕교육의 관점에서 그 성과 및 한계를 논의하는 데 초점을 맞추는 경향이 있다. 최근 도덕성에 대한 뇌 과학적 연구에 관심을 두고 있는 학자들이 점차 증가하고 있는 추세이지만, 뇌 과학적 연구 결과를 도덕 발달 및 도덕교육과 체계적으로 연결시키고 있는 학자는 나바에츠가 거의 유일하다고 말할 수 있다(정창우, 2011a: 99).

1. 뇌 과학 연구 성과의 종합: 4구성요소를 중심으로

나바에츠는 도덕적 기능과 관련된 뇌 과학의 연구 성과들을 체계적으로 종합하기 위해 레스트(J. Rest)의 4구성요소를 기본 틀로 사용했다(Narvaez & Vaydich, 2008: 289-313). 즉, 도덕적 민감성, 도덕적 판단, 도덕적 동기화 혹은 초점, 도덕적 행동과 관련된 뇌 과학적 연구 성과들을 종합했다. 4구성요소를 기준으로 도덕성에 관한 뇌 과학 연구의 성과를 종합한 나바에츠의 주장을 살펴보면 다음과 같다.

첫째, 도덕적 민감성은 '도덕적 지각, 도덕적 상상력, 공감과 같은 인지적이고 정서적인 정보를 처리하는 능력'을 말한다. 도덕적 지각은 어떤 상황 속에서 도덕적으로 관련된 단서들을 이해하고 찾아내는 것을 포함한다. 도덕적 상상력은 관련된 사람들에게 미칠 수 있는 효과뿐만 아니라 행동의 대안적 방식을 개념화하는 것을 구성한다. 또한 도움이 필요한 타인들에 대한 공감적 민감성은 흔히 도덕적 행동으로 이끄는 과정의 기폭제가 된다.

영장류와 인간에게 있어, 사회적 민감성은 행동을 관찰할 때 뇌 과학적 차원에서 뚜렷이 알 수 있다. 사실, 영장류의 뇌는 다른 사람의 행위에 마치 관찰자 자신이 행위하고 있는 것처럼 반응하는 사회적 자극에 매우 민감하다. 모방 행동과 관련된 뇌 영역은 다른 사람들의 행동을 관찰할 때 활성화되는 '거울 뉴런'을 포함하기 때문이다. 최근 뇌 과학자들은 오른쪽 전두섬엽의 활동은 공감의 표현뿐 아니라 자신의 심장박동을 감지하는 개인의 능력과 관련된다는 것을 발견했다(Critchley et al., 2004: 189-195). 그들은 또한 더 높은 수준의 공감을 지닌 사람들은 자신과 다른 사람들의 정서를 감지해 내는 능력을 나타내는 오른쪽 전두섬엽에 더 많은 회백질을 가지고 있다는 것을 발견했다.

나바에츠는 도덕적 민감성에 대한 뇌 회로가 있을 뿐 아니라, 유아·아동기의 초기 경험이 도덕적으로 유연하고 반응적인 뇌 발달에 결정적이라고 주장한다. 즉, 기억, 정서, 행동 및 인간관계를 포함하는 중요한 뇌 회로는 초기 삶이 구성한다는 것이다. 이 회로는 '정서의 산출과 통제,' '정신적, 반성적 행동,' '자아에 대한 자전적(autobiographical) 감각과 자기 내러티브의 구성,' '다른 사람의 마음에 대해 이해하고 돌볼 수 있는 능력,' '사람들 사이의 의사소통에 참여하는 능력'에 기여하는 과정을 규제한다. 20년 종단 연구 데이터는 책임감 있는 양육이 확실히 아이들의 양심을 더 조기에 발달시킨다는 사실을 보여준다(Karen, 1994).

둘째, '도덕적 행동에 대해 추론하고 판단'하는 도덕적 판단은 1958년 콜버그의 박사 논문 이후 도덕 심리학 영역에서 가장 활발하게 연구되어 왔다. 뇌 과학자들 역시 도덕적 판단을 연구해 왔는데, 예를 들면, 정의와 배려 결정에서 뇌 기능의 차이, 그리고 개인적(personal)이고 비개인적인(impersonal) 딜레마와 공정한 판단 사이의 뇌 기능의 차이 등을 탐구해 왔다. 정의와 배려 주제가 뇌에 미치는 영향을 비교 고찰하면서, 로버트슨과 동료들(Robertson et al., 2007: 755-766)은 도덕과 관련된 그리고 도덕과 관련 없는 사건들을 읽고 의사 결정하는 학생들의 뇌를 스캔하였다. 그 결과, 도덕적 주제에 있어 (정의 또는 배려와 관련된 것으로 범주화된) 상측두고랑(STS)의 활성화가 증가했다. 또한 연구자들은 가족의 필요와 관련된 '배려' 주제와 작업에 대한 결정과 관련된 '정의' 주제를 구별하여 활성화 부위와 정도를 고찰한 결과, 정의 주제에 대한 관심은 왼쪽 마루엽속고랑의 증가된 활성화와 상관관계가 있었고, 배려 주제에 대한 관심은 시상, 등쪽외측전두엽

피질(DPFC) 등의 활성화와 상관관계가 있었다. 결론적으로, 정의 추론과 배려 추론은 뇌에서 다르게 활성화된다.

셋째, 일반적으로 도덕적 동기화 혹은 초점은 '어떤 사람이 다른 가치보다 도덕적 가치에 우선성을 부여하고 그것을 수행하려는 것'을 함축한다. 어떤 상황에서의 도덕적 동기화는 연구하기가 어렵다. 왜냐하면 그것은 환경적 행동 유도성, 상황적 압력, 맥락적 단서의 질, 사회적 영향력, 분위기와 에너지와 같은 다양한 상황적 요인들에 의해 영향을 받기 때문이다. 그래서 도덕적 동기화는 동물들의 행동에서 추론하는 경우가 적지 않다. 예를 들어, 영장류는 호혜성(reciprocity)을 위반한 대상에 대한 공격, 복수뿐 아니라 교환을 포함한 호혜성의 감각도 보인다.

사회적 규칙 위반 사례(특히 불공정한 행동)에 대한 처벌 및 보복 심리의 발동을 도덕적 동기화의 일종으로 해석한 일부 연구자들(de Quervain et al., 2004: 1254-1258)은 사회적 규칙을 위반한 사람들이 처벌을 받는 동안 다른 참가자의 뇌 활성을 스캔했다. 규칙에 대한 의식적 위반으로 인해 규칙 위반자에게 큰 처벌이 주어졌을 때, 다른 참가자의 뇌에서 활성화된 선조체는 정당한 복수로부터의 보상 심리를 보여주었다. 심리학적으로 말해, 처벌이 만족을 주는 반면, 처벌받지 않은 위반은 불만족을 주기 때문에 처벌을 하는 것이다. 보상과 처벌의 관계에 대해 조사한 일련의 연구에서는 '최후통첩 게임'에 주목하는 경향이 있다. 최후통첩 게임에서 A는 B와 나누어 쓸 수 있는 돈을 가진다. 만약 B가 그 제안을 받아들인다면, 그 돈은 그에 맞게 나누어진다. 만약 B가 그 제안을 거절한다면, 둘 다 돈을 받을 수 없다. 연구자들(Sanfey et al., 2003: 1755-1758)은 최후통첩 게임을 하는 동안 신경 활동에서의 변화를 연구하였다. B에게 있어, 더 불공평한 것이 주어질수록 부정적 정서와 관련된 뇌섬엽에서 더 많은 활동을 보인다. 연구자들은 B의 혼합 정서, 즉 이익을 증가시키려는 목표와 불공정에 저항하려는 목표 간에 경쟁 심리가 발동되고, 이것이 뇌 활동에 반영된다고 제시한다. 이와 유사하게, 다른 연구자들(Knoch et al., 2006: 829-32)은 배외측 전전두피질(DLPFC)의 중요성을 증명했다. DLPFC가 손상되었을 때, 참가자들은 불공정한 제안을 거절할 수 없었다.

넷째, 도덕적 행동은 '도덕적 행동을 완성시키는 데 필수적인 능력과 자질'을 포함한다. 이 능력은 계획, 통찰, 행동을 선택하고 시작하며 멈추는 것과 같은 실행적인 기능을 포함한다. 도덕적 행동은 인지, 민감성, 동기의 해석 기술과 연결된다. 도덕적 행동은 초보자와 전문가를 비교하거나 특정한 뇌 영역이 국소적으로 파열되는 뇌 손상을 입은 개인들과 정상인들을 비교함으로써 비교적 쉽게 연구된다.

도덕적 기능에 포함된 모든 과정처럼, 도덕적 행동은 전전두엽(PFC)에 의지한다. PFC는 목표를 달성하기 위한 계획 수립에 있어 목표와 수단을 형성하는 것과 관련되며, 올바른 순서로 기술을 적용하면서 계획을 조정하는 데 사용된다. 전두엽이 손상되었을 때, 화, 관능적 욕구, 탐욕에 대한 충동은 통제의 범위 밖에 있을 수 있다. 인생 초기의 무지, 후기의 학대나 환경적 스트레스에의 과다 노출 등으로 인한 PFC의 손상은 비조직적이고 충동적인 행동, 부주의함, 행동 규제 장애가 더 많이 나타나는 결과를 초래한다. 안와전두피질(OFC)에 손상을 입은 환자들은 지식과 행동이 서로 연결되지 않는 경향이 있다. 비록 그들이 옳은 것을 알더라도 이 환자들은 자신의 행동을 규제할 수 없기 때문이다. 전대상피질(ACC) 손상은 '전두엽 범죄'로 이끌 수 있다(Goldberg, 2002: 153). 이는 개인들이 행동의 규칙을 알지만 그것을 따르지 않고 대신 어떤 예측이나 정확함도 없이 부적절하게 행동하는 것을 의미한다. '전두엽 증후군'을 가진 사람들은 행동에 대한 내적인 안내를 상실한다.

이와 같이 4구성요소 모형을 분석 틀로 활용하여 최근의 뇌 과학적 연구 성과를 체계적으로 검토한 후에, 나바에츠는 비록 뇌 과학 연구들이 아직 시작 단계이지만 부적응 행동 뒤에 뇌 손상이 있을 수 있다는 것과 각각의 요소에서 사회적으로 규범적인 기능은 건강한 뇌 기능에 의존한다는 주장을 뒷받침했다. 또한 건강한 뇌 기능에 있어 어린 시절 초기 경험의 중요성과 관련된 뇌 과학 문헌을 분석한 결과, 유아기와 아동기 초기의 '애착'의 중요성을 제안하였다(Narvaez & Vaydich, 2008: 301). 애착의 과정은 신경 생물학적으로 뇌에 깊숙이 각인된다. 일생의 뇌 발달과 정서 규제에 있어 결정적이기 때문에, 안전한 애착으로 발생하는 신경 생물학적 회로 역시 사회적, 도덕적 행동에 결정적이다. 예를 들면, 안정적 애착은 초기 인지 발달과 연관된다. 또한 양육자가 반응적이고 유아나 아동의 요구에 조화를 맞출 때, 아동은 더 협동적이고 성실해지는 경향이 있다. 따뜻하고 반응적인 양육이 어린이가 자기 자신을 통제하는 능력 향상에 영향을 미친다는 것을 애착에 대한 신경 생물학적 연구들은 일관되게 밝히고 있다.

또한 뇌의 형성과 관련해 나바에츠는 선행 연구 결과를 바탕으로 도덕적 기능과 밀접한 관련이 있는 뇌의 많은 영역들이 거의 30세까지 구성된다고 주장한다(Narvaez & Vaydich, 2008: 303). 그 마지막 해까지 도덕적 행동에 핵심적인 전전두엽(PFC)이 형성된다. PFC는 행동을 시작하고 조직하기, 관심을 지속하기, 반응을 억제하기, 하나의 업무에서 다른 업무로 전환하기, 정서를 조절하고 기억을 총 가동하기를 규제한다. PFC는 개인이 외재적 사건들과 더불어 내재적 상태를 조절하는 것을 포함한 기능을 관리할 수 있게 한다. 연구자들은 청소년기에는 PFC가 아직 성숙하게 작동하지 않기 때문에, 주로 즉각적인 상황에 초점을 맞추는 편도체의 미성숙한 체계를 통해 의사 결정이 일어난다고 주장한다. 그러므로 어떤 상황에서 '대부분의 사람들이 그것을 한다면' 청소년들도 역시 그것을 하는 경향이 있다고 봐야 한다.

2. 사회적 직관주의 모형에 대한 수용과 비판

나바에츠는 사회적 직관주의 모형(Social Intuitionist Model; 이하 SIM)으로 대표되는 도덕적 직관주의 관점이 여러 가지 측면에서 도덕적 기능에 관한 연구에 중요한 기여를 해왔다고 말한다(Narvaez, 2010b: 165). 나바에츠가 언급하는 도덕적 직관주의의 기여를 보다 구체적으로 살펴보면, 첫째, 도덕적 직관주의는 도덕적 판단을 내리는 과정에서 직관의 힘을 기술해 준다. 도덕적 기능을 기술하기 위해 직관적-정서적 체계를 포함시킨 것은 오랫동안 지배적이었던 도덕 심리학의 합리주의(혹은 이성주의) 접근에 대한 유용한 교정에 해당한다. 둘째, 도덕적 직관주의는 인간 기능을 위한 암묵적 과정의 우선성에 대한 데이터를 제공해 준다. 사실상 수집되는 심리학적 증거들은 도덕적 행동을 이끄는 과정을 포함해서 인간의 정보처리 과정이 자동적으로 일어난다는 것을 보여주고 있다. 셋째, 도덕적 직관주의는 합리주의적 접근이 설명하기 어려운 데이터를 제공한다. 대학교 실험실 학생들로부터 얻은 데이터를 활용하면서 도덕적 직관주의 연구는 사람들이 정서적 접근-회피(approach-avoidance) 반응에 기초해서 재빠르게 타인들에 대해 판단을 내린다는 점을 보여준다. 넷째, 도덕적 직관주의는 이성과 숙고가 도덕적 판단을 위해 중심적인 역할을 한다는 관점에 도전하면서 수집한 데이터에 대해 신뢰할 만한 해석을 제공한다.[2]

하지만 나바에츠는 이러한 직관주의 이론 또한 합리주의 이론과 마찬가지로 도덕적 기능에 대한 부분적이거나 협소한 이해로 인해 문제점 및 한계가 있다고 지적한다(Narvaez, 2010b: 163). 첫째, 나바에츠는 무엇이 옳고 그

---

2. 나바에츠(Narvaez, 2008: 233)는 다른 논문에서 하이트가 도덕적 추론 논의에서 오랫동안 유지되어 왔던 인지적 관점에 대해 두 가지 중요한 개선안을 제안했다고 평가한다. 우선, 그가 주장하듯이, 심리학은 인간이 이성적인 의사 결정자로서 신중한 추론에 따라서 의사 결정을 한다는 고전적인 관점에서 벗어나고 있다. 그는 경험적 근거를 바탕으로 인간의 의사 결정은 이성적으로 이루어지는 것이 아니라 무의식의 영향을 중대하게 받는다고 주장한다. 두 번째 개선안은 인간의 인지는 서구적 전통에서 강조하듯이 개인적인 활동이 아니라 사회적 상황과 공동체에 의해 많은 영향을 받는 사회현상이라는 점이다. 비록 이러한 주장들이 중요하고 가치 있다는 점을 일정 부분 인정하더라도, 사회적 직관주의 모형은 몇 가지 심사숙고를 필요로 하는 요소를 포함하고 있다.

른지에 대한 도덕적 판단을 하이트식 직관에 의존하는 것은 매우 위험하다고 지적한다. 즉, 직관주의 이론은 오류 가능성이 있고, '증거, 논리, 합리적 조사, 혹은 사실에 관한 언급 없이 직관적으로 또는 직감적으로(from the gut) 무언가가 진실이라는 믿음(truthiness)'에 굴복할 수 있다는 한계가 있다는 것이다(Narvaez, 2010b: 182). SIM이 도덕적 본능의 일종인 도덕적 직관을 지나치게 강조하다 보면, 결국 도덕적 직관에 따른 도덕 판단이 과연 보편타당한지에 대한 추론의 인과적 역할을 제대로 파악하는 데 실패할 수 있다는 지적을 피하기는 어려울 것 같다(Narvaez, 2008: 240).

둘째, 나바에츠는 인간 및 도덕 발달에 대한 하이트의 기본 관점이 지나치게 수동적이라고 비판한다. 하이트에 따르면, 아동은 상대적으로 수동적인 존재로서, 시간에 따른 도덕 모듈(moral modules)의 성숙과 문화적 환경에 지배받는 것으로 보인다(Haidt & Bjorklund, 2008: 206). 나바에츠의 관점에서 볼 때, 도덕 발달은 하이트가 주장하듯이 수동적인 과정이 아니라 능동적인 과정으로도 이해될 수 있다(Narvaez, 2008: 236-7). 개인은 환경 내에서 활동하고 문화적, 심리적, 생물학적 경향에 기반을 둔 환경적 영향에 반응하기도 하지만, 사회적 경험(특히 동료 관계)을 통해, 그리고 보다 경험이 많은 사람의 가이드를 통해 도덕적 전문성을 형성하기도 한다. 즉, 개인은 관련된 경험을 통하여 더 복잡하고 정교한 인지-정서-행동 도식을 능동적으로 구성해 나가기도 한다.

셋째, 나바에츠는 하이트가 규정한 '도덕성'과 '도덕적 추론,' '직관'에 대한 정의가 지나치게 자의적이고 부정확하며, 철학적 담론에서 폭넓게 전개해 온 도덕적 의사 결정 형태들과의 관계, 도덕 심리학 영역에서 중요하게 연구해 온 핵심 개념들과의 관계에 대한 언급을 회피하고 있다는 점을 지적하고 있다(Narvaez, 2008: 233). 하이트에 따르면, 도덕성은 "문화나 하위문화에 의해 필수적인 것으로 평가되는 일련의 덕들로 이루어진 어떤 사람의 행위나 인격에 관한 평가"로서 정의된다(Haidt, 2001: 817). 이러한 개념 규정은 도덕성의 원천을 집단(문화 혹은 하위문화)으로 귀착시키는, 그리고 집단 의무로서 간주된 모든 행위를 도덕적인 것으로 분류시키는 이중의 목적에 이바지한다(정창우, 2011a: 116). 또한 칸트 이래로 도덕철학적 담론에서 도덕적 의사 결정 형태들로 간주되어 온 것들[3]과 SIM의 관계, 도덕적 동기화, 도덕적 정체성, 공감, 도덕적 행동 등과 같은 도덕 심리학 영역에서의 핵심 개념들과 SIM의 관계에 대해 제대로 언급하지 않고 있다.

넷째, 나바에츠는 문화화(enculturation)와 도덕 발달이 동등한 것이 아니라고 주장하면서 하이트의 도덕성에 대한 관점에 한계가 있음을 지적한다. 그녀는 "사회적 직관주의 이론은 도덕 발달 연구의 역사에서 가장 비판적인 담론 중의 하나로 보인다. 인지 발달적 전통의 초기에 사회적 순응과 도덕 발달 간에 구분이 있었다(Kohlberg, 1969). 이런 구분은 1930년대의 독일과 같이 특정한 상황에서 사회적 순응이 도덕 발달에 어떻게 위해(危害)가 되는지, 그리고 1950년대 미국의 민권운동과 같이 사회적 압력에 대한 저항이 도덕성 발달에 어떻게 도움이 되는지를 설명하기 위해 필요했다. 콜버그는 당시 심리학에 만연했던 상대주의에 맞서 싸우고자 했다. 반면, 하이트의 '충분히 문화화된 사람이 덕 있는 사람이다'라는 주장은 충격적이다. 인지 혁명과 콜버그의 성취 이전의 행동주의자와 정신분석학자처럼 하이트는 도덕적 인습 혹은 관습을 지지한다"고 비판한다(Narvaez, 2008: 239).

다섯째, 나바에츠는 하이트가 주장하는 바와 같이 일상생활에서 도덕적 직관의 비중이 절대적으로 높은 것은 아니며, 도덕적 문제 상황에서 옳은 행동을 하기 위해서는 도덕적 직관이 아니라 직관, 추론, 상황을 위한 행동 체계를 조화시킬 수 있는 능력(예: 실천적 지혜)이 필요하다고 지적한다. 나

---

3. 예를 들어, 칸트 이후 대부분의 철학적 담론에서 도덕적 의사 결정을 다루어 온 바, 도덕적 의사 결정은 다음과 같은 것들을 포함하고 있다. 즉, 여기에는 개인적인 목표와 계획을 설정하는 것(B. Williams), 자신의 책임이 무엇인가를 결정하는 것(H. Frankfurt), 대안들 중에서 어떤 행동 선택이 최선인가를 심사숙고하는 것(J. Rawls), 다양한 고려들을 조화시키는 것(J. D. Wallace), 선택된 의사 결정과 행동을 평가하는 것(L. A. Blum) 등이 포함된다.

바에츠(Narvaez, 2008: 235)는 도덕적 심사숙고가 드문 일이 아니라는 사실을 입증하기 위해 일상적으로 일어나는 도덕적 판단의 사례[4]를 다양하게 제시한다. 이러한 이슈들과 씨름하는 것은 하이트가 말한 문제 상황과 관련된 다양한 요소들에 대한 동시적 혹은 자동적 평가뿐만 아니라 나의 원칙(principles)을 고려하는 것이 포함된다. 그녀는 이렇게 본다면 직관이 도덕적 판단을 지배한다기보다는 의식적인 추론과 우선순위를 번갈아 가며 상호작용하는 과정에서 서로 협력하는 관계라고 보는 것이 적절하다고 주장한다. 하이트가 직감(gut feeling)과 도덕적 정서를 행동의 핵심으로 위치시킨 것과는 다르게, 나바에츠는 정서, 사고, 충동, 특별한 상황에서 반응 등의 요소 간 상호작용으로 인하여 행동이 일어난다고 주장한다. 그러면서 적절한 행동을 위해서는 적절한 덕을 특정한 상황에서 옳은 방식으로 적용할 것을 요구하기 때문에 이러한 과정을 '실천적 지혜(practical wisdom)'로 이름 붙이는 것이 보다 적절할 것이라고 강조한다. 실천적 지혜는 직관, 추론, 상황을 위한 행동 체계를 조화시킨다. 그것은 풍부한 경험을 가진 전문가에 의해 거의 자동적으로 적용되기도 하지만, 비전문가가 신중하게 숙고함으로써 이루어지기도 한다. 나바에츠에 따르면, 도덕적 의사 결정의 실제 작업은 실천적 지혜가 바탕이 되어 이루어진다.

　이상에서 살펴본 바와 같이, 나바에츠는 SIM을 중심으로 한 도덕적 직관주의 입장에 대해 긍정적 평가와 더불어 강도 높은 비판을 제시했을 뿐만 아니라, 도덕적 추론을 강조하는 합리주의적 접근에 대해서도 장단점을 동시에 제시하고 있다. 나바에츠는 합리주의적 접근의 가장 큰 기여는 중·고등학교 시기와 그 이후에 주어지는 교육 경험에 의해 인습 이후 추론 능력이 증가한다는 점 등을 밝힌 것이라고 본다. 특히 인습 이후 수준의 추론 능

---

4. "그가 화난 것으로 보여. 내가 무슨 말을 해야 할까?" "그녀의 마음을 상하게 하고 싶지 않아. 어떻게 해야 할까?" "이 미팅은 시간 낭비에 불과해. 모두에게 도움이 될 수 있도록 하기 위해서는 어떻게 해야 할까?" "어떻게 하지? 약속 시간을 맞추려면 빨리 가야 하는데, 내 도움을 필요로 하는 사람이 있네." 등이 여기에 포함된다.

력은 도덕적 의사 결정을 위해 인습적 사고보다 정교한 사고 수준을 나타내며, 이는 도덕 발달의 목표로서 문화화를 강조하는 SIM이 결여하고 있는 측면이라고 긍정적으로 평가한다. 하지만 콜버그식 합리주의 접근은 단지 추론이 도덕적 삶을 위한 하나의 요소라는 점, 도덕적 귀감(moral exemplarity)을 제대로 설명하지 못한다는 점(Walker & Frimer, 2009), 인간 기능에 있어 체화된 경험, 생물학적, 역사적 맥락 등을 강조하는 '하의상달(bottom-up)'적 기원을 무시한다는 점(Johnson, 2007)에서 비판을 받을 수밖에 없다고 나바에츠는 진단한다.

이와 같이, 합리주의 접근과 직관주의 접근의 장단점을 비교 분석한 후에 나바에츠는 이 두 진영 간 가교 역할에 초점을 맞추고 있다. 즉, 도덕적 추론이 도덕 행동을 추동하고 도덕적 정서를 조절한다는 측면에서 추론 우위의 관점을 취한 것이 '콜버그'이고, 추론의 역할을 부분적으로 인정하지만 대부분의 행동이 도덕적 직관에 의존한다고 봄으로써 도덕적 직관 우위의 관점을 취한 것이 '하이트'라면, 그녀는 도덕 심리학에서 추론과 직관을 동등한 파트너로 간주하고 있다(Haidt, 2010: 183). 그녀의 전문성 발달에 대한 연구는 전통적으로 이성에 기초한 도덕 심리학과 최근의 뇌 과학 및 진화론을 통합하려는 시도이며, 이렇게 볼 때, 그녀는 포괄적인 혹은 통합적인 도덕 발달 이론을 목표로 하고 있다(Narvaez, 2010a; Haidt, 2010: 182).

3. 삼층 윤리 이론의 구축

1) 삼층 윤리 이론의 구조와 특징

삼층 윤리 이론(Triune Ethics Theory; 이하 TET)은 윤리적 동기의 원천을 제안하기 위하여 다양한 연구 성과를 종합적으로 활용하는 메타이론이다(Narvaez, 2009: 136). TET는 인간 도덕성의 근저에 자리하고 있고 인간 진

삼층 윤리 – 주요 유형 및 하위 유형
관여 평온과 공동체적 상상
마음 챙김 도덕(도덕 지대)
상상
유리된 상상(지성적 도덕)
악덕한 상상(독선적 도덕)
공동체적 상상(아가페 도덕)
관여
관여 불안(상호 의존적 도덕)
관여 평온(조화의 도덕)
안전
월플라워 안전(수동적 도덕)
벙커 안전(도전적 도덕)

〈표1〉 삼층 윤리의 도덕적 정향

화에서 생물학적 성향으로부터 나타난 세 가지 정향을 가리킨다. 이와 같이 뇌의 진화적 지층으로부터 구성된 안전, 관여, 상상의 세 가지 윤리는 개인과 집단의 삶에서 나타난다. 비록 생물학적 성향에서 나왔지만, 세 가지 동기적 정향(motivational orientation)은 경험에 의해서도 상당 부분 형성될 수 있다(Narvaez & Vaydich, 2008: 305).

우선, 안전 윤리(The Ethic of Security)는 안전, 개인적 혹은 내집단 지배를 통해 자기 보존에 초점을 맞춘다. 이 윤리는 자기-관심화된 두뇌와 신체 체계에 자리하고 있기 때문에, 자신과 내집단의 안전을 우선시하는 행동들이 도덕적인 것으로 판단된다. 안전 윤리는 특히 자기 보호, 신분 상승(위계 혹은 서열), 그리고 내집단에 대한 충성(믿음 혹은 행동의 순수성을 위한 규칙 유지)을 특히 강조한다. 안전 윤리에는 벙커 안전(bunker security)과 월플라워 안전(wallflower security)이 포함되는데, 전자는 물리적 혹은 심리적 자아(예컨대 ego)를 보호하기 위해 사용되는 방어적 공격성으로서 안전 윤리의 외향적 형태에 해당한다. 반면 후자는 권위에 대해 수동적이고, 정서적으로 위축된 반응을 취하는 경향으로서 안전 윤리의 내향적 형태에 해당한다.

관여 윤리(The Ethic of Engagement)는 배려 관계와 사회적 유대를 통해 다른 사람들과의 면대면의 정서적 우호 관계로 향한다. 또한 우리를 친밀함으로 이끄는 정서 시스템을 수반한다. 관여 윤리에는 관여 평온(engagement calm)과 관여 불안(engagement distress)이 포함되는데, 전자는 이기적인 자기 이익 추구가 최소화되면서 사랑/배려/애착, 그리고 타인과 더불어 '매 순간을 사는 존재(being-in-the-moment)'에 초점을 맞춘다. 후자는 공감이 강하지만 자기 규제적 시스템이 약할 때 나타날 수 있는 것으로, 타인에 대한 넘치는 애착 혹은 배려로 인해 마음이 불편한 상태를 의미한다.

상상 윤리(The Ethic of Imagination)는 즉각적인 것을 넘어서는 관심을 표명하고 사회적 관계에 적응하는 인간의 이성 능력을 최대한 사용하면서, 뇌의 더 오랜 부분들을 조정한다. 여기에는 유리된 상상(detached imagination)과 악덕한 상상(vicious imagination), 그리고 공동체적 상상(communal imagination)이 포함된다. 우선 '유리된 상상'은 마음이 '지금-여기'의 존재와 정서로부터 분리될 때 생기는 것으로서, 뇌의 기능이 좌뇌에 의해 지배된다는 것을 의미한다. 다음으로 '악덕한 상상'은 좌뇌가 지배적이지만 부가적으로 분노 혹은 공격성의 개입이 이루어질 때 나타난다. 악덕한 상상은 무엇이 옳다고(righteous) 생각될 경우 다른 사람들을 희생시키더라도 어떤 목표를 추구하고자 할 때, 다른 사람보다 우월감을 가질 때, 현재보다는 미래에 과도하게 초점을 맞출 때, 지금 여기에 함께 있는 사람에게 정서적으로 관여할 수 있는 능력인 도덕적 관계 능력이 부족할 때 흔히 일어난다. 이러한 자기중심적(ego-centered) 도덕은 벙커 안전보다 정교하고 반사적이라는 특징이 있다. 끝으로 '공동체적 상상'은 지금 함께 있지 않은 타인들과의 연결 감(sense of connection)을 위한 능력이며, 풍부한 사회적 경험과 깊은 친사회성에 따른 행동의 현실적 결과를 내다보는 능력을 서로 결합해 준다.

안전 윤리, 관여 윤리, 상상 윤리는 인간의 뇌 회로와 구조에 명백히 존재하는 신경 생물학적 뿌리를 가지고 있다. 다시 말해, 세 윤리는 뇌의 상이한 부분에 의해 영향을 받게 되며, 지각(perception)과 행동 선택을 무의식적으로 형성할 수 있는 생리학적(physiological) 시스템에 의해 영향을 받게 된다. 또한 이러한 세 윤리는 이념적 선택, 지각, 주의(attention), 그리고 정보처리 등에 분명한 영향을 줄 수 있다.[5]

콜버그의 하향식(top-down) 접근, 즉 숙고적 추론(deliberate reasoning)과 같이 도덕원리로부터 출발하여 도덕 문제로 나아가는 접근 방식과는 대조적으로,[6] 나바에츠의 TET는 경험에 의해 형성되는 도덕적 성향의 상향적(bottom-up) 구축에 초점을 맞춘다. 이와 같이 나바에츠는 TET가 정서적 동기화에 초점을 맞춘다 하더라도 여전히 콜버그 연구와 연결될 수 있음을 강조하면서, 콜버그 단계 이론이 TET 윤리학을 통해 재배열된 것으로 볼 수 있다고 말한다. 우선, 안전 윤리는 대개 암묵적으로 자기 보존과 개인적 획득에 주목한다. 이는 콜버그의 인습 이전 단계들과 유사하다. 안전 윤리는 정보 처리와 행동 지배에 있어 다른 체계에 위협, 무능력, 장애가 있는 상황에서 쉽게 생각과 행동을 지배할 수 있다(MacLean, 1990). 자기 보존과 집단에서의 생존은 4단계 법과 질서 개념을 반영한다. 보다 암묵적으로 그리고 정교하게 혼란과 무질서를 가라앉히기 위해서 유연한 법칙을 지향한다.

---

5. 하나의 정향이 도덕적 행동을 위한 동인(driver)으로 사용될 때, 그것은 하나의 윤리적 정향이 된다. 즉, 한 개인이 특별한 정향을 다른 가치들보다 더 중요하게 생각하고 규범적 명령으로 간주할 때, 그것은 윤리적 의미를 가진다. 이런 측면에서 나바에츠의 TET는 비록 진화론 및 신경 생물학적 토대 위에서 구축된 이론이지만 윤리적 혹은 규범적 함의를 제공하는 이론으로 평가받는다.

6. 콜버그 이론은 숙고적 추론과 규칙 기반 도덕성에 초점을 맞춤으로써 무의식과 정서를 무시했다는 비판을 받아 왔다.

나바에츠의 관점에서 조망할 때, 관여 윤리는 얼핏 보면 콜버그의 3단계(착한 소년 소녀 지향)에 상응하는 것처럼 보이지만, 그것은 종(species)을 관통하는 '공감 발달'에 보다 잘 어울리며(Hoffman, 2000), 길리건의 배려 윤리와 상응할 수 있다. 물론, 엄밀하게 말해, TET는 '여기 함께' 있지 않고 친숙하지도 않은 타인들에 대해 공감하는 것을 가장 진화된 윤리적 정향으로 설정하고 있지만, 길리건 이론은 이것에 역점을 두고 말하는 것은 아니라고 지적할 수도 있다. 그럼에도 불구하고 길리건의 이론은 정서의 역할(도덕적 민감성)과 상황적 맥락에서 자아의 역할(도덕적 동기화)을 강조하고 있다는 점에서 관여 윤리와 연결점을 지니게 된다.

콜버그의 이론에서 가장 많이 연구된 측면은 인습 이후 혹은 원리화된 이성의 수준에 해당하는 5단계와 6단계이다. 이 단계들의 본질은 전두엽 활동에 깊이 근거하고 있으므로 상상 윤리에 속한다(Narvaez & Vaydich, 2008: 305). 상상 윤리는 우리의 숙고적 이성과 상상의 원천이다. 이것은 직관 및 본능에 대응하는 것으로서, 이를 통해 '하지 않을 자유(free won't),' 즉 편견과 같이 자동적으로 반응하는 것을 멈추고 본능을 따르지 않을 수도 있다. 비록 인간이 면대면 관계를 선호하고 (미래 세대처럼) 여기 함께 있지 않는 사람들을 상상하기 어렵게 진화했다 하더라도, 전두엽은 즉각적인 관계를 넘어서 확장할 수 있는 공동체 의식을 위한 수단을 제공한다.

나바에츠는 세 가지 윤리가 각각 연결 가능한 덕들을 가지고 있다고 강조한다. 예를 들어, 안전 윤리에는 충성과 용기, 관여 윤리에는 연민과 자기희생, 상상 윤리에는 열린 마음과 절차적 정의 등이 포함된다는 것이다. 또한 그녀는 관여와 상상 윤리가 최대한 기능하고 안전 윤리는 평온할(calm) 때, 인간이 가장 도덕적일 수 있다고 제안한다. 여기서 도덕적 기능의 보다 높은 수준인 관여와 상상 윤리는 초기 양육에 의존하며, 이러한 어린 시절의 양육 방식과 삶의 경험으로부터 형성된 어떤 윤리를 향한 기질적 경향성은 개인행동에 있어 상황의 힘과 상호작용하게 된다.

2) 삼층 윤리 이론의 확장: '마음 챙김 도덕'

나바에츠가 제시한 TET에서 가장 모범적인 도덕적 정향은 '공동체적 상상'과 '관여'가 결합된 상태인 '마음 챙김 도덕(mindful morality)'이다(〈표2〉참조). 마음 챙김 도덕은 좌뇌와 우뇌, 직관과 의식적 이성, 정서와 추상화가 조화를 이루는 상태이다. 상호 주관성 및 타인에 대한 공감(관여 윤리)과 경험에 기초한 추상화 능력(공동체적 상상)의 사용이 결합된 것이고, 한마디로 도덕적 지혜(moral wisdom)라고 부를 수 있다. 마음 챙김 도덕은 성급한 행동으로부터 벗어나게 하거나 충동을 제지할 수 있는 능력, 즉 '하지 않을 자유'를 통해 충동에 맞설 수 있게 해 준다.

세계의 주요 종교(도덕성에 대한 일부 연구자들 포함)에서는 인간의 잠재성이 연민과 감사, 사랑과 용서, 나와 너의 관계, 환대, 아가페적 사랑과 같은 긍정적 정서에 있다고 주장한다(Narvaez, in press). 길리건이나 나딩스와 같은 페미니스트 학자들도 여성들에게서 특히 그러한 능력이 두드러지게 나타나며, 여성들이 그러한 정향에 의해 영향을 크게 받는다는 점을 지적하면서, 이와 유사한 정서들을 강조해 왔다.

마음 챙김 도덕은 뇌를 전체적으로 사용한다. 이 속에는 '지금-여기' 정향이면서 매 순간 충만한 정서적 존재성과 반응성을 강조하는 '관여적 평화'와, 도덕적 문제 해결을 위해 좌뇌의 추상화 능력을 활용함과 동시에, 타인에 대한 정서적 연결감(sense of relatedness)을 유지할 수 있는 능력(우뇌의 관여)인 '공동체적 상상'이 모두 포함된다.

마음 챙김은 건강 증진, 활력적이며 탄력 회복성을 가진 자아 형성, 행복과 친사회적 행위, 자동적인 사고(automatic thinking)의 변경 및 직관 수정, 인지 행동 치료와 같은 심리 치료를 포함해서 많은 종류의 긍정적 효과를 가져온다고 보고되어 왔다. 마음 챙김은 매 순간 정서적으로 그리고 주의집중해서 깨어 있는 상태에 머무르는 것이고, 명상과 기도 등을 통해 실천될

지식
- TET 윤리 유형 및 하위 유형(자아 내에서 다양한 도덕적 마음자세들(mindsets) 간에 경쟁을 벌이는 것)에 대한 지식 - 어떻게 정서와 습관이 마음자세를 촉진시키는가에 대한 지식
성향
- 긍정적인 정서를 촉진하는 것 - 다른 사람에 대해 일방적으로 판단 내리지 않는 것 - 타인에 대한 동정심 - 타인의 관점 채택
마음 챙김을 위한 기술
- 감정에 대한 자기 인식 - 매 순간에 깨어 있는 상태를 유지하는 것 - 습관 형성에 대한 자기 모니터링(예: 사회적 편견 통제)
윤리적 과정 기술
- 윤리적 민감성[7] - 윤리적 판단 - 윤리적 초점 - 윤리적 행동

〈표2〉 마음 챙김을 위한 기술과 지식[8]

수 있다(Narvaez, in press; 박성현, 2007: 89).[9] 또한 실천 혹은 훈련을 위해서

---

7. 나바에츠는 '도덕적(moral)'과 '윤리적(ethical)'을 상호 교환 가능한 개념으로 간주하면서, 이 개념들을 다소 혼란스럽게 사용하는 경향이 있다. 대체로 4구성요소를 설명할 경우, 도덕적 민감성, 도덕적 판단, 도덕적 동기화 혹은 초점, 도덕적 품성 및 실행력(혹은 도덕적 행동)이라고 표현하지만, 전문성(expertise) 및 기술(skills)에 대해 논할 경우에는 윤리적 민감성, 윤리적 판단, 윤리적 초점, 윤리적 행동이라는 표현을 선호하는 경향이 있다. 이 글에서는 가능하면 나바에츠의 글에 제시된 원문을 그대로 우리말로 번역하여 제시하고자 하였다.

8. 〈표2〉에서 제시된 바와 같은 '마음 챙김을 위한 기술과 지식'을 습득해 감에 따라, 학생들은 타인을 향한 긍정적인 정서와 태도를 향상시킬 수 있다. 감사, 동정심, 연민 등의 긍정적인 사회적 정서에 대한 습관을 형성하는 것은 '마음 챙김의 도덕적 행동(mindful moral action)'에 있어 윤활유 역할을 한다. 또한 공동 목표를 향해서 동등한 위치의 타인들과 함께 일하는 것은 공감과 이해를 증진시킬 수 있다(Narvaez, in press).

는 무의식이나 멍한 상태에 자신을 내맡기지 말고 현재 경험의 신선함에 주의를 기울여야 한다. 음미(savoring) 혹은 감상도 자신이 삶에서 가지는 긍정적인 감정에 주의를 기울인다는 점에서 유사한 아이디어에 해당한다. 또한 마음 챙김 도덕은 긍정적 혹은 부정적 사건에 대한 일기 쓰기를 통해서도 촉진될 수 있다. 이와 더불어, 마음 챙김 도덕을 위해서는 자신이 관계를 맺고 있는 사람들의 고유성(uniqueness)과 관계적 맥락에 대해 알아가는 것도 중요하다(socially mindful).

IV. 나바에츠의 도덕교육 이론:
통합적 윤리 교육 모형(도덕적 전문성 모형)

나바에츠는 일상생활의 행동 중 많은 부분이 자동적인(automatic) 인지적 과정의 지배를 받는다는 증거를 제시한 후(Bargh 1989, 1990, 1996, 1997), 도덕적 기능이 직관적인 것과 비슷하고 암묵적인 과정에 의해 이루어지며, 이러한 도덕적 직관의 암묵적 과정은 전문가의 과정과 유사하다고 주장한다. 그녀에 따르면, 전문가와 초보자 사이의 행동에 있어서 분명한 차이점 중의 하나는 초보자들은 숙고하면서 느리게 의사 결정 과정을 거치는 데 비해, 전문가는 종종 빠르고 자동적으로 의사 결정을 한다는 것이다. 전문가는 의미 있는 정보를 인식하면서 자동적이고 의도적이며 목표 의존적인 처

---

9. 불교 명상을 활용하여 '마음 챙김 명상' 및 '심리 치료' 연구를 주도해 온 인물은 메사추세츠 의과대학의 존 카밧진(J. Kabat-Zinn) 교수이다. 그는 불교의 위빠사나 수행을 활용하여 '마음 챙김에 기반한 스트레스 감소(MBRR: Mindfulness Based Stress Reduction)'라는 심리 치료법을 개발하였다. 카밧진은 마음 챙김(mindfulness)을 현재의 순간에 주의를 집중하는 능력, 의도적으로 몸과 마음을 관찰하고 순간순간 체험한 것을 느끼며, 또한 체험한 것을 있는 그대로 받아들이는 과정으로 정의하고 있다.

리 과정을 사용하는 반면, 초보자는 그렇지 않다. 자신의 영역에서 문제에 부딪힌 전문가는 문제 해결에 적합한 지식에 접근하고 알맞은 시점에서 적절한 절차를 적용함으로써 상대적으로 빨리 효과적인 해결책을 찾을 수 있다. 반면, 같은 문제에 부딪힌 초보자는 문제에 대해 부정확한 이해와 잘못 적용된 절차에 근거하여 피상적이고 비효율적인 해결책을 찾는다(Gijselaers & Woltjer, 1997).[10]

그렇다면 전문가들은 어떻게 해서 전문가가 되는가? 나바에츠는 첫째, 전문가는 전문가들로부터 멘토링을 제공받는 상호작용 상황과 잘 구조화된 환경에서 기술을 배운다고 본다. 이때, 어떤 영역의 문제 해결을 위해 고려해야 하는 것이 무엇인가에 대해 배우는 데 있어서 전문가들은 정확한 피드백을 제공하며, 그들의 기술적인 수준에 적절하게 맞추어 일대일로 지도하면서 이끌어 나간다. 둘째, 전문가들은 그들의 전문 분야에서 개발된 명시적 이론(explicit theory)을 사용하는 것을 배우고, 메타인지적 코칭(metacognitive coaching)과 문제 해결 전략(strategy)을 위한 가르침을 받기 때문에 그 분야의 전문가가 된다. 훈련 중인 전문가들의 스승들은 이론이 그 영역 문제들의 기초가 되는 구조와 어떻게 관련되며, 왜 어떤 선택이나 반응이 다른 것들보다 더 나은 것인지에 대해 훈련 대상 혹은 교육 대상에게 설명한다. 이와 같이 교육 대상들은 명시적 이론과 설명의 맥락에 따라 분명하고 숙고된 방법으로 의사 결정하는 것을 배운다(Abernathy & Hamm, 1995). 예를 들면, 도덕 판단에서 전문가들은 다양한 관점들이 반영된 도덕 이론을 배우며, 자신들의 행동에 장애가 될 수 있는 개인적 관심이나 이익에 얽매이지 않고 특정 영역의 문제들에 보편적 관점의 틀을 적용시킬 수 있는 전략을 배운다. 셋째, 전문가들은 자신의 영역에 많은 시간을 투여하고 집

---

10. 간단히 말하면, 전문가는 처리 과정 속도를 증가시키고 자각적 선택과 주의를 기울이고, 자동적이고 목표 의존적인 기술의 사용을 증가시키는 좀 더 풍부한, 선언적이고 절차적인 지식 기반을 가지고 있다.

중적으로 연습한다. 도덕 판단에서 전문가들은 도덕 문제와 씨름하고 해결 책을 찾는 데 헤아릴 수 없는 시간을 투여한다. 전문가들은 지루할 정도로 오랜 시간 동안 집중적인 노력을 하며, 그 오랜 시간 동안에도 계속 관심을 유지할 수 있다.

이러한 전문성 논의에 기초하여 나바에츠는 최근 인격 발달과 교육에 대한 전문성 모형, 즉 통합적 윤리 교육(Integrative Ethical Education; 이하 IEE)[11] 모형을 제시하고 있다. IEE의 핵심은 통합적 윤리 교육 구조로서 개인 행복(eudaimonia) 및 공동체 번영, 합리적 도덕교육과 전통적 인격교육 관점들을 '인간의 학습과 인지에 관한 인지과학적 관점'과 결합시키는 것이며 (Narvaez, 2006: 725), 도덕적 기술을 전문가 수준으로 교육하는 것을 목표로 한다. 이 모형에 의하면, 인격은 높은 수준의 전문성을 양성할 수 있는 일련의 기술들(skills)로 구성되어 있다. 하지만 이것은 전혀 새로운 아이디어가 아니다. 덕의 함양의 목표 혹은 성과는 가장 넓은 의미에서 테크네(*techne*)로 표현되는데, 이는 성공적인 숙련공, 정치가, 혹은 정의로운 사람에 의해 입증된 노하우(know-how)의 유형이다(플라톤의 『국가』). 이러한 노하우 혹은 전문성은 절차적 지식 그 이상이다. 즉, 그것은 인간의 존재 전체를 포함한다.[12]

나바에츠(Narvaez, 2006: 716)가 말하는 전문성(expertise)이란 실천과 행위

---

11. IEE 모형은 공동체 목소리와 인격교육 계획(Community Voice and Character Education Project)이 진행되고 있는 동안 나바에츠와 미네소타 주의 아동, 가족, 학습 부서와 제휴를 맺은 미네소타 대학의 그녀의 동료들의 연구에 의해 만들어졌다. 연구 기금은 미 교육부에 의해 지원되었다(USDE OERI Grant #R215V980001).

12. 예를 들면, 유덕한 사람은 덕에 있어 탁월성을 바라며, 그런 바람은 행동에서뿐만 아니라 선호와 선택에서도 반영된다. 곧 그것은 그 사람이 하고자 원하는 것이다(Urmson, 1988). 따라서 덕의 함양은 행동뿐만 아니라 발달에 적합한 방식으로 지각과 바람(desire)을 형성하는 것을 필요로 한다. 부모와 교사들로부터의 초기의 안내는 반응과 습관적 반응뿐만 아니라 바람과 동기(지각과 민감성)를 설득하여 이끌어내는 것을 포함한다. 점차적으로 개인은 자아 내에 이러한 반응을 형성하게 된다. 인격 발달은 마뚜라나(H. Maturana)와 바렐라(F. Varela)가 말하는 자기 생성(autopoetic) 혹은 자기 조직화(self-organizing)가 되는 것이다(보다 자세한 내용은 Varela, 유권종, 박충식 역, 2009 참조; Narvaez, 2006: 719).

에서 분명하게 드러나는 정련된(refined) 그리고 깊은(deep) 이해를 의미한다. 다시 말해, 전문성은 단순히 기술적(technical) 역량이나 지적 능력을 지칭하는 것이 아니다. 그것은 덕을 행위로 표출시키기 위해 목표 지향적 방식으로 모든 시스템이 함께 작용할 수 있도록 일체의 능력을 동력원으로 활용하는 것이다. 일반적으로 전문가가 알아야 하는 지식에는 어떤 지식으로 접근해야 하고, 어떤 절차를 적용해야 하며, 그 절차를 어떻게 적용해야 하고, 언제 그 절차를 적용해야 하는가 등이 포함된다. 특히 도덕적 전문가가 알아야 할 지식에는 도덕적 상황을 어떻게 인식하고 개념화할 것인가, 도덕적 추론을 제대로 하기 위해서는 어떻게 해야 하는가, 정체성을 자신의 윤리와 어떻게 연결할 것인가, 그리고 어떻게 윤리적 결정을 실행으로 옮길 것인가 등이 포함된다.

한편, 나바에츠가 말하는 '기술(skills)'이란 단순히 특질(traits)을 지칭하는 것이 아니다. 특질이란 개념은 심리 연구에서 흔히 사용되고 있지만 경험적으로 지지를 받지 못하고 있는 반면, 기술은 사회적·맥락적으로 기대되는 것을 포함하여 '사람과 환경' 간의 조화로운 상호작용에 부합되는 상황에서 일관되게 행위한다는 경험적 연구 결과와 동일선상에 있다. 즉, 개인은 유사한 상황에서 유사한 방식으로 행동한다. 이는 기술이 뇌-마음-몸 전체 시스템을 활용하고, 행동에서 분명하게 드러나는 '홀리스틱하고 맥락화된 이해,' 즉 체화된 마음(embodied mind or cognition)과 밀접하게 관련되어 있기 때문이다(Varela, Thompson & Roach, 1991).

레스트(Rest, 1983)의 일련의 연구에 근거하여, 나바에츠는 좋은 인격을 가진 사람이 지닌 특징적인 기술들을 밝히고 있다(Narvaez et al., 2005). 그녀는 이러한 기술들이 레스트가 심리적으로 구분한 과정들(도덕적 민감성, 도덕적 판단, 도덕적 동기화 혹은 초점, 그리고 도덕적 행동)을 확장시키고 있다고 주장한다. 4구성요소 모형은 도덕적 인간에 대한 전체적인 이해를 제공하는데, 나바에츠의 입장에서 볼 때, 이러한 도덕적 인간은 예리한 자각과 관점 채택, 숙련된 추론, 도덕적 동기화 성향, 그리고 도덕적 행동을 이행하는 기술들을 가진 사람이다(Narvaez 2002). 예를 들면, 윤리적 민감성 기술에서 전문가는 좀 더 빠르고 정확하게 상황을 '읽을' 수 있고 그들이 해야 할 역할을 결정할 수 있다. 이러한 전문가들은 또한 가능한 행동의 결과에 대한 더 풍부한 이해를 바탕으로 유용한 해결책을 더 잘 찾아낼 수 있다. 윤리적 판단 기술에서 전문가는 복잡한 문제를 해결하고, 문제를 빨리 해결할 수 있는 요점을 찾고, 무엇을 해야 할지 추론하는 많은 도식들을 일으키는 데 보다 잘 숙달되어 있다. 그들의 정보처리 과정 도구들은 보다 더 복잡하지만 또한 보다 더 효율적이다. 윤리적으로 초점을 맞추는 기술에서 전문가들은 윤리적 이상을 우선시하면서 다른 사람들에 대해 책임을 진다. 전문가들의 동기화는 도덕적 자아 정체성에 대한 유기적 구조에 의해 이끌린다. 윤리적 행동에 대한 기술에서, 전문가들은 계속 집중하면서 윤리적 행동을 해야 할 때 필요한 조치를 취할 수 있다. 전문가들은 윤리적 행동을 할 때 보다 더 수준 높은 윤리적 행동을 보여준다. IEE에서는 4개의 각 과정마다 7가지 윤리적 기술을 제시하고 있으며, 각각의 윤리적 기술에는 3개의 하위 기술을 제시하고 있다(〈표3〉 참조).

나바에츠에 따르면, 〈표3〉에 제시된 28개의 기술들은 도덕적 귀감(예컨대, 킹 목사), 고전적 덕(예컨대 절제, 용기), 현대적 덕(예컨대, 쾌활), 도덕성 · 발달 · 시민성 · 긍정 심리학에 대한 학문적 검토를 통해 추출된 것이다(Narvaez, 2006: 717). 그리고 이러한 기술들은 정의를 향상시키고 자아와 타인, 개인과 공동체의 번영을 촉진하기 위한 것들을 포함하고 있다. 나바에츠는 다원적 민주주의가 번영하기 위해서는 이러한 기술들에 대한 역량의 최소 수준 이상을 성인 시민들이 지닐 필요가 있다고 강조한다.

이와 더불어, 나바에츠는 전문성과 덕의 습득을 위해서는 가능하면 도제식 교육(apprenticeship)을 통해 전문가인 스승으로부터 안내가 불필요할 때까지 안내를 받아야 한다는 점을 강조한다(Narvaez, 2006: 718-719). 우리가

윤리적 민감성 (Ethical sensitivity)	윤리적 판단 (Ethical judgment)	윤리적 동기화 혹은 초점 (Ethical focus)	윤리적 행동 (Ethical action)
ES-1: 감정 표현 이해 감정 확인과 표현 감정 조절 노여움과 공격성 다스리기	EJ-1: 윤리적 문제 이해 정보 수집 문제 분류 윤리적 문제 분석	EF-1: 타인 존중하기 예의 갖추기 공격적이지 않기 존경 나타내기	EA-1: 갈등과 문제 해결 관계 문제 해결하기 협상하기 보상하기
ES-2: 타인의 관점 채택 대안적 관점 채택 문화적 관점 채택 정의(justice) 관점	EJ-2: 규칙 사용과 판단 준거 확인하기 규칙 특징화하기 규칙을 분별하여 적용하기 규칙의 다양성 판단하기	EF-2: 양심 계발 자제(극기)하기 영향력 관리하기 명예롭게 되기	EA-2: 공손하게 주장하기 인간의 욕구에 주목하기 주장 기술 형성하기 공손한 수사법 사용하기
ES-3: 타인과 관계 형성 다른 사람과 관계 맺기 배려를 나타내기 친구가 되기	EJ-3: 일반적으로 추론하기 객관적으로 추론하기 건전한 추론 사용하기 추론의 함정 피하기	EF-3: 책임감 있게 행동하기 의무 이행하기 훌륭한 담당자 되기 훌륭한 세계시민이 되기	EA-3: 지도자로서 솔선수범 하기 지도자 되기 타인을 위해 그리고 타인과 함께 솔선수범하기 타인의 조언자 되기
ES-4: 다양성에 반응하기 집단 간, 그리고 개인 간 차 이에 대해 이해하기 다양성 인식하기 다문화적으로 되기	EJ-4: 윤리적으로 추론하기 관점들 판단하기 표준과 이상에 대해 추론하기 행동과 결과에 대해 추론하기	EF-4: 공동체의 일원 되기 협동하기 자원 공유하기 사려 깊게 행동하기	EA-4: 결정 실행 계획 전략적으로 사고하기 성공적으로 수행하기 자원의 사용을 결정하기
ES-5: 사회적 편견 통제 편견 진단 편견 극복 관용 기르기	EJ-5: 결과 이해하기 결과에 주의 기울이기 결과 예측하기 결과에 대응하기	EF-5: 삶의 의미 찾기 자신에게 집중하기 헌신적 태도 기르기 경이로움 함양하기	EA-5: 용기 계발하기 두려움 다스리기 압력 견뎌내기 변화와 불확실성 다스리기
ES-6: 상황 해석하기 일어나고 있는 일이 어떤 일인지 규정하기 도덕적으로 인식하기 창의적으로 대응하기	EJ-6: 과정과 결과에 대해 깊 이 생각해 보기 목표와 수단에 대해 추론하 기 올바르게 선택하기 자신의 추론을 모니터링하기	EF-6: 전통과 제도에 가치 부여하기 전통을 명확히 알고 가치 있게 여기기 사회구조 이해하기 민주주의 실천하기	EA-6: 참을성 기르기 흔들리지 않기 장애물 극복하기 능력 형성하기
ES-7: 효과적인 의사소통 말하고 듣기 말하지 않고 다른 방식으 로 의사소통하기 의사소통 모니터링하기	EJ-7: 맞서서 극복하고 회복 탄력성을 되찾기 긍정적인 추론 적용 실망과 실패 다루기 회복탄력성 계발하기	EF-7: 윤리적 정체성과 자기 통합성 계발하기 좋은 가치를 선택하기 자신의 정체성 형성하기 자신의 잠재력에 도달하기	EA-7: 열심히 일하기 달성 가능한 목표 세우기 시간 관리하기 자기 삶을 책임지기

〈표3〉 통합적 윤리 교육 모형의 네 가지 과정과 하위 기술들(Narvaez & Lapsley, 2005)

흔히 가지고 있는 덕에 대한 지배적인 해석은 바람직한 행동을 자주 되풀이함으로써 획득되는 습관 혹은 행동 양식으로 보는 것이다. 그녀에 따르면, 이것은 과도하게 단순한 해석이며, 아리스토텔레스가 덕의 본질과 습득 방법에 대해 이해했던 것들 가운데 한 가지만을 나타낼 뿐이다. (아리스토텔레스 관점에 대한 보다 덜 영향력 있는 해석이지만) 나바에츠가 보기에 더 설득력 있는 해석은 덕의 발달은 다른 사람의 안내를 필요로 한다는 점이다. 요컨대 덕은 맹목적인 복종이나 기계적인 방식의 기억화를 통해서가 아니라 안내된 반성(guided reflection)을 통해서 형성된다는 것이다. 이러한 안내 과정에서 교사가 유의할 점으로 나바에츠가 특히 강조하고 있는 개념은 비고츠키의 '근접발달지대'이다(Narvaez, 2006: 721). 즉, 학습자가 문제를 해결하는 데 필요한 꼭 그 정도만큼의 안내를 제공하고, 기술이 발달하면 점차 줄여 나가는 형태, 즉 브루너의 '비계 제공(scaffolding)'을 활용하면서 비고츠키의 '근접발달지대' 내에서 지도가 이루어질 수 있도록 해야 한다는 점이다.

V. 나바에츠 이론의 도덕교육적 시사점

나바에츠의 도덕 발달 이론이 도덕교육 연구 및 실천을 위해 제공할 수 있는 시사점을 밝히면 다음과 같다.

첫째, 나바에츠는 기본적으로 뇌 연구가 특정 부분의 비정상적 뇌 발달과 손상이 도덕적 인지와 행동에 있어 특수한 결함을 가져온다는 것을 우리에게 알려줄 뿐만 아니라, 보다 중요하게는 초·중등 단계 및 대학 시기의 도덕교육의 필요성 및 중요성을 위한 근거로 활용될 수 있다는 점을 시사하고 있다. 즉, 뇌의 형성은 인생 초기에 형성되어 고착되는 것이 아니라 거의 30

세까지 계속 변화할 가능성이 있으며, 특히 청소년기까지는 뇌가 비교적 높은 수준의 유연성을 지닌다는 그녀의 주장은 이 시기에 도덕교육의 중요성 및 필요성을 위한 근거로 활용될 수 있다. 나바에츠는 뇌 구조와 기능은 융통성이 있음을 강조한다. 즉, 도덕성과 관련된 뇌 기능 발달에 결정적 시기(critical period)가 있는 것처럼 보이지만, 손상이 심각하지 않다면 변화할 수 있는 가능성이 있다는 것이다. 나바에츠는 다수의 선행 연구 결과(예를 들어, Schwartz & Begley, 2003)를 활용하면서 그러한 변화를 자세히 기록하고 있다. 다치바나 다카시(2004: 88) 또한 "자기 뇌에 어떤 입력을 할 것인가 하는 결정은 대부분 자기 스스로 하는 것이므로 자기 뇌는 스스로 만드는 것이다. 여러분 모두는 자신의 브레인 빌더(brain builder)이다. 어떤 뇌를 만들 것인가, 나를 어떤 인간으로 다듬어 나갈 것인가는 스스로 책임을 지고 결정해야 한다. 흔히 사람은 마흔이 넘으면 자기 얼굴에 책임을 져야 한다고 하지만, 스무 살이 지나면 자기 뇌에 스스로 책임을 져야 하는 것이다"라고 역설한 것도 이와 유사한 맥락에서 이해될 수 있다.

둘째, 나바에츠는 도덕적 추론에 주목한 콜버그의 기획은 여전히 중요하지만, 도덕성에 대한 뇌 과학의 연구 성과를 통해 볼 때, 의도적이고 숙고를 통한 의사 결정은 모든 도덕적 기능을 설명하는 데 있어 불충분하다는 점을 우리에게 일러주고 있다. 그녀는 뇌 발달과 관련된 새로운 연구 결과들이 우리로 하여금 보다 포괄적인 도덕 발달(심리학) 이론에 대한 기대감을 갖게 한다고 말한다. 즉, 도덕 심리학 분야는 심리학의 모든 영역을 이해 범위에 포함시켜 더 자유롭게 숨쉬기를 열망하며, 이런 측면에서 특히 도덕성에 대한 뇌 과학 연구는 이성과 정서, 이타주의와 이기주의, 덕과 인격, 자유의지와 책임감, 도덕적 직관 등의 영역을 전체적으로 포괄함으로써 콜버그의 한계를 넘어 도덕 심리학 및 도덕교육에 획기적 공헌을 할 수 있는 대안 이론의 창출을 위해 훌륭한 연구 기반을 제공할 수 있다는 것이다.

셋째, 도덕성의 구성 요소에 대한 인위적이고 편의적인 구분 방식(예: 인지,

정의, 행동)이 갖는 문제점과 한계를 뇌 과학적 연구 결과가 잘 지적해 주고 있다는 나바에츠의 주장은, 우리의 도덕교육에 있어서 삼분법적 접근 논리를 과도하게 따를 수 있는 위험을 경계할 필요성을 시사해 준다. 이미 1980년대 이후 레스트와 나바에츠를 비롯한 신콜버그주의자들은 인지, 정서, 행동의 삼분법적 도식이 갖는 문제점을 지적해 왔다(Rest et al., 1999). 여기서 나바에츠의 학문적 기여 측면에서 특히 주목해야 할 점은 이러한 관점이 최근 뇌 과학 연구 성과에 의해 지지되고 있음을 밝히고 있다는 점이다. 이성과 정서가 각각 기능의 고유성 측면에서 부분적으로 인정될 수 있지만, 뇌 과학적 연구 성과는 이성과 정서, 이성과 직관 각각의 독립성을 전제로 도덕성 연구와 도덕교육을 주창하는 입장의 한계를 명확하게 지적해 주고 있다는 것이다. 실제로 그녀는 이러한 뇌 과학적 근거를 바탕으로 통합적 윤리 교육 모형 혹은 전문가 모형에서 인지와 정서, 도덕적 추론과 도덕적 덕, 숙고적 추론과 직관 등이 통합된 '도덕적 기술(skills)'을 체계적으로 제시하고 있다.

넷째, 뇌 기능과의 연결을 고려하면서 제안하는 나바에츠의 '도덕교육 방법'은 우리나라 도덕과 교육의 지도 방법론을 개선하는 데 도움을 줄 수 있다. 예를 들어, 뇌 과학적 연구 결과를 통해 볼 때, 풍토 혹은 분위기와 인간관계가 도덕교육에 어떤 영향을 미치는지 확인할 수 있다고 그녀는 말한다. 그러면서 그녀는 교육자들이 교실의 정서적 분위기와 교사-학생 관계를 모니터링하면서 학생들이 안전하게 보살핌을 받고 있다고 느끼도록 격려할 수 있어야 한다고 강조한다. 특히 아동기 혹은 초등 단계에서는 안정적 애착과 대뇌 변연계의 반향을 불러일으키기 위해 교사의 관심과 정서적 인식, 배려 행위가 필요함을 시사하고 있다. 또한 나바에츠에 따르면, 타인의 관점을 고려하면서 대안적 관점을 창출하는 능력은 (삶의 경험과 더불어) 전전두엽의 성숙을 통해 발달하는 기술들에 해당한다. 그녀는 이러한 능력이 특히 협동 학습과 상호 이익(mutual interest)을 위한 협동적 팀워크를 통해 촉

진될 수 있다고 강조한다.[13]

다섯째, 나바에츠는 도덕적 전문성 발달을 위해 전문성 훈련 교육의 세 가지 측면, 즉 잘 조직된 혹은 구조화된 환경, 이론과 문제 해결 전략의 학습, 그리고 장기간에 걸친 집중적인 연습을 제시하고 있으며, 이는 도덕 발달을 위해 '도덕 교과'라는 '전문 교과'와 '기타 교과' 및 '교과 외 교육 활동' 간의 협업과 시너지 효과 창출을 위한 노력의 중요성을 우리에게 시사하고 있다. 잘 구조화된 교실 및 학교 환경 조성은 모든 교과와 '교과 외 교육 활동'을 통해 추구해 나가야 하고, 도덕적 삶과 행위에 관련된 다양한 이론들에 대한 이해, 그리고 도덕적 문제 해결을 위한 기술과 노하우 등은 도덕과가 중심이 되어 가르칠 필요가 있다. 특히 이 과정에서 도덕적 전문가를 길러내기 위해서는 나바에츠(Narvaez, 2006: 716)가 주장하는 바와 같이 선언적(declarative; 무엇을) 지식뿐만 아니라, 절차적(procedural; 어떻게) 지식과 조건적(conditional; 언제 그리고 얼마나 많이) 지식 등도 강조할 필요가 있다. 또한 윤리적 민감성, 판단, 초점, 행동에 대한 지속적이고 집중적인 연습 또한 도덕과가 중심이 되어 체계적으로 지도할 필요가 있다.

여섯째, 통합적 윤리 교육의 목표가 도덕적 전문성을 형성하기 위한 기술(skills) 계발에 있다는 나바에츠의 주장은 우리나라 도덕과 교육의 방향성 설정을 위해 시사점을 제공할 수 있다. 우리는 지금까지 윤리적 노하우(ethical know-how)보다는 윤리적 노홧(ethical know-what)에 강조점을 두어 온 측면이 있다. 즉, 무엇이 옳은 행동인가, 핵심적인 윤리 이론이나 개념에는 어떤 것이 있고 이것들이 의미하는 바는 무엇인가, 보편적 도덕규범과 (사회문화적 풍토의 영향을 받는) 사회규범에는 어떤 것들이 있는가, 현대사회의 도덕 문제에는 어떤 것들이 있고 이를 어떻게 해결해야 하는가 등을 포

---

13. 나바에츠는 협동 학습에 대해서는 존슨과 존슨(Johnson & Johnson, 2008)의 연구를 참고하고, 상호 이익을 위한 협동적 팀워크 연구는 셀먼(Selman, 2003)의 연구를 참고할 것을 권한다.

함해서 '윤리적 노핫'(도덕적 지식과 도덕적 행위의 정당성)을 강조해 온 반면, 무엇이 선한 삶 혹은 좋은 삶이고, 그렇게 살아가기 위해서는 어떤 능력과 성향이 필요하고, 나는 어떻게 살아가고 있으며 앞으로 어떻게 살아가야 하는가 등을 포함한 '윤리적 노하우'(삶의 목적, 성찰과 수행, 삶의 기술, 체화)를 소홀히 간주해 온 측면이 있다. 따라서 두 가지 측면 간의 통합과 조화를 추구하되, 후자(삶의 목적에 비추어 그러한 삶을 살아갈 수 있는 노하우와 기술)에 대한 보완이 반드시 필요하다.

일곱째, 도덕적 전문성을 기르기 위해 필요한 기술들을 중심으로 구성된 '통합적 윤리 교육 혹은 전문성 모형'은 전통적 인격교육과 합리적 도덕교육, 도덕적 덕과 도덕적 추론, 덕과 의무 등이 통합된 형태로서, '개인의 바람직한 품성 형성'뿐만 아니라, '다원주의적 민주주의에서 요구되는 도덕적 시민성 형성' 모두를 추구해야 하는 우리나라의 도덕과 교육에 중요한 시사점을 제공한다. 제3차 교육과정기에 '도의 교육'과 '국민정신교육'의 필요성에 의해 독립 교과로 개설된 도덕과는 개설 이후 이 두 가지 측면 간의 관계를 유기적으로 설정하는 데 많은 어려움을 겪어 왔다. 나바에츠의 모형은 개인의 성품 형성과 공동체 구성원으로서의 도덕적 시민성 형성을 통합한 하나의 모형으로서, 앞으로 우리 도덕 교과의 하위 목표들 간에 그리고 내용 영역들 간에 상호 긴밀성과 일관성을 높이는 데 기여할 수 있을 것이다.

여덟째, 도덕적 전문성 형성 및 덕의 습득을 위해 전문가 혹은 스승이 도제식 교육(apprenticeship)을 통해 학습 대상을 안내해 주어야 한다는 나바에츠의 주장은 도덕교육을 위한 방식 및 도덕교육에서 교사의 역할에 대해 중요한 점을 시사하고 있다. 우선 전문가에 의해 도제식으로 교육할 필요성을 통해 볼 때, 우리나라와 같이 교사 양성 교육과정에서 도덕교육에 대한 전문성을 습득한 전문 인력, 즉 도덕 교사들에 의해 도덕교육이 이루어지고 있는 방식은 분명한 장점에 해당한다고 볼 수 있다.[14] 또한 도덕적 전문성

---

14. 물론 도덕 교사가 '도덕교육의 전문성'뿐만 아니라 '도덕적 전문성' 자체를 얼마나 습득

형성 혹은 덕의 함양은 훌륭한 스승의 안내 하에 가능하다는 점을 통해 볼 때, 도덕 교사는 유덕한 사람으로서 모범이 될 수 있는 사람, 도덕적 전문성을 소유한 사람, 비계 설정 및 근접발달지대를 활용하여 '안내된 반성'을 이끌 수 있는 훌륭한 지도력을 갖춘 사람이 되기 위해 노력해야 한다는 점 등을 시사점으로 생각해 볼 수 있다.

끝으로, 나바에츠가 강조하고 있는 '마음 챙김 도덕'은 높은 수준의 도덕적 정향을 기르기 위해, 즉 효과적인 도덕교육을 위해 불교 수행법(명상), 심리 치료, 긍정 심리학, 인지과학 등의 연구 성과를 포괄적으로 활용할 필요성을 우리에게 시사하고 있다. 나바에츠가 제시하고 있는 바와 같이, 마음 챙김은 실제로 건강 증진, 활력적이며 탄력 회복성을 가진 자아 형성, 행복과 친사회적 행위, 자동적인 사고(automatic thinking)의 변경 및 직관 수정, 인지 행동 치료와 같은 심리 치료를 포함해서 많은 종류의 긍정적 효과를 실제로 가져온다고 보고되고 있다. 이러한 장점을 지닌 '마음 챙김' 개념을 우리 도덕과 교육에 의미 있게 반영하기 위해서는 불교 수행법(명상)을 중심으로 여러 분야의 연구 성과를 폭넓게 활용할 필요가 있다.

VI. 결론

2000년대에 들어와 나바에츠는 자신의 이론적 지평을 확장시켜 나가면서, 그리고 수많은 연구 저작물을 저서 및 논문 형태로 발표하면서 매우 왕성한 학문 활동을 펼쳐 왔다. 그녀는 콜버그의 도덕 발달 이론의 공헌과 기여에 대해 주목하면서, 동시에 최근 뇌 과학과 신경 생물학, 진화론, 심리학, 인지과학 등으로부터 산출된 도덕성에 관한 연구 성과를 효과적으로 활용했는가에 대해서는 이견이 있을 수 있다.

하면서 학제적인 연구 기획을 선도적으로 실행하고 있다. 또한 해마다 우수한 저서와 학술 논문을 대량으로 발표하고 있다. 그 결과 2000년 이후 그녀가 편집한 세 권의 저서들(*Personality, Character and Identity: Explorations in Moral Psychology*, 2011; *Handbook of Moral and Character Education*, 2009; *Moral Development, Self and Identity*, 2007)이 AERA(American Educational Research Association)로부터 학술상을 받았고, 40여 편 이상의 학술 논문(refereed journals에 수록된 논문)이 우수 학술지에 게재되어 왔다.

　이와 같이 자신의 이론적 지평을 꾸준히 확장시켜 나가고 도덕 발달에 대한 학제적 기획의 연구 성과를 매우 풍부하게 제시함으로써, 나바에츠는 이제 도덕 발달 및 도덕교육 영역에서 가장 영향력 있는 인물 중 한 사람이 되었다. 이와 같은 학자적 위상의 상승에 따라 차츰 그녀의 학문적 정체성을 평가해 보려는 시도가 나바에츠 자신 및 국내외 학자들에게 의해 나타나고 있다. 그녀는 스스로 "역사적으로 나 자신이 합리주의 진영에서 학문적으로 성장해 왔기 때문에 나의 연구는 합리주의 관점과 잘 부합되지만, 최근 전문성과 전문성 발달의 관점에서 나온 암묵적 과정에 대해 보다 많은 관심을 기울이고 있다"(Narvaez, 2010b: 164)고 밝힌 바 있다. 또한 박장호(2012)는 "비유컨대, 비록 한 발원지로부터 흘러나온 강물이 또 다른 발원지의 강물과 만나 새로운 큰 강을 만든 것으로 보이지만, 도덕 발달론에 대한 나바에츠의 이론적 의지는 줄곧 자신의 원류를 잊지 않고 오히려 그것을 발전시켜 풍부하고 확장된 강물을 만들었다고 주장하려는 것 같다"고 표현하면서 그녀의 학문적 정체성을 긍정적으로 평가 내리고 있다. 필자가 보기에, 콜버그는 플라톤의 전통에 선 '강한 이성주의자'이고, 레스트는 도덕적 지식과 판단이 도덕적 행동을 위해 필요하지만 충분하지 않다는 '온건한 이성주의자'라면,[15] 나바에츠는 이성과 직관, 도덕적 추론과 도덕적 덕, 숙고적 추론과

---

15. 콜버그와 레스트에 대한 이런 식의 평가는 로저 스트로한(Straughan, 1983)에 의해 이루어진 바 있다. 보다 자세한 내용은 정창우(2004), 『도덕교육의 새로운 해법』, p. 251을 참고

도덕적 성향 간의 '중도적 입장'을 취하는 '통합적 중도주의자'에 가깝다. 그녀의 학문적 정체성은 이미 다중적이고 복합적인 단계에 와 있는 것으로 보인다.

끝으로, 나바에츠의 포괄적인 도덕 발달 이론은 주목할 만한 가치를 충분히 지닌 우수한 것이지만 아직은 미완성 상태라는 것의 근거를 밝히면서 이 글을 마치고자 한다. 나바에츠는 자신이 제시한 모형이나 이론, 개념에 대한 정교화 작업을 실행할 필요가 있다. 예를 들어, (i) 이성과 직관이 동등한 파트너라는 주장을 뒷받침할 수 있는 과학적 근거의 확보 문제, 그리고 삼층 윤리 이론을 뒷받침할 수 있는 보다 설득력 있는 진화론적-신경 생물학적 근거 확보 문제,[16] (ii) 〈표3〉에 제시된 '통합적 윤리 교육 모형의 네 가지 과정과 하위 기술들'에서 28개로 제시된 기술들이 구체적으로 어떤 학문적 토대 혹은 근거 위에서 설정된 것인가에 대한 보다 분명한 해명, 즉 도덕적 귀감, 고전적 덕, 현대적 덕, 도덕성·발달·시민성·긍정 심리학에 대한 학문적 검토 결과가 28개의 기술과 구체적으로 어떻게 연결되는가에 대한 보다 명확한 해명, 그리고 이에 덧붙여, 이러한 기술들이 4구성요소와 어떻게 연결되는가에 대한 해명, (iii) 마음 챙김 도덕을 언급하면서 바렐라의 관점을 차용하고 있지만, 바렐라는 '체화된 마음 혹은 인지'를 강조하면서 '자아의 비어 있음 혹은 무아적 관점'에 주목하고 있기 때문에, 도덕적 자아 정체성을 강조하고 있는 자신의 관점과 바렐라의 관점이 어떻게 연결될 수 있는지에 대한 해명, 그리고 (iv) 테크네(techne) 개념을 사용하면서 도덕적 전문가에 의한 전문성 계발을 주장하고 있는데, 이런 측면에서 볼 때 도덕교육을 지도하는 교사가 갖추어야 할 도덕적 전문성의 수준과 이를 위해 교

하기 바란다.

16. 나바에츠의 TET에서 활용된 과학적 근거, 즉 매클린(P. MacLean)의 삼층 두뇌 이론(파충류, 초기 포유류, 후생 포유류의 뇌)은 과학적으로 많은 비판을 받고 있다. 박장호(2012), p. 227-228 참조.

사 양성 교육이 어떻게 개선되어야 하는가에 대한 해명[17] 등이 여기에 해당된다.

---

17. 교사가 갖추어야 할 도덕적 전문성의 수준에 대해 언급하고 있지 않은 점은 분명 나바에츠 이론의 한계로서 지적될 수 있을 것이다. 하지만 필자는 모든 교사, 특히 도덕교육에 관심을 가진 교사가 도덕적 전문성을 지녀야 한다는 나바에츠의 견해에 대해 전적으로 동의하며, 나바에츠가 도덕적 전문성을 구성하는 하위 기술들을 체계적으로 제시해 준 점(〈표3〉 참조)은 매우 탁월한 아이디어라고 생각한다. 필자 또한 나바에츠와 마찬가지로 모든 교사, 특히 도덕성 발달을 추구하는 교사는 〈표3〉에 제시된 바와 같은 도덕적 전문성을 습득해야 할 필요가 있다고 본다. 물론 교사 양성 과정에서 이러한 전문성을 길러주기 위해 체계적인 교육과정이 구축될 필요가 있고, 교사 선발 제도 또한 이런 전문성 습득 정도를 평가할 수 있도록 마련될 필요가 있다고 본다. 특히 도덕 교사의 경우 교사 개인의 도덕적 전문성 발달 혹은 도덕적 인격 발달이 교사 교육의 핵심이 되어야 하고, 교사 선발 과정에서 이러한 발달 수준을 평가하는 데 중점을 두어야 한다고 생각한다.

제8장

도덕과 배경 학문으로서 도덕 심리학:
사회 정서 학습

I. 서론

어떤 삶의 기술(skills)이 학업과 인생의 성공을 위한 가장 중요한 예측 변수인가? 왜 어떤 아이는 만족스러운 인간관계와 큰 성취를 이룬 성인으로 성장하는 반면, 이와 유사한 환경과 학습 능력을 가졌음에도 불구하고 어떤 아이는 나중에 인간관계에서 어려움을 겪고 어두운 미래와 우울함으로 인해 고통 받게 되는가? 학업에만 매달리도록 강요받은 학생들은 개인적으로 뿐만 아니라 사회 구성원으로서 미래의 도전에 적절하게 대처하는 데 어려움을 겪게 될 가능성이 높다는 인식이 교육자들을 중심으로 차츰 확산되어가고 있다. 이러한 방식으로는 마음의 성장을 위한 자양분을 제대로 공급받을 수 없기 때문이다.

사회 정서 학습(social and emotional learning; SEL)은 이와 같이 학생들의 성공적인 삶과 행복한 삶을 위해 사회 정서적 유능성 혹은 사회 정서 역량(social-emotional competence)을 증진시키고자 등장한 것이다. 사회 정서 학습을 연구하는 학자들은 학생들의 개인적이고 직업적인 삶의 미래를 위해 사회 정서 역량을 반드시 향상시켜야 한다고 주장한다.

사회 정서 학습은 단순히 하나의 프로그램은 아니지만, 실제로 이를 위해 개발된 다양한 프로그램들은 사회 정서 기술들을 증진시키기 위해 필요한 기회 및 전략에 대한 풍부한 지침을 제공하고 있다. 최근까지 사회 정서 학습 기술의 향상을 추구하는 다양한 교육 프로그램들은 객관적이고 과학적으로 엄밀하게 평가 받아 왔으며, 그 결과 긍정적인 교육 효과들을 보고해 왔다. 신뢰할 수 있는 경험 연구 결과들에 따르면, 학교는 사회 정서 학습 기술을 가르치기 위한 대단히 효과적인 공간이다(CASEL website). 학교에서의 효과적인 사회 정서 학습 교육은 학생들의 사회 정서적 기술, 자신 및 타인에 대한 태도, 사회적 상호작용 등을 의미 있게 향상시킬 수 있는 기회를 제공한다. 또한 음주와 약물 복용, 괴롭힘과 학교 폭력, 무단 결석이나 등교 거부와 같은 다양한 문제들을 예방해 줄 뿐만 아니라 학생들의 학업적 성공과 건강, 행복 등을 촉진시킬 수 있다.

이와 같이 최근 사회 정서 학습이 학생들의 문제 행동을 예방하고 학업 수행을 향상시키는 데 매우 효과적인 접근인 것으로 입증되면서, 세계 여러 나라에서 이를 도입하여 실행하고 있다. 영국의 '학습의 사회 정서 측면(Social and Emotional Aspects of Learning),' 싱가포르의 '사회 정서 학습(Social and Emotional Learning),' 캐나다의 '사회적 책임(Social Responsibility),' 콜롬비아의 '국가 시민성 역량(National Citizenship Competencies)' 등이 여기에 해당된다.

우리나라에서도 최근 학교 폭력 예방 차원에서 사회 정서 학습에 대한 관심이 차츰 높아지고 있다. 예를 들어, 최근 한국교육개발원 주최로 개최된 KEDI-MEST 학교 폭력 예방 국제 세미나(한국교육개발원, 2013)에서 미국의 세컨드 스텝(Second Step)과 싱가포르의 인격 및 시민교육(Character and Citizenship Education, CCE)[1] 등이 학교 현장에서 어떻게 적용되고 있

---

1. 미국의 '세컨드 스텝'은 학생들의 공감 능력, 충동 조절 및 문제 해결 능력, 분노 조절 능

고, 어떤 성과를 거두고 있는가에 대해 논의한 바 있다. 이런 학교 폭력 예방 프로그램들의 핵심 배경 이론은 모두 사회 정서 학습이다. 또한 오늘날 우리나라 청소년들이 보여주고 있는 사회적 상호작용 능력의 부재를 감안할 때, 향후 사회 정서 학습에 대한 관심이 고조될 가능성이 높을 것으로 예상된다. 한국청소년정책연구원과 한국교육개발원에서 국제 비교 조사 ICCS(International Civic and Citizenship Education Study)의 자료를 활용하여 사회적 상호작용 역량을 국제 비교한 결과, 우리나라 학생들의 학업 성취도는 세계 최고 수준인 반면에, 타인을 배려하고 함께 일할 수 있는 사회적 상호작용 능력은 비교 국가 36개국 가운데 35위를 차지하여 OECD는 물론이고 비교 국가 가운데 최하위 수준이었다. 이 연구 보고서의 결론에서는 사회적 상호작용 역량의 증진을 위한 교육적 노력을 강조하고 있다(한국청소년정책연구원 & 한국교육개발원, 2010).

이 글에서는 국내외에서 사회 정서 학습에 관한 연구 및 교육 노력이 활발하게 진행되고 있다는 점을 고려할 때, 도덕과의 경우에도 우리 청소년들이 보다 건강한 영혼을 갖고, 다른 사람과 조화로운 관계를 유지하며, 민주사회에서 보다 책임 있는 도덕적 시민으로 성장할 수 있도록 안내하기 위해서 사회 정서 학습에 관심을 두어야 한다고 본다. 즉, 사회 정서 학습에 대한 풍부한 자료를 바탕으로 그 장점을 체계적으로 분석하여 이를 학생들의 도덕적 성장을 돕는 하나의 자원으로 활용할 필요가 있다는 것이다. 이를 위해 이 글에서는 오늘날 미국에서뿐만 아니라 국제적으로 그 중요성이 점차 부각되고 있는 사회 정서 학습의 특징과 장점을 분석한 후, 도덕교육적

력 향상을 목표로 4세 유아에서 14세 중등학생을 대상으로 개발된 사회성 발달 프로그램이며, 싱가포르의 CCE는 학생들이 사회에서 자신의 역할과 책임을 명확하게 인지할 수 있도록 하고, 타인을 존중하며, 자신이 선택한 가치를 책임감 있게 수행할 수 있도록 하는 것을 목표로 개발된 프로그램이다(한국교육개발원, 2013). 싱가포르의 CCE에 공헌하는 학습경험 속에 '공민과 도덕교육(Civics and Moral Education)' 교과목이 중시되고 있으며, 이 교과목의 교육과정에는 사회 정서 학습이 매우 강조되고 있다.

시사점을 밝히고자 한다.

II. 사회 정서 학습의 이론 구축 과정

1980년대에 가드너(Howard Gardner)는 8개 지능 영역에 대한 윤곽을 그리면서 다중 지능에 대한 중요한 업적을 내놓았는데, 그중 상호 구분되면서도 관련성을 갖는 대인관계(interpersonal) 지능[2] 및 개인 내적(intrapersonal) 지능[3]이 오늘날 정서 지능으로 알려진 것의 전조로 간주되고 있다. 정서 지능(emotional intelligence)이라는 개념은 샐로비(Peter Salovey)와 메이어(John Mayer)에 의해 처음 등장하였다. 이들은 정서 지능 개념을 엄밀하게 규정하고 이를 지지할 수 있는 경험적 근거를 확보하는 데 중요한 기여를 하였다(Elias et al., 2008: 250).

사실상 정서 지능 개념을 대중화하는 데 주도적인 역할을 한 학자인 골먼(Daniel Goleman, 1995)은 정서 지능을 "사회적 지능의 한 하위 요소로서, 자신과 타인의 감정과 정서를 인식하고, 차이를 변별하며, 생각과 행동을 하는 데 정서 정보를 이용할 줄 아는 능력"으로 정의하였다. 그는 일반 정서 지능 이론가와는 달리 사회적 요소와 문제 해결 및 의사 결정을 추가하여, 정서 지능을 자기 인식, 사회적 인식, 자기 관리, 책임 있는 의사 결정, 관계 관리로 정의하였다. 또한 "IQ가 단지 삶의 성공에서 하나의 작은 예측 변수에 불과한 반면, 정서적·사회적 기술이 학업적 지능보다 성공과 행복에 있어 훨씬 중요한 예측 변수이다"라고 주장한 바 있다.

---

2. '인간 친화 지능'으로 불리기도 하며, 다른 사람의 의도를 잘 파악하고 적절히 대하는 능력을 의미한다.
3. '자기 성찰 지능'으로 불리기도 하며, 자신의 감정을 잘 파악하고 조절하는 능력을 의미한다.

한편, 바온(Bar-On, 2000: 37)은 정서 지능의 핵심 구성 요소로서, 자신의 정서와 감정을 인식하고 이해하며 비파괴적인 방식으로 표현하기, 다른 사람들이 어떻게 느끼는가를 이해하고 이 정보를 다른 사람과 관계를 맺을 때 사용하기, 정서가 자신을 위해 작동할 수 있도록 관리하고 조절하기, 변화를 관리하고 개인적이고 대인관계적인 성격의 문제를 해결하기, 그리고 자기 동기부여를 위해 긍정적인 정서 표출하기를 제안하였다.

오늘날 SEL의 이론적 구축 및 정교화, 실천적 지침 개발 및 프로그램 확산 등은 1994년에 설립된 미국의 '학업 및 사회정서학습 협회'(Collaborative for Academic, Social, and Emotional Learning, CASEL)에 의해 주도되고 있다. 사회 정서 학습에 대한 여러 정의가 있지만, CASEL에서 내린 정의를 재해석하거나 응용하는 경우가 일반적이다. CASEL에 따르면, 사회 정서 학습은 앞서 제시한 정서 지능에 대한 새로운 이해와 뇌 과학 영역에서의 연구 성과[4]를 바탕으로 등장한 것이며, 다음과 같은 다섯 가지 핵심 역량 영역에서의 지식, 태도, 기술을 학습자들이 획득하고 효과적으로 적용해 나가는 과정을 중시한다.

▶ 자기 인식: 자신의 정서와 가치, 강점을 인식하기

▶ 자기 관리: 자신의 정서, 사고, 행동을 효과적으로 조절하기

▶ 사회적 인식: 타인의 입장을 이해하고 공감하기

▶ 관계 관리: 긍정적인 관계를 형성하고 협력해서 일하며 갈등을 효과적으로 다루기

---

4. 예를 들어, 다마지오는 정서 반응을 관장하는 뇌 과학 연구를 바탕으로 정서의 과잉뿐만 아니라 정서의 부족 역시 문제 해결을 위해 중요한 변수임을 밝혔다(D. 골맨, 한창호 역, 2008, 74쪽 참조). 베차라, 다마지오와 바온(Bechera, Damasio, and Bar-On)은 해부학 연구를 기초로 하여 관찰된 사건과 정서적 반응과 개인 경험 간을 조정하는 핵심 과정을 밝히고 있다. 또한 외상과 상처가 어떻게 감정적 통합 시스템을 통해 일상의 판단을 훼손하는지를 분명하게 보여주고, 학부모나 교육자들에게 자녀 혹은 학생의 정서적 능력 향상에 특별한 관심을 기울이도록 촉구하였다(2008, 259쪽 참조).

▶ 책임 있는 의사 결정: 개인 행위 및 사회적 행위에 대해 생산적이고 윤
리적으로 선택하기

이와 같이 사회 정서 학습은 "학습자들이 자신의 정서를 인식하고 조절
하며, 타인에 대한 관심과 배려를 보여주고, 긍정적인 대인관계를 형성하며,
책임 있는 의사 결정을 내리고 직면하고 있는 어떤 상황에 생산적으로 대처
하기 위해 필요한 지식, 태도, 그리고 기술들을 획득하는 과정"을 의미한다
(CASEL website). 달리 말해서, 사회 정서 학습은 자신과 타인을 어떻게 대
하고 타인과의 관계를 어떻게 유지해 나가야 하는가를 포함한 '삶의 기술
(skills)'을 학습하기 위한 과정으로 이해할 수 있다.[5]

사회 정서 학습의 목표가 되는 다섯 가지 핵심 역량[6]과 이를 구성하는 하
위 기술 및 태도들은 〈표1〉과 같다.

사회 정서 학습 분야의 연구자들은 사회 정서 학습을 위해 설정된 핵심
역량들과 하위 기술들은 가르칠 수 있고 평가가 가능하며, 이런 기술을 지
닌 학생들이 학교와 인생에서 보다 나은 삶을 영위한다고 주장한다. 또한
이들은 보다 효과적인 사회 정서 학습을 위해 사회 정서 학습의 목표가 되

---

5. 자기 자신을 대함에 있어서 SEL은 자신의 정서를 이해하도록 돕고, 자신의 정서를 조절
하는 방법을 학습하도록 돕는 것을 의미한다. 또한 타인을 대하고 그들과의 관계를 유지함
에 있어 SEL은 타인에 대한 동정심과 공감을 계발해 나가고, 타인과 긍정적인 관계를 유지
해 나가도록 돕는 것을 의미한다. 전반적으로 SEL은 생산적이고 윤리적인 방식으로 다양한
상황을 다루는 데 초점을 맞춘다.

6. CASEL에서 제기한 '사회 정서 학습의 목표로서 다섯 가지 핵심 역량'을 바탕으로 기관
이나 프로그램마다 융통성 있게 사회 정서 학습의 목표를 설정하고 있다. '사회 정서 학습
을 위한 일리노이 학습 표준(Illinois Learning Standards for SEL)'에 따르면, 사회 정서 학습을
위한 목표에는 다음과 같은 세 가지가 있다(http://www.isbe.state.il.us/ils/social_emotional/
standards.htm).

▶ 목표 1: 학교생활과 인생의 성공을 위해 '자기 인식 및 자기 관리 기술'을 계발하는 것
▶ 목표 2: 긍정적인 관계를 형성하고 유지하기 위해 '사회 인식 및 대인관계 기술'을 사용
하는 것
▶ 목표 3: 개인, 학교, 공동체적 맥락에서 '의사 결정 기술과 책임 있는 행위'를 보여주는 것

핵심 역량	하위 기술	
자기 인식	• 자신의 정서를 인식하고 이름 붙이기 • 자신이 느끼고 있는 정서의 이유 및 상황에 대해 이해하기 • 내면의 힘(강점)을 인식하고, 자신, 학교, 가족, 지원 네트워크에 대한 긍정적 정서를 결집시키기	• 자신의 필요와 가치에 대해 알기 • 자신에 대해 정확하게 인지하기 • 자기 효능감 갖기 • 영성(삶의 의미 및 목적감) 갖기
자기 관리	• 불안, 분노, 우울을 말로 표현하고 이런 감정들에 대처하기 • 충동, 공격성, 자기 파괴적이고 반사회적인 행동 통제하기 • 개인적 또는 대인관계의 스트레스를 조절하기 • 주어진 과제에 집중하기	• 장·단기 목표 설정하기 • 깊이 생각하고 철저하게 계획하기 • 피드백을 통해 행동 수정하기 • 긍정적 동기를 결집시키기 • 희망과 낙관주의를 활성화시키기 • 최선의 상태를 향해 나아가기
사회적 인식	• 다양성 존중하기 • 타인에 대한 존중 보여주기 • 주의 깊게 그리고 정확하게 듣기	• 타인의 정서에 대해 공감하고 민감성 증대하기 • 타인의 관점, 견해, 정서를 이해하기
관계 관리	• 관계에 있어 정서를 조절하고 다양한 정서와 견해를 조화시키기 • 사회-정서적 단서들에 대해 민감성 보이기 • 정서를 효과적으로 표현하기 • 분명하게 의사소통하기	• 타인을 사회적 상황에 참여시키기 • 관계 형성하기 • 협력해서 일하기 • 자기주장, 리더십, 설득 발휘하기 • 갈등, 협상, 거절 관리하기 • 도움을 제공하고 요청하기
책임 있는 의사 결정	• 상황을 민감하게 분석하고 문제를 명확하게 확인하기 • 사회적 의사 결정과 문제 해결 기술을 실행하기 • 대인관계적 장애물에 대해 생산적이고 문제 해결적 방식으로 반응하기	• 스스로 평가하고 반성하기 • 개인적, 도덕적, 윤리적으로 책임감 있게 행동하기

〈표1〉 사회 정서 학습 핵심 역량과 하위 기술(출처: Elias et al., 2008, pp. 251-252)

는 핵심 역량별로 학교급별 계열성(sequence)을 다음과 같이 제시하고 있다 (CASEL website).

첫째, '자기 인식' 차원에서 초등학생들은 슬픔, 화, 행복 등과 같은 단순 감정들을 인식하고 정확하게 이름을 붙일 수 있어야 한다. 중학생들은 스트레스 반응을 촉발시키는 요인들을 분석할 수 있어야 한다. 고등학생들은 정서의 다양한 표현들이 다른 사람들에게 어떤 영향을 미치는가를 분석할 수 있어야 한다.

둘째, '자기 관리' 차원에서 초등학생들은 목표와 실행을 위한 기본 계획을 수립할 수 있어야 한다. 중학생들은 단기적인 개인적 목표나 학업 목표를 성취하기 위한 계획을 수립할 수 있어야 한다. 고등학생들은 장기적인 목표를 성취하기 위해 학교와 공동체의 유용한 자원을 활용하고 장애물들을 극복할 수 있는 전략을 설정할 수 있어야 한다.

셋째, '사회적 인식' 차원에서 초등학생들은 다른 사람들이 어떻게 느끼는가에 대한 언어적, 신체적, 상황적 단서들을 확인할 수 있어야 한다. 중학생들은 다양한 상황에서 다른 사람들의 정서와 관점들을 예측할 수 있어야 한다. 고등학생들은 다른 사람에게 공감할 수 있는 자신의 능력을 평가할 수 있어야 한다.

넷째, '대인관계 기술' 차원에서 초등학생들은 친구 관계를 맺고 유지할 수 있는 방법을 설명할 수 있어야 한다. 중학생들은 공동의 목표를 달성하기 위해 필요한 협력과 팀워크를 행동으로 혹은 실례를 들어 보여줄 수 있어야 한다. 고등학생들은 동료, 선생님, 가족 구성원들에게 사용하는 의사소통 기술들을 평가할 수 있어야 한다.

다섯째, '책임 있는 의사 결정' 차원에서 초등학생들은 학교에서 이루어지는 의사 결정의 방식과 영향 범위를 이해할 수 있어야 한다. 중학생들은 안전하지 않거나 비윤리적인 행위에 가담하라는 친구의 요구에 맞서기 위한 전략들을 평가할 수 있어야 한다. 고등학생들은 최근에 이루어지는 자신의

의사 결정이 향후 대입과 취업 전망에 어떤 영향을 미칠 것인가를 분석할 수 있어야 한다.[7]

III. 사회 정서 학습의 장점 및 도덕교육적 시사점

1. 사회 정서 학습의 교육적 장점 및 효과

심리학자들은 사회 정서 학습을 통해 증진된 사회 정서적 유능성이 학생들에게 정서를 조절하고, 사회적 문제를 창의적으로 해결하며, 효과적인 협력자가 되도록, 그리고 자기주장을 하면서도 책임 있는 사람이 될 수 있도록 해 준다고 주장한다(NYU Study Center website). 또한 엘리어스(Elias, 1997)에 따르면, 사회 정서 학습은 학생들의 사회 정서 발달에 필수적일 뿐만 아니라, 건강 증진, 도덕성 및 시민성 발달, 성취 동기 유발, 학업 향상 등을 위해서도 반드시 필요한 것이기도 하다.

사회 정서 학습의 교육적 장점을 보다 구체적으로 살펴보면, 첫째, 사회 정서 학습은 부정적인 행위를 감소시키는 반면, 긍정적인 행위를 증진시킨다. 여기서 긍정적인 행위에는 향상된 사회 정서적 기술, 자신과 타인에 대한 향상된 태도, 교실 내에서 향상된 행위 등이 포함된다. 감소된 부정적 행위에는 부적절한 문제 행위들과 정서적 고통 등이 포함된다. 사회 정서 학습 기술들은 생애 동안 유지되며, 성공을 촉진시키도록 도울 수 있다.

둘째, 사회 정서 학습은 비언어적 의사소통 기술, 사회적으로 유능한 행

7. '사회 정서 학습을 위한 일리노이 학습 표준(Illinois Learning Standards for SEL)' 에서는 5수준(K-3학년, 4-5학년, 6-8학년, 9-10학년, 11-12학년)으로 구분되며, 수준별 수행을 구체적으로 기술하는 지표들이 제시되어 있다(http://www.isbe.state.il.us/ils/social_emotional/standards. htm).

위, 사회적 의미 및 추론을 포함하여 다양한 기술들을 향상시킬 수 있도록 돕는다. 비언어적 의사소통은 정서적 의미의 대부분이 언어적 형태 없이 전달된다는 점에 주목하며, 표정, 몸짓, 상호 거리, 터치, 리듬과 시간 등을 중요하게 고려하는 의사소통 방식을 의미한다(Elksnin & Elksnin, 2003: 63-84). 또한 사회적 기술은 아동들에게서 나타나는 사회적 행위와 관련된 유능성, 즉 사회적, 정서적 정보를 해석하고 추론하는 데 중요한 역할을 담당한다(McKown et al., 2009: 858-871). 사회적 의미와 추론은 문제 해결을 위해 특히 중요하다. 사회적 의미는 타인의 정서와 언어를 해석하고 적절한 방식으로 반응할 수 있기 위한 능력이며, 사회적 추론은 문제를 확인하고 목표를 설정하며 가능한 해결책을 평가하는 능력이다.

끝으로, CASEL에 따르면, 사회 정서 학습의 장점에는 학업 수행과 성취 결과의 향상(표준화 시험에서 14% 향상), 교과 지식에 대한 보다 심층적인 이해의 촉진, 다른 학생들과 협업하여 학습하는 능력의 향상, 학교생활에 보다 참여적인 태도 고양, 학습 방해 행위의 감소 등이 포함된다.

2. 사회 정서 학습과 도덕교육의 관계

사회 정서 학습이 학생들의 문제 행동을 감소시키고, 학업 수행을 향상시키며, 책임감 있고 배려적인 건강한 시민을 양성하는 기초가 된다는 점에서 볼 때, 사회 정서 학습을 교과 학습과 연계하는 방안을 다각도로 모색할 필요가 있다. 다양한 교과목들 중에서 특히 도덕과와의 연계는 학생들의 사회 정서적 유능성과 도덕성 발달의 상관성을 고려할 때 매우 중요하고 특별한 의미를 갖는다.

오늘날 미국의 학교교육 현실을 살펴볼 때, 도덕교육(인격교육, 배려 교육 포함)과 사회 정서 학습은 학교교육을 통해 공식적으로 학생들의 행동을 안내하기 위한 두 개의 대표적인 접근법이라고 할 수 있다. 학교생활 전반에 걸쳐, 그리고 모든 교과와 모든 학교 구성원들의 참여를 통해 부적절한 행동을 감소시키려고 노력한다는 측면에서 볼 때, 인격교육이나 배려 교육 등과도 비슷하지만, '사회적 기술 혹은 대인관계적 기술'과 '정서 이해 및 조절' 등이 정신 건강 및 학업적·개인적 성공, 도덕성 및 시민성의 증진을 위한 중요한 열쇠라고 보는 점은 사회 정서 학습의 특징적인 점이라고 볼 수 있다.

도덕교육과 사회 정서 학습 간의 차이점에 대해 엘리어스는 "도덕교육은 타인에 대한 배려와 정의의 도덕적 원칙에 따라 책임 있는 의사 결정을 내리고, 도덕적 가치를 지향하며, 도덕적 추론 능력을 발달시키고, 죄책감과 도덕적 정서[8]를 표현하고, 도덕적 행위를 실천하는 데 초점을 맞추는 반면, 사회 정서 학습은 사회적 환경에서 기능하는 데 필요한 기술과 태도에 초점을 맞추며, 도덕적 측면에 국한되지 않는다. 즉, 사회 정서 학습은 문제 행동의 예방과 정신 건강의 증진에 필요한 태도, 정서, 행동, 인지의 조화로운 발달을 통해 학교(학업)와 인생에서의 성공을 목표로 한다는 점에서 도덕

---

8. 최근까지 이루어진 도덕 심리학적 연구를 통해 볼 때, 도덕적 정서의 유형은 크게 네 가지로 나누어질 수 있다. 첫째, 타인의 필요 혹은 요구 쪽으로 우리를 정향시킴으로써 도덕적으로 선한 행동을 촉진시키는 친사회적 정서들이 있다. 여기에는 공감(empathy), 동정심(sympathy), 관심(concern), 연민(compassion) 등이 포함된다. 공감과 동정심은 자기 자신의 권리에 대한 감정이기보다는 다른 사람의 감정을 상상해서 경험하는 능력일 가능성이 높다. 둘째, 죄책감(guilt)과 수치심(shame) 같은 자기 비난의 정서가 있다. 셋째, 경멸(contempt), 분노(anger), 혐오(disgust)와 같은 타인 비난의 정서가 있다. 경멸은 사회적 위계질서 또는 공공재에 들어 있는 규범과 같은 공동체 규범(community norms)을 사람들이 위반했을 때 발생한다. 분노는 다른 사람에 대한 위해(harms)를 금지하는 규범과 같은 자율 규범(autonomy norms)을 위반했을 때 발생한다. 혐오는 종교적인 풍토가 강조되는 사회에서 사람들이 순수하게 남아 있기를 원하는 신성한 규범(divinity norms)을 위반했을 때 발생하고, 세속적인 사회에서는 사람들이 순수성의 규범을 위반했을 때 발생한다. 로진과 동료들(Rozin et al.)은 이 세 가지의 첫 글자를 따서 CAD 모형이라고 부른다. 넷째, 아직 본격적으로 연구되지는 않았지만 도덕적 의미 혹은 중요성을 갖는 정서로서, 선행에 대한 보상으로서 기능할 수 있는 감사(gratitude), 존경(admiration), 고상함(elevation) 등이 있고, 도덕적으로 적절한 책임을 증진시키는 충실(loyalty), 사랑(love), 애착심(affection) 등이 있다(Prinz, J., & Nichols, S., 2010, 122-123 참조).

교육과 구별된다"고 주장한다(Elias et al., 2008: 248-249). 크리스트잔슨(K. Kristjansson)은 사회 정서 역량을 갖추었다고 해서 도덕적인 인간으로 간주할 수 있는 것은 아니라고 지적하면서 두 개념 간의 차이점을 설명하고 있다.

> 정서 지능은 정서의 내용에 관하여 실제적인 도덕적 요구를 하는 데 실패한다. 영리하지만 비도덕적인 마약계의 거물들도 정서 지능에서 강조하는 모든 조건들을 완벽하게 충족시킬지 모른다. 즉, 자신의 정서를 인식하는 것(마약을 팔아 돈을 벌려는 중대한 욕구를 인식하는 것), 자신의 정서를 조절하는 것(마약 거래를 통해 현금화에 실패한 경우 스스로를 진정시키는 것, 그리고 후회막급의 고통스러운 감정을 떨쳐버리는 것), 자기 동기를 갖는 것(비도덕적인 목표를 성취하는 것), 타인의 정서를 인식하는 것(그리하여 보다 효과적으로 타인의 정서를 조종하게 되는 것), 그리고 관계를 관리하는 것(마약 조직을 운영하는 데 필요한 리더십과 역량을 갖는 것) 등의 조건을 충족시킬지도 모른다(Kristjansson, 2010: 289).

이러한 차이점에도 불구하고, 도덕교육과 사회 정서 학습은 공통적으로 최근 뇌 과학의 연구 결과를 바탕으로 정서의 중요성에 주목하고 있으며, 두 접근법 모두 정서, 인지, 행동의 조화, 그리고 생태학적(환경적) 및 발달론적 상황 맥락의 역할을 교육의 핵심에 둔다는 점에서 공통점을 지니고 있다(Elias et al., 2008: 249). 마툴라(L. Matula)는 도덕교육과 사회 정서 교육을 다음과 같이 상호 보완적인 관계로 규정한다.

> '도덕교육'과 '사회 정서 학습'은 상호 중첩되는 두 개의 보완적 전략들이다. 두 교육 형태 모두 '자기 및 타인 이해,' '긍정적인 관계 형성,' 그리고 '윤리적·배려적 행위'를 촉진시킨다. 보다 지혜로운 혹은 현명한 선택을 하는 데 필요한 지식과 기술을 학생들에게 제공하고, 도덕적으로 발달해 가는 데 필요한 배려를 가르침으로써, 도덕교육과 사회 정서 학습 모두 학업적으로, 정서적으로, 사회적으로

그들이 될 수 있는 '최선의 상태'가 되도록 돕는다(Matula, 2004).

또한 싱가포르 교육부에서는 사회 정서 학습과 인격 및 시민성의 관계를 다음과 같이 설명하고 있다.

선행 연구들은 사회 정서 학습이 '인격(character)'과 '시민성(citizenship)'이라는 두 영역에 영향을 미친다는 점을 보여주고 있다. 인격은 표현(manifestation)을 위한 수단인 사회 정서 역량을 통해 삶에서 표명되는 가치들이다. 예를 들어, 책임의 가치를 실천하기 위해 우리는 충동 억제와 책임 있는 의사 결정 같은 자기 관리의 사회 정서 기술을 필요로 한다. 또한 사회 정서 역량은 공적인 삶을 위해 긍정적으로 기여하는 좋은 시민이 되도록 돕는다. 그/그녀는 모든 사회 정서 역량의 적용이 요구되는 행위에서 개인적, 사회적으로 책임감이 있다. 책임 있는 시민으로서 그/그녀는 사회 정서 기술의 고양을 통해 개인의 건강을 돌볼 것이다. 예를 들어, 자기 관리와 대인관계 관리 기술은 스트레스를 더 잘 조절하고, 보다 행복한 관계를 유지하며, 우울증, 정신병과 같은 스트레스 관련 질병의 위험성을 낮추도록 도울 것이다. 그리하여 그/그녀는 신체적, 정신적 건강을 더 잘 유지할 수 있다(Singapore Ministry of Education website).

이렇게 볼 때, 도덕교육과 사회 정서 학습은 차이점과 더불어 상호 접속 가능하고 시너지 효과를 발휘할 수 있는 지점이 동시에 존재한다. 즉, 도덕교육과 사회 정서 학습은 공통된 목표를 향해 동시에 실행될 수 있을 뿐만 아니라, 도덕교육을 통해 사회 정서 학습에서 목표로 설정하고 있는 핵심 역량과 하위 기술들을 효과적으로 증진시킬 수 있으며, 사회 정서 학습을 통해 도덕교육에서 달성하려는 도덕적 능력과 성향을 기를 수도 있다. 이 글에서는 특히 사회 정서 학습의 도덕교육적 활용에 관심을 두고 있다. 다시 말해, 개인윤리적 역량[9] 및 대인관계 윤리적 역량[10] 등 도덕과를 통해 길러주고자 하는 핵심 역량[11]을 증진시키기 위해 사회 정서 학습의 아이디어를 활용하는 측면에 초점을 맞추고자 한다는 것이다.

3. 사회 정서 학습의 도덕교육적 시사점

사회 정서 학습 영역에서의 아이디어를 도덕교육을 위해 의미 있게 활용할 수 있는 방안은 무엇인가? 즉, 학생들의 도덕적 인격 형성과 유덕하고 행복한 삶의 기반을 마련하기 위해 사회 정서 학습이 어떤 시사점을 제공할 수 있는가? 이 글에서는 도덕 교사의 역할에 주목하면서 사회 정서 학습의 도덕교육적 시사점을 다음과 같이 제시하고자 한다.

첫째, 도덕과 교사들은 학생들의 '도덕성 발달'을 촉진시키기 위해 사회 정서 학습에서 강조하는 '생태학적(ecological) 혹은 환경 중심적 접근'(Elias et al., 2008: 249)에 주목할 필요가 있다. 특히 자신의 삶의 경험(특히 정서적 경험)에 대한 내러티브적 성찰과 공감 및 역할 채택을 바탕으로 한 도덕적 대화의 기회를 제공하기 위해 사회 정서 학습에서 강조하고 있는 '안전하고 지지적이며 배려적인 학교 및 교실 풍토를 조성'하는 방법들을 활용할 필요

---

9. 예를 들어, 자신의 행동과 정서를 도덕적으로 관리하고 계발하는 역량.
10. 예를 들어, 합리적 의사소통을 통해 갈등을 조정하고 문제를 해결하는 역량, 다른 사람을 존중하고 배려하며, 다른 사람과 도덕적으로 원만한 관계를 유지하고 협력하는 역량.
11. 최근 교육과학기술부 정책연구보고서(『미래 사회 대비 국가 수준 교육과정 방향 탐색 연구 - 도덕』(연구책임자: 정창우)에서는 미래 한국 사회 변화에 대비한 도덕과 핵심 역량으로서 '고차적 사고와 도덕적 탐구 역량,' '개인윤리적 역량,' '대인-관계 윤리적 역량,' '시민 윤리적 역량,' '자연친화-초월적 역량'을 제안한 바 있다. 이 중 '개인윤리적 역량'과 '대인-관계 윤리적 역량'이 사회 정서 학습과 밀접한 관련성을 가지고 있다. '개인윤리적 역량'은 자신의 행동과 정서를 도덕적으로 관리하고 계발하는 역량, 자신에 대한 도덕적 이해를 통해 바람직한 자아 정체성과 도덕적 자아상을 형성하는 역량, 덕성과 도덕적 가치를 토대로 행복한 삶을 추구하는 역량으로서 윤리적 관점에서 도덕적 자아상, 행복한 삶, 성공적인 삶 등을 추구하는 것과 관련된다. 한편 '대인-관계 윤리적 역량'은 합리적 의사소통을 통해 갈등을 조정하고 문제를 해결하는 역량, 다른 사람을 존중하고 배려하며, 다른 사람과 도덕적으로 원만한 관계를 유지하고 협력하는 역량을 의미한다. 보다 자세한 내용은 정창우 외(2012), 『미래 사회 대비 국가 수준 교육과정 방향 탐색 연구 - 도덕』, 교육과학기술부, 32-33쪽 참조.

가 있다. 사회 정서 학습 분야의 연구자들에 따르면, 사회 정서 기술의 유능성은 '학습에 참여하는 과정에서 자신이 가치 있는 존재로 인식되고 존중받고 있으며 타인과 상호 연결되어 있다고 느낄 수 있는 환경,' 즉 보다 안전하고 지지적인 환경의 맥락에서 촉진될 수 있다고 한다. 이러한 분위기가 조성되어야만 학생들은 자신이 괴롭힘과 따돌림의 피해자, 혹은 가해자나 방관자가 되었을 때 가졌던 경험들을 진솔하게 표현하고 공유함으로써 사회 정서적 유능성 증진의 기회를 가질 수 있다고 보는 것이다. 예를 들어, '나는 소중한 사람'이라고 쓰여 있는 하트 모양의 종이를 가슴에 대고 자신이 정서적으로 상처를 받았던 경험을 이야기하며 종이를 조금씩 찢어 나가는 수업 방법(Smart hearts: Social and emotional learning overview)[12]과 같이 '교과 수업 시간에 적용하는 방법'과 학교 풍토의 조성을 목적으로 이미 개발된 '프로그램을 실시하는 방법'[13] 등이 사회 정서 학습을 위해 유용하게 적용되고 있다. 도덕과에서는 특히 학생들에게 내러티브적 성찰과 도덕적 대화의 기회를 제공하기 위해 사회 정서 학습에서 강조하고 있는 다양한 방법들을 효과적으로 활용할 필요가 있다.

둘째, 도덕과 교사는 교과서에서 다루는 교과 지식과 사회 정서 학습이 긴밀하게 연결될 수 있는 단원이나 주제를 가르칠 때, 도덕성 및 사회 정서 기술을 향상시킬 수 있는 기회로 활용할 필요가 있다. 예를 들어, 초등 5-6학년에서 '감정의 조절과 표현,' 중학교 1-3학년군에서 '평화적 해결과 폭력 예방,' '마음의 평화와 도덕적 삶' 등의 주제를 다룰 때, 사회 정서 학습에서 제공하고 있는 다양한 방법들을 활용하면서 사회 정서 기술들과 도덕적 삶의 기술을 익힐 수 있는 기회로 삼을 수 있다. 고등학교 '윤리와 사상'의 경우,

---

12. 이 자료는 유튜브 http://www.youtube.com/watch?v=4wOWEGyO60o에서 확인할 수 있다.

13. 예를 들어, '반응적 교실(Responsive Classroom)'과 '배려 학교 공동체(Caring School Community)'는 학생들이 소속감을 가지며 또래나 교사와 원만한 관계를 맺는 데 도움이 되는 풍토를 조성하기 위해 개발된 프로그램이다. 보다 자세한 내용은 신현숙(2011), 186쪽 참조.

'쾌락주의 윤리와 금욕주의 윤리' 단원에서 스토아 사상 부분을 다룰 때, 단순히 박제된 지식의 습득이 아니라, 다음과 같은 물음에 대해 매일 자문해 보면서 자신의 내면을 성찰할 수 있는 기회를 갖도록 촉구할 수 있을 것이다. 마음의 평정심을 깨트린 일이 있는가? 오늘 하루 화를 냈는가? 누군가를 시기했는가? 강한 욕망에 사로잡혔는가? 왜 그 일이 그토록 화가 났는가? 화를 피하기 위해 할 수 있었던 일이 있었는가?(Irvine, 박여진 역, 2012: 125).

셋째, 모든 교사가 감정 코칭의 기술을 익힐 필요가 있지만, 특히 도덕과 교사는 수업 시간을 통해 '올바른 정서 형성'을 위한 감정 코칭의 전문가가 될 필요가 있다. 정서의 대부분은 언어 없이 전달된다는 점을 고려할 때, 비언어적 의사소통 기술을 습득하는 것은 사회 정서 기술을 계발해 나가는 데 매우 중요하며, 이를 위해 교사들은 감정 코칭의 기술을 활용하여 학생들의 비언어적 의사소통 기술을 향상시킬 필요가 있다(Elksnin & Elksnin, 2003: 63-84) 감정 코칭은 존 가트맨(John Gottman)에 의해 개발된 기술이며(Gottman, 정창우 역, 2007 참조),[14] 다섯 단계를 통해 학습자의 정서적 유능성을 향상시키기 위한 실천적 지침을 제공하고 있다. 도덕과 교사는 감정 코칭에 대한 연수 기회나 자기 연찬을 통해 감정 코칭의 전문가가 되어야 한다.

넷째, 도덕과 교사들은 사회 정서적 역량 혹은 유능성의 측면에서 학생들에게 역할 모델이 되어야 하고, '삶의 기술을 가르치기 위한 기술'을 습득하기 위해 지속적으로 노력해야 한다. 우선 도덕과 교사들은 학생들이 자신의 바람직한 사회 정서적 행위를 본받을 수 있도록 사회 정서적 역량 혹은 유능성의 측면에서 귀감이 되어야 하며, 이를 위해 공부와 성찰을 바탕으로 교사 자신이 삶의 기술을 습득해야 한다. 또한 도덕과 교사들은 수업 전문성 향상을 위해 '삶의 기술을 가르치기 위한 기술'을 습득하는 것이 중요하

---

14. 감정 코칭의 다섯 단계는 다음과 같다. ①단계: 학습자의 정서 상태를 알아차려라, ②단계: 그 순간을 가르침 및 안내를 위한 기회로 삼아라, ③단계: 공감을 가지고 귀 기울여라, ④단계: 학습자에게 이러한 정서에 대해 이름을 붙이도록 도와라, ⑤단계: 문제를 해결할 최선의 방법을 찾도록 도와라.

다는 인식을 가지고, 이러한 능력을 계발하기 위해 노력해야 한다.

　다섯째, 도덕과 교사들은 어떤 문제 사태를 도덕적인 관점에서 조망하고 해결하도록 돕기 위해, 학생들에게 자신의 내부에서 발생하는 정서에 대해 자유롭게 이야기를 나눌 수 있는 기회를 제공할 필요가 있다. 예를 들어, 불공정한 사례에 대해서는 도덕적 분노가, 고통 받는 피해자 혹은 희생자에 대해서는 공감이나 동정심이, 숭고한 희생을 한 사례에 대해서는 경외심과 감사 등의 정서가 발생할 수 있다. 어떤 문제 사태를 접하면서 학생들이 즉각적으로 느낀 정서에 대해 설명해 보고 이름을 붙여 본 후 왜 이런 정서를 느끼게 되었는가에 대해 생각해 볼 수 있는 기회를 제공할 수 있다. 그런 다음, 딜레마 토론이나 역할 놀이 등의 수업 활동으로 자연스럽게 나아갈 수 있을 것이다.

　여섯째, 도덕과 교사들은 학생들의 일상생활에서 자연스럽게 일어나는 순간들을 사회 정서 학습을 위한 기회로 활용할 필요가 있다. 예를 들어, 협동 학습 과정에서 상호 협력하는 데 어려움을 겪는 경우, 토론 과정에서 심각한 감정 대립이 발생한 경우, 관심이나 도움이 필요한 상황에서 배려적 행위에 실패한 경우 등을 사회 정서 학습을 위한 기회로 적절히 활용할 수 있다. 학생들은 이러한 갈등 상황을 어떻게 해결하면 좋은지, 혹은 그런 상황에서 어떻게 대처하면 좋은지에 대해 생각해 보고, 토론하며 의견을 교환할 기회를 가질 필요가 있다.

　일곱째, 도덕과 교사들은 긍정적인 사회적 상호작용의 과정에서 효과적으로 습득될 수 있는 도덕적 가치 및 정서(예를 들어, 배려, 존중, 책임감, 정의감 등), 도덕적인 관점에서의 자기 관리 기술 - 대인관계 기술 - 문제 해결 기술 - 의사 결정 기술 등을 계발시킬 수 있도록 협동 학습이나 프로젝트 학습, 역할 놀이 등의 협력적 · 참여적 교수-학습 전략을 활용할 필요가 있다. 교사-학생, 학생 상호 간에 긍정적인 상호작용이 가능하기 위해서는 무엇보다 도덕적인 측면에서의 '삶의 기술들'이 요구된다. 따라서 도덕과 수업을 통해 이러한 협력적 · 참여적 교수-학습 전략을 효과적으로 활용하게 되면, 학생들에게 도덕적 가치 및 정서, 그리고 다양한 기술을 습득시킬 수 있는 기회를 제공하게 된다.

끝으로, 도덕과 교사들은 도덕성 발달을 위해 이미 국내외에서 그 효과가 객관적으로 검증된 사회 정서 학습 커리큘럼이나 프로그램을 효과적으로 활용할 필요가 있다. 예를 들어, '앵커리지 사회 정서 학습 커리큘럼(SEL Standards and Benchmarks for the Anchorage School District; 보론 참조),' '창의적인 갈등 해결 프로그램(The Resolving Conflicts Creatively Program), '사회적 의사 결정 및 문제 해결 프로그램(The Social Decision Making and Problem-Solving Program)' 등과 같은 성공적인 커리큘럼이나 프로그램들을 조사한 후, 의미 있게 활용할 필요가 있다. 또한 도덕교육 차원에서 사회 정서 학습을 의미 있게 활용하고 있는 다른 나라의 사례에도 관심을 기울일 필요가 있다. 싱가포르의 경우, 국가 차원의 교육 방향성을 담은 문서인 『미래를 위해 우리의 아이들을 교육시키기: 21세기를 위한 역량』(Singapore Ministry of Education website)에서 6개의 핵심 가치(존중 · 책임 · 성실 · 배려 · 회복 탄력성 · 조화)와 5개의 사회 정서 역량(자기 인식 · 자기 관리 · 사회적 인식 · 대인관계 관리 · 책임 있는 의사 결정)을 제시하고 있으며,[15] 이러한 교육과정 총

---

15. 싱가포르 교육부 홈페이지에 제시된 "21세기를 위한 역량."

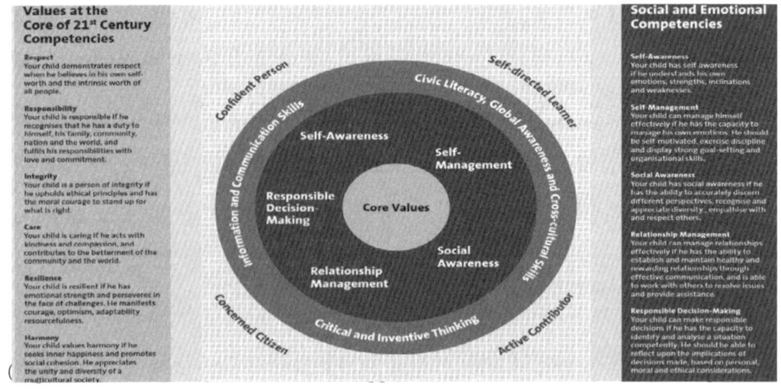

론의 정신을 구현하기 위해 초등학교와 중등학교 정규 필수 교과목인 '공민과 도덕교육'을 중시하고 있다. '공민과 도덕교육' 교과목의 교육과정에서는 "사회 정서 학습의 틀(framework)에서 제시된 가치들과 역량(사회 정서적 유능성)을 학생들이 학습할 수 있도록 기회를 제공해야 한다"(Singapore Ministry of Education, 2007: 4)고 강조하고 있으며, 실제 6개의 핵심 가치(존중 · 책임 · 성실 · 배려 · 회복 탄력성 · 조화)별로 구성된 '교육과정 내용 체계표'에서 주제별 '학습 목표' 및 '범위'가 사회 정서 학습의 목표가 되는 다섯 가지 핵심 역량과 어떤 관련성이 있는가를 언급하고 있다.[16] 이를 바탕으로 싱가포르 교육부에서는 '공민과 도덕교육'을 담당하는 교사들이 교과 지식을 가르치면서 사회 정서 학습과의 연결성을 고려하도록 요구하고 있는데, 이런 교육적 시도가 갖는 장점에 대해 우리 도덕과에서도 관심을 가질 필요가 있다.

---

16. 싱가포르 '공민과 도덕교육' 교육과정(중등학교)에서 '존중'에 대한 내용 체계표를 간략하게 제시하면 아래 〈표〉와 같다(Singapore Ministry of Education, 2007: 12)

중등 저학년	주제	학습 목표	범위	개념/ 관련 가치/메시지
	1. 자기 존중	• 자기 존중의 중요성을 이해할 수 있다. • 자신의 자질과 정서에 대한 인식을 계발할 수 있다. • 자기 관리 및 자기 존중을 적용할 수 있는 기술을 계발할 수 있다.	• 무엇이 자기 존중인가? - 부정적인 동료 압박에 굴복하지 않는 것 - (…) • 자기 존중의 계발 방법에는 어떤 것들이 있는가? - 좋은 습관을 갖는 것 - (…)	• 자기 가치 • 자신의 능력에 대한 믿음 • 싱가포르 21 • 자기 인식 • 자기 관리

IV. 결론

1990년대 후반에 엘리어스(M. Elias)는 사회 정서적 유능성의 증진이 학교 교육의 필수적인 부분으로 인식되어야 함에도 불구하고, 학교 교실에서 사회 정서 프로그램을 소홀하게 간주하고 있는 것의 위험성을 지적한 바 있다. 즉, 그는 "우리 학교에서 발생하고 있는 다양한 문제들은 너무나 많은 아이들이 겪고 있는 사회 정서적 기능의 약화로 인한 것이다. 혼란스럽거나 상처받은 정서로 인해 괴로워하고 있는 학생들은 효과적으로 학습할 수 없거나 하지 않을 것이다. 우리 아이들을 문명화시키고 인간화시키는 과정에서 빠져 있는 부분이 바로 사회 정서 학습이다"(Elias et al., 1999)라고 주장하였다. 하지만 엘리어스를 비롯한 많은 학자들이 이론적, 실천적 성격의 연구물을 풍부하게 내놓았고, CASEL이 사회 정서 학습의 확산을 위한 주도적인 역할을 수행함으로써, 오늘날 미국의 수많은 학교들에서 사회 정서적 유능성 혹은 역량 형성을 학교 교육과정에 반영하여 적용하고 있으며, 수많은 교사들이 워크숍과 자기 연찬을 통해 사회 정서적 기술을 연마하고 있는 중이다.

그렇다면 오늘날 우리의 실정은 어떠한가? 이에 대해 경험적 · 객관적 근거를 분명하게 제시할 수는 없지만, 90년대 후반에 엘리어스가 비판적 목소리를 낸 미국 상황과 크게 다르지 않거나 이보다 열악할 것으로 보인다. 이제 우리나라에서도 아동 및 청소년들이 타인의 삶과 자신을 둘러싼 세계의 개선을 위해 기여할 수 있는 '배려적이고 책임감 있는 시민'으로 성장하도록 돕기 위해서 사회 정서 학습에 대한 연구 및 교육 노력을 기울여야 한다. 이러한 노력이 실질적인 성과를 거두기 위해서는 '교과 교육과정'과 '교과 외 교육과정'을 포괄하는 접근이 요구되지만,[17] 특히 CASEL과 같이 이를 주

---

17. 물론 도덕교육과 사회 정서 학습은 가정-학교-사회의 협력 관계 구축을 통한 접근도 필

도적으로 이끌어갈 책임 있는 주체가 필요하다.

필자는 도덕교육(특히 도덕과 교육)의 연구 및 실천에 참여하고 있는 구성원들이 이런 역할을 담당해야 한다고 본다. 도덕과 교육의 연구 및 실천에 참여하고 있는 구성원들이 다른 교육 공동체 구성원보다 우리 청소년들을 책임 있고 강건하며 배려적이고 사회에 기여하는 존재가 되도록 안내해야 한다는 소명의식을 크게 가지고 있다고 보기 때문이다. 앞으로 우리 학생들을 보다 건강한 영혼과 민주 사회에서 보다 책임 있는 도덕적 시민으로 성장할 수 있도록 안내하기 위해서는 튼튼한 이론 체계의 구축뿐만 아니라, 어떤 교육적 노력이 투입되어야 하는가에 대한 실용적 아이디어와 실천적 지침을 '도덕 교과 차원에서 교과 외 교육과정 차원까지' 확장시켜 가며 체계적으로 탐색해 나갈 필요가 있다.

요하다.

미국 앵커리지 학군 사회 정서 학습(SEL) 표준과 실천 기준

지식, 능력, 배려, 책임(I am, I can, I care, I will)

근거: 지식, 능력, 배려, 책임. 각 단어 뒤에는 교육적 도전이 숨어 있다. 아동이 지적으로 성숙하기 위해서는 학습에 대한 준비와 동기화 그리고 새로운 정보를 그들의 삶과 통합시킬 수 있는 능력이 필요하다. 아동이 책임 있는 사람이 되려면, 그들은 반드시 위험과 기회를 이해할 수 있어야 한다. 그리고 그들 자신뿐만 아니라 타인을 위한 행동과 행위를 선택하도록 동기화되어야 한다. 아동이 타인에 대해 배려하기 위해서는 반드시 자신을 넘어설 줄 알아야 하며 타인의 걱정과 관심을 파악할 수 있어야 한다.

최근 많은 사람들이 아동의 지식, 능력, 배려, 책임을 발달시키려는 도전을 중요하게 인식하고 있다. 아동의 사회 정서 학습(SEL)에 대한 심도 있고, 지속적이며, 체계적인 주목을 통해 이러한 4가지 요소들은 향상될 수 있다.

학교가 체계적으로 학생들의 사회 정서 기술에 관여할 때, 학생의 학업 성취도는 높아지고, 문제 행동으로 인한 사고도 감소하며, 아동을 둘러싼 관계의 질도 향상된다. (출처:『사회 정서 학습 촉진, 교육자들을 위한 안내*Promoting Social and Emotional Learning, Guidelines for Educators*』)

정의: 사회 정서 학습(SEL)은 정서를 인식하고 다루는 방법을 통해 타인에 대해 배려하고, 좋은 결정을 내리며, 윤리적이고 책임감 있게 행동하고, 긍정적 관계를 발전시키며, 부정적 행동을 피할 수 있게 해준다. 또한 사회 정서 학습은 삶의 중요한 과업을 성취하기 위해 학생들이 생각하고, 느끼고, 행동하는 것을 통합하는 능력을 향상시키는 과정이다. 학교 환경에서 사회 정서 학습은 층위적 접근(a layered approach)을 하는 것이 효과적이다. 즉, 사회 정서 학습은 기술 수업(skill lesson), 교육과정과 실제 현장 교실에의 적용, 그리고 사회 정서 학습이 중요한 의미를 두고 있는 안전하고, 서로를 존중하며, 배려적인 환경을 제공하는 것을 포함하며, 이에 대해 층위적으로 접근한다.

목표

	자신	사회
인식	나는 …이다 지식	나는 …을 배려한다 배려
관리	나는 …을 할 수 있다 능력	나는 …을 할 것이다 책임

자기 인식(Self-Awareness): 어떤 순간 내가 무엇을 느끼는지 아는 것으로, 현실적으로 자기 능력을 평가하고, 잘 훈련받은 자신감을 갖는 것.

자기 관리(Self-Management): 어떤 일에 무작정 덤벼들기보다는 자신의 정서를 용이하게 잘 다루는 것으로, 목표를 추구하는 데 있어 양심적이고, 만족을 지연할 줄 알며, 시행착오나 좌절 앞에서 굴하지 않는 것.

사회적 인식(Social-Awareness): 타인의 정서를 이해하고, 타인의 관점을 취할 수 있으며, 다양한 집단과 긍정적으로 교류하며, 그들을 인정하는 것.

사회적 관리(Social-Management): 사회적 관계에서 정서를 효과적으로 다루는 것, 협력에 바탕을 둔 건전하고 유익한 관계를 정립 유지하며, 부적절한 사회적 압력에 저항하고, 갈등을 해결하기 위해 협상을 하며, 필요할 때 도움을 구하는 것.

자산 5: 학교는 배려적 환경을 제공한다.

---

1. 자기 인식(I am): 내가 누구인지, 나를 둘러싼 세계와 관련하여 어떻게 느끼는지 깨닫는 것.
1A. 자신의 정서에 대한 인식을 보여준다.
(나는 내가 지금 어떻게 느끼는지 인식하고 있어요.)

1B. 자신의 개인적 자질에 대한 인식을 보여준다.
(나는 나의 자질을 인식하고 있고, 내가 무엇을 잘하는지 알며, 어떤 영역에서 계속 능력을 발휘할 수 있는지 알아요.)

1C. 자신을 둘러싼 외적 환경(지원)에 대한 자신의 인식을 보여준다.
(나는 나를 둘러싼 환경(지원)에 대해 알아요.)

1D. 개인적 책임감을 갖는다.
(나는 나의 책임을 인식하고 수용해요.)

2. 자기 관리(I can): 나의 행동을 효과적이고 건설적인 방법으로 다루기
2A. 자신의 정서를 건설적으로 다루는 능력을 보여준다.
(나는 내 정서를 건설적이고 적절한 방법으로 다룰 수 있어요.)

2B. 정직함 혹은 진실성을 실천한다.

(나는 정직하게 행동할 수 있어요.)

2C. 효과적으로 의사 결정 기술을 사용한다.

(나는 좋은 결정을 내릴 수 있어요.)

2D. 목표를 설정하고 달성할 수 있는 능력을 실천한다.

(나는 내 삶을 성공적으로 이끌 목표를 세우고 달성할 수 있어요.)

3. 사회적 인식(I care): 더 큰 공동체에서 타인의 가치에 대한 인식
3A. 타인의 정서와 관점에 대한 인식을 보여준다.

(나는 다른 사람의 정서와 관점을 고려해요.)

3B. 타인에 대한 배려와 공동체를 위해 긍정적으로 기여할 수 있다는 열망을 보여준다.

(나는 타인을 배려하고, 더 나은 공동체를 만들기 위한 내 역할을 해요.)

3C. 문화적 이슈에 대한 인식과 인간으로서의 존엄성과 차이에 대한 존중을 보여준다.

(나는 타인의 개인적 차이를 고려하고 존중해요.)

3D. 사회적 단서(cues)를 읽을 수 있다.

(나는 내가 어떻게 타인을 받아들이고, 타인이 어떻게 나를 받아들이는지 고려해요.)

4. 사회적 관리(I will): 타인과 의미 있고, 생산적인 방법으로 교류
4A. 타인과의 효과적인 상호작용을 위해 긍정적인 대화 기술과 사회적 기술을 이용한다.

(나는 다른 사람과 잘 교류할 것이에요.)

4B. 건설적인 관계를 발전시킨다.

(나는 건설적인 관계를 가지려고 노력할 것이에요.)

4C. 개인 간의 갈등을 건설적인 방법으로 예방하고, 다루고, 해결하는 능력을 갖고 있다.

(나는 개인 간의 갈등을 건설적으로 다룰 것이에요.)

사회 정서 학습의 목표와 표준, 활용 기준을 읽기에 앞서

관련 단체에 따라서 많은 표준들이 있다. 이 표준들은 대부분 건전한 아동과 청소년 발달에 관해 영향력 있고 모범적인 접근을 하고 있는 '40개의 발달 자산에 대한 연구 기관(Search Institutes 40 Developmental Asset)'의 연구에 근거한 것들이다.

사회 정서 학습의 표준은 대개 성인과 아동을 위한 두 가지 형식을 갖고 있다. 성인 버전은 "학생들은…"으로 시작하고, 아동 버전은 "나는 …이다." "나는 …을 할 수 있다." "나는 …을 배려한다." "나는 …을 할 것이다."라는 형식의 글로 이뤄진다. 이와 같은 아동 버전의 표준은 아동과 청소년이 쉽게 접할 수 있도록 의도한 것이다. "I am, I can, I care, I will." 각각의 구절은 사회 정서 학습을 적용할 때 학생들이 쉽게 기억할 수 있도록 돕는다.

아래의 실천 기준들은 아동의 자연스러운 발달을 돕기 위해서 연령 범위별로 그에 맞는 사회 정서 학습을 활용할 수 있도록 의도되었다. 초등학교 저학년은 미국 학제의 3학년, 초등학교 고학년은 4-6학년, 중학교는 7-8학년, 고등학교 저학년은 9-10학년, 고등학교 고학년은 11-12학년이다. 그리고 학생들은 각 학년 범위 말에 실천 기준에 숙달되도록 의도되었다. 그러나 교사는 초기 기술을 정기적으로 다시 적용할 수 있다.

활동 예시는 제안일 뿐, 실천 기준을 활용할 때 이용할 수 있는 유일한 수업 방법은 아니다.

목표 1: 강한 자기 인식 능력을 보여줄 수 있다.

1

(I am) 나는 내가 누구이고, 나를 둘러싼 세계에 대해 어떤 정서를 가지고 있는지 인식할 수 있다.

근거: "자기 인식은 정서 지능의 핵심이다. 매 순간 떠오르는 정서에 대한 관찰 능력은 심리학적 통찰과 자기 이해에 있어서도 중요하다. 정서에 대한 인식 능력이 부족하면 우리 자신을 정서에 휘둘리도록 만든다. 자신의 정서에 대해 확신이 강한 사람은 자신의 삶을 더 잘 이끌 수 있다"(Goleman, 1995). "개인의 자기 인식 능력은 정서 인식, 정확한 자기평가, 자신감으로 구성되며, 모든 사회 정서 기술의 기초이다"(Goleman, Boyatzis, and McKee, 2002).

	자신	사회
인식	나는 …이다 ◆ 지식	나는 …을 배려한다
관리	나는 …을 할 수 있다	나는 …을 할 것이다

1 A

자기 인식	자신의 정서에 대한 인식을 보여준다. 나는 내가 지금 어떻게 느끼는지 인식하고 있어요.

	지표	활동 예시
초등학교 저학년	■ 정서와 감정을 인식하고 이름표 붙이기 ■ 자신의 정서를 알고 그런 정서가 발생한 원인을 설명하기	■ 일련의 정서를 묘사하는 포스터를 만들거나 그림을 그린 후, 정서가 어디에서 신체적으로 경험되었는지 의논하기 ■ 정서의 발원지가 어디였는지 역할 놀이를 하고 상황에 대해 토론하기
초등학교 고학년	■ 강도에 따른 정서 구분하기 ■ 정서에 어떻게 신체적으로 응답하는지 설명하기 ■ 정서에 대해 인식하고 정리한 후, 어떻게 행동과 그것들이 연결되었는지 토론하기	■ '분노 체온계'를 그리고, 그 온도가 높은 삶의 신체적 반응에 대해 토론하기. ■ 어떤 이야기의 등장인물이 느낀 정서에 이름을 붙이고, 그런 정서에 어떤 영향을 받았는지 토론하기.
중학교	■ 부정적 정서를 주의가 필요한 상황의 지표로서 인식하기 ■ 문제 해결 능력에 기여하거나 방해하는 자신의 정서적 상태에 대해 분석하기 ■ 정서를 통해 소통하는 다양한 방식과 관련지어 가능한 결과를 예상하거나 설명하기	■ 정서에 대한 비유 만들기(예: 정서는 계기판의 경고 신호) ■ 과학자의 객관성 혹은 가치중립성에 대해 토론하고, 객관성을 보여주는 것이 언제 유용한지 연관 관계를 만들기 ■ 역사에서 다양한 인물들이 그들의 정서를 통해 소통했던 방식에 주목하고 그 결과에 대해 토론하기
고등학교 저학년	■ 자신의 진짜 정서와 타인이 예상하는 정서 구분하기 ■ 정서의 원인이 된 외부 사건이나 내부 인식에 대해 설명하기 ■ 정서에 관한 자기 대화의 효과 이해하기	■ 문학작품에서 독자의 기대와 다르게 등장인물이 대응하거나 느낀 때에 대해 토론하기 ■ 다양한 종류의 음악을 듣고 각 종류의 음악이 어떤 정서를 촉발시켰는지 토론하기 ■ 의식의 흐름을 전개하는 쓰기 과제 활동을 한 후, 작문과 함께 진행되었던 자기 대화를 토론하기
고등학교 고학년	■ 어떤 사건에 대한 자신의 해석 변화가 자신의 정서를 어떻게 변화시켰는지에 대해 설명하기. ■ 자신의 정서가 어떤 상황에 부합되는가를 확인하기 위해 자기 성찰하기 ■ 어떤 정서를 완전히 이해하기 위해 그 정서가 나타나는 적절한 때와 장소 설명하기	■ 재평가를 해야 했던 사건과 반전에 관해 토론하는 개인적인 이야기 쓰기 ■ 역사적 사건과 오해가 어떻게 부정적 사건의 원인이 되는지 토론하기 ■ 정서를 제대로 이해할 수 있는 방법에 대해 조언하는 편지 쓰기

1 B	자산 38: 아동은 높은 자기 존중감을 갖는다.

자기 인식	자신의 개인적 자질에 대한 인식을 보여준다. 나는 나의 자질을 인식하고 있고, 내가 무엇을 잘하는지 알며, 어떤 영역에서 계속 능력을 발휘할 수 있는지 알아요.

	지표	활동 예시
초등학교 저학년	■ 자신이 좋아하는 것과 싫어하는 것에 대한 분명한 구분 ■ 자신이 잘하는 것에 대한 설명 ■ 성공을 위해 도움이 필요한 활동이나 과제에 대한 설명	■ "나에 대한 모든 것" 책 만들기 ■ 자신의 취미나 기술에 대해 "보여주고 이야기하는" 프레젠테이션하기 ■ 협동 학습 전략을 활용하기
초등학교 고학년	■ 학교 공동체에서 성공적 구성원이 되기 위해 자신이 지닌 개인적 자질에 대한 설명 ■ 향상시키고 싶은 개인적 기술과 흥미에 대한 설명과 우선순위 매김	■ 학교와 관련해 자신에게 쉽거나 어려운 것들 분석하기 ■ 초상화를 그리고 자신의 기량을 적어 넣기
중학교	■ 개인의 자질과 기질이 어떻게 선택과 성공에 영향을 미치는지에 대한 분석 ■ 자신의 강점, 약점, 잠재력을 인식하기 위한 자기 성찰 기술 적용 ■ 강점을 만들거나 필요에 부응하고, 도전을 다루기 위한 계획 실행	■ 학교와 직업을 연계한 성격 특성 검사 참여하기 ■ 각 면마다 다른 자신의 성격을 적은 '호기심 상자' 만들기. 예: 장점, 잠재력 등 ■ 자신의 장점을 발전시키기 위한 계획을 담은 기말 프로젝트 제출하기
고등학교 저학년	■ 자신이 변화시킬 수 없는 특성을 명료화하고 변화시킬 수 있는 것에 몰입 ■ 자신의 개인적 학습 스타일이나 지적 능력을 인지하고 활용하기 위한 방법 모색 ■ 자신의 흥미와 장점에 근거하여 가능한 직업과 봉사 기회 탐색	■ 각기 다른 상점 거리의 '영화 세트'를 교실에 만들고, 각각의 학생들이 자신의 변화 가능하거나 불가능한 특징을 담은 상점 디자인하기 ■ 다중 지능 테스트 검사 참여하기 ■ 진로 설계 및 직업 선택을 위해 전산화된 정보 체계를 이용하고 성격검사 참여하기 (예: AKCIS)
고등학교 고학년	■ 친밀감의 향상을 위한 노력 ■ 특정 직업에 입문하고 그에 따른 준비를 시작하기 위해 요구되는 기술과 자격의 확인 ■ 엄밀한 자기평가에 근거한 자기 존중감	■ 학기말에 자신이 가장 좋아하는 문학적 인물에 대해 설명한 비교 에세이 제출하기 ■ 특정 직장이나 학교와 밀접하게 관련 있는 자신의 장점을 담은 편지 쓰기

1 C 자산 1-6: 지원

자기 인식	자신을 둘러싼 외적 환경(지원)에 대한 자신의 인식을 보여준다. 나는 나를 둘러싼 환경(지원)에 대해 알아요.

	지표	활동 예시
초등학교 저학년	■ 신뢰할 수 있는 어른이 있는지 확인 ■ (문제가 크건 작건 간에) 도움을 줄 어른이 필요한 상황에 대한 설명 ■ 긴급한 상황에서 어디에서 어떻게 도움을 얻을 수 있을지에 대한 이해	■ 믿음에 대해 정의를 내리고, 믿을 만한 사람의 자질에 대한 목록 만들기 ■ '켈소(Kelso)의 선택'[1] 활동하기 ■ '만약에(what if…)' 상황에 대한 역할 놀이
초등학교 고학년	■ 긍정적인 롤 모델의 자질에 대한 인식 ■ 자신의 삶의 다양한 사실들에서 긍정적인 어른들을 명료화 ■ 문제 해결에 도움을 줄 수 있는 친구나 가족, 학교의 자원 명료화	■ 롤 모델에게 왜 당신이 롤 모델이 되었는지 이야기하는 편지 쓰기 ■ 보건 교사, 상담 교사, 중재 교사 등과 같은 학교 자원을 만나 그들이 제공하는 서비스를 알아보기
중학교	■ 필요할 때 지원을 받기 위해 어디로 가야 하는지에 대한 인식 ■ 특별한 교육과정 활동에 참여하는 것의 이점에 대한 평가 ■ 개인적 특성 발달에 미치는 외적 영향을 인지하고 그것의 도움 여부에 대한 파악	■ 물건 찾기 게임하기(보물찾기 게임과 유사) ■ 특별한 교육과정 활동을 홍보하는 공익 광고 만들기 ■ 자신에게 영향을 준 것들을 보여주는 콜라주 만들기
고등학교 저학년	■ 자신을 지원해 주는 학교 재원에 대한 확인과 언제 어떻게 활용할 수 있는지에 대한 지식 확보 ■ 자신의 흥미와 재능 발달을 위한 기회를 제공해 주는 공동체의 조직 확인	■ 학생들에 대한 지원 재원을 홍보하는 학교 포스터와 그 역할을 확인하는 활동하기 ■ 지원 서비스를 제공하는 조직을 나타내는 공동체 지도 만들기
고등학교 고학년	■ 자신의 목표 달성에 도움을 줄 공동체 자원 활용 ■ 자신과 타인을 위한 안전망에 접근 ■ 학교와 삶의 성공에 기여하기 위해 필요한 건설적인 지원 시스템 구축	■ 구체적 상황에서 활용 가능한 공동체 자원에 관한 인터넷 검색이나 조사 프로젝트 수행하기 ■ 자신의 동아리(지원 혹은 봉사)에서 어떻게 동아리 구성원을 도와줄 수 있고, 도와주는지에 대해 설명하는 편지 쓰기

1 D **자산 30:** 아동은 책임감에 가치를 부여한다.

자기 인식 개인적 책임감을 갖는다.
나는 나의 책임을 인식하고 수용해요.

	지표	활동 예시
초등학교 저학년	■ 학교 전반의 기대와 책임에 대한 이해와 안정적이고 생산적인 환경을 향상시키기 위한 노력 ■ 자신의 선택과 행동에 따른 긍정적/부정적 결과에 대한 수용 ■ 타인의 재산을 사용할 때 책임 있는 행동	■ 그림 카드를 활용하여 그림의 단서를 보고 학교 전반에서 기대되는 학생들의 책임이 무엇인지 토론하고 실습하는 활동하기 ■ 학급 규칙 만들기 ■ 이야기 속 등장인물의 행동 결과 예언하기
초등학교 고학년	■ 학교에서 자신이 할 일에 대한 자발적 선택 ■ 책임의 의미에 대한 정의와 책임 있는 것들에 대해 명확히 할 수 있는 능력 ■ 책임 있는 것의 이점에 대한 설명	■ 학급에서 자신의 역할 제출하기 ■ 자신이 책임을 가진 것들에 관한 신문기사 쓰기 ■ 창의적인 미디어 작품을 통해 책임 있는 행동 나타내기 (예: 만화, 비디오, 시, 노래 등)
중학교	■ 자신이 통제할 수 있는 학교와 삶의 영역에 대한 명확한 인식 ■ 안전하거나 위험하며 유해한 행위의 단기적·장기적 결과에 대한 분석 ■ 안전하거나 위험하며 유해한 행위와 관련된 결과에 대한 자신의 책임 정의	■ 통제할 수 있는 영역의 목록에 대한 학급 브레인스토밍 ■ 공통 시나리오와 행동에 관한 절차와 안전 이슈를 상세히 다루는 브로슈어 디자인 ■ 자신의 책임을 얼마나 잘 수행하고 있는지 점수를 매기고, 코멘트를 적은 자기만의 '리포트 카드' 만들기
고등학교 저학년	■ 책임 수행이 자신과 타인에게 미치는 영향 분석 ■ 개인적 책임 수행이 어떻게 성공으로 이끄는지에 대한 설명 ■ 자신의 선택에 대해 책임질 수 있는 능력의 증명	■ 매주 자신의 책임들을 확인하고 평가하는 계획표 제출하기 ■ 자신이 존경하는 어른을 만나 인터뷰하고, 그가 개인적 책임과 성공에 대해 어떻게 느끼는지 찾아내기
고등학교 고학년	■ 자신의 삶 전반에 걸쳐 나타난 통제 수준에 대한 인식 ■ 공동체의 나은 발전을 위해 책임 있는 시민으로서 갖추어야 할 역할 취하기	■ 공동체 복지의 증진 방법에 대한 정보를 제공하는 공공 서비스 안내 디자인하기 ■ 책임감 없는 세계를 상상하고, 그런 세계의 삶에 대한 이야기 쓰기

2 목표 2: 자기 관리를 실천할 수 있다.

(I can) 나는 효과적이고 건설적인 방법으로 자신의 행동을 관리할 수 있다.

근거: 몇몇 핵심 기술들은 성공적인 학교생활과 삶을 위해 필요한 튼튼한 기초를 제공할 것이다. 그 기술 중 하나는 자신의 정서를 건설적으로 다루고 표현하는 방법을 아는 것이다. 이는 스트레스를 다루고, 충동을 조절하며, 목표 달성을 가로막는 장애를 극복하기 위해 인내하도록 스스로를 동기화할 수 있도록 한다. 다른 하나는 의사 결정 기술이다. 이는 자신의 건강을 증진시키고, 위험 행동을 피하며, 타인을 공평하고 정직하게 대하고, 학교와 삶의 성공을 위한 목표를 설정하고 성취하기 위해 노력하도록 한다.

	자신	사회
인식	나는 …이다	나는 …을 배려한다
관리	나는 …을 할 수 있다 ◆ 능력	나는 …을 할 것이다

<table>
<tr><td colspan="2">2 A</td><td colspan="2">자산 31: 아동은 자제를 가치 있게 여긴다.</td></tr>
</table>

자기 관리	자신의 정서를 건설적으로 다루는 능력을 보여준다. 나는 내 정서를 건설적이고 적절한 방법으로 다룰 수 있어요.	
	지표	**활동 예시**
초등학교 저학년	■ 자신을 진정시킬 방법들 확인 ■ 화난 정서를 다룰 건설적인 방법들 실천 ■ 원인이 된 사건으로부터 거리두기	■ 『사이먼의 낚싯바늘(*Simon's Hook*)』[2]이나 비슷한 이야기를 읽고 화의 원인을 다루는 방법에 대해 토론하기 ■ 교사가 부푼 풍선을 작게 만드는 방법을 보여주고 학생들이 화가 났을 때 풍선처럼 그것을 줄이는 방법 따라해 보기
초등학교 고학년	■ 정서 통제를 위한 자기 관리 전략(예: 자기 대화) 활용 ■ 압박적인 상황을 다루기 위한 기술(예: 진정하기, 장소 벗어나기, 도움 구하기, 명상) ■ 자신의 관점을 표현할 수 있는 능력 (I-messages)	■ 성인으로서 교사가 자기 대화법을 보여주고 학생들과 토론하기 ■ 긍정적인 선택을 보여주는 이야기 작문. 그리고 선택에 따른 등장인물의 생각을 이야기가 보여주는지 확인하기 ■ "나 메시지" 빈 칸 채우기 활동
중학교	■ 스트레스를 다루고 성공적 수행을 동기화하기 위한 전략 제공 ■ 정서를 표출하기 전 가능한 긍정적·부정적 결과에 대한 성찰 ■ 긍정적 태도(낙관주의)를 발달시키기 위한 방법 계발	■ 문학작품 속 등장인물들이 스트레스 요인을 다루기 위해 사용한 전략들에 대해 토론하기 ■ 정서 표현 방법들을 비교하고 대조하는 그래픽을 문서철로 만들기
고등학교 저학년	■ 충동적 행동을 막기 위한 조절 능력 ■ 성과에 대한 태도의 역할 평가(예: 비관주의 vs. 낙관주의) ■ 거절, 사회적 소외 혹은 다른 형태의 스트레스를 받았을 때 생기는 정서를 다루고 극복하기 위한 전략 훈련	■ 소설 혹은 영화 〈아웃사이더〉 감상하고, 충동적 행동의 결과에 대해 토론하기 ■ 발자국 따라 걷기. 각각의 발자국 위에, 정서를 다루기 위한 전략을 적고 "극복을 위한 발걸음"으로서 전시
고등학교 고학년	■ 회복 탄력성과 낙관주의를 증진시키기 위한 기술의 재구성 ■ 개인적인 관리 기술의 일상화와 삶의 방식으로서 효과적인 정서 관리	■ 과학 시간 혹은 수학 문제에서 문제를 재구성하는 방법을 보여주고 삶의 문제를 재구성하는 방법과 비교하기 ■ 정서적 반응을 유발하는 시나리오를 읽고, 각각의 학생이 "좋음," "나쁨," "별로임"과 같은 대답 적기

2 B 자산 28: 아동은 진실성을 가치 있게 여긴다.
자산 29: 아동은 정직을 가치 있게 여긴다.

자기 관리 정직함 혹은 진실성을 실천한다.
나는 정직하게 행동할 수 있어요.

	지표	활동 예시
초등학교 저학년	■ 진실과 거짓말의 구분 ■ 거짓 혹은 학급이나 학교 규칙을 어긴 결과에 대한 분석 ■ 정직하게 말하는 것의 중요성 이해	■ 거짓말을 한 아이에 관한 인형극을 하거나 이야기 작문하기 ■ 학급 규칙을 제정하고 위반 사례에 대한 규정 개발하기
초등학교 고학년	■ 어려운 상황에 처했을 때, 타인을 존중하는 범위 안에서 진실을 말하려는 의지 ■ 정직이 가치 있는 자질인 이유에 대한 확인 ■ 정직하지 못함의 결과에 대한 분석	■ 진실 말하기의 어려움이 드러나 있는 시나리오로 역할 놀이를 한 후 어떻게 해서라도 진실을 말하고 싶은 이유를 논의하고, 전략을 토론하는 활동하기 ■ 진실로 상황을 개진한 역사적 인물 확인 활동하기
중학교	■ 부정적 또래 압력에 저항하기 위한 도구로서 개인적 진실성의 활성화 ■ 어떻게 정직이 관계 정립과 일생의 성공에 기여하는지 평가	■ 이야기(예: 『초콜릿 전쟁』)를 읽고 등장인물의 또래 압력에 대한 반응 토론. 자신이라면 어떻게 했을지 비교해 보기 ■ 거짓말하기 쉬운 상황이었지만 정직을 선택했던 일에 관하여 작문하기
고등학교 저학년	■ 진실했었는지를 판단하기 위한 자신의 행동 분석 ■ 자신이 진실하게 행동했었는지에 대한 분석과 그에 따른 자신의 행동 조정	■ 그들 자신에 관한 TV 프로그램의 프로포절 작성하기. 만약 카메라가 따라다닌다면 정직하게 행동할까? ■ 일주일 동안 자신의 활동을 추적하여 목록을 만들고, 정직했던 행동과 동기를 살펴보는 활동하기
고등학교 고학년	■ 행동에서의 진실성 ■ 말과 행동의 밀접함 속에서 행동(언행일치)	■ 진실성에 대해 교사가 모범 보여주기 ■ 실제 삶에 관한 시나리오를 제공하고 그와 같이 어려운 상황에서 어떻게 할 것인지 질문하는 활동하기

2 C		**자산 32:** 아동은 계획을 세우고 의사를 결정할 수 있는 기술이 있다.

자기 관리		효과적으로 의사 결정 기술을 사용한다. 나는 좋은 결정을 내릴 수 있어요.

	지표	활동 예시
초등학교 저학년	■ 자신과 타인의 안전을 강화하기 위한 방법 설명 ■ 여러 상황들에 대응하기 위해 자신이 가지고 있는 선택지 인식 ■ 문제 해결을 위해 '멈추고, 생각하고, 행동하기' 전략을 실행	■ 운동장 안전 규칙 목록과 그 규칙을 자신과 다른 사람들이 따르도록 하는 방법을 작성하는 활동하기 ■ '켈소(Kelso)의 선택'에 대해 토론하기 ■ '정지 신호'를 점검하고, '멈추고, 생각하고, 행동하기'와 연관시키기
초등학교 고학년	■ 의사 결정 모형의 단계들에 대한 설명 ■ 문제에 대한 대안적인 해결 방법 고안과 가능한 결과의 예언 ■ 집단 의사 결정 과정에 효과적인 참여	■ 『너 자신의 결말을 선택해 봐(*Choose your own Ending*)』 책을 읽고, 가능한 결말에 대해 학급 전체가 브레인스토밍하기 ■ 윈윈(win-win) 문제 해결 전략 연습하기(예: RCCP)[3] ■ 모든 학생이 적극적으로 참여하였음을 확인시켜 주는 그룹 과제 제출하기(참고: 케이건의 협력 학습 전략)
중학교	■ 체계적인 의사 결정 단계의 확인과 적용 ■ 위험 행동을 피하기 위한 전략 평가	■ 과거의 결정에 대해 생각하고 수정하는 활동하기 ■ '…이면 좋을 텐데(If only)' 작문 활동 ■ 또래 압력 혹은 다른 시나리오에서 가능한 대응에 대한 역할 놀이하기
고등학교 저학년	■ 자신의 의사 결정에 영향을 주는 외부적 요인들에 대한 평가(예: 미디어, 또래, 문화 규범) ■ 의사 결정시 윤리적이고 안전하며 사회적인 요인들의 고려	■ 외부적 영향에 주의를 기울이거나 기울이지 말아야 하는지를 홍보하는 미디어 캠페인 설계하기 ■ 교사 자신이 의사 결정 절차를 시연하고, 학생들에게 어떤 단계와 동기를 선택할 것인지 묻는 활동하기 ■ 소설과 단편 이야기 속 등장인물의 의사 결정 분석하기
고등학교 고학년	■ 책임감 있는 사회적 관계를 증진시키고 장기적으로 건강한 선택을 취하기 위한 의사 결정 기술의 적용	■ 모든 교과 영역에서, 단기간에 성공적으로 문제 해결을 하기 위해 필요한 단계들에 대해 토론하고 책임감 있는 의사 결정 연습하기 ■ 소비자 교육 업무를 계획하고, 의사 결정의 중요성 토론하기

2 D	**자산 32:** 아동은 계획 세우기와 의사 결정 기술을 가지고 있다. **자산 37:** 아동은 개인적 능력에 대한 건강한 감각을 갖고 있다. **자산 39:** 아동은 자신의 삶에 목적감이 있다고 믿고 있다. **자산 40:** 아동은 자신의 미래를 긍정적으로 전망한다.

자기 관리	목표를 설정하고 달성할 수 있는 능력을 실천한다. 나는 내 삶을 성공적으로 이끌 목표를 세우고 달성할 수 있어요.

	지표	활동 예시
초등학교 저학년	■ 목표(바람, 꿈) 확인 ■ 일상적 과제 수행과 목표 성취를 위해 필요한 단계 확인 ■ 자신이 이룬 것에 대한 설명	■ "나는 꿈이 있어요"라는 제목의 그림 그리기나 글쓰기 ■ '한 걸음 한 걸음씩' 미술 프로젝트나 베이킹 프로젝트 실행하기 ■ 학급이 그동안 이룬 성과와 앞으로 이뤄야 할 것들에 대해 콜라주 만들기
초등학교 고학년	■ 개인적 목표 달성을 위해 자신이 받고 있는 교육이 왜 중요한지에 대한 설명 ■ 목표 달성을 위해 준비하고 밟아야 할 단계들 확인 ■ 최근 세웠던 목표에서 더 큰 성공을 위해 다르게 취했더라면 좋았을 것에 대한 평가 ■ 단기적 목표와 장기적 목표 구분	■ 교사와 태만한 학생 사이의 대화문 작성을 통해 학교의 중요성을 설명하는 활동하기 ■ 프로젝트를 끝내면서 더 나은 성공을 위해 다르게 했더라면 좋았을 일에 대해 생각해 보는 활동하기 ■ 매일과 매주의 목표를 차트로 만들기
중학교	■ 학업 성취를 위한 목표 설정 기술 적용 ■ 긍정적인 사회적 상호작용 목표 설정 ■ 잠재적인 진로와 관련한 목표 설정 기술	■ 매주, 매 분기, 매 학기 학업 성취 목표를 세운 학급 계획표 활용하기 ■ 주인공이 잘못된 사회적 선택을 하는 비디오 감상이나 독서(예: 『The Girls』) 후에 자신이라면 어떤 다른 선택을 했을지 생각해 보는 활동하기 ■ 학교와 진로에 관한 포트폴리오 설계하기
고등학교 저학년	■ 목표 달성을 위한 절차 관리와 필요에 따른 계획 조정 ■ 목표 달성에 도움을 줄 수 있는 외부 자원 확인 ■ 긍정적인 학업 성취 목표 설정	■ 일주일 동안의 생활계획표를 작성하여 실행한 후, 잘한 점과 못한 점, 제안할 것들에 대한 성찰 보고서 쓰기 프로젝트 ■ 어떤 사람들과 조직이 자신의 목표 성취를 위해 도움을 줄 수 있는지 판단하기 위하여 그들과 인터뷰하는 활동하기
고등학교 고학년	■ 행동 단계를 포함한 2차적 목표와 기간, 성취를 평가하기 위한 기준 설정 ■ 장기적 관점에서 성공을 위한 목표 설정의 필요성에 대한 이해	■ 후속 목표에 도달하기 위한 단계를 포함한 지도 그리기, 그리고 다음 단계로 성공적으로 이동하기 위해 필요한 기준 적기 ■ 특정 교과 영역의 전문가들이 어떻게 목표 설정을 활용하는지 토론하기(예: 수학자, 역사가, 화가 등)

3 목표 3: 강한 사회적 인식 능력을 보여줄 수 있다.

(I care) 나는 보다 큰 공동체에서 타인의 가치에 대한 인식을 보여준다.

근거: "오늘날 젊은이들은 다문화 세계에서 자라고 있다. 그래서 그들은 민주주의 사회에서 책임 있는 참여자로서 필요한 지식과 질문 기술을 익히며, 문제를 해결하고, 다양한 관점을 수용하며, 의사를 결정하고 행동해야 한다"(Patti and Tobin, 2003). 사회적 인식은 이와 같은 지식을 익히는 첫 단계이다.

3 A

자산 26: 아동은 타인에 대한 관심에 가치를 둔다.
자산 33: 아동은 공감과 민감성, 우정의 기술을 갖고 있다.

사회적 인식

타인의 정서와 관점에 대한 인식을 보여준다.
나는 다른 사람의 정서와 관점을 고려해요.

	지표	활동 예시
초등학교 저학년	■ 자신의 표정과 몸짓을 바탕으로 다른 사람이 어떻게 느끼는지 예측 ■ 다른 사람에게 상처 주는 말과 행동들에 대한 인식	■ '몸짓으로 정서 알아맞히기(Feelings Charades)' 게임 놀이 ■ 타인에게 상처를 줄 것이라고 느끼는 행동 목록 브레인스토밍하기
초등학교 고학년	■ 타인의 정서에 자신의 행동이 어떻게 영향을 미치는지 예측 ■ '관점'이라는 용어에 대한 정의 ■ 타인의 정서나 관점을 확인하기 위한 청취 기술 활용	■ 책의 절반을 읽은 후, 어떤 한 등장인물의 행동에 대해 다른 등장인물들이 느꼈을 정서 예측하기 ■ 정반대의 관점이 담긴 이야기를 듣고 토론하기(예: Chris Van Allsburg의 『두 마리 나쁜 개미*Two Bad Ants*』) ■ 두 팀으로 나눠 각각 단막극을 만들어 시연한 후, 각 팀의 정서 목록에 어떤 정서가 있는지 알아맞히는 게임하기. 각 팀의 시나리오에는 부여받은 목록의 정서가 모두 포함되어야 함.
중학교	■ 자신의 행동을 통해 타인의 정서에 영향을 줄 수 있는 방법 분석과 그에 따른 행동 조정 ■ 필요에 따른 타인에 대한 지원과 격려 ■ 다른 사람의 관점에 대한 존중	■ 등장인물의 행동을 변화시켜 이야기의 결말을 다르게 쓰는 활동하기 ■ 학생들이 타인을 도울 기회를 부여 받는 학급회의 개최하기 ■ 어떤 이슈에 관해 다른 친구들이 어떻게 느낄지 종이 가방 바깥 면에 콜라주 기법으로 꾸미고, 안쪽에는 친구들이 실제로 느낀 정서의 그림이나 단어 카드를 집어 넣은 후 토론하는 활동하기
고등학교 저학년	■ 다른 사람의 정서를 알려주는 언어적, 신체적, 상황적 신호 확인 ■ 타인의 관점을 이해하기 위한 대화 기술 활용 ■ 다른 의견을 가진 사람에 대한 이해를 표현하는 방법 ■ 타인에 대한 공감을 표현하는 방법	■ 말하면 안 되는 '꼼짝마' 연극 활동. 관객 중 한 명이 등장인물의 정서를 추측하여 '꼼짝마'를 외치고, 맞히면 대신 무대에 올라 연극을 계속할 수 있다. ■ '짝과 공유하기' 놀이 활동. 어떤 이슈에 대해 파트너의 관점을 말해야 하는 놀이. ■ 승자가 가장 큰 존경을 받는 형식의 논쟁 활동하기
고등학교 고학년	■ 어떤 사람의 말에서 정서적인 것과 사실적인 면에 대한 구분 ■ 타인에 대한 공감 표현 ■ 타인의 관점에 대한 의미 부여와 배움	■ 같은 이야기에 대한 세 가지 다른 뉴스 기사를 보고 각각이 가지고 있는 편향성 찾기 ■ 타인을 도움으로써 공동체 유지에 기여하는 활동에 참여하기 ■ 소크라테스식 문답법의 수업에 참여하고, 타인의 의견을 들은 후 어떻게 자신의 관점이 바뀌었는지 성찰하여 작문하기

3 B	**자산 8:** 아동은 공동체에 유용한 역할을 한다. **자산 9:** 아동은 공동체에서 타인을 위해 봉사한다.

사회적 인식	타인에 대한 배려와 공동체를 위해 긍정적으로 기여할 수 있다는 열망을 보여준다. 나는 타인을 배려하고, 더 나은 공동체를 만들기 위해 내 역할을 해요.

	지표	활동 예시
초등학교 저학년	■ 학교와 집, 더 큰 공동체에서 자신을 돕는 사람들에 대한 인식과 정확한 표현 ■ 타인을 돕는 방법에 대한 확인(예: 개 먹이 주기, 역할 나누기, 청소 등) ■ 타인을 도울 때의 정서에 대한 표현	■ 자신과 가족의 하루 일과들을 담은 콜라주를 만들고, 자신이나 타인이 남을 도운 예를 찾아 동그라미 치기 ■ 어떤 학급 일이 주어질 때, 자신의 조를 위해 할 수 있는 일에 대해 토론하기
초등학교 고학년	■ 타인을 도울 때 자신에 관하여 무엇을 배웠는지에 대한 설명 ■ 학교와 가정, 이웃 공동체에 자신이 기여해 온 역할에 대한 확인 ■ 어떤 도움이 필요할 때 동료와 함께 작업하기	■ 서로 친구들의 손을 종이에 대고 따라 그리고, 자신의 역할이나 도움에 대해 배운 것들을 적기. 그리고 '남을 돕는 손'이라는 제목으로 전시하는 활동하기 ■ 공동체 봉사 프로젝트 참여하기 ■ 임무 완수를 위해 타인과 협력하고 문제를 해결해야 하는 소규모 그룹 게임 활동하기
중학교	■ 자신의 결정과 행동이 어떻게 학교와 공동체의 복지에 영향을 주는지에 대한 설명 ■ 어떤 공동체나 세계 다른 지역의 필요를 탐색하고 가능한 해결책을 제시하기	■ 자신의 행동이 어떻게 잠재적으로 타인에게 영향을 줄 수 있는지, 혹은 어떤 역사적 인물이 어떻게 사회에 영향을 주었는지 "임팩트 웹(Impact web)" 그리기 ■ 글로벌 문제를 살펴보고, 자신이 미국 대통령이라면 어떻게 도움을 줄 수 있을지 학급 토론하기
고등학교 저학년	■ 다른 나라의 공동체를 돕기 위한 전략을 실행하기 위한 타인과의 협력 ■ 자신의 학교나 공동체의 발전을 위해 한 활동의 영향에 대한 평가	■ 가난한 사람을 위한 옷 마련 운동이나 음식 보내기 운동, 혹은 다른 종류의 봉사 활동에 참여한 후, 어떻게 자신들이 영향을 미쳤는자 살펴봄으로써 봉사 이야기를 마무리하기. 그리고 자신들이 미친 영향을 토론하고, 무엇을 같게 하였고 무엇을 다르게 할 수 있었는지 평가하는 후속 글 작문하기
고등학교 고학년	■ 자신이 공동체나 세계에 긍정적 변화를 줄 수 있는 조력자임을 보여주는 활동에 참여 ■ 민주 사회의 구성원으로서 자신의 책임 분석	■ 청소년을 위한 '젊은 세대의 위험 행동 조사(Youth Risk Behavior Survey)' 자료 살펴보기. 관련 있는 이슈를 확인하고, 그 이슈를 다루기 위해 이용할 수 있는 전략에 대해 토론하기 ■ '투표(Youth Vote)'에 참여하기. ■ 공동체와 관련 있는 이슈 확인한 후, 공동체의 지도자에게 문제 해결을 위한 도움을 요구하는 설득력 있는 편지 쓰기

3 C | 자산 27: 아동은 평등과 사회정의를 도모한다.
자산 34: 아동은 다른 문화의 사람과 잘 지낸다.

사회적 인식 문화적 이슈에 대한 인식과 인간으로서의 존엄성과 차이에 대한 존중을 보여준다.
나는 타인의 개인적 차이를 고려하고 존중해요.

	지표	활동 예시
초등학교 저학년	■ 사람들의 비슷하거나 다른 방식에 대한 설명 ■ 모든 문화와 집단에 걸쳐 사람들에게 나타나는 긍정적인 인간성의 정확한 표현	■ 가족의 전통에 관해 '보여주고 말하기' 활동하기 ■ 인간의 자질을 나타내는 매우 기초적인 벤다이어그램 제시하기 ■ 자신이 가지고 있는 자질의 목록을 만들고 급우들과 비교하기
초등학교 고학년	■ 다양한 사회적·문화적 집단의 기여들에 대한 확인 ■ 다른 문화나 사회적 집단과 공유하는 것들에 대한 인식 ■ 고정관념과 선입견, 편견에 대한 정의	■ 교사가 민요를 가르쳐주고, 그 뜻에 대해 토론하기 ■ 문화적 중요성을 담은 음식을 준비해서 학급 구성원과 나누기 ■ 다른 문화적 관심을 담은 잡지들을 보고, 조별로 공통점을 찾는 활동하기 ■ 사람 및 상황에 대해 선입견을 갖는 것의 장점과 단점을 확인하기
중학교	■ 다른 집단의 사람들이 어떻게 서로를 돕고, 동료와 즐기는지에 대한 분석 ■ 개인적, 사회적, 문화적 차이가 어떻게 고정관념의 공격에 취약하게 만드는지에 대한 설명과 이를 다루는 방법에 대한 확인	■ "섣부른 판단(Flash Judgments) 비디오"[4] 감상하기, 만들기, 토론하기 등의 활동하기 ■ 교사가 미디어 정보 해독력에 관한 단원을 가르치고, 광고나 쇼 등에서 특별한 어떤 사람에 대해 그 미디어가 고정관념을 이끌고 있는지 분석하기
고등학교 저학년	■ 다른 사회 문화 집단의 개인들에 대한 존중 ■ 비교 문화적 활동에 참여한 후 타 문화 사람들이 자신이 사는 곳에 어떻게 적응해 왔는지에 대한 성찰	■ 분명한 문화적 배경과 역사를 가진 활동을 포함한 미니 올림픽 경기를 계획하고 참여하기 ■ 곧 있을 행사(사건) 기사를 리뷰하고, 문화적 활동에 대한 포스터 제작을 위해 오리기
고등학교 고학년	■ 고정관념과 편견에 반대하고 타인을 존중하기 위한 전략들 평가 ■ 타인의 권리에 대한 옹호가 어떻게 공동선에 기여하는지 평가 ■ 자신이 속한 문화적 환경에 대한 민감성과 적응 의지	■ 편견에 관한 최근 사건 기사를 읽은 후, 사건에 대한 공동체의 반응을 평가하고, 적절한 제안하기 ■ 지역사회의 관심을 반영한 토픽을 하나 선택하고, 공동체의 반응과 연관성을 고려하여 국가적 수준에서 이를 비교하는 활동하기

3 D

사회적 인식	사회적 신호를 읽을 수 있다. 나는 내가 어떻게 타인을 받아들이고, 타인이 어떻게 나를 받아들이는지 고려해요.	
	지표	**활동 예시**
초등학교 저학년	■ 개인적 공간을 존중하는 것의 중요성에 대한 이해 ■ 타인과 활동할 때 적절한 개입(예: 자신을 소개할 때, 허락을 구할 때, 참여할 때, 타인을 초대할 때 등) ■ 자신의 차례 기다림, 상황에 대한 관찰, 적절한 대응 시점에 대한 인식	■ 개인적 공간이나 타인의 재산 존중하기 등과 같은 규칙을 점검하기 위한 인형 놀이 ■ 놀이터에서 했던 활동에 대해 이야기하고 자신의 행동을 반성하기
초등학교 고학년	■ 말투와 그것이 타인과의 대화에서 어떤 작용을 하는지에 대한 설명 ■ 몸짓과 표정이 대화에 끼치는 영향에 대한 설명 ■ 다양한 집단 사이에서 사회적 신호는 다를 수 있다는 것에 대한 인식	■ 선생님이 들려준 이야기를 흥미롭게 만든 언어적·비언어적 신호를 확인하고, 다른 친구들이 어떻게 같은 이야기에 대해 다르게 이야기하는지 토론하기 ■ 간단한 임무 혹은 과제의 목록을 받은 후, 다른 친구와 짝을 지어 말을 사용하지 않은 채 임무 완수하기
중학교	■ 사회적 상황과 그 상황에 대한 적절한 반응 분석(예: 학교 댄스, 또래 압력 상황, 파벌, 공개 연설 등) ■ 자신과 타인의 개인적 영역에 대한 인식 (친구, 가족 구성원, 선생님들)	■ 전입생에게 다양한 상황에서 적절한 행동을 설명해 주는 '어떻게 해야 할지(how to)' 목록 작성하기 ■ 국제 정치에서 영토의 중요성을 토론하고, 개인적 영역에도 같은 논리 응용하기. 왜 이러한 영역을 존중하는 것이 중요할까에 대한 토론하기
고등학교 저학년	■ 사회적·문화적 규범과 관습이 개인적 상호작용에 미치는 영향에 대한 평가 ■ 사회적 신호에 대한 독해와 이러한 신호에 대한 자신의 반응이 미치는 영향에 대한 인식	■ 술래가 된 한 학생이 다른 친구들이 사회적 관습 목록을 만드는 동안 교실을 떠났다 돌아와, '적절한' 행동을 결정하기 위해 집단의 사회적 신호를 사용하는 활동하기
고등학교 고학년	■ 자신의 삶의 장기적인 성공에 기여하는 방식으로 사회적 신호에 대한 인식과 반응	■ 인터뷰하는 사람의 사회적 신호에 응답해야만 하는 인터뷰 역할 놀이 하기

4 목표 4: 사회적 관리 기술을 실천할 수 있다.

(I will) 나는 타인과 의미 있고 생산적인 방법으로 상호작용할 것이다.

근거: 사회적 관리는 사람들로 하여금 소통하고, 가르치고, 배우고, 생각과 느낌을 공유하고, 필요를 알리고, 갈등을 해결할 수 있도록 해준다. 사회적 관리 기술을 아동들로 하여금 갖추게 하는 것은 건강한 관계를 발달시키고, 개인적으로 또 직업적으로 공동체의 필요에 부응하도록 할 수 있을 것이다. "크고 작은 모든 회사들은 생산성이 사회적·정서적으로 능숙한 노동력에 달려 있다고 깨닫기 시작했다" (Adams and Hamm, 1994).

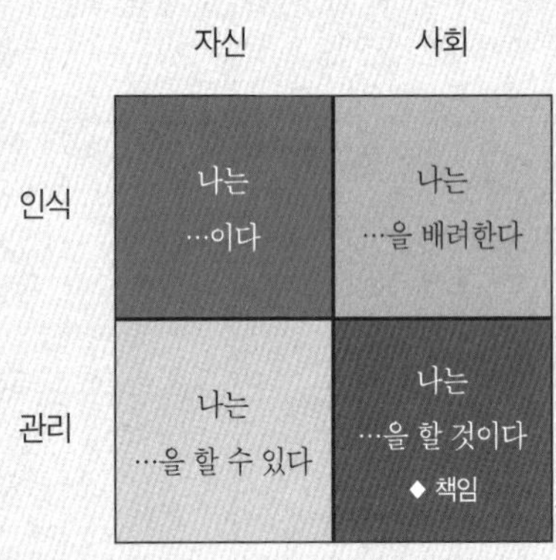

4 A 자산 38: 아이들은 공감과 민감성, 우정의 기술을 갖는다.

| 사회적 관리 | 타인과의 효과적인 상호작용을 위해 긍정적인 대화 기술과 사회적 기술을 이용한다. 나는 다른 사람과 잘 교류할 것이에요. |

	지표	활동 예시
초등학교 저학년	■ 다른 사람의 발화에 대한 주의집중 ■ 말할 때의 에티켓 사용(부탁합니다. 감사합니다. 실례지만… 등) ■ 양보와 나눔	■ 듣기 훈련을 위해, 두 팀으로 나누어, 지시사항을 한 번만 들려주고 따라하게 하는 게임 활동하기 ■ '오늘의 단어' 활동. 오늘의 단어를 잘 사용한 학생에게 작은 상 주기
초등학교 고학년	■ 말을 예의 바르게 주고받음 ■ 더 좋은 대화 능력을 위해 주의해서 듣는 기술 이용 ■ 훌륭한 스포츠맨십 ■ 집단 내에서 협력적인 행동(예: 듣기, 격려하기, 의견 수용하기, 양보하기, 합의점 도달하기)	■ 꽃 만들기 활동: 꽃을 만들 꽃잎을 그려 오려둔다. 급우들이 꽃잎마다 꽃의 주인에 대한 칭찬을 적는다. 꽃잎에 글이 다 채워지면 풀로 붙여 꽃을 완성하고, 친구들에게 고마움을 표현한다. ■ 잘 듣기 게임: 술래인 친구가 하늘을 나는 (혹은 기거나 점프하는) 동물을 부른다. 만약에 그 동물이 진짜 나는 동물이라면, 팔을 날개처럼 퍼덕거린다. 만약 나는 동물이 아닌데도 날개를 퍼덕거리면 탈락이다. ■ 집단별로 제공된 재료만을 가지고 타워를 만든 후, 한 팀으로서 어떻게 일했는지 토론하기
중학교	■ 집단 목표를 달성하기 위해 지도자와 팀 구성원으로서 역할 모두를 할 수 있는 능력 ■ 수동적, 적극적, 공격적 반응의 구분 ■ 반성적 듣기 훈련	■ 다양한 재능을 활용하는 집단 활동 후, 어떻게 서로의 장점을 활용하여 최선의 결과를 낼 수 있을지 토론하기 ■ 두 명이 짝지어 복잡한 이야기나 의견을 나눈 후, 반성적인 듣기 훈련하기
고등학교 저학년	■ 집단 노력을 진행시키기 위해 공동체 안에서 또래, 성인, 다른 사람들과 협력하는 전략 ■ 발전을 위해 건설적 비판의 수용과 제공 ■ 불일치가 있을 때, 객관적이고 편견 없는 태도의 유지	■ 실제 삶의 시나리오를 토대로, 어떤 요구를 가장 잘 충족시킬 수 있도록 팀을 만든 후, 왜 어떻게 그 팀이 그 요구에 부응하는지 설명하기 ■ 학급 토론 시간에, 학생들의 논쟁 어조를 평가하기
고등학교 고학년	■ 타인과의 부정적 충돌 없이 요구에 부응하기 위한 적극적 대화 사용 ■ 상호작용을 통해 자기 자신과 타인에게 힘을 부여하고, 격려하고, 긍정하기	■ 어떤 요구를 하기 위해 스크립트를 작성한 후, 효율성을 평가하기 위해 동료와 함께 편집하기 ■ 학급의 통일성을 강화하면서도 권한 배분을 하기 위해 설계된 학급회 하기 ■ 세계적인 위대한 지도자들에게 보고서를 쓰고 그들의 대화 기술을 분석하기

<table>
<tr><td>4 B</td><td>자산 33: 아동은 공감과 민감성, 우정의 기술을 갖는다.
자산 34: 아동은 다른 문화권의 사람들과 잘 지낸다.</td></tr>
</table>

사회적 관리	건설적인 관계를 발전시킨다. 나는 건설적인 관계를 가지면서 노력할 것이에요.

	지표	활동 예시
초등학교 저학년	■ 타인과의 관계에 대한 확인 ■ 좋은 친구의 자질에 대한 목록 ■ 친구를 사귀기 위한 계획	■ 가까운 친구와 가족의 그림을 그리고 관계에 대한 정보를 적기 ■ 자신의 그림을 그린 후 교실 벽 둘레에 전시하기. 벽을 돌면서, 그림마다 좋은 친구인 이유를 하나씩 적기 ■ 교사가 봉제 동물 인형을 들고 와서, 인형과 친구가 되기 위해 할 수 있는 일에 대해 묻기
초등학교 고학년	■ 긍정적인 관계와 부정적인 관계의 차이에 대한 인식 ■ 관계에 있어 안전한 행동과 위험한 행동 사이의 차이점에 대한 이해 ■ 관계에 있어 문제를 확인하고 적절한 도움 요청	■ 교사가 읽어준 이야기를 들은 후, 등장인물의 긍정적 · 부정적 관계에 나타난 특징 목록 만들기 ■ 또래 중재자나 다른 외부 도움을 활용하기 위한 적절한 때에 대해 토론하기
중학교	■ 긍정적, 부정적 또래 압력의 차이점에 대한 구분과 부정적 또래 압력에 저항하기 위한 전략 ■ 또래 집단과 긍정적인 활동에 참여하기 ■ 친구를 선택할 때 개인적 가치에 대해 진실할 수 있는 능력	■ 조별로 부정적 또래 압력에 저항하기 위한 전략을 보여주는 만화 스트립 만들기 ■ 교과 외 활동 참여를 독려하는 "활동 박람회(Activity Fair)" 개최하기
고등학교 저학년	■ 자신과 타인에 대한 거리두기의 이점에 대한 이해 ■ 긍정적 관계를 유지하기 위한 전략 훈련 (예: 관심과 활동 공유하기, 함께 시간 보내기, 도움 주고받기, 용서 연습하기) ■ 멘토의 가치에 대한 이해	■ 울타리를 그리고 그것에 자신의 개인적 영역 안과 밖에 있는 행동에 대해 적기 ■ 어떻게 더 긍정적인 관계를 유지할 수 있는지에 관해 가상의 인물에게 조언하기 ■ 멘토를 고르고, 편지를 통해 그와의 관계에서 바라는 바를 설명하고 도움 구하기
고등학교 고학년	■ 가치 있는 관계의 건전한 지원 네트워크에 대한 적극적인 참여 ■ 삶 전반에 걸쳐 자신의 발전을 지원해 줄 관계를 자주적으로 추구함	■ 자신에게 도움을 주는 사람들을 망(web)으로 표현하고, 각각 사람의 이름 옆에, 우정이나 도움을 유지하거나 활성화시킬 수 있는 전략 적기 ■ 조별로 건설적인 관계의 중요성을 홍보하는 라디오 방송 작문하기

4 C	자산 33: 아동은 평화적으로 갈등을 해결한다.

사회적 관리	개인 간의 갈등을 건설적인 방법으로 예방하고, 다루고, 해결하는 능력을 갖고 있다. 나는 개인 간의 갈등을 건설적으로 다룰 것이에요.

	지표	활동 예시
초등학교 저학년	■ 해결을 위해 어른의 도움이 필요한 개인 간의 문제 확인 ■ 갈등 해결을 위한 방법이 많다는 것에 대한 인지와 선택 메뉴를 사용하여 문제 해결 훈련	■ 갈등을 확인하고 반응을 보여주기 위해 인형 놀이를 활용하는 조별 활동하기. 갈등 해결을 위해 어른의 도움이 필요한지를 결정하는 학급 토론하기 ■ 갈등에 대한 상이한 반응들을 잡지에서 오리고, 그러한 반응이 긍정적인지 부정적인지 토론하기
초등학교 고학년	■ 삶의 자연스러운 일부로서 갈등에 대한 이해 ■ 갈등의 원인과 영향에 대한 설명 ■ 갈등을 다루는 비건설적, 건설적 방법의 구분 ■ 갈등 해결 절차 단계의 활성화(듣기, 정서 표현하기, 해결책 논의하기, 수정하기 등)	■ 운동장에서 친구들을 지켜보고, 목격한 갈등과 그것이 어떻게 다루어졌는지 목록으로 정리하기. 만약 갈등이 잘못 다뤄졌다면, 어떻게 반응을 수정함으로써 해결할 수 있는지 제안을 목록에 적어보기 ■ 학급 중재자들이 갈등 해결 단계를 토론하는 학급 프레젠테이션 하기
중학교	■ 갈등에서 개인의 역할 명료화와 해결하는 데 있어 자신의 책임에 대한 이해 ■ 혼란을 감소시키기 위한 갈등 해결 기술 적용과 이견 해소 ■ 갈등 중에 있는 모든 당사자들이 어떻게 만족할 수 있는지에 대한 명료화(win-win) ■ 갈등 혹은 위기 상황에서 제공할 수 있는 긍정적 지원에 대한 확인	■ 학생들이 특정 갈등 역할(예: 공격자, 희생자, 방관자, 평화주의자)을 나누어 맡아 역할 놀이하고, 관찰자는 어떻게 행위자들이 해결을 돕거나 방해하는지 기록하는 활동하기 ■ 학급의 번영을 위해서 반드시 win-win으로 끝나야 하는 특정 이슈에 대해서 학급 토론하기
고등학교 저학년	■ 세심하게 듣고 이야기하는 것이 어떻게 갈등을 예방하고 해결하는지에 관한 분석 ■ 협박을 다루고, 폭력을 피하며, 개인의 안전을 유지하는 데 필요한 기술과 전략 적용 ■ 갈등 해결과 문제 해결 자원에 대한 접근(예: 경비, 믿을 만한 어른, 동료 중재자, 상담 교사)	■ "전화기(Telephone)" 놀이를 한 후, 누군가 주의 깊게 듣고, 이야기하지 않을 경우 어떻게 메시지가 쉽게 오해받을 수 있는지에 관해 토론하기 ■ 소규모 조별로 다양한 상황을 다루기 위해 이용할 수 있는 전략을 결정하고 시연한 다음, 그 유용성에 대해 평가하기
고등학교 고학년	■ 해결되지 않은 갈등에 직면했을 때, 정중함을 지키면서 공존하는 능력 ■ 개인 간의 갈등을 건설적으로 해결하기 위해 예방과 관리, 해결 기술 이용 ■ 갈등에서 자신의 역할에 대한 평가와 성찰, 그리고 미래에 갈등을 더 잘 해결하기 위한 현재의 평가와 성찰 정보의 활용	■ 어떤 면에서 불공정한 규칙이 있는 게임 하기. 게임 중간에 학생들의 행동과 정서에 대해 토론하기 ■ 갈등 해결 기술을 보여주는 '스스로 돕기(self-help)' 매뉴얼 쓰기. 다른 방식의 반응이 더 유익했을 만한 사실적 이야기를 적어도 하나 이상 포함시킬 것.

1. 켈소의 선택: 초등학생을 대상으로 한 갈등 해결 기술 프로그램. http://kelsoschoice.com 참조.

2. 『사이먼의 낚싯바늘(Simon's hook)』: 화를 통제하는 기술을 가르쳐주는 동화책.

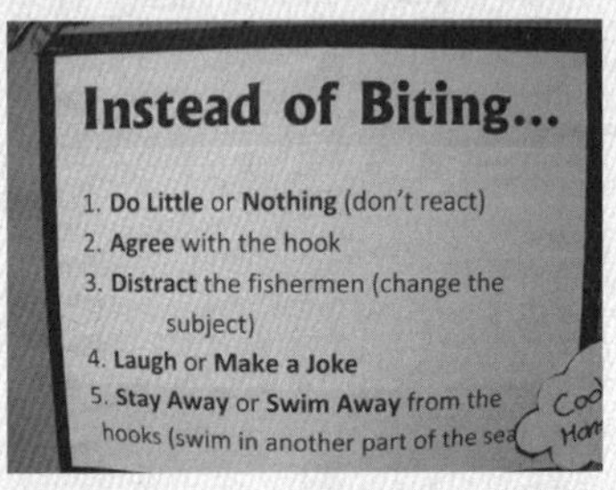

3. RCCP: Resolving Conflict Creatively Program. 인격교육과 사회 정서 학습에 광범위하게 활용되고 있는 갈등 해결 프로그램.

4. 섣부른 판단(Flash Judgments)의 예: 어떤 흑인 학생이 땅에 떨어진 휴대폰을 보더니 주워 주머니에 넣는다. 이어 한 백인 학생이 쫓아온다. 흑인 학생은 뛰어 도망친다. 그러다 어떤 여학생을 만나자 휴대폰을 전해준다. 휴대폰을 여학생한테 전해 주려고 했던 것일 수도 있고, 백인 학생과는 단순히 잡기 놀이를 하던 도중이었을 수도 있는데, 만약 흑인 학생이 휴대폰을 훔치려 했다고 먼저 생각했다면, '섣부른 판단(Flash Judgment)'을 한 것이다.

제9장

도덕과 배경 학문으로서 도덕 심리학:
긍정 심리학

I. 서론

행복이란 무엇이고, 그 행복을 어떻게 얻을 수 있는가? 이 물음은 우리의 삶에서 가장 기본적이고 중요한 물음이기 때문에, 불교 전통과 서양 철학, 그리고 윤리학, 사회학, 심리학적 배경을 바탕으로 다양한 답변들이 제시되어 왔다. 예를 들어, 불교 전통에서 보자면, 열반의 행복, 즉 생사윤회로부터의 완전한 해탈을 성취하는 것이 최상의 행복이라고 할 수 있다(미산, 2011: 72). 행복에 이르는 과정은 탐진치(貪瞋癡)라는 근본 번뇌인 불선(不善)의 뿌리를 제거함에 의해 가능하기 때문에 불교의 행복은 불선을 비워내고, 선(善)의 뿌리인 탐진치가 없는 마음을 길러서 얻어지는 것이라고 할 수 있을 것이다. 또한 연기(緣起)의 원리를 통해 자타의 분별이 사라지고 너의 행복이 곧 나의 행복임을 터득하고 중생을 위한 보리심을 실천함으로써 행복의 길을 열 수도 있을 것이다. 한편, 아리스토텔레스에 의하면, 인간의 행복은 덕(탁월성)에 따른 영혼의 활동이다. 즉, 덕에 따른 활동을 하는 것이 행복이다. 그는 또한 인간의 고유 기능(ergon: function), 혹은 사람 노릇을 잘하는 활동의 연속에서 행복이 성립한다고 보았다(강상진, 2011: 232-234).

이 글에서는 행복에 대한 심리학, 특히 긍정 심리학의 연구 성과에 주목하고자 한다. 긍정 심리학은 과학적 연구 방법론에 근거하여 행복이라는 현상을 연구한다는 점에서 여타의 분야와 구별된다. 긍정 심리학은 우리 삶에서 무엇이 잘못되어 가고 있고 그런 문제를 어떻게 극복할 수 있는가에 대한 병리학적 관심으로부터 "우리의 삶을 보다 가치 있는 삶으로 만들어주는 것이 무엇인가"에 대한 관심으로의 전환을 강조하고 있다(Seligman & Csikszentmihalyi, 2000: 8). 또한 인격 강점(character strength)[1] 및 덕(virtues)에 대한 연구를 바탕으로 인간 행복에 대한 연구, 특히 번영(flourishing)이나 인간, 집단, 기관의 최상의 기능(functioning)에 기여하는 조건들과 과정들에 대한 연구를 시도하고 있다(Gable & Haidt, 2005: 104).

이 글에서는 이와 같이 과학적 입장에서 행복이라는 현상과 관련된 심리학적 원리와 그 증진 방법을 탐구하는 긍정 심리학을 이론적으로 고찰하고, 도덕교육적 시사점을 밝혀 보고자 한다. 이를 위해 우선 긍정 심리학이라는 프리즘을 통해 행복한 삶이 무엇이고, 행복에 이르기 위해서는 어떤 노력이 필요하며, 행복 실현에 기여할 수 있는 교육의 실천 양식은 무엇인가에 대해 살펴볼 것이다. 이러한 개관을 바탕으로 긍정 심리학의 이론적·실천적 강점을 확인한 후, 긍정 심리학이 직면한 중대한 도전이 무엇인지 검토하면서 그 이론적 한계를 지적하고자 한다. 또한 필자의 주된 연구 관심은 도덕교육 분야에 있으므로, 긍정 심리학의 장점 및 한계에 대한 논의를 바탕으로 도덕교육적 시사점을 밝힐 것이다.

---

1. 이 글에서는 심리학계에서 주로 사용하는 '성격 강점'이라는 개념 대신 '인격 강점'이라는 개념을 사용할 것이다. 긍정 심리학에서 말하는 덕과 강점이 아리스토텔레스식의 '도덕적 덕'에 초점을 맞춘 것은 아니더라도, 행복을 위한 전제로서 긍정적 성품 및 덕성을 강조하고 있고, '성격'이라고 번역되는 'personality'에 비해 'character' 개념 속에는 상대적으로 많은 도덕적 함축이 담겨 있기 때문이다.

II. 긍정 심리학의 이론적 기초

1. 긍정 심리학의 등장 배경

지난 10여 년 동안 심리학 분야에서 새롭게 등장한 여러 이론들 중에 가장 주목할 만한 이론은 긍정 심리학 이론이다(Kristjansson, 2010: 296). 긍정 심리학은 현대 긍정 심리학 운동의 아버지로 불리는 마틴 셀리그먼(M. Seligman)이 1998년에 미국 심리학회 회장으로 취임하면서 심리학자들이 그동안 망각했던 사명을 상기시키며 심리학의 새로운 방향으로 제시한 것이다. "심리학은 인간의 약점과 장애에 대한 학문만이 아니라 인간의 강점과 덕에 대한 학문이기도 해야 한다. 진정한 치료는 손상된 것을 고치는 것만이 아니라 우리 안에 있는 최선의 가능성을 이끌어 내는 것이어야 한다"(Seligman, 1999: 559-562)라고 제안하면서, 이러한 심리학의 새로운 방향을 '긍정 심리학(Positive Psychology)'으로 명명하였다(권석만, 2010: 328-329). "우리는 번영하는 개인, 가족, 그리고 공동체를 만들기 위해 과학적 접근을 시도하는 심리학이 등장할 것이라고 확신한다"는 셀리그먼과 칙센트미하이(Seligman & Csikszentmihalyi, 2000: 5)의 주장을 통해서도 긍정 심리학의 등장 배경을 짐작할 수 있다. 셀리그먼의 제안을 계기로 긍정 심리학 분야에서의 연구물이 급격하게 증가해 왔으며, 영향력 있는 학문 분야로 자리매김하고 있다. 인간의 행복과 긍정적 성품에 대한 연구 산출물 및 다른 학문 분야에 미치는 영향력 측면에서 볼 때, 긍정 심리학은 심지어 긍정 심리학의 열렬한 지지자들조차도 놀랄 만큼 괄목할 만한 성장을 목격하고 있다(Gable & Haidt, 2005: 103).

일부 긍정 심리학자들은 인간의 선(goodness)과 덕 혹은 탁월성이 정신 장애만큼 과학적 탐구의 대상으로서 확실하다는 점을 근거로 들면서 인간 기능(human functioning)에 대한 '질병 치료 모델(disease-remedy model)'을 '건강 향상 모델(wellness-enhancement model)'로 대체해야 한다고 주장한다(Peterson, 2006: 5-11). 하지만 전반적으로 긍정 심리학은 심리학의 전통적인 영역들을 무시하거나 대체하려고 하기보다는 보완적인 역할을 하는 데 중점을 두고 있다고 봐야 한다. 긍정적인 인간 발달을 연구하기 위해 과학적인 연구 방법론을 적용해야 한다는 점을 보탬으로써, 대부분의 긍정 심리학자들은 심리적 결함 및 장애와 같이 인간 발달이 불안정해지거나 문제시되는 측면에 대한 기존 연구와 자신들의 연구 노력이 상호 보완 관계를 이룰 수 있다고 본다. 이들은 지난 반세기 동안 심리학이 단일한 주제, 즉 정신 질환 연구에 지나치게 몰두한 결과, 인간 발달에 대한 부분적이고 제한된 이해를 낳을 수밖에 없었으며, 앞으로 번영하는 삶을 촉진시킬 수 있는 인간 발달의 조건에 대해 보다 많은 관심을 둘 필요가 있다고 주장한다(Seligman, 2002: xi; Peterson, 2009: 3-7).

2. 긍정 심리학의 심리학적 기초

긍정 심리학자들은 동시대 심리학의 "염세적 편견"(Csikszentmihalyi, 2003: 129)이 제2차 세계대전의 트라우마 치유를 위한 병리학과 심리학의 불행한 결합에서 기인한 것으로 진단한다.[2] 비록 긍정 심리학자들이 주창하는 "인간의 어두운 측면에서 긍정적 측면으로의 관점 전환"(Peterson, 2006: 5) 노력이 최근 임상심리학의 형태를 변화시키는 데 관여하고 또한 기여하고 있지만, 그들은 윌리엄 제임스(William James)의 "건강한 마음의 낙관주의

---

2. 제2차 세계대전 이전의 초기 심리학은 인간에 대한 과학적 연구를 통해서 구현하고자 하는 세 가지 실천적 사명을 지니고 있었다. 그 첫째는 정신장애를 치료하는 일이었고, 둘째는 탁월한 재능과 천재성을 발견하여 육성하는 일이었으며, 셋째는 모든 사람들이 좀 더 행복한 삶을 살도록 돕는 일이었다. 그러나 세계를 혼란의 소용돌이로 몰아넣은 제2차 세계대전을 겪으면서 심리학은 두 번째와 세 번째의 사명을 망각하게 되었다(권석만, 2010: 327).

(healthy-minded optimism)"와 존 듀이(John Dewey)의 "긍정적이고 건설적인 경험 가치" 등과 같은 오래된 아이디어에 빚을 지고 있다는 점을 인정한다. 또한 전후(postwar) 심리학을 기준으로 보더라도 긍정 심리학은 새 술병에 오래된 와인을 담고 있음을 부인하지 않는다. 특히 건강함(wellness)과 성취(fulfillment) 측면의 배경 이론으로서 1950년대부터 70년대까지의 인본주의심리학의 기여를 무시할 수 없다. 실제로 '긍정 심리학'이라는 이름표는 1954년에 발표된 매슬로우(A. Maslow)의 저서, 『동기화와 성격(*Motivation and personality*)』에서 유래된 것이다.[3]

> 심리학에 대한 연구는 긍정적인 측면보다 부정적인 측면에서 훨씬 많은 성과를 거두어왔다. 즉, 심리학이 인간의 심리적 결함이나 단점, 정신장애, 정신 질환, 죄의식 등에 대해 우리에게 많은 것을 밝혀 주었지만, 인간의 가능성, 성품, 성취 가능한 열정, 혹은 보다 큰 성취를 이룰 수 있는 심리학적 잠재 수준 등에 대해서는 거의 밝혀내지 못했다. 만약 심리학이 자발적으로 단지 반쪽에만 스스로를 가두어 나간다면, 결국 어두운 측면만을 다루는 초라한 반쪽 상태가 될 것이라는 지적을 받게 될 것이다(Maslow, 1954/1970: 354).

긍정 심리학자들은 매슬로우와 로저스(C. Rogers) 등의 인본주의심리학자들이 인간을 선천적으로 착한 의지와 자율적인 선택 능력을 지닌 능동적인 존재이고 자신의 잠재성을 최대화하여 자기 향상과 자아실현을 추구하는 존재라고 본 것에 대해서는 지지를 보내면서도, 다른 한편으로는 인본주의심리학이 직관과 상상력에 의존함으로써 과학적이고 실증적인 연구 토대를 갖추지 못했다고 지적한다.[4] 또한 많은 긍정 심리학자들은 회복 탄력성 이

---

3. 실제로 이 책의 마지막 장 제목이 "긍정 심리학을 향하여(Toward a positive psychology)"이다.

4. 긍정 심리학자들은 관찰, 실험, 조사, 사례 연구 등 과학적 방법론을 중시한다(Peterson & Seligman, 2004: 4).

론, 자기 존중감 이론, 자기 효능감 이론, 자기 결정성 이론(SDT), 다중 지능 이론, 사회 정서 이론 등과 같이 인간 발달의 긍정적인 측면에 주목한 다양한 이론들이 긍정 심리학의 이론 구축에 기여해 왔다고 말한다.

크리스트잔슨(Kristjansson, 2010: 298)은 초기 긍정 심리학 운동으로부터 오늘날의 긍정 심리학까지 크게 세 차례의 변화가 있었다고 말한다. '1세대 긍정 심리학'은 인본주의심리학의 자기 성취(혹은 자아실현) 어젠다를 가리키고, '2세대 긍정 심리학'은 20세기 말에 확산되었던 지능 및 적응성(intelligence-and-adaptability) 접근에 해당하며, 오늘날의 '3세대 긍정 심리학'은 셀리그먼과 피터슨을 중심으로 하여 의미, 덕성, 주관적 안녕(subjective well-being) 등을 강조하는 최신 버전을 가리킨다.

3. 긍정 심리학의 철학적 기초

긍정 심리학은 행복(happiness)과 실현(fulfillment)에 초점을 맞춘 20세기 인본주의심리학에 뿌리를 두고 있다. 하지만 19세기 후반까지는 과학적 심리학이 그 현대적 모습을 갖추지 못했기 때문에 긍정 심리학에 대한 그 이전의 영향은 주로 철학적이고 종교적인 원천에 기초하고 있다. 특히 긍정 심리학자들은 고대 그리스 철학의 통찰로부터 많은 영향을 받았다.

고대 그리스 철학자들은 이성적 사유와 성찰을 통해서 행복에 이르는 길을 발견할 수 있다고 믿었다. 소크라테스는 행복에 이르는 경로로써 자기 지식과 자기 성찰을 옹호하였다. 플라톤의 '동굴과 그림자의 비유'는 감각세계를 초월한 불변의 세계를 지향함으로써 행복을 찾을 수 있다는 믿음을 서구 사상가들이 갖도록 하는 데 영향을 끼쳤다. 또한 아리스토텔레스는 에우다이모니아(eudaimonia)가 덕과 일관된 이성적 활동으로 구성된다고 보았다. 오늘날 긍정 심리학에서 핵심 개념인 '행복'은 바로 아리스토텔레스의 에우다이모니아 개념에 상당 부분 의존하고 있다. 아리스토텔레스의 『니코마코스 윤리학』에 제시된 에우다이모니아 개념은 지금까지 '행복 (happiness)'으로 흔히 번역되어 왔으며, 긍정 심리학자들은 셀리그먼과 피터슨의 발자국을 따라 '안녕(well-being)'이나 '번영(flourish)'이라는 개념도 사용하고 있다.[5]

아리스토텔레스는 에우다이모니아로 이끌 수 있는 12가지 덕(용기, 절제, 온화, 자유인다움, 통이 큼, 명예에 대한 적절한 관심, 포부의 큼, 진실성, 재치, 친애, 부끄러워할 줄 앎, 의분)[6]을 제시하였다. 이러한 덕은 양 극단의 사이에 위치하는 중용적인 것이며 누구나 타고나는 것으로서, 잠재적 덕성을 발견하여 계발함으로써 행복에 이를 수 있는 것이다. 이러한 아리스토텔레스의 행복관은 덕(지혜, 용기, 절제, 인간애, 정의, 초월)과 24개의 인격 강점을 발현하는 것이 행복한 삶을 구현하는 핵심적 조건이라고 보는 긍정 심리학자들의 관점, 즉 '자기실현적 행복관'의 철학적 기반을 이루고 있다.

한편, 에피쿠로스 학파는 권력투쟁의 정치적 세계로부터 벗어나 친구들과 어울리면서 안락한 상태에 평온하게 머무름으로써 행복에 도달할 수 있다고 믿었으며, 오늘날 긍정 심리학에서 긍정적 정서와 주관적 만족감을 중시하는 측면(쾌락주의적 행복관)은 에피쿠로스 학파의 전통을 이어받은 것이라고 할 수 있다. 스토아 철학자들은 이성에 의한 감정 조절을 행복의 핵심 요소로 보았으며, 이들이 다양하게 제시했던 '영적 훈련'(spiritual exercises; 이성을 사용하여 감정을 조절하는 훈련) 방식은 오늘날 긍정 심리학과 인지 행동 치료(CBT)에서 채택하고 있는 '심리적 훈련(psychological exercises)' 방법들을

---

5. 셀리그먼은 『진정한 행복(*Authentic happiness*)』(2002)에서 긍정 심리학이 '에우다이모니아'를 목표로 한다는 점을 강조하고 있으며, 『플로리시(*Flourish*)』(2011)에서는 '안녕(well-being)'과 '번영(flourish)' 개념을 특히 강조하고 있다. 그럼에도 불구하고, 전반적으로 볼 때, '안녕'이나 '번영'보다는 '행복'이 더 선호되는 개념이다.
6. 12가지 덕은 Aristoteles, 이창우 · 김재홍 · 강상진 역(2008), 『니코마코스 윤리학』, 453쪽에 제시된 부분을 인용한 것이다. 명예(보통)와 관련된 감정-행위의 중용 상태는 '이름 없음'(명예욕 – 이름 없음 – 명예에 대한 무관심)이기 때문에, 이 글에서는 '명예에 대한 적절한 관심'이라고 표현하였다.

개발하는 데 기여하였다(보다 자세한 내용은 Compton, 2005: 1-22 참조).

III. 긍정 심리학의 이론 체계

1. 긍정 심리학의 연구 주제 및 행복관

1) 긍정 심리학의 연구 주제: 긍정 상태, 긍정 특질, 긍정 기관

긍정 심리학은 크게 세 개의 주제 혹은 기둥(pillars)에 대해서 탐구한다. 첫 번째가 긍정 상태(positive states)에 대한 연구이고, 두 번째가 긍정 특질(positive traits), 더 구체적으로는 덕과 인격 강점들에 대한 연구이며, 세 번째가 가족, 학교, 직장과 같은 긍정 기관(positive institutions)에 대한 연구이다(Seligman, 2002: vi).

우선 긍정 상태는 만족감, 안락감, 친밀감, 열정, 활기 등 인간이 주관적으로 경험하는 긍정 정서를 포함하는 다양한 긍정적 심리 상태를 말한다. 긍정 심리학에서는 이러한 긍정 상태의 구성 요소, 효과, 증진 방법 등을 연구한다. 긍정 특질은 지혜, 끈기, 정직, 겸손, 용기, 유머 등 한 개인이 지속적으로 나타내는 긍정적인 행동 양식이나 성품을 말한다. 긍정 심리학에서는 이러한 긍정 특질의 개념 정의, 측정법, 심리적 특성, 억제 및 촉진 요인 등을 연구한다. 긍정 기관은 가정, 학교, 직장, 지역사회 등 인간의 행복과 자기실현을 지원할 수 있는 단체나 조직을 말한다. 긍정 심리학에서는 이러한 기관이 어떻게 해야 인간이 행복한 가운데 최고의 기능을 발휘할 수 있는가, 쉽게 말해 행복한 가정, 학교, 직장, 지역사회를 만들기 위해 어떤 노력을 해야 하는가를 연구한다(권석만, 2009: 24).

2) 행복에 대한 두 가지 관점: 쾌락주의적 행복관과 자기실현적 행복관

행복에 대한 두 가지 철학적 관점, 즉 쾌락주의적 행복관과 자기실현적 행복관에 영향을 받은 긍정 심리학자들은 이 두 가지 행복관 중 어느 하나에 더 강조점을 두는 경향이 있다.[7] 우선 쾌락주의적 행복관을 중시하는 긍정 심리학자들은 행복을 "개인이 자신의 삶에 만족하며 긍정적인 정서를 느끼는 주관적인 심리적 상태"라고 정의한다(Diener et al., 1999; 권석만, 2011: 332). 이들은 다양한 의미를 함축하고 있는 행복이라는 용어 대신 '주관적 안녕(subjective well-being)'이라는 용어를 사용하기도 한다. 주관적 안녕은 개인이 자신의 삶 전반에 대해 만족하며 긍정 정서를 많이 경험하고 부정 정서를 적게 경험하는 주관적인 심리적 상태를 말한다. 조작적으로 정의하면, 주관적 안녕은 [(삶의 만족도) + (긍정 정서) − (부정 정서)]를 의미한다. 또한 긍정 심리학자들에 따르면, 개인의 주관적 안녕 수준은 다양한 자기 보고형 척도에 의해서 측정될 수 있다(자세한 내용은 권석만, 2011: 334-335 참조).

이와 같이 주관적 안녕 혹은 쾌락주의적 행복에 대한 많은 실증적 연구를 통해 상당한 성과를 거둔 것이 사실이지만, 어떤 방식의 삶을 영위하든 주관적으로 만족하면 그것이 과연 진정으로 행복한 것인가에 대해 비판적으로 인식하는 긍정 심리학자들 또한 다수 존재한다. 이러한 입장을 취하고 있는 긍정 심리학자들은 주관적 안녕이라는 용어보다는 삶의 목적의식, 자율성, 긍정적 성품 등을 강조하고, 행복을 나타내는 개념으로서 '심리적 안녕(psychological well-being)'을 더 선호한다.[8] 이런 이유에서 '에우다이모니

---

7. 셀리그먼과 로이즈만은 철학의 역사에서, 그리고 후속적으로 심리학의 전통에서 볼 때, 행복에 대한 세 가지 유형의 관점이 설득력을 얻기 위해 경쟁해 왔다고 주장하기도 한다 (e.g., Seligman & Royzman, 2003; Tiberius, 2006). 이러한 유형에는 쾌락주의적 관점, 삶에 대한 만족 관점, 에우다이모니아적 관점이 포함된다.

8. 주관적 안녕에 대비되는 것으로서 심리적 안녕이라는 용어를 사용하는 대표 학자인 리프

아' 개념에 주목하면서,[9] 에우다이모니아적 관점에서 행복이 객관적으로 측정될 수 있고, 측정되어야 한다고 본다. 가장 잘 알려진, 그리고 가장 초기의 에우다이모니아적 설명은 당연히 아리스토텔레스의 관점에 근거하고 있다.[10]

자기실현적 행복관에 공감하는 긍정 심리학자들은 행복한 삶으로 인도하는 인간의 덕에 깊은 관심을 가지고 있다. 그 대표적인 학자인 피터슨과 셀리그먼은 다년간의 연구를 통해서 최근에 인간의 '인격 강점과 덕에 대한 VIA 분류 체계(VIA Classification of Character Strengths and Virtues)'를 제시하였다. 6개의 핵심 덕목(지혜, 용기, 절제, 인간애, 정의, 초월)을 중심으로 24개의 인격 강점들을 체계적으로 분류하고 각 인격 강점의 심리적 속성을 제시하였다. 이들은 개인이 지니고 있는 인격 강점과 덕을 인식하고 일상생활에 충분히 발휘하는 것이 행복한 삶을 구현하는 핵심적인 조건이라고 여기고 있다(권석만, 2011: 341).

긍정 심리학자들이 이와 같이 행복한 삶에 기여하는 긍정적 성품과 덕의 중요성을 강조한다고 하더라도, 아리스토텔레스만큼 도덕적 특성이 강하지 않으며, 그보다는 행복을 낳는 덕들이 보편적이고 범문화적으로 탐구 가능

(Carol Ryff)는 심리적 안녕의 6가지 구성 요소로서 환경의 효율적 통제, 타인과의 긍정적인 인간관계, 자율성, 개인적 성장감, 인생의 목적의식, 자기 수용을 제시하고 있다(자세한 내용은 권석만, 2011: 339 참조).

9. 에우다이모니아 개념은 다소 모호하다. 에우다이모니아는 '선한(good)' 또는 '잘 삶(being well)'을 뜻하는 'eu'와 '영혼' 또는 '작은 신성'을 의미하는 'daimon'으로 이루어져 있으며, 영미 문화권에서는 'human flourishing' 또는 'doing well and living well'로 번역하고 있다(권석만, 2011: 337 참조).

10. 『니코마코스 윤리학』에서 아리스토텔레스는 인간의 최고선이자 삶의 궁극 목적(telos)으로서 에우다이모니아 개념을 제안하였다. 아리스토텔레스에 따르면, 인간 번영은 지적 덕과 도덕적 덕의 실현으로 구성되고 인간의 신체적, 정신적 가능성의 실현을 통해 가능하다. 이렇게 볼 때, 덕들은 에우다이모니아에 기여하고 이를 구성하는 것이기도 하다. 각각의 참된 덕은 인간으로서의 번영에 내재적으로 관련된 안정적인 성품 상태(hexis)를 나타내는 것이다. 특히 주목할 점은 에우다이모니아는 명백히 도덕적인 관념이며, 경험적으로 지지될 수 있는 관념이라는 것이다. 아리스토텔레스적 관점에서 볼 때, 도덕적 덕을 실현하지 않고 혹은 도덕적으로 선해지지 않은 채 에우다이모니아를 얻는 것은 불가능하다.

한 특징을 가지고 있는 정도(혹은 범위)에 관심을 두는 경향이 있다는 지적을 받기도 한다(예를 들어, Flanagan, 2007: 50).

3) 행복의 세 가지 요소

셀리그먼은 『진정한 행복(*Authentic happiness*)』(2002)에서 행복한 삶에 이르는 상이한 세 가지 경로 혹은 요소들을 제시한 바 있다. 이 세 가지 각각은 측정 가능하고, 기술에 기초한(skill-based) 것이며, 교육을 통해 향상될 수 있는 것들이다. 우선 '즐거운 삶(pleasant life)'은 과거, 현재, 미래의 삶에서 성공적으로 긍정 정서(예를 들어, 기쁨, 사랑, 만족, 즐거움 등)를 추구하는 삶이다. 과거의 삶에 대해서는 수용과 감사를 통해서 만족감과 흡족함을 느끼고, 현재의 삶 속에서는 '지금 이 순간'의 체험에 대한 적극적인 관여와 몰입을 통해서 유쾌함과 즐거움을 경험하며, 미래의 삶에 대해서는 도전의식과 낙관적 기대를 통해서 희망감과 기대감을 느끼며 살아가는 삶이다(권석만, 2011: 355).

두 번째로 '몰입하는 삶(engaged life)'은 풍부한 만족감(단순한 즐거움이 아니라 자신이 하고 있는 일에 관여함으로써 얻어지는 플로우flow[11]와 같은 경험들)을 얻기 위해 우리의 대표 강점(signature strengths), 즉 자신의 대표적인 덕과 재능을 사용함으로써 획득되는 것이다. 한 톨의 씨앗이 아름다운 꽃과 알찬 열매로 자신의 가능성을 펼쳐 보이듯이, 인간 역시 일에서든 인간관계에서든 자신의 잠재 능력을 발현하는 것이 행복의 중요한 요소라고 할 수 있다(권석만, 2011: 355).

다음으로, '의미 있는 삶(meaningful life)'은 자신을 넘어 대의에 봉사하기 위해 자신의 대표 강점들을 사용하는 데 있다. 즉, 종교, 도덕성, 정치, 가족,

---

11. 행위에 깊게 몰입하여 시간의 흐름이나 공간, 더 나아가서는 자신에 대한 생각까지도 잊어버리게 될 때를 일컫는 심리적 상태이다. Csikszentmihalyi, 최인수 역(2005) 참조.

국가, 환경 등 보다 고귀한 목적의 추구를 위해 자신의 대표 강점들을 사용하는 것이다.[12] 생명의 불꽃은 그 자체로 의미가 있는 것이 아니라 세상을 밝히고 다른 존재에게 온기를 불어넣을 때 의미와 가치를 지닐 수 있듯이, 인생의 의미 및 행복은 '자신보다 더 큰 어떤 것'과 연결되어 있다는 것을 깨닫고 그것을 위해 기여함으로써 얻을 수 있는 것이다(권석만, 2011: 355). 이러한 맥락에서 피터슨은 "긍정 심리학 연구의 확실한 성과 중 하나는 타인 복지 지향이 종국적으로는 자신의 즐거움 지향보다 더 많은 만족감을 제공한다는 점이다"라고 주장한다(Peterson, 2006: 34). 최근 연구에서는 돈이 자신을 더욱 행복하게 만들어 주지만, 자신이 아니라 다른 사람을 위해 사용할 때 더욱 행복해질 수 있다고 밝히고 있다(Bennett, 2009).

행복한 삶의 이러한 세 가지 요소를 증진하는 가장 효과적인 방법은 개인의 대표 강점을 발견하여 발휘하는 것이다(Seligman, 2002). 인간은 누구나 나름대로의 강점과 재능을 지니고 있다. 대표 강점은 개인의 독특성을 반영하는 가장 탁월한 덕과 역량을 의미한다. 셀리그먼에 따르면, 진정한 행복은 대표 강점을 발견하여 직업 활동, 인간관계, 자녀 양육, 여가 활동과 같은 일상생활에서 발휘함으로써 실현될 수 있다고 주장한다(권석만, 2011: 357).

또한 셀리그먼은 행복의 첫 번째 두 유형은 주관적이지만, 비록 자신이 스스로의 진가를 인정하지 않더라도 그의 삶은 의미를 가질 수 있기 때문에, 세 번째 유형은 적어도 부분적으로는 객관적이라고 주장한다. 또한 충만한 삶(full life)은 행복의 이 세 가지 요소들을 충족시키는 삶이고 통합하는 삶이며, 행복을 실제로 참된 것으로 만들어 주는 삶이라고 강조한다(Seligman, 2002: 262-263; Seligman & Royzman, 2003).

한편, 셀리그먼과 그의 동료들은 긍정 정서, 몰입, 그리고 의미의 중요성

---

12. 의미는 타인과 우리의 연결감, 미래 세대, 혹은 자아를 초월한 행동 이유를 통해 증가하는 것이다. Durkheim(1951) 및 Erickson(1963) 참조.

에 대한 과학적 기초와 근거가 점차 증가하고 있다고 말한다. 이러한 상태들이 우울에 맞설 수 있도록 돕고(Seligman et al., 2005), 삶의 만족도를 증진시키며(Peterson, Park, & Seligman, 2005; Seligman et al., 2005), 학습 촉진, 특히 창의적 학습을 촉진시키는 데(Fredrickson, 1998) 기여한다는 객관적인 근거들이 확보되어 왔다는 것이다. 그러면서 이들은 이러한 객관적 근거를 바탕으로 행복 혹은 안녕을 학교에서 가르쳐야 한다고 주장한다(Seligman et al., 2009: 297).

2. VIA 분류 체계의 특징

2004년에 긍정 심리학계에서는 피터슨을 긍정 심리학 운동의 '덕 책임자'로 위임하면서 공식적으로 덕을 이론화했다(Peterson, 2006: 137; Peterson & Seligman, 2004). 그 목표는 인격과 덕에 대한 연구를 심리학적 탐구 및 사회적 담론의 합당한 주제로 설정하고자 하는 것이었다. 도덕성 및 도덕교육의 지뢰밭으로 들어가야 한다는 초기의 부담감에도 불구하고, 덕을 함양하는 것이 행복에 기여하고 행복을 구성하는 요소라는 관점이 받아들여졌다. 그러면서 아리스토텔레스와 현대의 덕 이론가들로부터 지침을 찾고자 하였지만, 긍정 심리학자들의 이런 입장은 나중에 아리스토텔레스주의자들로부터 비판의 대상이 되기도 하였다.

VIA 프로젝트 뒤에 놓인 본래 아이디어는 '정신 질환 진단 및 통계 편람'(DSM)의 형태를 모델로 삼으면서 이에 맞설 수 있는 최적의 인간 발달 가이드, 즉 '온전한 정신 상태의 매뉴얼(manual of sanities)'을 만들어 내는 것이었다. 다년간의 연구를 통해서 피터슨과 셀리그먼은 인간의 인격 강점과 덕에 대한 VIA 분류 체계, 즉 6개의 덕목들과 경험적으로 측정 가능한 24개의 인격 강점들에 대한 분류 체계를 만들어 냈다. 이들은 전자를 '핵심 덕목(cardinal virtues),' 후자를 '하위 덕목(subvirtues)'이라고 부르기도 한다. 그렇다면 이러한 덕목들과 강점들은 어떻게 선정된 것인가? 긍정 심리학자들은 동서고금의 다양한 시대와 문화에서 소중하게 여겨졌던 200여 개의 덕목을 추출한 후 다음과 같은 선정 기준을 마련하여 6개의 핵심 덕목과 24개의 인격 강점을 최종적으로 선정하였다고 밝히고 있다. 셀리그먼이 제시하고 있는 구체적인 선정 기준은 다음과 같다(Seligman, 2002).

- 문화 보편성: 대다수 문화에서 긍정적 덕목으로 여겨지고 있는가?
- 행복에의 기여: 다양한 긍정적 행동과 성취를 촉진함으로써 그 소유자와 다른 사람의 행복에 기여하는가?
- 도덕적 가치: 그 자체로 도덕적 가치를 지니는가?
- 타인에의 영향: 다른 사람의 성장이나 발달에 부정적 영향을 미치지는 않는가?
- 반의어 존재: 덕목의 반대말은 확실히 부정적인 것으로 간주되는가?
- 측정 가능성: 상황적 일관성과 시간적 안정성을 측정할 수 있는 개인적 특질인가?
- 개념적 단일성: 다른 덕목과 잘 구별되는가?
- 본보기 혹은 귀감 존재: 이 덕목을 갖춘 모범적 인물이 존재하는가?
- 결핍자 존재: 해당 덕목이 현저하게 부족한 사람이 존재하는가?
- 풍습과 제도: 해당 덕목을 육성하기 위한 사회적 풍습과 제도가 있는가?

여기서 한 가지 유의할 점은 덕목과 강점으로 선정되기 위해 이상에서 제시한 선정 기준들을 모두 충족시켜야 하는 것은 아니라는 점이다. 실제로, 24개 강점의 절반은 이 기준들을 충족시키지만, 나머지 절반은 그렇지 않다(Peterson & Seligman, 2004: 17).

이런 과정을 거쳐서 VIA 분류 체계에 제시된 6개의 핵심 덕목과 24개의

덕목	덕목의 의미	인격 강점	인격 강점의 의미
지혜 & 지식	지식을 습득하고 활용하는 것과 관련된 인지적 덕목	창의성 (독창성, 창의력)	어떤 일을 하면서 새롭고 생산적인 방식으로 생각하는 능력
		호기심 (흥미, 모험심)	일어나고 있는 모든 경험과 현상에 대해서 흥미를 느끼는 능력
		개방성(판단력, 비판적 사고력)	사물이나 현상을 다양한 측면에서 철저하게 생각하고 검토하는 능력
		학구열	새로운 기술, 주제, 지식을 배우고 숙달하려는 동기와 능력
		지혜 (통찰, 안목)	사물이나 현상을 전체적인 관점에서 생각하고 다른 사람에게 현명한 조언을 제공해 주는 능력
용기	내·외적 난관에도 불구하고 목표를 성취하려는 의지적 덕목	용감함(용맹)	위협, 도전, 난관, 고통으로부터 위축되지 않고 이를 극복하는 능력
		끈기(근면, 인내)	시작한 일을 마무리하여 완성하는 능력
		진실성 (정직, 진정성)	진실을 말하고 자신을 진실한 방식으로 제시하는 능력
		활력(열정)	활기와 에너지를 가지고 삶과 일에 접근하는 태도
절제	지나침으로 인해 발생하는 문제로부터 우리를 보호해 주는 덕목	용서(관대, 자비)	나쁜 일을 한 사람들을 용서하는 능력으로서 잘못을 행한 자를 용서하고, 사람들에게 다시 기회를 주며, 앙심을 품지 않는 것
		겸손(겸양)	자신이 이루어낸 성취에 대해서 불필요하게 과장된 허세를 부리지 않는 태도
		신중함(조심성)	선택을 조심스럽게 함으로써 불필요한 위험을 다루지 않으며 나중에 후회할 일을 말하거나 행하지 않는 능력
		자기 조절 (자기통제)	자신의 다양한 감정, 욕구, 행동을 적절하게 조절하는 능력

인간애	타인을 보살피고 친밀해지는 것과 관련된 대인관계 덕목	사랑	다른 사람과 친밀한 관계를 소중하게 여기고 실천하는 능력
		이타성(친절, 배려심, 동정심)	다른 사람을 위해서 호의를 보이고 선한 행동을 하려는 동기와 실천력
		사회 지능 (정서 지능, 사회성)	자신과 다른 사람의 동기나 감정을 잘 파악할 뿐만 아니라 다양한 사회적 상황에서 어떻게 행동하는 것이 적절한지를 잘 아는 능력
정의	건강한 공동체 생활의 바탕이 되는 시민적 덕목	시민 의식(책임감, 협동심, 충성심)	자신이 속한 집단의 이익을 추구하고자 하는 책임 의식
		공정함	편향된 개인적 감정의 개입 없이 모든 사람을 동등하게 대하고 모두에게 공평한 기회를 주는 태도를 의미
		리더십(지도력)	집단 활동을 조직화하고 그러한 활동이 진행되는 것을 파악하여 관리하는 능력
초월	현상과 행위에 의미를 부여해 주고 더 큰 세계와 연결해 주는 덕목	심미안(감상력)	다양한 삶의 영역에 나타나는 아름다움, 수월성, 뛰어난 수행을 평가하는 능력
		감사	좋은 일을 잘 알아차리고 그에 대해 감사하는 태도
		낙관성 (희망, 미래 지향성)	최선을 예상하고 그것을 성취하기 위해 노력하는 태도
		유머 (쾌활성)	웃고 장난치는 일을 좋아하며 다른 사람에게 웃음을 선사하는 능력
		영성 (종교성, 신앙심)	인생의 궁극적 목적과 의미에 대한 일관성 있는 신념을 가지고 살아가는 태도

〈표1〉 VIA 분류 체계에 제시된 핵심 덕목들과 인격 강점
*출처: 정창우 외, 2012: 74-75 수정 · 보완

구분	내용
공통점	• 행복을 인간이 추구해야 할 가장 좋은 것, 즉 최고선으로 간주함. • '에우다이모니아' 강조: VIA 분류 체계는 아리스토텔레스의 자기실현적 행복관인 에우다이모니아를 계승함.
공통점 / 차이점	• 행복 실현의 방법에 있어 덕의 소유 및 발현을 강조함. / 아리스토텔레스는 인간의 고유한 기능(ergon)인 사유의 덕을 잘 발휘함으로써 가능하다고 본 반면, VIA 분류 체계는 '대표 강점'을 잘 활용함으로써 가능하다고 봄. • 덕을 탁월성을 나타내는 인격 특질로 봄. / 아리스토텔레스는 모든 품성적 덕들을 중용과 실천적 지혜라는 개념으로 통합하고 있지만, VIA 분류 체계에서는 각 덕목과 강점들의 상관성은 인정하나 통합적인 덕목이나 우월한 강점은 인정하지 않음.
차이점	• 아리스토텔레스가 품성의 덕은 습관에 의해, 사유의 덕은 교육에 의해 함양된다고 주장한 데 비해, VIA 분류 체계는 덕의 함양을 습관화와 교육으로 단순화하지 않고 각 강점별로 다양하고 구체적인 함양 방법들을 제시함. • 아리스토텔레스는 육체적인 쾌락이나 즐거움을 추구하는 것을 동물이나 노예의 행동으로 폄하하면서도 그것 자체를 나쁜 것으로 보지 않은 반면, VIA 분류 체계는 아리스토텔레스에 비해 즐거움이나 쾌락을 좀 더 적극적으로 행복의 요소로 인정함. • 아리스토텔레스는 목적론적 세계관과 형이상학적 생물학에 기초하고 있지만, VIA 분류 체계는 목적론적 세계관은 수용하지 않는 대신, 심리학을 포함한 사회과학과 사회생물학 등의 경험과학에 의존하고 있음.

<표2> 아리스토텔레스 윤리학과 VIA 분류 체계의 관계
*출처: 윤병오, 2012, pp. 476-480 내용을 요약한 것임

인격 강점은 〈표1〉과 같다.

VIA 분류 체계의 구축에 가장 영향력 있는 이론적 배경은 고대 그리스 철학에서 시작된 덕 윤리의 철학적 전통이며, 이런 이유에서 VIA 분류 체계는 덕과 덕 윤리에 대한 경험적 탐구로 규정될 수 있다. 윤병오는 VIA 분류 체계가 아리스토텔레스의 윤리학을 기초로 구축되었지만, 이론적이고 사변적인 논의에 치우친 덕 윤리의 한계를 비판하면서 과학적 탐구를 시도하고 있기 때문에, 양자 간에 공통점과 차이점이 동시에 존재한다고 주장한다. 그러면서 〈표2〉에서와 같이 VIA 분류 체계와 아리스토텔레스의 윤리학의 관계를 상세하게 기술하고 있다(윤병오, 2012: 480).

IV. 긍정 심리학과 긍정 교육의 관계

셀리그먼과 그의 동료들은 세 가지 이유에서 행복 혹은 안녕(well-being)을 학교에서 가르쳐야 한다고 주장한다. 즉, 그들은 우울에 대한 해독제로서, 삶의 만족도를 높이기 위한 수단으로서, 그리고 보다 나은 학습과 창의적 사고를 돕기 위해서 긍정 교육이 필요하다고 역설한다. 그러면서 이들은 대부분의 아동 및 청소년들이 학교에 다니기 때문에 학교는 이러한 세 가지 측면에 도달할 수 있고 광범위하게 그들의 안녕을 증진시킬 수 있는 기회를 제공할 수 있다고 말한다(Seligman et al., 2009: 295).

셀리그먼 연구팀은 학교에 투입할 행복 혹은 안녕 프로그램은 실제로 객관적 근거에 입각해야 한다고 보면서, 이러한 객관적 혹은 경험적 근거를 확보하기 위해 지난 15년 이상 동안 연구에 몰두하였다(Seligman et al., 2009: 297). 이 시기 동안 효과 검증을 위해 적용하였던 대표적인 프로그램에는 '펜 회복 탄력성 프로그램(Penn Resiliency Program; PRP)'과 '스트래드 헤이븐 긍정 심리학 커리큘럼(Strath Haven Positive Psychology Curriculum; SHPPC)' 등이 있다. PRP 커리큘럼의 주요 목표는 청소년기 동안 대부분의 학생들에게 공통적으로 나타나는 스트레스 요인 및 문제점을 다룰 수 있는 능력을 향상시키는 데 있었다. 그 결과, PRP가 학생들의 안녕 혹은 행복에 있어 긍정적이고 신뢰할 만한 향상을 가져왔다고 보고되었다(Gillham et al., 2006; 2007 참조). 한편, SHPPC의 주요 목표는 우선 학생들에게 스스로 그들의 대표 인격 강점을 확인하고, 일상적인 삶에서 이런 강점들의 활용도를 높이도록 돕는 것이었다. 이 프로그램에서는 범문화적으로 그리고 역사를 관통해서 가치 있는 것으로 선정된 VIA 분류 체계에 포함된 강점(예를 들어, 친절, 지혜, 인내 등) 함양을 교육 목표로 삼았다. 이러한 목표와 더불어, 이 프로그램은 회복 탄력성, 긍정 정서, 학생들의 삶의 의미 혹은 삶에 대한 목적감을 촉진시키고자 하였다. 이 프로그램의 커리큘럼은 9학년 이상의 학생들을 대상으로 매회 20-25분 혹은 80분 세션 단위로 구성되었다. 대부분의 수업은 인격 강점(혹은 다른 긍정 심리학 개념 및 기술들)에 대한 토론, 교실 내 활동, 학생들에게 그들 자신의 삶에 긍정 심리학 개념 및 기술들을 적용할 수 있는 기회를 제공하는 가정(실생활) 과제 활동, 그리고 후속적인 자기 성찰 일기 작성 등으로 이루어졌다. 이 커리큘럼에서 사용된 두 가지 교실 활동의 사례를 제시하면 다음과 같다(Seligman et al., 2009: 301).

첫 번째로 이 프로그램에서는 한 주일 동안 일어났던 일들 중에서 세 가지 좋았던 일들을 학생들에게 적어보게 한다. 이러한 세 가지 좋았던 일들 중에서 상대적으로 덜 중요한 일, 예를 들어 '나는 오늘 언어 수업 시간에 어려운 질문에 대해 제대로 대답을 했어요'라고 하거나, 상대적으로 중요도가 높은 일, 예컨대 '내가 몇 개월 동안 좋아했던 남자 친구가 내게 데이트를 하자고 했어요'라고 적을 수도 있다. 이렇게 작성한 좋았던 일들 옆에 다음의 질문들 중 하나에 대한 자기 생각을 적어본다. '왜 이런 좋은 일이 일어났을까?' '이것이 당신에게 어떤 의미가 있는가?' '여러분은 앞으로 이런

일이 일어날 가능성을 높이기 위해 어떤 노력이 필요할까?'[13]

두 번째로 대표 강점을 확인하고 이를 새로운 방식으로 적용해 보도록 하는 것이다. 셀리그먼과 그의 동료들은 학생 자신이 소유한 인격 강점들 중에서 어느 것을 보다 풍부하게 가졌는가를 스스로 확인하고, 이를 학교에서, 취미 생활을 할 때, 그리고 친구나 가족에게 보다 많이 사용하는 것을 배운다면, 그들의 삶의 만족도가 높아질 것이라고 믿는다. 이런 이유에서 학생들이 'VIA 대표 강점 검사'(www.viacharacter.org)를 통해 그들 자신과 다른 사람의 대표 강점을 확인하고 이를 도전 극복을 위해 사용하거나 새로운 방식으로 적용할 수 있도록 돕는 데 초점을 맞춘다.

이 프로그램은 실제 실험 집단과 통제 집단을 둔 경험 연구 방식으로 적용되었으며, 그 결과 학교에서 학생들의 즐거움, 학습 참여도, 학업 성취도를 모두 향상시켰고, 사회적 기술들(예를 들어, 공감, 협업 능력, 자기 통제)도 향상시킨 것으로 보고되었다.

---

13. 또 다른 예시 자료를 제시하면 아래와 같다.

구분	내용	중요도
좋은 일 3가지	① 아빠가 퇴근 후 아이스크림을 사오셨다. ② 학교에서 친구들과 한 번도 싸우지 않았다 ③ 건강한 동생이 태어났다.	낮음 높음 매우 높음
왜 이런 좋은 일들이 일어났을까?	① 아빠에게 미리 문자를 보내서 부탁했기 때문에 ② 친구들에게 상냥하게 대했기 때문에 ③ 엄마가 임신 중이실 때 심부름을 많이 했기 때문에	※중요도가 상대적으로 낮은 것일 수도 있고 높은 것일 수도 있다.

V. 긍정 심리학의 도덕교육적 시사점 및 한계

1. 긍정 심리학의 윤리학 및 도덕 교과 교육적 시사점

긍정 심리학이 제공할 수 있는 윤리학적 함의를 살펴보고자 할 때, 우선 덕과 행복에 대한 실증적(empirical), 기술적(descriptive), 과학적 연구를 시도하는 긍정 심리학이 규범윤리 이론으로서 덕 윤리의 개선에 어떤 기여를 할 수 있는가에 주목할 필요가 있다. 일부 학자들의 관점을 통해 볼 때, 긍정 심리학은 윤리학과 심리학의 상보적 관계 구축을 시도한 전형적인 사례[14]로 평가받을 수 있다. 즉, 플래니건(O. Flanagan)이 말한 '최소한의 심리적 실재주의 원리(Principle of Minimal Psychological Realism)'[15]라든가 매키논(C. McKinnon)이 강조한 '자연화된 윤리학(naturalized ethics),'[16] 파우어(B.

---

14. 매우 단순화시켜서 말하자면 긍정 심리학은 고대 그리스 철학의 통찰을 이론적 기반으로 삼으면서 과학적인 연구 방법론을 적용하여 덕에 대한 풍부한 사실적 정보를 제공하고 있다.

15. 플래니건(O. Flanagan)은 도덕성에 대한 심리학적 접근이 도덕철학에 유익하며, 또한 도덕철학 이론을 바탕으로 한 연구가 심리학 연구를 풍성하고 활기차게 해 줄 것이라고 주장한다. 따라서 플래니건은 윤리학 이론이라면 인간의 실재하는 심리적 사실들을 고려하여 그것에 의해 제약받아야 한다는 '최소한의 심리적 실재주의 원리(Principle of Minimal Psychological Realism: PMPR)'를 제안한다. 플래니건은 최소한의 인간이 공유하는 최소한의 심리적 사실이 윤리학 이론을 규제해야 한다고 제안하면서, "도덕 이론을 구성할 때나 인격에 관한 도덕적 이상을 기획하고자 할 때 의사 결정의 과정 그리고 규정된 행동들이 어떻게 가능한지, 또는 그것들이 어떻게 가능하다고 지각될 수 있는지를 우리와 같은 피조물들에게 최소한이라도 확실히 설명해 주어야 한다"고 주장한다(Flanagan, 1991: 32-35). 플래니건은 '최소한의 인간' 개념을 의도적인 시스템(intentional system)이라고 밝히면서, 윤리학 이론에 수용되어야 할 심리적 사실들을 소유한 주체로서의 인격(personality)의 단위를 '최소한의 인간'으로 설정하고 있다(Flanagan, 1991: 66-67). 이정렬·정창우(2012), p. 174에서 재인용.

16. 매키논(C. McKinnon)은, 윤리 이론의 출발점은 인간의 본성에 대한 사실이어야 함을 역설한다. 그녀는 "만일 윤리학이 인간의 선한 삶에 관한 것이 되어야 한다면 어떠한 윤리 이론이 그 타당성을 결정하는 데 있어서 인간 본성에 대한 사실들이 관련된 것으로 간주되어

Fowers)가 제시한 '자연적 윤리학(natural ethics)'[17]의 렌즈를 통해 볼 때, 긍정 심리학은 윤리학과 심리학을 연결하고자 하는 일종의 통합 학문적 이론으로 평가받을 수 있다. 실제로 긍정 심리학은 긍정적 성품과 행복에 관한 도덕철학적 근거와 심리학 및 생물학의 경험적 연구 성과를 통합하면서 인간의 도덕성에 대해 연구해 왔다. 이러한 학제간 연구를 통해 덕에 대한 종합적이고 체계적인 경험과학적 연구 성과가 나왔다는 것은 그동안 덕 윤리에서 사변적인 방식을 통해 구축해 온 이론과 주장들(특히, 어떤 인격 특질이 도덕적 행동과 에우다이모니아에 기여하는지에 대한 관점)을 보완하고 교정할 수 있다는 것이며, 나아가 덕의 계발과 함양에 있어 그 수월성과 과학성을 제고할 수 있는 기반이 마련된 것이라고 평가내릴 수 있다(윤병오, 2012: 468). 하지만 여기서 우리가 한 가지 유의해야 할 부분이 있다. 즉, 과학적인 연구 방법론(특히 실증주의 방법)을 통해서는 삶의 이상과 목적, 덕과 성품의 규범윤리적 역할 등을 다룰 수 있는 범위가 제한되어 있다는 점이다. 덕에 대한 과학적인 접근 혹은 과학적인 덕 접근(scientific virtue approach)은 무엇을 위해 살아야 하는가, 옳은 것이 무엇인가, 좋은 것이 무엇인가, 나는 무엇을 해야만 하는가 등과 같은 규범적(normative) · 처방적(prescriptive) 차

야 한다"고 주장한다. 뿐만 아니라 윤리학에서 그 사실들을 올바르게 이해시키는 것은 "생물학, 동물행동학, 사회학, 심지어 신경 심리학과 인지과학의 협력을 자아낼 것인데, 이러한 분야의 연구 결과들이 바로 인간 본성에 관한 상세한 설명을 덧붙일 수 있는 연구를 보증한다고 여겨지기 때문이다"라고 설명하고 있다(McKinnon, 2005: 정창우 역, 2008: 83). 이정렬 · 정창우(2012), pp. 174-175에서 재인용.

17. 덕 심리학(virtue psychology) 영역에서 대표적인 학자들 중 한 사람인 파우어(B. Fowers)는 아리스토텔레스의 덕 윤리적 전통이 다른 어떤 윤리적 전통보다 과학적인 마인드 및 과학적 연구 방법론과 서로 긴밀하게 만날 수 있는 가능성이 높다고 주장한다. 그는 『덕과 심리학(*Virtue and psychology*)』(2005)이라는 자신의 저서에서 "우리 인간에게 좋은 것이 무엇인가는 인간 본성 혹은 인간이 가진 고유한 기능과 복잡하게 얽혀 있다"는 아리스토텔레스의 주장에 주목하고 있다고 말한다. 그러면서 자연적 윤리학(natural ethics)에 대한 보다 심층적인 논의를 이끌기 위해 자신은 아리스토텔레스의 윤리학과 진화 심리학, 두 학문 간 통합적 접근을 시도하고자 한다고 밝히고 있다. 그는 이러한 작업이 지니는 가치는 심층적인 윤리적 이론화(in-depth ethical theorizing)와 실용성(practicality) 및 과학적인 근거 확보 측면에서 확인될 수 있다고 강조한다.

원을 '직접적으로' 다루기 어려운 한계가 있는 반면,[18] 행복 증진, 성품 계발이나 덕성 교육의 방법론과 관련된 실용성(practicality) 혹은 응용성 차원에서 큰 학문적 기여를 할 수 있다. 규범윤리 이론으로서 덕 윤리는 도덕적 삶의 이상 혹은 도덕적 이상(moral ideals)을 제시하고 있는데, 이런 부분은 인과관계에 대한 설명이나 경험 연구의 결과를 통해 쉽게 도전받거나 부정될 수 있는 것이 아니다. (분명하게 그 경계를 설정하기는 어렵지만) 규범적·처방적 접근과 덕에 대한 과학적 접근은 서로 층위가 다르기 때문이다. 덕 윤리에서 수정이 필요한 부분은 도덕적 삶의 이상(무엇이 최선의 삶인가? 무엇을 위해 살아야 하는가)보다는 경험적 적합성 차원(덕 있는 삶을 위해 어떤 자질과 품성이 필요하고, 구체적인 삶의 맥락에서 이런 자질을 어떻게 활용 또는 적용할 수 있는가? 어떻게 이런 자질을 계발 혹은 함양할 수 있는가) 차원에 해당한다. 요컨대, 덕 윤리와 긍정 심리학은 서로 손을 맞잡고 함께 가야 할 측면도 있지만, 사실(facts)과 가치(values)의 관점에서 볼 때, 서로 섞일 수 없는 혹은 섞여서는 안 되는 속성도 있다는 점을 간과해서는 안 된다.

긍정 심리학의 두 번째 윤리학적 함의는, 긍정 심리학이 덕과 행복의 상관관계에 대한 경험적 증거를 풍부하게 제시함으로써, 덕의 가치나 중요성에 대한 외재적 정당화와 도덕적 행동을 위한 동기화 근거를 풍부하게 제공하는 데 기여할 수 있다. 아리스토텔레스는 행복을 '인간의 고유한 기능이 덕 혹은 탁월성에 따라 발휘되는 활동'으로 규정하고 있으며, 덕을 실천하는 삶 그 자체가 행복에 해당한다고 주장한다. 이런 관점은 덕의 내재적 가치(intrinsic value) 혹은 인간 행위의 내재적 차원(inherent ethical dimension)을 중시하고 지향하는 것이다. 반면, 긍정 심리학은 덕 윤리가 아닌 사회과학(특히 심리학)으로서의 덕 과학을 지향함으로써 각 덕이 어떤 식으로 인간의 행복에 기여하고 관련이 있는지, 즉 육체적 건강과 장수, 심리적 안녕감, 삶의 주관적 만족도 등과 어떤 상관이 있는지, 또한 24개 강점 중에서 행

---

18. 인간에게 실재하는 심리적 사실들은 적어도 간접적으로는 규범적 함축을 가질 수 있다.

복과 관련성이 높은 것은 어느 것인지를 실증적으로 밝혀내고 있다(윤병오, 2012: 486). 이런 연구 노력을 통해 긍정 심리학은 덕의 외재적 가치(extrinsic value)를 뒷받침해 줄 수 있는 경험적 증거를 설득력 있게 보여주고 있다. 이러한 연구 결과는 도덕적 행위를 유발하는 동기화의 원천으로서 의미 있게 활용될 수 있을 것이다. 하지만 여기에도 한 가지 간과해서는 안 될 부분이 있다. 실제로 긍정 심리학에 근거하여 서울대학교 행복연구센터(문용린, 최인철 외)에서 개발한 교재인 『행복교과서』(2011/2013)를 살펴보도록 하자. 이 책은 행복한 인간이 되기 위해서는 삶을 대하는 태도를 어릴 때부터 제대로 연습해야 한다는 점에 주목하고 있다. 또한, 긍정적인 성품을 가져야 하는 이유, 혹은 행복을 위한 9가지 원리(예. 관점 바꾸기, 감사하기, 비교하지 않기 등)를 따라야 하는 이유를 대체로 '유익함' 혹은 '효용성'의 차원에서 경험적 근거(예. 실험 연구 결과, 실제 사례 등)를 바탕으로 설득력 있게 제시하고 있다. 하지만 "X를 원한다면, Y를 하라," "~ 식으로 살면(혹은 행동하면), 우리에게 ~ 긍정적인 보상이나 대가가 주어지기 때문에, ~ 해야 한다"는 가언명령의 논리와 자기중심성의 논리를 지나치게 따르고 있기 때문에, 청소년들의 도덕적 자율성을 훼손할 우려도 있다. 따라서 아직 미성숙한 청소년들을 대상으로 어떤 바람직한 삶의 방식을 권장할 때에는 덕의 내재적 가치와 외재적 가치를 동시에 고려할 필요가 있으며, 도덕철학적 근거와 도덕심리학적 근거를 함께 고려할 필요가 있는 것이다.

다음으로, 긍정 심리학이 도덕과 교육 차원에서 기여할 수 있는 바가 무엇인지, 또는 도덕과 교육을 위해 긍정 심리학의 장점을 어떻게 활용할 수 있는지에 대해 살펴보면 다음과 같다.

첫째, 긍정 심리학에서 제시한 6개의 핵심 덕목과 24개 인격 강점의 선정 기준과 덕 및 인격 강점별 정의와 촉진 요인 및 함양 방법 등을 긍정 심리학 연구를 통해 제시한 것은 우리나라 도덕과 교육과정에서 설정한 가치·덕목 선정 기준의 타당성을 제고하고, 선정된 가치·덕목을 함양하기 위한 방법을 개선하는 데 기여할 수 있다. 물론 도덕과에서 주요 가치·덕목을 선정한 이유와 긍정 심리학에서 덕과 인격 강점을 선정한 이유 간에는 분명한 차이점이 있다. 『2011 도덕과 교육과정 개정 시안 연구 개발』(오기성 외, 2011: 87)에 따르면, 도덕과에서의 주요 가치·덕목은 도덕과 교육에서 추구하는 도덕적 자질, 성향, 품성 등을 나타내는 것이고, 이는 바람직한 교육적 인간상의 한 측면을 이루는 것이며, 도덕적인 삶을 위한 원리로서 기능할 수 있다는 점 때문에 선정되었다고 밝히고 있다. 반면, 긍정 심리학은 '정신 질환 진단 및 통계 편람'(DSM)에 상응하는 '최적의 인간 발달 가이드'를 만들 필요가 있었고, 청소년의 건강한 발달이나 행복 증진에 기여하는 객관적인 기준 혹은 준거가 필요했기 때문에 덕과 인격 강점을 선정하게 되었다고 밝히고 있다.

이와 같이 도덕과에서는 도덕적 삶을 위한 준거로서, 그리고 긍정 심리학에서는 건강한 발달과 행복 증진을 위한 객관적 준거로 활용하기 위해 가치·덕목을 설정하고 있기 때문에, 전자는 후자보다 '도덕적 덕'의 성격이 훨씬 더 강하게 내포되어 있다. 하지만 긍정 심리학에도 행복을 위해 덕과 인격 강점에 기반한 도덕적 삶이 요청된다는 관점이 기본적으로 전제되어 있으므로, 긍정 심리학에서 덕 및 인격 강점에 관해 제시한 풍부한 아이디어들은 우리나라 도덕과 교육의 개선을 위해서도 일정 부분 기여할 수 있을 것이다.

앞서 살펴본 바와 같이, 긍정 심리학에서 적용한 덕 및 인격 강점의 선정 기준에는 문화 보편성, 행복에의 기여, 도덕적 가치, 타인에의 영향, 반의어 존재, 측정 가능성, 개념적 단일성, 본보기 혹은 귀감 존재, 결핍자 존재, 풍습과 제도 등이 포함된다. 윤병오(2012: 484)의 주장에서와 같이, 이러한 기준들은 실제로 긍정 심리학에서 말하는 '덕'이 무엇인지를 말해 주는 구체적인 개념적 기준이 된다. 즉, '덕은 대부분의 사회문화에서 가치 있는 것으로 여겨지는 것으로서, 인간의 행복과 번영에 기여하는 인격 특질이며, 다른 사람의 성장이나 발달을 방해하지 않아야 하고…'와 같이 규정될 수 있는 것이다. 또한 긍정 심리학에서는 선정된 덕과 인격 강점별로 정의와 유형, 관련된 심리학 이론, 관련된 심리적 특성, 촉진 요인 및 함양 방법 등을 구체적으로 밝히고 있다(권석만, 2011 참조). 촉진 요인 및 함양 방법을 간략하게 설명하자면, 예를 들어 용서의 경우, "상대방에 대한 분노 감정과 보복 욕구를 자발적으로 내려놓는 심리적 노력"으로 정의한 후, 용서에 대한 다양한 심리학적 이론들(예. 용서에 영향을 미치는 요인들, 용서의 심리적 과정, 용서의 측정 도구 등)을 설명하고 있다. 이어서 개인 및 사회 안녕 차원에서 용서의 긍정적 효과를 제시하고, 용서의 촉진 요인 및 함양 방법(예. Enright의 용서 프로그램)을 열거하고 있다.

우리의 경우, 주요 가치·덕목 선정의 기준, 정의 혹은 의미, 촉진 요인 및 함양 방법 등을 교육과정 문서에서 아직 제대로 밝히지 못하고 있는 실정이다. 개인 연구 수준에서 덕목별로 개념 및 도덕철학적 의미, 그리고 아동의 발달 수준에 따른 교육 내용 계열화 방안을 제시하기도 했고(김태훈, 1999), 교육과정에서 덕을 선정함에 있어 고려해야 할 기준을 설정해 보기도 하였으며(유병열, 2008), 초등 도덕과 교육과정 내용 분석을 통해 도덕과에서의 가치·덕목이 긍정 심리학에서의 덕 및 인격 강점과 어느 정도 관련되어 있는가를 밝혀 보기도 하였으나(양미지, 2012),[19] 도덕과 교육과정에 체계적으로 반영하기에는 여전히 한계가 있다. 앞으로 긍정 심리학에서의 덕과 인격 강점에 대한 연구 결과를 폭넓게 활용하면서[20] 우리나라 도덕과에서 적용한

---

19. 양미지(2012)의 연구에서는 우리나라 도덕과에서 선정한 다수의 가치·덕목들(책임, 협동, 준법, 공익, 애국심, 통일 의지, 자연애)이 특정 강점(시민 의식)에 편중되어 있는 것처럼 보이지만, 실제 내용 요소들을 분석해 보면, 학구열과 창의성 강점을 제외하고 나머지 22가지 인격 강점 모두와 관련이 있다는 결과를 보고하고 있다. 하지만 이 연구에서는 도덕과에서의 가치·덕목과 긍정 심리학에서의 덕 및 인격 강점의 선정 기준 및 절차에 대한 비교 분석은 시도하지 않고 있다.

20. 물론 덕 윤리학에서의 덕과 인격 특질, 그리고 인격교육에서의 인격 및 덕목 등에 대한 연구 성과도 활용할 필요가 있다.

주요 가치·덕목의 선정 기준의 타당성을 제고하고, 선정된 가치·덕목을 함양하기 위한 방법을 개선해 나가야 할 것이다.

둘째, 긍정 심리학에서 강조하고 있는 '자기실현적 행복'(진정한 행복은 개인적 안락을 추구하기보다 자신의 덕성과 잠재 능력을 충분히 발현하며 개인적으로나 사회적으로 가치 있는 삶을 구현함으로써 얻을 수 있는 것)과 '의미 있는 삶'(자신을 넘어 대의에 봉사하기 위해 자신의 대표 강점들을 사용하는 것) 등은 넓게는 도덕교육, 좁게는 도덕과 교육 본연의 역할과 서로 맞닿아 있기 때문에, 긍정 심리학적 관점은 도덕과 교육의 목표 및 내용 개선을 위해 기여할 수 있다. 오늘날 우리나라 아동 및 청소년들은 지금 자신의 삶이 어디로 가고 있는지, 무엇을 위해 살고 있는지 등에 대해 깊이 있게 사색해 볼 수 있는 기회를 갖지 못한 채 삶의 주체가 아니라 피동적 삶에 길들여진 인간으로서의 삶을 살아가고 있다. 삶의 '주인'이 된다는 것은 바로 자기 삶의 주체로서 능동적으로 '개인과 사회의 상생적 행복'을 위한 삶을 설계하고 실천할 수 있게 되는 것을 의미한다고 볼 때, 이러한 삶의 중요성에 대한 인식과 자각을 불러일으키고 자신의 삶의 방식에 대한 반성을 촉진시키는 것은 도덕과 교육 본연의 임무에 맞닿아 있다고 할 것이다. 그러므로 개인의 덕과 인격 강점을 발휘하여 개인과 사회의 상생을 지향한다는 '자기실현적 행복관'과 '의미 있는 삶'에 대한 관점은 도덕과 교육의 목표와 내용을 보다 타당성 있고 풍부하게 만드는 데 기여할 수 있다.

셋째, 긍정 심리학에서 적용해 온 다양한 교육 프로그램이나 수업 사례 및 교육 방법 등은 도덕과 수업 개선을 위해 기여할 수 있다. 우선, 최근 국내외에서 개발된 '긍정 심리학 이론을 활용한 교육 프로그램들'을 도덕과 수업 상황에서 활용할 수 있다. 이러한 프로그램들 중에 대표적인 것으로는 권석만(2009)의 '대학생을 위한 덕성 함양 프로그램(20회기)', 김진영·고영건(2009)의 '멘탈 휘트니스 긍정 심리 치료 프로그램(10회기)',[21] 하버드대

---

21. 권석만(2009)의 '대학생을 위한 덕성 함양 프로그램(20회기)', 김진영·고영건(2009)의 '멘

심리학과 교수 탈 벤-샤하르의 '행복 연습 52주' 등이 있다. 이 프로그램들이 공통적으로 전제하고 있는 것은 행복이 정신 건강이나 덕성과 밀접한 관련이 있으며, '훈련'을 통해 충분히 '내 것'으로 만들 수 있다는 것이다. 이러한 프로그램들은 도덕적으로 살아야 하는 이유에 대해 쉽게 설득되지 않는 오늘날 우리 아동 및 청소년들에게 행복하게 살고 싶어 하는 인간의 자연스러운 바람과 욕구를 활용하여 도덕적 삶과 행동의 동기를 부여할 수 있다는 장점이 있다. 또한 학생들 스스로 도덕적 행동이 행복과 연결되어 있

탈 휘트니스 긍정 심리 치료 프로그램(10회기)'을 간략하게 소개하면 아래의 〈표〉와 같다.

대학생을 위한 덕성 함양 프로그램의 세 핵심 역량과 요소들 [권석만, 2009]					고대 멘탈 휘트니스 긍정 심리 치료 프로그램 [김진영 · 고영건, 2009]
자 기 관 리 역 량	자기 이해	성격, 강점, 능 력의 이해	1	즐겁고 보람찬 대학생활을 위하여	1회기 행복에 이르는 길
			2	자신감 키우기	
	생활 관리	시간, 재정, 건 강의 관리	3	내 인생의 비전 세우기	2회기 낙관성 훈련
			4	열정 키우기: 목표 성취 전략 배우기	
	감정 관리	감정, 충동, 행 동의 조절	5	자기 이해 증진하기: 나는 누구인가?	3회기 즐거운 경험에 관 한 일기 쓰기
			6	효과적으로 발표하기	
인 간 관 계 역 량	의사 소통	발표, 경청, 반 영 능력의 향상	7	소중한 시간 효과적으로 사용하기	4회기 긍정적인 정서의 함양을 위한 정서 교양
			8	불쾌한 감정 다스리기: 스트레스 대처하기	
	관계 심화	공감, 격려, 신 뢰, 갈등 해결 역량의 배양	9	행복하고 충만한 인생을 위하여	5회기 중간 점검
			10	긍정적인 인간관계 구축하기	6회기 감사하기
			11	인간관계 심화하기: 다양한 인간관계 만들기	
	집단 운영	집단 역동, 리더 역할, 동기 강화 의 이해	12	낭만적인 사랑을 위하여	7회기 몰입
			13	유연한 생각으로 감정 및 충동 다스리기	
			14	자리이타 상생 정신 배우기: 더불어 함께 살 아가기	
건 강 한 가 치 관	비전 설정	인생의 의미와 목표 설정	15	리더 역할과 집단 운영 방법 배우기	8회기 강점의 왕과 여왕
			16	감정 활용 보고 대회	
	상생 정신	인간 존중과 자 리이타 정신의 배양	17	지혜로운 리더의 조건: 통합적 안목과 갈등 해결	9회기 용서하기
			18	내 안의 위대한 영혼 일깨우기: 사회적 공헌 과 봉사	
	사회 공헌	사회적 기여와 봉사정신의 함양	19	비전 재설정과 실천 공약 나누기	10회기 행복한 삶
			20	수료식: 우리의 소중한 만남을 위하여	

다는 것을 체험이나 훈련을 통해 깨달을 수 있는 기회를 제공할 수 있다는 장점이 있다. 예를 들어, 탈 벤 샤하르의 '행복 연습 52주'처럼, 매주 한 가지의 실천 과제를 주고, 그것을 직접 실천해 보게 한 후, 그 소감을 기록하고 수업 시간에 학생들끼리 서로의 소감을 나누어 보게 할 수 있다. 그러한 경험들이 쌓여 가다 보면 사회적 관계 속에서 경험되는 긍정적인 피드백을 통해 도덕적 행동이 강화되어 갈 것이고, 언젠가는 도덕적인 행동은 행복의 수단 그 이상의 의미가 있다는 것을 스스로 깨닫게 될 것이다.[22]

또한 자신의 (대표) 강점을 파악하고, 이러한 강점을 발휘하여 의미 있고 생산적인 인간관계를 형성해 나갈 수 있도록 구안된 긍정 심리학의 수업 사례들은 도덕과 수업 개선을 위해 기여할 수 있다. 예를 들어, ① 이야기 속 등장인물의 인격 강점을 확인하고 이런 강점이 난관을 극복하는 데 어떤 역할을 했는지 파악한 후 자신의 강점과 이와 관련된 경험을 이야기하거나, ② 인생에서 최선을 다했던 경험을 이야기하거나(Seligman, 2004),[23] ③ 재

---

22. 〈탈 벤 샤하르의 '행복 연습 52주' 실천 과제〉
1주 감사하는 마음 갖기/ 2주 행복 습관 만들기/ 3주 30분 운동하기/ 4주 즐기면서 일하기/ 5주 가치 있는 일 먼저 하기/ 6주 자신을 돕는 것처럼 다른 사람 돕기/ 7주 고통에서 깨달음 얻기/ 8주 단순하게 바라보기/ 9주 과정 즐기기/ 10주 진실된 관계 맺기/ 11주 충분히 실패해 보기/ 12주 행복한 최적주의자로 살기/ 13주 파레토의 법칙 적용하기/ 14주 자신의 행동 관찰하기/15주 내 감정 솔직히 표현하기/ 16주 한결같은 태도 갖기/ 17주 내 생애 최고의 순간 기록하기/ 18주 조금 더 사랑하기/ 19주 친절 베풀기/ 20주 행복 발견자 되기/ 21주 감사 편지 쓰기/ 22주 충분히 휴식하기/ 23주 싸우면서 정들기/ 24주 왜곡된 생각 바로잡기/ 25주 자립심 길러주기/ 26주 잠깐! 되돌아보기/ 27주 상실감 극복하기/ 28주 달성 가능한 목표 세우기/ 29주 나를 사랑하기/ 30주 멋지게 나이 들기/ 31주 나만의 틈새 시간 갖기/ 32주 알지 못하는 것에 감사하기/ 33주 마음껏 질투하기/ 34주 마음의 소리 듣기/ 35주 감정에도 정체성 확립하기/ 36주 있는 그대로 받아들이기/ 37주 성공 꿈꾸기/ 38주 아름다운 적수 만들기/ 39주 노력 지상주의자 되기/ 40주 제대로 칭찬하기/ 41주 머뭇거릴 시간에 차라리 실수하기/ 42주 실수 인정하기/ 43주 황홀한 침실 만들기/ 44주 완벽주의의 덫에서 빠져나오기/ 45주 돈이 전부가 아님에 감사하기/ 46주 정말 원하는 일 하기/ 47주 일에서 기쁨 찾기/ 48주 행복 촉진제 만들기/ 49주 최선을 다해 행복해지기/ 50주 나 자신의 가치 믿기/ 51주 상상 여행 떠나기/ 52주 행복 실천하기.
23. 학생들은 대단한 능력과 재능을 발휘한 일이 아니더라도 최선을 다하면서 자신의 인격 강점이 드러났던 경험을 이야기하게 되면, 자신이 그렇게 행동할 수 있었다는 사실에 대해

능 기부라든가 또래 도우미를 한다면 어떤 것을 하고 싶은지 색종이에 적어 발표해 보거나, ④ 내가 보는 나, 타인이 보는 나를 알아보고 이를 통해 확인된 나의 긍정 가치를 포스트잇에 태그 형식으로 붙여 미닝 트리(meaning tree)를 만들어 시각화해 볼 수 있을 것이다.

이와 더불어, 긍정 심리학과 밀접한 관련성이 있는 교과 단원에서 긍정 심리학의 다양한 교육 방법을 효과적으로 활용할 수 있다. 중학교의 경우, '도덕적 주체로서의 나' 영역 중 (나) '삶의 목적과 도덕' 단원에 포함되어 있는 ① 무엇을 위해 사는가? ② 진정한 행복은 어떻게 다가오는가? ③ 어떻게 살아갈 것인가? 등의 주제라든가, (사) '도덕적 자아상' 단원에서 다루어지는 ① 나는 누구인가? ② 나의 인생관은 무엇인가? ③ 나는 어떤 사람이 되고자 하는가? 등의 주제, 또는 (아) '공부와 진로' 단원에 포함되어 있는 ① 인간의 삶에서 일이 갖는 의미는 무엇인가? ② 공부는 왜 하는가? ③ 진로·진학 선택 과정에서 도덕에 대한 고려는 왜 필요한가? 등의 주제에서 특히 효과적으로 적용될 수 있다. 예를 들어, '공부와 진로' 단원의 경우, '성격 강점 검사'[24]를 활용하여 학생들 개개인이 지니고 있는 대표 강점을 발견할 수 있는 기회를 제공하고, 이러한 대표 강점을 잘 살려 행복한 삶을 영위하고 있는 적절한 모델을 예시해 주며, 자신의 대표 강점이 가장 잘 발휘될 수 있는 직업 영역을 발굴할 수 있도록 돕고, 일상생활에서 대표 강점을 반복적으로 활용할 수 있도록 격려하는 수업을 설계해 볼 수 있을 것이다.

무척 자랑스러워 할 것이다. 특히 학기 초에 이루어지는 자신에 대한 이러한 '진지한 자기소개'는 비록 적지 않은 시간이 소요되더라도 의미 있는 시간이 될 수 있다. 남은 학기 내내 서로에 대해 어떻게 바라볼 것인지에 대해 생각하게 하기 때문이다. 나는 뉴저지에서 자랐고 화학 시험에서 낙제했다는 사실보다는 고등학교 때 왕따를 당했던 아이와 친구가 되어 사회적 대세에 맞섰다는 사실을 이야기하는 것이 더 의미 있을 것이다.

24. http://www.viacharacter.org에서 나의 강점 찾기 검사를 실시할 수 있다. 24개의 강점은 각 5개의 테스트로 구성되어 측정하며, 모두 120문항으로 이루어져 있다. 검사는 무료이며 또한 자신이 원하는 언어로 검사를 실시할 수 있다. 120문항의 검사가 모두 끝나면 자신이 지니고 있는 대표 강점 5가지를 바로 보여주며, 더 보기를 선택할 경우 24개의 강점을 차례대로 모두 보여준다.

2. 긍정 심리학 이론에 대한 도전 및 비판

긍정 심리학에 대한 비판적 혹은 부정적 반응의 주된 가닥은 긍정 심리학이 아리스토텔레스 전통을 얼마나 제대로 이해한 바탕 위에서 이를 활용하고 있는가와 관련되어 있다. 비판가들(예를 들어, Nussbaum, 2008)은 고대 그리스 철학자들, 특히 아리스토텔레스 전통을 이어받았다는 긍정 심리학자들의 주장이 단지 립서비스 수준에 불과하다고 지적한다. 즉, 비판가들은 긍정 심리학자들이 아리스토텔레스가 실제로 의미한 것을 제대로 이해하지 못했거나, 그들 자신의 철학적, 심리학적 견해를 정당화하기 위해 의도적으로 아리스토텔레스를 복화술사의 인형으로 취급했다고 지적한다(Kristjansson, 2010: 297). 이런 식의 비판은 아리스토텔레스주의자로 선언한 학자들, 그리고 심지어 긍정 심리학의 학문적 위상을 높이기 위해 아리스토텔레스적 입장을 수용한 일부 긍정 심리학자들에 의해서도 제기되어 왔다(예를 들어, Fowers, 2008; Held, 2005; Martin, 2007; Nussbaum, 2008; Schwartz & Sharpe, 2006; Sugarman, 2007; Suissa, 2008; Woolflock & Wasserman, 2005).

보다 구체적으로, 긍정 심리학에 대한 비판가들은 VIA 프로젝트에서 설정한 덕의 목록에 대해 다음과 같은 문제점을 지적해 왔다. 먼저 크리스트잔슨(K. Kristjansson)은 '불의에 대해서 일으키는 분노(의분),' '정당

〈실제 문항(좌) 및 결과 예시(우)〉

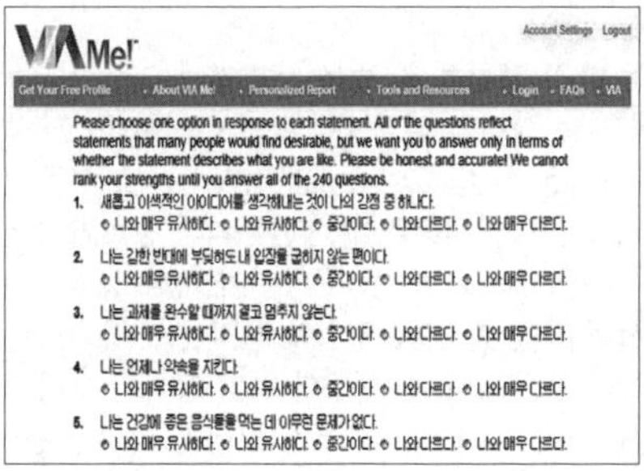
VIA Me!

Account Settings Logout

Get Your Free Profile · About VIA Me! · Personalized Report · Tools and Resources · Login · FAQs · VIA

Please choose one option in response to each statement. All of the questions reflect statements that many people would find desirable, but we want you to answer only in terms of whether the statement describes what you are like. Please be honest and accurate! We cannot rank your strengths until you answer all of the 240 questions.

1. 새롭고 이색적인 아이디어를 생각해내는 것이 나의 강점 중 하나다.
   ○ 나와 매우 유사하다. ○ 나와 유사하다. ○ 중간이다. ○ 나와 다르다. ○ 나와 매우 다르다.
2. 나는 강한 반대에 부딪혀도 내 입장을 굽히지 않는 편이다.
   ○ 나와 매우 유사하다. ○ 나와 유사하다. ○ 중간이다. ○ 나와 다르다. ○ 나와 매우 다르다.
3. 나는 과제를 완수할 때까지 결코 멈추지 않는다.
   ○ 나와 매우 유사하다. ○ 나와 유사하다. ○ 중간이다. ○ 나와 다르다. ○ 나와 매우 다르다.
4. 나는 언제나 약속을 지킨다.
   ○ 나와 매우 유사하다. ○ 나와 유사하다. ○ 중간이다. ○ 나와 다르다. ○ 나와 매우 다르다.
5. 나는 건강에 좋은 음식들을 먹는 데 아무런 문제가 없다.
   ○ 나와 매우 유사하다. ○ 나와 유사하다. ○ 중간이다. ○ 나와 다르다. ○ 나와 매우 다르다.

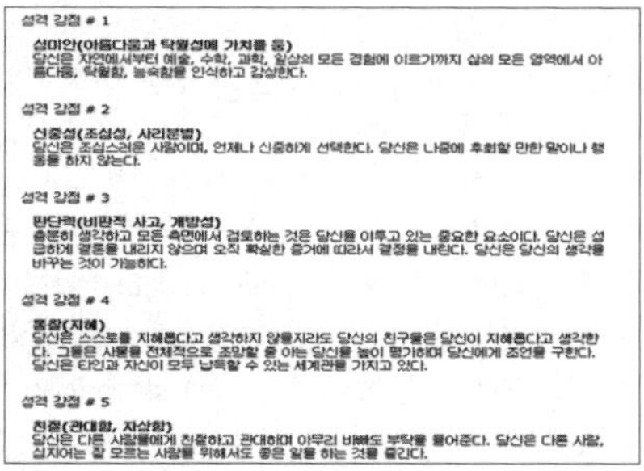
성격 강점 # 1

심미안(아름다움과 탁월성에 가치를 둠)
당신은 자연에서부터 예술, 수학, 과학, 일상의 모든 경험에 이르기까지 삶의 모든 영역에서 아름다움, 탁월함, 능숙함을 인식하고 감상한다.

성격 강점 # 2

신중성(조심성, 사리분별)
당신은 조심스러운 사람이며, 언제나 신중하게 선택한다. 당신은 나중에 후회할 만한 말이나 행동을 하지 않는다.

성격 강점 # 3

판단력(비판적 사고, 개방성)
충분히 생각하고 모든 측면에서 검토하는 것은 당신을 이루고 있는 중요한 요소이다. 당신은 성급하게 결론을 내리지 않으며 오직 확실한 증거에 따라서 결정을 내린다. 당신은 당신의 생각을 바꾸는 것이 가능하다.

성격 강점 # 4

통찰(지혜)
당신은 스스로를 지혜롭다고 생각하지 않을지라도 당신의 친구들은 당신이 지혜롭다고 생각한다. 그들은 사물을 전체적으로 조망할 줄 아는 당신을 높이 평가하며 당신에게 조언을 구한다. 당신은 타인과 자신이 모두 납득할 수 있는 세계관을 가지고 있다.

성격 강점 # 5

친절(관대함, 자상함)
당신은 다른 사람들에게 친절하고 관대하며 아무리 바빠도 부탁을 들어준다. 당신은 다른 사람, 심지어는 잘 모르는 사람을 위해서도 좋은 일을 하는 것을 즐긴다.

한 화,' '부끄러워할 줄 앎 혹은 수치심의 덕' 등과 같이 아리스토텔레스주의적인 전형적 덕들이 VIA 목록에서 명확하게 결여되어 있다고 지적한다(Kristjansson, 2007). 다음으로, 플래니건은 VIA 목록에 들어 있는 '초월(transcendence)'이 인간 행동 및 반응의 구체적인 영역과 연결되지 않기 때문에 아리스토텔레스적 덕의 조형에 적합하지 않다고 지적한다(Flanagan 2007: 51-52). 또한 마틴은 24개의 인격 강점들이 '도덕적 덕'으로 불리는 것에 대해 긍정 심리학자들이 동의하지 않게 되면, 결국 아리스토텔레스적 관점에 따라 가치판단이 일관되게 이루어질 가능성을 축소시킨다고 지적한다(Martin, 2007: 97). 아마도 VIA 프로젝트에 대해 가해지는 가장 강력한 비판은 VIA 목록들이 콜버그식으로 말해 '덕목 보따리(a bag of virtues)'에 불과하다는 지적일 것이다. 아리스토텔레스는 비판적인 성찰이 수반되지 않는 삶을 행복한 삶으로 인식하지 않았다. 이성적인 유덕한 삶 혹은 충만한 삶을 영위하기 위해서는 단지 전통 혹은 타인의 지도를 따르는 것으로 충분하지 않다. 이보다 우리는 충분한 도덕적 숙고와 성찰을 거쳐 옳은 행동에 대해 스스로 결정을 내리도록 배워야 한다. 하지만 VIA 프로젝트에서는 자신의 삶에 대한 비판적인 검토와 숙고 및 반성적 성찰이 제대로 강조되지 않았다는 문제점이 지적되어 왔다.

또한, 일부 학자들은 VIA 프로젝트에서 덕 및 인격 강점의 선정 기준에 한계가 있다고 지적하기도 한다(Christopher & Hickinbottom, 2008: 581). 덕의 문화 특수적인 측면은 무시되어도 되는가?[25] 보편적, 범문화적 덕목을 추출

---

25. 긍정 심리학에서는 범문화적인 차원에서의 인격 강점을 말하고, 보편적인 정서 차원에서 긍정 정서를 말하고 있지만, 문화 심리학 및 사회 심리학 영역에서의 연구 성과를 고려할 때, 범문화적 인격 강점이나 보편적인 정서는 사실은 문화적인 맥락과 영향의 중요성을 간과하고 있다는 한계 혹은 문제점에 직면할 수밖에 없다. 예를 들어, 개인주의적 풍토가 강한 미국 사회에서는 독립성(independence)이나 자율성(autonomy) 등의 강점이 보다 중요하고, 이와 관련된 긍정 정서인 자긍심(pride)이 중시된다. 반면, 집단주의적 성격이 강한 동아시아 사회에서는 상호 의존성(interdependence)이나 조화(harmony) 등의 인격 강점이 보다 중요하고, 이와 관련된 긍정 정서인 상호 연결감(feeling connected), 부정 정서인 수치심 등이

한다고 하면서도, 실제로는 서양에서 비롯된 VIA 프로젝트가 다른 문화에 뿌리를 둔 덕과 관련된 경험을 왜곡하지는 않는가? 이런 질문들에 대해 긍정 심리학자들은 적극적으로 대응하기보다 어떤 도덕적 가치들(즉, 6개의 핵심 덕목 및 이와 관련된 24개의 인격 강점들)은 케냐의 마사이족부터 그린란드의 바다표범 사냥꾼에 이르기까지, 그리고 미국의 공화당원부터 민주당원에 이르기까지 보편적으로 존재하는 것들이라고 주장한다.

이와 더불어, 긍정 심리학 이론은 행복 개념의 애매성, 행복에 대한 과학적 탐구 방법의 한계, 그리고 부적절한 정서 구분 및 긍정 정서의 가치에 대한 과대평가 등으로 인해 학문적 성찰이 요구되고 있는 실정이다. 첫 번째로, 행복 개념과 관련하여 주관적 안녕을 상대적으로 중시하는 관점에 서게 될 경우, 극단적으로 악한 및 쾌락주의자들도 완전히 행복할 수 있다는 문제가 지적될 수 있다. 따라서 비판가들은 긍정 심리학이 주관주의적 행복의 한계를 넘어, 객관성을 담지한 충만한 삶(full life)이라든가 타인 및 이 세상을 보다 행복하게 만드는 측면에 강조점을 두어야 하며, 이를 위해 최근 새로운 정의론을 구축하고 있는 센(A. Sen)의 주장과 유사한 방향을 선택하는 것이 좋을지도 모른다고 주장한다(Kristjansson, 2010: 304; 센의 주장에 대한 보다 자세한 내용은 Sen, 2009 참조).

두 번째로, 행복에 대한 과학적 탐구 방법 측면에서 볼 때, 행복에 대한 객관적인 기준에 대한 선언에도 불구하고, 긍정 심리학 운동의 주창자들은 실제로는 단순히 주관적인, 자기 보고형의 즐거움 혹은 삶의 만족을 측정하는 데 의존하고 있다는 지적을 받고 있다(예를 들어, Suissa, 2008: 579). 또한 보다 근본적으로 볼 때, 실증적, 과학적 연구방법이 인간의 심리적 특성을 측정하고 촉진시키는 데 매우 유용한 수단이 라는 점에 대해서는 동의하더라

대표적인 정서가 된다(이와 관련된 보다 자세한 논의는 Markus & Kitayama, Nisbett, Schweder 등의 논문 참조). 따라서 문화 풍토의 차이로 인해 강조되는 인격 강점이나 정서 유형에 차이가 있을 수 있기 때문에, 범문화적인 인격 강점, 보편적인 긍정 정서 등의 개념을 사용하는 데에는 신중을 기할 필요가 있는 것이다.

도, 과학적인 연구 방법을 맹신하면서 인간의 덕성과 성품, 인격 강점 등을 '측정 가능성'의 차원에서 그 가치를 평가하려 든다면, 이것은 실증주의의 한계를 답습하는 결과를 초래할 것이다(권수영, 2012).[26]

세 번째로, 긍정 심리학의 이분법적 정서 이해와 부정 정서에 대한 평가절하 또한 문제점으로 지적될 수 있다. 인간의 정서를 긍정 정서와 부정 정서라는 이분법적 틀에 집어넣으면서 부정 정서를 '심리적 안정(psychological stability) 및 안녕(well-being)을 위해 통제되어야 한다거나 긍정 정서로 대체해야 한다는 긍정 심리학자들의 주장'에는 분명 문제점이 있다. 긍정 정서가 행복감의 증진을 위해 중요한 기여를 한다는 점을 수용하더라도, 긍정 정서의 중요성을 과대 평가하다 보니 결국 수치심과 같은 자기 처벌 혹은 고통 감정, ('파괴적 반응'이 아닌 '생산적 혹은 건설적 반응'으로서) 도덕적 분노 등의 정서 가치를 폄하하는 문제를 초래했다고 비판받기도 한다. 실제로 이들이 부정 정서라고 평가절하하는 정서들도 우리 삶에서 도덕적인 길을 선택하도록 하는 동기화 및 실제적인 도덕적 행위(actual moral behavior)를 위해 모두 필요하다는 사실이 도덕 심리학 연구를 통해 밝혀져 왔다.[27] 또한 동·서양 고대 철학적 전통에서 볼 때, 긍정 정서와 부정 정서가 따로 존재

---

26. 매슬로우는 실험적이고 실증적인 방법만으로 인간의 잠재력을 조사하는 일을 마치 5피트의 천장 높이를 가진 방에서 6피트 장신의 사람을 세워놓고 키를 재는 일에 비유한 바 있다.

27. 도덕적 정서는 여러 유형으로 분류될 수 있지만, 탠그니 외(Tangney, Stuewig, Mashek, 2007)의 연구에 따르면, 자기의식적 정서(self-conscious emotions), 타인 중심적 정서(other-focused emotions), 타인 지향적 정서(other-oriented emotions)로 크게 나눌 수 있다. 그리고 앞의 두 가지 정서 유형에는 각각 부정 정서와 긍정 정서가 포함되어 있다. 예를 들어, 자기의식적 긍정 정서에는 자긍심(pride), 자기의식적 부정 정서에는 수치심(shame)과 죄책감(guilt) 등이 있으며, 타인 중심적 긍정 정서에서는 (존경스러운 타인의 행위를 관찰할 때 흔히 경험되는) 감사와 상승감(elevation), 타인 중심적 부정 정서에는 의분(righteous anger), 혐오감, 경멸감 등이 있다. 또한 타인 지향적 정서에는 도덕적 행위를 위해 실질적인 함의를 가진 정서 과정인 '공감'이 있다. 연구자들은 수치심이라든가 죄책감 등의 부정 정서에 대한 기존 연구에 대한 리뷰를 통해 새로운 연구 방향을 제시하고 있지만, 이러한 정서들이 우리 삶에서 도덕적인 길을 선택하도록 하는 동기화 및 실제적인 도덕 행위(actual moral behavior)를 위해 여전히 필요하다고 역설한다.

하는 것이 아니라 (우리 인간의 전체적인 정서 시스템 내에서 다양한 정서들 모두 제각기 중요한 역할과 기능을 맡고 있으면서) 간혹 과도하거나 부족한 상태에 놓이게 되면 혼란을 일으키거나 악을 유발하게 되는 것이다. 그러므로 긍정 심리학자들이 말하는 긍정 정서와 부정 정서 모두 우리의 내부에서 자연스럽게 발현되는 정서들이며, 때와 상황에 맞게 혹은 중용 상태에 이르기 위해 적절하게 발현되는 것을 지향함으로써 인격적 성숙과 완성을 추구할 수 있다는 점이 고려될 필요가 있다.

 그렇다면 이러한 다양한 문제 제기와 도전 및 비판에 대해 긍정 심리학자들은 어떤 응답을 내놓고 있는가? 크리스트잔슨은 안타깝게도 단 한 편의 논문(Jayawickreme, Pawelski, & Seligman, 2009)을 제외하고 다른 논문들에서는 다양한 비판(특히 아리스토텔레스주의적 비판)에 적극적으로 대응하려는 노력을 거의 기울이지 않고 있다고 지적한다. 그러면서 바람에 몸을 숨기기보다 상호 비판과 치열한 논쟁을 통해 학문이 발전할 수 있기 때문에, 작금의 긍정 심리학자들이 보이고 있는 소극적인 태도는 매우 안타깝다고 지적한다. 물론 긍정 심리학자의 입장에서 볼 때, 아리스토텔레스 전통으로부터 단지 어떤 영감을 얻고자 하는 것이지, 아리스토텔레스 사상을 그대로 적용하려는 것은 아니라는 차원에서 비판가들의 도전을 일정 정도 피해갈 수 있을지도 모른다. 하지만 자신들의 이론에서 사용하고 있는 행복 및 정서 개념, 그리고 인격 강점 혹은 덕의 고양을 위한 교육 방법 등이 과연 정교하고 명료한가에 대한 근본적인 문제 제기에 대해 신중하게 재검토하고, 그들 자신이 스스로 아리스토텔레스적 관점을 계승했다고 하는 부분에서 해석상의 오류를 범하고 있지 않는가에 대해서도 엄밀하게 따져볼 필요가 있다. 크리스트잔슨의 주장처럼, 셀리그먼과 그의 동료들은 자신들의 이론에 대한 수정 가능성을 열어두고 근원적인 성찰을 시도할 필요가 있다.

VI. 결론

행복은 사적 영역 및 공적 영역 모두에서 그 중요성이 차츰 부각되고 있다. 특히 교육(제도)과 같은 공적인 영역에서 나딩스(N. Noddings)와 긍정 심리학자들은 행복 교육과 긍정 교육을 주창하고 있으며, 전 세계적으로 교육의 귀감이 되고 있는 핀란드에서와 같이, 우리나라에서도 최근 공교육을 통해 청소년들의 행복감을 증진시키고자 노력하고 있다. 하지만 교육의 방향 혹은 교육 패러다임을 '행복'의 관점에서 새롭게 설계해 나가는 일은 결코 쉬운 일은 아니다.

보다 거시적인 관점에서, 필자는 나딩스와 마찬가지로, 누구를 위해, 무엇을, 왜 교육하려 하는 지와 같은 교육의 근본적인 질문에 대한 답을 찾기 위해서 '행복'이란 새로운 관점이 필요하다고 본다. 그녀는 "행복은 도덕적 삶을 위한 중요한 출발점이면서 동시에 도덕적 삶의 반가운 부산물(by-product)"이기 때문에, 행복은 도덕적 인격과 긴밀하게 연결되어 있다고 말한다. 이와 같이 나딩스의 교육철학적 근거를 통해 볼 때, 좋은 인격은 삶의 행복을 위해 실질적으로 기여한다는 측면에서 행복의 원천이 되는 것이며, 사적이고 관계적이며 공적인 생활공간에서 인격 혹은 도덕성 형성을 추구하는 도덕 교과는 행복 실현을 위한 디딤돌이 될 수 있다는 점에서 분명 교과로서의 중대한 의의를 지니게 된다. 이 말은 학교교육을 통해 아이들을 행복하게 만들려면 그들을 무엇보다 도덕적 성장으로 안내해야 하고, 잘 통합된 인격을 계발하도록 도와야 하며, 이를 위해 도덕 교과가 실제로 기여할 수 있어야 함을 뜻한다.

필자가 보기에, (미성숙한 청소년들을 대상으로) 향후 도덕 교과에서 행복한 삶과 도덕적인 삶의 관계에 대한 자각을 불러일으키기 위해서는 긍정 심리학자들의 목소리에 귀를 기울일 필요가 있다. 즉, 긍정 심리학은 실험 및 실증 연구 결과를 바탕으로, 행복한 사람이 누릴 수 있는 삶의 기쁨과 생기가 덕성 및 인격 강점으로부터 비롯된다는 확신을 불러일으키고 있다. 다시 말해, 인간 삶의 번영과 인간 기능의 최적화를 위해 긍정적 성품을 갖추는 것이 필수 조건에 해당된다는 점을 설득력 있게 제시하고 있다. 또한 덕목별 정의 및 심리적 특성, 함양 방법 등에 대한 긍정 심리학자들의 연구 성과는 도덕 교과에서의 목표 설정, 내용 선정, 교수·학습 및 평가 방법 개선 등을 위해서도 풍부한 시사점을 제공할 수 있다.

하지만 아직까지 긍정 심리학적 접근은 초기 단계에 있다는 점도 고려해야 한다. 긍정 심리학이 비교적 짧은 역사에도 불구하고 빠른 발전을 보이고 있고, 연관 분야로의 확장을 시도하고 있지만, 자신들을 향해 쏟아지는 도전과 비판을 감당하기에는 아직은 역부족인 상태이다. 이 시점에서 볼 때, 긍정 심리학자들은 자신들의 관점에 대한 애착과 고집을 넘어 여러 곳으로부터 쏟아지는 관심과 비판에 대한 응답에 몰두해야 한다. 따라서 도덕과에서는 긍정 심리학의 유행에 휩쓸리기보다는 긍정 심리학 연구의 타당성을 학문적으로 엄밀하게 검토하고, 긍정 심리학이 도덕과 교육을 위해 기여할 수 있는 바가 구체적으로 무엇인지를 밝히려는 노력이 요청된다.

제10장

도덕과 배경 학문으로서 정치학:
도덕과에서 시민교육 영역의 교육 내용과 지도 방법을 중심으로

I. 서론

정치 영역과 도덕 영역을 구분하는 일은 결코 쉬운 일이 아닌데, 특히 최근의 이슈들 내지는 쟁점들(current issues)에는 도덕적 성격과 정치적 성격이 중첩되어 나타나는 경우가 적지 않다. 실제로 시민들은 이러한 이슈들을 정치 영역에 해당하는 것으로 보기도 하고, 도덕 영역에 관련된 것으로 해석하기도 한다. 예컨대, 최근 1,200명의 미국 대학생들을 대상으로 실시된 설문 조사 결과, 동성 결혼, 줄기세포 연구, 낙태 등과 같이 미국의 정치 영역에서 명확하게 '도덕적 이슈'로 간주되고 있는 것들 외에 설문 대상자의 절반 이상이 허리케인 카트리나에 대한 정부의 대응을 도덕적인 문제로 보았고, 40%의 학생들이 교육정책과 이라크 전쟁을 '도덕적' 이슈로 보았다고 한다. 또한 민주당을 지지하는 유권자의 1/3 이상이 환경, 소수민족과 여성에 대한 차별 철폐 조처, 그리고 최저임금제를 도덕적 이슈로 보았다(The Institute of Politics, Harvard University, 2006). 이와 같은 정치 영역과 도덕 영역의 중첩성이 도덕과 교육에 관심을 가진 우리에게 주는 시사점은 과연 무엇일까? 아마도 이러한 중첩성은 글로벌화되고 정치적 · 경제적 · 사회문화적 복잡성이 날로 증가하고 있는 오늘날의 상황에서 단지 개인적으로 올바른 품성을 지녔다고 해서, 즉 사적 도덕성(private morality)을 지녔다고 해서 도덕적인 삶을 살아갈 수 있는 자질을 충분히 갖추었다고 볼 수 없다는 메시지를 우리에게 일러주고 있는 것은 아닐까?

또한, 일부 학자들은 참된 민주 시민성은 반드시 도덕 발달을 수반해야 하고, 그러므로 도덕교육을 필요로 한다고 주장한다. 할스테드와 파이크(Halstead & Pike, 2006: 1)는 시민성의 중심에 도덕성이 놓여 있다고 강조하고 있고, 다른 학자들 또한 시민적 덕(Butts, 2006), 시민적 인격(Boston, 2005), 혹은 민주적 인격(Soder, Goodlad & McMannon, 2001)이라는 개념을 통해 그 관계를 암시하고 있다. 한편, 불(Bull, 2006: 26)은 "다른 시민들과의 관계와 시민 상호 간의 의무를 지배하는 원리에 대한 동의로서의 공적 도덕성(public morality)을 촉진하고 지지한다는 측면에서 볼 때, 시민교육은 확실히 도덕교육의 일종이다"라고 주장하면서 도덕교육과 시민교육의 관계를 설명한다. 이와 같이 할스테드와 파이크는 도덕성을 시민성 형성의 핵심 요소이자 선결 조건으로 봄으로써 결국 도덕교육을 시민교육의 토대로 이해하는 한편, 불은 시민교육이 도덕교육의 한 부분임을 강조하고 있다. 그렇다면 도덕교육과 시민교육의 타당한 관계는 어떻게 설정되어야 할까? 어느 것이 다른 것을 포함하는 형태일까, 아니면 일부 공유된 특성을 지니고 있다는 점을 인정하더라도 명확하게 구분할 수 있는 고유성과 독자성을 지녔다고 보아야 할까?

한편, 도덕교육과 시민교육 간의 이러한 경계 문제는 우리나라에서와 같이 독립 교과 형태로 도덕교육을 실시할 경우, '도덕과 교육과 사회과 교육 간의 경계 문제'로 귀결될 수밖에 없다. 실제로 도덕과 교육과 사회과 교육 간에 내용 중복(특히 시민교육 영역)의 문제가 발생하고 있기 때문에, 도덕과와 사회과가 각각 교과 정체성을 확립하여 이 문제를 해결해야 한다고 주장하기도 하고, 일부 사람들은 심지어 도덕과가 사회과에 흡수 통합되어야 한다고 주장하기도 한다. 그렇다면 시민교육을 둘러싼 도덕과와 사회과 간의 관계는 어떻게 설정되어야 할까? 만약 도덕과 교육과 사회과 교육 간의 차별화가 충분히 가능하다는 입장이 타당성을 인정받는다고 했을 때, 도덕과 교육의 내용으로서 시민교육 영역의 배경 학문은 무엇이어야 하고, 이러한 영역을 가르치기 위해서는 어떤 지도 방법을 효과적으로 적용해야 할까?

이 글에서는 이상에서 제기한 문제의식에 대한 '논리적이면서도 이론에 토대를 둔 하나의 답변'을 시도하고자 한다. 다시 말해, 이 글에서는 도덕교육과 시민교육의 관계, 시민교육과 공적 도덕성의 관계, 도덕과 교육과 사회과 교육 간의 경계 문제, 도덕과 교육의 내용으로서 시민교육 영역의 배경 학문, 그리고 도덕과 교육에서 시민교육 지도의 방법 등이 무엇인가를 구체적으로 밝혀 보고자 한다.

II. 도덕교육과 시민교육의 개념

글로벌화되고 복잡성이 차츰 증가하고 있는 오늘날의 상황에서 각 나라는 자국의 아동 및 청소년들을 보다 책임 있고 배려하며, 정의 지향적이고 능동적인 시민으로 길러내기 위해 노력하고 있다. 여기서 책임, 배려, 정의, 능동적 참여 등을 포함한 '도덕적이고 민주 시민적인 자질과 태도'는 각 나라마다 도덕교육(moral education), 인격교육(character edcuation), 시민교육(citizenship education), 공민교육(civic education), 가치 교육(values education), 종교교육(religious education), 다문화 교육(multicultural education), 환경 교육(environmental education) 등을 통해 함양하고 있다. 우리나라의 경우, 영국과는 달리 가치 교육이라는 개념을 일반적으로 사용하지 않고 있고, 특정 종교에 기반한 교육을 공교육에서 정책적으로 지양하고 있으며, 다문화 교육과 환경 교육은 대체로 도덕교육과 시민교육의 하위 영역으로 다루어지고 있기 때문에, 개념 간의 구분이 특히 요구되는 교육의 형태는 도덕교육, 인격교육, 시민교육, 공민교육이라고 볼 수 있다.

도덕교육은 그 개념 자체에서 제안하는 바와 같이 인격교육에서보다 도덕적(moral) 영역에 더 초점을 맞춘다. 서양의 도덕교육 전통에서 볼 때, 도덕교육에서는 인지 발달론적 접근을 특히 강조해 왔고, 최근 도덕성을 구성하는 다른 요소들과의 통합을 시도하는 다양한 연구 노력이 진행 중에 있다. 인격교육은 매우 광범위한 접근법을 취해 왔기 때문에 '도덕적 개념'과 '도덕과 무관(non-moral)해 보이지만 도덕과 관련된 개념' 간의 경계를 분명히 설정해 오지 않았다.[1] 버코위츠(Berkowitz, 1997: 11-14)는 후자를 '근본적 특성'으로 묘사하면서, 인내, 충성, 용기 등은 그 자체로 도덕적이라고 보기는 어렵지만 도덕적 행위를 지원하는 역할을 할 수 있다고 주장한 바 있다.

전통적으로 공민교육에서는 시민의 권리와 책임, 시민들이 더불어 살아갈 수 있는 방식 및 그들이 정부와 관련되어 있는 방식 등에 강조점을 두어 왔다. 특히 공공 정책적 쟁점에 대한 토론과 정부를 기술하고 분석하는 능력을 향상시키는 데 초점을 맞추었다. 시민교육에서도 이러한 측면들을 다루고 있지만, 민주 시민에게 요구되는 풍부한 소양과 자질 및 태도를 기르는 데 보다 강조점을 두어 왔다.

이렇게 본다면, 도덕교육, 인격교육, 시민교육, 공민교육은 [그림1]과 같이, 왼쪽 방향으로 갈수록 '도덕적(moral)'인 특성이 보다 강해지고, 오른쪽

---

1. 세계 도덕교육 학계에서는 도덕교육을 흔히 '도덕교육에 대한 인지 발달론적 접근법'으로 정의하는 경향이 있다. 즉, 도덕교육은 도덕적 추론 발달의 인지 구조 모형에서 비롯되었고, 또한 이것에 의해 영향을 받은 것으로 흔히 간주된다. 이에 비해 인격교육은 교육목표, 교육 내용 및 방법, 그리고 철학적 지향(philosophical orientation)에서 매우 넓은 범위를 포괄하고 있기 때문에 개념 정의를 내리기가 결코 쉽지 않다(Althof & Berkowitz, 2006: 498).

도덕교육 moral education	인격교육 character education	시민교육 citizenship education	공민교육 civic education
← moral		political →	

[그림1] 도덕교육, 인격교육, 시민교육, 공민교육의 성격

방향으로 갈수록 '정치적(political)' 특성이 보다 강해진다고 말할 수 있다. 하지만 정도의 차이가 있을 뿐 이들 교육 모두 '도덕성과 시민성'이라는 두 가지 개념의 특성을 어느 정도 공유하고 있다고 볼 수 있다.

그럼 여기서 우리나라뿐만 아니라 서양에서도 '영역 간 경계 문제'로 인해 학자들의 연구 노력이 요청되고 있는 '도덕교육과 시민교육의 관계'를 보다 구체적으로 살펴보기 위해, 두 교육에서의 핵심 개념인 '도덕성(morality)'과 '시민성(citizenship)' 개념을 서로 비교해 보도록 하자.

우선 도덕철학 및 도덕 심리학 이론에 근거해 볼 때, 도덕성에 대한 개념화(conceptualization)는 다양하게 시도될 수 있지만, 동서고금을 막론하고 도덕철학이든 도덕 심리학이든 높은 수준의 도덕성의 핵심에는 항상 인간이 자기중심성에서 벗어나야 한다는 메시지를 담고 있다고 볼 수 있다(박찬구, 2006: 310). 예수의 '황금률(자신이 남에게서 대접받고자 하는 대로 남을 대접하라),' 공자의 '己所不欲勿施於人(자신이 원하지 않는 것을 남에게 행하지 말라),' '역지사지(易地思之),' 그리고 칸트의 '정언명법(너 자신의 행위 원리가 보편적 법칙 수립의 원리로서 타당할 수 있도록 행위하라),' 피아제의 탈중심화(decentering), 콜버그의 관점 채택(perspective-taking), 호프만의 공감(empathy), 길리건 및 나딩스의 배려(caring) 등은 이 점을 잘 보여주고 있다.

이와 같이 도덕성을 '자기중심성에서 벗어나서 해야 할 것을 할 수 있는 성향'으로 정의했을 때, 이러한 도덕성 개념에는 크게 두 영역이 포함될 수 있다. 우선 전통적인 도덕교육에서 강조해 왔던 '개인의 품성 또는 인격 형

성'과 관련된 '사적 도덕성(private morality)' 영역과 공식적인 정치 공동체의 구조 속에서 도덕적 의무를 강조하는 '공적 도덕성(public morality)' 영역이 여기에 포함된다. 사적 도덕성이 일상적인 개인 생활에서 자신이 해야 할 일을 도덕적으로 판단하고 이를 기꺼이 행함으로써 개인의 도덕적 덕성(moral character) 형성을 강조하는 특성이 있는 반면, 공적 도덕성은 정치 공동체 내에서의 도덕적 의무를 올바로 판단하고 이를 기꺼이 행하고자는 한다는 측면에서 일종의 정치적 도덕성(political morality)의 성격이 강하다고 말할 수 있을 것이다.

사적·공적 도덕성에 대한 이러한 구분은 오늘날 레스트를 포함한 신콜버그주의자들이 말하는 거시적 도덕성(macromorality)과 미시적 도덕성(micromorality)에 대한 구분과도 일맥상통한다(Rest et al., 1999). 거시적 도덕성은 사회적 수준에서 협동이 가능하도록 하는 공식적인 사회의 구조, 즉 사회체제에 관한 것이다. 여기에서는 혈족, 친구 및 친숙한 사람들과의 상호 관계가 아니라, 잘 모르는 사람, 경쟁자, 그리고 다양한 민족 및 종교들 간의 상호 관계에 초점을 맞춘다. 거시적 도덕성의 대표적인 예로는 자유 언론의 권리 및 책임, 종교의 자유, 그리고 경제적이고 교육적인 기회의 균등 등을 들 수 있다. 거시적인 도덕성에서 핵심적인 개념은 사회정의와 공평성을 들 수 있다. 반면, 미시적 도덕성은 일상적인 삶에서 타인들과의 관계를 형성하는 측면에 중점을 둔다. 미시적 도덕성의 중요한 예로는 일상적으로 상호작용하는 사람에게 도움을 주거나 예의를 갖추는 것, 친숙한 관계에서 배려하는 것, 약속을 잘 이행하는 것, 일상적인 상호 관계에서 겸손하고 책임을 다하며 공감적 태도를 갖는 것 등을 들 수 있다(정창우, 2006: 58-61).

이와 같은 사적 도덕성과 공적 도덕성, 거시적 도덕성과 미시적 도덕성은 정치 공동체라는 삶의 맥락(context)을 강조하느냐 아니면 개인적인 수양과 친밀한 인간관계 차원을 강조하느냐의 차이는 있지만, 이들 모두 도덕성의 중요한 두 축을 이루고 있고 상호 보완적인 협력 관계가 요청되는 것이라고 볼 수 있다. 하지만 사적·공적 도덕성, 거시적·미시적 도덕성 간에는 이와 같이 긴밀한 상호 연결이 가능한 부분이 있고 또한 그 필요성이 요청되고 있음에도 불구하고 실제로는 심각한 긴장이 존재하고 있다. 예컨대, 도덕성 형성을 교육적 과업으로 삼고 있는 도덕과에서 정치교육과 관련된 부분은 불필요하고 교육적으로 오용될 가능성이 있기 때문에 모두 털어내야 한다고 주장하거나, 정치적 삶의 영역은 사회과에서 전담해야 한다고 주장하는 것들이 여기에 해당된다.

한편, 시민교육에서의 핵심 개념인 '시민성' 혹은 '민주 시민성'은 개인적인 이익 내지는 이해관계를 넘어설 수 있고, 최근의 공공 정책적 이슈에 대한 논쟁에 관심을 갖고 지역·국가 정치에 참여할 수 있는 능력을 포함하여 자신이 속한 보다 큰 공동체의 행복과 복지를 위해 헌신할 수 있는 능력을 의미한다(Sherrod, Flanagan, & Youniss, 2002: 265). 시민성은 법적 지위로서의 '협의 개념,' 정치 영역에 대한 지식과 참여 기능으로서의 '중범위 개념,' 그리고 사회에 대한 지식, 사회 참여 기능, 그리고 공동선을 촉진하기 위해 공적 영역에 적극적으로 참여하려는 태도 및 성향의 조합으로서의 '광범위 개념'으로 나눌 수 있고, 이들 간에는 약간의 긴장이 존재한다. 이와 같이 시민성의 개념 범위를 셋으로 나누게 되면, 시민성에 대한 광범위 개념은 분명 공동체 구성원으로서 함양해야 하는 공적 도덕성(public morality)의 영역과 유사한 성격을 갖는다.

또한, 최근 시민성에 대한 개념은 다음과 같은 네 가지 범주를 포함하고 있는 것으로 간주된다. 첫째, 시민적·정치적 지식으로서, 여기에는 ① 민주주의 개념, ② 정치적 의사 결정 및 입법화의 구조 및 메커니즘에 대한 이해, ③ 시민의 권리와 의무, 그리고 최근의 이슈 및 문제에 대한 이해 등이 포함된다. 둘째, 지적 기능으로서, 여기에는 정부에 관련된 정보의 신뢰성과 공공 정책적 이슈에 대해 이해하고 분석하며 조사할 수 있는 능력이 포함된다. 셋째, 사회적·참여적 기능으로서, 여기에는 ① 정치적 토론에서 자신의

시민적 · 정치적 지식	지적 기능
사회적 · 참여적 기능	가치, 태도, 그리고 동기화의 힘을 가진 '성향'

〈표1〉 시민성의 네 가지 범주와 도덕성

관점을 추론하고 주장하며 표현할 수 있는 능력, 갈등 해결 기능, ② 탄원을 내거나 로비를 통해 정책 및 의사 결정에 영향을 미칠 수 있는 방법을 알고 있는 능력을 포함한다. 넷째, 가치, 태도, 그리고 동기화(motivation)의 힘을 가진 성향으로서, 여기에는 ① 사회적이고 정치적인 문제 사태에 대한 관심, ② 책임감, ③ 인내심 및 자신의 편견에 대한 인식, ④ 민주주의, 사회정의 및 인권 등과 같이 민주 사회를 지탱하고 있는 가치에 대한 존중 등이 포함된다(Althof & Berkowitz, 2006: 503). 이와 같이 시민성을 네 가지 범주로 구분하게 되면, 〈표1〉에서와 같이, 네 번째 범주인 '성향'의 하위 내용 요소들 중 많은 부분은 공적 도덕성의 영역과 공통점을 갖고 있다.

한편, 웨스트하이머와 카안(Westheimer & Kahne, 2004: 237-269)은 '좋은 시민'의 본질적 특성을 '개인적으로 책임 있는 시민,' '참여적 시민,' 그리고 '정의 지향적 시민'으로 구분한 바 있다. '개인적으로 책임 있는 시민'은 공동체, 특히 지역 공동체에 기꺼이 봉사하고 도움이 필요한 사람에게 기부하는 시민을 의미한다. '참여적 시민'은 공적 이슈에 관심을 갖고 시민으로서의 참여가 가능한 영역에 능동적으로 참여하는 시민을 말하며, '정의 지향적 시민'은 부정의의 원인에 주목하고 사회 · 정치 · 경제 구조를 비판적으로 평가할 수 있으며 변화와 문제 해결을 위해 집단 전략을 탐색할 수 있는 시민을 의미한다. 흥미롭게도 웨스트하이머와 카안이 말하는 '좋은 시민'은 공동체 구성원으로서 함양해야 하는 공적 도덕성뿐만 아니라 사적 도덕성에서의 중요한 차원을 일부 포함하고 있기 때문에, 사실상 '좋은 인간(혹은 도덕적 인간)'의 개념에 매우 근접해 있다고 볼 수 있다. 하지만 여기서 말하는 '좋은 시민'은 여전히 정치적인 맥락과의 관계 혹은 연결 속에서 의미를 갖는 것으로 보아야 하며, 사실상 배려, 헌신, 존중, 정직, 관용 등을 포함한 '좋은 인간'의 본질적 특성은 '좋은 시민'의 범위를 넘어서는 것이라고 말할 수 있다.

이상에서 살펴본 바에 따르면, 도덕성과 시민성, 좋은 시민과 좋은 인간 간에는 일부 중첩되는 부분이 있음을 확인할 수 있다. 하지만 시민교육은 도덕교육과는 분명히 구분되는 특성을 상당 부분 소유하고 있다는 주장 또한 명료해 보인다. 앞서 살펴본 시민성의 개념 범위에서 시민성의 협의 개념과 중범위 개념, 시민성의 네 가지 범주 중에서 성향을 제외한 나머지 세 가지 범주는 '도덕적 시민성(moral citizenship)'보다는 '정치적 시민성(political citizenship)'에 강조점을 두고 있다는 사실을 부정할 수 있는가? 예컨대, 시민교육은 정부 및 정치사에 대한 학습, 정부와 공적 이슈에 대해 제대로 읽고 이해할 수 있는 능력을 포함한 정치적 소양(political literacy) 등을 또한 포함해야 한다. 이러한 개념들이 미국식 인격교육의 일부인지 아닌지는 논쟁거리가 될 수 있지만, 적어도 도덕적 개념(혹은 도덕교육의 일부)이 아니라는 점은 분명해 보인다. 이 개념들은 비록 도덕적 함의를 가질 수도 있지만, 그 자체로 도덕적 이슈를 중심에 두고 있지 않기 때문이다.

하지만 '도덕교육과 시민교육의 경계 문제'는 우리나라에서와 같이 독립 교과 형태로 도덕교육을 실시할 경우, '도덕과 교육과 사회과 교육 간의 경계 문제'로 연결될 수밖에 없다. 실제로 도덕과 교육과 사회과 교육 간에 내용 중복(특히 시민교육 영역)의 문제가 발생하고 있기 때문에, 도덕과와 사회과가 각각 교과 정체성을 확립하여 이 문제를 해결해야 한다고 주장하기도 하고, 일부 사람들은 심지어 도덕과가 사회과에 흡수 통합되어야 한다고 주장하기도 한다. 그렇다면 시민교육을 둘러싼 도덕과와 사회과 간의 관계는 어떻게 설정되어야 할까? 다음 절에서 이 문제를 집중적으로 검토해 보기로 한다.

III. 도덕과 교육과 사회과 교육의 경계 문제

사회과는 사회생활에 필요한 지식과 기능을 익혀 이를 토대로 사회 현상을 올바르게 인식하고, 민주 사회 구성원에게 요구되는 가치와 태도를 지님으로써 민주 시민으로서의 자질을 갖추도록 하는 교과이다. 사회과에서 육성하고자 하는 민주 시민은 사회생활을 영위하는 데 필요한 지식을 바탕으로 인권 존중, 관용과 타협의 정신, 사회 정의의 실현, 공동체 의식, 참여와 책임 의식 등의 민주적 가치와 태도를 함양하고, 나아가 개인적, 사회적 문제를 합리적으로 해결하는 능력을 길러 개인의 발전은 물론, 사회, 국가, 인류의 발전에 기여할 수 있는 자질을 갖춘 사람이다.

이 내용은 「프로젝트형 인성교육 실현을 위한 사회과 교육과정」(교육과학기술부, 2012b: 4)의 '성격' 영역에서 사회과의 정체성을 규정한 것이다. 여기서 "민주 사회 구성원에게 요구되는 가치와 태도를 지님으로써 민주 시민으로서의 자질을 갖추도록 하는 교과"라는 기술 내용과 민주 시민을 "인권 존중, 관용과 타협의 정신, 사회 정의의 실현, 공동체 의식, 참여와 책임 의식 등의 민주적 가치와 태도를 함양하고, 나아가 개인적, 사회적 문제를 합리적으로 해결하는 능력을 길러 개인의 발전은 물론, 사회, 국가, 인류의 발전에 기여할 수 있는 자질을 갖춘 사람"으로 정의한 내용은 도덕과의 정체성과 상당 부분 중첩되어 있어서 교과 간 차별화가 쉽지 않을 수 있다는 생각을 갖게 만든다. 따라서 이를 근거로 일부 학자는 도덕과가 사회과에 흡수 통합되어야 한다고 주장하기도 하고, 도덕과의 고유성과 독자성을 인정하더

학 년	일반 사회 영역	
	내용 요소	성취 기준
중학교 1–3학년	○개인과 사회생활	인간은 사회의 구성원으로서 사회적 지위와 역할을 가지고 있으며 사회화를 통해서 성장한다는 것을 이해한다.
	○문화의 이해와 창조	문화의 의미와 특징을 이해하고, 다양한 문화를 이해하고 존중하는 태도를 가진다.
	○사회의 변동과 발전	사회 변동의 의미를 이해하고, 현대 한국 사회의 변동 양상을 파악한다.
	○정치 생활과 민주주의	정치의 의미와 중요성을 인식하고, 민주 정치의 발전 과정에 대한 분석을 통해 민주 정치의 특징을 파악한다.
	○정치 과정과 시민 참여	민주 사회에서 정치 과정을 통해 다원적 가치와 이익이 조정되고 있음을 이해하고, 정치 과정에 참여하는 다양한 정치 주체의 역할을 파악한다.
	○경제 생활의 이해	인간의 경제 생활을 생산, 분배, 소비를 중심으로 이해하고, 희소성으로 인해 발생하는 경제 문제를 합리적으로 해결할 수 있는 능력을 기른다.
	○시장 경제의 이해	시장의 의미를 이해하고, 시장에서 가격이 결정되는 원리와 시장 가격이 변동하는 이유를 수요 법칙과 공급 법칙을 토대로 파악한다.
	○일상생활과 법	법은 우리의 일상생활과 밀접하게 연결되어 있으며, 사회 구성원 사이의 분쟁이나 갈등을 예방하는 공동의 약속임을 이해한다.
	○인권 보장과 법	인권 보장의 역사를 이해하고, 헌법이 보장하는 기본권이 인권을 보장하기 위해 나타난 것임을 인식한다.
	○헌법과 국가 기관	우리나라 헌법에 규정하고 있는 국가 기관인 국회, 대통령과 행정부, 법원과 헌법 재판소의 위상과 역할을 이해한다.
	○국민 경제와 경제 성장	국민 경제의 의미를 이해하고, 국민 경제의 성장과 변동 과정을 탐구한다.
	○국제 경제와 세계화	국제 경제의 기본적 특징을 이해하고, 국제 거래의 발생 요인과 국제 거래의 양상을 파악한다.
	○국제 사회와 국제 정치	국제 사회의 특성을 파악하고, 국제 사회의 다양한 행위 주체들에 대해 조사한다.
	○현대사회와 사회 문제	사회 문제의 의미를 이해하고, 현대사회에서 주요하게 발생하는 사회 문제에 대해 탐구한다.

<표2> 중학교 『일반사회』 영역의 내용 체계와 성취 기준(교육과학기술부, 2012b)

라도 시민교육 영역은 사회과에서 다루어야 한다고 주장하기도 한다.

하지만 이러한 주장들이 타당한가를 판단하기 위해서는 교과의 목표 설정-내용 체계화-지도 방법-평가 등에서도 이러한 중첩 문제가 발생하는가를 체계적으로 확인해 볼 필요가 있다. 추상적이고 포괄적인 수준에서 진술된 교과 성격은 목표-내용-방법-평가 영역에서 상세화되는 특징이 있기 때문에, 목표-내용-방법-평가 영역에서의 강조점을 분석해 보는 것은 교과 간 차별화의 가능성 문제를 판단하기 위한 근거로 활용될 수 있다. 하지만 목표-내용-방법-평가 영역 각각에 대한 전반적인 비교 분석은 논의의 범위를 지나치게 확대할 수 있으므로, 여기서는 이 중에서 사회과에서 실제로 다루는 내용 영역을 살펴보는 데 초점을 맞추고자 한다. 우선 중학교『일반사회』영역에서 제시한 내용 체계와 성취 기준을 살펴보면 〈표2〉와 같다.

또한 고등학교 선택 과목인『법과 정치』에서 다루고 있는 내용 요소는 〈표3〉과 같다(교육과학기술부, 2012b: 144).

위에서 제시된 공통 기본 교과인『일반사회』와 고등학교 선택 과목인『법과 정치』의 내용 체계를 종합적으로 분석해 보면, 사회과에서는 '민주 시민이 되는 데 필요한 사회과학적 지식 및 기능(skills)'을 강조하고 있으며, 특히 헌법과 정치적 과정의 메커니즘을 가르치는 것에 초점을 맞추고 있다는 것을 확인할 수 있다. 반면, 도덕과 교육에서는 사적 도덕성(private morality) 뿐만 아니라 공동체 구성원으로서 함양해야 하는 공적 도덕성(public morality)의 영역이 동시에 존재한다는 점을 전제하면서, 특히 공적 도덕성 형성을 위해 정치 공동체의 제도와 절차 등에 대한 윤리적·규범적 평가를 시도하고 공동체에 참여할 것을 강조하고 있기 때문에, 도덕과에서의 시민교육은 엄밀한 의미에서 '시민 윤리 교육'이라고 부르는 것이 더 타당해 보인다(교육과학기술부, 2008/2009: 171-176).

도덕과에서 교육의 목표로 설정하고 있는 '도덕적 인간' 혹은 '좋은 인간'이 되기 위해서는 '좋은 사회(good society)'에 대한 규범적 관점과 비전

영역	내용 요소
민주 정치와 법	○정치의 의미와 기능, 민주 정치의 발전 과정 ○민주 정치와 법치주의의 관계 ○우리나라 민주 정치의 특성과 과제
민주 정치의 과정과 참여	○정부 형태와 정치 제도 ○정당과 정당 정치, 선거 제도의 유형과 특성 ○정치 참여의 의의와 유형
헌법의 기본 원리	○우리나라 헌법의 기본 원리 ○기본권의 종류와 내용, 기본권 제한의 조건과 한계 ○국가 기관의 구성과 기능
개인 생활과 법	○민법의 기본 원리, 계약과 불법 행위 ○가족 관계와 법 ○재산 관계와 법
사회 생활과 법	○형법의 의의, 범죄와 형벌의 종류 ○형사 절차의 이해 ○사회법의 이해
국제사회의 법과 정치	○국제 사회의 특성과 변화, 국제 사회의 여러 문제 ○국제법의 특성과 형태 ○국제 관계와 국가 주권의 문제, 국제 분쟁의 해결 방식

〈표3〉 고등학교 선택 과목 『법과 정치』의 내용 체계

을 가져야 하고, 이러한 좋은 사회를 형성하기 위해 필요한 책임과 헌신, 정의 지향과 비판적 참여의 자세를 지녀야 한다. 여기서 좋은 사회에 대한 규범적 관점과 비전은 동시대에 강조되고 있는 정치적 이상(political ideal)의 영향을 받을 수밖에 없는데, 특히 자유주의와 공동체주의 간의 최근 논쟁을 통해 볼 때, 어떤 관점을 추구하느냐에 따라 시민적 참여와 도덕적 의무의 범위 및 강도는 달라질 수 있다. 이와 같이 좋은 사회에 대한 규범적 관점은 동시대에 강조되고 있는 정치적 이상의 영향을 받을 수밖에 없지만, 이러한 정치적 이상은 또한 윤리적 이상에 기반해야 하고 윤리적 이상과의 소통을 통해 변화를 모색해야 하는 것이기도 하다. 윤리적 이상이 정치적 이상에 예

속되거나 정치적 이상이 윤리적 이상에 의해 성찰되지 못한다면, 그러한 사회는 닫힌 사회이고 위험사회인 것이다.

사실상 정치적 동물로서의 인간을 가르치는 교육에서 '좋은 인간'과 '좋은 시민'은 서로 불가분의 관계에 있고 서로 연계될 수밖에 없다. 하지만 '민주 시민적 능력과 자질을 지닌 좋은 인간'과 '바람직한 인격을 갖춘 좋은 시민'에서와 같이 어떤 개념에 더 강조점을 둘 것이냐에 따라 교육의 목표와 내용, 그리고 방법에 차이가 있을 수밖에 없다.

이렇게 볼 때, 도덕과에서는 '사적 도덕성뿐만 아니라 공동체 구성원으로서 함양해야 하는 공적 도덕성 형성'이라는 교과의 정체성을 분명히 하면서 시민교육을 도덕과 교육의 주요한 하위 영역으로 다루어야 하고, 정치 공동체의 제도 및 절차에 대한 윤리적 탐구와 윤리적 성찰을 시도함과 동시에 공동체에 대한 참여(실천) 기회를 풍부하게 제공해야 한다. 한편, 사회과에서는 정치적(법적·의무적) 차원과 비정치적(도덕적) 차원을 모두 포괄함으로써 바람직한 시민의 자질을 너무 넓고 추상적인 형태로 규정하기보다 정치적 차원의 자질을 보다 분명하게 중시하면서 '사회과학으로서의 사회과 교육' 및 '반성적 탐구로서의 사회과 교육'[2]을 강조할 필요가 있다.

내용과 관련하여 보다 구체적으로 두 교과의 차별화 전략을 모색해 본다고 했을 때, 동일한 민주주의를 다루더라도 사회과 교육에서는 민주주의에

---

2. 바아 등(Barr, Barth, Shermis, 1978)은 사회과 교육의 목표를 둘러싼 다양한 논의들을 세 가지로 정리하였다. 그것은 바로 '시민성 전달자로서의 사회과 교육,' '사회과학으로서의 사회과 교육,' '반성적 탐구로서의 사회과 교육'이다. '시민성 전달자로서의 사회과 교육'은 애국심과 같이 한 사회에서 가장 바람직하다고 여겨지는 가치를 학생들에게 전달하는 것을 목적으로 한다. 이 견해에 따르면, 바람직한 시민은 사회의 기본 가치에 순응하고, 이를 따르는 사람이다. '사회과학으로서의 사회과 교육'은 학생들이 사회과학의 구조와 탐구 방법을 습득함으로써 학생들을 "작은 사회과학자"로 만드는 것을 목적으로 한다. 이때의 바람직한 시민은 사회과학적 탐구 방식이 내면화되어 사회현상을 과학적으로 분석할 수 있는 사람을 의미한다. '반성적 탐구로서의 사회과 교육'은 사회적 이슈에 대한 깊이 있는 고찰을 통해 공공의 문제를 해결할 수 있는 능력을 함양하는 것을 목적으로 한다. 이 모형에서는 일상에서 당면하는 문제에 대해 합리적인 의사 결정을 내릴 수 있는 시민을 바람직한 시민으로 본다.

대한 절차적·기술적 관점에서 민주주의의 역사와 정의, 현대 민주주의의 다양한 형태와 제도들(헌법, 법치주의, 정부 형태, 선거·정당·의회 제도 등), 민주주의 사회에서 시민의 권리와 의무, 한국 민주주의 운영 실태 등과 같이 정치 과학(political science)적 입장을 다룬다면, 도덕과 교육에서는 민주주의에 대한 규범적·처방적 입장에서 민주주의 이념에 대한 가치 평가, 다양한 민주주의 모델에 대한 규범적 평가, 시민의 정치적 의무와 권리의 규범적 근거와 한계, 정치 권위와 시민 자율성의 관계 등과 같이 정치철학(political philosophy)적 입장을 다룰 필요가 있다(조일수, 2008a: 138).

IV. 정치철학적 쟁점들을 활용한 도덕과 교과 지식의 토대 구축

사회과 교육에서는 민주주의와 관련된 절차적·기술적 관점의 정치 과학적 입장을, 그리고 도덕과 교육에서는 민주주의와 관련된 규범적·처방적 관점의 정치철학적 입장을 다루는 것이 타당하다는 전제를 수용한다면(조일수, 2008a: 138), 도덕과 교육에서 시민교육의 이론적 배경은 규범적·윤리적 관점에 근거해 있는 정치철학이어야 한다.

정치철학은 삶을 형성하고 제약할 뿐만 아니라 삶을 구성하기도 하는 제도와 관행의 지배를 받으면서 살아가는 인간에 대한 연구이다(존 크리스먼, 2004: 27-28). 정치철학은 설명적이거나 기술적인 자료를 자유롭게 활용하기는 하지만, 사회학이나 대부분의 정치학처럼 단순히 설명적이거나 기술적인 학문은 아니다. 또한 정치철학은 역사적 자료와 직접적으로 관련이 있기는 하지만 그런 제도와 관행이 어떻게 발생했는가를 역사적으로 고찰하지 않는다. 오히려 정치철학은 이러한 현상을 해석하고 평가한다. 정치철학은 사회적 관행과 제도의 의미 및 그 정당성을 이론적으로 설명한다. 정치철학은 특정한 사회체제가 좋은지, 옳은지, 정당화되는지 묻기 때문에, 정치철학의 주요 임무는 규범적이다. 정치철학은 규범적 물음을 가장 분명하게 제기하기 위해 어떻게 해야 그 체제를 가장 잘 이해하게 되는지 묻기 때문에 해석적이기도 하다.

정치철학은 사회라는 환경에서 살고 있는 개인에게 초점을 맞춘다. 특히 시민의 삶과 구체적으로 관련되는 '규범과 법률'에 초점을 맞춘다. 정치철학의 주제는 '인간'이다. 이때 인간은 개인으로 간주되든 집단으로 간주되든, 규칙의 지배를 받는 사회제도 내에서 살아가는 인간이다. 사회제도 중에서 가장 중요한 것은 여러 가지 법적·정치적·경제적 기능을 수행하는 '국가'이다.

이와 같이 정치철학을 이해하고 도덕과 교육의 배경 학문으로서의 적절성을 일단 인정한다면, 도덕과에서 시민교육의 내용은 당연히 정치철학에 초점을 맞춘 것이어야 하지만, 학생 개인의 경험 및 생활 세계를 반영하는 주제여야 내적 동기를 자극할 수 있다는 구성주의 관점을 통해 볼 때, 정치철학 논의의 출발점은 자유주의 패러다임일 필요가 있다. 학생들은 자유주의 패러다임 내부 및 외부에서 제기되는 각종 윤리적 쟁점을 중심으로 학습함으로써 궁극적으로는 우리의 사회적·정치적 환경에 부합하는 새로운 윤리적 이상과 정치적 이상을 형성할 수 있게 될 것이다. 여기서 '쟁점 중심'이란 단순히 이분법적 접근법을 말하는 것이 아니라 학생들을 도덕적 숙고와 도덕적 의사 결정으로 안내하는 접근법을 의미하는 것이며, 이러한 쟁점 활용은 현실과 동떨어진 추상적인 이론 수준의 논의에 그쳐서는 안 되고 학생들이 처한 구체적인 현실과 상황적 맥락에 근거하여 이루어질 필요가 있다. 그래야만 학생들은 구체적이며 현실적인 인간으로서 보편적인 윤리적·정치적 이상을 지향할 수 있게 될 것이다.

한편, 도덕과에서 다루는 정치철학의 내용은 영미 정치철학의 역사나 새로운 동향, 그리고 정치적·사회적 삶에 대한 철학적 문제들을 광범하게 개관하는 데 강조점이 두어져서는 안 된다. 어디까지나 정치·사회사상에 대한 윤리적 가치 평가와 더불어 정치철학 내부의 윤리적 쟁점들에 대한 성찰을 통해 결국 학생들의 윤리 의식 고양에 도움이 되도록 하는 데 초점이 맞춰져야 한다. 물론, 도덕과에서 다루어야 할 정치철학적 주제나 윤리적 쟁점들에는 동양적 전통도 당연히 포함해야 하지만, 여기서는 논의의 범위를 '서양 정치·사회사상'에 국한하여 도덕과 교육의 내용으로서 정치철학적 핵심 쟁점들을 제시해 보고자 한다. 이러한 정치철학적 쟁점들은 학생들의 도덕적 성장을 위해 필수적으로 요청되는 질문들이며, 도덕교육의 과업을 이해하고 드러내는 데 핵심이 되는 물음들이라고 할 수 있다. 이러한 쟁점들의 추출은 '도덕과 교과 지식의 구조화'(자세한 내용은 제4장 도덕과 배경 학문으로서 윤리학 참조)를 위한 기초연구적 차원에서 반드시 필요한 작업에 해당한다.

1. 자유주의 패러다임에 대한 정치철학적 논쟁점

○정치권력은 어떻게 도덕적으로 정당화될 수 있는가?[3]

---

3. 오늘날 우리의 제도와 이데올로기의 근간을 형성하는 자유민주주의의 중심에 어떻게 도덕적 영역이 위치할 수 있는지 생각해 보도록 하자. 정치 이론의 중심적인 문제는 정치권력에 대한 정당화를 제공하는 것이다. 즉, 정치권력이 시민들이 원하지 않을지도 모르는 것을 강제력을 동원해 시행한다고 할 때 그 정당성을 제공하는 것이다(Mahe, 1974; 1977). 특히 자유민주주의 이론의 중대한 목표 중 하나는 자신을 도덕적 행위 주체로서 인지하는 시민들에게 힘 또는 권력 사용에 대한 도덕적 정당화를 제공하는 것이다. 자유민주주의 이론은 정치권력에 의한 강제력의 사용을 도덕적으로 정당화함으로써 무정부 상태를 막을 수 있고, 정치권력에 의한 힘의 사용 범위와 정도를 제한함으로써 전제 국가가 되는 것을 막을 수 있다. 이와 같이 자유민주주의 이론은 도덕적으로 정당화될 수 있는 범위 내에서만 국가적 강제력이 제한적으로 사용될 수 있다는 점을 강조하고 있다. 이렇게 볼 때, 정치권력에 대한 도덕적 정당화와 도덕적 행위 주체로서의 시민 개념은 정치철학에서 중심적인 요소로 간주될 수 있다. 도덕적 행위 주체로서의 시민이 되도록 준비시키는 것은 앞서 언급한 정치권력과 도덕적 정당화의 관계를 이해하고, 도덕적 이상에 따라 행동할 수 있는 능력을 길러 주는 것이다.

○사회의 물질적 재화 및 사회적 이익의 가장 공정하고 정당한 분배는 무엇인가?[4]

○국가가 시민들에게 권리를 보호하고 정의를 보장하는 것 이외에 개인들의 도덕적 가치관과 좋은 삶의 관념에 관해서는 '중립'을 지켜야 하는가, 아니면 정의의 원리 속에 규정되어 있는 권리 보호와 더불어 시민들에게 '선을 증진하는 것(혹은 좋은 삶을 장려하는 것)'이 정부의 일차적인 목표여야 하는가? 시민의 선을 증진해야 한다면 어느 정도까지 할 수 있는가? (다원주의와 완전주의의 논쟁)

○다원주의 사회에서 관용의 한계는 어디까지인가?

○개인과 공동체의 목적이 상충될 때, 공동체와 문화보다 개인의 권리와 자유가 더 우선되어야 하는가? 개인선과 공동선을 어떻게 조화시킬 수 있는가?

2. 국가 윤리에 대한 정치철학적 논쟁점

○개인의 도덕적 삶과 국가의 관계는 무엇인가? 개인과 정치 공동체(국가)의 올바른 관계는 무엇인가?

○어떤 사회가 바람직한(혹은 이상적인) 사회인가?

○사람들에게 의무와 복종을 요구하는 국가의 권위라는 것이 과연 정당한 것인가?[5] 국가의 개입은 어디까지 허용되어야 하는가?[6]

○진정한 애국심이란 무엇인가? 국가 혹은 민족을 위한 헌신은 항상 숭

---

4. 자본주의 시장경제에서 생산되는 부를 분배할 때 불평등은 얼마만큼 허용될 수 있는가?
5. 국가는 왜 존재하는 것인가? 국가의 존재를 정당한 것으로 만드는 것은 무엇인가? 왜 국가의 요구에 응해야 하는가? 등.
6. 국가의 개입은 개인의 자아실현에 도움이 되는가? 국가의 개입 없이 개인의 자유에만 맡겨둔 사회가 가능한가? 질서 없는 자유와 자유 없는 질서 가운데 무엇이 더 위험한가? 국가 개입의 한계를 정하는 주체는 누구인가? 누가 정해야 하는가? 등.

고한 것인가?

○시민 불복종 운동이 정당화될 수 있는 범위는 어디까지인가?[7]

○공직자의 윤리적인 책무는 무엇인가?

○인권은 어떻게 도덕적으로 정당화될 수 있고, 어떻게 존중될 수 있는 가?[8]

○미국에서는 흔히 국가 정체성의 정신적 원천으로 독립선언문, 헌법과 권리장전, 링컨의 게티스버그 연설문, 그리고 마틴 루터 킹의 연설문 등을 언급한다. 그렇다면 우리나라 국가 정체성의 정신적 원천은 무엇인가?

3. 윤리 이론과 정치철학의 관계 탐색

○공리주의는 자유, 인간 생명, 인간 존엄성과 같은 도덕의 최종적 근거가 되는 개념을 다루기보다 입법이나 공공 정책 차원의 문제를 다루기에 적합한 이론이다(박찬구, 2006: 112). 예컨대 공리주의적 척도는 사회 집단들 사이의 이해관계가 충돌하는 일에 있어 최선의 대안을 찾는 기준으로서 사용될 수 있다. 하지만 입법 및 공공 정책 영역에서의 대안을 공리주의적 척도에 의해 모색하려는 시도는 롤스에 의해 비판을 받게

---

7. 명백히 불의한 법에 대해서 그 법을 개정하기 위해 노력하면서 개정에 성공할 때까지 법을 준수할 것인가, 아니면 당장 그 법을 어길 것인가? 이익집단의 단체 행동과 시민 불복종 운동은 어떻게 다른가? 정의를 지키기 위해 법을 어긴 사람은 범법자인가? 국가가 불의하다는 것을 알면서도 아무런 행동도 하지 않는 사람이 비판받아야 하는 이유는? 정의는 법보다 우위의 가치인가? (정의가 최고의 가치인가?) 법에 대한 복종은 권력에 대한 복종인가, 정의에 대한 존경인가?

8. 도덕적 권리와 법적, 정치적 권리의 차이점은 무엇인가? 권리와 책임의 관계는 무엇인가? 피해자의 인권이 더 중요한가, 범죄자(가해자)의 인권이 더 중요한가? 인간의 존엄성과 천부 인권의 차원에서 사형제도는 정당화될 수 있는가? 성범죄자의 신상 공개와 특별 관리는 인권 침해인가? 특별한 질병(정신병)이나 장애를 가진 사람들을 격리 수용하거나 생식(출산)을 막는 것은 정당화될 수 있는가?

된다. 롤스가 공리주의를 비판한 근거는 무엇인가?

○ 칸트는 모든 합리적 인간이 그들의 이성과 자유(자율)의 구조에 의해, 그가 이해할 수 있고 스스로 부과할 수 있는 어떤 보편적 원리에 속박되어 있다고 주장한다(존 크리스먼, 2004: 45). 첫째로, 보편적 원리들은 누구든지 자신의 의도된 행위(그의 준칙)가 언제나 모든 사람에게 보편적 법칙이 되도록 의지할 수 있는 경우에만 행위해야 한다고 말하는 정언명령에서 잘 나타난다. 둘째로, 칸트의 도덕은 인격 자체를 근본적으로 가치 있는 것으로, 그리고 존엄과 도덕적 가치의 장소로 간주한다. 그래서 어떤 행위나 정책도 가치 있는 목적을 성취하기 위하여 인격을 무시하거나 착취한다면 정당화될 수 없다. 이러한 칸트 이론은 자유주의 정치철학에 어떤 영향을 주었는가?

○ 덕 이론은 인간이 행복한 삶에 이르기 위해서, 즉 행복을 성취하기 위해서 필수적이라고 생각되는 다양한 품성, 즉 덕을 정의한다(존 크리스먼, 2004: 46). 제도와 사회적 관행은 그것들이 행복의 성취를 얼마만큼 허용하고, 그런 덕의 요구에 얼마만큼 부합하는가에 따라 평가될 수 있다. 더 나아가 덕 이론에서는 인간 존재가 근본적으로 사회적 존재로 이해된다. 사회적 존재인 인간의 행복은 그 인간이 살고 성장한 사회적 맥락에 의해서만 이해될 수 있다. 이러한 덕 이론은 반자유주의적 관점, 특히 공동체주의를 위한 발판을 제공한다. 덕 이론은 공동체주의에 어떤 영향을 주었는가?

4. 종합

학생들의 도덕적 성장 혹은 발달을 위해 필요한 정치철학적 핵심 쟁점들을 체계적으로 정리하면 〈표4〉와 같다.

주제	내용 요소
1. 자유주의 패러다임에 대한 정치철학적 논쟁점	가. 정치권력의 도덕적 정당화 문제 나. 공정하고 정당한 분배 원칙 다. 다원주의와 완전주의 간 논쟁 라. 다원주의 사회에서 관용의 한계 마. 공동체와 개인의 자유 및 권리와의 충돌 문제(개인선과 공동선의 조화)
2. 국가 윤리에 대한 정치철학적 쟁점들	가. 개인의 도덕적 삶과 국가의 관계 나. 이상적인 사회의 조건 다. 국가 권위의 정당성과 개입의 한계 라. 진정한 애국심의 기준 마. 정당화될 수 있는 시민 불복종의 범위 바. 공직자의 윤리적 책무 사. 인권의 도덕적 이해와 실천 방안 아. 우리나라 국가 정체성의 원천
3. 윤리 이론과 정치철학의 관계 탐색	가. 공리주의적 입법과 정책에 대한 롤스의 비판 근거 나. 칸트 이론의 자유주의 정치철학에의 영향 다. 덕 이론의 공동체주의에의 영향

〈표4〉 정치철학적 핵심 쟁점을 활용한 도덕과 교육 내용 체계

V. 시민교육의 내용 지도 방법으로서 핵심 쟁점 탐구 방법

　도덕과 수업에서 정치·사회사상 영역에서의 핵심 쟁점을 다루고자 할 때, 어떠한 적용 절차를 거쳐야 하고, 이때 교사가 특별히 유의해야 할 점에는 어떤 것들이 있는지 살펴보도록 하자. 우선, 정치사상 영역에서의 핵심 쟁점을 다루는 수업 방식은 크게 전달식(delivery)과 소통 방식(communication)으로 나눌 수 있을 것이다. 전달식 수업은 교사가 학생들에게 핵심 쟁점의 의미와 해결책에 대한 명료한 이해를 제공할 목적으로

'친절한 안내자' 역할에 충실하려는 수업 방식인 반면, 소통식 수업은 도덕적 숙고와 도덕적 의사 결정의 기회를 갖도록 하기 위해 '생각하는 교실(thoughtful classrooms)' 분위기를 조성하는 수업 방식을 말한다. 물론, 쟁점 탐구 자체가 지식이나 이해 수준의 학습을 목적으로 설계된 것이 아니라, 적용·분석·종합·평가를 시도하고 가치의 조직화와 인격화를 겨냥한 것이라고 본다면, 소통식 수업이 권장되는 것은 어쩌면 당연한 이치이다. 하지만, 소통식 수업을 하기 위해서는 수업 준비와 사후 활동(follow up)을 위해 많은 시간과 노력이 투입되어야 하기 때문에 교사의 입장에서는 부담이 될 수밖에 없고, 또한 수업의 실제적 운영을 위해 많은 시간이 필요하기 때문에 자주 이러한 수업 방식을 적용할 수도 없다. 그러므로 핵심 쟁점이라고 보기 어려운 쟁점, 즉 '일반성·복잡성·중요도의 수준이 다소 낮은 쟁점들'에 대해서는 전달식으로 수업을 운영해도 괜찮겠지만, 핵심 쟁점에 대해서는 가능하면 소통식 수업을 적용하는 것이 보다 효과적일 것이다.

그렇다면 이러한 소통 방식의 수업은 어떻게 전개할 수 있을까? 핵심 쟁점 탐구 수업의 적용 절차는 〈표5〉에 제시된 바와 같이, 크게 수업 이전 단계, 본 수업 단계, 그리고 수업 후 단계로 나누어 살펴볼 수 있다.

〈표5〉에서 제시한 수업이 실제로 효과를 거둘 수 있기를 기대한다면, 교사는 첫째, 핵심 쟁점 탐구를 하는 이유, 즉 핵심 쟁점을 도덕과 수업에서 활용하는 이유를 명료화해야 하고, 둘째, 사례를 제시할 때 '차가운 언어'보다는 '따뜻한 언어'를 사용해야 하며, 셋째, 도덕적 토론 및 의사 결정 과정에서 발생하는 가치 간의 충돌 문제를 가치 다원주의 관점에서 안내하고 조절할 수 있어야 한다.

첫째, 핵심 쟁점을 도덕과 수업에서 활용하는 이유를 명료화하는 것이 왜 중요한가? 도덕·윤리 과목은 도구 과목도 아니고 주지 과목도 아니기 때문에 핵심 쟁점을 다루더라도 핵심 쟁점에 대한 심층적 이해 수준에 초점을 맞추게 되면, 교과에서 지향하는 궁극적인 목적을 달성하는 데 명확하게 한

단계	과정	세부 내용
수업 이전 단계	수업 목표 설정	• 국가 공동체 참여에 대한 바람직한 관점과 참여 자세를 갖는다.
	핵심 쟁점 추출	• 국가 공동체에 대한 헌신과 희생은 항상 숭고한 것인가?
	사례(case) 발굴	① 각 나라마다 국가를 위해 산화한 순국선열들을 기억하고 추념하기 위해 신성한 제단을 만들고 제의를 거행한다. 그렇다면 우리나라의 국립묘지, 일본의 야스쿠니 신사에 모셔져 있는 순국선열과 호국영령 간에는 차이점이 있는가? 국가에 대한 헌신은 항상 숭고한 것인가? ② 조지 오웰의 우화 소설 『동물농장』의 복서(말)는 현실의 모순과 부조리를 인식하지 못한 채 공동체를 위해 맹목적으로 희생한다. 물론 독재자 나폴레옹(돼지)의 언론통제, 정보독점 등의 탓이 컸다. 결국 복서는 도살장으로 폐기 처분 당하면서 죽음을 맞게 된다. 공동체를 위한 복서의 희생은 과연 참인가?
	도덕과 교육(수업)에서 활용 목적 구체화	① 우리가 국가 공동체의 구성원인 이상, 이 공동체를 보존하고 일구어 나갈 도덕적 의무와 정치적 책무가 있다. 하지만 이러한 논리와 주장의 수위가 계속해서 높아지다 보면 어느새 국가의 요구에 무조건적으로 복종하는 국가주의적 태도마저 정당화될 수도 있다. 국가에 대한 복종의 의무는 어디까지 도덕적으로 정당화될 수 있는가? 국가에 대한 관심과 참여의 바람직한 모습은 무엇인가? ② 하나보다는 열, 열보다는 백, 백보다는 전체를 위한 희생이 더 값지다는 단순 명쾌한 계산, 그리고 이 전체는 곧 국가이고, 또 국가이어야 한다는 생각이야말로 국가주의의 '숭고한 희생'이 바탕에 깔고 있는 확신이다. 그런데 왜 국가에서 셈이 멈춰버리는 것일까. 계속 셈하여 전체 인류를 위한 '숭고한 희생'을 말해야 일관되지 않을까? ☞ 이 수업은 이와 같이 학생들에게 자신이 가진 국가 공동체 참여에 대한 관점이 타당한지를 윤리적으로 성찰해 볼 수 있는 기회를 제공할 것이다.
본 수업 단계	수업 목표 제시	• 국가 공동체 참여에 대한 바람직한 관점과 참여 자세를 갖는다.
	핵심 쟁점 및 사례 제시	• 위의 쟁점 및 사례 제시
	도덕적 숙고 및 도덕적 의사 결정	• 문답법·협동 학습·토론법 등을 효과적으로 적용하면서 '생각하는 교실(thoughtful classrooms)' 분위기를 조성한다.
	정리	• 논의된 내용을 종합하고, 학생들에게 국가 공동체 참여 및 헌신에 대한 윤리적 메시지를 전달한다.
수업 후 단계	수업 분석 및 평가	• 수업 활동이 수업 목표 달성을 위해 얼마나 효과적이었는가에 대해 점검하고 평가한다.
	피드백 제공	• 활동에 참여했던 개인 및 모둠에 대해 피드백을 제공한다.

〈표5〉 정치철학에 기초한 핵심 쟁점 탐구 수업의 적용 절차

계가 있을 수 있다. 우리가 이러한 쟁점을 내용 위주로 수업 시간에 다루는 것만으로도 물론 그러한 쟁점이 왜 문제가 될 수 있고 가능한 해결책에는 어떤 것들이 있는지 인식시키는 데 일정 정도 도움이 되겠지만, 왜 이런 쟁점을 도덕과 수업에서 다루어야 하는지에 대해 교사가 무관심하다면, 결국 그 수업은 학생들에게 윤리적 성찰의 기회를 제공하는 데 한계가 있을 뿐만 아니라 도덕적 토론의 과정에서도 학생들 간에 내세우는 주장(흔히 가치의 차이) 간에 발생하는 충돌 문제를 중재하지 못하고 도덕적인 표류를 조장할 수도 있는 것이다. 〈표5〉에서 제시된 사례의 경우, '국가 공동체에 대한 헌신은 항상 숭고한 것인가'라는 핵심 쟁점을 가지고 몇 가지 사례를 활용한다고 했을 때, 왜 이런 쟁점과 사례를 도덕과 수업 시간에 활용해야 하는가에 대한 정당화를 교사 스스로 가져야만 교사가 정당화한 쟁점 활용의 목적에 맞게 일관되게 수업을 운영할 수 있는 것이다. 예컨대, 어느 교사는 다음과 같이 정당화할 수도 있을 것이다.

□ 기본 전제

우리는 아리스토텔레스가 말한 대로 '정치적 동물'로 살아가는 것이지, 플라톤의 '이데아의 세계'에서나 있음직한 '보편적인 인간'이나 칸트의 '목적의 왕국'에서 세계시민으로 살고 있는 것이 아니다. 따라서 우리가 정치 공동체의 구성원인 이상, 그 특정한 공동체를 가꾸고 일구어 나갈 도덕적 의무와 정치적 책무가 있다. 또 그 책무는 이 땅을 살아간 조상들로부터 받은 것이며, 이 공동체를 후손에게 물려주어야 할 책무도 있다. 당연히 이 공동체에는 보편성의 개념으로만 파악하기 어려운 특정한 질서와 규범이 요구된다(박효종, 20008: 70).

□ 문제의식

하지만 이러한 논리와 주장의 수위가 높아지다 보면 어느새 국가 공동체의 요구에 무조건적으로 복종하는 국가주의적 태도마저 정당화될 수도 있다. 국가에 대한 복종의 의무는 어디까지 도덕적으로 정당화될 수 있는가? 국가에 대한 관심과 참여의 바람직한 모습은 무엇인가?

□ 사례 활용 목적

준비된 사례에 대한 본격적인 탐구에 앞서 학생들은 우선 자신이 속한 국가 공동체에 대한 관심과 참여의 중요성을 인식해야 한다. 하지만 국가의 존속과 융성에 일정한 관심과 참여를 해야 할 의무를 지니고 있다고 하더라도, 국가 구성원의 인권을 탄압하거나 인류 공동체의 존속과 융성을 위협하거나 보편적 가치를 크게 훼손하는 상황에서의 정치적 복종(맹종)이 갖는 문제점을 깨닫고, 국가 공동체 참여에 대한 올바른 관점을 정립한 후, 이를 바탕으로 자신이 가진 국가 공동체 참여에 대한 기존 관점을 윤리적으로 성찰하는 데 목적을 둔다.

둘째, 사례를 제시할 때 '따뜻한 언어'가 왜 중요한가? 폴 하인리히는 효과적인 의사소통이 무엇인지 연구하면서 '차가운 언어'와 '따뜻한 언어' 개념을 만들었다(박수선, 2008: 4에서 재인용). 그에 따르면, 차가운 언어는 다음과 같이 '초연하고 덜 감정적이며 덜 기술적인 언어'다. "한 소녀와 곰 세 마리가 있는데, 소녀가 곰들이 사는 집에 들어가 이것저것 먹어보고 만져보다가 집에 돌아온 곰들한테 들켰다." 같은 내용이지만 따뜻한 언어는 이야기 전체를 서술하는 방식이다. "옛날 옛적에 곰 세 마리와 골디락스라는 이름의 한 소녀가 살았습니다…." '따뜻한 언어'는 서서히 결론까지 이야기를 풀어 가는 구조로 학생들이 수업에 몰입하게 만든다는 게 그의 주장이다. 앞의 〈표5〉에서 제시된 사례 발굴에서, 『동물농장』의 복서(말)는 현실의 모순과 부조리를 인식하지 못한 채 공동체를 위해 맹목적으로 희생한다. 물론 독재자 나폴레옹(돼지)의 언론통제, 정보독점 등의 탓이 컸다. 결국 복서는 도살장으로 폐기 처분 당하면서 죽음을 맞게 된다”는 ‘차가운 언어’ 방식으로 서술한 것이고, “어느 장원 농장에서 평소에 소홀한 대우를 받고 있던 가축들이 반란을 일으키자는 수퇘지 메이저 영감의 호소에 힘입어 반란을 일으킨다. 농장주와 관리인들을 내쫓고 동물들 스스로가 농장을 경영하게 된다. 농장의 이름도 〈동물 농장〉으로 바꾼다. 비교적 지능이 발달한 돼지인 나폴레옹, 스노우볼, 스퀼러의 지도와 계획 아래 모든 동물들은 평등한 동물 공화국 건설을 위해서 열심히 일하고 돼지들의 주도하에 일요 회의를 열고 문맹 퇴치의 학습 시간도 갖게 되어 말과 오리 새끼에 이르기까지 주인 의식을 갖고 농장의 운영에 참여하게 된다. 그야말로 평등의 이념에 입각한 이상적 사회를 만든 것이다. 그런데 풍차 건설을 계기로 주동 인물들 간에 권력투쟁이 노출된다. 이상주의자 스노우볼은 나폴레옹에 의해 축출된다. 나폴레옹은 간교한 스퀼러를 대변자로 내세워 동물들을 설득도 하고 조작도 하며 개 9마리를 앞장세워 공포 분위기를 조성한다…”와 같이 전체 내러티브에서 중요한 혹은 핵심적인 상황적 맥락(context)을 제시해 가는 서술 방식이 바로 ‘따뜻한 언어’ 방식이라고 볼 수 있다.

셋째, 도덕적 토론 및 의사 결정 과정에서 발생하는 가치 간의 충돌 문제를 가치 다원주의 관점에서 안내하고 조절하는 것이 왜 중요한가? 시민적 삶에 있어 핵심 덕목 내지 가치에는 자유, 평등, 합리성(Halstead & Pike, 2006), 인내와 존중, 공평무사와 개인 및 사회의 권리에 대한 관심(Colby et al., 2003), 배려 및 책임의 윤리(Sehr, 1997), 정의, 권위, 참여, 애국심, 다양성, 프라이버시, 절차적 정당성 및 권리(Butts, 1988), 희망, 용기, 자기 존중, 신뢰, 정직, 관대(White, 1996) 등을 포함한다. 공적 도덕성 형성을 위한 도덕교육에서는 이와 같이 자유, 정의, 평화, 인권 등 다양한 가치의 관점에서 해석하게 되고, 그러다 보면 어떤 가치를 보다 우위에 두어야 하는가의 가치 비교 문제로 귀결되는 경향이 있다. 하지만 이것은 단순한 가치 비교의 관점을 통해서는 보편화 가능한 결론을 도출하기 어렵고, 이러한 방식을 통해 도덕교육을 시도한다면 학생들에게 편협한 시각과 고정관념을 갖게 할 수도 있다. 이 문제는 결국 가치 다원주의(value pluralism)의 관점에서 접근하는 것이 더 타당해 보인다.

가치 다원주의 문제를 천착하여 고민한 학자인 벌린(Berlin, 1990, 2002)은 모든 가치들은 하나로 환원될 수 있다는 주장을 거부하면서, 동시에 이것이 가치의 객관성을 부정하거나 상대주의를 주장하는 것이 아님을 강조하고 있다. 예를 들면, 자유와 정의는 모두 객관적으로 중요한 가치이지만, 그것들은 서로 같은 것이 아니며, 현실 세계에서 이 두 가치가 양립되기란 결코 쉽지가 않다. 하지만 현실적으로 도덕적·정치적 행위 주체들은 흔히 어떤 특수한 맥락에서 어느 것이 보다 중요하게 고려되어야 할 것인가를 결정해야만 한다. 객관주의를 인정하고 상대주의를 옹호하지 않는 일종의 가치 다원주의가 인정된다고 할 때, "시민성 및 시민교육의 도덕적 기초는 무엇인가?"라는 질문에 대한 답은 단일한 기초가 아니라, 다양한 가치들과 다양한 해석(예를 들어, 자유에 대한 해석도 다양하다)에 의해 찾아져야 할 것이다. 우리가 어떤 특별한 가치에 무게를 두면서 그 특별한 가치를 특별한 방식으로 해석하더라도, 그것이 그 문제에서 중요한 유일한 가치라고 주장할 수는 없는 것이다.

우리는 흔히 어떤 사건이나 문제 상황을 평가할 때 하나의 기준으로서 어떤 특정한 가치에 의존하는 경향이 있다(Haydon, 2006: 458). 예컨대, 우리는 현상 유지를 비판하고 변화를 추구하기 위한 기준으로서 평화 혹은 정의의 가치를 중시하는 경향이 있다. 그러한 가치 관점 내지 가치 지향성은 명백히 시민성과 밀접히 관련되어 있다. 만약 '효용'이라는 관점에서 사회 구성원 전체에 어떤 결과를 초래하는가 하는 결과주의적 관점을 수용할 수 없다면(즉, 공리주의에서 말하는 '효용'이라는 단일한 관점에서 가치판단을 내릴 수 없다면), 또는 모든 가치를 하나로 환원할 수 없다면, 다양한 가치들의 상대적 중요성에 대해 주장할 수 있을 것이다. 예를 들어, 우리는 "인간 사회는 부정의를 목도하더라도 평화를 추구하는 것이 나은가, 아니면 평화를 희생하더라도 지속적으로 정의를 추구하는 사회가 되어야 하는가? 세계 몇몇 국가의 부정의를 묵과하면서 지속 가능한 지구적 환경을 조성해야 하는가, 아니면 환경적 위기에 대한 해결을 위해 충돌도 불사해야 하는가?" 등의 문제를 제기해 볼 수 있을 것이다.

이렇게 볼 때, 도덕과 수업 시간에 어떤 도덕적 이슈나 문제를 다룬다는 것은 결국 어떤 가치를 보다 우위에 두면서 자신의 입장을 정당화할 것인가의 문제로 귀착될 수 있는 것이다. 즉, 학생들은 어떤 도덕적 이슈나 문제에 대한 평가의 기준으로서 정의나 평화 등과 관련하여 정의보다는 평화를, 혹은 평화보다는 정의를 보다 중요하게 생각하면서 자신의 입장을 정당화하게 될 것이다. 그러나 이러한 단선적인 관점에 근거한 교육적 시도는 학생들에게 수업 참여 동기를 부여하는 데에는 효과적일 수 있지만, 조잡하고 거친 논의를 초래할 가능성이 높기 때문에 도덕성 형성을 위한 교육에서는 보다 정교한 형태로 목표를 설정할 수 있어야 한다. 즉, 우리는 적어도 우리의 학생들이 가치의 다원성에 대해 이해하고, 조잡한 이분법을 피할 수 있으며, 어떤 맥락 속에서 도덕 판단을 내릴 수 있도록 교육시킬 수 있어야 한다.

V. 결론 및 제언

'바람직한 인격을 갖춘 좋은 시민' 혹은 '도덕적 시민성'을 가진 사람은 자아, 도덕성, 사회를 이해해야 하고, 공동선에 대한 최고의 관심 속에서 행위할 수 있는 동기를 지니며, 그렇게 행동할 수 있는 능력과 자질을 지닌 사람이라고 볼 수 있다. 이러한 복잡한 자격 조건은 도덕교육과 시민교육 간에 충분히 공유할 수 있는 부분이 존재할 수 있음을 의미한다.

이미 앞에서 살펴본 바와 같이, 실제로 도덕교육과 시민교육의 관계를 지식, 기능, 성향 및 태도 영역으로 나누어 각각 벤다이어그램으로 표현해 본다면, 부분적으로 중복되는 형태를 취한다고 볼 수 있다. 특히 두 교육의 지식 영역은 겹치는 부분이 다소 적고, 성향 혹은 태도 부분은 상당 부분이 겹치며, 기능 부분은 일부분이 겹친다고 할 수 있다.

우선 도덕교육에서의 지식 영역은 도덕적 가치와 규범에 초점을 맞추고 있지만, 시민교육은 정치학, 정부 및 사회적 삶의 상호 의존성에 보다 초점을 맞추고 있다. 그러면서 두 교육은 시민적 덕목(예: 관용, 애국심, 준법정신 등)에 대한 이해라는 차원에서 서로 만나게 된다. 또한 엄밀히 구분해 볼 때, 시민성에 초점을 덜 맞추는 도덕적 성향(예: 도덕적 민감성, 도덕적 실천 의지 등)이 있을 수 있고, 반대로 도덕성에 초점을 덜 맞추는 시민적 성향(예: 정치적 민감성, 정치적 참여 의지 등)이 있을 수 있지만, 도덕교육과 시민교육 모두 도덕적이면서도 민주적인 다양한 가치·태도·성향(예: 공동체 의식, 사회정의, 관용과 타협, 책임 의식 등)을 상당한 정도로 공유하고 있다고 볼 수 있다. 한편, 시민교육을 위해서도 도덕적 의사 결정 기능과 같은 도덕적 기능 내지는 기술이 필요하지만, 시민교육에서는 정치·사회 현상을 과학적으로 분석할 수 있는 기능, 정치 문제에 대한 문제 해결 기능 등과 같이 도덕교육에서 전형적으로 관심을 두고 있지 않은 많은 기능들을 필요로 한다. 하지만 두 교육 모두 민주적이고 합리적인 의사 결정 기능이라는 차원에서 서로 만날 수밖에 없다.

도덕교육과 시민교육 간의 이러한 경계 문제는 우리나라에서와 같이 독립 교과 형태로 도덕교육을 실시할 경우, '도덕과 교육과 사회과 교육 간의 경계 문제'로 연결될 수밖에 없다. 안타깝게도 이러한 도덕교육과 시민교육, 그리고 도덕과 교육과 사회과 교육의 목표 간에 공통점이 존재한다는 사실은 실제 우리나라 학교 교육과정의 변천 과정에서 시너지 효과를 낸 것이 아니라 어느 하나의 교과 교육에 심각한 위기와 도전으로 작용해 왔다고 볼 수 있다.

그러나 교육이라는 보다 넓은 토대 위에서, 그리고 학생들의 내부에서 도덕성과 시민성은 충분히 통합될 수 있고 또한 통합되기를 기대한다면, 학교 교육을 통해 '좋은 시민'과 '좋은 사람'을 제대로 길러낼 수 있는 이상적인 조건을 갖추기 위한 출발점은 반드시 어느 하나가 다른 하나를 완전히 포함할 수 있다는 식의 생각에서 벗어나야 한다. 다시 말해, 시민교육은 일반 사회 과목의 핵심 영역이고, 시민교육은 도덕교육을 포함하고 있기 때문에, 도덕교육을 독립 교과로 개설하는 것은 부적절하다는 식의 왜곡된 고정관념 내지는 편견을 선전하려고 하기보다는 시민교육과 도덕교육의 공통점과 차이점을 명확하게 인식하고 인정하면서 교과 간에 상호 협력적이고 상호 보완적인 노력을 기울여야 할 것이다. 도덕과와 사회과의 '역할 공유와 역할 분담'의 타당한 관계 설정만이 '좋은 인간'과 '좋은 시민'의 특성을 통합적으로 갖춘 사람을 길러낼 수 있는 유일한 대안이다.

제11장

도덕과 교육과정 해설

　교육과정은 교육의 핵이다. 교육과정을 연구·개발 및 개정·고시하는 일은 '교육의 핵'을 구성, 개발, 개정하는 일이다. 교육을 잘한다는 것은 결국 잘 개발된 교육과정을 잘 운영하는 일일 뿐인 것이다. 이와 같이 교육적 중요성을 지닌 교육과정이 잘 개발되고 운영되기 위해서는 현재 운영되고 있는 교육과정의 실태와 문제점, 그리고 개선에의 요구를 면밀하면서도 광범위하게 파악, 수렴해야 한다. 그리고 그렇게 파악된 문제점들을 완화, 해결할 수 있는 방향으로 교육과정을 개정하고, 새롭게 적용해야 한다. 따라서 우리나라의 경우, '개정 발의 – 연구·개발 – 심의 – 수정 – 확정·고시'의 과정을 거치는 데 최소한 3-5년 이상의 기간이 소요되어 왔다.

　하지만 '2009 개정 교육과정'은 그동안 우리나라에서 이루어졌던 국가 수준 교육과정 개발 사례 중 가장 단기간에 '개정 발의부터 확정·고시'가 이루어졌으며, 또한 교육과정 일반(general guideline 총론)에 의해 교과 교육과정(각론)이 일방적으로 규정되는 문제를 야기하였다. 즉, 각론이 총론의 취지를 저해하지 않고, 반대로 총론이 각론을 규정짓지 않는 가운데, 총론과 각론의 소통 및 상호작용을 통해 교육과정이 연구·개발·고시되어야 함에도 불구하고, 2009 개정 교육과정은 총론을 개발한 후 각론이 후속적으로 개발되는 '총론 위주의 개발 방식'을 취하였다. 이로 인해 '2009 개정 교육과정'에 따른 교과 교육과정은 총론이 고시된 지 2년 후인 2011년이 되어서야 비로소 교과 교육과정이 개정·고시될 수 있었다.

도덕과의 경우, 2009년에 교육과정 총론이 고시되면서 교과 교육과정의 일부(고등학교 선택 과목: '윤리와 사상' 및 '생활과 윤리')가 개정·고시되었고, 2012년에도 '프로젝트형 인성 교육 실현을 위한 도덕과 교육과정'이 개정·고시되었지만, 엄밀하게 말해 전면적 교과 교육과정 개정이 추진되어 고시된 것은 2011년에 고시된 도덕과 교육과정(즉, 교육과학기술부 고시 제2011-361호, '2009 개정 교육과정에 따른 도덕과 교육과정,' 또는 '2011년 개정 도덕과 교육과정')뿐이다.

2009 개정 교육과정은 미래 사회에 필요한 기초 핵심 역량(창의, 인성, 배려, 나눔 등)과 교과별 특성을 반영한 창의성 및 인성 함양[1] 내용 강화를 위해 개정이 이루어졌다(교육과학기술부, 2011: 1-3). 이를 위해 교육과정 편성·운영 방식의 개선을 도모하였는데, 예를 들어 초·중학교의 공통 교육과정(9년)과 고등학교의 선택 교육과정(3년) 체계로 공통 교육과정 기간이 조정되고, 집중이수제, 학년군, 교과군 개념 등을 도입한 것이 이에 해당한다. 2011년 3월에 교육과학기술부에서 발표한『교과 교육과정 개발 방향』을 보면, 2009 개정 교육과정에 따른 교과 교육과정은 앞서 언급한 '2009 개정 교육과정(총론)' 체제에 적합해야 하고, 교육과정 내용의 적정화(20% 감축 조정) 및 연계성(교과군 내 교과 간, 교과 내 내용 영역 간 상호 연계성) 강화를 추진해야 하며, 타인에 대한 배려와 나눔을 실천하는 '창의·인성 교육,' 다문화·다민족·글로벌 사회에 대한 준비로서의 '국가 정체성 교육,' 전 지구적 관심사에 대한 대응으로서 '환경 교육' 강화 등 국가적·사회적 요구 사항을

---

1. 2009 개정 교육과정에서는 창의성과 인성을 한 세트로 묶어서 동시에 추구할 수 있는 성격의 것인지, 창의성과 인성이 과연 창의적 체험활동을 통해 통합적으로 발달될 수 있는지에 대한 충분한 설명 없이 '창의적 체험활동을 통한 창의·인성 교육 강화'를 주장한 한계를 보였다.

충실히 반영할 것을 요구하고 있다.

도덕과 교육과정 개정의 배경과 방향은 이러한 총론 및 교과 교육과정 개발 방향을 고려하여 설정되었고, 도덕교육 관련 각 학회 및 교원 단체 간에 이루어진 풍부한 논의를 기초로 마련된 '2007년 개정 도덕과 교육과정'의 개정 중점을 최대한 존중하면서도 몇 가지 수정·보완이 필요한 부분을 논의하여 교육과정을 개정하였다. '2009 개정 교육과정에 따른 도덕과 교육과정' 개정의 중점 사항들을 보다 구체적으로 살펴보면 다음과 같다. 우선, 도덕과의 정체성 강화를 위해 '도덕적 탐구 및 도덕적 성찰'이 재강조되었고, 도덕과의 학문적 배경에서 교과 목표가 강조되었으며,[2] 학교 인성 교육의 중핵 교과로서의 위상 및 역할이 새롭게 강조되었다. 또한 가치 관계 확장법의 개념을 보다 명료하게 규정하고, 교육과정 내용 제시 방식의 학교급 간 일관성을 확보(중학교에서도 주요 가치·덕목을 일관되게 적용)하며, 교육과정 내용의 양과 수준의 적정화(특히 최소 필수 학습 내용으로 정선함으로써 약 20~30% 감축 조정)를 추구하였다.

한편, 2012년에 고시된 도덕과 교육과정(교육과학기술부 고시 제2012-14호 또는 '프로젝트형 인성 교육 실현을 위한 도덕과 교육과정')은 교육과학기술부의 이른바 '학교 폭력'에 대한 대응으로서의 인성 교육 강화 방안에 따른 것으로, 지식과 배움을 실천으로 연결할 수 있는 프로젝트형 인성 교육 실시를 위해 '인성 핵심 역량 요소'(공감 능력, 소통 능력, 갈등 해결 능력, 관용, 정의 등)를 강화하고, 교과의 학습 내용을 지식뿐 아니라 실천 및 사례를 강화하는 방향으로 개정이 이루어졌다(교육과학기술부, 2012a: 114). 프로젝트형 인성 교육을 위한 도덕과 교육과정의 수정·보완 방향은 다음과 같다. 첫째, '2009 개정 교육과정에 따른 도덕과 교육과정'의 근간은 유지하되, 인성 교

---

2. "윤리학적 접근을 중심으로 하되, 연관된 여러 학문의 접근 방법을 활용한다"에서 "자율적이고 통합적인 인격 형성을 위해 윤리학적 접근을 중심으로 하되, 연관된 여러 학문의 접근 방법을 활용한다"로 수정하였다.

육 및 정보통신 윤리 교육 내용 요소를 강화하거나 표면화하였다. 둘째, 교과의 핵심 내용을 '지식' 또는 '인지' 부분과 더불어 '체험·활동' 부분을 강화하거나 추가하였다. 셋째, 개정의 취지에 맞추어 '프로젝트형 인성 교육' 교수·학습 방안을 제시하였다(교육과학기술부, 2012a: 117).

이 글에서는 '2009 개정 교육과정에 따른 도덕과 교육과정'을 중심으로 도덕과의 성격과 목표, 내용, 교수·학습 방법 및 평가를 차례대로 설명해 나가되, '프로젝트형 인성 교육 실현을 위한 도덕과 교육과정'으로 인해 교육과정 상의 변화가 있는 부분은 밑줄로 표시하고, 필요한 경우, 이에 대한 설명을 간략하게 덧붙이고자 한다.

1. 도덕과의 성격과 목표

□ 도덕과의 성격

> 도덕 교과는 인간의 삶에 필요한 도덕규범과 예절을 익히고, 인간과 사회, 자연·초월적 존재와의 관계 속에서 올바른 도덕적 책임과 의무를 이해하며, 다양한 도덕 문제에 대한 민감성과 사고력 및 판단력을 향상시키고 도덕적 앎을 실천으로 연결할 수 있는 실천 동기 및 능력을 함양하여, 개인의 바람직한 가치관 확립과 나아가 우리 사회와 세계의 발전에 기여할 수 있도록 도와주는 교과이다. 이를 위해 도덕과는 학생들로 하여금 다양한 도덕 문제에 대한 성찰과 탐구를 통해 올바른 판단 능력과 도덕적 덕성 및 바람직한 가치관을 확립하여 각자 자율적이고 통합적인 인격을 형성하도록 교육하는 데 역점을 둔다.

도덕 교과의 강조점은 기본적으로 우리 사회의 도덕규범과 예절을 익히는 것으로부터 출발하여 인간과 사회, 인간과 자연·초월적 존재와의 관계 속에서 인간의 삶의 의미와 도리를 이해하고 깨닫는 방향으로 점차 이행해야 한다. 또한 일상적인 삶에서 도덕적인 행동으로 나아가는 데 필요한 요소들인 도덕적 민감성과 판단력, 도덕적 동기와 실행력 등을 길러 주어야 하며, 도덕적 앎과 행동의 일치를 위해 바람직한 가치관과 인생관, 그리고 도덕적 정체성을 형성할 수 있도록 지도 및 안내해야 한다. 종국적으로는 도덕 교과 시간을 통해 도덕 공부를 가르치는 것은 자기 자신에 대한 이익과 관심 수준을 넘어서 타인과 사회, 국가 공동체, 나아가 인류 공동체와 자연계에까지 도덕적 책임과 배려의 범위를 확장할 수 있도록 도덕적 심성을 연마하는 데 그 목적이 있다.

한편, 2007년 개정 도덕과 교육과정에서의 강조점을 유지하면서, 도덕과의 정체성 강화를 위해 도덕적 성찰과 도덕적 탐구를 재강조한다. 도덕적 성찰은 타인과의 관계, 공동체와의 관계 속에서 어떻게 살아야 할 것인가를 고민하고 자신의 내면을 도덕적 관점에서 반성하는 것이다. 또한 어떤 준거를 가지고 이미 '행한' 경험적 사실을 도덕적 관점에서 반추하면서 어떻게 살아갈 것인가에 대해 사색하는 것이기도 하다. 도덕적 탐구는 지식의 체계보다는 도덕적 문제 해결을 위한 사고 활동을 중시하는 것이다. 이를테면 도덕적 추론을 통해 기존 입장에 대해 비판적으로 사고하면서 대안적인 관점을 설계해 보거나 기존 입장들을 삶에서 발생하는 다양한 도덕 문제 해결을 위한 도구로 활용해 보는 것이다. 또한 최선의 도덕 이론이 무엇이냐에 대한 근본적인 질문을 다루거나, 서로 연관 없어 보이거나 대화 불가능할 것 같은 입장들 간에 새로운 관계를 모색해 보는 것이기도 하다.

□ 도덕과의 학문적 기반 및 방법론적 특성

도덕과는 인간의 삶에서 발생하는 다양한 도덕 문제를 체계적으로 다룬다. 이와 같은 도덕 문제는 인간 삶의 전 영역에 걸쳐 발생하기 때문에, 도덕과에서는 '자율적이고 통합적인 인격 형성'을 위해 윤리학적 접근을 중심으로 하되, 연관된 여러 학문의 접근 방법을 활용한다. 또한, 도덕과는 도덕적 사고력과 판단력의 향상과 더불어 일상생활에서의 도덕적 실천을 지향하므로 도덕과 수업뿐만 아니라 다양한 학교 활동들과 연계하여 <u>인성 교육을 실시해야 한다</u>.

도덕과에서는 인간의 삶에서 발생하는 다양한 도덕 문제, 즉 도덕적 주체로서의 나와 관련된 도덕 문제, 우리·타인과의 인간관계에서 발생하는 도덕 문제, 사회·국가·지구 공동체와의 관계에서 발생하는 도덕 문제, 그리고 자연·초월적 존재와의 관계에서 발생하는 도덕 문제 등을 직접적이고 체계적으로 다룬다. 이와 같은 다양한 도덕 문제는 인간 삶의 전 영역에 걸쳐 발생하기 때문에, 도덕과에서는 '자율적이고 통합적인 인격 형성'을 위해 윤리학적 접근을 중심으로 하되, 연관된 여러 학문의 접근 방법을 활용한다.

여기서 2007년 개정 도덕과 교육과정과의 차이점을 지적하자면, 2009 개정 교육과정에 따른 도덕과 교육과정에서는 '자율적이고 통합적인 인격 형성'이라는 교과 목표가 도덕과의 배경 학문들이 나아가야 할 지향점과 이러한 배경 학문들을 하나의 체계로 꿰어 주는 역할을 하게 되었다는 점이다. 이러한 변화는 특정 학문이 도덕과의 정체성을 규정하는 형태가 아니라, 도덕과의 목표를 토대로 여러 배경 학문들의 존재 이유와 역할을 규정하는 것이 더 타당하다는 문제 인식에 기초한 것이다. 또한, 도덕과에서는 도덕적 사고력과 판단력의 향상과 더불어 일상생활에서의 도덕적 실천을 지향하며, 이를 위해 도덕과 수업뿐만 아니라 인성 교육 등 다양한 학교 활동들과 연계하여 지도한다.

□ 도덕과의 필요성과 중심 과제

특히 인성 교육을 위한 학교의 역할과 사명을 고려할 때, 도덕과는 도덕적 주체로서 더불어 살아가는 바른 인성과 그 핵심 역량을 효과적으로 함양할 수 있는 인성 교육의 주관 교과이며 핵심 교과이다. 도덕과는 공동체 구성원이 공유해야 할 '행위의 표준' 혹은 '도덕적 가치의 공통 기반'을 제공할 뿐만 아니라, 어느 특정 사회의 가치 체계를 초월하는 보편적 기준의 토대 위에서 도덕적 탐구와 성찰 기회를 부여하여 학생들로 하여금 '사람다운 사람'으로 성장해 가는 데 공헌한다는 점에서 인성 교육의 중핵 교과로서의 역할을 담당한다.

오늘날 우리 사회에는 급속한 사회적·문화적 변화와 지구적 차원의 환경 위기에 상응하는 도덕적·정신적 성숙이 요구되고 있다. 따라서 우리 사회의 급격한 다원화와 세계화 추세에 따라 발생하는 도덕 문제의 해결을 위해, 도덕과는 차이와 다양성을 존중하는 태도와 함께 개인의 가치관 및 국가 정체성 확립과 우리 사회의 공통적인 도덕적 가치 기반의 공고화를 그 중점 과제로 삼고 있다. 또한 지구온난화로 인한 기후변화 등 환경문제에 대한 지구촌의 위기의식이 고조되고 있는 상황에서, 도덕과는 학생들이 환경 윤리적인 측면에서 환경 친화적인 삶의 가치를 인식하고 환경문제 해결에 필요한 올바른 도덕적 판단 능력과 적극적인 실천 역량을 습득하도록 하는 데 기여하고자 한다.

'사람으로서 사람답게 살아가기 위해' 꼭 배워야 할 내용이 있다면, 그것은 반드시 학교라는 특별한 기관에서 체계적으로 가르치지 않으면 안 된다. 여기서 '사람답다'라는 말의 일차적인 의미가 도덕적인 인간으로 살아가는 데 있다면, 도덕과라는 전문 교과를 통해 일상생활에서 인간으로서의 기본적인 도리를 실천할 수 있고, 자기 자신, 인간과 사회, 그리고 자연에 대해 도덕적인 관심을 유지하면서 반성적으로 사고할 수 있는 능력을 향상시켜 줄 필요가 있다. 도덕과에서의 인성 교육은 공동체 구성원이 공유해야 할 '행위의 표준' 혹은 '도덕적 가치의 공통 기반'을 제공하는 역할뿐만 아니라, 어느 특정 사회의 가치 체계를 초월하는 보편적 기준의 토대 위에서 도덕적 탐구와 성찰 기회를 제공하는 역할을 한다는 점에서 인성 교육의 중핵 교과로서의 역할을 담당한다.

오늘날과 같은 다문화·다민족·글로벌 시대에서는 자신이 속한 국가를 어떻게 이해하고 그 국가의 미래에 대해 어떤 비전과 계획을 가지고 있는가 하는 '국가 정체성'을 제대로 형성시켜야 하기 때문에, 도덕과에서는 우선 한국인이라는 의식과 확신을 갖도록 가르칠 필요가 있다. 또한 우리는 글로벌 사회의 시민으로서 세계의 운명을 공유하고 있기 때문에 특정 국가의 구성원으로서 정체성을 갖는 동시에 글로벌 시민으로서 글로벌 공동체에 대한 관심과 참여, 헌신 등을 동시에 지향하도록 가르쳐야 한다. 아울러 인간 중심주의적 행위 양식이 초래한 심각한 지구 환경의 위기를 극복하기 위해 도덕과에서는 인간과 자연의 관계를 어떻게 설정해야 하는지, 그리고 이러한 관계 형성을 위해 우리에게 어떤 실천이 요구되는지 등을 가르칠 필요가 있다.

□ '2009 개정 교육과정에 따른 도덕과 교육과정'과 '프로젝트형 인성 교육 실현을 위한 도덕과 교육과정'의 관계

> 2012년 개정 도덕과 교육과정(프로젝트형 인성 교육 실현을 위한 도덕과 교육과정)은 2011년 개정 도덕과 교육과정(2009 개정 교육과정에 따른 도덕과 교육과정)의 목표, 내용 영역, 성취 기준을 최대한 존중하면서 최근 사회적 문제로 부각된 청소년 폭력 예방을 위해 인성 핵심 역량 강화를 위한 학습 내용을 성취 기준에 반영하고, 프로젝트형 인성 교육의 다양한 접근법을 활용하여 인성 핵심 역량을 효과적으로 함양하는 데 중점을 둔다.

2011년 개정 도덕과 교육과정(2009 개정 교육과정에 따른 도덕과 교육과정)에서는 2009 개정 교육과정 총론에서 강조한 '창의·인성 교육'을 도덕과 교육과정에 반영하고, '학년군' 개념과 '내용 적정화'에 근거하여 내용을 재

구성하며, '공통 교육과정 기간의 단축' 및 '고교 선택 과목 이수 단위 조정'에 따라 내용 체계를 재구조화하는 데 역점을 두었다. 단, 도덕과는 교과 특성상, 집중이수제의 적용이 용이하도록 교육과정을 편성하는 것에 대해서는 보다 신중한 접근을 취하는 관점에 기초하였다. 2012년 개정 도덕과 교육과정(프로젝트형 인성 교육 실현을 위한 도덕과 교육과정)은 이러한 2011년 개정 도덕과 교육과정의 개정 방향 및 교과의 성격과 목표, 내용 영역, 성취 기준을 최대한 존중하면서, 최근 사회적 문제로 부각된 청소년 폭력 예방을 위해 인성 핵심 역량 강화를 위한 학습 내용을 성취 기준에 반영하고, 프로젝트형 인성 교육의 다양한 접근법을 활용하여 인성 핵심 역량을 효과적으로 함양하는 데 중점을 둔다.

□ 도덕과의 계열

3~9학년의 '도덕'은 초등학교의 통합 교과인 1~2학년의 '바른생활'을 통해 학습한 내용을 심화하도록 하고, 고등학교 선택 과목인 '생활과 윤리'와 '윤리와 사상'을 학습할 수 있는 토대를 형성한다. 즉, 초등학교 3~6학년 '도덕'은 1~2학년의 '바른생활'에서 이루어진 기본 생활 습관을 내면화하도록 하고 가치·덕목의 이해 및 기본적인 도덕적 판단력의 육성과 도덕적 실천 능력을 형성하는 데 강조점을 둔다. 그리고 중학교 7~9학년 '도덕'은 초등학교에서의 교육을 좀 더 심화하여 도덕적 가치·덕목에 대한 깊은 이해와 도덕원리에 입각한 도덕적 사고력과 판단력의 육성 및 자율적 도덕성의 형성에 강조점을 둔다.

초등학교 '도덕'에서는 기본 생활 습관의 내면화, 도덕규범의 이해 및 기본적인 도덕적 판단력의 육성, 도덕적 실천 능력의 형성 등에 초점을 맞추고 있다. 중학교 '도덕'에서는 초등학교에서 습득한 도덕적 가치·규범에 대한 이해를 심화하고, 도덕원리에 입각한 도덕적 사고력 및 판단력을 육성하는 데 초점을 맞추고 있다. 그리고 나아가 개인의 삶과 공동체의 문제에 대해 주체적으로 성찰할 수 있는 반성적 사고력을 함양함으로써 자율적 도덕성의 형성과 도덕적 실천에 주안점을 두고 있다.

□ 교과 목표

> 자신과 우리·타인, 사회·국가·지구 공동체, 자연·초월적 존재와의 관계에 대한 올바른 이해를 바탕으로 인간의 삶에 필요한 도덕규범과 예절을 익히며, 삶의 다양한 영역에서 발생하는 도덕 문제에 대한 민감성을 기르고 도덕적 사고력과 판단력, 도덕적 정서, 실천 의지 및 능력을 통해 <u>도덕적 덕성을 함양하고, 이를 바탕으로</u> 자율적이고 통합적인 인격을 형성한다.

교과 목표란 초등 3학년에서부터 중학교 3학년까지의 공통 교육과정 교과인 '도덕'을 통해 이루고자 하는 총괄 목표를 말하는 것이다. 도덕과 목표는 도덕과 교육을 통해 어떤 사람을 길러 내고자 하는지 그 교육적 지향점을 밝혀 주고, 교과의 내용 구성과 지도 방법 선정, 평가 및 기타 여러 가지 교육 활동의 방향성을 설정해 주는 준거가 된다는 측면에서 매우 중요한 의미를 갖는다.

'자율적이고 통합적인 인격'에서 '자율적'이라 함은 옳고 바른 일을 합리적인 판단과 굳은 의지를 바탕으로 스스로 실천해 가는 것을 말한다. 그리고 '통합적'이라 함은 인지·정의·행동적 측면에서 배우고 익혀야 할 것들을 조화롭게 갖추면서 성숙시켜 가는 것을 뜻하며, '인격'이라 함은 바람직한 도덕적 자질과 품성, 덕성 등을 형성하여 지니게 된 '사람으로서의 됨됨이'를 말한다.

□ 학교급별 목표

> **(1)** 초등학교 단계에서는 <u>유아교육 단계에서 형성된 기초 인성을 바탕으로</u> 일상생활에 필요한 도덕적 가치·덕목과 기본 생활 예절을 알고 기본적인 도덕적 판단력과 실천 의지를 함양하여 공동체 속에서 다른 사람과 <u>공감·소통하며</u> 조화롭게 살아갈 수 있는 도덕적 행동 능력과 습관을 기른다.
>
> **(2)** 중학교 단계에서는 도덕적 가치·덕목에 대한 이해를 심화하고, 현대 사회의 여러 가지 도덕 문제에 대한 <u>참여적 활동 과정을 통해 학생들이 도덕적 탐구와 성찰을 함으로써</u> 의사소통 및 갈등 해결 능력을 제고하고 도덕적 민감성과 도덕적 판단력, 그리고 실천 의지를 함양하여 합리적이고 바람직한 삶을 영위할 수 있는 도덕적 능력과 태도를 지닌다.

학교급별 목표는 학생들의 발달 상황을 고려하여 교과 목표를 학교급별로 더욱 구체화 및 차별화한 것이며, 도덕과 교육의 특성화와 활성화를 유도하기 위해 설정된 것이다. 중학교 목표의 범위는 초등학교 목표를 발전적으로 수용하고 고등학교의 목표를 고려하여 구성하였다. 초등학교 단계에서는 일상생활에 필요한 도덕규범과 기본 생활 예절을 습득하고 기본적인 도덕적 판단력과 실천 능력을 함양하여, 공동체 속에서 다른 사람과 더불어 조화롭게 살아갈 수 있는 도덕적 능력과 태도를 지니도록 하는 것에 중점을 두었고, 중학교 단계에서는 도덕적 가치·규범에 대한 이해를 심화하고, 현대사회의 여러 가지 도덕 문제에 대한 민감성과 판단력 및 실천 의지를 함양하여 합리적이고 바람직한 삶을 영위할 수 있는 도덕적 능력과 태도를 지닐 수 있도록 설정하였다.

2. 도덕과의 내용

□ 도덕과 내용 구성 원리(가치 관계 확장법) 개선[3]

2007년 개정 도덕과 교육과정에서는 '생활공간 확대법'이 지닌 문제점 (실제 학생들의 도덕적 삶과의 연결 가능성이 미약하다는 점, 매 학년 생활 영역별로 내용을 구성하다 보니 불가피하게 내용이 중복되는 경우가 있고, 이로 인해 학생들이 학습에 대한 흥미를 잃게 된다는 점 등)을 개선하기 위해 '가치 관계 확장법'을 적용하였다. 이러한 가치 관계 확장법은 교과 성격과 내용 구성 간의 정합성을 확보하고 내용 중복 문제를 개선하는 데 기여한 부분도 있지만, 개념과 성격의 명료성 측면에서 미흡함이 지적되어 왔다. 따라서 2011년 개정 도덕과 교육과정에서는 2007년 개정 도덕과 교육과정에서 제시된 '가치 관계 확장법'을 유지하면서도 일부 문제점을 수정·보완하고자 시도하였다. '가치 관계 확장법'은 〈표1〉과 같이 도덕적 주체로서의 나, 우리·타인과의 관계, 사회·국가·지구 공동체와의 관계, 자연·초월적 존재와의 관계의 4가지 영역으로 구성되어 있다.

영역 I에서는 도덕과 교육에서 가장 기본이 되는 것이 자율적 인격을 가진 도덕적 주체의 형성이라고 보고, 도덕의 개념, 삶의 목적, 도덕적 자율성 등을 다루는 가운데 개인의 도덕적 성장의 출발점이자 기반이 되는 내용으로 구성하고자 하였다. 영역 II는 가깝거나 먼 타인을 포함한 제반 인간관계에서 생겨나는 도덕의 문제들과 거기서 실현되는 도덕적 가치를 다루고자 하였다. 영역 III에서는 사회·국가·지구 공동체에서 발생하는 도덕적인 문제를 다룰 수 있도록 설정된 것이다. 개인과 집단과의 관계 속에서 책임과 의무를 생각하고, 집단이 추구해야 할 가치로서 사회정의가 실현될 수 있는

---

3. '2009 개정 교육과정에 따른 도덕과 교육과정'에서 도덕과 내용 구성 원리인 '가치 관계 확장법'을 수정·보완한 배경에 대해서는 뒤의 보론 내용을 참조하기 바란다.

영역의 명칭	영역별 내용 구성의 방향
I. 도덕적 주체로서의 나	도덕적 가치의 주체적 기반으로서 도덕적 자아가 확립되는 영역
II. 우리·타인과의 관계	도덕적 자아와 우리·타인과의 인간관계 측면에서 인격적 가치가 추구되는 영역
III. 사회·국가·지구 공동체와의 관계	도덕적 자아와 사회·국가·지구 공동체와의 관계에서 책임 및 의무와 사회적 정의의 가치가 추구되는 영역
IV. 자연·초월적 존재와의 관계	도덕적 자아와 자연·초월적 존재와의 관계에서 도덕적 가치의 고양이 추구되는 영역

〈표1〉 도덕과 내용 영역의 명칭과 구성 방향

맥락을 도덕적 주체의 관점에서 인식할 수 있도록 내용을 구성하였다. 영역 IV는 인간관계와 집단 수준의 도덕을 넘어 자연, 종교 등과 같은 초월적인 차원의 도덕들도 다루고자 하는 것이다. 이러한 네 가지 영역은 개념상으로 구분되어 있으나, 실제로 그 영역의 구분은 느슨하고 중첩되는 것으로 봐야 한다. 영역 간의 구분은 필요하면 넘나들 수 있는 것이며, 내용 구성에서도 영역에 따른 내용의 비중이나 분량은 획일적인 것이 아니라 다양하게 제시할 수도 있다는 점에서 생활공간 확대법의 문제점들의 극복을 도모한 것이다. 또한 이러한 네 가지 영역은 각각 독립된 틀로서 전체를 구성하고 있지만, 학생들의 도덕성을 함양한다는 측면에서 상호 간의 밀접한 연관성을 지녀야 한다. 자율적인 인간을 육성하기 위해서는 '도덕적 주체로서의 나' 영역이 기반이 되면서 중심점 역할을 해야 하기 때문에, 다른 세 가지 영역에 대한 학습은 자연스럽게 '도덕적 주체로서의 나'와 연관성을 지니면서 이루어져야 한다.

다음으로 '가치 관계 확장법'의 개념과 성격을 보다 명료하게 밝히면 다음과 같다.

• 가치 관계 확장법의 개념 명료화: 인간은 삶의 당위에 대한 질문들로 가

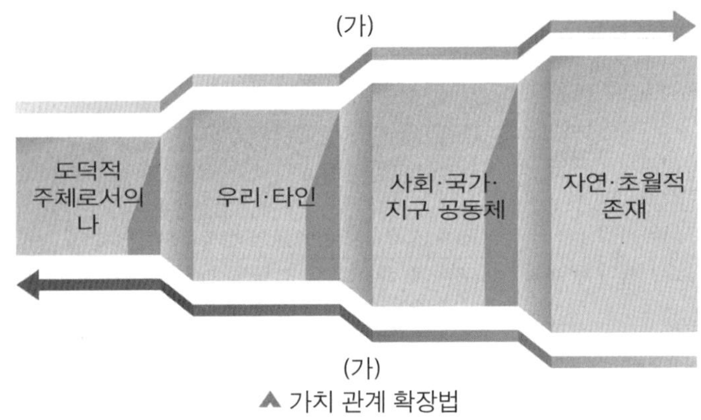

▲ 가치 관계 확장법

득 찬 도덕적 공간에서 사는 존재이다. 이러한 도덕적 공간 내에서 우리는 자신과 이 세계의 삶의 방식에 대해 도덕적으로 성찰한다. 여기서 '나는 무엇인가를 성찰한다'는 활동에는 '나'와 '성찰함'과 '성찰되는 것'의 세 요소가 있다. '나'는 성찰의 주체이고 대상을 의식하는 주관이다. '성찰함'이란 이 주체의 대상 지향 활동이고, '성찰되는 것'은 바로 그 지향된 대상이다. 그렇다면 가치 관계가 확장된다는 것이 의미하는 바는 무엇인가? 여기서 '가치 관계'란 도덕적 주체와 사고 대상(객체) 간 관계를 의미하며, 도덕적 주체와 사고 대상 간의 관계는 '도덕적 가치'에 의해 규정되고 이를 통해 상호 연결되어 있음을 뜻한다. 또한 '가치 관계 확장법'은 가치 관계 속에서 도덕적 주체가 성찰하는 대상의 범위가 점차 확장되어 가는 방식을 의미한다.

• 가치 관계 확장법의 성격 재규정: (가) 화살표는 도덕적 주체가 가치 관계로 연결된 대상(나, 우리·타인, 사회·국가·지구 공동체, 자연·초월적 존재)에 대해 도덕적으로 사고하고 성찰함으로써 도덕적인 의미를 능동적으로 구성해 간다는 점을 강조하기 위해서 제시한 것이다. 이는 보편적 사고의 지평에서 도덕적으로 성찰하는 자율적 도덕인의 특성을 부각시

키고자 한 것이다. 한편, (나) 화살표가 나타내는 의미는 우리는 '나'를 통해 세상을 주체적으로 보기도 하지만, 동시에 주변 대상(객체)이 도덕적 주체인 나의 형성에 중요한 영향을 미친다는 점을 보여주고자 한 것이다. 즉, 정신의 자기 결정적 성격에 존재 구속성적 성격의 의미가 더해져야 한다는 것을 나타낸 것이며, 또한 자율적 도덕성을 지닌 인간을 형성하기 위해서는 도덕적 사회화도 일정 정도 필요함을 나타내고자 한 것이다.

□ 교육과정 내용 제시 방식의 학교급간 일관성 확보

주요 가치·덕목	내용 영역	3학년	4학년	5학년	6학년

〈2007년 개정 초등학교 내용 제시 방식〉

내용 영역	7학년	8학년	9학년

〈2007년 개정 중학교 내용 제시 방식〉

→ 초등학교 내용 제시 방식을 수정·보완하여 학교급간 일관성 확보

내용 영역	주요 가치·덕목		3-4학년	5-6학년	중학교 1-3학년	
	전체 지향	영역별			일반 수준	심화 수준

• 학교급간 일관성을 확보한다는 것에는 주요 가치·덕목에 대한 계속적 학습을 강조한다는 의미가 담겨 있다. 주요 가치·덕목은 도덕과 교육과

정이 추구하는 도덕적 자질, 성향, 품성 등을 표상하는 것이고, 이는 바람직한 교육적 인간상의 한 측면을 이루는 것이며, 도덕적 삶을 위한 원리로서도 일부 기능할 수 있다. 초등학교에서는 주요 가치·덕목을 반영하여 각 영역별 주제를 구성하고, 중학교에서는 도덕적 주제를 중심으로 영역별 내용을 구성하되 주요 가치·덕목의 관점이 반영되도록 함으로써 초등학교와 중학교 간의 연계성을 강화하고자 하였다.

• 주제 중심 내용 구성은 학생들의 발달단계를 고려하여 인간의 도리를 심층적으로 탐구하고, 현대사회에서 학생들이 접하는 다양한 도덕적 문제를 활용하면서 도덕적 민감성 및 도덕적 사고를 촉진시키기 위해 설정된 것이다. 도덕과 주제들은 '학생들의 경험 세계와 관련된 주제들'과 '경험적 세계를 넘어 보편적·초월적 가치의 지평에서 탐구 및 성찰해야 하는 질문 형태의 주제들'로 구성되어 있으며, 이러한 주제에 대한 논의 과정에서 초·중등 모두 주요 가치·덕목에 대한 고려가 수반되도록 내용 체계를 일관성 있게 구성하고자 하였다.

• 전체 지향 주요 가치·덕목은 도덕적 맥락 속에서 모든 영역에 걸쳐 강조되어야 할 가치·덕목으로서 다른 가치의 토대 혹은 기초가 되고, 일반화의 수준이 높은 가치·덕목이다. 또한 도덕성의 본질이자 도덕교육을 통해 습득시켜야 할 인격 특성을 반영한 것이거나 윤리적 이슈들에 대한 논의를 전개해 나가기 위해 필요한 보편적 도덕원리를 반영한 것이기도 하다. 여기에는 존중, 책임, 정의, 배려가 포함된다.

• 영역별 주요 가치·덕목은 각 영역의 설정 근거 및 추구하는 목표를 고려하여 선정된 것이다. I 영역에서는 자율적 인격을 추구하는 도덕적 주체로서의 능력과 태도 형성을 위해 자율, 성실, 절제를 선정하였다. II 영역

에서는 우리의 문화적 전통에서 강조되는 '효도'와 '예절,' 그리고 오늘날의 경쟁 사회에서 타인과의 바람직한 관계인 '협동'이 인간관계에서 요구되는 덕성과 자질 형성의 근간이 된다고 보아, 효도, 예절, 협동을 선정하였다. Ⅲ 영역에서는 민주 사회의 구성원으로서 필수적인 '준법'과 '공익,' 남북 분단이라는 특수한 상황에서 요구되는 '통일 의지,' 그리고 국가 및 지구 공동체의 구성원에게 요구되는 '애국심'과 '인류애'가 다양한 공동체에 소속된 구성원이 지녀야 할 능력과 덕성의 근간이 된다고 보아, 준법, 공익, 통일 의지, 애국심, 인류애를 선정하였다. Ⅳ 영역에서는 자연과 우주, 초월적 가치의 지평에서 이상적 삶을 추구할 수 있는 능력과 덕성의 근간이 되는 것으로 '자연애,' '생명 존중,' '평화'를 선정하였다. 영역별 가치 · 덕목들은 필요에 따라 영역 간의 구분을 넘나들 수 있다.

□ 내용 영역 개선

– 개선의 필요성

① 내용 영역 설정의 이론적 · 논리적 근거를 근본적으로 재검토하여 각 영역별 독자성 및 영역 간 연계성 확보

② 'Ⅱ. 우리 · 타인 · 사회와의 관계' 영역에서 '사회' 부분과 'Ⅲ. 국가 · 민족 · 지구 공동체와의 관계' 영역에서 '국가' 부분 간 중복 문제 해결

③ 'Ⅲ. 국가 · 민족 · 지구 공동체와의 관계' 영역에서 명시적으로 제시된 '민족' 개념을 하위 내용 요소 차원으로 조정

– 개선의 특징

① Ⅱ 영역 '사회' 부분을 Ⅲ 영역에 통합

② Ⅱ 영역 명칭을 '우리 · 타인과의 관계'로, Ⅲ 영역 명칭을 '사회 · 국가 · 지구 공동체와의 관계'로 변경

<'2007년 개정 도덕과 교육과정'에서의 내용 영역 및 핵심 주제>

내용 영역	I. 도덕적 주체로서의 나	II. 우리 · 타인 · 사회와의 관계	III. 국가 · 민족 · 지구 공동체와의관계	IV. 자연 · 초월적 존재와의 관계
핵심 주제	· 인간과 도덕 · 일과 배움 · 삶의 목적 · 인간과 자유	· 예절과 도덕 · 청소년과 도덕 · 인간 존엄성과 인권 · 사회정의와 윤리	· 나의 삶과 국가 · 통일과 민족 공동체 윤리 · 세계 평화와 인류애 · 국가와 민족의 윤리	· 환경과 도덕 · 문화와 도덕 · 삶과 종교 · 이상적인 삶

⇩

<'2009 개정 교육과정에 따른 도덕과 교육과정'에서의 내용 영역 및 핵심 주제>

내용 영역		I. 도덕적 주체로서의 나	II. 우리 · 타인과의 관계	III. 사회 · 국가 · 지구 공동체와의관계	IV. 자연 · 초월적 존재와의 관계
핵심 주제		도덕적 탐구 및 성찰 주체로서의 자기 이해와 자신에 대한 도덕적 성찰 기회 부여	다양한 인간관계를 형성하고 있는 사람에 대한 도리 이해와 그들과의 관계에 대한 도덕적 성찰 기회 부여	다양한 공동체의 구성원으로서 바람직한 모습 이해와 자신이 직 · 간접적으로 관련된 공동체와의 관계에 대한 도덕적 성찰 기회 부여	자연과 우주, 종교, 예술, 학문의 고유한 가치를 지향하는 인간의 심성과 활동을 도덕적 관점에서 검토할 수 있는 기회 부여
주요 가치 · 덕목	전체 지향	존중, 책임, 정의, 배려			
	영역별	자율, 성실, 절제	효도, 예절, 협동	준법 · 공익, 애국심, 통일 의지, 인류애	자연애, 생명 존중, 평화
		· 인간과 도덕 · 삶의 목적과 도덕 · 도덕적 자율성 · 도덕적 탐구와 성찰	· 가정 윤리 · 이웃관계와 도덕 · 학교생활과 도덕 · 청소년과 도덕	· 사회정의와 사회 윤리 · 국가 윤리 · 통일 문제와 윤리 · 지구 공동체 윤리	· 환경 윤리 · 과학 윤리 · 문화 윤리 · 종교 윤리
		자율적 인격을 추구하는 도덕적 주체로서의 능력과 태도 함양	인간관계를 조화롭게 형성할 수 있는 도덕적 능력과 태도 함양	국가 · 사회의 발전과 통일 및 인류 공영에 이바지할 수 있는 도덕적 능력과 태도 함양	자연과 우주, 초월적 가치의 지평에서 이상적 삶을 추구할 수 있는 도덕적 능력과 태도 함양

□ 학년군별 개발 방식의 적용

- 초등의 경우, 학년군별로 교육과정을 개발하였으며, 중학교 1~3학년군의 경우, 일반 수준과 심화 수준 체제로 개발하였다. 중학교의 개발 방식은 2009 개정 교육과정 총론의 정신을 반영함과 동시에 '지속성의 원리'를 중시하는 도덕과 특성을 최소 수준에서 반영하기 위해 설정된 것이다.

학년군	3-4학년	5-6학년	중학교 1-3학년군	
교육과정 · 교과서 개발 단위	3-4학년	5-6학년	일반 수준	심화 수준
주당 수업 시수	2시간	2시간	5시간	

※초등학교의 경우, 2개 학년에 걸쳐서 학습해야 할 내용을 한 학기에 집중해서 이수한다거나, 중학교의 경우, 3개 학년에 걸쳐서 학습해야 할 분량을 한 학년에 주당 5시간씩 편성하여 집중이수하는 형태는 지양.

- 중학교 1-3학년 교육과정을 일반 수준과 심화 수준으로 분리 개발하는 이유는 집중이수 방식이 '과도하게' 적용되다 보면, 특정 시기에만 도덕 수업이 진행될 가능성이 있기 때문이다. 도덕교육적 관점에서 볼 때, 도덕적 성장을 위해서는 '지속성의 원리'(도덕교육을 위해서는 학생들로 하여금 위대한 것들을 '습관적으로' 접하게 하여 자신의 삶의 자세를 성찰하는 계기를 마련해줌으로써, 종국적으로 도덕적 자기 성찰을 통해 획득한 믿음이 학생들의 도덕적 삶의 바탕이 되도록 해 주어야 한다는 원리. 또한 학생들로 하여금 도덕적 문제 · 이슈 · 주제 등에 대해 '지속적으로' 사고하고 자신의 윤리적 안목을 성찰하게 함으로써 바람직한 윤리관과 세계관을 형성할 수 있도록 해야 한다는 원리)에 입각할 필요가 있다. 도덕과에는 단편적 · 도구적 지식이나 유용한 기술을

가르치는 교육이 아니라, 학생의 자율적 도덕성과 내적 성숙에 초점을 맞춘 인간 교육 및 교양 교육의 의미가 들어 있다. 따라서 지속적인 교육이 필요하기 때문에, 적어도 2개 학년에 걸쳐 도덕 수업이 지속적으로 이루어질 필요가 있다.

□ 공통과정(초·중학교) 내용 체계

내용 영역	주요 가치·덕목 전체지향	주요 가치·덕목 영역별	3·4학년	5·6학년
도덕적 주체로서의 나		자율 성실 절제	(가) 소중한 나 (나) 자신의 일을 스스로 하는 삶 (다) 성실한 생활 (라) 반성하는 삶	(가) 감정의 조절과 표현 (나) 자기 행동에 대한 책임감 (다) 자긍심과 자기 계발 (라) 절제하는 생활
우리·타인과의 관계	존중 책임 정의 배려	효도 예절 협동	(가) 화목한 가정 (나) 친구 간의 우정과 예절 (다) 감사하는 생활 (라) 이웃 간의 도리와 예절 (마) 인터넷 예절 (바) 서로 돕는 생활	(가) 정보 사회에서의 올바른 생활 (나) 웃어른 공경과 예절 (다) 배려하고 봉사하는 삶 (라) 대화와 갈등 해결
사회·국가·지구 공동체와의 관계		준법·공익 애국심 통일 의지 인류애	(가) 공공장소에서의 질서와 규칙 (나) 나라에 대한 사랑과 긍지 (다) 통일의 필요성과 통일 노력 (라) 다문화 사회에서의 바람직한 삶*	(가) 인권 존중과 보호 (나) 법과 규칙의 준수 (다) 공동체 의식과 시민의 역할 (라) 공정한 행동 (마) 우리가 추구하는 통일의 모습 (바) 지구촌 시대의 인류애
자연·초월적 존재와의 관계		자연애 생명 존중 평화	(가) 생명의 소중함* (나) 자연 사랑과 환경 보호*	(가) 참된 아름다움 (나) 사랑과 자비

내용 영역	주요 가치·덕목		중학교 1-3학년군	
	전체지향	영역별		
도덕적 주체로 서의 나	존중 책임 정의 배려	자율 성실 절제	(가) 도덕의 의미 (나) 삶의 목적과 도덕 (다) 도덕적 성찰 (라) 도덕적 실천	(마) 인간 존재의 특성 (바) 자율과 도덕 (사) 도덕적 자아상 (아) 공부와 진로 (자) 도덕적 탐구
우리·타 인과의 관계		효도 예절 협동	(가) 가정생활과 도덕 (나) 친구 관계와 도덕 (다) 사이버 윤리와 예절 (라) 이웃에 대한 배려와 상 호 협동	(마) 타인 존중의 태도 (바) 평화적 해결과 폭력 예 방 (사) 청소년 문화와 윤리
사회· 국가· 지구 공 동체와 의 관계		준법· 공익 애국심 통일 의지 인류애	(가) 인간 존엄성과 인권 (나) 문화의 다양성과 도덕* (다) 분단 배경과 통일의 필 요성 (라) 바람직한 통일의 모습	(마) 사회정의와 도덕 (바) 개인의 도덕적 삶과 국 가의 관계 (사) 국가 구성원으로서 바람 직한 자세 (아) 세계화 시대의 우리의 과제*
자연· 초월적 존재와 의 관계		자연애 생명 존중 평화	(가) 환경친화적인 삶* (나) 삶의 소중함과 도덕 (다) 과학 기술과 도덕 (라) 문화와 도덕	(마) 마음의 평화와 도덕적 삶 (바) 이상적인 인간과 사회

※ 참고 사항

① 중학교 1-3학년의 내용 체계를 '일반 수준'과 '심화 수준'으로 구분
하여 개발하였음. 따라서 학습의 위계를 고려하려 '일반 수준'(4개 영역
모두 포함)에 대한 학습을 모두 완료한 후, 심화 수준으로 이행해야 함.

② 중학교 1-3학년은 내용 영역별로 (가)~(라)는 '일반 수준'에 해당되
고, 나머지는 '심화 수준'에 해당됨.

③ (*)는 국가적·사회적 요구 반영 요소를 의미함.

□ 학년군(학교급)별 성취 기준

〈3-4학년〉

일상생활에 필요한 가치·규범의 의미와 중요성을 이해하고, 초보적인 도덕적 사고력과 판단력을 익히며, 자신, 우리·타인, 사회·국가·지구 공동체, 그리고 자연과의 관계에서 요구되는 바람직한 <u>인성과</u> 삶을 좋아하고 소중히 여기며 꾸준히 실천한다.

〈5-6학년〉

일상생활에 필요한 가치·규범의 의미와 중요성을 깊이 이해하고, 기본적인 도덕적 사고력과 판단력을 익히며, 자신, 우리·타인, 사회·국가·지구 공동체, 그리고 자연·초월적 존재와의 관계에서 요구되는 바람직한 <u>인성과</u> 삶을 존중하고 사랑하며 적극적으로 실천한다.

〈중학교 1-3학년〉

바람직한 가치·규범의 의미와 중요성에 대한 이해를 바탕으로, 자신, 우리·타인, 사회·국가·지구 공동체, 자연·초월적 존재와의 관계 속에서 인간 및 공동체 구성원으로서의 도리를 깨닫고 도덕적인 문제 상황에 대해 <u>학생들 스스로 탐구하고 도덕적으로 성찰함으로써</u> 문제 해결을 위한 올바른 도덕 판단을 내리며, 도덕적 주체로서 책임 있게 행동한다.

□ 영역 성취 기준

(1) 도덕적 주체로서 자기 자신에 대한 올바른 이해를 바탕으로 바람직한 삶을 영위할 수 있는 도덕적 능력과 태도를 지닌다. 도덕적 이상이 담긴 미래의 꿈과 희망을 가지고, 자율적으로 판단하고 결단한 내용을 적극적이면

서도 성실하게 행동으로 옮기며, 그 결과에 대해 책임을 질 줄 알고 도덕적
으로 성찰하는 태도를 지닌다.

(2) 자신과 가정·학교·이웃 관계 등에서 만나는 사람들과의 관계에 대
한 올바른 이해를 바탕으로 다른 사람과 조화롭게 살아갈 수 있는 도덕적
능력과 태도를 지닌다. 인간으로서 기본적인 도리를 가정·학교·이웃 관계
에서 실천할 수 있고, 다른 이들의 필요와 요구에 공감하면서 그들을 존중
하고 배려하기 위해 노력하려는 태도를 지닌다.

(3) 자신과 사회·국가·지구 공동체와의 관계에 대한 올바른 이해를 바
탕으로 국가의 발전과 통일 및 인류 공영에 이바지할 수 있는 도덕적 능력
과 태도를 지닌다. 다양한 공동체의 구성원으로서 갖추어야 할 바람직한 덕
성과 역할을 이해하고, 사회를 구성하는 각 분야가 도덕을 기반으로 해야
한다는 점을 인식하며, 나라 사랑 및 타 국가 존중, 국제 평화와 인류 발전
에 공헌하려는 태도를 지닌다.

(4) 자신과 자연·초월적 존재와의 관계에 대한 올바른 이해를 바탕으로
이상적 삶을 영위할 수 있는 도덕적 능력과 태도를 지닌다. 자연과 생명에
대한 외경심을 함양하고, 우주적 또는 초월적 가치의 지평에서 이상적 삶을
설계하며, 이를 바탕으로 인간 및 사회를 도덕적으로 성찰하려는 태도를 지
닌다.

3. 교수·학습 방법

가. 현대사회와 일상생활에서의 도덕 문제와 현상을 학생들이 옳고 그름
의 관점에서 탐구하고 성찰하여 유덕한 인격과 건전한 인성을 발달시

키는 데 적합한 방법을 활용하도록 지도한다. 학습 과정에서는 학생들이 도덕적 가치·덕목과 판단 원리에 따라 추론, 결정해 보고 바람직한 삶을 실천하려는 의지를 기르며 자신의 생활을 반성하여 보다 나은 삶을 실천할 수 있는 도덕적 행동 방안을 찾아보도록 한다.

나. 학교와 학습이 삶에서 갖는 의미를 강조하고, 학습자의 능동적 참여와 몰입 촉진, 공동체 정신과 민주 시민적 자질과 기능 습득, 자아실현과 의미 있는 삶의 추구를 중시하는 프로젝트형 접근은 도덕과에서 활용해 온 다양한 교수·학습 방법과 접목 가능하다. 교사는 학생들이 자기 주도적으로 도덕적 탐구에 참여하며, 이러한 참여적 활동을 통해 도덕적으로 의미를 구성하고 반성적 자기 성찰을 할 수 있도록 지도한다.

다. 도덕적 지식, 판단력과 같은 인지적 측면, 도덕적 감정, 의지 및 태도와 같은 정의적 측면, 그리고 도덕적 실천 능력 및 습관과 같은 행동적 측면이 통합적으로 길러지도록 지도한다. 특히 도덕적 가치·덕목이나 예절에 대한 교육에서는 학생들이 지적 인식에 머무르지 않고 정서적 공감을 통하여 행동으로 옮길 수 있도록 다양한 방법을 적용하여 지속적으로 지도한다.

라. 학생들의 인지적·도덕적 발달 수준 및 목표와 내용 등을 고려하여 그에 적합한 다양한 교수·학습 방법을 선택하여 적용한다. 학생들의 발달 특성, 수업에서 도달하고자 하는 목표와 학습 내용, 수업 상황, 물리적 환경, 학습 자료, 영상 자료 등 교수·학습에 영향을 미치는 변인들을 고려하여 강의, 토론, 논술, ICT 활용, 협동 학습, 봉사 학습, 역할 놀이, 프로젝트 학습, 동·서양 수양법, 인문 치료 접근, 갈등 해결 교육,

사회 정서 학습, 실천·체험 등 다양한 방법을 융통성 있게 적용한다.

마. 학생들이 도덕 수업 및 교재에서 다루는 내용과 삶에서 경험하는 도덕 문제를 상호 관련지어 학습할 수 있도록 한다. 도덕과 수업을 통해 학생들이 학습 내용을 개인의 일상생활에서 경험하는 문제, 사회현상이나 쟁점 등과 관련지어 주체적으로 학습함으로써 자율적인 도덕적 사고력과 판단력, 가치 탐구 능력을 발달시킬 수 있도록 한다. 이를 위해서 학문 혹은 지식 중심이 아니라 실천, 체험, 참여 등을 포함한 학생 중심의 자기 주도적 교수·학습 방법(가령, 프로젝트 접근법)을 활용한다.

바. 학습의 결과로서 도달해야 할 수준을 나타내는 성취 기준을 달성하기 위해 효과적이고 적합한 교수·학습 방법을 활용하도록 한다. 성취 기준에 담긴 가치, 지식, 기능, 태도를 달성하는 효과적인 방법을 선택할 때에는 학생들의 성취 수준이 개별적으로 다를 수 있음을 고려하여 수준별로 설정되어 있는 평가 기준을 고려하도록 한다. 또한 성취 수준별로 개별 학습이 가능하도록 다양한 교수·학습 자료와 매체를 활용하도록 한다.

사. 지역의 특성이나 시의성을 고려하여 교육 내용을 재구성하여 지도하되, 내용의 핵심 가치·덕목을 실현할 수 있는 방법을 활용하도록 한다. 교육 내용을 학습하는 학생들이 속한 지역의 특성이나 시의성을 고려하여 다양한 계기 자료들을 적절히 재구성하여 활용하되, 특정 지역, 집단, 문화, 이념, 종교 등에 편향되지 않는 객관적인 입장을 유지하도록 한다.

아. 교사가 학생들의 동일시 대상임을 고려하여 일상적인 언어, 사고방식, 태도, 행동 등에 유의하여 학생들에게 도덕적 모범이 되도록 한다. 도덕교사는 수업을 통해 도덕적 가치를 전수할 뿐만 아니라 학생들이 학교에서 도덕적 가치와 규범에 따라 살아가는 교사의 모습을 확인할 수 있게 함으로써 학생들에게 영향력 있는 도덕적 모범과 스승이 되도록 한다.

자. 가정, 지역 공동체와 연계하여 학생들의 도덕적 실천을 강화함으로써 도덕과 교육의 실효성을 제고하도록 한다. 교사는 학습 내용에 따라 가정과 연계하여 지도하고, 학부모, 지역 자원 인사를 도덕 수업에 참여시키며, 지역사회의 기관들을 도덕교육의 학습장으로 이용하는 등 가정과 지역 공동체를 도덕교육의 동반자 혹은 협조자로 적절히 활용할 수 있는 방안을 적극적으로 모색한다.

차. 도덕 수업이 학교 인성 교육의 핵심적 역할을 담당하도록 한다. 도덕수업을 하는 교사는 타 교과에서 다루어지는 가치문제, 학교 행사, 교사와 학생 간의 상호작용 등 다른 교과나 학교 활동 전반에서 나타나는 인성 교육적 요소들을 도덕 수업에서 종합하고 체계화하여 학생들의 유덕한 인격 발달로 구현시킴으로써 도덕 수업이 실질적으로 학교 인성 교육의 핵심적인 역할을 담당할 수 있도록 한다. 특히 별도의 도덕실(예절실)을 적극 활용함으로써 실제적인 인성 교육이 이루어지도록 한다.

4. 평가

가. 도덕과 평가의 목적은 학생들의 도덕성 및 인성 발달 수준을 측정하

여 개별 학생, 학급, 학년 집단에 적합한 교육적 처방을 제시하고 교육 내용과 교수·학습 방법 및 절차를 개선하여, 궁극적으로는 학생들의 도덕성 발달과 유덕한 인격의 함양을 촉진하는 데 있다. 따라서 평가 목표와 내용 특성 및 학생들의 발달 수준에 적합한 평가 방법을 활용하고 학생 개인과 집단의 도덕 학습 성취 수준을 면밀히 분석하여 개선과 발전을 도모함으로써 학생들의 도덕성 및 인성을 발달시키는 데 기여할 수 있도록 한다.

나. 도덕성의 인지적, 정의적, 행동적 측면에 대한 통합적 평가를 실시한다. 인지적 측면에서는 도덕적 가치·덕목의 의미에 대한 이해, 도덕적 사고력과 판단력, 가치판단의 합리성 등을 평가한다. 정의적 측면에서는 도덕적 민감성과 열정, 도덕적 가치·덕목의 내면화 정도 등을 평가한다. 행동적 측면에서는 도덕적 가치·덕목에 따른 행동 능력과 실천 습관화 정도 등을 평가한다.

다. 다양한 평가 방법과 기법 및 도구를 적절히 활용하여 객관적이고도 신뢰성 있는 평가를 실시한다. 선택형과 서술형을 포함한 지필 평가, 행동 관찰, 자기 보고, 구술·논술 평가, 포트폴리오, 토론 및 발표에 대한 평가, 상호 평가 등 다양한 방법을 활용하여 도덕성을 종합적으로 평가하도록 한다. 특히, 논술 평가를 위해서는 도덕과의 특성이 드러나는 논술 문항과 객관적인 채점 기준을 제작한다.

라. 평가 내용과 방법이 교육 내용과 일치(alignment)하도록 유의한다. 평가 내용과 방법은 도덕과에서 강조되고 있는 도덕적 성찰 및 탐구 능력을 높이는 것과 일관되어야 한다. 도덕과 평가에서 활용하는 선택형 문항, 서술형 및 논술형 문항을 제작할 때에는 수업 목표와 평가 목표

의 일치, 학습 내용과 문항 내용의 일치, 학습 내용과 문항 내용의 초점 일치, 교육 내용의 중요도와 문항 수준의 일치를 확인하도록 한다. 특히 문항 내용, 기술 언어가 학생들의 발달 수준에 적합하도록 한다.

마. 학교급이나 학년 특성에 적합한 평가 요소를 고려하여 평가하도록 한다. 초등학교와 중학교 저학년에서는 주로 도덕적 덕목 및 규범의 이해, 도덕적 문제 해결, 도덕적 정서 및 도덕적 실천 등의 요소를 고려하여 평가한다. 중학교 고학년에서는 주로 도덕적 개념 및 원리의 이해, 문제 파악 및 인식, 탐구 설계 및 수행, 자료 분석 및 해석, 결론 도출 및 평가, 가치판단 및 의사 결정 등의 요소를 고려하여 평가한다.

바. <u>공감 능력, 소통 능력, 갈등 해결 능력, 관용, 정의 등 인성 핵심 역량 평가는 프로젝트형 접근을 활용할 수 있다. 프로젝트형 접근은 기본적으로 도덕적 탐구와 성찰에 유용하고, 실천·체험 중심의 참여 활동을 통해 학생들은 도덕적 의미를 구성하고 반성적 자기 성찰을 할 수 있으므로 유의미한 수행평가로 사용할 수 있다.</u>

사. 성취 기준을 평가의 실질적인 기준으로 활용하여 상호 주관성이 확보된 가운데 평가가 이루어지도록 한다. 성취 기준은 도덕성의 인지적, 정의적, 행동적 측면을 고르게 고려하면서 설정한 것으로서, 교육 내용의 범위와 수준, 성취 대상이 되는 능력과 특성, 평가의 목표와 초점, 문항 내용의 범위와 깊이를 정하는 준거가 된다. 따라서 평가 목표 구체화, 문항 내용 구성, 문항 정답률 설정, 문항 배점 결정의 기준으로 활용하도록 한다.

아. 평가 방법과 기법 및 도구를 사용할 때는 그것의 주된 용도와 장·단

점을 살펴 가장 적절히 활용하도록 한다. 특히 논술형 평가를 활용할 때는 단편적인 지식이나 하나의 정답만을 요구하기보다는 학생들이 생각한 바를 논리적으로 조직하여 표현하는 능력과 학습 내용에 대한 종합적 이해와 고차적 학습 결과를 측정하도록 한다. 문항을 제작하면서 동시에 채점 기준을 만들되, 도덕과의 특성을 반영하여 도덕적 지식, 도덕적 민감성, 도덕적 문제의 창의적 해결 방안 모색, 도덕적 실천 의지 등이 포함되도록 한다.

자. 평가 결과는 학생들의 도덕성 발달을 도모하고 교수·학습을 개선하는 데 필요한 자료로 활용할 수 있도록 한다. 평가 결과는 수업 목표의 성취 여부를 파악하고 이에 따른 앞으로의 교육 목표와 내용 및 방법과 교수·학습 계획 등 전반적인 교육 활동을 개선하고 교사의 자기평가와 자율 장학에 쓰이도록 하는 동시에 궁극적으로는 학생들의 인격적 성장을 돕는 자료로 활용하도록 한다.

'2009 개정 교육과정에 따른 도덕과 교육과정'에서 도덕과 내용 구성 원리(가치 관계 확장법)의 수정·보완 배경

I. 서론

우리가 하는 의식적·무의식적인 말과 행동, 그리고 매일매일 유지되는 일상적인 관계 또는 새롭게 맺게 되는 관계의 중심에는 가치가 자리 잡고 있다. 인간은 가치를 추구하는 존재이며 자신이 추구하는 가치에 따라 구상된 삶의 큰 틀 안에서 인간관계를 조율하고 직업을 결정하며 사회생활을 하고 세계를 바라본다. 이러한 인간 존재와 그 삶을 생각했을 때 나올 수 있는 물음은 '과연 우리가 살면서 맺게 되는 관계 속에서 어떠한 가치를 추구하면서 살아가야 하는가?' 하는 것이며, 이는 삶 속에서 내가 맺게 되는 관계들 그리고 그 안에서 추구할 수 있는 가치의 내용과 내면화 방법과 관련된다. 도덕과는 바로 이러한 물음을 직접적으로 다루어 학생들에게 올바른 가치관을 심어줌으로써 도덕적 삶을 살아가는 도덕적 인간으로의 성장을 그 목적으로 하는 교과이다.

도덕과의 입장에서 보았을 때, 이러한 도덕과의 교육 목적을 달성하기 위해 학생들에게 학습시키고자 하는 학습 내용을 선정하고 조직하는 일은 대단히 중요한 과업에 해당한다. 이 글에서는 우선 2007년 개정 도덕과 교육과정의 내용 구성 원리로 새롭게 설정된 '가치 관계 확장법'이 도덕과의 내용을 구성하는 데 보다 적합한 원리인지를 비판적으로 분석하고 반성적으로 탐구하는 일에 초점을 맞추고자 한다. 이를 위해 도덕과 교육 내용 구성의 이론적 기초와 변천 과정을 살펴본 후, 가치 관계 확장법이 갖는 특징 및 장점과 더불어 다양하게 제기될 수 있는 쟁점들을 지적하면서 개선의 필요성에 대해 논하고자 한다. 결론에서는 이러한 문제 제기를 토대로 '2009 개정 교육과정에 따른 도덕과 교육과정'에서 '가치 관계 확장법'이 어떻게 수정·보완되었는가를 밝히고자 한다.

II. 도덕과 교육 내용 구성의 일반론과 역사론

1. 도덕과 교육 내용 구성의 네 가지 원리

교육과정은 각 교과에서 가르치고 배워야 할 교육 내용을 규정해 주는 공식적인 지침으로서 교사의 수업 계획 수립이나 교과서 개발의 근간이 된다. 이러한 역할을 수행하게 되는 교육과정 문서가 교육 활동을 이끄는 실질적인 지침의 역할을 다 할 수 있기 위해서는 무엇보다 각 교과 교육에서 가르치고 배워야 할 교육 내용이 무엇인지가 분명하게 제시될 필요가 있다. 무엇을 가르치고 배워야 할 것인지가 명료하게 제시되지 않는다면 의도된 교육 계획에 대한 기본 지침의 역할을 수행할 수 없을 것이다. 이렇게 볼 때, 내용 요소나 학습경험을 선정하고 조직하는 작업이 교육과정 편성의 가장 핵심적인 작업이 된다.

일반적으로 우리는 내용 구성 문제를 범위(scope)와 계열성(sequence)이라는 용어를 통해 생각한다. 어떤 내용을 어떤 수준에서 교육과정에 포함

준거		제7차 도덕과 교육과정	2007년 개정 도덕과 교육과정
수평적 조직의 원리	범위 (Scope)	생활 영역 확대법	가치 관계 확장법
	통합성 (Integration)	사회 확대에 따른 통합/ 통합적 도덕성 (인지·정의·행동), 가치 통합 및 학제적 통합	덕목에 의한 통합(초등), 주제에 의한 통합(중등), 윤리학을 중심으로 한 학제적 통합
수직적 조직의 원리	계열성 (Sequence)	도덕성 발달 특성, 나선형 교육과정	학교급별 차원, 교육과정 성격별 (국민공통기본교육과정과 선택 중심 교육과정) 차원
	계속성 (Continuity)	계속성 의도적 약화 시도: 학년 간 내용 중복 최소화	계속성 의도적 약화 시도: 학년 간 내용 중복 최소화

〈표1〉 도덕과 내용 구성의 원리: 제7차 및 2007년 개정 도덕과 교육과정 비교

시킬 것인가(scope)와 선정된 내용들을 어떤 순서로 가르칠 것인지를 나타내는 것(sequence)이 바로 범위와 계열성인데, 이를 통해 우리는 교육과정의 전체 구조를 한눈에 볼 수 있다. 이러한 범위와 계열성은 교육과정의 수평적 조직과 수직적 조직이라는 개념과 동의어로 사용되기도 한다. 그러나 수평적 차원에서 어떤 내용을 어떤 수준에서 가르칠 것인가(scope) 이외에도 선정된 내용을 어떻게 일관성 있게 관련지을 것인지를 결정하는 통합성(integration)의 문제와, 수직적 차원에서 순서(sequence)의 문제 이외에도 선수 학습 내용과 후수 학습 내용이 어떻게 누적적으로 잘 조화를 이룰 것인지를 결정하는 계속성(continuity)의 문제도 함께 고려되어야 한다. 이러한 범위, 통합성, 계열성, 계속성은 흔히 타일러(Tyler)의 학습경험 조직의 원리로 불리며, 이러한 원리들이 도덕과의 내용 구성 원리로 적용된 실제적 사례를 제7차 교육과정과 2007년 개정 도덕과 교육과정을 중심으로 간략하게 살펴보도록 하자(〈표1〉 참조).

범위는 내용의 폭과 깊이를 결정하는 활동이다. 즉, 교육과정에 어떤 내용을 포함시킬 것인지 기준을 정하는 활동이다. 제7차 교육과정의 경우, "도덕과 교육의 내용 체계를 확립하기 위해 범위의 경우에는 생활공간 확대(expanding community) 원칙에 따라 개인 생활, 가정·이웃·학교 생활, 사회 생활, 국가·민족 생활의 4분법을 사용하였다. 그러나 중학교 1학년인 7학년부터는 초등학교까지 매 학년에 4개의 생활 영역을 다루던 것을 축소시켜 학년당 2개의 생활 영역을 다루게 하였고, 각 생활 영역별로 5개씩의 주요 가치·덕목을 분명하게 밝혔다"(교육부, 1999a: 177)고 서술한 부분이 바로 범위(scope)에 해당한다. 하지만 생활 영역 확대법은 범위 설정뿐만 아니라 실제로는 계열성 확보를 위한 원리로도 일정 정도 활용되었다고 봐야 한다. 왜냐하면, 사회과에서 생활공간 확대법이 학생들의 시간 의식, 공간 의식, 사회 의식 등 인지 발달 단계를 고려한 내용 조직 원리로 강조되어 왔고(은지용·모경환, 2006: 113), 실제로 제7차 도덕과 교육과정에서는 초등학교 저학년으로 내려갈수록 개인 생활 및 가정·이웃·학교 생활 영역이 보다 중시되었고, 중학교 고학년 및 고등학교 1학년으로 올라갈수록 사회 생활과 국가·민족 생활 영역이 보다 비중 있게 다뤄졌기 때문이다. 한편 2007년 개정 도덕과 교육과정에서는 도덕적 주체인 '나'를 중심으로 가치 관계가 확장되는 방법인 '가치 관계 확장법'이 새롭게 적용되었다.

통합성은 선정된 모든 형태의 지식 혹은 학습경험을 서로 일정한 관련성을 갖도록 조직하여야 한다는 것을 의미한다. 이러한 통합성은 학습경험이 학생들로 하여금 점차로 통합된 견해를 갖도록 도와주고, 다루었던 요소들과 관련해서 학생의 행동을 통합시키도록 도와주는 것이어야 한다는 점을 강조한다. "도덕과는 그 본질상 학제적 성격을 지녔기 때문에 통합(integration) 혹은 통합적 접근법(integrative approach)을 취하지 않을 수 없었다. 인접 학과인 사회과의 경우 ① 사회 확대에 따른 통합, ② 사회학 기본 아이디어에 따른 통합, ③ 주제에 따른 통합, ④ 전체적 상호 작용에 따른 통합 등의 기준이 소개된 바 있다. 제7차 도덕과 교육과정에서는 '사회 확대에 따른 통합'의 기준이 사용되어 4개의 생활 영역을 기준으로 정한 것이다"(교육부, 1999a: 200)는 내용이 통합성에 관련된 부분이다. 이와 같이 공식적인 문서상으로는 '사회 확대에 따른 통합'이 통합성의 기준으로 활용되었다고 서술되어 있지만, 앞서 설명한 바와 같이 사회 확대법 혹은 생활 공간 확대법은 범위 설정의 원리로 간주되는 것이 보다 적절할 것이다. 비록 교육과정 문서에는 명시되어 있지 않지만, 실제로 제7차 교육과정에서는 도덕성의 통합적 성격(인지·정의·행동)과 가치 통합 및 학제적 통합의 성격을 동시에 지향했다고 볼 수 있다. 왜냐하면, 리코나의 통합적 인격교육을 이론적 토대로 설정한 초등 도덕과의 경우 1차시는 인지 중심, 2차시는 정의 중심, 3차시는 행동 중심으로 내용을 서로 연관시켜 학습경험을 통합시키는 역할을 하였고, 초·중등학교 모두 20개의 주요 가치 덕목을 설정하여 가치 통합을 시도하였으며, 규범과학과 사회과학적 관점을 중심으로 인본교육, 윤리·도덕·예절교육, 시민·공동체 교육, 통일 교육 간의 하위 영역별 통합을 추구하였기 때문이다(교육부, 1999a: 186).[1] 한편, 2007년 개정 도덕과 교육과정의 경우 "개정 도덕과 교육과정에서는 초등학교는 '덕목 중심'의 구성, 중등학교는 '주제 중심'의 구성이라는 큰 방향을 설정하고 학교급별/학년별 내용을 선정하였다"는 서술을 통해 덕목과 덕목의 연결(초등: 덕목 중심의 통합), 주제와 주제의 연결(중등: 주제 중심의 통합)을 시도하였다고 볼 수 있다. 또한 "윤리학적 접근을 중심축으로 하되, 일반 철학, 교육학, 사회과학의 학문적 성과 등 관련 학문의 다양한 접근을 활용하도록 하였다"(교육과학기술부, 2008/2009: 175)고 명시함으로써 학제적 연결성

---

1. 이러한 학제적 통합은 매우 느슨하게 규정되어 있고 배경 학문 간, 하위 영역 간 연결 및 소통을 가능하게 하는 논리와 근거가 매우 빈약하여 '학문 간 기계적 결합,' '백화점식 혹은 병렬식 나열'에 불과하다는 지적을 받아 왔다. 즉, 다양한 배경 학문과 하위 영역들이 상호 접속되고 서로의 경계를 넘나들 수 있는 통합성의 근거가 마련되어야 한다는 비판을 받아 왔다(정창우 외, 2007: 27).

(connectedness)의 구심점을 규정하였다고 해석할 수 있다.

계열성은 교육과정의 내용이 제시되는 시간적 순서이다. 계열성의 원칙이 의도하는 주된 문제는 첫째, 교육 목적을 달성하기 위하여 어떤 학습 다음에 어떠한 학습 내용을 전개하는 것이 가장 능률적인 것일까? 둘째, 학생의 발달 단계에 따라 교재 또는 학습 자료를 어떻게 배치해야 할 것인가를 생각하는 것이 주된 문제이다. "계열이 지닌 특성을 지적하면, 도덕과 학년 간의 내용상의 계열적 특성은 우리나라 학생들의 도덕성 발달 특성을 고려하여 결정한 것이다.[2] 어떤 외국의 기준이나 학설에 의존한 것이 아니라, 교육과정 연구팀의 집단 사고의 결과로서 우리나라 학생들의 도덕성을 깊이 고려하여 그 단계를 높여 나간다는 취지에서 내용을 선정한 것이다"(교육부, 1999a: 200)라는 부분이 바로 계열성(sequence)에 관한 서술 내용에 해당한다. 또한 계열성은 학습의 요소가 반복될 때 후속 학습경험이 이전 단계의 학습경험보다 더 심도 있고 확장되도록 심화되어야 한다는 점을 강조하는 것이며, 제7차 도덕과 교육과정에서는 나선형 교육과정이라는 개념을 활용하여 이를 강조하고 있다. 즉, "나선형 교육과정의 원리에 따라 학년별 심화의 계열성을 따르도록 하였다. 7-8학년에서는 초등학교 3-4학년에서의 접근법을 심화시켜 규범·예절 등의 습득에 역점을 두었고, 9-10학년에서는 5-6학년에서의 접근법을 이어받아 가치·규범에 대한 이해의 심화와 함께 가치 및 도덕적 판단력의 신장에 역점을 두도록 함으로써 종전에는 거의 무시된 상태였던 초등학교 교육과정과 중등학교 교육과정 간의 연계성을 처음으로 수립하였다"(교육부, 1999a: 177)는 내용이 계열성에 관련된 부분이라고 할 수 있다.[3] 한편, 2007년 개정 도덕과 교육과정에서는 "3~10학년의

---

2. 『중학교 교육과정 해설』(1999: 191)에 따르면, 우리나라 중학교 학생들의 도덕성 발달에 관한 연구 결과(김안중 외, 1982)에 따라 중학교 1, 2학년은 인습 수준을, 그리고 중학교 3학년, 고등학교 1학년은 인습 이후 수준을 지향한다고 밝히고 있다.

3. 물론 7차 교육과정의 내용 구성을 위해 나선형 교육과정의 원리가 실제로 적용되었는가에 대해서는 이견이 있을 수 있다. 동일한 학습 요소를 '반복 심화'하는 것이 나선형 교육과

'도덕'은 초등학교의 통합교과인 1~2학년의 '바른 생활'을 통해 학습한 내용을 심화하여 지도하고, 고등학교 선택 과목인 11~12학년의 '현대 생활과 윤리,' '윤리와 사상,' '전통 윤리'를 학습할 수 있는 토대를 형성한다"(교육인적자원부, 2007: 2-3)는 식으로 도덕과 교육 내용의 계열성을 학교급별 차원, 교육과정 성격별(국민공통기본교육과정과 선택 중심 교육과정) 차원에서 진술하고 있다.

계속성은 반복 학습의 원리라고도 말할 수 있는 원리로서, 주된 학습 요소들이 수직적으로 반복되는 것을 말한다. 즉, 중요한 학습 요소가 여러 학년에 걸쳐 지속적으로 반복되어 다루어져야 한다는 것이다. 하지만 도덕과의 경우, 학년 간 내용의 차별화를 통해 내용 중복을 최소화함으로써 계속성으로 인해 발생하는 문제를 개선하려고 노력해 왔다. 제7차 교육과정에서는 "7, 9학년에서 개인 생활과 가정·이웃·학교 생활을 다루고, 8, 10학년에서 사회 생활과 국가·민족 생활을 다루어 중·고등학교 도덕과에서 각 생활 영역을 두 번씩만 다루게 함으로써 제6차 교육과정에서 문제점이 부각되었던 중복의 가능성을 배제하였다"(교육부, 1999a: 177)고 명시하였으며, 2007년 개정 교육과정에서는 "개정 도덕과 교육과정의 내용 조직에서는 학년 간의 위계를 고려함과 동시에 학년별 내용 간의 차별성을 부각시키도록 하였다. 곧 각 학년별, 내용 영역별로 다른 주제들을 설정함으로써 학년 간 내용의 중복을 최소화하고자 하였다"(교육과학기술부, 2008/2009: 191)고 강조하였다.

이 글에서는 교육과정 내용 구성의 수평적 원리인 '범위(scope)'에만 한정하여 논의를 전개하고자 한다. 통합성, 계열성, 계속성의 원리 등도 충분한 논의를 통해 그 문제점을 지속적으로 보완해 나가야 하겠지만, 도덕과 교육과정 개정 과정에서 핵심적인 쟁점 중의 하나로 부각되었던 '생활 영역 확

정의 특징이라고 할 때, 단순히 내용 중복의 가능성을 배제하기 위해 도입된 제7차 도덕과 교육과정은 나선형 교육과정으로 간주하기 어렵다는 문제점이 지적될 수 있다.

대법이냐, 가치 관계 확장법이냐?'의 물음에 대한 심층적 논의가 상대적으로 더 필요한 실정이기 때문이다.

2. '범위' 차원에서 도덕과 교육 내용 구성 원리의 변천

도덕과 교육과정 논의에서 내용 영역의 설정 문제는 지속적으로 제기되어 온 쟁점 중의 하나였다(교육과학기술부, 2008/2009: 176). 도덕과 교육과정의 내용 조직은 도덕과가 정규 교과로 자리 잡은 제3차 교육과정 이래로 '생활 영역'의 틀을 유지하고 있다. 곧 개인 생활, 사회 생활, 국가·민족 생활 등 도덕적 생활이 이루어지는 장(場)이 점차 공간적으로 확대되는 틀을 중심으로 대영역을 설정하고, 영역별로 해당하는 가치와 규범들을 다루는 방식으로 조직되어 있다.

생활 영역 확대법은 학생들의 도덕 학습 양상이 시·공간적으로 가깝고 구체적인 생활 장면으로부터 넓고 추상적인 생활 세계로 확대되어 가는 관점에 입각한 것이다. 물론, 도덕과 교육 내용을 조직함에 있어서 이러한 틀이 생겨나고 유지된 데에는 유교적인 관점이 부분적으로 작용해 왔다고도 볼 수 있다. 곧 수신제가치국평천하(修身齊家治國平天下)라는 한 구절에 압축적으로 표현된 도덕적 도야(陶冶)의 전개 방식이 일부분 반영된 것이라고도 할 수 있다. 다시 말해, 자기 몸을 닦는다는 수신이 기본이 되어 국가 윤리에까지 확대되어 가는 전개 방식을 반영하는 것이라고도 할 수 있다.

도덕과에서는 제3차 교육과정부터 7차 교육과정에 이르기까지 일관되게 생활 영역 확대법을 기반으로 교육과정을 구성하였다. 하지만 생활 영역 확대법에 대한 비판은 7차 교육과정을 준비하면서부터 시작되어 꾸준하게 언급되어 왔고, 2007 개정 교육과정에 대한 논의가 이루어지는 과정에서도 다양하게 제시되었다. 그 문제들을 구체적으로 살펴보면, 첫째, 이는 학생의 실제적인 성장과 발달에 기초한 것이기보다는 성인의 가공 논리에서 비롯되었다는 점이다. 효과적인 도덕과 교육이 이루어지기 위해서는 교육과정의 체계가 학생들의 도덕성 발달에 대한 경험적인 근거에 바탕을 두어야 하는데, 생활 영역 확대법은 그렇지 못했다는 것이다. 둘째, 다차원적인 문제 해결의 어려움이다. 현대사회의 도덕적 문제들은 개인적, 사회적, 국가적, 국제적 차원이 동시에 관련된 경우가 많다. 그러나 생활 영역 확대법은 영역들을 나누어 가르치기에 학생들은 이런 쟁점들에 대해 다차원적인 접근을 할 수 없게 된다. 셋째, 내용 중복 문제가 있는데, 매 학년 생활 영역별로 내용을 구성하다 보니 불가피하게 내용이 중복되는 경우가 있고, 이로 인해 학생들이 학습에 대한 흥미를 잃게 된다는 점이다. 이 외에도 사회과와 가정과 등 타 교과와의 내용 중복 문제 등으로 인한 비판 등이 있다.

3. 생활 영역 확대법의 보완적 원리[4]로서 가치 관계 확장법의 등장 배경

생활 영역에 의한 도덕과 교육 내용의 구성 체계는 지속적으로 도덕적 '주제' 중심의 구성이라는 관점에서 도전을 받아 왔으나, 제7차 교육과정에 이르기까지 그 틀은 유지되었다(교육과학기술부, 2008/2009: 176). 하지만 2007 개정 교육과정에 대한 논의 과정에서 도덕과 교육과정 연구 공동체에서는 이러한 생활 영역별 접근의 문제를 개선하고자 보완적인 내용 구성 방식을 본격적으로 논의하였다. 그 결과, 기존의 생활공간 확대가 갖는 문제를 개선하기 위해 도덕적 주체인 '나'를 중심으로 가치 관계가 확장되는 내용의 틀을 구상하게 된 것이다(교육과학기술부, 2008/2009: 177).

가치 관계 확장법은 어떤 특정 이론을 배경으로 해서 만들어졌다기보다

---

4. 가치 관계 확장법이 생활 영역 확대법의 대안적 내용 구성 방식인지, 아니면 보완적 방식인지에 대해서는 보다 신중한 논의가 필요하다. 이 글에서는 가치 관계 확장법이 '도덕적 주체와의 관계를 형성하는 대상(객체)의 범위가 확대(나→너→우리→그들→그것들)되는 원리로 규정될 경우, 기존 생활 영역 확대법과 공통분모를 가질 수밖에 없기 때문에 새로운 대안적 원리이기보다 보완적 성격을 갖는 원리로 간주하는 것이 적절하다고 본다.

는 한국 철학계가 제기한 '가치 공간 확대법'을 기초로 도덕과 교육과정 연구 공동체 내에서 수차례의 협의 과정을 거쳐 기존의 생활 영역 확대법의 보완 원리로 설정하게 된 것이다. 가치 관계 확장법이 생활 영역 확대법과 공통분모를 가지고 있고 또한 다양한 장점을 지니고 있다는 점에 대해서는 이견이 있을 수 없지만, 가치 관계 확장법이 생활 영역 확대법의 장점을 얼마나 잘 살리고 문제점을 충분히 보완했느냐의 문제에 대해서는 다양한 입장이 제시되고 있는 실정이다.

III. 도덕과 교육 내용 구성 원리로서 가치 관계 확장법의 구조와 장점

여기서는 가치 관계 확장법의 개념과 구조를 살펴본 후, 가치 관계 확장법이 가진 장점과 이를 둘러싼 주요 쟁점들을 고찰하고자 한다. 글의 객관성을 확보하기 위해 교육과정 문서에 명시된 내용을 중심으로 논의를 전개하는 것이 타당하겠지만, 교육과정 문서에서는 이에 대한 설명이 짧고 빈약하게 제시되어 있기 때문에 2007년 개정 도덕과 교육과정이 고시되기 이전의 연구 개발 단계에서 발행된 중간 보고서(조난심 외, 2005; 차우규 외, 2005)에 일정 부분 의존할 수밖에 없음을 미리 밝혀 둔다.

1. 가치 관계 확장법의 개념 및 구조

가치 관계 확장법은 도덕적 주체인 '나'를 중심으로 가치 관계가 확장되는 방법이다(교육과학기술부, 2008/2009: 177). 손동현은 가치 공간 확대 개념을 제안하면서 도덕적 문제를 제기함에 있어 이를 '점차 확대되어 가는 생활 영역'을 토대로 할 것이 아니라, 인간의 도덕적 삶에서 불가피하게 전개되어 나가는 도덕적 가치 공간을 토대로 해야 한다고 주장하였다(차우규 외, 2005: 29). 가치 공간 확대법에 따르면, 도덕적 관계가 가치 공간을 규정한다. 도덕적 관계는 나의 자기 관계에서 시작하여 나와 너의 타자 관계로 나아가고, 나와 우리의 사회적 관계로 나아가며, 내가 속한 공동체 밖에 존재하는 그들과의 외타적 관계로 나아간다. 그리고 도덕적 관계는 마지막으로 인격적 타자가 아닌 자연으로서의 그것과의 관계에서 끝이 난다. 이와 같이 가치 관계 확장법은 가치 공간 확대법에 기초하고 있으며,[5] 이는 기존의 생활 영역 확대법과의 유의미한 통합에 의해 만들어진 개념이라 할 수 있다.

가치 관계 확장법의 토대가 된 가치 공간 확대법에서는 도덕적 주체가 관계를 맺는 바에 따라 가치 공간이 규정되고, 도덕적 관계가 확장되면서 가치 공간도 확대되는 것을 기본으로 하고 있다. 도덕적 주체가 행위의 객체를 점차 확대함에 따라 생겨나는 가치 공간들을 차례대로 살펴보면 〈표2〉와 같다(조난심 외, 2005: 105-109; 차우규 외, 2005: 29-32).

가치 공간 확대법의 기본 아이디어는 선의 이념이 본질적으로 하나라 하더라도, 이 선의 실현은 도덕적 행위의 관계 항에 따라 다양하게 나타날 수 있다는 점이다. 이에 보편적이라 할 수 있는 도덕적 선을 확장되어 가는 도덕적 관계에 따라 다르게 규정하고 이러한 근본 가치를 추구하는 인간의 주관적 도덕의식을 그 가치에 맞게 설정하였다. 선의 이념이 실현되는 가치 공간에 대한 객관적 규정은 좋음에서 착함으로, 착함에서 올바름으로, 올바름에서 보살핌으로, 보살핌에서 책임으로 나아간다. 반면에 선을 실현하고자 하는 주관적인 도덕의식을 살펴보면, 좋음은 욕망을 통해 추구되고, 착함은 사랑을 통해 얻어지고, 올바름은 의무감을 통해 표현된다. 다음으로 보살핌은 우리 밖의 그들에 대한 사랑과 연민에서, 책임은 감사의 마음에서 기인한다. 욕망을 통해 좋음을 추구하는 단계에서 도덕성의 실현은 원칙적

---

5. 중간 보고서에서는 '가치 공간'이라는 의미의 모호성이 지적되어, '가치 공간'이라는 용어보다는 '가치 관계'라는 용어를 사용하게 되었다고 밝히고 있다(조난심 외, 2005: 134).

가치 공간에 대한 객관적 규정	(선의 이념/도덕성이 실현되는) 가치 공간				
	좋음	착함	올바름	보살핌	책임
대응하는 주관적 도덕의식/심성적 태도(작용)	욕망	사랑 (隣人愛)	의무감	사랑 (遠人愛)	감사
도덕적 행위의 관계항	나 (의 자기 관계)	나와 너 (의 관계)	우리(의 사회적 관계)	(우리 밖의) 그들(과의 외타적 관계)	그것들(모든 존재와의 관계)

<표2> 가치 공간의 전개

으로 나와 자기 관계를 중심으로 이루어진다. 또한 가까운 사람에 대한 사랑의 마음으로 착함(마땅함)을 추구하는 단계로 넘어가면 선의 실현은 나와 너, 즉 타인과의 관계 속에서 구현되고, 의무감을 통해 올바름을 향하는 단계로 이행하게 되면 도덕적 선은 우리의 사회적 관계 속에서 발생하게 된다. 다음으로 보살핌과 연민의 단계에서는 우리와 직접적인 관련이 없는 그들에 대한 인류애적인 관심이 주가 된다. 마지막으로 책임과 감사의 단계에서는 우리의 도덕의 영역이 인격적 존재를 초월하여 모든 존재자의 지평으로 확대될 수 있다.

2007년 개정 도덕과 교육과정에서는 이상과 같은 논의를 바탕으로 도덕적 주체인 '나'를 중심으로 다양한 가치 관계를 포섭하는 4개의 내용 영역을 설정하였다. 도덕적 주체인 '나'를 중심으로 점차 확장되고 고양되는 가치 관계를 포섭하는 4개의 내용 영역의 명칭과 영역별 내용 구성의 방향은 <표3>과 같다(교육과학기술부, 2008/2009: 177-178).

우선 영역 I은 도덕과 교육에서 가장 기본이 되는 것은 자율적 인격을 가진 도덕적 주체의 형성이라고 보고, 이를 위한 내용을 집중적으로 다룰 수 있도록 영역을 설정하였다. 곧 도덕적 주체인 '나'를 중심으로 도덕의 개념,

영역의 명칭	영역별 내용 구성의 방향
I. 도덕적 주체로서의 나	도덕적 가치의 주체적 기반으로서 도덕적 자아가 확립되는 영역
II. 우리·타인·사회와의 관계	도덕적 자아와 우리/타인/사회와의 관계에서 대인관계적(inter-personal) 가치가 추구되는 영역
III. 국가·민족·지구 공동체와 의 관계	도덕적 자아와 국가·민족·지구 공동체와의 관계에서 역사적, 사회적 정의의 가치가 추구되는 영역
IV. 자연·초월적 존재와의 관계	도덕적 자아와 자연·초월적 존재와의 관계에서 도덕적 가치의 고양이 추구되는 영역

〈표3〉 도덕과 내용 영역의 명칭과 구성 방향

삶의 목적, 도덕적 자율성 등의 문제를 다룸으로써 개인의 도덕적 성장의 출발점이자 기반이 되게 하는 내용으로 구성하였다.

영역 II는 도덕적 주체와 가깝고 먼 타인, '우리'라는 가까운 공동체, 그리고 시민사회의 제반 인간관계에서 생겨나는 도덕적 문제들과 거기서 실현되는 도덕적 가치를 다루었다. 특히, '가족'이나 '친구'와 같은 가까운 인간관계의 문제와 사회 전반의 보편적인 인간관계의 문제를 그 연장선상에서 검토해 볼 수 있도록 영역을 설정하였다. 이는 현행 교육과정에서의 '가정·이웃·학교 생활' 영역과 '사회 생활' 영역을 통합하여 구성함으로써 두 영역과 관련된 내용들을 함께 다룰 수 있도록 하려는 것이었다.

영역 III은 나라·민족·지구 공동체에서 발생하는 도덕적인 문제들을 다룰 수 있도록 설정된 것이다. 도덕적 가치로서 역사적, 사회적 정의가 실현되는 맥락을 도덕적 주체의 관점에서 인식하고, 나라·민족·지구 공동체를 위한 바람직한 태도를 기를 수 있도록 내용을 구성하였다. 이 영역은 도덕적 주체와의 '관계의 확장'이라는 점에서 보면 영역 II와 중첩될 수도 있으나, 우리 사회의 독특한 상황을 감안하여 별도의 영역으로 설정하였다. 남북 분단과 통일의 문제, 세계화와 국가, 민족의 정체성 문제 등 현실적인 요구와 도덕과 교육의 변천 및 역사적 편린을 고려하여 별도의 영역으로 설정하도록 한 것이다. 그리고 2007년 개정 도덕과 교육과정에서는 국가·민족의 문제를 한반도라는 제한된 시공간적 차원에서 다루는 것이 아니라 세계화된 사회의 지구 공동체라는 좀 더 넓은 맥락에서 객관적이고 보편적인 시각에서 다룰 수 있도록 도덕과 내용의 범위를 확장하도록 하였다.

영역 IV는 도덕적 주체와 자연 및 초월적 존재와의 가치문제를 다룰 수 있도록 설정된 영역이다. 개정 도덕과 교육과정에서는 '자연·초월적 존재와의 관계'라는 영역을 새롭게 도입함으로써 도덕과 교육에서 인간관계적 도덕의 한계를 넘어 자연, 종교 등과 같은 초월적 가치 차원의 주제들도 다룰 수 있도록 하였다.

한편, 2007년 개정 도덕과 교육과정에서는, 이렇게 설정된 영역들은 서로 구분되는 것이지만, 실제로 그 영역의 구분은 느슨하고 중첩되는 것으로 규정하고 있다. 따라서 영역 간의 구분은 필요하면 넘나들 수 있으며, 실제로 내용을 구성함에 있어서 영역 간 내용의 비중이나 분량을 획일적으로 제시하는 것이 아니라 다양하게 제시할 것을 권장하고 있다.

2. 가치 관계 확장법의 장점

1) 도덕과 교육 목적 및 목표와의 정합성 제고

교육 내용이란 내용 지식을 소재로 하여 학습자가 뭔가를 할 수 있게 만드는 것으로서 일종의 목적 지향적인 개념이라고 볼 수 있다. 또 이러한 목적 지향적 의미의 내용은 '지식을 왜 배우는가, 지식을 가르쳐서 어떤 인간을 기르려고 하는가?' 라는 교육의 궁극적 목적에 대한 질문과 다시 맞닿게 된다. 교육목표란 결국 교육 목적 실현의 수단적 내용이며, 따라서 목표도 내용이며 내용도 목표로 파악될 수 있는 것이다.

이렇게 볼 때, 생활 영역 확대법은 제3차 교육과정부터 '이념적인 인간 형성'과 '관습적 도덕성 습득'이라는 목적 및 목표를 위해서는 내용 구성의 방법적 원리로서 일면 유용하게 활용되긴 했지만, '도덕적 인간 및 도덕적 시민 형성'이라는 교과의 궁극적 목적 및 목표와는 긴밀성이 다소 부족했다는 한계가 지적될 수 있다. 즉, 생활 영역 확대법이 도덕과의 정치적·사회적 목적(예컨대 정치사회화 및 관습적 도덕의 내면화)을 실현하기 위해 용이하게 내용을 조직할 수 있었던 반면, 규범윤리학에 근거한 도덕적 차원의 교육 목적 및 목표에 비추어 그 내용을 타당하게 구성할 수 있는 방법적 원리로서는 한계가 있었다는 것이다. 가치 관계 확장법은 도덕적 주체인 '나'를 중심으로 다양한 가치 관계를 포섭하는 4개의 내용 영역을 설정하고 있기 때문에, '도덕적 인간 및 도덕적 시민 형성'이라는 도덕과의 목적 및 목표와 내용 간의 정합성과 일관성을 증가시키는 데 유용한 틀로서 활용될 수 있다는 장점이 있다.

2) '자연·초월적 존재와의 관계' 설정을 통한 내용 심화와 주제 확대

자연·초월적 존재와의 관계 영역에서는 인간과 인간 사이의 개인적인 또는 공동체적인 관계에서 빚어지는 도덕적 문제를 넘어서서, 자연과 우주, 초월자 혹은 신, 미적 가치, 학문적 진리 등을 지향하는 인간의 심성과 활동을 도덕적 관점에서 검토해 본다. 참된 진리를 추구하는 학문과 인간을 구원하는 성스러움을 추구하는 종교와 아름다움을 추구하는 예술은 인간의 현실을 초극하려는 지향을 갖는다. 그리고 인간 삶의 터전이자 세계의 존재적 기반인 우주적 자연 또한 인간의 초월적 지향 작용에서 그 숭고한 위상을 드러내는 것이다. 인간의 자기초월적 세계, 초월적 지향 작용은 얼핏 보아 도덕과 무관한 것이라고 생각할 수도 있을지 모르겠으나, 바로 이러한 형이상학적인 지평이 도덕적인 문제에서 보편적 척도를 탐색하고 구현하는 데 있어 결정적으로 중요한 것이기 때문에, 오히려 도덕적 탐구의 초석이 된다고 할 수 있다(교육과학기술부, 2008/2009: 194).

이와 같이 2007년 개정 도덕과 교육과정에서는 '자연·초월적 존재와의 관계'라는 영역을 새롭게 도입함으로써 도덕과 교육에서 인간관계적 도덕의 한계를 넘어 자연, 종교 등과 같은 초월적 가치 차원의 주제들도 다룰 수 있도록 하였다(교육과학기술부, 2008/2009: 178). 비록 2007년 개정 도덕과 교육과정에서는 구체적으로 명시하지 않았지만, 자연·초월적 존재와의 관계 영역이 설정된 이론적 근거를 찾아보면 다음과 같다. 우선 2007년 개정 도덕과 교육과정에서 '자연·초월적 존재와의 관계'를 설정하는 것은 가치 관계를 완성하는 지평으로서 소크라테스[6]와 칸트[7]의 도덕 신학에 의해 그 의의와 필요성을 정당화할 수 있다. 소크라테스의 도덕 신학은 신의 명령과 반성적 사유를 결합하고 있으며, 칸트의 도덕 신학은 도덕의 완성을 위해 영혼불멸과 신의 현존을 요청하고 있다. 이와 같이, '자연·초월적 존재와의

---

6. 도덕 신학(moral theology)은 말 그대로 도덕(moral)의 맥락에서 신(theos)의 문제를 이성(logos)의 한계 내에서 언어(logos)로 체계화한 것이라 할 수 있다. 종교의 문제에 대해 반성적 사유를 도입한 소크라테스의 근본적인 물음은 도덕 신학의 가능성을 제시한 것으로 평가할 수 있다. 다시 말해서, 신화적 사유(인습적인 믿음)에서 신은 선악의 원인으로 간주되었으나 소크라테스의 도덕 신학에서 신은 모든 것의 원인이 아니라 선한 것의 원인으로 해명된다(Republic, 379c). 이러한 관점은 소크라테스가 신적인 예언이나 신탁을 존중하지만 그 진위를 검토하는 기준으로 비판적 이성(critical reason)의 사용을 요청하는 맥락에서 이해될 수 있다. 요컨대 소크라테스는 신의 명령을 액면 그대로 받아들인 것이 아니라 비판적 이성의 검토를 통해 보편성을 지닌 도덕 명령으로 재해석한 것으로 볼 수 있다.
7. 칸트는 기존의 그리스도교의 종교철학자들과는 달리 도덕성의 근거를 마련하기 위해 성경의 주장들을 소개하는 방식을 거부하고, 도덕 이론을 성경 독해의 렌즈로 사용함으로써 성경을 일종의 '도덕성의 상징(a symbol of morality)'으로 이루어진 서사로 간주한다. 그러므로 칸트는 도덕이 성경에 따라 해석되어야 하는 것이 아니라 성경이 도덕에 따라 해석되어야 하며, 이러한 맥락에서 이성과 성경은 일치할 수 있다고 말한다. 도덕성의 렌즈로 종교 문제를 해명하는 칸트의 관점은 그야말로 종교철학 분야의 혁명적인 사고를 표명하고 있다고 할 수 있다(윤영돈, 2007: 94).

관계'에서 드러나는 선(善)과 성(聖), 성(聖)과 속(俗)의 내면적 상관성은 도덕 신학에 의해 해명될 수 있다(윤영돈, 2007: 104).

또한, '자연·초월적 존재와의 관계' 설정은 콜버그의 관점에 의해서도 그 의의를 찾을 수 있다. 콜버그는 그의 저작에서 윤리적 인식에서의 7단계를 기술했다. 『도덕철학자로서의 성인(*The Aging Person as a Moral Philosopher*)』과 『신념, 도덕성 및 자아 발달』에서 밝혀진 7단계에 대한 심리학적 설명은 생명에 대한 우주적 또는 종교적 관점을 포함한 윤리적·종교적 사고에 근거한 지향점을 드러내 준다. 이러한 7단계는 존재, 생명, 신과의 동일시 또는 일치감의 형성을 바탕으로 하고 있다. 왜 도덕적이어야 하는가? 세상은 불의, 고통, 죽음으로 가득한데, 왜 정의로워야 하는가? 라는 질문에 답하려면, 정의(justice)의 영역을 넘어서서 메타윤리학적·형이상학적·종교적 인식론에서 발견된 의미로부터 답을 도출해야 한다(문용린, 2000: 75).

이렇게 볼 때, 2007년 개정 도덕과 교육과정에서는 도덕적 주체와 자연 및 초월적 존재와의 가치문제를 다룰 수 있는 영역을 새롭게 설정함으로써 도덕과 교육 내용의 심화와 주제의 확장을 도모한다는 장점이 있다.

3) 타 교과와의 차별화 및 내용 중복 축소

도덕적 주체인 '나'를 중심으로 가치 관계를 확대해 나가는 내용 틀의 개발은 사회과에서 사용해 왔던 생활 영역 확대법과의 차별성을 획득해 도덕과 교육의 성격을 보다 분명하게 했다는 점에서 긍정적으로 평가될 수 있다. 또한 도덕적 가치를 중심으로 사회생활, 국가·민족·지구 공동체 생활 영역 등을 다룰 수 있기 때문에 타 교과와의 내용 중복을 피할 수 있다는 점에서도 기존의 생활 영역 확대법의 문제점을 어느 정도 극복했다고 볼 수 있다.

기본적으로 도덕과의 내용은 '사실'과 '지식'보다는 '규범'과 '가치판단'의 관점에서 교육 내용을 다루고 있기 때문에 인접 교과와 차별성이 있다. 예를 들어, 일과 배움에 관해서는 기술·가정 과목에서도 다루고 있으나, 도덕과에서는 일과 배움이 우리의 도덕적 삶에 어떤 의미와 영향을 주는지에 초점을 맞추어 교수·학습한다는 점에서 차이가 있다. 또한, 인권이나 국가·민족에 관해서는 사회과 과목에서도 다루고 있으나, 도덕과에서는 인권이나 국가·민족과 관련된 사실적 지식보다는 그것들이 우리의 도덕적 삶에 어떤 영향을 주고 있으며 우리의 도덕적 삶을 위해 바람직한 모습은 무엇인지를 가치 평가적 측면에서 다룬다는 점에서 차이가 있다. 또 다른 예를 들자면, 환경에 관해서는 사회과나 과학과 과목에서도 다루고 있지만, 환경과 관련된 과학적 혹은 사회 정책적 지식보다는 환경이 인간의 도덕적 삶에 어떤 영향을 주는지를 다루고 있다는 점에서 차이가 있다. 이처럼 2007년 개정 도덕과 교육과정에서는 가치 관계 확장법을 중심으로 규범적 및 가치 평가적 측면에서 교육 내용을 구성함으로써 타 교과와의 차별성을 확보하고 내용 중복을 줄일 수 있다는 장점이 있다(교육과학기술부, 2008/2009: 185).

4) 능동적인 학습자관을 바탕으로 구성주의적 학습 촉진

가치 관계 확장법은 보편적으로 타당하다고 여겨지는 덕목이나 가치를 순차적으로 배열하여 이를 이해시키고 내면화시키는 방식이 아니라, 도덕적 사고 및 행위의 주체인 자기 자신이 가치 관계로 연결된 대상(나, 우리·타인·사회, 국가·민족·지구 공동체)에 대해 윤리적으로 사고하고 성찰함으로써 도덕적인 의미를 능동적으로 구성해 나갈 것을 강조하고 있다. 그러므로 가치 관계 확장법은 도덕적 주체를 내세우는 능동적인 학습자관을 기반으로 하면서 학생 스스로가 다양한 도덕적 문제들에 대해 능동적으로 사고하고 해결할 수 있는 능력을 기르는 데 도움을 줄 수 있다는 장점이 있다.

IV. 도덕과 내용 구성 원리로서 '가치 관계 확장법'의 개선 배경

1. 가치 관계 확장법의 개념은 명료한가?

2007년 개정 도덕과 교육과정에서 내용 구성의 원리로 새롭게 제시된 가치 관계 확장법이 이해하기 어려운 구성 원리임에도 불구하고, 이에 대한 구체적이고 체계적인 설명이 부족하다는 문제점이 지적될 수 있다. 가치 관계 확장법의 토대가 된 가치 공간 확대법에 따르면, 도덕적 주체인 '나'를 중심으로 가치 관계가 확장되면서 이에 따라 도덕적 가치들이 변화한다고 규정한다. 이렇게 좁은 범위의 가치 관계에서 넓은 가치 관계로 확대되어 가는 것이 점차 높은 수준의 도덕적 선을 실현하는 것인지 아니면 도덕적으로 사유해야 할 대상이 바뀌면서 도덕적 선의 종류도 변할 뿐인 것인지 명확하지가 않다. 가치 공간 확대법(차우규 외, 2005: 29)에서 제시된 각 가치 관계에서 성취해야 할 도덕적 가치인 '좋음,' '착함,' '올바름,' '보살핌,' '책임' 사이에 위계가 존재하는가? 선의 이념이 본질적으로 하나라 하더라도 그것의 구체적 실현은 각각의 도덕적 관계에 따라 다르게 규정된다는 원리를 바탕으로 만들어진 것이 가치 공간 확대법이라는 점을 고려한다면, '좋음,' '착함,' '올바름,' '보살핌,' '책임' 간에 서열이 존재하지 않고, 특정한 관계에 적절한 도덕적 범주가 있을 뿐이라고 여겨진다.

2. 도덕적 주체의 자기 결정적 성격만 강조된 것이 아닌가?

가치 관계 확장법은 도덕적 주체의 자기 결정적 성격만 강조되어 존재 구속성적 성격이 배제되어 있다는 문제점을 지적할 수 있다(정창우, 2006b: 150-151). 즉, 가치 관계 확장법은 도덕적 주체인 '나'를 중심에 두다 보니 가치 공간에서 대상과의 관계 속에서 영향을 받게 되는 측면이 간과될 수 있다. 가치 관계 확장의 출발점 및 중심에는 '나'라는 존재가 놓여 있기 때문에 결국 사고 및 행위 주체인 '나'를 통해 세상을 바라보게 된다. 이러한 정신의 자기 결정적 성격을 수용하더라도 또한 관점을 달리 해보면, 우리는 나를 통해 세상을 보기도 하지만 간혹 주변 대상(객체)에 의해 나의 형성은 중요한 영향을 받게 된다. 예를 들어, 사회화 과정은 나의 인식 및 행위 양식에 영향을 미치게 되고, 타자의 나에 대한 인식 및 인정을 통해 나의 정체성을 찾아나가고 형성해 나가는 측면이 있다. 그러므로 이러한 '존재 구속성'적 관점을 완전히 배제하지 않는다면, 가치 관계 확장법은 정신의 자기 결정적 성격에 존재 구속성적 성격의 의미가 더해져야 한다는 문제가 지적될 수 있다.

3. 가치 관계 확장법의 이론적 구조는 체계적인가?

가치 관계 확장법의 토대가 된 가치 공간 확대법의 경우, 하나의 가치 공간에 대한 객관적 규정과 도덕적 행위의 관계항의 연결이 과연 적절한가의 문제가 제기될 수 있다. 실현되어야 할 도덕적 가치, 도덕적 주체에게 요구되는 도덕의식, 그리고 도덕적 행위의 관계항 설정이 다분히 자의적일 수 있다는 비판은 이미 다른 논문에서 지적된 바가 있다(정창우, 2006b: 151). 예를 들어, '책임'이라는 도덕적 가치는 모든 존재자와의 관계에 대한 객관적 규정이지만, 도덕적 주체가 스스로를 바로하기 위해서도 요구되며, 우리/타인/사회/국가/민족/지구 공동체와의 관계에서도 필요하다. 사회에 대한 의무감에서 비롯되는 '올바름'이라는 근본 가치도 우리의 사회적 관계 속에서 실현될 수도 있지만, 자신의 삶에 대한 올바름, 타인을 정당하게 대우해야 하는 올바름, 모든 존재자를 존중해야 하는 올바름으로 추구될 수 있다. 이처럼 하나의 가치 관계에서 이루어야 할 도덕적 근본 가치는 사실 그 가치 관계 외의 다른 관계에서도 중시될 수 있다. 이러한 판단에 따르면, 하나의 도덕적 가치를 특정한 도덕적 행위의 관계항과 연결시키는 것은 임의적이고 편협한 설정일 수 있다(이소영, 2009: 125).

또한, 〈표4〉를 통해 알 수 있듯이, 2007년 개정 도덕과 교육과정에서는 원래 5가지로 제시된 가치 공간이 4개의 내용 영역으로 줄어들면서 영역 간 부분적인 통합이 이루어지고 있다. 여러 가치 공간 간의 통합이 원칙적으로 불가능한 것은 아니지만, 서로 다른 가치 공간의 도덕적 가치들을 묶어 하나의 영역으로 만들기 위해서는 나름의 정당한 논리가 주어져야 할 것이다. 과연 4가지의 영역 구분이 5가지 가치 공간의 특성을 명확하게 드러낼 수 있을까? 외형적으로 보았을 때, 첫 번째 영역인 도덕적 주체로서의 '나'와 네 번째 영역인 자연·초월적 존재와의 관계가 각각 '나'와 '그것들'이라는 영역과 상호 연결 가능하다고 보더라도, '나와 너,' '우리,' '그들'과 II. 우리·타인·사회와의 관계, III. 국가·민족·지구 공동체와의 관계 영역은 어떻게 연결될 수 있을까?

4. 생활 영역 확대법의 문제점을 어느 정도 보완했는가?

생활 영역 확대법은 ① 실제 도덕 생활과의 연결 가능성 미약, ② 학생들의 학습 동기 저하, ③ 학습 내용의 중복 및 과다, ④ 세계화 및 정보화로 인한 생활 영역 구분의 타당성 문제, ⑤ 개인 생활에서 국가 및 국제 생활로 지적·도덕적 발달이 이루어진다는 논리의 이론적·경험적 근거 부족으로

'가치 공간 확대법'에서 가치 공간	'2007년 개정 도덕과 교육과정' 내용 영역
나(의 자기 관계) 나와 너(의 관계) 우리(의 사회적 관계) (우리 밖의) 그들(과의 외타적 관계) 그것들(모든 존재와의 관계)	Ⅰ. 도덕적 주체로서의 나 Ⅱ. 우리·타인·사회와의 관계 Ⅲ. 국가·민족·지구 공동체와의 관계 Ⅳ. 자연·초월적 존재와의 관계

〈표4〉 내용 영역의 구성 방식 비교

인해 국내외 학자들로부터 비판을 받아 왔다(정세구, 1999: 1-16).

이미 가치 관계 확장법의 장점을 언급하면서 ①, ②, ③ 항목에 대한 개선을 기대할 수 있음을 밝혔기 때문에, 여기서는 ④와 ⑤ 항목에 대해서만 평가를 내려 보도록 하자. 우선 2007년 개정 도덕과 교육과정에서는 "설정된 영역들이 서로 구분되는 것이지만, 실제로 그 영역의 구분은 느슨하고, 중첩되는 것으로 간주되며, 따라서 영역 간의 구분은 필요하면 넘나들 수 있다"고 명시하고 있다. 하지만 실제 내용 체계를 분석해 보면, 여전히 도덕적 주체가 관계를 맺는 바에 따라 분절적으로 가치 공간을 설정하고 있기 때문에, 개인에게 발생하는 다차원적인 문제들 혹은 여러 영역 간의 중첩적인 도덕적 문제들을 효과적으로 다루는 데 어느 정도 한계가 있다고 평가할 수 있다. 또한 발달심리학의 관점에서 보았을 때, 아동의 성장 및 발달과 관련성이 적다는 생활 영역 확대법의 문제점은 가치 관계 확장법에도 여전히 유효한 비판의 잣대라 할 수 있다. 왜냐하면 가치 관계 확장법 역시 실제 아동의 도덕적 성장에 대한 이론적·경험적 연구를 근거로 하고 있지 않기에 학습자와 유리된 가공의 논리라 볼 수 있기 때문이다.

또한 가치 공간 확대법에서는 가치 관계를 형성하고 있는 가치 공간별로 일정한 도덕적 가치를 부여하였지만(조난심 외, 2005: 105-109), 2007년 개정

제7차 도덕과 교육과정	2007년 개정 도덕과 교육과정
Ⅰ. 개인 생활 Ⅱ. 가정 · 이웃 · 학교 생활 Ⅲ. 사회 생활 Ⅳ. 국가 · 민족 생활	Ⅰ. 도덕적 주체로서의 나 Ⅱ. 우리 · 타인 · 사회와의 관계 Ⅲ. 국가 · 민족 · 지구 공동체와의 관계 Ⅳ. 자연 · 초월적 존재와의 관계

〈표5〉 제7차 및 2007년 개정 도덕과 교육과정 내용 영역의 명칭 비교

도덕과 교육과정에서는 그러한 도덕적 가치들이 명시되지 않았기 때문에 결국 4개로 설정된 내용 영역만 부각될 가능성이 있다.[8] 비록 "도덕적 주체인 나를 중심으로 가치 관계를 포섭한다"는 전제가 있긴 하지만, 가치 관계에서 지향해야 할 도덕적 가치가 배제된 것은 생활 영역 확대 원리와 차별화 정도를 미약하게 만드는 요인이 될 수 있다.

〈표5〉에 제시된 바와 같이, 개인 생활, 가정 · 이웃 · 학교 생활, 사회 생활, 국가 · 민족 생활이라는 명칭과 나, 우리 · 타인 · 사회, 국가 · 민족 · 지구 공동체, 자연 · 초월적 존재라는 영역 명칭을 외형상 비교해 보면, 범위 면에서 넓어진 것을 제외하고는 큰 차이가 없다고도 볼 수 있다. 결국 가치 관계 확장법에 따른 4가지 영역의 명칭은 모두 도덕적 주체의 사고 대상(객체)으로만 설정되어 있고 그 관계에서 중요시되어야 할 도덕적 가치를 구체적으로 담고 있지 못하기에 일정한 한계가 있다고 할 수 있다.

---

8. 가치 공간별로 도덕적 가치를 제시하지 않은 이유는 가치 공간별로 규정된 도덕적 가치들의 설정이 임의적이라는 비판을 받았기 때문이다.

IV. 결론: '2009 개정 교육과정에 따른 도덕과 교육과정'에서 보완된 점

2007년 개정 도덕과 교육과정에서 내용 구성의 원리로 새롭게 개발·적용된 '가치 관계 확장법'의 문제점으로는 ① 이해하기 어려운 구성 원리임에도 불구하고 구체적이고 체계적인 설명이 부족하다는 점, ② 도덕적 주체의 자기 결정적 성격만 강조되어 존재 구속성적 성격이 배제되어 있다는 점, ③ 특정한 도덕적 가치를 도덕적 주체와의 관계항 혹은 내용 영역과 직접적으로 연결시키는 것은 임의적이고 편협한 설정일 수 있다는 점, ④ 개인에게 발생하는 다차원적인 문제들 혹은 여러 영역 간의 중첩적인 도덕적 문제들을 효과적으로 다루는 데 여전히 한계가 있다는 점, ⑤ 가치 관계에서 지향해야 할 도덕적 가치(혹은 덕목)가 배제된 것은 생활 영역 확대 원리와의 차별화 정도를 미약하게 만드는 요인이 될 수 있다는 점 등을 들 수 있다.

따라서 '2009 개정 교육과정에 따른 도덕과 교육과정'에서는 첫 번째와 두 번째로 지적된 문제점에 대해서는 가치 관계 확장법의 개념적 명료화를 통해 개선책을 찾았고, 세 번째와 다섯 번째 문제점은 '전체 지향' 및 '영역별' 주요 가치·덕목의 설정을 통해 해결책을 모색하고자 하였다.

1. '가치 관계 확장법'의 개념 명료화

'가치 관계'란 도덕적 주체와 사고 대상(객체) 간 관계를 의미하며, 도덕적 주체와 사고 대상 간의 관계는 '도덕적 가치'에 의해 규정되고 이를 통해 상호 연결되어 있음을 뜻한다. 또한 '가치 관계 확장법'은 가치 관계 속에서 도덕적 주체가 성찰하는 대상의 범위가 점차 확장되어 가는 방식(나 → 우리·타인·사회 → 국가·민족·지구 공동체 → 자연·초월적 존재)을 의미한다.

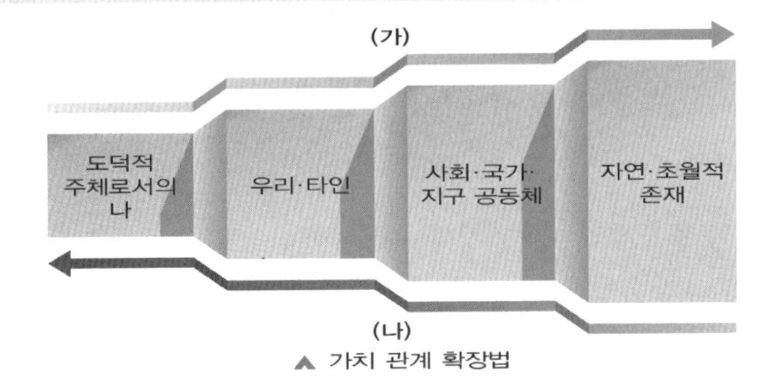

▲ 가치 관계 확장법

(가) 화살표는 도덕적 주체가 가치 관계로 연결된 대상(나, 우리·타인·사회, 국가·민족·지구 공동체, 자연·초월적 존재)에 대해 윤리적으로 사고하고 성찰함으로써 도덕적인 의미를 능동적으로 구성해 간다는 점을 강조하기 위해서 제시한 것이다. 이는 보편적 사고의 지평에서 윤리적으로 성찰하는 자율적 도덕인의 특성을 부각시키고자 한 것이다. 한편, (나) 화살표가 나타내는 의미는, 우리는 '나'를 통해 세상을 주체적으로 보기도 하지만, 간혹 주변 대상(객체)에 의해 나의 형성은 중요한 영향을 받게 된다는 것을 보여주고자 한 것이다. 즉, 정신의 자기 결정적 성격에 존재 구속성적 성격의 의미가 더해져야 한다는 것을 나타낸 것이며, 또한 도덕적 자율성을 지닌 인간을 형성하기 위해서는 도덕적 사회화도 일정 정도 필요함을 나타내고자 한 것이다.

2. '전체 지향' 및 '영역별' 주요 가치·덕목의 설정

앞서 지적한 세 번째와 다섯 번째 문제점은 길항적(拮抗的) 관계, 즉 시소와 같이 한쪽이 올라가면 다른 한쪽이 내려가는 형태의 문제가 발생할 가능성이 높다. 즉, 도덕적 주체와의 관계항 별로 특정한 도덕적 가치를 규정하게 되면 임의적인 설정이라는 문제가 발생하게 되고, 반면 도덕적 가치를 전

내용 영역		I. 도덕적 주체로서의 나	II. 우리 · 타인과의 관계	III. 사회 · 국가 · 지구 공동체와의 관계	IV. 자연 · 초월적 존재와의 관계
주요 가치 · 덕목	전체 지향	존중, 책임, 정의, 배려			
	영역 별	자율, 성실, 절제	효도, 예절, 협동	준법 · 공익, 애국심, 통일 의지, 인류애	자연애, 생명 존 중, 평화
영역 목표		자율적 인격을 추 구하는 도덕적 주 체로서의 능력과 태도 함양	인간관계를 조화 롭게 형성할 수 있는 도덕적 능력 과 태도 함양	국가 · 사회의 발전 과 통일 및 인류 공 영에 이바지할 수 있는 도덕적 능력 과 태도 함양	자연과 우주, 초 월적 가치의 지평 에서 이상적 삶을 추구할 수 있는 도덕적 능력과 태 도 함양

〈표6〉 '2009 개정 교육과정에 따른 도덕과 교육과정'에서 설정된 주요 가치 · 덕목

혀 규정하지 않게 되면 생활 영역 확대법과 차별화가 어렵다는 문제가 발생하게 된다. '2009 개정 교육과정에 따른 도덕과 교육과정'에서는 도덕적 주체와 사고 대상(객체)과의 관계는 도덕적 가치 혹은 덕목에 의해 연결되어야 하며, 여기서 각각 중시되어야 할 가치 · 덕목을 명시하지 못하면 도덕과 교육의 지향점이 모호해질 수 있기 때문에 도덕적 가치 · 덕목의 설정이 필요하다고 보았다. 이와 동시에 임의적인 가치 설정의 문제를 개선하기 위해 '전체 지향 주요 가치 · 덕목'과 더불어 '내용 영역별 주요 가치 · 덕목'을 설정하였다. '전체 지향 주요 가치 · 덕목'은 도덕적 맥락 속에서 모든 영역에 걸쳐 강조되어야 할 가치 · 덕목으로서 다른 가치의 토대 혹은 기초가 되고, 일반화의 수준이 높은 가치 · 덕목이다. 또한 도덕성의 본질이자 도덕교육을 통해 습득시켜야 할 인격 특성을 반영한 것이거나 윤리적 이슈들에 대한 논의를 전개해 나가기 위해 필요한 보편적 도덕원리를 반영한 것이기도 하다. 여기에는 존중, 책임, 정의, 배려가 포함된다.

  '영역별 주요 가치·덕목'은 각 영역의 설정 근거 및 추구하는 목표를 고려하여 선정된 것이다. Ⅰ영역에서는 자율적 인격을 추구하는 도덕적 주체로서의 능력과 태도 형성을 위해 자율, 성실, 절제를 선정하였다. Ⅱ영역에서는 우리의 문화적 전통에서 강조되는 '효도'와 '예절,' 그리고 오늘날의 경쟁 사회에서 타인과의 바람직한 관계인 '협동'이 인간관계에서 요구되는 덕성과 자질 형성의 근간이 된다고 보아, 효도, 예절, 협동을 선정하였다. Ⅲ영역에서는 민주 사회의 구성원으로서 필수적인 '준법'과 '공익,' 남북 분단이라는 특수한 상황에서 요구되는 '통일 의지,' 그리고 국가 및 지구 공동체의 구성원에게 요구되는 '애국심'과 '인류애'가 다양한 공동체에 소속된 구성원이 지녀야 할 능력과 덕성의 근간이 된다고 보아, 준법, 공익, 통일 의지, 애국심, 인류애를 선정하였다. Ⅳ영역에서는 자연과 우주, 초월적 가치의 지평에서 이상적 삶을 추구할 수 있는 능력과 덕성의 근간이 되는 것으로 '자연애,' '생명 존중,' '평화'를 선정하였다. 영역별 가치·덕목들은 필요에 따라 영역 간의 구분을 넘나들 수 있다.

제12장

도덕과 수행평가 내실화 방안

I. 서론

1998년 10월 「교육비전 2002: 새 학교 문화창조」에서 공식적으로 처음 사용되었던 수행평가가 바로 그 다음 해인 1999년 3월부터 전국의 초·중등학교에서 일제히 실시되었다. 이러한 성급한 정부 차원의 수행평가의 도입으로 인해 수행평가의 교육적 타당성이 문제가 되었다. 수행평가의 필요성과 중요성에 의거해서 도입을 긍정적으로 보고하는 연구들이 출간되었지만(배호순, 2000; 김주훈 외, 2002; 조난심 외, 2001), 수행평가의 시행 과정에서 상당한 논란과 시행착오가 발생했다. 교사들은 수행평가의 실시 상의 어려움을 호소하였고, 학생들은 수행평가의 과제로 힘들어 하였으며, 학부모는 수행평가의 공정성과 신뢰성에 의문을 제기하였다. 이러한 수행평가의 당위성과 현실적 어려움 사이에서 수행평가는 조금씩 학교 현장에 적용되었고, 이미 10년 이상의 세월이 흘렀다. 하지만 수행평가가 학교교육의 내실화에 긍정적으로 기여하고 있으며 학교 현장에서 제대로 정착되었는지에 대한 의문은 여전히 남아 있다(남명호, 2007; 김호권, 1999: 1-10).

수행평가가 학교교육의 내실화 방안이 되기 위해서는 수행평가의 본질적 의미와 가치에 맞게 적용되어야 한다. 수행평가의 본래 목적이 실현될 때 학교교육 현장의 교육 효과를 기대할 수 있다. 수행평가 적용의 타당화 준거 정립에 대한 상당한 연구들이 이루어졌고, 수행평가 시행에 관한 물적·제도적 지원 방안을 모색하고 있다. 서지영은 수행평가에 관한 다양한 실태 연구들을 메타분석하고 초·중학교 수행평가 적용의 타당도를 진단하였다. 이러한 진단에 근거하여 수행평가의 본질적 목적을 재정립하고, 수행평가에 대한 정부의 시행 규제 완화, 교사의 재량권 확보, 수행평가의 연구와 시행을 위한 재량 시간 제공 등을 권고하였다(서지영, 2008: 165-171).

한편, 도덕과에서 수행평가는 단순한 도덕적 지식을 측정하던 평가 관행을 개선하고, 고차적 사고력은 물론 정의적, 행동적 영역을 평가해 그 평가 결과에 기반하여 교수 학습을 개선할 수 있는 평가 방안으로서 취급되었다. 비록 수행평가에 내재한 고비용 평가 문제나 신뢰도의 문제가 있다 해도 도덕과 평가의 타당도를 높일 수 있기 때문에, 수행평가의 학교 현장 적용의 당위성은 점점 더 일반화되었다. 2007 개정 교육과정에서는 공식적으로 도덕과 평가로서 다양한 수행평가의 활용을 권장하고 있다.

하지만 이러한 수행평가의 교육적 신념은 어디에서 비롯한 것인가? 수행평가 적용의 타당도와 관련된 많은 연구들은 수행평가의 이상과 현실적 적용 간의 괴리의 문제를 거론하며 현실적으로 어떻게 개선할 것인지를 연구하고 있다. 이러한 수행평가 적용의 타당도 문제가 도덕 교과에서만은 발생하지 않을 것이라 기대하는 것은 지나치게 낙관적인 대응일 수 있다. 그간 도덕과 교육은 수행평가 적용에 대한 현 실태를 점검하는 데는 다소 소극적이어서, 수행평가가 과연 이론적 기대만큼 도덕과의 교육목표의 본질 달성에 긍정적으로 기여하고 있는지에 대한 진단은 충분치 않은 상황이다.

수행평가 적용의 타당도에 대한 교사의 인식에 기초하여 수행평가 시행의 실태를 파악하는 것은 중요하다. 일선 교사들은 수행평가의 목적에 공감하지만, 수행평가로 인해 늘어난 업무의 어려움 때문에 부담스러운 정책으로 간주하며 회피하기도 한다. 또한 교사들이 수행평가를 이해하고 적용하려 하지 않는다면, 의도했던 학교 평가의 실태를 개선할 수 없다. 비록 초등학교 교사를 대상으로 한 연구 결과이지만, 다른 교과와는 달리 도덕 교과에서 수행평가의 기대 효과와 실제 효과 간의 차이와 이상적인 방법과 실제 사용하는 평가 방법 간의 차이의 괴리가 뚜렷하게 나타난다는 결과가 발표되었다(지은림·김성숙, 2008: 173-191). 따라서 수행평가의 목적과 가치를 이해하고 직접 수행평가를 적용해 본 경험이 있는 교사들을 대상으로 수행평가 적용의 타당도를 조사하고 수행평가 일반에 대한 교육 전문가의 타당도 측정 결과와 비교할 때, 도덕 교과에서 이루어지는 수행평가의 실질적 교육 효과를 정확히 판정할 수 있을 것이다.

이에 이 글에서는 도덕과 수행평가 적용의 타당도에 관한 현장 교육 전문가인 중등 교사의 인식을 조사하고, 수행평가 일반의 적용 타당도에 대한 결과와 비교하여 수행평가 개선 방안을 제시하고자 한다.

II. 이론적 배경

1. 수행평가 적용의 타당화

1) 수행평가의 본질과 교육적 효과

수행평가는 선택형 검사의 대안적 평가 방식으로, 세계화, 정보화의 시대적 조류에 따라 학습자의 지식 구성 능력에 대한 사회적 요구를 반영하고 있다. 수행평가에 대한 정의는 학자마다 다양하다. 박도순은 "학생 개개인이 처한 '상황'이라는 요인을 고려하여 과제 수행 과정과 결과에 대한 포괄적인 정보 수집방식"으로, 백순근은 "학생 스스로가 자신의 지식이나 기능을 나타낼 수 있도록 산출물을 만들어 내거나 답을 작성하도록 요구하는 평가 방식"으로, 성태제는 "배운 내용이나 지식, 그리고 습득한 기술이나 기능을 행위로 나타내는 정도를 측정하여 판단하는 평가 방법"으로, 김명숙은 "피평가자가 직접 만들어낸 산출물이나 작성한 응답 또는 행동을 관찰함으로써 그들의 지식이나 기능, 태도 등에 대한 자료를 수집하고 판단하는 과정"으로 정의하고 있다(박도순, 1995; 백순근, 1997; 성태제, 1999; 김명숙, 2001; 서지영, 2008).

이러한 다양한 수행평가의 개념 정의는 어떤 점을 강조하느냐의 차이에서 비롯하지만, 다음 세 가지의 공통된 수행평가의 본질을 발견할 수 있다. 첫째, 학습자의 구성적 수행이라는 점이다. 선택형 위주의 객관식 평가와는 달리 피평가자가 문제에 대한 답을 스스로 구성하거나 문제 자체를 구성하는 '직접적인 구성적 반응'이다. 둘째, 실제 생활을 위한 참 평가(authentic evaluation)이다. 수행평가는 실제 생활의 문제를 다루고 해결하는 능력을 평가한다. 셋째, 수행평가는 학습 과정에 대한 정보를 제공하고 이해할 수 있도록 해주는 과정 평가(process evaluation)이다(지은림·김성숙, 2005: 175).

수행평가의 개념과 본질에 근거하여 교육적 효과를 다양한 측면에서 조명한 지은림·김성숙은 수행평가의 효과를 다음과 같이 정리했다(지은림·김성숙, 2005: 176-177). 첫째, 고등 사고 능력을 평가하기에 적합하다. 실제 문제를 해결하기 위해 다양한 지식을 통합적으로 다루는 능력을 평가하기 때문에 종합적 사고와 문제 해결 능력을 평가할 수 있다. 둘째, 수행평가는 창의력 계발에도 도움을 준다. 학생들이 자유롭게 문제에 대한 다양한 반응을 구성할 수 있기 때문에 창의적 사고 능력을 기르는 효과를 기대할 수 있다. 셋째, 실제 상황의 문제를 다루고 있기 때문에, 실제 활용 능력의 향상에 효과적이다. 넷째, 학생들이 과제를 능동적으로 수행하면서 교과에 대한 흥미를 높이는 효과를 초래한다. 다섯째, 수행평가는 과정 평가이기 때문에 학생들의 학습의 사고와 행동 과정을 이해하는 데 필요한 정보를 많이 제공한다. 이외에도 수행평가는 학생의 인지적 영역뿐만 아니라 학생 개개인의 행동 발달 상황이나 흥미, 태도 등의 정의적 영역, 그리고 운동 기능 등의 심동적 영역에 대하여 종합적이고 전인적인 평가를 할 수 있다(서지영, 2008: 17).

2) 수행평가의 타당화

수행평가의 이론적 교육 효과를 기반으로 국가적으로 수행평가를 학교 현장에 도입했다. 하지만 교육적 효과의 실제성에 대한 의문이 제기되었다. 수행평가의 교육적 효과에 대한 믿음은 어떤 근거에서 비롯된 것인가? 김호권에 따르면, "수행평가는 전통적 평가방법이라고 분류하는 어떤 평가방법보다도 취약점이 많고 취약성의 심각성이 높은 평가방법이다. 신뢰도와 타당도가 어떤 위험수준을 넘을 만큼 위태로운 평가법은 이미 평가법의 기본 요건을 상실한 사이비 평가법이다"(김호권, 1999: 8). 수행평가의 시행을 찬성하거나 반대하는 사람 모두에게 수행평가의 낮은 신뢰도와 타당도는 큰 문제로서 수행평가의 질 관리 혹은 타당화의 필요성을 인정하였다.[1]

수행평가의 타당도에 관한 논쟁점은 수행평가의 고유한 타당도가 주장될 수 있는지, 그리고 타당도 안에 결과 타당도가 함축될 수 있는지이다. 타당도의 전통적 개념은 내용 타당도, 구인 타당도, 준거 관련 타당도(공인 타당도, 예언 타당도)로, 이러한 일반적 타당도의 준거가 그대로 수행평가에 적용될 수 있는지의 문제이다. 한편은 일반 평가에 사용되었던 타당화 준거들이 수행평가에도 사용될 수 있다는 입장이라면, 다른 한편은 수행평가

---

1. 배호순은 수행평가의 질 관리의 방법으로 타당화 기법을 제시하였다. 수행평가의 타당화 연구들은 수행평가의 본질을 실현하기 위한 방법으로서 접근하면 좋을 것이다.

의 타당화 준거에는 직접성, 범위성, 신뢰성, 투명성과 같은 교육적 시스템 (Fredrickson & Collins, 1989: 27-32)이나 공정성, 전이 및 일반화 가능도, 인지적 복합성, 내용의 질, 내용의 범위, 의미성, 비용과 효과성과 같은 준거 (Linn et al., 1991: 15-21)들이 포함되어야 하기 때문에 고유한 타당화의 준거를 필요로 한다는 입장이다.

결과 타당도를 수행평가의 타당도 범위 안에 포함해야 하는지 여부가 또 다른 쟁점이 되었다. 결과 타당도는 교육평가가 사회에 미치는 결과를 고려하는 개념으로, 전통적 타당도의 개념에서 취급되지 않았다. 메식(Messick)은 전통적 타당도 개념의 한계점을 지적하면서 결과 타당도라는 용어를 사용하였으며, 이를 통해 평가의 사회윤리적 영향에 대해 유의할 것을 주장하였다. 결과 타당도를 기존의 평가 범주에 넣어야 하는가의 논쟁이 셰퍼드 (Shepard), 팝함(Popham), 린(Linn), 메렌스(Mehrens)에 의해 1997년에 전개되었다. 국내에서도 이와 유사한 논쟁이 성태제(1998: 125-147)에 의해 제기되었으며, 강승호(1998: 148-154)는 타당도의 개념과 검사 결과가 사회에 미치는 영향에 대한 평가는 별개라며 결과 타당도를 부인하였다. 하지만 김명숙(2000)은 결과 타당도를 수행평가에 적용하여 수행평가의 도입이 현장에 어떤 변화를 초래했는지를 점검하고, 부정적인 결과를 초래한 경우 이에 대한 시정 작업이 필요하다고 주장하였다.

수행평가가 학교교육 현장에 적용되면서, 과연 수행평가의 본질적 의미와 가치가 실현되고 있는지가 지속적으로 문제 제기되면서 결과 타당도의 쟁점은 더욱 부각되었다. 수행평가를 도입할 준비가 되어 있지 않은 상태에서 국가가 주도적으로 수행평가를 전국에 도입하면서, 복잡하고 추상적인 수행평가 개념을 쉽게 이해하도록 안내하기 위해 "선택형 평가 이외의 다른 방법으로 하는 평가"(교육부, 1999)로 제시하였고, 이는 교사들의 수행평가에 대한 오해와 개념상의 혼란을 야기하였다(성태제, 2000: 153-184).

더욱이 지난 10년 동안 수행평가가 추진되면서 학생과 학부모로부터 평가의 공정성·객관성에 관한 이의가 제기되었고, 이로 인해 수행평가의 본질적 의미와 가치에 대한 혼란이 가중되었다. 이와 같은 평가의 객관성·공정성 확보 요구, 그리고 수행평가 시행에 따른 사교육 성행 및 학습 부담의 증가 등의 문제를 해결하기 위해 각 시·도 교육청에서는 수행평가 시행 지침을 상세화하였다. 단위 학교에서는 주로 소속된 시·도 교육청의 지침에 근거하여 자체적으로 학업 성적 관리 규정을 정하기 때문이다. 하지만 이러한 수행평가 관련 정책들은 수행평가와 관련하여 제기되는 여러 문제들을 일시적으로 막기 위한 대증적 처방의 성격이 강하였기 때문에, 수행평가의 본질 구현과는 상당한 거리가 있었다.

또한 수행평가가 교사의 평가 전문성과 자율성을 기반으로 하는 평가라는 특징을 고려하여 교사의 학생 평가 전문성의 신장을 향상시키고자 하는 연구들이 없었던 것은 아니지만(이인제 외, 2004; 남명호, 2006), 수행평가에 대한 교사의 이해를 개선하는 직접적 계기가 되지는 못했고, 수행평가의 교육적 타당성과 효과는 문제가 되어 왔다.

서지영은 이와 같은 수행평가의 정책을 공시적으로 조망하며 학교교육의 현장에서 전개되는 수행평가의 이상과 현실 간 괴리 문제를 개선하여 교육의 내실화에 기여하는 수행평가의 적용 방향을 모색하기 위해 수행평가의 적용 타당도 준거를 명료화하고자 하였다. 수행평가의 활동 성격이나 단계에 적합한 일반 평가의 타당화 준거 및 결과 타당도를 통합하여 〈표1〉과 같은 포괄적인 타당화 준거를 정립하였다(서지영, 2008: 121). 평가 활동의 성격에 따라 수행평가의 설계 및 준비 활동으로부터 수행 과제의 개발 및 선정, 평가의 실시 및 자료 수집, 결과의 해석 및 활용의 네 단계로 분류하고, 그에 적합한 타당화 논리를 적용하였다. 이렇게 수행평가의 성격이나 단계에 따라 적합한 타당화 논리를 적용하려는 시도는 "평가 활동 단계의 성격에 따라 적합한 증거들을 수집하고 있다는 점에서 전통적인 구도보다 체계적이며, 평가의 전반을 고려하는 개념 틀이라고 볼 수 있다"(성태제, 2003: 103).

수행평가 단계	타당화의 논리	타당화의 논리의 의미
준비 및 설계	국가정책에의 부합성	교육과학기술부와 16개 시·도 교육청별, 지역 교육청별로 수행평가에 대한 지침들을 제시하고 있는데, 이들이 현장에 얼마나 반영되는지를 확인
수행 과제의 개발과 시행	내용 타당도	평가 내용의 적절성과 대표성을 의미하는 것으로서, 과제의 내용이 평가 목적에 적절한지, 교육과정 목표를 얼마나 적절히 반영하고 있는지를 확인
	내재적 타당도	수행 과제가 교수·학습을 개선시키는 데 기여할 수 있는지, 교수한 내용을 대표함과 동시에 다양한 영역을 포함하고 있는지, 학생들의 고등 정신 능력을 측정하는 목적에 충실한지를 확인
	교수 타당도	교수·학습의 전개 과정에서 교수·학습 목표에 입각하여 설정된 수행 과제를 수업의 전개 과정에서 어느 정도 충실하게 시행하는지를 확인
	평가 실행 적절성	수행평가를 수행하는 데 필요한 학생과 교사의 시간 비용이 적절한지를 확인
	평가 과제의 명료성	수행 과제 형식의 완성도와 명확성 정도를 확인
결과의 해석 및 활용	채점의 타당성 및 공정성	채점 기준 구성이 적절한가와 채점 기준이 학생과 학부모에게 적절한 시기에 공개되는가를 확인 채점 과정이 채점 기준표에 의해 공정하게 이루어지는지를 확인
	결과 활용의 적절성	수행평가의 결과가 성적에 반영되는 비율 정도와 성적 산출 방법을 확인
교육적 기여도 검증	결과 타당도 및 수요자의 수용성	검사나 평가를 실시하고 난 결과에 대한 가치판단으로 평가 결과의 평가 목적과의 부합성, 평가 목적의 달성 여부, 평가 결과가 사회에 미치는 영향, 그리고 평가 결과를 사용할 때 사회적인 변화들과 수요자의 수행평가에 대한 만족도 정도를 확인

〈표1〉 수행평가 적용의 타당화 준거

2. 선행 연구

수행평가를 위한 타당화의 준거와 관련된 연구들은 대체로 수행평가의 시행 상의 문제점 개선과 질 관리를 통해 내실화 주제와 관련되었다. 김명숙 (2003: 29-41)은 수행평가 시행의 문제를 줄이기 위해 수행평가의 개념과 가치에 근거하여 수행평가의 구인 타당도를 정립하고 8가지 질 관리 항목을 제안하였으며,[2] 배호순(2001: 47-70)은 수행평가 질 관리 체제를 목적의 설정, 목적에 적합한 질 관리 전략 및 질적 지표 수집 방법의 선정, 질 관리 준거 및 기준의 결정, 체계적인 결과 활용 체제로 구분하고, 즉각적인 피드백과 교정 활동 등이 필수적으로 요청된다고 주장하였다. 임시혁(2002: 387-401)은 수행평가 타당화의 쟁점을 분석하고 수행평가 타당화의 두 모형을 제안하였으며, 백순근과 황은희(2003: 125-142)는 수행평가가 '교육적 가치'에 미치는 영향을 분석하여 수행평가를 활용한 교수·학습 활동이 교육적으로 가치 있다는 결과를 제안하였다. 하지만 입시 부담이 없는 초등학교에서 수행평가의 교육적 효과와 활용 방식을 조사한 지은림과 김성숙은 기대 성과에 비해 실제 성과는 낮다고 보고하였다(지은림·김성숙, 2005: 173).

또한, 수행평가 적용의 타당도와 타당화 준거에 대한 연구들이 이루어졌다. 성태제(1999: 212-213)는 결과 타당도를 기존의 타당도 개념에 포함하여 타당도 개념을 확장할 것을 강조하였고, 수행평가는 물론 교육평가가 학생, 학부모, 교사, 학교, 그리고 사회에 미치는 영향을 고려할 것을 주장해 왔다. 오수학(2001: 49-51)은 수행평가와 일반 평가의 차이를 구분하지 않고 메식의 구인 타당도를 중심으로 수행평가의 타당화 준거를 정립하였으며, 서지영은 이러한 연구들을 포괄적으로 통합하여 수행평가의 단계별 타당화 준

---

2. 김명숙은 수행평가의 질 관리 8가지 항목을 다음과 같이 제시하였다. 1) 내용의 범위와 내용 대표성, 2) 수업과 평가의 연계성 또는 교수 타당도, 3) 내용의 질과 인지적 복합도, 4) 직접성과 신실성, 5) 의미성과 질적 타당도, 6) 공정성, 7) 비용과 실용성, 8) 채점 신뢰도.

거를 확립했다.

한편, 대체로 2000년대 이후 중등 도덕과에서도 수행평가의 내실화를 위한 연구들이 수행평가 적용의 문제점을 밝히고 개선 방안을 제안하는 형태로 이루어졌다. 도덕과에서 수행평가를 실시하는 목적과 방향에 대해서는 기본적으로 공감하지만, 수행평가를 이해하고 실행할 물적·제도적 기반의 취약성을 비판하기도 하고, 수행평가에 대한 이해를 높이기 위해 지역별·학교별 연수의 기회를 확대하며 수행평가의 객관성과 신뢰성을 개선하고 수행평가 문항 개발과 시행 제반과 관련된 제도적 지원 및 채점 기준 작성의 필요성을 지적하고 있다(정창우, 2006c; 차우규, 2002).

하지만 수행평가의 도입이 도덕과 교육의 평가 타당도를 개선할 수 있다는 기대와 달리(조난심, 1998; 추병완, 2005; 유병열, 2009: 497-504), 수행평가에 대한 연구가 활성화되지 않았다. 뿐만 아니라 수행평가에 대한 논문이 대부분 이론적 논의를 바탕으로 도덕과에서의 수행평가 적용의 문제점을 도출하고 있기 때문에, 도덕과에서 수행평가가 실제로 어떻게 적용되고 있고 타 교과에 비해 도덕과에 수행평가를 적용했을 때 발생하는 특수한 어려움은 없는지에 대한 논의가 극히 부족한 실정이다. 그러므로 도덕과에서 이루어지는 수행평가에 대한 정확한 진단을 바탕으로 수행평가의 문제점을 규명하고 개선 방향을 모색하는 경험 연구들이 필요하다.

III. 연구의 내용과 방법

1. 연구 대상

본 연구는 수행평가를 실시해 본 경험이 있는 교육 전문가를 대상으로 실행한 실태 조사 및 비교 연구이기 때문에, 다음과 같은 연구 대상자의 자격 조건을 두었다. 첫째, 교육 경력 3년 이상이며, 수행평가 도구를 계획하고 개발하고 실시해 본 경험이 있어야 한다. 둘째, 수행평가에 관련된 교내외 연수를 받았거나 대학원에서 도덕과 평가 관련 강좌를 이수해야 한다. 이에 교원 양성 기관에서 석·박사 과정을 이수하는 중·고등학교 교사 35명을 대상으로 하였다.

2. 연구 도구 및 내용

본 연구는 서지영이 개발한 수행평가 적용의 타당성을 진단하는 도구를 사용하였다. 본 연구의 검사 도구의 구성 내용과 신뢰도는 〈표2〉와 같다. 검사 도구 전체의 신뢰도는 .918이기에 검사 도구로서 충분히 양호하다.

3. 연구 방법 및 절차

연구 대상자들에게 협조를 얻어 연구의 취지를 설명하고 질문지 50부를 직접 배포하여 자기평가 기입법(Self-Administration)을 사용하였다. 부득이 한 경우는 이메일을 사용하였다. 그리고 여기서 조사된 결과를 수행평가의 개선을 위한 기초연구 차원에서 일반 교사들을 대상으로 체계적으로 조사 연구를 실시한 서지영의 연구 결과와 비교하였다.

4. 자료 처리 및 분석

회수된 질문지 35부를 SPSS 12.0 통계 프로그램을 이용하여 전체 응답자 의 일반적인 경향을 파악하기 위한 기술 통계로서 평균값을 구하였다. 수행 평가 일반의 타당도 인식과 '도덕과' 수행평가의 타당도 인식의 차이를 조

수행평가 단계	타당화 준거 영역	세부 준거	문항 내용	문항수	신뢰도
설계	국가정책에의 부합성	문항 유형	수행평가 문항 유형	4	.605
		실시 계획 수립	실시 계획 수립		
		시행 및 채점	시행 및 채점		
		계획의 공개	계획의 공개		
수행평가 과제의 개발과 시행	내용 타당도	수행 과제의 내용 적합성	교육과정의 목표 및 내용 반영	2	.825
			내용 범위 및 수준의 평가 대표성		
	교수 타당도	교수·학습과의 연계성	교수·학습과의 연계성	1	
	내재적 타당도	수행평가로서의 적절성	실 상황에서 요구 능력 평가	5	
			평가 대상의 내용 직접 평가		
			고등 사고 능력 측정		
			가르친 내용과 영역 등을 통합		
			교수·학습 개선 가능성		
	평가 실행의 적절성	평가 채점의 실제 실행 가능성 및 공정성	학생 수준에서 과제 실현 가능성	4	
			교사 수준에서 결과 채점 연건의 적절성		
			평가 시간 운영의 적절성		
			개인 편향의 영향 가능성		
	평가 과제의 명료성	피평가자의 이해 가능성	학생 이해 수준에 맞는 과제 제시	2	
			수행 과제 형식의 완성도		
결과 해석 및 활용 단계	채점의 타당성 및 공정성	채점 기준의 적절성	하위 영역 포함의 적절성	3	.706
			응답 수준을 나타낸 기준 설정		
			작성 기준의 명료성		
		채점 기준의 공개	학생과 부모에게 공개	2	
			공개 시기의 적절성		
		채점 방법의 신뢰성	채점의 일관성	3	
			수행 수준에 따른 채점의 정확성		
			배점 일치 확인 절차 활용		
	결과 활용의 적절성	성적 반영에의 적정성	반영 비율의 적정성	2	
			산출 방법의 적절성		
교육적 기여도 검증	결과 타당도	교육목표 달성	교육목표 달성에 기여	1	.870
		교육 개선에의 활용도 및 기여도	학업 성취에 긍정적 영향	4	
			학업 동기에 긍성석 영향		
			정보 구성력과 창의력에 영향		
			교직 효능감에 긍정적 영향		
		결과 타당도 수요자의 수용성	학부모의 성적 산출 방식 만족	3	
			부정적 영향을 주지 않음		
			의도하지 않은 목적으로 이용 않음		
계				36	.918

〈표2〉 검사 도구의 구성과 신뢰도

사하기 위해 선행 연구인 서지영의 연구와 본 연구 결과를 비교하였다. 서지영 연구에서 피험자 수가 적다는 점(N<30)과 모집단의 등분산을 가정하는 '모평균의 차이 검증 공식'을 활용할 필요성에 근거하여, 선행 연구와 본 연구 결과 간의 평균 차이(t-test)를 조사하였다.

IV. 연구 결과

1. 단계별 적용의 타당도 현황

1) 설계 단계

일반적으로 수행평가를 설계하는 단계에서는 교육과학기술부나 해당 시·도 교육청의 수행평가에 대한 지침을 준수해야 한다. 이 지침에는 대체로 수행평가 문항 유형과 수행평가 계획 수립 및 시행 방법, 평가 계획 및 결과의 공개 등이 포함되어 있다.

다양한 평가 방법이 도입되었는가, 교과협의회를 통한 계획 수립과 반영이 이루어졌는가, 계획에 따라 실제 운영되었는가, 수행평가의 계획과 평가 결과가 학생에게 공개되었는가의 4개 세부 준거 항목에서 4.26이라는 높은 수준의 타당성을 가지는 것으로 나타났다. 그런데 수행평가 문항 유형의 항목은 평균보다 훨씬 낮은 3.6으로, 중등 교사들은 다양한 평가 방법의 도입에 관한 타당성을 다른 항목에 비해 낮게 인식하는 것으로 나타났다(〈표3〉 참조).

타당화 준거 영역	세부 준거	문항 내용	평균	표준 편차
국가 정책에의 부합성	수행평가 문항 유형	획일적인 과제물 위주의 평가를 지양하고 서술형 평가, 논술형 평가, 관찰법, 역할극, 토론법, 자기평가, 동료 평가, 협력 학습 등 다양한 평가 방법을 도입함	3.60	.88
	실시 계획 수립	교과협의회(교사협의회)에서 수행평가 계획(방법, 횟수, 세부 기준, 성적 반영 비율 등)을 수립하였고, 결정된 방법이 계획서에 잘 반영되고 있음	4.43	.74
	시행 및 채점	학교 규정(협의)에 따라 결정된 시행 및 채점(배점) 방법이 계획서에 반영되었고, 계획에 따라 실제 운영됨	4.31	.68
	계획의 공개	수행평가 계획과 평가 결과를 학생 본인에게 공개함	4.71	.46
설계의 총계			4.26	.47

〈표3〉 설계 단계의 타당도

2) 수행 과제의 개발과 시행 단계

이 단계는 수행평가 과제와 문항을 타당한 절차와 방법에 따라 개발하고 시행하였는가에 관한 부분으로, 교사들은 3.58의 보통 정도의 타당성을 갖는 것으로 인식하고 있다. 세부 준거별로 본다면 교수·학습과의 연계성(3.91), 수행 과제의 내용 적합성(3.79), 수행평가로서의 적절성(3.66), 피평가자의 이해 가능성(3.6), 평가 채점의 실제 실행 가능성 및 공정성(3.4) 순으로 나타났다. 교사들은 교수·학습과 연계해 수행평가를 시행하고 있지만, 채점과 실제 실행 가능성 및 공정성의 준거에서 수행평가의 타당성을 낮게 지각하고 있다(〈표4〉 참조).

문항별로 본다면, '교수·학습과의 연계성'(3.91), '수행 과제가 해당 교육과정에서 제시하는 교육 목표나 내용을 반영하고 있음'(3.91), '수행 과제는 평가의 관심 대상이 되는 내용을 직접적으로 평가함'(3.74), '공간, 시간, 비

타당화 준거 영역	세부 준거	문항 내용	평균	표준 편차
내용 타당도	수행 과제의 내용 적합성	수행 과제가 해당 교육과정에서 제시하는 교육 목표나 내용을 반영하고 있음	3.91	.61
		수행 과제가 해당 학습 내용에서 학생이 습득할 것으로 기대되는 내용의 범위와 수준을 평가하는 도구로 대표될 수 있음	3.65	.49
		합계	3.79	.46
교수 타당도	교수·학습과의 연계성	수행 과제가 수업에서 다루어진 내용들을 충실히 다루고 있음	3.91	.66
내재적 타당도	수행평가로서의 적절성	수행 과제가 실제 세계(상황)에서 요구(적용)되는 능력을 평가함	3.49	.74
		수행 과제는 평가의 관심 대상이 되는 내용(목표)을 직접적으로 평가함	3.74	.56
		수행 과제가 정보의 단순한 기억이 아닌 고등 사고 능력을 측정하는 행동 목표를 반영하고 있음	3.66	.73
		가르친 내용을 대표함과 동시에 다양한 영역을 통합하고 있음	3.63	.69
		수행 과제가 교수 학습 활동을 개선시키는 데 기여할 가능성이 있음	3.54	.82
		합계	3.66	.68
평가 실행의 적절성	평가 채점의 실제 실행 가능성 및 공정성	공간, 시간, 비용, 장비 등을 고려해 학생 수준에서 실현 가능한 과제임	3.71	.67
		교사가 수행 결과를 채점할 수 있는 시간과 여건이 적절함	2.89	.9
		수행 과제의 평가 시간이 다른 교육과정 운영에 부정적 영향을 주지 않고 적절하게 운영됨	3.4	.91
		수행 과제가 학생의 개인적 특성(성별 등), 자원(컴퓨터, 시설 등), 경험(해외여행 등)에 의해 영향을 받지 않음	3.37	.91
		합계	3.4	.76
평가 과제의 명료성	피평가자의 이해 가능성	수행 과제가 요구하는 결과, 절차 등을 학생 수준에 맞게 명확하게 제시하고 있음	3.63	.6
		작성, 제시한 수행 과제의 형식이 완성도 있음	3.57	.61
		합계	3.6	.51
수행 과제의 개발과 시행의 총계			3.58	.4

〈표4〉 수행 과제의 개발과 시행 단계의 타당도

용, 장비 등을 고려해 학생 수준에서 실현 가능한 과제임'(3.71), '고등 사고 능력을 측정하는 행동 목표를 반영하고 있음'(3.66) 순으로 높았다. 수행 과제의 개발과 시행 단계에서 타당성이 낮은 문항은 '교사가 수행 결과를 채점할 수 있는 시간과 여건이 적절함'(2.89), '수행 과제가 학생의 개인적 특성, 자원, 경험에 의해 영향을 받지 않음'(3.37), '수행 과제의 평가 시간이 다른 교육과정 운영에 부정적 영향을 주지 않고 적절하게 운영됨'(3.4), '실제 세계에서 요구되는 능력을 평가함'(3.49)이다.

3) 결과의 해석 및 활용의 단계

이 단계는 수행평가의 결과를 해석하고 활용하는 단계로서 수행평가의 타당성이 가장 문제시되는 부분이다. 하지만 중등 도덕과 교사들은 이 단계의 타당도를 비교적 높게(3.84) 지각하고 있다. 세부 준거별로 본다면, 채점 기준의 공개(4.03), 성적 반영에의 적정성(3.86), 채점 방법의 신뢰성(3.71), 채점 기준의 적절성(3.4) 순으로 타당성이 있는 것으로 나타났다. 도덕과 중등 교사들은 타당하게 채점 기준을 공개하고 성적에 적정하게 반영하고 있지만, 채점 기준을 적절하게 적용하는 것에 대해서는 타당성을 낮게 지각하고 있다(〈표5〉 참고).

문항별로 본다면, '학생과 학부모에 대한 채점 기준 공개 시기의 적절함'(4.1), '학생과 학부모에게 공개'(4.0), '채점 과정에서 교사의 일관성'(3.97), '학생 싱직 산출 및 반영 비율 적정'(3.89), '성적 산출 방법 적정'(3.83)에서 타당성이 높은 것으로 나타났다. 하지만 '채점 기준의 하위 영역 설정'(3.26), '채점자 간의 배점 일치도 확인을 위한 절차나 방법 마련'(3.44), '채점 기준(Rubric)은 학생들의 응답 수준을 나타내는 기준으로 설정되어 있음'(3.47)의 문항에서는 타당성을 낮게 인식하고 있다.

중등 도덕과 교사들은 채점 기준을 적절하고 타당하게 설정하고 채점자

타당화 준거 영역	세부 준거	문항 내용	평균	표준 편차
채점의 타당성 및 공정성	채점 기준의 적절성	채점 기준(Rubric)은 고려해야 할 하위 영역들을 잘 포함하고 있음	3.26	.74
		채점 기준은 학생들의 응답 수준을 나타내는 기준으로 설정되어 있음	3.47	.66
		채점 기준은 채점자가 이해하기 쉽도록 적절한 어휘, 형식, 예시 등을 포함하여 명료하게 작성되어 있음	3.55	.62
	합계		3.40	.52
	채점 기준의 공개	학생과 학부모에게 공개	4.00	.91
		학생과 학부모에게 공개하는 시기의 적절함	4.10	.84
	합계		4.03	.79
	채점 방법의 신뢰성	채점이 진행되는 과정에서 교사는 일관성을 유지하고 있음	3.97	.57
		학생들의 수행 수준에 따라 정확하게 평가됨	3.71	.57
		채점자 간의 배점 일치도 확인을 위한 절차나 방법이 마련되어 실제 활용됨	3.44	.86
	합계		3.71	.49
결과 활용의 적절성	성적 반영에의 적정성	수행평가 결과로 학생들의 성적을 산출하는 데 반영되는 비율이 적정함	3.89	.72
		수행평가 결과를 가지고 학생들의 성적을(학생부, 통신표 등) 산출하는 방법이 적절함	3.83	.66
	합계		3.86	.64.
결과 해석 및 활용의 총계			3.84	47

〈표5〉 결과 해석 및 활용 단계의 타당도

간의 일치도 확인을 위한 절차를 마련하지 못해 어려움을 겪고 있지만, 상대적으로 교사 스스로는 채점의 일관성을 유지하며 학생 수준에 따라 정확하게 평정하고 있다고 지각하고 있다.

4) 교육적 기여도 검증

수행평가는 학생의 성취도 진작과 수업 개선이라는 실질적인 교육 효과를 기대하는 평가이다. 따라서 수행평가가 기대했던 목적을 달성하는지도 점검할 필요가 있다. 중등 도덕 교사들은 수행평가의 교육적 기여도 검증 단계의 타당도를 보통 정도(3.45)로 인식하고 있다. 세부 준거별로 본다면, 교육 개선에의 활용도 및 기여도(3.36), 결과 타당도 수요자의 수용성(3.53), 교육목표 달성(3.57) 순으로 나타났다. 수행평가의 시행이 학생들의 학업 성취나 학업 동기, 창의적·구성적 사고를 장려하고 교사 개인의 교직 효능감에 기여할 수 있을 것이라는 기대와는 달리, 중등 도덕 교사는 타당성이 낮은 것으로 인식하고 있다. 결과에 대한 학부모와 학생의 수용성이나 교육목표 달성에 대해서는 보통 정도로 타당하다고 인식하고 있다(〈표6〉 참조).

문항별로 본다면, 중등 도덕 교사들은 '수행평가 결과가 의도하지 않은 목적으로 이용되지 않음'의 문항을 제외하고는 교육적 기여도 검증 단계의 대부분의 문항에 대해 타당하지 않다고 인식하는 것으로 나타났다. 특히 '수행평가가 학생, 학부모, 교사, 사회 등에 부정적 영향(학습량 부담, 사교육 활성화, 교사 업무 부담)을 주지 않음'(3.09), '수행평가가 교사 개인의 교직 효능감에 긍정적인 영향을 줌'(3.21), '수행평가가 학생들에게 생각하고 정보를 구성하며 새로운 아이디어를 창출하도록 유도함'(3.34), '수행 과제가 학업 동기에 긍정적 영향을 줌'(3.34) 문항의 타당도가 낮았다.

2. 단계와 문항별 적용의 타당도 분석

수행평가 적용의 타당도 단계를 기준으로 볼 때, 계획 단계(4.26), 결과 해석 및 활용 단계(3.84), 수행평가 과제 개발과 시행(3.58), 교육적 기여도(3.45) 순으로 타당도가 낮게 나타났다. 계획 단계와 결과 해석 및 활동 단

타당화 준거 영역	세부 준거	문항 내용	평균	표준 편차
결과 타당도	교육목표 달성	수행평가의 시행이 의도한 교육목표를 달성하도록 하는 데 기여함	3.57	.74
	교육 개선에 의 활용도 및 기여도	수행평가가 학생들의 학업 성취에 긍정적 영향을 줌	3.49	.7
		수행 과제가 학업 동기에 긍정적 영향을 줌	3.4	.76
		수행평가가 학생들에게 생각하고 정보를 구성하며 새로운 아이디어를 창출하도록 유도함	3.34	.84
		수행평가가 교사 개인의 교직 효능감에 긍정적인 영향을 줌	3.21	.81
	합계		3.36	.62
	결과 타당도 수요자의 수용성	학부모는 학생들의 성적 산출 방식에 만족함(혹은 이의 제기하지 않음)	3.69	.8
		수행평가가 학생, 학부모, 교사, 사회 등에 부정적 영향(학습량 부담, 사교육 활성화, 교사 업무 부담 등)을 주지 않음	3.09	1.12
		수행평가 결과가 의도하지 않은 목적으로 이용되지 않음	3.83	.75
	합계		3.53	.74
교육적 기여도 검증의 총계			3.45	.60

<표6> 교육적 기여도 검증 단계의 타당도

계에 대해서는 적용 타당성을 높게 지각하고 있지만, 수행평가 과제 개발과 시행 단계에서는 보통 정도의 타당성으로 나타났다. 하지만 교육적 기여도 검증 단계(교육목표 달성, 교육 개선에의 활용도 및 기여도, 수요자의 수용성)의 타당도를 가장 낮게 지각하고 있다(<표7> 참조).

수행평가 적용의 세부 준거를 기준으로 타당도가 높은 준거 다섯 항목을 추출하면, '실시 계획의 공개'(4.71), '실시 계획의 수립'(4.43) '시행 및 채점'(4.31) '채점 기준의 공개'(4.03) '교수·학습과의 연계'(3.91) 순이다. 타당도가 낮은 순으로 다섯 항목은 '교육 개선에의 활용도 및 기여도'(3.36), '평가

단계	하위 영역	평균	표준 편차
계획	수행평가 문항 유형, 실시 계획 수립, 시행 및 채점	4.26	.47
결과 해석 및 활용	채점의 타당성 및 공정성, 결과 활용의 적절성	3.84	.47
과제 개발과 시행	수행 과제의 내용 적합성, 교수·학습과의 연계성, 내재적 타당도, 평가 실행 적절성, 피평가자의 명료성	3.58	.40
교육적 기여도 검증	교육목표 달성, 교육 개선에의 활용도 및 기여도, 수요자의 수용성	3.45	.60

〈표7〉 수행평가 적용 단계의 타당도

단계	세부 준거	최소값	최대값	평균	표준 편차
설계	실시 계획의 공개	4	5	4.71	.46
설계	실시 계획의 수립	3	5	4.43	.74
설계	시행 및 채점	3	5	4.31	.68
결과의 해석 및 활용	채점 기준의 공개	2	5	4.03	.79
수행 과제의 개발과 시행	교수 학습과의 연계	3	5	3.91	.66
결과의 해석 및 활용	성적 반영의 적정성	2	5	3.86	.64
수행 과제의 개발과 시행	수행 과제의 내용 적합성	3	4.5	3.79	.46
결과의 해석 및 활용	채점 방법의 신뢰성	2.7	5	3.71	.49
수행 과제의 개발과 시행	수행평가로서의 적절성	2	5	3.66	.68
계획	수행평가 문항 유형	1	5	3.6	.88
수행 과제의 개발과 시행	명료성	2.5	4.5	3.6	.51
교육적 기여도 검증	교육목표 달성	2	5	3.57	.74
교육적 기여도 검증	수요자의 수용성	1.7	5	3.53	.74
결과의 해석 및 활용	채점 기준 구성의 적절성	2	4.3	3.4	.52
수행 과제의 개발과 시행	평가와 채점 등의 실제 실행 가능성 및 공정성	2	5	3.4	.76
교육적 기여도 검증	교육 개선에의 활용도 및 기여도	2	4.8	3.36	.62

〈표8〉 수행평가 세부 준거의 타당도

단계	세부 준거	문항 내용	평균	표준편차
설계	실시 계획의 공개	수행평가 계획과 평가 결과를 학생 본인에게 공개함	4.71	.46
설계	실시 계획 수립	교과협의회(교사협의회)에서 수행평가 계획(방법, 횟수, 세부기준, 성적 반영 비율 등)을 수립하였고, 결정된 방법이 계획서에 잘 반영되고 있음	4.43	.74
설계	시행 및 채점	학교 규정(협의)에 따라 결정된 시행 및 채점(배점) 방법이 계획서에 반영되었고, 계획에 따라 실제 운영됨	4.31	.68
결과의 해석 및 활용	채점 기준의 공개	채점 기준이 학생이나 학부모에게 공개되는 시기가 적절함	4.1	.84
결과의 해석 및 활용	채점 기준의 공개	채점 기준이 학생이나 학부모에게 공개됨	4.0	.91

〈표9〉 타당도가 높은 다섯 문항

와 채점 등의 실제 실행 가능성 및 공정성'(3.4), '채점 기준 구성의 적절성' (3.4), '수요자의 수용성'(3.53), '교육목표 달성'(3.57) 순이다(〈표8〉 참조).

수행평가 적용의 타당도 문항을 기준으로, 수행평가 적용의 타당도가 높은 다섯 문항을 추출하면, '수행평가 계획과 평가 결과를 학생 본인에게 공개함'(4.71), '교과협의회에서 수행평가 계획을 수립하였고, 결정된 방법이 계획서에 잘 반영되고 있음'(4.43), '학교 규범에 따라 결정된 시행 및 채점 방법이 계획서에 반영되었고, 계획에 따라 실제 운영됨'(4.31), '채점 기준이 학생이나 학부모에게 공개되는 시기가 적절함'(4.06), '채점 기준이 학생이나 학부모에게 공개됨'(4.0) 순이다(〈표9〉 참조).

한편, 타당도가 낮은 다섯 문항은 '교사가 수행 결과를 채점할 수 있는 시간과 여건이 적절함'(2.89), '수행평가가 학생, 학부모, 교사, 사회 등에 부정적 영향을 주지 않음'(3.09), '수행평가가 교사 개인의 교직 효능감에 긍정적인 영향을 줌'(3.21), '채점 기준은 고려해야 할 하위 영역들을 잘 포함하고

단계	세부 준거	문항 내용	평균	표준편차
교육적 기여도 검증	교육 개선에의 활용도 및 기여도	수행평가가 학생들에게 생각하고 정보를 구성하며 새로운 아이디어를 창출하도록 유도함	3.34	.84
결과의 해석 및 활용	채점 기준 구성의 적절성	채점 기준은 고려해야 할 하위 영역들을 잘 포함하고 있음	3.26	.74
교육적 기여도 검증	교육 개선에의 활용도 및 기여도	수행평가가 교사 개인의 교직 효능감에 긍정적인 영향을 줌	3.21	.81
교육적 기여도 검증	수요자의 수용성	수행평가가 학생, 학부모, 교사, 사회 등에 부정적 영향(학습량 부담, 사교육 활성화, 교사 업무 부담 등)을 주지 않음	3.09	1.12
수행 과제의 개발과 시행	평가와 채점 등의 실제 실행 가능성 및 공정성	교사가 수행 결과를 채점할 수 있는 시간과 여건이 적절함	2.89	.9

〈표10〉 타당도가 낮은 다섯 문항

있음'(3.26), '수행평가가 학생들에게 생각하고 정보를 구성하며 아이디어를 창출하도록 유도함'(3.34)이다(〈표10〉 참조).

3. 수행평가 일반과의 비교

도덕과 수행평가 적용의 타당도를 정확하게 파악하기 위해서는 수행평가 일반의 문제들이 도덕과 수행평가에서도 나타나는지 그리고 도덕과 수행평가에서 드러나는 독특한 문제들이 있는지를 조사할 필요가 있다. 중등 교사들이 지각하는 도덕과 수행평가 적용의 타당도 결과를 서지영이 조사한 수행평가 일반의 적용의 타당도 결과와 비교하면 〈표11〉과 같다. 서지영은 중학교 수행평가 일반에 대한 교사의 인식을 조사하여 수행평가가 학교교육의 내실화를 위해 국가적으로 도입되었음에도 불구하고 학교 적용 과정에서 발생하는 다양한 문제들로 인해 수행평가의 결과 타당도가 낮다고 진단

단계	타당화 준거	세부 준거	수행평가 일반		도덕과 수행평가					
			중학(N=12)[3]		중학교(N=15)			중·고등학교(N=35)		
			평균	표준편차	평균	표준편차	t 검증	평균	표준편차	t 검증
설계	국가 정책에의 부합성	수행평가 문항 유형	3.92	.597	3.67	0.9	0.83	3.60	.881	1.06
		실시 계획 수립	3.63	.882	4.33	.816	-2.14*	4.43	.739	-2.73*
		시행 및 채점	3.46	.689	4.27	.799	-2.78*	4.31	.676	-3.08*
		계획의 공개	3.83	.615	4.60	.507	-3.57*	4.71	.458	-3.72*
수행 과제의 개발과 시행	내용 타당도	수행 과제의 내용 적합성	3.73	.670	3.83	.488	-0.45	3.79	.458	-0.25
	교수 타당도	교수 학습과의 연계성	3.71	.689	3.93	.799	-0.75	3.91	.658	-0.73
	내재적 타당도	수행평가로서의 적절성	3.38	.839	3.67	.724	-0.96	3.66	.684	-0.99
	평가 실행 적절성	평가와 채점 등의 실제 실행 가능성 및 공정성	3.56	.472	3.4	.737	0.65	3.4	.755	0.58
	(피평가자) 명료성	명료성	3.75	.612	3.67	.523	0.37	3.6	.512	0.61
결과의 해석 및 활용	채점의 타당성 및 공정성	채점 기준 구성의 적절성	3.04	.488	3.26	.515	-1.13	3.4	.523	-1.51
		채점 기준의 공개	3.48	.888	3.97	.915	-1.4	4.03	.785	-1.83*
		채점 방법의 신뢰성	2.88	.477	3.62	.486	-3.96*	3.71	.486	-3.58*
	결과 활용의 적절성	성적 반영의 적정성	3.67	469	3.87	.581	-0.97	3.86	.624	-0.74
교육적 기여도 검증	결과 타당도	교육목표 달성	3.71	.689	3.47	.64	0.94	3.57	.739	0.49
		교육 개선에의 활용도 및 기여도	3.35	.684	3.42	.532	-0.3	3.36	.624	-0.04
		수요자의 수용성	3.11	.543	3.49	.722	-1.51	3.53	.737	-1.51

〈표11〉 수행평가 적용의 타당도 결과와의 비교

* p < .05

---

3. 서지영의 연구 결과에서는 소수 셋째자리로 나와 있지만, 본 연구에서는 소수 셋째자리에서 반올림하여 사용하였음.

하였다(교육과학기술부, 2008: 247-256).

도덕과에서는 수행평가를 인지 중심의 평가에 국한된 도덕과 평가를 개선하여 도덕성 평가의 타당도를 높일 수 있는 평가 방법으로서 간주했다. 하지만 도덕과 수행평가에서도 비슷하게 '교육 개선에의 활용도 및 기여도'와 '평가와 채점 등의 실제 실행 가능성 및 공정성,' '채점 기준 구성의 적절성'이 낮게 나타났다. 선행 연구가 중학교 교사의 인식 결과임을 고려하여, 본 연구에서는 중학교 도덕과 교사의 수행평가 인식과 비교한 결과와, 중·고등학교 교사의 수행평가 인식과 비교한 결과를 각각 제시하였다.

첫째, 중학교의 결과를 선행 연구와 비교한다면, '수행평가 문항 유형,' '평가와 채점 등의 실제 실행 가능성 및 공정성,' '명료성,' '교육목표 달성' 준거에서 낮게 나타났지만, 통계적으로 유의미하지는 않았다. 하지만 '실시 계획 수립,' '시행 및 채점,' '계획의 공개,' '채점 방법의 신뢰성'의 준거에서 통계적으로 유의미하게 도덕과 수행평가 결과가 더 높게 나타났다.

둘째, 중·고등학교의 결과를 선행 연구와 비교한다면, 중학교의 비교 결과와 마찬가지로 '수행평가 문항 유형,' '평가와 채점 등의 실제 실행 가능성 및 공정성,' '명료성,' '교육목표 달성' 준거에서 낮게 나타났지만, 통계적으로 유의미하게 수행평가 일반의 결과보다 낮은 준거는 발견되지 않았다. 하지만 중학교의 비교 결과와 마찬가지로 '실시 계획 수립,' '시행 및 채점,' '계획의 공개,' '채점 방법의 신뢰성'의 준거에서 통계적으로 유의미하게 높게 나타났을 뿐 아니라 '채점 기준의 공개'의 준거에서도 높게 나타났다.

V. 결론 및 논의

1. 연구의 요약 및 결론

본 연구는 교사가 지각하는 도덕과 수행평가 적용의 타당도 실태를 조사하고 선행 연구 결과와 비교하였다. 조사 결과를 요약하면 다음과 같다.

첫째, 수행평가를 실시하는 '단계'를 기준으로 타당도를 조사한 결과, 수행평가를 계획하는 단계(4.26)가 가장 높고 교육적 기여도를 검증하는 단계(3.45)가 가장 낮았다.

둘째, 수행평가 단계 내에서 세부 준거별 타당도의 차이를 보인다. 설계 단계의 타당도가 높지만, 다양한 평가 방법의 도입(3.6)에 대해서는 상대적으로 낮은 타당도를 보인다. 수행 과제의 개발과 시행 단계에서는 보통 정도의 타당성(3.58)이 있는 것으로 나타나지만, 교수·학습과의 연계성(3.91)은 높으며, 평가 채점의 실제 실행 가능성 및 공정성(3.4)에서 낮다. 결과의 해석 활용의 단계(3.84)에서는 채점 기준의 공개(4.03)의 타당도는 높지만, 채점 기준의 적절성(3.4)의 타당도는 낮다.

셋째, 도덕과 중등 교사들은 수행평가의 형식적 적용의 타당도를 높게 지각하고 있지만, 수행평가의 신뢰도와 교육적 효과의 타당도는 낮게 지각하고 있다. '실시 계획의 공개'(4.72), '실시 계획의 수립'(4.43), '시행 및 채점'(4.31), '채점 기준의 공개'(4.03), '교수·학습과의 연계'(3.91)에서는 타당도가 높다. 하지만 '교육 개선에의 활용도 및 기여도'(3.36), '평가와 채점 등의 실제 실행 가능성 및 공정성'(3.4), '채점 기준 구성의 적절성'(3.4)에서는 타당도가 낮다.

넷째, 수행평가 적용의 효과와 문제가 도덕과 교육의 수행평가에서도 공통적으로 나타났다. '채점 기준 구성의 적절성,' '교육 개선에의 활용도 및 기여도'에서 수행평가 적용 타당도가 낮게 나타나지만, 공통적으로 '계획의 공개'와 '교수·학습과의 연계'에서 적용 타당도가 높다.

다섯째, 선행 연구 결과와 비교할 때 도덕과 중등 교사들은 '수행평가 문항 유형,' '평가와 채점 등의 실제 실행 가능성 및 공정성,' '피평가자의 이해 가능성,' '교육목표 달성'의 타당도를 상대적으로 낮게 지각하였다.

2. 논의 및 시사점

본 연구의 분석 결과에 의하면, 수행평가 적용의 형식적 절차와 과정이 중등 도덕과에서 정착되었다고 평가할 수 있다. 도덕과 교사들은 국가가 요구하는 수행평가 표준 지침을 준수하며 수행평가를 시행하려는 계획을 세우고 있으며, 도덕과 교육과정이나 교육목표나 내용을 반영하는 수행 과제를 제시하고, 교수 학습에서 다루어진 내용을 충실히 다루고 있는 것으로 나타났다. 반면, 도덕과 교사들은 수행평가가 학생들의 학업 성취나 학업 동기에 긍정적 영향을 주지 않는다고 생각하며, 수행평가의 공정성과 객관성에 회의적이며, 수행평가로 인해 학생, 교사, 학부모의 부담이 증가하고 교육적 효과는 낮다는 반응을 보이고 있다. 국가가 주도적으로 도입한 수행평가를 교사로서 충실히 이행하지만, 수행평가 적용의 타당도를 결코 높게 평가하고 있지 않다.

이러한 교사의 인식은 최근 도덕과 평가 방법으로서 수행평가를 공식적으로 권장하는 흐름과 불일치한다. 수행평가기 국가적으로 도입되기 시작하면서 도덕과 교육에서는 도덕성의 통합적 측면을 평가할 방안으로서 간주했으며, 2007년 개정 도덕과 교육과정에서는 다양한 수행평가 방법을 도덕과 평가에 활용할 것을 권장하고 있다. 학습자 부담, 평가의 공정성과 신뢰도 문제 등 수행평가의 문제점들을 모르는 것은 아니지만, 교사들이 교수 학습과의 연관성을 살리고, 교사의 평가 전문성을 신장하고, 학생과 채점 기준을 함께 개발하고 공정성에 유의하며 평가를 적용한다면 개선될 수 있을 것으로 기대하고 있다(교육과학기술부, 2008: 247-256; 정창우, 2006c: 2-6; 추병완, 2005: 244). 수행평가를 활용함으로써 정의적 영역과 행동적 영역의 평가를 할 수 있기에 도덕과 평가의 타당도를 개선할 수 있다는 이론적 기대와는 달리, 교사에게 수행평가는 신뢰도는 낮으며 타당도 역시 높지 않은 평가로서 인식되고 있다. 수행평가가 교사의 자율성과 전문성을 기반으로 한다는 특징을 고려할 때, 수행평가에 대한 교사의 인식 결과는 수행평가의 학교 적용의 현실과 실천 상의 한계를 보여주는 것이라 할 수 있다.

그런데 도덕과 수행평가에서만 이러한 문제들이 나타나는 것은 아니다. 낮은 채점의 신뢰도나 실행에 있어 어려움이나 교사에게 과도한 부담을 주는 고비용 평가라는 문제는 수행평가의 내재적 특징에서 기인하며, 수행평가 일반과 비교할 때 도덕과 수행평가의 적용 타당도는 낮다고 볼 수 없다. 수행평가의 계획, 개발, 시행 과정의 타당도 준거에서 '수행평가 일반'보다 통계적으로 유의미하게 높았다. 하지만 선행 연구에서와 마찬가지로 결과 타당도는 낮기 때문에 중등 교육 현장의 수행평가 실행을 개선할 필요가 있다.

첫째, 도덕과 수행평가의 타당도와 신뢰성을 정확하게 진단해야 한다. 중등 도덕과 교사들은 교육목표 달성에 큰 기여를 하지 않는다고 평가하지만, 수행평가로서의 적절성이나 수행 과제의 내용 적합성에 대해서는 긍정적 평가를 했다. 또한 수행평가의 설계와 실행 단계에서 교사 자신의 채점의 일관성에 대해서 타당하다고 지각하지만, 채점 기준을 적절하게 설정하지 못하고 있다는 반응을 보였다. 즉, 채점 방법의 신뢰성에 대해서는 확신하지만 채점 기준의 적절성에 대해서는 회의적이었다.

이러한 결과에 대해 여러 해석이 있을 수 있지만, 면담과 선행 연구를 참고할 때, 신뢰도를 높이기 위해 타당도를 희생하는 방향으로 수행평가를 실시하고 있기 때문으로 추정된다(백남진, 2007; 윤현진 외, 2004; 정창우, 2006c:

3-4). 평가의 공정성과 객관성이 의심되지 않을 수 있는 평가를 개발하고 시·도 교육청 지침을 준수하며 실시하기 때문에 채점 과정과 방법이 신뢰할 수 있다고 지각하지만, 정작 채점 기준의 정립이나 수행평가의 교육적 효과에 부정적으로 반응할 수 있다.

이러한 수행평가의 본질 왜곡의 주요한 원인으로서 연구자들은 수행평가의 개념적 혼돈에 주목하며(김경희, 2007; 최현희, 2007), 수행평가의 본질에 대한 교사의 인식을 개선하여 수행평가를 남용하지 않으며, 수행평가를 시행할 때는 '고등 정신을 측정하고, 학생이 직접 과제를 수행하거나 답을 구성하고, 교사는 전문성을 발휘하며 관찰하고 판단할 것'을 요구하였다(남명호, 2007: 12-16). 이러한 점을 볼 때, 도덕과 수행평가의 본질과 가치에 대한 재정립과 도덕과 수행평가의 적용 타당도 개선을 위한 방향을 모색할 필요가 있다.

둘째, 교육 현장에 적용할 수 있는 채점 기준을 개발하고 교사 간의 채점 신뢰도를 확보할 수 있는 절차를 마련하여 중등 도덕과 교사들의 채점 부담을 줄일 수 있는 환경을 만들어야 한다. 중등 도덕과 교사들은 '채점 기준이 고려해야 할 하위 영역들을 잘 포함'하고, '채점 기준을 학생들의 응답 수준을 나타내는 기준으로 설정'하고, '채점자 간의 배점 일치도 확인을 위한 절차나 방법이 마련'되어 있다는 준거의 타당도가 낮다고 인식하였다. 채점 기준에 대한 호의도 및 사용빈도와 수행평가의 실행 간의 상관관계가 있으며, 채점 기준에 대한 인식 정도에 따라 교사의 수행평가 실행 정도에 차이가 있다는 연구를 주목할 필요가 있다(김징덕, 2009: 159). 채점의 적절성과 신뢰도의 개선만이 수행평가가 형식적으로 적용되는 것을 막을 수 있다.

셋째, 교사의 수행평가의 인식 개선을 위한 노력이 필요하다. 교사들은 학생의 수행 결과를 채점할 수 있는 시간과 여건이 적절하지 않으며, 교사 개인의 교직 효능감에 긍정적인 영향을 주지 않는다는 응답을 하였다. 또한 학생 교육의 효과가 없고, 평가의 시행이 공정하지 않으며, 학생의 여건이나 학생의 동기에도 그다지 영향을 주지 않는다는 부정적 평가를 내리고 있기에 효과가 없다고 인식하는 것으로 나타났다. 수행평가로 인한 부담감의 개선이 필요하다는 요구가 지속적으로 제기되어 왔다는 점을 고려할 때, 단기간에 이 문제를 해결하기는 어려워 보인다. 하지만 수행평가의 현장 적용을 위한 여건 개선 차원에서 정책적 혹은 개인 수준의 연구들이 지속적으로 수행되고, 채점 준거에 대한 실질적 연수를 통해 학습 성취를 돕는 평가 방식으로서 수행평가가 의미 있게 실행될 수 있는 관점과 방법을 제공해 나간다면, 수행평가에 대한 교사들의 인식 개선에 일정 정도 기여할 수 있을 것이다.

넷째, 수행평가의 실태 및 인식에 대한 더 많은 경험 연구들이 요청된다. 본 연구 이외에도 중등학교에서의 수행평가 적용 실태나 타당도를 측정하는 경험 연구들이 축적될 필요가 있다. 또한 학생들의 수행평가에 대한 의견을 조사하여 수행평가에 대한 교사와 학생의 인식 차이와 공통성에 관한 연구들이 필요하다. 그리고 학부모의 입장에서 수행평가의 적용 실태와 타당도의 지각에 관한 경험 연구들을 수행하여 교사의 인식과 비교해 볼 필요가 있다. 이러한 경험 연구 결과를 바탕으로 보다 정확하게 수행평가 적용의 타당도를 진단하고 개선 방향을 모색할 수 있을 것이다.

도덕과 내용 영역별 쟁점과 과제

제13장

글로벌 윤리 교육 영역

I. 서론

정보 및 커뮤니케이션, 과학과 기술, 시장경제 등의 영역에서 동시대를 휩쓸고 있는 글로벌화라는 거대한 파도는 빛과 그늘을 동시에 가지고 있다. 긍정적인 측면에는 민주화와 인권 의식의 확산 등이 포함될 것이고, 부정적인 측면에는 전쟁과 갈등, 경제적 불평등 심화, 고유문화의 훼손 및 소멸, 대량 살상 무기의 확산, 글로벌 생태계의 파괴 등이 포함될 것이다. 글로벌화의 과정에서 수반되는 이러한 어둠의 그림자는 상호 적대감과 불신을 낳게 하고 인간 정신의 심연에서 정체성의 혼란을 불러일으킨다. 점차 많은 사람들이 이러한 어두운 현실을 개선하기 위하여 구체적인 상황 진단을 바탕으로 지구적 차원에서 의미 있는 결과를 산출하기 위한 대안을 모색하고 있다.

흔히 언급되고 있는 바와 같이, 교육은 바로 이러한 문제점을 개선하고 해결하기 위한 열쇠에 해당한다. 교육은 인간 정신의 내적 지평을 넓히고, 인간 마음 내부에 UNESCO 헌장에서 말하는 '평화의 버팀목'을 형성시킬 힘을 가지고 있다. 참된 교육은 비폭력, 신뢰, 자비 등 인간성의 본성적 선함을 발현시킬 수 있으며, 타인에 대한 공감을 불어넣음으로써 인류의 평화로운 공존을 위한 문을 열어준다(Noddings, 2005: ix). 이런 종류의 인류 보편적 관점에 근거한 인도주의적 교육은 글로벌 시민을 육성하기 위해 매우 중요하다.

그렇다면 학교 교육과정의 대부분을 차지하고 있는 교과 교육과정을 통해 글로벌 교육을 구체적으로 어떻게 실행해야 하는가? 나딩스는 글로벌 교육에 대한 책임감을 가져야 하는 교과목을 언급하면서 사회과, 과학과, 문학, 수학과, 외국어, 음악, 미술, 체육 등 모든 교과목이 글로벌 시민 형성을 위한 과업에 동참해야 한다고 주장한다(Noddings, 2005: xiii). 예를 들어, 공민과 미국사, 세계사는 글로벌 시민성 교육을 위해 글로벌 이슈를 직접 다루거나 글로벌 차원과 로컬 차원의 갈등 문제 등을 다룰 수 있고, 과학과에서는 생태학적 관심 문제를 다룰 수 있으며, 문학 시간에는 인류애(humanity)를 기술하고 있는 소설, 에세이, 시 등을 다룰 수 있다는 것이다. 우리나라의 경우, 최근 고시된 '2009 개정 교육과정' 및 이에 따른 교과 교육과정 개발 단계에서 '글로벌 인재'가 핵심어로 강조되고 있으며, 교육과학기술부에서는 총론에서 명시한 '글로벌 인재 육성'의 관점이 어떻게 모든 교과에 반영되어야 하는가에 대한 답변을 각 교과에 요구하는 실정이다.

이 글에서는 이와 같이 그동안 국내외에서 글로벌 교육이 많은 교육 전문가들 사이에서 주목을 받아 왔음에도 불구하고, 개념 규정 및 외연에 대한 보편적인 동의가 존재하지 않는다는 점에 주목하면서 우선 선행 연구에 나타난 글로벌 교육의 의미를 포괄적인 수준에서 규정하고자 한다. 그런 다음, 다링(L. Darling)이나 헤이든(G. Haydon)과 같이 글로벌 교육의 의미를 '도덕적 기획(moral enterprise)'의 관점에서 고려하되, 독립 교과로서 도덕과를 통해 이러한 도덕적 기획을 구현할 수 있는 방안을 탐색하고자 한다. 다링이 제시한 바와 같이, 글로벌 교육은 모든 사람들을 위해 배려와 공감의 중요성을 확대하는 것으로부터 시작하여 사회적·글로벌 차원의 변화를 위해 열정적으로 헌신할 수 있도록 교육시키는 것이기도 하고, 교사들로 하여금 글로벌 윤리와 교육의 도덕적 목적에 대한 개인적인 확신을 불러일으키는 것이기도 하다(Darling, 2006: 2). 또한 헤이든의 주장처럼, 글로벌 시민성의 배후에 있는 중심적인 교육의 관심은 본질적으로 도덕교육적 관념과 같은 것이거나, 적어도 글로벌 시민성의 뿌리에는 도덕적 의미가 핵심적인 역할을 할 수밖에 없는 것이다(Haydon, 2006: 457-471). 글로벌 교육의 과제는 복잡하고 다양할 수 있겠지만, 다링과 헤이든과 같이 도덕적 행위의 범위를 지구적 차원으로 확대하기 위한 도덕교육적 노력의 일환으로 이해할 수 있다. 이 글에서는 기본적으로 이러한 관점을 취하면서, 특히 독립 교과로서 '도덕과의 특성을 반영한 글로벌 교육'(글로벌 윤리 교육)의 적용 방안을 설계하고자 한다. 이를 위해 이 글에서는 국가 시민성과 글로벌 시민성의 양립 가능성을 탐색하고,[1] 도덕과에서 글로벌 교육의 성격과 목표, 내용 선정, 교육 방법 및 교사의 역할 등을 규명하는 데 초점을 맞추고자 한다.

II. 글로벌 윤리 교육의 개념과 기본 틀

이 절에서는 글로벌 교육과 글로벌 윤리의 개념 및 특성에 대한 논의를 바탕으로 글로벌 윤리 교육의 개념을 규정하고, 글로벌 윤리 교육을 위한 기본 틀(framework)을 제시하고자 한다.

---

1. 애국심과 같은 국민 의식 형성을 교과 교육의 중요한 목표 중의 하나로 삼아 온 도덕과의 경우, 최근 중요성이 부각되고 있는 글로벌 교육과 관련하여 도덕과 교사들이 직면할 수밖에 없는 중대한 문제가 바로 '국가 정체성 형성에 중점을 두는 교과의 전통적인 역할'과 글로벌 위기 상황을 극복하기 위해 최근 강조되고 있는 '글로벌 시민성'의 관계 설정 문제이다.

1. 글로벌 교육의 개념과 역사

세계 문제에 대한 교육적 관심은 1920년대부터 시작되었지만, 1960년 대 영국 런던 대학에서 헨더슨(J. Henderson)과 그의 동료들이 교육과정에 서 글로벌 영역의 필요성에 대한 약칭으로서 '월드 스터디(world studies)' 라는 개념을 사용하게 되면서 관심이 차츰 높아지게 되었다. 글로벌 교육 에 대해 보다 본격적인 관심을 갖기 시작한 것은 1970년대부터이다(Hicks, 2003: 266). 1973년부터 1980년까지 수행된 '월드 스터디 프로젝트'의 책임 자인 리처드슨(R. Richardson)은 '글로벌 이슈를 탐구하기 위한 틀'을 제공 하였고, 글로벌 이슈를 네 개의 범주, 즉 빈곤(poverty), 탄압(oppression), 충 돌(conflict), 환경(environment)으로 구분하였는데, 이것은 그 당시에는 획기 적인 아이디어에 해당했다(Richardson, 1976). 1980년대에 들어 파이크와 셀 비(Pike & Selby, 1988)는 글로벌 교육을 위한 보다 정교한 개념 지도를 제공 하였다. 그들은 글로벌리티(globality)의 네 가지 영역으로서 ① 공간적 영역, ② 시간적 영역, ③ 이슈 영역, ④ 인간의 잠재적 영역을 제시한 바 있으며, 이를 다시 이슈 영역, 공간적 영역, 시간적 영역, (자기 인식과 관련된) 내적 영 역으로 수정·보완하였다(〈표1〉 참조).

최근 메리필드(Merryfield, 2008: 8)는 글로벌 교육을 "세계의식(world-mindedness)을 지닌 시민이 되도록 아동과 청소년들을 준비시키는 것"으로 규정하면서, ① 글로벌 상호 연결에 대한 지식, ② 글로벌 이슈에 대한 탐구, ③ 관점 자각의 기술(skills in perspective consciousnes),[2] ④ 마음의 습관(개방 성, 편견과 고정관념에 대한 인식), ⑤ 간문화적 경험과 간문화적 능력을 포함 한 '글로벌 교육의 다섯 가지 요소'를 제시한 바 있다.

---

2. 관점 자각이란 자신이 보편적으로 공유된 세계관을 가진 것이 아니고, 이런 세계관은 외 부 영향에 의해 지속적으로 형성되는 것이며, 다른 사람은 그들 자신과는 심오하게 다른 세 계관을 갖는다는 인식을 의미한다.

영 역	내 용
이슈 영역	여기에는 다섯 가지의 중요한 문제 영역(불평등/평등, 부정의/정의, 충돌/평화, 환경 훼손/보호, 소외/참여)이 포함된다.
공간적 영역	여기에는 '상호 의존성'이 포함되며, 이슈 영역에 해당되는 것들의 '지역과 글로벌 차원 간 연결성'에 대해 탐구한다.
시간적 영역	여기에는 이슈 영역에 포함되는 것들과의 관계 속에서, 그리고 희망하는 미래에 대한 구체적인 시나리오 속에서 '과거, 현재, 미래' 간에 존재하는 상호 연결성에 대해 탐구한다.
내적 영역 (과정 영역)	정치적으로 지역적 시민성과 글로벌 시민성을 동시에 이해하고 다양한 가치의 관점을 탐구하는 '참여적이고 경험적인 교육'을 강조한다.

〈표1〉 글로벌 교육의 핵심 요소(Pike & Selby, 1995)

이러한 글로벌 교육의 역사에도 불구하고, 파이크(G. Pike)는 '글로벌 교육'이라는 개념이 최근 미국을 중심으로 강조되고 있지만, 여전히 일반화된 개념이라고 보기 어려우며, 월드 스터디,[3] 국제이해 교육,[4] 인권 교육, 평화 교육, 개발 교육(지속가능 발전),[5] 교육에서의 글로벌 관점,[6] 간문화 교육, 다문화 교육 등과 함께 사용되는 경우 개념적 혼란을 초래할 가능성이 상당히 높다고 지적한다(Pike, 2000: 64-74). 이러한 다양한 교육 형태들과 글로벌 교육 간에는 물론 접점이 존재하지만, 엄밀한 의미에서 상호 구분되는 개념이기 때문에 가능하면 맥락에 맞게 사용해야 한다고 주장한다.

이 글에서는 힉스(Hicks, 2003: 274)의 개념 규정 방식에 따라 글로벌 교육

---

3. 1960-1980년대에 영국에서는 '글로벌 교육'이라는 개념 대신에 '월드 스터디'라는 개념을 사용하였다. 글로벌 교육과 월드 스터디 개념은 상호 교환 가능한 개념이다.

4. 국가 간(between countries) 관계에 특별한 관심을 두는 교육 형태이다. 보다 자세한 내용은 글로벌 윤리 교육을 설명하면서 제시할 것이다.

5. 개발(development)에 관한 이슈를 다루고, 남-북 관계(north-south relationships) 문제를 다루는 데 초점을 맞추는 교육 형태이다.

6. 교육과정에서 글로벌 차원을 다룸으로써 결과적으로 학생들이 무엇을 습득할 수 있는가에 주목하는 교육 형태이다. 여기서는 글로벌 문제에 대해 문화적이고 정치적으로 다양한 관점들이 존재한다는 사실을 가르치는 데 강조점을 둔다.

을 '글로벌 이슈, 사건 및 관점들에 대한 교수·학습에 관련된 학문 분야를 국제적으로 지칭하기 위해 사용하는 개념'으로 포괄적으로 규정하고, 국제 이해 교육, 인권 교육, 평화 교육, 개발 교육(지속가능 발전), 교육에서의 글로벌 관점, 간문화 교육, 다문화 교육 등과의 관련성 속에서, 특히 국제이해 교육 및 다문화 교육과의 관련성에 주목하고자 한다. 그런 이유에서 글로벌 교육의 협의적 개념을 '유네스코에서 강조하는 국제이해 교육의 성격과 미국 내의 다문화 교육이 가지는 비판적 성격을 함께 띠는 교육 이론이자 실천 노력'으로 규정하고자 한다. 1970년대부터 연구 노력이 본격화된 이 교육 흐름은 국가 간의 상호 의존성을 강조하며, 서구 유럽 중심의 세계관이 여러 가지 국제적 불평등을 심화시킨 것을 비판하고, 각국의 문화를 있는 그대로 존중하도록 교육하며, 문화 간(cross-cultural) 이해를 높이는 데 강조점을 둔다. 각국의 문화를 서구의 시각이 아니라 각 문화에 속한 일반 사람들의 시각에서 가르치고, 지구촌의 환경 문제를 비롯하여 사회구조적 불평등의 문제 등 글로벌 이슈들을 가르치는 데 초점을 맞춘다(박성춘, 2008: 10). 예를 들어, 9.11 이후 이슬람 문화권과 중동 지역에 대한 반감이 높아진 미국 사회에서, 이슬람 종교를 미국과 서구의 시각에서가 아니라 그들의 입장에서 소개하는 자료를 개발하고, 일반인들이 가진 편견과 오해, 그리고 고정관념이 세계 각국에 사는 무슬림들에게 끼치는 불평등한 관계를 비판적으로 이해하도록 가르친다.

한편, 이론보다는 '교육 실제(educational practice)'의 측면에서 여러 국가에서 관찰되는 글로벌 교육의 현상적 특징을 살펴보면 다음과 같다. 우선, 50여 개 국가 이상에서 적용되고 있는 글로벌 교육에 대한 조사 연구를 통해, 타이(K. A. Tye)는 글로벌 교육의 형태는 매우 다양하지만, 가장 공통된 이슈는 생태학/환경, 발달, 간문화적 관계, 평화, 경제, 기술, 인권이라고 보고한 바 있다(Tye, 1999). 한편, 파이크(Pike, 2000: 64-74)는 글로벌 교육을 특성화할 때 일반적으로 상호 의존(interdependence), 연결성

(connectedness), 관점(perspective)이라는 개념을 사용하는 경향이 있음을 미국, 영국, 캐나다 등의 사례 연구를 통해 제시한 바 있다. 글로벌 체계 내에서 모든 사람 간의 '상호 의존'이라는 개념이 이 세 가지 개념 중에서 가장 핵심에 해당하는데, 한 국가에 속한 학생들과 세계의 다른 부분에 속한 사람들 및 환경 간의 연결이라는 측면에서 흔히 이해된다. 광의의 차원에서 '연결성' 개념은 흔히 인류의 공유된 보편적 속성의 측면에서 설명되고, 간혹 지식 영역, 교과목, 학교교육의 측면, 혹은 인간과 환경 간의 실제적 혹은 바람직한 연결이라는 관점에서 협의의 의미로 사용되기도 한다. '관점'이라는 개념은 '글로벌 관점'과 '다중 관점'이라는 두 가지 측면을 모두 포함한다. 전자는 학생들이 사고 및 동기화 과정에서 지역적이고 국가적인 경계를 넘어 글로벌 차원에서 볼 수 있도록 정보와 아이디어, 통찰력을 제공하는 것을 의미하고, 후자는 어떤 판단에 도달하기 전에 어떤 이슈에 대해 다양한 관점을 고려하는 것을 의미한다.

2. 글로벌 윤리 교육의 개념과 특성

글로벌 교육의 과제는 복잡하고 다양하지만, 이 글에서는 다링(L. Darling)과 마찬가지로 글로벌 교육의 의미를 '도덕적 기획'의 관점에서 접근하고자 한다. 이를 위해 이 글에서는 위에서 정의한 글로벌 교육의 광의 개념 내에서, 특히 우리나라 초·중등 도덕과 교육과 관련하여 글로벌 교육을 지칭할 때에는 '글로벌 윤리 교육'이라는 한정적 개념을 사용하고자 한다. 글로벌 윤리 교육은 글로벌 윤리를 기반으로 적용되는 교육 형태이기 때문에, 글로벌 윤리 교육에 대한 개념 규정에 앞서 글로벌 윤리에 대한 개념화(conceptualization)를 시도할 필요가 있다.

1) 글로벌 윤리와 유사 개념: 국제 윤리 및 세계주의 윤리

글로벌 윤리(global ethics)라는 개념은 매우 다양하게 이해되고 있지만, 일반적으로 '전 지구적 상호 의존과 상호 연결로부터 발생되는 다양한 윤리적 질문들과 이슈들에 대한 윤리적 탐구 영역'으로 정의된다(Hutchings, 2010: 1-2). 글로벌 윤리는 지구적 차원에서 개인과 집단, 국가 등을 포함한 다양한 구성원들의 행위 규제를 위한 기준을 검토하고 평가한다. 그러나 이러한 방면에서 실행된 일부 선행 연구에서는 '글로벌 윤리'라는 개념 대신에 '국제 윤리(international ethics)' 혹은 '세계주의 윤리(cosmopolitan ethics)'라는 개념을 이미 사용해 왔다. 최근 허칭스(K. Hutchings)는 글로벌 윤리의 개념을 광의로 규정하면서, 국제 윤리와 세계주의 윤리가 글로벌 윤리에 기여할 수 있다고 주장한다(Hutchings, 2010: 10-11). 일반적으로 국제 윤리는 국가 간 관계의 도덕성을 탐구하는 데 초점을 맞추는 것이며, 특히 전쟁과 평화에 대한 도덕적 논쟁과 관련하여 글로벌 윤리보다 오랜 역사를 가지고 있다. 허칭스는 '글로벌'이라는 차원 속에 개인과 개인, 개인과 집단, 국가와 같은 집단적 행위 주체 간 관계가 모두 포함되어 있기 때문에 글로벌 차원이 국제 윤리 차원을 포괄할 수 있다고 본다.

한편, '세계주의'라는 개념은 지구적 차원에서의 상호 연결, 인간성의 공통성과 지구적 차원에서의 상호 의존 차원에서 비롯된 것이 아니라, 인간성의 사회적이고 물질적인 조건들을 초월하는 질서, 즉 우주와의 연결로부터 비롯된 것이다. 도덕적 세계주의(moral cosmopolitanism) 혹은 도덕적 보편주의(moral universalism)는 글로벌화의 아이디어가 제기되기 전에 이미 존재해 왔다. 그러나 세계주의적 윤리 관점은 전통적으로 구체적인 지위나 정체성에 관계없이 모든 인간이 갖는 도덕적 의미에 초점을 맞추었기 때문에, 글로벌 세계에서 윤리에 대한 접근은 당연히 세계주의여야 한다고 주장하는 학자들이 상당수 존재한다. 이로 인해 서로 상반된 접근법 간의 충돌 측면에서 글로벌 윤리 영역을 특징짓기도 한다. 즉, 도덕적 가치의 원천으로서 개별 인간을 강조하는 도덕적 보편주의 형태의 '세계주의'와, 도덕은 역사적 혹은 문화적 맥락에 따라 상대적이라는 점을 강조하는 도덕적 특수주의 형태의 '공동체주의' 간의 충돌은 글로벌 윤리에서 중요한 논쟁에 해당한다. 허칭스는 글로벌 윤리를 통해 이러한 보편적이고 특수한 요소 모두를 결합할 필요가 있다고 주장한다.

2) 글로벌 윤리 탐구의 학문적 배경

정치, 경제, 사회, 문화, 환경 등 다양한 분야의 글로벌 윤리 문제 및 이슈를 체계적으로 탐구하기 위해서는 학제적 접근이 필요하지만, 특히 어떤 학문을 핵심 배경 학문으로 고려해야 하는지에 대해 살펴보기로 하자. 무엇이 옳고 그른가에 대한 윤리적 질문들은 인간 행동을 규제하고 매개하기 위해 설정해야 하는 법률, 절차, 제도 등에 대한 정치적 질문들로부터 분리하기가 쉽지 않다. 더욱이 윤리적 주장들은 진공 상태에서 일어나는 것이 아니다. 그러한 주장들은 정치적 맥락에서 분명하게 설명되고, 그것들이 갖는 함의는 이해관계가 얽혀 있는 다양한 대상들에게 영향을 미치는 경향이 있다. 그러므로 윤리는 언제나 정치와 직·간접적으로 연결되어 있다. 이와 같이 윤리와 정치의 연결 가능성에 주목하더라도 글로벌 윤리를 학습하는 것과, 국가 내 그리고 국가 간 정치에 글로벌화가 미치는 영향을 기술하고 설명하는 데 초점을 맞추는 정치 과학(political science) 혹은 국제 관계학(international relations)의 관점에서 탐색하는 것 간에는 분명한 구분이 이루어질 필요가 있다. 윤리학적 관점에 의해 제기되는 질문들은 윤리적 판단에 초점을 맞춘다는 점에서 기술(description)이나 설명을 추구하는 정치 과학 혹은 국제 관계학적 질문들과는 분명히 차이가 있는 것이다(Hutchings, 2010: 8-9). 글로벌 윤리를 학습한다는 것은 글로벌화된 세상에서 무엇이 도덕적으로 옳고 그른지에 대한 판단들을 검토하고 평가하며 옹호하는 것을 의미한다.[7] 그러므로 글로벌 윤리 탐구를 위해서는 윤리학을 핵심 배경 학문으로 삼을 수밖에 없으며, 정치학 영역을 연결시킨다면 정치 과학과 국제 관계학이 아니라 정치철학을 핵심 배경 학문으로 설정해야 한다. 정치철학은 특정한 사회체제가 좋은지, 옳은지, 정당화되는지 묻기 때문에 사회학이나 대부분의 정치학처럼 단순히 설명적이거나 기술적인 학문이 아니라 규범적인 학문이다(정창우, 2008a: 12). 또한 지금까지 사회정의의 문제가 정치철학 논쟁의 초점이었기 때문에, 글로벌 윤리 탐구의 핵심 주제이자 글로벌 윤리 문제 해결을 위해 필요한 보편적 도덕원리인 '사회정의'를 글로벌 윤리 탐구 과정에서 제대로 다루기 위해서는 정치철학적 배경이 반드시 필요한 것이다.

한편, 글로벌 윤리에서 제기되는 물음에 답하기 위해 한스 킹(Hans Küng)과 같이 세계종교 내에서 이런 물음에 대한 답의 원천을 찾는 것도 의미 있을 수 있다. 즉, 기독교, 불교, 유대교, 이슬람, 힌두교, 도교 등을 바탕으로 인간 행위를 규제하는 윤리적 가치와 원리들을 도출하여 이를 글로벌 차원의 윤리적 기준 설정의 합리적 출발점으로 고려해 볼 수 있겠지만, 이러한 시도는 몇 가지 어려움과 한계에 직면할 수밖에 없다. 예를 들어, 보다 근본적으로는 종교적 신념 체계 간의 양립 가능성 문제가 제기될 수 있고, 종교 간 불일치를 해결하기 위해 어떤 방법이 활용될 수 있을지 의문이 제기될 수 있다. 비록 표면적으로는 기독교, 유교, 혹은 이슬람 간에 원리상 보편성이 존재한다고 보더라도, 종교적 의식 및 관행의 차원에서 볼 때, 역사적으로 특정 종교의 '내부자'와 '외부인' 간의 구분이 명확하게 이루어져 왔기 때문에 종교 간 불일치 문제를 해결하기는 쉽지 않아 보인다. 이런 이유에

---

7. 예를 들어, 세계화의 관점에서 핵무기의 소유와 확산에 대한 이슈를 생각한다고 가정해 보자. 핵무기에 대한 윤리적 관점에서의 평가와 국가 간 핵무기 규제를 위한 최근의 국제 정치적 관점 간에는 분명 차이가 있는 것이다.

서 종교적인 기초보다는 윤리학 및 정치철학적 토대 위에서 글로벌 이슈에 대한 탐구를 시도하는 것이 타당하다.

3) 글로벌 윤리 교육의 개념 및 특성

글로벌 윤리의 개념 및 특성을 기초로 이 글에서는 도덕과에서 다루는 글로벌 윤리 교육의 의미를 '윤리학 및 정치철학 등을 바탕으로 글로벌 맥락에서 발생하는 다양하고 복잡한 윤리적 이슈와 사건을 도덕과 교수·학습에 적용하기 위한 도덕교육적 노력의 일환'으로 정의하고자 한다. 윤리학은 도덕의 최종적 근거로서 인간 존엄성 및 존중을 이론적으로 뒷받침해 주고, 윤리적 이슈를 탐구하기 위해 필요한 의무론, 공리주의, 덕 윤리 등의 이론적 렌즈를 제공하며, 정치철학은 특히 사회정의 문제 탐구의 이론적 기초를 제공한다.[8] 이러한 글로벌 윤리 교육을 위한 기본 틀을 그림으로 제시하면 [그림1]과 같다.

[그림1]에 제시된 바와 같이, 글로벌 윤리에 대한 담론은 윤리학 및 정치철학 영역에서 제시된 관점과 통찰의 토대 위에서 이루어질 필요가 있다. 즉, 의무론, 공리주의, 덕 윤리, 담론 윤리와 계약론 등 윤리와 도덕(성)에 대한 사고를 위한 방식으로서 강조되어 온 대표적인 이론들은 글로벌 윤리의 맥락에서도 여전히 의미 있게 다루어질 수 있다. 글로벌 맥락에서 발생하는 다양한 문제와 이슈를 한 이론 내에서, 그리고 몇 가지 이론 간 관계 속에서 파악하는 것은 윤리적 주장에 권위와 의미를 부여하기 위한 기초를 제공해 주고, 자기중심적 사고를 탈피하면서 주관적인 느낌에 의해 주장할 가능성

---

8. 비교적 최근까지 글로벌 교육(global education)과 다문화 교육(multicultural education)의 주된 목적은 민주주의를 위한 교육이었다. 민주주의를 위한 교육의 기초에는 사회정의의 가치가 놓여 있으며, 사회정의는 공정과 평등의 가치를 다룬다. 정의, 공정, 그리고 평등을 포함한 기본적 원칙 내지 원리에 대한 헌신 없이 우리는 아파르트헤이트, 민족·종교·성에 바탕을 둔 차별에 대해 문제를 삼을 수 없다. 정창우(2004), p. 321.

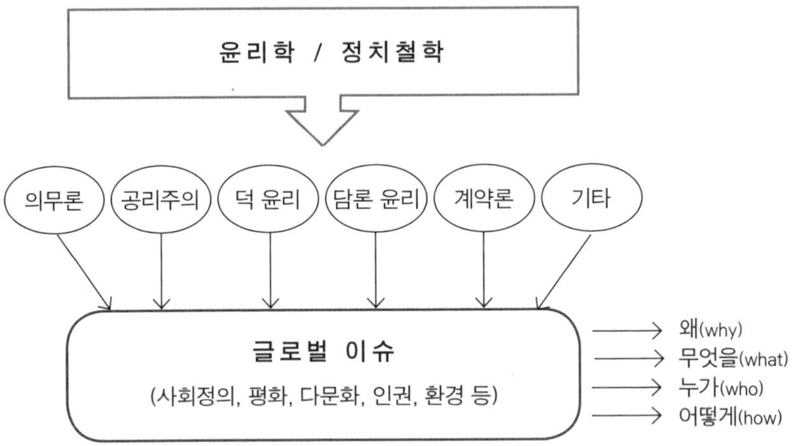

[그림1] 글로벌 윤리 교육을 위한 기본 틀

을 예방해 준다.

　이와 같이 윤리학 및 정치철학 영역에서의 대표적인 이론들(이하 '윤리 이론')이 글로벌 윤리 교육을 위해 매우 중요한 역할을 할 수밖에 없음을 인정하더라도, 글로벌 윤리를 단순히 전통적 윤리 이론의 연장이거나 이러한 윤리 이론을 동시대의 윤리적 이슈에 단순히 적용한 것에 지나지 않는다고 말할 수 있는가? 즉, 우리는 글로벌 윤리가 다양한 글로벌 이슈에 윤리 이론들을 단순 대입하는 것인지, 아니면 이러한 단선적 사고 수준을 넘어서 기존의 윤리 이론을 활용하되 새로운 적용 분야에 해당하는 것인가에 대한 물음을 제기해 볼 수 있다. 물론 국제 원조, 분배 징의, 전쟁과 평화 등과 같은 글로벌 윤리적 이슈들에 대표적인 윤리 이론들을 적용해 보고 이 이론들이 주는 함의를 찾아볼 수 있을 것이다. 하지만 글로벌 이슈에 대한 도덕적 탐구의 목적은 기존의 윤리적 관점을 어떤 이슈에 단선적으로 적용해 봄으로써 윤리 이론에 대한 심층 이해를 추구하는 것이 아니라 글로벌 시민으로서의 도덕적 역량을 함양하는 것이며, 이를 위해 '왜(why),' '무엇을(what),'

영 역	내용
왜 (Why)	• 왜 우리는 글로벌 윤리에 관심을 가지고 윤리적 탐구를 해야 하는가? • 왜 우리는 글로벌 이슈에 대한 도덕적 주장에 권위와 특별한 의미를 부여해야 하는가? • 왜 우리는 글로벌 차원의 상호 관계와 상호작용의 맥락에서 우리의 행동 방향을 위해 특별한 윤리적 가치와 원칙들을 채택하고 거부해야 하는가? • 왜 우리는 글로벌 차원의 관계와 상호작용의 맥락에서 다른 개인들과 집단들의 행위를 수용하거나 거부해야 하는가?
무엇을 (What)	• 어떤 종류의 도덕적 이슈 혹은 도덕적 주장이 글로벌 윤리 영역에 해당되는가? • 글로벌 윤리적 가치와 원리의 내용은 무엇인가? • 전쟁, 평화, 글로벌 환경에 의해 악화되고 있는 가치의 충돌에 대한 도덕적 질문들에 어떻게 답변해야 하는가?
누가 (Who)	• 글로벌 윤리 영역 내에서 도덕적으로 관련된 행위 주체들은 누구인가? • 글로벌 차원에서 도덕적으로 관련된 다양한 행위 주체들(개인, 국가, 국제기구 등)의 성격과 정체성은 무엇인가? 이 물음은 개인과 다양한 집단들이 모두 도덕적 지위를 갖는가에 대한 논쟁을 포함한다. 물론 행위 주체에는 개인뿐만 아니라, 국가, 초국가(transnational) 및 다국적 기업들, 국제정부 조직 등을 포함한다.
어떻게 (How)	• 글로벌화의 조건을 통해 서로 관련된 개인 및 집단 차원의 도덕적 행위 주체들에게 어떤 권한과 의무가 부여되어야 하는가? • 글로벌 윤리 영역에서 도덕적 행위 주체들은 윤리적 정체성, 권한, 의무와 책임의 측면에서 서로 어떻게 관련되어 있는가? 이 물음은 윤리적 판단에 대한 철학적 질문으로부터 처방과 행위의 영역으로 초점을 옮기는 것이며, 글로벌 윤리 원칙의 토대 위에서 개인뿐만 아니라 제도, 법, 정치적 수준에서 어떤 실천이 이루어져야 하는가를 탐구하는 것이다.

〈표2〉 글로벌 이슈 탐구에서 제기되는 핵심 물음(K. Hutchings, 2010, pp. 14-16 참조)

'누가(who)', '어떻게(how)'의 물음(특히 '누가'와 '어떻게' 물음)[9]에 대해 체계적으로 사고하고 숙의해 나가다 보면, 윤리 이론의 대입 차원에서 이루어지

---

9. 〈표2〉 참조.

는 단선적 사고의 문제점과 한계를 넘어설 수밖에 없다. 예를 들어, 부의 글로벌 재분배에 대한 논의 과정에서 어떤 윤리적 관점이 보다 설득력이 있을 수 있는지, 그러한 관점이 혹시 새로운 부정의 혹은 불공정을 유발하지는 않는지, 이러한 문제 해결의 주체는 누구여야 하고(who), 그들에게 어떤 권한과 의무가 부여되어야 하는지(how) 등을 탐구해 나가다 보면, 글로벌 윤리가 가진 고유하고 독특한 맥락 속에서 윤리적으로 사고하고 성찰할 수 있는 계기를 마련할 수 있다(Hutchings, 2010: 199).

[그림1]에 제시된 바와 같이, 글로벌 이슈를 탐구하는 과정은 왜(why), 무엇을(what), 누가(who), 어떻게(how)라는 물음에 대해 체계적으로 답해 나가는 과정이다. 이를 구체적으로 정리하면 〈표2〉와 같다.

결론적으로, 다양한 윤리 이론에 기초하여 글로벌 맥락에서 발생하는 다양하고 복잡한 윤리적 이슈와 사건에 대해 탐구('왜, 무엇을, 누가, 어떻게' 해결해 나가야 하는가에 답변하는 과정)해 나감으로써 학생들은 글로벌 윤리와 관련된 지식과 이해, 기술, 가치와 태도 등을 형성해 나갈 수 있게 된다.

III. 글로벌 윤리 교육의 핵심 쟁점:
국가 시민성과 글로벌 시민성의 관계

비교적 최근까지 동·서양의 국가에서는 기의 공통적으로 국가저 가치(national values)를 고양하기 위한 수단으로 교육을 오랫동안 활용해 왔다. 하지만 최근 국가 시민성의 범주를 넘어 글로벌 문제의 해결을 위한 상호의존과 공동 노력의 필요성이 커지고 있으며, 이에 따라 지역적·국가적 경계를 초월해서 시민성 관념을 새롭게 정립할 필요성이 제기되고 있다(Pike, 2000: 71). 이 장에서는 국가 시민성을 중시하는 입장과 글로벌 시민성을 중시하는 입장 간의 상호 비판과 응답 내용을 살펴본 후, 초·중등 도덕과 교육의 틀 속에서 양자의 관계를 어떻게 설정해야 할 것인가에 대해 제시하고자 한다.[10]

1. 국가 시민성이냐 글로벌 시민성이냐?

> 앞으로 수십 년간 세계 각국 사이에서 국가의식을 확립하려는 나라와 국가의식을 초월하려는 나라와의 이해(interest)를 공정히 대표하는 새로운 세계적인 기관의 설립을 둘러싸고 지극히 고통스러운 투쟁이 계속될 것이다(토플러, 유재천 역, 1984: 356).

국가 시민성이 '개별 국가의 구성원인 시민들에게 부여된 지위와 권리 또는 그들에게 요구되는 시민으로서의 자질과 태도'로 정의된다면, 글로벌 시민성은 '지구적 의식과 책임감을 지닌 글로벌 시민으로서의 정체성, 지위, 권리와 의무, 그리고 소양과 역량'을 의미한다. 이러한 두 개념은 서로 대립되거나 배타적인 관계로 파악되는 경우가 있다. 즉, 한 개인이 글로벌 시민의 지위와 국가 시민의 지위를 동시에 지닐 수는 없으며, 실제적으로 시민은 국가 시민으로서만 존재한다는 입장과, 시민은 한 국가의 시민일 뿐만 아니라 여러 국가가 연합된 연합 국가의 시민으로서 그리고 글로벌 시민으로서의 지위를 동시에 다중적으로 지닐 수 있으며, 궁극적으로는 글로벌 시

---

10. 도덕과의 경우, 제6차 교육과정 시기까지는 '국민 공동생활의 원리 탐구'를 추구하는 '국민윤리'를 강조해 왔으며, 이로 인해 다른 생활 영역에 비해 국가 영역이 중시되었다. 제7차 교육과정을 거치면서 바람직한 한국인 육성과 세계시민 육성 간의 관계 설정에 대한 논의가 비로소 시작되었으며, 논의 결과 교육과정 문서에 "도덕은 국가·민족 구성원으로서, 그리고 세계 사회의 일원으로서의 역할과 책임을 파악하게 하여 한국인, 나아가 세계시민으로서의 바람직한 삶을 살아가는 데 도움을 주기 위한 교과이다"라고 명시하게 되었다. 사실상 이에 대한 본격적인 논의는 2007 개정 교육과정 시기에 이루어졌는데, 숙의를 거듭했지만 이 문제에 대한 해결책은 교육과정 문서에 제대로 반영되지 못하였다.

민으로 수렴된다는 입장 간의 갈등이 이에 해당한다(김왕근, 1993: 54).

전자의 입장과 관련하여 데이비드 밀러(David Miller)는 글로벌 시민성 개념은 비록 뛰어난 열망의 표현이라고 할지라도 기껏해야 은유적인 것에 불과한 것이라고 주장하면서 국가적 범주를 넘어서는 시민성 개념에 대해 회의적인 시각을 보인다. 즉, 밀러는 시민성에 내포되어 있는 권리와 책임감의 개념이 시민들 간의 연대감과 권리가 보호되고 책임감을 이행할 수 있도록 하는 제도 밖에서는 존재할 수 없다고 지적한다(Miller, 2000, 5장 참조). 시민은 한 국가의 시민으로서만 존재한다는 이러한 입장은, 시민의 지위는 제도적으로 보장되는 법률적인 지위이며, 현재 시점에서 법률적인 지위를 부여하는 정치 공동체는 국가밖에 없다는 점을 강조하는 것이다.

이러한 시각으로 지난 인류의 역사를 돌아보면, 글로벌 문제가 여전히 지역적이고 국가적 수준에서 논의될 수밖에 없다는 것을 보여주고 있다고 볼 수 있다. 첨예한 이해관계가 맞물리며 대립되는 세계 무대에서 글로벌 쟁점들은 얼마나 우리의 도덕성을 자극해 왔고 또한 행동하도록 동기를 부여해 왔는가? 글로벌 시민성의 의미를 외치는 미국 및 유럽의 선진국들조차도 '중요한 순간'에는 지역적이고 국가적인 수준에서 행동을 취해 왔던 것이 사실이다. 그러나 과연 이를 문제시할 수 있는 근거가 무엇인가? 세계적 수준에서 '직접 볼 수 없는' 시민을 보는 것은, 내 옆의 '직접 볼 수 있는' 동료 시민을 보는 것과는 분명히 다르다. 이런 이유에서 국가 시민성을 중시하는 학자들은 글로벌 시민성의 관념이 공허하고 추상적인 수사에 머물 수 있다고 비판한다.

반면, 시민의 지위를 국가에서 부여하는 법률적인 지위에 한정하는 입장에 대해 글로벌 시민성을 강조하는 진영에서는, 시민은 서로 다른 수준의 여러 시민의 지위를 지닐 수 있으며, 궁극적으로는 글로벌 시민으로 성장한다고 맞선다. 비록 역사적으로는 시민의 지위가 독립된 국가로부터 부여되는 법률적인 지위로 존재해 왔다고 할지라도, 지구 단위의 경제활동이 가속화되고, 환경·평화·인권 문제 등과 같은 지구적 규모의 문제가 현안 문제로 되고 있으며, 그리고 서로 다른 전통적 기반을 지니고 있는 개별적인 국가 내의 생활 방식이 보편성과 합리성의 기준을 따라 변화해 가고 있다는 점을 고려할 때, 더 이상 시민의 지위를 법률적인 지위로만 간주할 수 없다는 것이다(김왕근, 1999: 54-55). 예컨대, 히터(D. Heater)는 다중 시민성의 형식을 세 가지로 제시하고 있는데, 법률적으로 부여되는 국가 시민의 지위를 복수로 갖는 경우(예: 이중 국적), 법률적인 지위와는 무관하게 스스로 글로벌 시민임을 천명하고 보편적 이상을 지향하는 경우, 그리고 연방 국가에서처럼 피라미드식의 다중적 지위를 갖는 경우가 여기에 포함된다. 히터의 관점은 법률적인 지위를 지닌 실제적인 글로벌 시민은 존재하지 않는다 할지라도, 고대 그리스·로마 시대의 스토아 철학자들이나 18세기 계몽사상가들이 보여주었듯이 범세계적이고 보편적인 표준을 지향하는 행위는 법률적인 지위와는 무관하게 세계시민의 지위에서 나오는 행위로 간주해야 한다고 본다(김왕근, 1999: 57). 로빈슨(Robinson, 1997: 457-462) 또한 글로벌화 시대의 정체성은 다중적이며, 지역, 국가, 세계 간의 관계를 주종 관계로 보는 관점을 지양해야 한다고 말한다.

히터와 로빈슨이 주장한 다중적 정체성과는 다른 관점에서 헤이든(Haydon, 2006: 457-471)은 글로벌 시민성의 개념이 단지 인류의 이상을 표현한 것이라거나 기껏해야 은유적인 수사적 표현에 불과하다는 비판을 논박할 수 있는 근거를 마련해 주는 동시에, 국가 시민성과 글로벌 시민성의 양립 가능성을 제시해 준다. 즉, 새로이 도래한 글로벌화 시대에 전 인류가 운명을 공유하고 있음을 강조함으로써 글로벌 시민성의 개념이 결코 허구가 아님을 논증하였으며, 나아가 우리가 특정 국가의 시민이 되는 동시에 글로벌 시민이 될 수 있음을 입증한 바 있다.

2. 도덕과에서 국가 시민성과 글로벌 시민성의 조화 가능성

서로 다른 시민성 간의 관계가 어떻게 되느냐에 따라 시민으로서 한 개인이 따라야 할 행위의 표준이 좌우된다. 글로벌 시민으로서의 지위와 국가 시민으로서의 지위를 동시에 지니고 있을 경우, 양자의 관계가 어떻게 되느냐에 따라 — 예를 들면, 배타적인 관계, 상보적인 관계, 주종의 관계, 병렬적 관계 등에 따라 — 한 개인에게 요구되는 행위의 표준이 달라지게 된다(김왕근, 1999: 53-54). 이와 같이 국가 시민성과 글로벌 시민성 간 관계를 본격적으로 탐색하기 위해 우선 미국에서 국민교육을 강조하는 일부 극단적 우파와 초국가적 진보주의 진영 간의 비판과 응답 내용을 살펴볼 필요가 있다.

포드햄 연구소(Fordham Institute)가 주장한 '식견 있고 애국심 있는 시민'을 만드는 것이 학교의 역할이라는 것은 사실 우파에 의해서 설정된 미국의 비전이다(Waltzer & Heilman, 2005: 156). 이러한 관점에 따르면, 학생들은 미국 역사상 진정한 영웅을 공부해야 하는 반면, 미국 역사상 불편한 진실이나 어두운 면에 노출되어서는 안 된다. 대표적으로 핀(C. Finn)과 버락(J. Burack)과 같은 학자들은 시민교육을 함에 있어서 우파적 방식을 요구하고 있다. 학교는 기본적으로 미국적 가치와 제도에 대한 핵심 원리를 가르치는 곳이어야 한다고 생각하는 것이다. 버락(Burack, 2003: 40-69)은 초국가적 시민성이란 개념은 도덕적 상대주의를 조장하는 '주권 없는 시민성'이라고 비판하면서, 진정한 시민성이 아니라고 주장한다. 시민성은 결코 주권 국가적 권위(sovereign national authority)로부터 자유롭거나 분리된 채로 생각할 수 없다는 것이다. 이에 대해, 초국가적 진보주의를 주장하는 학자들은 다음과 같이 주장한다.

우리는 버락이 말하는 '애국적 자긍심'을 위한 교육과 우리가 말하는 '비판적이며 민주적인 애국심'을 구분할 것이다. 미국 역사는 위대한 자유와 평등, 그리고 진보를 향하여 나아간 휘그주의와 같은 단선적인 이야기를 가지고 있지 않다. 대신 진보와 퇴보, 승리와 패배, 성취와 실패와 같이 복잡한 이야기를 가지고 있다. 과거에 대한 비판적인 접근은 심의 민주주의에 있어서 학생들이 적극적으로 참여할 수 있도록 그들을 교육시키는 데 도움을 준다. 우파적 시각의 '애국적 자긍심'으로 학교를 보는 것은 미국의 경험과 애국심의 진정한 의미에 대하여 오해를 불러일으키게 할 수 있다. 그리고 이는 민주적 시민성을 위한 교육의 정치적, 도덕적, 실용적, 상상적 측면을 잘못 해석하게 할 우려가 있다(Waltzer & Heilman, 2005: 160).

이러한 초국가적 진보주의는 학교로 하여금 국가 시민성을 최소화하고 국가를 넘어서는 글로벌 시민성을 강조하도록 압박한다. 글로벌 시민성 교육에 대한 문헌들을 분석해 보면, 다양한 목적과 의미가 있지만, 적어도 네 가지 종류의 이념이 불안하지만 공존하는 것을 발견할 수 있다. 첫째, 때때로 글로벌 시민성 교육 지지자들은 좀 더 넓은 세계와 그것이 가진 문제들로 학생들을 인도하며 그들 사이에서 의식 및 인식을 고취시키거나 시야를 넓힐 것을 주장한다. 둘째, 학생들로 하여금 서로 다른 세계 안에서 그들이 잘 활동할 수 있도록 '차이'에 대하여 익숙해지고, 다소 모호하지만 '멋진' 다문화주의를 가르칠 것을 의도한다. 셋째, 지지자들은 글로벌 교육이 세계에 대해 비판적으로 생각하고 알 수 있도록 도와주며, 갈수록 상호 연결되는 세계와 그것의 복잡한 관계 및 쟁점에 대하여 관련된 지식, 능력, 그리고 기술을 증진시킨다고 말한다. 끝으로, 지지자들은 글로벌 교육이 글로벌 정신과 정체성 및 전 인류에 대한 책임감을 형성시킨다고 주장한다(Waltzer & Heilman, 2005: 156-162).

그렇다면 우리 교육에서는 국가 시민성과 글로벌 시민성의 관계를 어떻게 설정해야 할 것인가? 일반적으로 국가를 어떻게 이해하고 미래에 대해 어떤 비전과 계획을 가지고 있는지가 국가 정체성을 구성한다. 국가 정체성은 홍익인간과 같이 보편적 인간애라는 넓은 비전을 가지고 또는 큰 목적을 위해 구성되기도 하고(지속적이며 영속적인 본질적 정체성), 다분히 가변적이고 실용적인 목적을 위해 구성되기도 한다(임의적이며 가변적인 성격의 구성적 정체성).[11] 어떤 사회든 국가 정체성에 기반한 장기적인 전망이나 비전이 결여되어 있으면 미래 경쟁력 확보 차원에서 문제점을 가진다. 그러므로 국가 구성원들에게 특정 정치 공동체의 구성원이라는 의식과 확신을 갖도록 가르칠 필요가 있다. 또한, 파이크(Pike, 2000: 71)의 주장처럼, 한 개인의 정체성과 시민성은 더 이상 한 국가의 경계 내에서 형성되지 않고 글로벌 체계 내에서 다양한 맥락에 의해 영향을 받으며 형성된다는 현실을 고려하고, 헤이든(Haydon, 2006: 457-471)의 주장처럼, 우리가 특정 국가의 시민으로서 국가 공동체 내에서의 운명을 공유하고 있는 것과 마찬가지로, 글로벌 사회의 시민으로서 세계의 운명을 공유하고 있기 때문에 특정 국가의 시민이 되는 동시에 글로벌 시민이 되어야 한다는 당위를 함께 고려한다면, 앞으로 우리가 교육을 통해 추구해야 할 방향은 보다 분명해질 것이다. 그 방향은 개인이 속해 있는 지역이나 국가와 같은 '특정한 공동체'와 지구촌이라 불리는 '글로벌 공동체'에 대한 관심과 참여, 헌신 등을 동시에 지향하는 것이다. 즉, 국민 의식 형성을 위한 교육의 내실을 기하는 동시에 우리 국가의 행복과 미래 세대의 행복, 그리고 지구를 가로질러 다른 나라 사람들의 행복을 결코 분리할 수 없기 때문에, 글로벌 시민성과 국가 시민성이 초·중등 도덕과 교육 속에 함께 스며들게 해야 한다.[12] 이러한 맥락에서 개별 국

---

11. 보다 자세한 논의는 김유경, 김유신, 박성현(2010), pp. 5-25.

12. 글로벌화에 의해 국가 정체성과 문화적 신념의 뿌리 자체가 쉽게 흔들리게 해서는 곤란하며, 국가 정체성 및 문화적 신념이 폐쇄적이고 고립된 상태로 나아감으로써 인류의 공동체의 평화와 행복을 저해해서도 안 된다. 이제 우리의 도덕과 교육은 다문화 소수집단을 포함하여 우리 국민에게 한국인으로서의 긍지와 자존감을 키워줄 수 있는 국가 시민성과 더불어 글로벌화 되어 가는 국제사회의 현실에 적응하기 위한 글로벌 시민성을 동시에 기르도록 교육과정을 설계해야 한다.

가의 구성원으로서의 국가 정체성과 시민성, 그리고 글로벌 의식과 책임감에 기초한 글로벌 시민성이 모두 필요하며, 이에 대한 교육은 초·중등 도덕과 교육이 직면한 중대한 과제가 아닐 수 없다.

이와 같이 개별 국가의 구성원으로서의 국가 시민성, 그리고 글로벌 의식과 책임감에 기초한 글로벌 시민성이 모두 필요하고 이러한 시민성이 교육을 통해 형성될 수 있다는 기본 전제를 받아들인다면, 이 두 가지 교육 형태가 목표 차원에서 실제로 양립 가능한가에 대한 검토가 후속적으로 이루어져야 한다. 이러한 후속적 검토의 핵심은 국가 시민성 교육과 글로벌 시민성 교육이 각각 어떤 성격을 갖느냐에 달려 있다. 만약 국가 정체성과 시민성 교육을 통해 한 국가의 역사와 전통 그리고 장점을 보편적 인간애의 관점에서 구성원들에게 심어주고(국가 정체성), 국가적·사회적 이슈에 대한 깊이 있는 고찰을 통해 공공의 문제를 합리적으로 해결할 수 있는 능력을 함양하는 형태(민주 시민성)라면, 국가 시민성 교육은 글로벌 시민성 교육과 서로 대립되거나 배타적인 관계로 파악할 필요가 없다. 하지만 특정 국가의 국민으로서 요구되는 국가 시민성에 매몰되거나, 국가 시민성 교육이 합리적 지평을 간과하면서 국가의 이기심에 기여할 수 있는 수동적 인간 형성을 도모할 가능성을 배제할 수 없다. 비록 극단적인 예이지만, 국가 시민성 교육은 지배 집단이 자기 이익을 목적으로 또는 잘못된 쇼비니즘에 의한 국가 운영을 위해 도구적 이데올로기 교육으로 변모시킬 수 있음을 세계사를 통해 쉽게 확인할 수 있다. 이런 이유에서, 국가 정체성 및 시민성 교육의 방향이 민주적 자질과 태도의 함양이라면 글로벌 시민성 교육과 조화를 이룰 수 있지만, 무비판적인 헌신이나 지나친 우파적 시각의 애국적 자긍심을 길러주는 방향이라면 글로벌 시민성 교육과 양립하기 어려울 것이다. 또한 하나의 세계정부를 구성하고 이를 뒷받침하는 국제법에 의해 규정되고 구속되는 세계시민 개념은 현재로서는 실현 가능하지 않은 것으로 보이며, 만약 이러한 형태의 글로벌 시민성을 주창한다면, 국가 시민성과 양립하기 어려울 것이다.

필자는 국가 공동체의 선을 실현하기 위해 이상과 목표, 규범들을 받아들이고 그것에 헌신하고자 하는 애국심의 중요성을 강조해 온 초·중등 도덕과는 국가 시민성 교육과 글로벌 시민성 교육 간의 양립 가능성에 대한 합리적인 믿음을 가질 필요가 있다고 본다. 변종헌 또한 개별 국가의 구성원으로서의 국가 시민성, 그리고 지구적 의식과 책임감에 기초한 글로벌 시민성이 양립 불가능한 것이 아니며, 특수성이 보편성을 저해하지 않고 반대로 보편성이 특수성을 규정짓지 않는 가운데 보편성과 특수성이 공존할 수 있는 상태를 유지할 필요가 있음을 강조한 바 있다(변종헌, 2007: 68). 특수성에 지나치게 기울게 되면 이기주의, 분파주의, 구획주의 등의 결과를 초래할 수 있으며, 보편성만을 강조하게 될 때에는 탈역사적인 획일화를 야기할 수 있다는 것이다.

필자는 두 교육 간의 양립 가능한 형태를 보다 구체화하기 위해서는 특히 왈쩌(K. Waltzer)와 하일먼(E. Heilman)의 견해를 참고할 필요가 있다고 본다(Waltzer & Heilman, 2005: 156-162). 왈쩌와 하일먼은 자국 역사에 대한 보수주의적 접근을 비판하고, '비판적인 애국적 민주 시민' 양성을 위하여 평등한 모든 인간이 참여할 수 있는 시민적 심의와 민주적 상호 관계성을 바탕으로, 사회적 결속과 연합에 기반을 둔 교육을 제시하고 있다. 즉, 비판적 지식과 애국심을 갖춘 시민을 길러내야 한다고 강조한다. '세계시민적 애국자'처럼 안으로는 국내의 역사를 비판적으로 분석하고, 정치와 정책에 실질적으로 침여함으로써 그 안에서 민주적 가치를 제대로 적용할 수 있으며, 밖으로는 인간 그 자체를 소중히 여기면서 초국가적인 시각을 갖는 것이 무엇인지 제대로 보여줄 수 있어야 한다고 강조한다.

그렇다면 초·중등 도덕과 교육에서는 앞으로 국가 시민성 형성 교육을 보다 내실 있게 실행하면서 동시에 시간의 경계, 국가 간 경계를 넘어 시민적 책임과 참여를 촉진시킴으로써 글로벌 시민성을 함양하기 위해 어떤 접근을 시도해야 하는가? 이에 대해 초·중등 도덕과에서는 국가 시민성 교육과 글로벌 시민성 교육을 선행 과제와 후속 과제(즉, 한 학년 내에서 그리고 학년별 종적 계열성 차원에서 국민교육을 앞에 하고, 글로벌 시민교육을 후속적으로 하는 형태)의 관계라든가, 국가 정체성을 글로벌 정체성보다 낮은 단계로 고려하는 수직적 관계의 관점을 비교적 '온건하게(moderately)' 수용할 필요가 있다고 본다.

사실상 선행과 후속 과제의 관점은 도덕과에서 제3차 교육과정부터 제7차 교육과정에 이르기까지 도덕과 교육 내용 구성의 원리로 채택해 온 '생활 영역 확대법'의 논리와 2007년 개정 도덕과 교육과정에서 대안적 구성 원리로 채택된 '가치 관계 확대법'[13]과 밀접한 관련이 있다. 또한 수직적 관계의 관점은 콜버그의 도덕 심리학적 관점을 통해서 정당화가 가능하다. 콜버그는 도덕 발달의 핵심은 관점 채택(perspective-taking) 능력의 발달에 있으며, 발달의 순서는 '자신을 중심으로 두는 수준에서 친밀한 인간관계를 형성하고 있는 사람들과 익명의 타인 및 국가 공동체의 관점을 채택할 수 있는 수준으로, 그리고 더 나아가 인류의 보편적 관점을 취할 수 있는 수준'으로 발달해 간다고 강조한 바 있다. 이러한 논리를 국가 시민성과 글로벌 시민성 차원에 적용해 본다면, 시민성과 정체성의 형성은 국가 수준에서 이루어진 다음 인류 공동체의 수준으로 나아간다고 볼 수 있다.

이 두 관점은 타당성을 인정받을 수 있는 근거를 나름대로 확보하고 있지만, 영향력 있는 여러 선행 연구에 의해 문제점이 다양하게 지적되고 있는 실정이다. 예컨대, 선행과 후속 과제의 형태로 도덕과 교육을 실행하게 되면, 고등학교 단계에서는 우주적 관점을 다루고 중학교 단계에서는 지구적 측면을 위주로 하고 초등학교 단계에서는 지역 및 국가를 중심으로 전개할

---

13. 생활 영역 확대법은 생활이 이루어지는 장이 공간적으로 점차 확대되는 틀을 따르는 것이고, 가치 관계 확대법은 가치 관계 속에서 도덕적 주체가 성찰하는 대상의 범위가 점차 확대되어 가는 방식을 의미한다. 이에 대한 보다 자세한 내용은 정창우(2009), p. 63 참조.

수 있을 것이라는 식의 오류와 착각을 갖게 할 수 있고, 글로벌 시민성 교육과 국가 시민성 교육 간에 경계를 넘나들 수 있는 유연성을 차단하게 되며, 결국 두 교육 간의 역동적인 상호 관계를 파악하는 데 어려움을 발생시킬 수 있다(정창우, 2009: 45-72). 또한 콜버그식 관점을 단순 해석하다 보면, 앞서 변종헌이 지적한 바와 같이, 보편성이 특수성을 규정짓는 문제가 발생할 수 있으며, 국가 수준에서도 보편적인 인류애의 관점을 취할 수 있다는 점이 간과될 수 있다(변종헌, 2007: 68). 그러므로 초·중등 도덕과 교육의 기본 방향 및 계열상의 큰 흐름은 국가 정체성과 시민성이 글로벌 시민성 차원으로 진행하도록 하되, 두 교육 간 연계성 및 동시성에도 주목할 필요가 있고, 두 차원의 시민성이 보편과 특수라는 관점에서 수직적인 상하 관계라기보다 내가 속해 있는 국가 공동체의 특정한 보편이 진정한 보편이 될 수 있는지 반성적으로 사고할 수 있는 기회를 갖게 할 필요가 있다. 다시 말해, 내가 속한 국가 공동체에서 요구하는 시민성에 대한 애착과 자부심을 갖되 그것이 보편적으로 수용될 수 있을 것인가를 회의하는 가운데 진정한 보편성을 향해 나아가도록 하는 것이 양자가 도덕과 교육의 틀 속에서 조화될 수 있는 모습이라고 말할 수 있다.

IV. 도덕과에서 글로벌 윤리 교육의 방향과 적용 방안

이 절에서는 앞서 제시한 글로벌 윤리 교육의 개념 및 기본 틀과 글로벌 윤리 교육 영역에서 제기되고 있는 핵심 쟁점 등에 대한 논의를 바탕으로 글로벌 윤리 교육의 방향과 적용 방안을 성격과 목표, 내용, 방법을 중심으로 제시하고자 한다.

1. 글로벌 윤리 교육의 성격 및 목표

글로벌 윤리 교육은 글로벌 시대를 살아가는 우리 아동 및 청소년들에게 궁극적인 삶의 좌표를 일러주고 깨닫게 해 주는 교육이다. 인간을 비롯한 동물과 식물, 광물 등 지구의 모든 것, 그리고 더 나아가서 우주의 모든 것마저도 서로 얽힌 커다란 유기체에 불과하다. 어느 한쪽이 파괴될 때, 유기체의 한 부분만 없어지는 것이 아니라 유기체 전체가 궤멸의 길을 걸어갈 수도 있다. 그러므로 자기중심적으로 생각하고 행동하는 협애한 사람은 결코 글로벌 시대를 사는 온전한 사람이라고 볼 수 없다. 21세기형 글로벌 시민으로서의 바람직한 모습은 바로 '지구촌 구성원은 누구나 평등하며 지구 내에 실재하는 모든 생명체나 무생물체가 서로 연결되어 있음을 인식하고, 이익이 아니라 의로움을 기반에 두고 사회정의와 약자에 대한 배려를 실천하려는 인간'의 모습이다.[14]

글로벌 교육 차원에서 도덕과의 역할은 규범적·윤리적 관점에 근거한다. 즉, 윤리적인 안목과 실천 동기를 바탕으로 한 글로벌 덕성 형성을 위해 '세계가 실제로 어떤 상황에 있는지에 대한 사회과학적 분석'보다는 '글로벌 시민으로서 어떻게 행위해야 하는가,' '세계가 장차 어떤 모습이 되어야 하는가'에 대해 초점을 맞출 필요가 있다. 또한 글로벌 시대에 한국인의 '국민 됨(nationhood)'을 위해 갖추어야 할 국가 정체성의 강조를 통해 글로벌 시대 및 다문화 사회에서 다양성 속의 통일성을 도모하고, '국민으로서 우리는 누구인가?'라는 물음에 대해 학생들이 답변을 만들어 낼 것을 도덕과 교육을 통해 강조해야 한다.

한편, 글로벌 윤리 교육은 단순히 세계에 대한 지식 획득 수준을 넘어서

---

14. 이런 맥락에서 이원희는 '상생'과 '조화'를 글로벌 시대의 삶의 토대로 설정하면서 4상(四相)의 제거, 유무상생(有無相生), 화이부동(和而不同), 대동사회(大同社會)를 글로벌 시대 학교 교육과정 구성에 반영해야 한다고 주장한 바 있다. 보다 자세한 논의는 이원희(2008), pp. 1-20 참조.

기술(skills)과 가치·태도의 발달 등을 교육목표 속에 통합적으로 포함해야 한다. 이런 맥락에서 나딩스(N. Noddings)는 글로벌 시민교육 영역에서는 개방적, 문제 해결적 접근(open, problem-solving approach)을 통해 비판적 사고 능력과 문제 해결 능력을 향상시켜 주어야 하고, 이와 더불어 경청하고 반론을 구성적이고 생산적인 방식으로 제기하는 기술(skills)과 태도, 그리고 고통 받는 사람들에게 동정심을 확대하는 기술과 태도가 글로벌 시민에게 요구되는 중요한 자질이기 때문에, 이러한 능력과 기술 및 태도가 글로벌 시민교육의 목표 속에 포함되어야 한다고 강조한 바 있다.[15] 또한 리처드슨(Richardson, 1979: 1)은 글로벌 시민교육은 시민 행동을 위한 동기로서 분노의 역할을 이해하고, 학생들이 정의롭지 못한 상황에 대해 분노의 감정을 제대로 느끼도록 도덕적 민감성을 높임으로써 바람직한 시민으로서의 성장을 도울 수 있어야 한다고 강조한 바 있다. 하지만, 이 글에서는 지금까지 개발된 '글로벌 교육을 위한 틀(framework)' 중에서 가장 유용한 틀이라고 평가받고 있으며, 나딩스와 리처드슨과 같이 도덕교육적 책무에 주목하고자 하는 학자들의 견해를 대부분 포괄하고 있는 영국 옥스팜(Oxfam)의 『글로벌 시민성을 위한 교육과정』을 글로벌 윤리 교육의 목표 설정을 위한 기초 자료로 활용하고자 한다(〈표3〉 참조).[16]

---

15. N. Noddings(2005), p. 124. 글로벌 이슈를 탐구하는 과정에서 이루어지는 토론은 흔히 파괴적이고 비생산적인 비판으로 인해 무익하게 끝날 수도 있고, 탐구 자체를 지적인 차원에 국한해서 보게 되면 실천력의 한계를 초래할 수 있기 때문에 나딩스는 후자의 기술과 태도를 강조한 것이다.

16. OXFAM, *A curriculum for global citizenship* (Oxford: Oxfam's Development Education Programme, 1997) 참조.

목표	관련 내용
지식과 이해	사회정의와 평등, 글로벌화와 상호 의존, 지속가능 발전, 평화와 충돌, 다양성
기술(Skills)	비판적 사고, 부정의와 불평등에 도전하는 능력, 효과적으로 논증하는 능력, 협동과 갈등 해결
가치와 태도	공감, 정체감과 자존감, 상황을 변화시킬 수 있다는 신념과 참여 동기, 가치와 다양성에 대한 존중, 사회정의와 평등에 대한 헌신, 환경에 대한 관심과 지속가능 발전에 대한 헌신

〈표3〉 글로벌 시민성을 위한 교육과정(옥스팜)

2. 글로벌 윤리 교육의 내용

1) 글로벌 윤리 교육에서의 핵심 가치

글로벌 교육은 어떤 도덕적 가치를 기초로 삼아야 할 것인가? 이러한 물음에 대한 논의를 진행함에 있어 '21세기를 위한 보스턴 연구 센터'에서는 대화와 이해를 통한 평화 문화를 전 세계적으로 확산하기 위해 글로벌 시민에게 요구되는 세 가지 가치를 제시한 바 있다(Noddings, 2005: v). 첫 번째 가치는 모든 생명의 상호 연결을 지각하는 '지혜'이고, 두 번째 가치는 문화와 국적, 인종, 민족 등에 기초한 '차이'를 두려워하거나 거부하는 것이 아니라 존중하며 다양한 배경을 가진 사람들로부터 뭔가 배우기 위해 노력하려는 '용기'이며, 세 번째 가치는 가깝고 친밀한 사람에게 느끼는 정서를 공간적으로 멀리 떨어져 있으면서 고통 받는 사람들에게 확대시키는 '동정심,' 혹은 모든 인간, 모든 생명체의 고통을 공유하고 공감할 수 있는 능력이다. '21세기를 위한 보스턴 연구 센터'에서는 이와 같이 지혜, 용기, 동정심을 풍부하게 소유한 사람을 길러내는 것이 글로벌 시대에 일차적으로 우리에게 주어진 교육 과업이라고 주장한다. 그러면서 우리 인류의 모든 구성원을 포용할 수 있는 글로벌 시민, 인류의 행복을 위해 개인적 · 집단적 노력에 헌신하는 글로벌 시민을 길러내는 것이 글로벌 교육의 궁극적인 사명이라고 강조한다.

글로벌 윤리 교육을 위한 가치의 목록을 만든다면, 여기에는 '21세기를 위한 보스턴 연구 센터'에서 제시한 지혜, 용기, 동정심 외에도 존중, 책임, 정의, 관용, 평등, 사랑 등을 포함하여 다양하게 열거할 수 있다. 하지만 글로벌 맥락 속에서 핵심적으로 강조되어야 할 가치는 다른 가치의 토대 혹은 기초가 되어야 하고, 일반화의 수준이 높은 가치여야 한다. 또한 글로벌 시민성의 본질이자 글로벌 교육을 통해 습득시켜야 할 인격 특성을 반영한 것이거나 글로벌 이슈들에 대한 논의를 전개해 나가기 위해 필요한 보편적 도덕원리를 반영한 것이어야 한다. 선행 연구 결과를 바탕으로 이 글에서는 존중, 정의, 그리고 배려를 글로벌 윤리 교육의 핵심 가치로 설정하고자 한다.

우선, 글로벌 윤리 교육을 위한 핵심 가치로 왜 '존중'이 강조될 수밖에 없는지를 이해하기 위해서는 운명 공동체 차원을 고려해야 한다. 우리는 실제로 서로에게 영향을 주고받는 공동의 운명을 지니고 있다. 즉, 우리들은 세계의 운명을 공유하고 있기 때문에 서로에게 영향력을 행사할 수도 삼갈 수도 있음을 인식하고, 장기적인 안목으로 서로에게 어떠한 태도를 지니는 것이 도움이 되는지를 알고 실천할 수 있다. 결국, 사람들은 서로를 같은 운명을 지닌 동등한 위치에 선 세계시민으로 바라볼 수 있기 때문에 칸트가 말하는 인간 존중의 윤리가 가능해지는 것이다. 이러한 관점은 헤이든 (Haydon, 2006: 457-471)의 글에 잘 나타나 있다. 시민성과 시민성 교육은 어떤 도덕적 가치를 기초로 삼아야 할 것인가에 대한 논의를 진행함에 있어 헤이든은 이사야 벌린(I. Berlin)식의 가치 다원주의(value pluralism)의 입장을 채택하고 있다. 즉, 모든 가치들이 하나의 가치로 환원될 수 있다는 것을 부정하되, 극단적인 상대주의나 회의주의적인 입장을 피하는 것이다. 이와 같이 시민성의 도덕적 토대로서 다양한 가치들이 제시될 수 있는 가능성 속에서 헤이든은 특히 '존중'이 가장 적합한 도덕적 근거로 받아들여질 수 있다고 주장한다. 즉, 그는 국가적 시민성과 글로벌 시민성이 요청되는 '특별한 맥락'에서, 특히 과거와는 달리 다양한 문화적, 인종적 배경을 가진 사람들이 우리의 '동료(fellow)'가 될 수 있는 글로벌 시대의 특별한 맥락에서, 이들에 대해 우리가 취해야 하는 '태도'로 특히 '존중'의 가치를 시민성 및 시민교육의 토대로 삼아야 한다고 역설한다.

헤이든은 우리가 동료 시민들에 대하여 가져야 할 바람직하고 기본적인 '태도'로서 '존중'의 가치를 본격적으로 논의하기에 앞서, 왜 이것이 '원칙(principle)'이나 '덕목(virtue)'이 아닌 '태도(attitude)'로서 이해되어야 하는지를 논증한다. 첫째, 만약 시민성 교육이 '존중'이라는 행동의 원칙을 증진시키는 것으로 이해된다면, 이는 단순히 사람은 다른 사람을 존중으로 대우해야 한다는 도덕원리를 되풀이해서 가르치는 것으로 수행될 것이다. 둘째, 시민성 교육이 존중의 '성향'이라는 측면에서 덕목을 함양하는 것으로 이해된다면, 우리는 존중과 결합되어야 할 특별한 종류의 감정이나 동기를 찾기가 쉽지 않다는 사실을 발견하게 될 것이다. 이와 같은 근거에서 헤이든은 존중을 가장 잘 위치시켜 놓을 수 있는 범주는 '태도'라고 강조한다. 그러나 그는 역시 가치 다원주의적 입장을 토대로, 시민성 교육을 증진시키기 위하여 모색해야 할 단 하나의 올바른 태도가 있다고 주장하지는 않는다. 다만 그는 '관용'이나 '사랑'이 아닌 '존중'이 국가적 시민성과 세계적 시민성의 맥락에서 의미를 지니게 되는지 논증하고 있으며, 나아가 이것이 왜 문화적 차이를 넘어서 의미를 가질 수 있는지에 대해 논증하고 있다.[17]

---

17. 우선 시민성의 도덕적 토대로 가장 강력하게 제시될 수 있는 사랑은 시민성을 위한 최적의 태도가 될 수 없다. 왜냐하면 사랑의 태도만을 독단적으로 취하게 되면, 정의, 전쟁, 평화와 같은 또 다른 도덕적 이슈를 고려하지 못하는 경우가 많다. 또한 사랑의 이름으로 행해질 수 있는 다양한 행동들을 고려했을 때, 뚜렷한 행동의 준거 틀이 정해지지 않는다면 부정적인 결과를 낳을 수 있는 것처럼, 사랑을 시민성의 도덕적 근거로 삼기에는 애매모호한

다음으로, 정의와 배려를 핵심 가치로 설정한 근거를 살펴보기로 하자. 최근 글로벌 교육 및 다문화 교육 영역에서 일어나고 있는 두드러진 변화는 정의와 배려를 상호 배타적인 것이 아니라 상호 의존적인 것으로 보려는 경향성이다. 예를 들어, 『배려 중심의 반성적 다문화 교육』의 저자인 밸러리 팽(Valerie Pang)은 우리의 아동 및 청소년들에게 글로벌 이슈에 대해 비판적이고 반성적인 사고의 기회를 풍부하게 제공하고, 공감이나 연민과 관련된 배려감(a sense of caring)을 갖도록 하는 것이 필수적임을 강조한 바 있다(Pang, 2001). 또한 나딩스는 글로벌화와 관련된 어떤 사태와 문제들을 세계적이고 총체적인 맥락 속에서 바라보고 제도적인 개선책을 궁구하기 위하여 정의 윤리가 요청되지만, 이를 넘어서 학생들을 현실 개선을 위한 헌신과 실제적 참여로 이끌기 위해서는 반드시 파도처럼 쇄도하는 에너지가 다른 사람의 필요와 과업을 향해서 흘러가는 것을 느끼도록 하는 데 중점을 두어야 한다고 강조한다(Noddings, 추병완 외 역, 2002: 195). 고통 받는 어떤 사람들을 위해서 무엇인가 하지 않으면 안 된다고 느끼는 배려적 태도는 지식과 사고를 행동으로 표출시키는 중요한 심리적 동인으로 기능할 수 있다는 것이다. 이와 같이 팽이나 나딩스 등의 연구를 통해 볼 때, 학생들로 하여금 어떤 사태와 문제들을 세계적이고 총체적인 맥락 속에서 바라볼 수 있게 하고 책임감 있고 참여하는 글로벌 시민으로서 헌신할 수 있도록 돕기 위해서는 정의와 배려의 도덕성을 통합한 글로벌 윤리 교육을 실천할 수 있어야 할 것이다. 즉, 정의와 배려 간의 상호 의존성과 불완전성을 전제하면서 '지성과 감성이 하나로 통합된 참여하는 글로벌 시민'을 길러내는 데 글로벌 윤리 교육의 초점이 맞춰져야 할 것이다.

특징을 지닌다. 한편 관용은 타인에 대한 긍정적인 태도라는 점에서 시민성의 도덕적 토대로 제시될 수 있지만, 실제 현실에서는 개인적 태도로서의 관용보다는 정치적·법적 관용의 개념이 더욱 쉽게 받아들여지고 있는 한계를 지닌다. 헤이든은 이러한 이유로 사랑과 관용이 시민성의 가장 적합한 도덕적 근거가 되는 데 한계가 있다고 지적한다.

2) 내용 선정

무엇을 가르치고 배워야 할 것인지가 명료하게 제시되지 않는다면 의도된 교육 계획은 제대로 실행될 수 없다. 글로벌 윤리 교육 영역에서는 어떤 이슈가 글로벌 차원의 윤리적 이슈로 고려될 수 있는가에 대한 기준을 설정해야 한다. 허칭스에 따르면, 이러한 기준에는 두 가지 요소가 포함된다. 우선 발생 배경 및 결과(영향) 차원에서 국가 경계를 넘어서는 이슈여야 하며, 이러한 기준을 통해 볼 때, 전쟁/평화, 환경 및 경제 정의 이슈 등을 동시대의 대표적인 글로벌 차원의 윤리적 이슈로 고려할 수 있다(Hutchings, 2010: 15). 다음으로, 글로벌화 과정에 의해 야기되어 온 윤리적 가치들 간의 명백하고 심오한 불일치가 존재해야 하며, 국제적 법 규범과 국가적 가치 간의 충돌과 같은 이슈가 글로벌 차원의 윤리적 이슈로 간주될 수 있다.

이 두 가지 외에 또 하나의 요소를 추가한다면, 글로벌 차원의 '윤리적 이슈'라는 개념 속에 이미 '규범적인 접근'을 시도해야 한다는 의미가 반영되어 있기는 하지만, 이에 대해 보다 구체적인 의미를 부여할 수 있다. 앞서 지적한 바와 같이, 일반적으로 글로벌 윤리에 대한 탐구는 글로벌 사회에서 개인이 자신의 삶을 어떻게 영위하는 것이 바람직한지 그리고 국가 및 초국가적 차원에서의 제도 개선은 어떻게 이루어야 하는지에 대해 탐구하기 때문에, 결코 진공 상태에서 이루어지는 것이 아니다. 그러므로 글로벌 윤리에 대한 탐구 과정은 문화와 의사소통의 글로벌화와 국제법 등과 더불어 글로벌 정치 및 경제와 불가피하게 연결될 수밖에 없다(Hutchings, 2010: 216). 이와 같이 글로벌 이슈에 대한 탐구 과정에서 정책 입안과 입법적 대응책을 고려해야 하지만, 글로벌 윤리 교육에서 우리의 주된 관심은 정치적 혹은 법적 대응에 있는 것이 아니라, 윤리 이론과 윤리적인 관점에서 이러한 이슈들을 어떻게 다루어야 하는가에 두어져야 한다. 그러므로 내용 요소 선정에 주의를 기울여야 한다. 예를 들어, 지난 몇 십 년간 글로벌 인권 영역에서 비

학자(기관)	내 용(주제)
옥스팜	• 사회정의, 평화/갈등, 다양성, 지속가능 발전, 글로벌화/상호 의존성 개념
교육과정 해설 (영국)	• 시민성, 지속가능 발전, 사회정의, 가치와 지각, 다양성, 상호 의존성, 갈등 해결, 인권
데이비스	• 사회정의, 권리, 문화
나딩스	• 경제 및 사회정의, 지구 환경 보호, 사회적·문화적 다양성
다우어	• 평화와 전쟁, 무역과 개발, 환경 문제
싱어	• 생태학적 이슈들, 인도주의적 개입과 경제 정의의 이슈들
린치	• 발전, 환경, 인권, 평화, 다문화, 국제이해

〈표4〉 선행 연구에서 제시된 글로벌 교육의 내용(주제)

중 있게 다루어져 온 아동 노동 착취에 대한 초국가적 캠페인은 정치적·경제적 맥락에서 주된 논의가 이루어질 가능성이 높다. 배려, 양육, 아동 교육이 도덕적으로 가치 있다는 생각에는 근본적인 불일치가 존재하기 어려우며, 결국 아동 노동을 착취한 기업들의 상품에 대해 불매 운동을 전개하는 정책이 이러한 악덕 기업에 심각한 위기를 발생시킬 수 있는 것이다. 글로벌 이슈에 대한 탐구를 위해서는 가능하면 우리 학생들의 주의를 '윤리적' 불일치 쪽으로 향할 수 있도록 해 주는 주제를 선정하고 실제 논의 과정에서 이 방향으로 논의를 전개시키는 것이 보다 타당하고 효율적일 것이다.

그렇다면 구체적으로 어떤 주제를 글로벌 윤리 교육의 내용으로 선정해야 할까? 글로벌 교육 영역에서 교육 내용을 제시한 선행 연구들이 다수 존재하지만, 이 중에서 위의 세 가지 기준을 충족시킬 수 있는 선행 연구 결과를 중심으로 이러한 물음에 대한 답을 찾아보기로 한다(〈표4〉 참조).

옥스팜에서 제시한 내용은 전술(前述)했고, 영국에서 발행된 대부분의 교재와 교육과정 해설서[18]에서는 시민성, 지속가능 발전, 사회정의, 가치와 지

---

18. DfID, DfEE, QCA, DEA & CBIET, *Developing a global dimension in the school curriculum* (London: DfID, DfEE, QCA, DEA & CBIET, 2000) 참조.

각, 다양성, 상호 의존성, 갈등 해결, 인권을 핵심 개념으로 포함하고 있다. 데이비스(L. Davies)는 글로벌 시민성의 개념과 보다 밀접하게 관련될 수 있는 핵심적인 주제로서 사회정의(social justice), 권리(rights), 그리고 문화(culture)를 언급하면서, 글로벌 시민성 교육을 이해하고 실현하기 위한 이론적 기초를 제시한다(Davies, 2006: 6-11). 우선, 시민성에 있어서 핵심 원리로 고려되고 있는 '사회정의'는 글로벌 시민성 교육에서도 심오한 함축을 지닌다. 글로벌 시민은 세계의 움직임을 인식하는 사람으로서 정의롭지 못한 세계 변화에 대해 분노하고, 이에 대해 행동적 조치를 취하려는 의지와 능력을 지닌 사람으로 간략하게 규정되기도 한다. 이는 사회 부정의에 대해 분노하고 세계를 보다 공정하고 지속 가능한 공간으로 만들기 위해 자발적으로 행동해야 한다는 점을 강조한 것이다. 다음으로, '권리'는 책임과 더불어 글로벌 시민성이 기초하고 있는 중요한 부분이다. 즉, 글로벌 시민이라면 국제사회에서 나타나는 권리 침해나 부당한 대우에 관해서 논쟁할 수 있는 에너지를 지녀야 한다. 인류를 하나로 묶는 일차적인 공통의 정체성은 문화, 국가, 정치, 사회, 경제적인 것이 아니라, 권리와 책임 등에 근거한 도덕적인 것이다. 권리의 강조가 사고와 행동을 위한 완벽한 청사진을 제공한다고 할 수는 없지만, 다양한 문화권에서 볼 수 있는 딜레마를 다루기 위한 방법을 제시할 수는 있다. 끝으로, 글로벌 시민성과 관련된 주요 쟁점 중의 하나는 '문화'를 다루는 방법에 대한 논의이다. 문화의 존속과 발전에 대하여, 글로벌화는 위험과 기회의 양면성을 가지고 있다. 시민성을 국적에 의해 정의하고 국가적·민족적 합일과 자부심에서 기인하는 것으로 간주했던 1세기 전의 논의와 달리, 글로벌 시민성 개념은 다른 나라의 문화에 대해 알고 배우는 동시에 자신의 나라에 대해 비판적으로 반성하는 것을 가능하게 만든다.

한편, 나딩스는 글로벌화로 인해 발생하는 문제점에 주목하면서, 글로벌 시민을 육성하기 위해 다루어야 할 내용을 다음과 같이 네 가지로 제시한다

(Noddings, 2005: 1-21).

첫째, '경제 및 사회 정의'의 문제이다. 글로벌화가 진행되면서 기존의 경제적인 부정의 문제가 더욱 악화되고 있다는 증거가 있다. 좋은 국가 시민들이 그들 자신이 속한 국가 내에서의 부정의 문제에 관심을 가져야 하는 것과 마찬가지로, 좋은 글로벌 시민은 글로벌 차원의 부정의 문제에 관심을 가져야 한다. 이와 같이 글로벌 시민은 경제적인 부정의 문제를 직시하면서 글로벌 수준에서의 빈곤 퇴치에 헌신해야 할 뿐만 아니라, 경제적 정의 차원을 넘어 사회적·정치적 정의 차원으로 확대해야 한다. 우리 스스로를 위해 요구하는 권리는 전 세계적으로 다른 사람들에게도 적용되어야 한다. 국제연합헌장에는 '근본적인 인권'과 '인간의 존엄성 및 가치,' 그리고 '남성과 여성의 평등 및 강대국과 약소국의 평등'에 대해 언급하고 있다. 세계는 이러한 이상(ideal)을 실현해 나가야 하며, 글로벌 시민은 이를 위해 헌신해야 한다.

둘째, '지구 환경 보호'의 문제이다. 이것은 글로벌화가 경제성장에만 지나치게 주목함으로써 결국 지구 자체의 건강, 즉 물리적 환경을 위협해 온 관행에 대한 윤리적 성찰의 문제이다. 적합한 물리적 환경 없이 우리는 생존 자체가 불가능하기 때문에, 지구를 보호하는 것은 글로벌 시민에게 주어진 가장 중대한 과제이다. 지구온난화는 엄연한 현실이고 이산화탄소 배출량의 감소는 무조건적이고 불가피한 명령이다.

셋째, '사회적·문화적 다양성'의 문제이다. 성숙한 글로벌 시민은 단일한 삶의 방식이 아니라 다양한 삶의 방식을 존중하는 차원에서 문화적 다양성을 인식하며, 동시에 어떤 의미의 다양성이 어떤 방식으로 견지될 수 있는지 신중하게 물을 것이다. 만약 어떤 문화가 여성을 불평등하게 대하고 아동들의 노동을 착취한다면, 우리는 단지 문화적 다양성이라는 미명하에 이러한 관습을 수용해야 하는가? 문화적 다양성이 우리를 윤리적 상대주의로 몰아간다면, 우리는 이를 무비판적으로 수용하기보다는 오히려 극복해 나가야 하지 않을까? 우리는 다양성과 보편성의 장점을 동시에 보면서 어떻게 이 둘 간에 균형과 조화를 찾을 수 있을 것인가에 대해 숙고해야 한다. 또한 사회적·문화적 다양성 문제는 앞서 언급한 경제적·사회적 부정의 문제와도 흔히 연결된다는 점을 인식해야 한다.

넷째, '평화'의 문제이다. 평화는 글로벌 시민성을 위한 전제 조건이며, 이와 동시에 글로벌 시민성을 가르치는 것은 평화 촉진에 기여할 수 있다. 즉, 전쟁의 위협이 있는 상황에서 글로벌 시민성을 가르친다는 것은 현실적으로 기대하기 어려우며, 역사적인 사례를 통해 볼 때, 전쟁 가능성이 있거나 전쟁 상황에서는 폐쇄적인 애국심과 맹목적인 국가적 시민성을 요구해 왔다는 점을 쉽게 확인할 수 있다. 따라서 평화는 글로벌 시민성 형성을 위한 교육의 전제 조건이며, 전쟁을 예방하고 인류 구성원의 삶의 질을 향상시키기 위한 차원에서 평화 교육이 의미 있게 실행되어야 한다. 성숙한 글로벌 시민성을 향한 점진적인 교육적 지향은 세계 평화와 인류의 행복을 촉진시키는 것이어야 한다.

또한, 글로벌 시민교육을 영역별로 제안하고 있는 린치(Lynch, 1987)에 의하면, 글로벌 시민교육은 발전 교육(development education), 환경 교육, 인권 교육, 평화 교육, 다문화 교육, 국제이해 교육 등의 영역으로 구성되어야 하며, 각 영역들이 상호 간에 유기적인 관련을 맺는 가운데 통합적으로 수행되어야 한다. 그 외, 다우어(Dower, 2007)는 평화와 전쟁, 무역과 개발, 그리고 환경 문제를 목록에 포함시켰고, 큉(Hans Küng, 1990) 또한 다우어와 유사한 목록을 제시한 바 있으며, 싱어(Singer, 2004)는 생태학적 이슈들, 인도주의적 개입과 경제 정의의 이슈들을 강조한 바 있다.

이상에서 7개의 선행 연구 결과를 제시하였고, 이러한 선행 연구에서 제시한 다양한 주제 중에서 도덕과의 정체성에 부합할 수 있는 주제를 추출하면 다음과 같다.

- 글로벌화 및 상호 의존성
- 사회정의
- 평화/갈등
- 사회적·문화적 다양성(문화)
- 인권
- 환경

이러한 6개의 주제 간에는 어느 정도 중첩되는 부분이 존재한다는 점을 고려해야 한다. 예를 들어, 인종차별의 이슈는 사회정의, 문화, 인권 등에 모두 포함될 수 있지만, 어떤 측면에 초점을 맞추느냐에 따라 주제들 중 어느 하나와 보다 밀접한 관련성을 갖게 된다. 또한 이러한 각각의 주제들은 사회과에서도 다룰 수 있지만, 윤리 이론과 보편적인 도덕원리를 중심에 두느냐, 사회과학적 지식 및 학문 방법, 탐구 방식을 중심에 두느냐에 따라 구체적인 학습 내용은 달라질 수밖에 없다. 예컨대, 인권에 대한 내용을 다룰 경우, 도덕과에서는 인권 개념의 정치철학적 근거와[19] 이에 따른 인권 문제의 윤리적 진단 및 해결 방안 모색에 초점을 맞출 수 있다.

한편, 위에서 제시한 6가지 주제와 관련된 글로벌 이슈들은 윤리 이론과의 연결을 다양하게 시도할 수 있으며, 실제 수업 수준에서 제기할 수 있는 가능한 '물음들'을 몇 가지 예시하면 〈표5〉와 같다.

3. 글로벌 윤리 교육의 교수·학습 방법

글로벌 교육 영역에서 대표적인 학자인 메리필드(M. Merryfield)는 글로벌

---

19. 인권이란 사람의 존엄성과 가치를 존중하라는 가치관에서 비롯되었다. 따라서 인권은 규범의 세계에 속하는 문제이다. 그런데 규범에는 법 규범으로부터 도덕, 윤리와 종교 규범까지 있으며, 여기서 인권이란 가치의 궁극적 근거는 철학적이기 때문에 종교에까지 거슬러 올라가서 따져 보아야 한다. 보다 자세한 내용은 한상범, 1991, 참조.

- 공리주의는 글로벌 빈곤 및 전쟁에 대한 윤리적 논쟁에 중요한 영향을 미쳐 왔다. 그렇다면 공리주의에서는 글로벌 차원의 경제적 불평등을 도덕적으로 잘못된 것으로 간주할까? 또한 도덕적 옳음을 위해 대량 살상 무기를 사용하는 것은 공리주의적 관점에서 정당화될 수 있는가?

- 의무론적 윤리는 모든 인간에게 절대적인 도덕적 지위를 부여한다. 이것은 글로벌 윤리 내에서 살인과 처벌에 대한 사고에 중요한 함의를 가진다. 그렇다면 다음과 같은 물음에 대해 생각해 보자. 만약 전쟁에서 대량 살상 무기의 사용에 대해 공리주의자가 옹호한다면, 의무론자는 이에 대해 어떻게 반대할 수 있는가? 또한 전쟁이 종결된 후에 전범들을 체포하여 처벌해야 한다고 의무론자가 주장한다면, 공리주의자는 어떻게 반대할 수 있는가?

- 덕 윤리적 관점에서는 정치 공동체의 목적(telos)을 중시하고, 도덕 판단은 항상 맥락적이며, 도덕적 딜레마에 대한 옳고 그름의 판단이 이루어질 수 있는 공평무사하고 탈역사적인 기준은 존재하지 않는다고 본다. 그렇다면 다음과 같은 물음에 대해 생각해 보자. 지구는 지구온난화와 지구 자원의 급속한 사용 때문에 심각한 위협을 받고 있다. 이러한 상황에 대한 적절한 윤리적 대응은 무엇인가? 이러한 질문에 대한 덕 윤리학자의 반응은 공리주의자와 의무론자의 반응과 어떻게 다를까?

- 계약론은 도덕적 의무의 성격과 범위에 대한 글로벌 윤리 논쟁, 특히 동일한 정치 공동체의 구성원이 아닌 사람들에게 도덕적 의무를 적용해야 하는가에 대한 글로벌 윤리 논쟁에서 특별히 중요한 역할을 해 왔다. 그렇다면 다음과 같은 물음에 대해 생각해 보자. 자국 내 시민들을 위해 보건과 교육 지원을 위한 목적으로 세금을 사용해야 한다는 도덕적 주장과 국제사회의 빈곤 퇴치를 위해 국가 세금을 사용해야 한다는 도덕적 주장은 과연 서로 다른 것인가?

〈표5〉 글로벌 차원의 윤리적 이슈와 윤리 이론 간 연결의 예

관점을 통해 글로벌 이슈를 가르치기 위해서 다섯 가지 접근을 시도할 필요가 있다고 강조한다(Merryfield & Subedi, 2003: 13-14).

첫째, 직접적으로 고정관념과 오정보에 직면하게 하는 것: 학생들이 잘못된 정보를 새로운 지식으로 대체할 수 있고, 고정관념이 사람들의 이해, 태도, 일상생활에 어떤 영향을 미치는지 이해하도록 돕는다.

둘째, 일차 자료와 정확한 문헌을 통해 다중적 관점을 가르치는 것: 문헌, 연설문, 전기(일기), 역사적 사건 및 서류, 뉴스, 그리고 다른 일차 자료를 활용하면서 다양한 관점을 검토하도록 돕는다.

셋째, 사람들이 규범, 신념, 가치를 통해 어떻게 그들의 세계관을 형성하고 그들이 진리로서 받아들이는 지식을 형성해 나가는지 분석할 수 있는 기술(skills)을 발달시키는 것: 다른 사람들이 가진 옳고 그름에 대한 지각, 가치 있는 행위, 의무, 권리와 책임 등에 대해 제대로 이해하기 위해서는 '내부자의 입장(insider perspectives)'을 취하면서 학습할 필요가 있다.

넷째, 권력, 편견, 부정의, 세계관의 상호작용에 대해 가르치는 것: 글로벌 맥락에서 권력을 이해하고, 여성이나 아동, 약소국과 같은 대상에 대한 차별과 부정의의 효과를 이해하도록 도울 필요가 있다. 학생들은 주류(mainstream) 지식, 대중매체의 정보, 언어 사용 등의 밑바탕에 깔려 있는 가치와 세계관을 비판적으로 검토해 볼 기회를 갖는다.

다섯째, 학생들에게 문화 간(cross-cultural) 경험 학습을 제공하는 것: 다른 문화를 가진 사람들과 참 학습(authentic learning)을 할 수 있는 기회를 대체할 수 있는 학습 기회는 없다. 오늘날 미국의 많은 학교들은 문화적으로 다양한 학생들을 가지고 있다. 동등한 지위를 지닌 이질적인 학생들로 구성된 구조화된 환경에서 상호 협력할 수 있는 기회를 제공하거나, 대학에 다니는 국제 학생과의 인터뷰, 공동체 내에서 이민이나 외국인 노동자를 담당하는 기관이나 관공서 방문, 봉사 활동 프로젝트 등의 경험 학습의 기회를 제공할 필요가 있다.

이러한 모형은 도덕과와 사회과에서 모두 활용할 수 있지만, 교과의 특성 상 사회과는 첫째, 둘째 접근에, 도덕과는 셋째와 넷째 접근에 보다 강조점 을 둘 필요가 있고, 다섯째 접근은 두 교과가 동시에 활용할 수 있다.

일반적인 교수·학습 원리의 차원에서 사회과와 차별화를 시도한다면, 도 덕과의 경우, 무엇이 옳은 것인지 아는 것과 이를 행동으로 옮기는 것 간에 괴리가 존재하기 때문에, 글로벌 윤리에 대한 탐구는 도덕적 실천을 위한 도덕적 확신 및 신념, 도덕적 책임감을 갖도록 하는 차원으로 발전되어야 한다. 그러므로 탐구의 도입 단계에서는 공감, 인류애, 사회적 부정의에 대 한 분노 등의 다양한 도덕적 정서를 자극하여 윤리적 탐구를 위한 동기화를 제공해야 하며, 본격적인 논의 과정에서는 '냉철하고 균형 잡힌 이성'을 바 탕으로 도덕적으로 합리적이고 바람직한 대안을 모색할 수 있는 계기를 마 련해 주어야 한다. 특히 이 단계에서는 '우리(we)'가 윤리적 이슈 해결을 위 해 어떻게 개입해야 하는가, 그리고 이런 개입의 결과가 가져올 성과가 무 엇인가에 대한 숙고 차원뿐만 아니라, 행위의 주체로서의 '내'가 어떤 노력 을 기울여야 하는가, 이런 노력이 가져올 영향의 효과와 범위는 어디까지인 가에 대해 숙고할 수 있는 기회를 제공해야 한다. 정리 단계에서는 무엇이 옳은 것인지 아는 것과 이를 행동으로 옮기는 것 간에는 괴리가 존재하기 때문에, 글로벌 윤리에 대한 탐구는 도덕적 실천을 위한 도덕적 확신 및 신 념, 도덕적 책임감을 갖도록 하는 차원으로 발전되어야 한다.

글로벌 교육의 특성에 부합되는 핵심적인 교수·학습 기법의 하나로 '이 슈 탐구 방식(issue-centered approach)'을 고려할 수 있는데, 이것은 글로벌 이슈에 대한 도덕적 숙고와 도덕적 의사 결정의 기회를 갖도록 하기 위해 '생각하는 교실(thoughtful classroom)' 분위기를 조성하는 방식을 의미한다. 이러한 방식은 지식이나 이해 수준의 학습을 목적으로 설계된 것이 아니라, 적용·분석·종합·평가를 시도하고 가치 조직화와 인격화를 겨냥한 것이 라고 볼 수 있다. 예컨대, 글로벌 정의(global justice) 이슈에 특정 윤리 이론적 관점을 '적용'해 보고, 두 가지(혹은 그 이상) 윤리적 관점 간 관계를 비교 '분석' 및 '종합'해 보고, 이 이슈에 대한 자신과 타인의 입장이 갖는 타당성과 한계를 '평가'하고 '성찰'해 볼 수 있다. 또한 전술(前述)한 '누가,' '어떻게'의 관점을 취할 경우, 지구촌 구성원으로서의 '나'와 내가 속한 '공동체'가 글로벌 이슈의 해결을 위해 어떤 노력을 기울여야 하는가를 자각하고 성찰하는 과정에서 자신이 가진 가치 체계가 의미 있게 구성되고(가치 조직화), 이러한 가치 체계가 지속적이고 일관성 있고 확고하게 인격의 일부로 내면화될 기회를 가질 수 있다(인격화).

인간 및 인간 이성에 대한 가정(assumption)에서 심오한 차이를 보이는 다양한 윤리적 전통(윤리 이론)은 글로벌 이슈를 탐구하는 데 유용한 도구가 될 수 있다. 글로벌 분배 정의와 전쟁 윤리와 같은 글로벌 이슈에 대해 어떤 학생은 도덕 공동체와 인간 선(human good)을 논의의 기초로 삼을 수도 있고, 또 다른 학생은 의무론과 계약론적 추론의 결합을 통해 보편적인 인권에 대한 존중 차원에서 자신의 주장을 전개해 나갈 수도 있다. 물론 후자와 같이 한 주장 내에 윤리 이론 몇 가지가 결합된 상태에서 제시될 수도 있다. 학자의 경우를 예로 든다면, 밀러(D. Miller)나 왈쩌(M. Walzer)와 같이 동료 시민에 대한 정의의 의무를 강조하면서 계약론 및 덕 윤리적 관점을 결합시키는 경우도 있고, 포기(T. Pogge)와 같이 글로벌 재분배에 대해 권리에 기초한 주장을 전개하면서 계약론과 의무론의 결합을 시도하는 경우도 있다 (Hutchings, 2010: 78).

학생들은 자신이 가진 인간 및 인간 이성에 대한 심오한 가정에 대해, 그리고 글로벌화로부터 발생하는 구체적인 윤리적 물음들에 대한 자신의 관점 형성에 이것이 어떤 영향을 미치는지 성찰해 볼 필요가 있다. 글로벌 빈곤, 지구온난화 혹은 정치적 폭력에 대해 '어떤 처방이 내려져야 하는가'를 생각하는 것은 글로벌 이슈에 대한 사고에서 빙산의 일각에 불과하다. 빙산의 나머지 부분은 이러한 견해의 밑바탕에 깔려 있는 이유, 즉 이러한 견해들이 어떤 관점에 근거한 것인지, 그리고 이것들이 하나 혹은 그 이상의 윤리 이론과 어떻게 관련되어 있는지를 사고하는 것이다. 예를 들어, 어떤 학생이 글로벌 차원에서 부의 재분배에 대한 신념을 가지고 있다면, 이것은 공리주의, 의무론, 덕 윤리, 배려 윤리 등과 어떻게 관련되어 있는가? 어떤 학생이 하루는 공리주의자, 그 다음날은 의무론자가 될 수 있는가? 어떤 학생이 분배 정의에 대해 갖는 윤리적 관점은 또 다른 글로벌 이슈, 예컨대 전쟁에 대한 윤리적 관점과 일관되는가? 자신이 설정한 도덕원리가 자신이 가진 모든 필요 이상의 재화(사치품)를 모두 기부할 것을 요구한다면, 과연 이에 따라 행동할 수 있는가? 만약 그렇지 않다면, 자신의 도덕원리를 재검토할 필요가 있지 않을까? 이러한 연속적인 물음들은 글로벌 윤리에 대한 이슈들을 탐색해 가는 과정에서 학생들이 스스로 묻고 답변을 찾아 나갈 필요가 있는 중요한 것들이다.

다음으로, 글로벌 차원에서의 가치·태도를 형성시키기 위해서는 교과 차원의 노력뿐만 아니라, 학교 차원의 노력이 병행되어야 한다. 교과 교육과정의 범위를 넘어서 글로벌 시민 양성과 관련하여 두 가지 중요한 학교 기반 활동이 있다. 첫 번째는 학교의 민주주의에 참여하는 것으로, 글로벌 시민성 교육을 위해 민주주의와 인권의 중요성을 강조해야 하며, 이것은 매일의 학교생활에서 민주주의와 인권을 경험함으로써 교육적 효과를 지닌다. 이것은 곧 학생들이 학교의 의사 결정 과정에 참여할 수 있어야 함을 의미한다. 선거와 의사 결정 과정에의 참여는 민주 정치의 언어와 민주적 가치와 기술을 익히고 민주 시민성을 교육하는 데 있어 중요하고 직접적인 형태가 된다. 두 번째는 공동체 자원봉사 활동에 참여하는 것으로, 봉사 활동 경험은 자신이 타인의 행복과 복지에 영향을 미칠 수 있는 사람이라는 측면에서 자아 정체성을 형성할 수 있도록 돕는다. 예컨대, 집 없는 사람들을 도와주면서 가난의 원인과 관련된 비판적 토의를 연계한다면, 자기 자신을 타인에게 영향을 미칠 수 있는 특별한 사람으로서 인식하고, 이를 통해 정체성을 재형성할 수 있게 한다. 봉사 활동을 통해 국제적 수준의 일에 관여하는 경우가 매우 드물지만, 적극적인 글로벌 시민성 함양에 있어 매우 큰 영향을 미친다. 예컨대, 북한 이탈 주민, 또는 불이익을 받는 소수 민족 집단을 위한 봉사 활동을 통해 사회구조에 대해 글로벌 차원에서 사고할 수 있도록 한다.

이러한 입장은 나딩스의 관점과도 연결된다. 나딩스는 '장소에 기초한 교육(place-based education)'을 강조하면서, 글로벌 관점은 자신이 속한 지역에 대한 건전한 이해, 그리고 많은 인간이 실제로 자신의 국가에 대해 갖는 애착심 없이 계발되기 어렵다고 지적한다. 그녀는 글로벌 시민교육이 직면할 수밖에 없는 현실적인 어려움을 인정하면서, 학교 자체가 글로벌 시민성 교육을 위한 '글로벌 무대'의 축소판 역할을 해야 한다고 주장한다. 예컨대, 상이한 배경과 문화를 가진 급우들을 존중하고 친밀한 관계를 형성하도록 학습할 때, 학생들은 글로벌 시민성을 위해 중요한 태도를 학습하게 되는 것이다.[20]

끝으로, 글로벌 윤리 교육을 실시하는 교사들이 유의해야 할 점들을 지적하면 다음과 같다. 첫째, 도덕과 교사는 문화상대주의가 윤리 상대주의로 흐를 가능성을 예방해야 한다. 문화를 한 사회집단 구성원들이 지닌 독특한 생활양식 혹은 생활의 총체로서 이해한다면, 어떤 문화를 이해하기 위해서는 그 사회가 처해 있는 독특한 자연적·사회적 상황을 인정할 수밖에 없다. 이런 점에서 문화를 이해하는 데 있어 상대론적 관점은 유용할 수 있다. 하지만 문화상대주의를 극단으로 밀고 갈 경우 다른 문화와의 상호 교류 자체가 불가능하고 인간의 존엄성과 같은 기본적인 윤리적 가치마저 훼손할 수 있다. 따라서 문화상대주의가 윤리 상대주의로 흐르는 것을 지양하

---

20. N. Noddings(2005), pp. 57-68. 나딩스는 수업도 글로벌 차원과 로컬 차원이 시계추처럼 오가는 관계 속에서 진행할 것을 추천한다. 예를 들어, 아랄해의 비극에 대해 소개하면서 사막화의 원인과 자연을 파괴한 대가가 어떤 것인지 경각심을 갖게 한 후, 국내의 상황으로 넘어와서 '누가,' 그리고 '어떻게' 문제를 해결해 나가야 할 것인가에 대해 논의할 수 있다.

기 위해서는 모든 문화의 바탕에 보편성이 존재한다는 점을 고려해야 한다.

둘째, 도덕과 교사는 학생들이 가치의 다양성을 인식하고 미숙한 이분법을 피할 수 있으며 주로 구체적인 맥락(context)에 비추어 판단할 수 있는 능력을 갖출 수 있도록 가르쳐야 한다. 정의롭고 평등한 세계를 구현하기 위해 필요한 도덕적 상상력과 판단력을 계발하기 위해서는 선악정사(善惡正邪) 등에 대한 성급한 가치 판정을 보류하면서, 글로벌 이슈가 담겨 있는 구체적인 맥락 속에서 다양한 관점을 취하며 숙고할 수 있는 기회를 제공해야 한다.

셋째, 도덕과 교사는 학생들이 도덕적인 관점을 가지고 복잡한 논쟁적 성격을 지닌 글로벌 이슈를 심층적으로 탐구할 수 있도록 민주적이고 배려적이며 협동적인 수업 분위기를 조성해야 한다. 도덕과 교사들은 글로벌 이슈 탐구 과정에서 학생들이 자신의 의견이나 신념을 동료들과 부담 없이 공유할 수 있는 분위기를 제공하고 있는지 반드시 확인하면서 상호 존중과 협동의 분위기를 조성하여 학생들에게 능동적인 도덕적 의미 구성이 가능하도록 해야 한다(정창우 외, 2007: 100).

넷째, 도덕과 교사는 글로벌 이슈 영역에서 '가르침에 대한 자기 효능감(teaching-efficacy)'[21]을 가져야 한다. 도덕과 교사들이 수업 시간을 통해 복잡한 글로벌 이슈를 윤리적인 관점에서 자신 있게 그리고 능숙하게 다루기 위해서는 가르치고자 하는 내용에 대한 깊이 있는 이해와 통찰력, 그리고 그것을 효과적으로 가르칠 수 있는 방법상의 전문성을 지녀야 한다. 슈타이너(Steiner)가 영국 교사들을 대상으로 실시한 조사에 의하면, 교사들은 교실 수업에서 다룬 글로벌 교육의 교육과정 관점에 대해 선택적이었다.[22] 교사들은 복잡한 글로벌 이슈는 도외시하고 타 문화와 환경에 대해 가르치는

---

21. 정창우 외(2007), p. 88. 도덕과 교사들에게 있어 '가르침에 대한 자기 효능감'은 도덕과 수업을 통해 학생들의 도덕적 성장에 긍정적으로 기여할 수 있다고 믿는 신념의 정도를 의미한다.

22. L. Davies(2006), p. 14에서 재인용.

것을 편안하게 생각하였다. 그리피스(Griffiths, 1998)가 한 지역 교육청 내에서 실시된 초·중등학교의 수업 연구를 5년에 걸쳐 분석한 결과, 교사들은 사실적 정보를 강의식으로 전달하는 수업 방식에 가장 많이 의존하고 있는 것으로 보고되었다. 이와 같이 교사들이 사실적 정보를 전달하는 강의식 수업을 선호하고, 논쟁적인 글로벌 이슈를 다루는 것에 대해서는 불편하게 생각한다면, 글로벌 시민성을 제대로 함양할 수 없다. 학생들은 글로벌 이슈에 대해 윤리적 관점에서 깊은 반성적 사고를 할 수 있는 기회를 가져야 한다. 따라서 도덕과 교사들은 수업 내용과 방법 측면(글로벌 이슈와 문제에 대한 이해, 중요한 자료의 선택과 활용 방안, 토론과 논술, 연구 보고서법 등, 교수·학습 방법 및 기법 등)에서 충분한 준비를 통해 가르침에 있어서의 자기 효능감을 높여야 한다.

V. 결론

글로벌화는 개인, 지역, 국가, 세계 수준에서 위험과 기회의 양면성을 가지고 있으며, 특히 인류가 공동으로 해결하지 않으면 안 되는 여러 가지 중대한 글로벌 문제와 이슈를 수반하고 있다. 이런 상황에서 글로벌 문제와 이슈에 대한 직접적인 교육적 대응이 절실히 요구되고 있는데, 특히 이러한 문제와 이슈를 윤리적인 관점에서 조망할 수 있는 능력과 보편적인 도덕원리의 관점에서 비판적으로 탐구할 수 있는 능력, 그리고 우리와 문화적 배경이 다른 이웃을 이해하고 인정하며 타인의 눈과 마음으로 세계를 보고 배려할 수 있는 태도를 함양하게 하는 학습이 요청되고 있다.

이런 이유에서 이 글에서는 오늘날 글로벌 사회가 처한 새로운 상황에 대처할 수 있는 좋은 시민을 길러내는 데 도덕과가 핵심적인 역할을 수행할 수 있다는 전제 아래, 독립 교과로서 '도덕과의 특성을 반영한 글로벌 교육' (글로벌 윤리 교육)의 적용 방안을 모색하고자 하였다. 이를 위해 이 글에서는 우선 '글로벌 윤리 교육'의 의미를 '윤리학 및 정치철학 등을 바탕으로 글로벌 맥락에서 발생하는 다양하고 복잡한 윤리적 이슈와 사건을 도덕과 교수·학습에 적용하기 위한 도덕교육적 노력의 일환'으로 규정하였다. 또한 국가 정체성 교육을 통해 한 국가의 역사와 전통 그리고 장점을 보편적 인간애의 관점에서 구성원들에게 심어주고(국가 정체성), 국가적·사회적 이슈에 대한 깊이 있는 고찰을 통해 공공의 문제를 합리적으로 해결할 수 있는 능력을 함양하는 형태(민주 시민성)라면, 국가 시민성 교육을 글로벌 시민성 교육과 서로 대립되거나 배타적인 관계로 파악할 필요가 없다는 점을 강조하였다. 끝으로, 글로벌 윤리 교육의 적용 방안을 성격과 목표, 내용, 방법을 중심으로 제시하는 과정에서 글로벌 교육을 위한 도덕과의 역할은 규범적·윤리적 관점에 근거해야 한다는 점을 명확히 하였고, 존중, 정의, 배려를 글로벌 윤리 교육의 핵심 가치로 설정하였으며, 글로벌화 및 상호 의존성, 사회 정의, 평화/갈등, 사회적·문화적 다양성(문화), 인권, 환경을 글로벌 윤리 교육에서 다루어야 할 핵심 주제로 선정하였다. 또한 글로벌 교육의 특성에 부합되는 핵심적인 교수·학습 기법으로 '이슈 탐구 방식'을 제시하였으며, 글로벌 윤리 교육을 실시하는 교사들이 유의해야 할 점들을 몇 가지 지적하고자 하였다.

하지만 이 글에서 구체적으로 다루지 못했기 때문에 후속 연구를 통해 풀어 나가야 할 물음들이 여전히 존재한다. 예를 들어, 글로벌 이슈에 대한 탐색을 통해 '누가,' '어떻게' 문제를 해결할 것인가를 고민하는 상황에서 의무(obligation)와 초과 의무(supererogation) 혹은 최소 도덕과 최대 도덕 중 어느 쪽에 강조점을 두어야 할 것인가? 윤리적인 탐구가 요구되는 글로벌 이슈 중에는 낙태, 안락사, 동물 학대, 환경, 사형제도, 동성애, 인종차별, 성차별 등과 같이 응용 윤리적 이슈들과 중복되는 부분이 존재하는데, 글로벌 윤리 교육 영역과 어떻게 차별화 가능한가? 글로벌 윤리 교육에 관한 내용이 도덕과 교육과정에 구체적으로 어떻게 반영되어 있으며, 어떤 개선 노력이 요구되는가? 우리나라 도덕과 교사들은 글로벌 문제 및 이슈들을 수업 시간에 실제로 어떤 형태로 가르치고 있는가? 학생들이 특히 관심과 흥미를 가지고 있는 글로벌 문제 및 이슈에는 어떤 것들이 있는가? 등이 여기에 해당될 수 있다.

도덕과에서 실시하는 글로벌 윤리 교육은 글로벌 시대를 살아가는 우리 아동 및 청소년들에게 궁극적인 삶의 좌표를 일러주고 깨닫게 해 주는 교육이어야 한다. 나의 가치와 신념은 무엇인가, 국가와 글로벌 사회의 구성원으로서 나의 역할은 무엇이며 어떤 기여를 할 수 있는가, 글로벌 사회는 장차 어떤 모습이 되어야 하는가, 동·식물, 광물 등과 인간의 관계는 무엇이고 도덕적 배려의 범위는 어디까지인가 등의 물음에 대해 학생들이 스스로 답변을 만들어 내고 이러한 기준에 비추어서 자신의 삶의 자세를 윤리적으로 성찰하는 계기를 마련해 주는 교육이어야 한다. 세계와 미래를 바라보는 시야를 넓히고 윤리적 판단 능력과 배려적 태도를 향상시키는 것을 목표로 삼는 '글로벌 윤리 교육' 없이 한국 사회와 글로벌 공동체의 미래는 없다.

제14장

다문화 윤리 교육 영역

I. 서론

최근 들어 우리의 일상적인 삶에서 문화적으로 다양한 배경을 가진 사람들과의 접촉 기회가 늘어나게 되고, 이로 인해 이들과 직접적인 소통 혹은 간문화적 체험을 하게 되는 경우가 더욱 빈번하게 발생하고 있다. 이 과정에서 우리는 그들에게 직·간접적으로 도움을 주거나 해를 끼칠 잠재성을 갖기 때문에, 간문화적 상호작용은 '윤리적 차원'에 대한 고려를 필요로 하게 된다. 이러한 사회적·환경적 변화 속에서 이 글에서는 다수의 선행 연구에서와 같이 우리 사회의 다문화화 현상을 분석하고 논의하는 '다문화 교육 일반론'[1]에 관심을 두기보다는 도덕 교과 차원에서 다문화 교육에 대한 이론적 고찰을 시도하고 실천적 적용 방법을 모색하는 데 초점을 맞추고자 한다.

---

1. 한국 사회에서는 다문화 현상을 어떻게 받아들여야 하는지, 한국 사회가 나아가야 할 방향은 어떤 것인지, 학교 교육과정에 다문화 요소를 얼마나 그리고 어떻게 반영해야 하는지에 대한 논의와 활동이 활발하게 전개되고 있다.

엔디콧, 보크, 나바에츠(Endicott, Bock & Narvaez, 2003: 404)의 연구에 따르면, 문화와 윤리는 모두 신념, 인식론적 지향성, 그리고 기대 수준 등의 다차원적 차원에 개입하고, 도덕 발달과 간문화적 발달은 경직된 사고로부터 유연한 사고로의 중대한 이행이라는 공통된 요소를 공유하기 때문에,[2] 도덕적 차원과 간문화적 차원은 서로 복잡하게 뒤엉키는 경향이 있다. 또한 정영근(2009: 129)에 따르면, 글로벌 다문화 사회에서 우리의 교육은 다문화 교육을 '다문화적 사람됨'을 지향하는 교육의 일환으로 이해하고 수용하려는 적극성을 보여야 한다. 즉, 다문화 교육은 인종과 문화적 차이를 공감하고 인정하는 것을 가르쳐야 하고, 다양성이야말로 인간이 본원적으로 처한 상태요 그 안에서 비로소 사람됨이 형성된다는 사실을 깨닫게 하는 교육이어야 한다. 이와 같이, 다문화 교육을 '도덕성 혹은 사람됨의 형성'이라는 관점에서 조망하는 것은 다문화 교육의 본질을 명확하게 파악하는 것이며, 필자는 이러한 관점의 연장선상에서 다문화 교육의 의미를 '도덕적 기획(moral enterprise)'의 견지에서 접근하고자 한다. 특히 학교 도덕교육의 노력의 일환으로서 '도덕 교과를 통한 도덕교육 형태'를 채택하고 있는 우리의 교육 상황에서 다문화 교육이 '도덕성과 사람됨의 형성'과 구체적으로 어떤 관련성이 있으며, 다문화 교육을 도덕교육적 목적을 위해 어떻게 활용할 수 있는가에 대한 방안을 모색해 보고자 한다.

도덕과 교육과정 측면에서 볼 때, 제6차 교육과정 시기까지는 '국민 공동생활의 원리 탐구'를 추구하는 '국민윤리'를 강조해 왔으며, 다른 생활 영역에 비해 대체로 국가 및 민족 생활 영역이 중시되었다. 하지만 세계화 시대에 도덕과 교육의 정체성과 성격이 수정될 필요가 있다는 인식에 기초하여

---

2. 엔디콧 외의 연구에 따르면, 도덕적 추론의 발달은 문제 해결을 위해 규칙과 규범을 언급하는 '인습 수준'으로부터, 추상적인 원리들이 비중 있게 고려되고 보다 많은 관점이 고려되는 '인습 이후 수준'으로의 변화를 의미한다. 간문화적 발달도 이와 유사하게, 단순히 차이를 최소화하는 것으로부터 차이를 존중하고 수용하는 것으로 이행 과정에서 일어나는 것이고, 보다 다중적인 문화적 틀을 인식하고 이해하는 것을 의미한다.

제7차 교육과정에서는 교과의 성격을 "한국인, 나아가 세계시민으로서의 바람직한 삶을 살아가는 데 도움을 주기 위한 교과"(28)로 규정하면서, 특히 올바른 국제 문화 교류(5학년), 세계 평화와 인류 공영(6학년), 올바른 애국애족의 자세(8학년), 민족 공동체의 번영과 통일 한국의 모습(9학년) 단원에서 세계시민으로서의 능력과 태도에 대한 내용을 일부 다루려고 하였다. 하지만, 이 시기에도 여전히 단일민족주의에 기초한 국가·민족의식 형성에 강조점이 두어져 있었기 때문에, 다문화적 역량 및 세계시민으로서의 자세 부분은 미약한 수준에서 다루어질 수밖에 없었다.

윤리적 행위는 민족·국가 수준을 초월하여 지구 공동체적 수준에서 수행될 필요가 있다는 관점과, 편견과 차별에 대한 투쟁이 민족·국가 수준을 뛰어넘어 이루어져야 한다는 관점은 '2007년 개정 도덕과 교육과정'에 와서야 대폭 반영되었다고 말할 수 있다. 개정 교육과정의 성격 부분에서 다원화 추세에 따라 가치 갈등이 발생하고 있다는 점을 지적하면서, 공통적인 도덕적 가치 기반의 공고화를 강조하였고, 내용 영역에 '지구 공동체와의 관계' 부분을 새롭게 추가하였으며, 북한 동포 및 새터민의 삶 이해(5학년), 편견 극복과 관용, 평화로운 세상(6학년), 이웃에 관한 관심과 배려(7학년), 북한 주민과 민족애, 바람직한 통일의 모습(8학년), 타 문화에 대한 편견 극복, 세계 평화와 인류애(9학년), 민족과 윤리(10학년) 등의 단원에서 세계 윤리 및 다문화 윤리의 내용을 본격적으로 강조하게 되었다. 그러나 민족주의와 다문화주의, 국가 정체성과 글로벌 정체성 등의 관계에 대한 관점이 정립된 상태에서 교육과정을 설계한 것이 아니기 때문에, 이러한 개념들 간의 관계에 대한 입장이 분명하게 드러나 있지 않으며, 윤리적 성찰을 위해 학생들이 구체적으로 어떤 고민을 해야 하는가를 안내하기에는 여전히 한계가 있었다.

이 글에서는 다문화 교육 일반론이 아니라 도덕과의 특성을 반영한 다문화 교육의 설계와 적용이 중요하다는 전제 아래, 다문화 윤리학과 다문화 윤리 교육이 무엇이고 어떤 연구 영역을 포함해야 하는가에 대해 논의하고자 하였다. 그런 다음, 다문화 윤리 교육의 연구 영역을 '다문화 윤리학 차원의 쟁점을 다루는 기초 영역'과 '다문화 교육을 도덕과 교육의 목적을 위해 활용하기 위한 응용 영역'으로 나눈 후, 각 영역별로 제기될 수 있는 질문에 대한 답변을 찾는 데 연구의 초점을 맞추고자 한다.

II. 다문화 교육의 개념과 필요성

다문화 교육에 대한 개념 규정은 다문화 교육학자들과 교육기관마다 다양하게 이루어져 왔다. 일반적으로 다문화 교육은 학교 교육제도의 구조적 변화를 통해 인종, 민족, 성별, 종교, 언어, 문화적으로 다양한 배경을 지닌 학생들이 균등한 교육 기회와 학업 성취의 기회를 갖는 것을 목표로 하는 교육개혁 운동이자 이념이다. 또한 사회정의의 원리를 추구함으로써 학교와 사회의 모든 종류의 불평등에 도전하며, 모든 학생들의 지적, 개인적, 사회적 잠재력을 최대한 실현하고자 하는 교육이다. 다문화 교육은 문화적 다양성에 대해 진보적 입장을 개진하며, 사회 내에 다양한 문화가 존재한다는 것을 인정한다(모경환, 2010: 45).

베넷(C. Bennett)에 따르면, 다문화 교육은 다음과 같은 네 가지 차원으로 구성되어 있다. ① 평등 지향 운동 또는 평등 교수법(equity pedagogy),[3] ② 교육과정 개혁(다양한 관점에서의 교육과정 재검토), ③ 다문화적 역량(문화 간 상호작용의 기초로서 자신의 문화적 관점뿐만 아니라 타인의 문화적 관점도 이해하

---

3. 평등 교수법은 교사가 다양한 인종, 민족, 성, 계층 출신 학생들의 학업 성취를 향상시킬 수 있도록 수업의 내용과 방법에 변화를 유도하는 것을 의미한다. 예를 들어 교사는 다양한 인종·민족 집단 출신의 학생들이 보유한 문화적 지식, 언어적 특징, 대화 유형, 및 학습 유형을 고려하여 이에 부합한 교수 방식을 취함으로써 학업 성취를 보다 촉진할 수 있다.

게 되는 과정), ④ 사회정의를 지향하는 가르침(모든 유형의 차별과 편견, 특히 인종차별주의, 성차별주의, 계급차별주의에 대한 저항)이다(김옥순 외 공역, 2009: 23). 또한 베넷에 따르면, 다문화 교육의 핵심적 가치는 크게 네 가지로 정리할 수 있다. ① 문화적 다양성의 수용과 인정, ② 인간 존엄성과 보편적 인권의 존중, ③ 세계 공동체에 대한 책임, ④ 지구상에 존재하는 모든 사람들에 대한 존중이다. 이러한 다문화 교육의 핵심적 가치들은 다문화 교육과정에 철학적 기초를 제공해 준다.

다문화 교육은 흔히 국제이해 교육(education for international understanding)이나 글로벌 교육(global education)과 등가적인 개념이라고 오해하곤 한다. 제2차 세계대전 이후 유네스코를 중심으로 전개되어 온 국제이해 교육은 우리 사회 '외부'에 존재하는 다양한 문화에 대한 이해를 통해 그들과의 상호작용을 촉진시키고자 하는 것이다. 반면, 다문화 교육은 한 '사회 내'의 문화적 다양성과 이로 인한 문제를 주로 다루면서 다문화의 경향에 따라 나타나는 사회적 문제의 해결과 공존 원리 모색에 초점을 맞춘다. 이에 비해 글로벌 교육은 국가 외부에 존재하는 국가 간 행위 주체에 대한 이해 증진과 의사소통이라는 국제이해 교육의 목표를 넘어서 보다 포괄적인 이념을 추구한다. 즉, 글로벌 교육은 국제이해 교육에서 추구했던 국가 간 이해뿐만 아니라 국제사회에 존재하는 정치적, 경제적, 문화적 불평등(inequality), 세력 불균형, 인권 침해 등을 인식하고 이를 해결하고자 하는 데 초점을 맞춘다(모경환, 2010: 53).

한편, 다문화 교육은 다문화 정책에 따라 그 방향이나 목적, 내용이 달라질 수 있다. 많은 다문화 국가들은 그 국가의 다문화 정책을 고려하고 반영하면서 다문화 교육을 추진해 왔다. 다문화 정책은 다문화 사회가 어떤 방향으로 전개되어야 하는지, 교육에 대해 어떤 입장을 표명해야 하는지를 담고 있으며, 다문화 교육의 방향을 설정하는 데 중요한 지침이 된다. 다문화 정책은 크게 '동화주의'와 '다문화주의'로 구분되며, 이 사이에는 본질적인 이념적 차이가 존재한다. 이러한 두 경향은 모두 사회 통합을 추구하지만, 그 방식은 근본적으로 다르다. 동화주의는 소수자를 새로운 자국민으로 만들어 사회 통합을 이루려 하는 반면, 다문화주의[4]는 기본적으로 문화적 이질성을 존중하며 이들의 다양한 언어, 문화, 민족·종교 등을 보장해줌으로써 사회 통합을 유지하고자 한다(김연권, 2010: 26).

김연권(2010: 27)은 다문화 사회에서 동화주의보다 다문화주의를 지향하는 것은 당연한 일이라고 간주한다. 왜냐하면 인간의 존엄성을 존중한다는 믿음에 기초해 있기 때문에 일방주의적인 동화주의보다 윤리적 차원에서 우월한 위치를 차지하고 있다고 보기 때문이다. 즉, 오늘날의 사회는 인종, 언어, 종교, 생활양식, 피부색이 다르다고 해서 차별하고 멸시하는 행위를 더 이상 용인하지 않으며, 다문화주의는 이러한 차원에서 인간 존중에 기여할 수 있다는 것이다. 또한 다문화주의의 강점은 민주주의 원리와 부합된다는 점에서 찾을 수 있다. 민주주의 사회에서는 기본적으로 다수결의 원칙에 의해 의사 결정이 이루어지지만, 또한 약자와 소수자의 기본적인 권리를 보호하는 측면도 무시할 수 없기 때문이다.

그러나 다문화주의에 대한 비판도 동시에 존재한다. 다문화주의를 비판

---

4. 사실, 다문화주의라는 개념은 매우 다양한 의미로 사용되며, 미국과 캐나다 등을 중심으로 1970년대에 처음 사용되었다. 초기에는 다수와 소수 인종, 민족 간의 문화 갈등 문제와 관련하여 사용되었으나, 장애인, 소수자 집단의 문제까지 확대되어 사용되면서 다양한 의미를 가지게 되었다. 이상적인 차원에서 다문화주의는 상이한 국적, 체류 자격, 인종, 문화적 배경, 성, 연령, 계층적 귀속감 등에 관계없이 모든 인간이 인간으로서의 보편적 권리를 향유하고 각각의 특수한 삶의 방식을 존중하며 공존할 수 있는 다원주의적인 사회, 문화, 제도, 정서적 인프라를 만들기 위한 집합적 노력을 의미할 수도 있다. 한편, 협의의 제도적 차원에서는 자유민주주의에 대한 광범위한 합의와 지지가 선결된 조건에서 다양한 문화적 주체들의 특수한 삶의 권리에 대한 제도적 보장을 뜻할 수도 있다. 다문화주의는 정치적, 사회적, 경제적, 문화적·언어적 불평등을 시정하는 일종의 국민 통합, 사회 통합의 이데올로기로서 구체적인 일단의 정책을 유도해 내는 지도원리라 할 수 있다. 즉, 다문화주의는 다문화의 보장, 주류 사회와 비주류 사회의 상호 이해 촉진, 소수집단 간의 교류, 사회 전반적인 평등 수준의 향상과 구조적 차별의 극복 등을 목적으로 하고 국가, 사회, 개인 수준에서 광범위한 이해와 합의를 통해 정책으로 구체화되어 실현된다.

하는 입장은 다문화주의가 본질적으로 분열적이며 국민 통합을 저해하고 문화적 게토(ghetto)를 형성하게 한다고 우려한다(이정렬, 2010: 52). 실제로 소수의 문화적 권리를 옹호하는 다문화주의는 윤리적이고 민주주의적인 이상을 지향하지만, 공동의 문화가 제공하는 사회적 연대감이나 결속력을 해칠 수 있는 부정적 요인도 잠복해 있다. 이런 측면에서 조너선 색스(J. Sacks)는 관용을 지향하며 다양한 인종적·종교적 집단이 어울려 살 수 있는 이념이었던 다문화주의가 이제는 배타와 편협의 원천이 되어버린 역설을 지적하면서 연대의 필요성을 강조한다(서대경 역, 2009). 한편, 다문화주의에 내재한 문화상대주의에 대한 비판도 존재한다. 다문화주의에 내재한 문화상대주의는 철학적이고 윤리적인 문제에 부딪히게 된다. 다양한 문화를 존중하는 것을 지향하는 다문화주의에서 "모든 문화는 존중받아야 하는가?"라는 물음이 제기될 수밖에 없기 때문이다. 그러므로 다문화주의의 이와 같은 부정적 요인을 극복하고 시민들의 연대감을 증대시키는 공동의 문화를 어떻게 창출해 내는가 하는 것이 무엇보다도 중요하다.

III. 다문화 윤리 교육의 개념과 연구 영역

다문화 교육과 도덕교육 간에는 교육목표와 내용 측면에서 상호 접점과 중첩 영역을 찾을 수 있다. 우선, 교육목표 측면에서 볼 때, 타인 존중과 타인을 향한 의무가 도덕교육과 다문화 교육 모두에 있어 필수 조건이라는 점에서 이 두 교육 간의 공통점을 찾을 수 있다. 다문화 교육에서 궁극적으로 추구하는 하나의 이상은 긍정적인 정체성을 형성함과 동시에 낯설게 느껴지는 타인을 이해하고 포용할 수 있는 능력을 기르는 데 있다. 특히 사회적으로 주류에서 밀려나기 쉬운 소수집단의 학생들이 보다 긍정적인 자아 개념과 태도를 갖도록 돕고, 편견과 차별적인 사회적 고정관념에 대해 비판적으로 반응할 수 있도록 돕는 것이다. 도덕교육 또한 모든 인간을 인간답게 대할 수 있는 능력과 품성을 함양하는 데 역점을 둔다. 이렇게 볼 때, 두 교육 형태 모두 다른 사람 간의 만남에 있어 어떻게 하면 타자를 구체적으로 이해하고 접근할 것인가에 관한 근본적인 방향을 설정하는 데 도움을 준다. 두 교육은 모두 '우리'와 '그들'이 맥락적으로 함께 묶여 있음을 인식하고, 타인에 대한 책임을 요구하는 상황에서 인간 존중의 관점을 토대로 타인과의 진정한 만남과 의사소통을 할 수 있는 능력과 태도를 기르는 것을 교육의 핵심 목표로 삼고 있다.

또한, 서로 다른 문화 사이의 상호 인정과 존중을 바탕으로 가치 기반의 공고화와 사회적 연대감 및 결속력의 증대를 추구한다는 점에서 볼 때, 다문화 교육과 도덕교육 간에 상호 접점과 중첩 영역을 찾을 수 있다. 다문화 교육은 문화적인 다양성과 차이의 이해뿐만 아니라 사회적 연대감을 강조한다. 이에 린치(Lynch, 1986)는 이러한 다문화 교육이 지향하는 상반되는 두 가지 가치로 인해 많은 갈등과 혼란이 초래될 수 있다고 말한다. 하지만 그럼에도 불구하고 개인의 자유와 사회적 통합을 동시에 지향해야 하는 까닭은 다문화적인 사회에서는 여러 개별 문화와 개인의 삶의 경험이나 역사를 여전히 존중해야 하고, 동시에 이런 다양한 민족적 배경을 가진 사람들이 새로운 정치 공동체로서 '국가'의 일원이 되어야 하기 때문이라고 말한다. 도덕교육에서도 공공 정신, 공동체 의식 등을 함양하여 사회적 연대감과 사회 통합을 증진시킬 것을 강조한다. 이러한 맥락에서 2007년 개정 도덕과 교육과정(교육인적자원부, 2007: 2)에서도 "급격한 다원화 추세에 따라 가치 갈등이 심화되고 있으며, 그에 따른 개인들의 가치관 혼란 및 사회 분열 양상이 날로 확대되고 있다. 도덕과는 이러한 문제의 해결을 위해 개인의 가치관 확립과 우리 사회의 공통적인 도덕적 가치 기반의 공고화를 그 중심 과제로 삼는다"고 밝히고 있다.

이와 같이 교육 목표 차원에서 두 교육 간에 공통점을 쉽게 발견할 수 있을 뿐만 아니라, 또한 가르치는 내용 측면에서 볼 때에도 이미 다양한 영역을 공유하고 있음을 확인할 수 있다. 베넷이 제시한 다문화 교육의 핵심적 가치로서 문화의 다양성 수용과 인정, 인간 존엄성과 보편적 인권의 존중, 세계 공동체에 대한 책임 등은 도덕교육이 추구하는 가치와 밀접하게 연계되어 있다. 실제로 다문화 교육에서 다루어지는, 다른 문화를 통한 자기 성찰, 갈등, 편견, 인권 등의 문제는 이미 도덕교육을 추구하는 초·중등 도덕과 교육과정에 포함되어 있는 주제이기도 하다. 다문화 교육이 피상적인 문화 교육이 아니라 인간의 삶과 권리, 관용 등의 주제를 통하여 본래 목적에 이르기 위해서는 그동안 도덕과의 핵심 내용이 되어 왔던 윤리적 관점을 기반으로 가르칠 수밖에 없기 때문이다(이정렬, 2010: 60).

이와 같이 교육 목표 및 내용의 연계성 차원에서 볼 때, 다문화 교육은 도덕교육의 목적으로 활용될 수 있으며, 역으로 다문화 교육의 교육 본질을 밝히고 이를 실행해 나가는 데 도덕교육이 기여할 수도 있다. 이 글에서는 다문화 교육의 본질을 '도덕적 기획(moral enterprise)'의 관점에서 기본적으로 이해하고자 하며, 도덕교육적 목적을 위해 다문화 교육을 활용할 수 있는 방안에 주목하고자 한다. 여기서 언급되고 있는 도덕교육은 교과(특정 교과 및 일반 교과 포함) 및 교과 외 활동을 포함한 학교교육 전반을 통한 교육을 지칭하고 있는데, 지금부터는 교과를 통한 도덕교육 방식에 한정해서 논의를 전개하고자 한다. 논의 전개의 효율성을 위해 이제부터 우리나라 초·중등 도덕과 교육과 관련하여 다문화 교육을 지칭할 때에는 '다문화 윤리 교육'이라는 통합적이면서도 동시에 한정적인 개념을 사용하고자 한다. 다문화 윤리 교육은 기본적으로 다문화 윤리학을 기반으로 적용되는 교육 형태라고 규정할 수 있기 때문에, 다문화 윤리 교육에 대한 개념 규정에 앞서 다문화 윤리학에 대한 개념화(conceptualization)를 시도할 필요가 있다. 다문화 윤리학(multicultural ethics)은 다문화 세계에서 개인과 집단을 포함한 다양한 구성원들의 행위규범을 검토하고 평가하는 학문 영역이며, 다문화적 맥락에서 도덕적 실천을 이끄는 중요한 도덕원리를 확인하고 이러한 원리를 활용하면서 윤리적 사고와 의사 결정을 해 나가도록 하는 지적 활동"(박균열, 정창우, 송민애 역, 2009: 164)으로 정의될 수 있다. 다문화 윤리학에 대한 이러한 이해는 '윤리적 실천'보다는 '문화적인 상호 연결과 상호 존중으로부터 나오는 다양한 윤리적 질문들과 이슈들에 대한 윤리적 탐구' 혹은 '다문화적 맥락에서 윤리적 사고 능력을 발달시키는 것'에 강조점을 두고 있다는 의미가 내포되어 있다.

팩-브라운과 윌리엄스(Pack-Brown & Williams)는 다문화적 맥락에서 발생하는 윤리적 이슈 혹은 딜레마에 대해 윤리적으로 사고할 때, 네 가지의 근본적인 방식이 있음을 강조한다(박균열, 정창우, 송민애 역, 2009: 81-90). 그 방식은 ① 절대적 의미, ② 상대적 의미, ③ 지향성(의도), ④ 결과를 포함하며, 이러한 사고방식은 윤리학의 중요한 네 가지 관점, 즉 절대주의, 상대주의, 의도주의, 결과주의에 기초한 것이다. 주지된 바와 같이, 절대주의(absolutism)는 인간의 행동에 관해서 단지 하나의 진실만이 존재한다는 근본적인 믿음을 주장하는 입장이다. 행동을 평가할 때, 고정되고 불변하는 동일한 평가 기준을 다양한 문화에 적용한다. 반면, 상대주의(relativism)는 인간의 행동을 결정하는 데 하나 이상의 진리가 존재한다는 입장을 취한다. 그러므로 다양한 행동의 현실이 인정된다. 이러한 관점을 수용하는 사람들은 각각의 문화적 맥락과 이에 따른 행동이 타고난 권리로 다루어지도록 하는 것을 더 중요하게 생각한다. 한편, 의도주의(intentionalism)는 인간 행위 및 사회현상에서 어떤 구체적인 목적이나 의도, 동기, 지향성 등을 중시하는 반면, 결과주의(consequentialism)에서는 행위의 선악은 그 결과에 의해 판단되어야 한다는 입장을 취한다.

다문화 윤리학의 개념 및 특성을 기초로 하여, 이 글에서는 도덕과에서 다루는 다문화 윤리 교육의 의미를 '(윤리학 및 정치철학에 근간을 둔) 다문화

'기초연구 영역(다문화 윤리학)'에서 제기되는 핵심 질문	'응용 연구 영역'에서 제기되는 핵심 질문
• 문화가 우선이냐, 개인이 우선이냐? • '비교에 의한 존중'인가, '절대적인 존중'인가? • 민족주의와 다문화주의는 양립 가능한가?	• 다문화 윤리 교육의 교육과정(목표, 내용, 방법, 평가)을 어떻게 개발할 것인가? • 다문화 윤리 교육의 실천을 위한 도덕 교사의 역할은 무엇이며, 이를 위해 필요한 역량은 무엇인가?

〈표1〉 다문화 윤리 교육의 연구 영역

윤리학을 바탕으로 다문화적 맥락에서 발생하는 다양하고 복잡한 윤리적 이슈와 사건을 활용하여 윤리적 탐구 능력과 성찰적 태도를 함양하고, 타인 및 타 문화에 대한 존중과 배려를 실천할 수 있는 도덕적 동기와 실행력을 길러주기 위한 교육'으로 정의하고자 한다. 윤리학은 도덕의 최종적 근거로서 인간 존엄성 및 존중을 이론적으로 뒷받침해 주고, 윤리적 이슈를 탐구하기 위해 필요한 의무론, 공리주의, 덕 윤리 등의 이론적 렌즈를 제공하며, 정치철학은 특히 사회정의 문제 탐구의 이론적 기초를 제공한다(정창우, 2010: 242). 다문화 윤리 교육은 이와 같이 '윤리적 탐구와 성찰'을 중심에 두면서 타인 및 타 문화에 대한 존중, 관용, 배려 등의 태도 및 실천적 영역에도 강조점을 둔다.

다문화 윤리 교육의 연구 영역은 크게 기초 영역과 응용 영역으로 구분될 수 있다. 기초연구 영역은 다문화 윤리 교육의 핵심 배경 학문으로서 다문화 윤리학적 쟁점을 다루는 영역이고, 응용 연구 영역은 도덕과 교육을 위해 다문화 윤리학과 다문화 교육에서의 연구 성과를 활용하는 영역을 의미한다. 각 연구 영역에서 제기될 수 있는 핵심 질문은 〈표1〉과 같고, 이 글에서는 이러한 물음에 대해 답해 보고자 한다.

우선 다문화 윤리 교육의 성격 및 목표, 내용 구성에 풍부한 함의를 제공하는 기초연구 영역에는 다음과 같은 논의 과제들이 포함된다. 첫째, 문화가 우선이냐, 개인이 우선이냐는 문제는 이미 도덕 심리학 및 도덕교육 영역에서 오래 전부터 핵심 이슈로 간주되어 온 '자기 구성과 환경 중에 어느 것이 더 중요한가'에 대한 논쟁과도 연결될 수 있다. 다문화 교육에서는 흔히 개별적 특성보다는 집단적 특성에 지나치게 주목하는 경향이 있는데, 이것이 갖는 타당성에 대해 비판적으로 검토해 볼 필요가 있다. 둘째, 모든 문화가 '그 자체로(in itself)'로 존중받아야 하는지, 아니면 보편적으로 옳고 바람직한 삶에 대한 사유의 지평에서 평가가 이루어질 필요가 있는지에 대해서도 세밀한 검토가 필요하다. 셋째, 세계화, 다문화 시대에도 민족주의가 존속될 필요가 있는지, 민족주의는 다문화주의와 과연 양립 가능한지 등에 대한 논의는 다문화 윤리 교육의 성격 규정과 방향성 설정에 매우 중대한 영향을 미치는 논의 주제에 해당한다.

한편, 이러한 기초연구 문제에 대한 치밀한 검토와 논의에 기초하여 다문화 교육의 적용을 염두에 둔 실천적 명제를 본격적으로 제시할 필요가 있다. 여기에는 기초연구 결과와의 정합성을 고려하면서, 다문화 윤리 교육의 교육과정을 개발해 보고, 다문화 윤리 교육을 현장에서 적용하기 위한 도덕 교사의 역할을 규명해 보는 차원 등이 포함될 수 있다.

IV. 다문화 윤리학의 쟁점 탐구와 다문화 윤리 교육의 방향 설정

1. 다문화 윤리학에서 제기되는 핵심 쟁점

1) 문화가 우선이냐, 개인이 우선이냐?

개인이 아니라 문화를 개별적 실체로 접근함으로써 발생하는 편향된 시각은 다문화 교육에 의해 오히려 조장되기도 한다는 비판이 일부 학자들에 의해 제기되고 있다. 예를 들어, 스테이블(Stables, 2005: 185-197)은 교육적 활동들을 위해 학생이 소속된 집단의 특성과 개인적 특성 모두를 고려할 필요가 있지만, 다문화 교육에서는 학생 개개인의 개별적 특성보다 집단적 특성에 지나치게 주목하는 경향이 있다고 지적한다. 즉, 학생의 개별적 특성을 설명하는 데 있어 집단적 특성의 관점을 흔히 취한다는 것이다. 실제로 이러한 관점은 많은 북미 문헌들에서 뚜렷하게 제시되어 왔다. 대표적인 문헌으로, 다문화 교육 영역에서 학계 및 교육계에 중대한 영향을 미치고 있는 『다문화 교육 연구 핸드북(*Handbook of research in multicultural education*)』(Banks & Banks, 1995)에는 개인을 단순히 집단적, 구조적 차원에서 바라보는 것이 아니라 학생 개개인이 독특한 경험의 역사를 가질 수 있다는 관점을 반영한 논문을 제대로 포함하고 있지 않다.

스테이블이 지적하는 바와 같이, 다문화 교육은 '다른' 문화적 관행들에 대해 배우는 것을 포함하고 있으며, 이는 문화적 관행들이 타인의 삶의 경험들에 대한 명백한 이해를 제공할 것이라는 가정, 즉 다문화 교육을 통한 서로 다른 문화에의 노출이 다른 문화에 대한 이해를 높이고 그로 인해 서로를 차별하지 않을 것이라는 가정에 기초한 것이다. 주지하는 바와 같이, 문화적이고 민족적인 집단의 역사는 개인의 삶의 이야기 속에 다양하게 그리고 깊이 간직되어 있고, 당연히 현재의 문화적 관행에 영향을 주어 왔다. 그러나 문화적 관행들이 항상 모든 개인적 삶의 이야기들의 맥락을 명백히 이해하게 해주는 것일까? 더욱 중요한 것은 각 개인이 자신이 속한 집단의 문화적 관행들과 관련하여 자신을 어떻게 이해하고 있는지가 아닐까?

이 글에서는 (앞서 언급한 다문화 교육의 가정에 반대하면서) 개인을 특정한 문화적 집단에 의해 삶이 규정되는 것으로 보는 것이 아니라 문화적 집단을 초월하여 다양한 정체성의 스펙트럼을 보이는 존재로 보는 몇 가지 철학적 근거에 주목하고자 한다. 문화보다는 개인 혹은 인간을 먼저 생각해야 한다는 측면에서 다문화 윤리 교육의 이론적 지지를 위해 철학적·윤리학적 토대를 어떻게 마련할 수 있을까? 이에 대한 답변으로 우선 플레스너(H. Plessner)와 같이, 철학적 인간학의 관점에서 인간의 주체성과 창조성을 강조할 수도 있고, 스테이블과 같이 개인의 실존과 자유의 관점에 초점을 맞추는 허무주의와 실존주의, 타자성의 윤리, 그리고 비판적 사고를 통해 사회적 변혁을 꾀하는 포스트모더니즘을 강조할 수 있다.

철학적 인간학의 관점에서 볼 때, 오늘날 실행되고 있는 수많은 다문화 교육은 도덕교육 및 인간 교육의 목적을 실현하는 데 부적절한 형태로 기획되고 적용되는 경향이 있다. 인간은 그것이 신이든, 이성이든, 그것에 의해 부여된 외적인 실재 혹은 틀에 의해 규정되고 그것에 따라 움직이는 존재가 아니다. 다양한 상황 속에서 다양한 의미를 창조하고, 교류하고, 수정하면서, 자신의 의지에 따라 자기를 창조하는 주체이다. 이런 주체는 그 누구도 어느 누구에게로 융합될 수 없는 그 자신만의 존재의 무한성을 가지고 있다. 이런 차원에서 인간은 단순한 문화적 관행에 의해 그의 인생 경험이 결정되는 존재가 아니며, 오히려 이런 특성들로 인해 같은 문화적 집단 내에서 서로 다른 차이를 나타낸다.

'인간은 인격체'라는 명제는 인간이 어느 문화권에 속해 있든지, 어떤 지위를 가지고 있든지, 인종이 무엇인지 등의 피상적이고 물질적인 관점에서가 아닌, 인간에 대한 경험 이전에 주어진 보편적 특성이라고 할 수 있다(김철, 2008: 97). 즉, '인간은 인격적 존재'라는 명제는, 문화가 서로 상이한 공동체 속에서의 인간이긴 하지만, 그들은 기본적으로 각각 선천적으로 부여된 '인격적 존재'라는 정체성을 바탕으로 이성과 의지에 의한 자기규정의 자유를 지닌 존재라고 할 수 있다. 타 문화라 할지라도 그 문화의 창달자인 인간은 이러한 공통된 본질을 지니고 있는 것이다.

이러한 점은 문화적 존재로서의 인간이 비록 문화의 영향을 받기는 해도 궁극적으로는 모든 결정과 규제로부터 해방된 존재라는 관점을 전제하고 있다. 예를 들어, 플레스너는 인간 존재와 유기체적 자연의 차이를 정신의 주체성과 창조성 측면에서 조망하면서 자기 스스로를 세계의 중심으로 만들 수 있고, 그러나 다시 그 세계를 부정하고 또다시 창조할 수 있는 능력을 가진 인간을 그려내었다(이은선, 1997: 127). 또한 그는 인간이란 그 본질이 어느 한 가지 특성에 의해 결정되지 않기 때문에 항상 새로운 질문을 통해 다시 추구되어야 할 "개방적 존재"라고 하였다(정영근 2009: 125 재인용). 이렇듯 인간의 본질을 '탈중심성'[5]으로 간주할 때, 교육은 인간을 항상 열린 가능성으로 이끄는 활동이며 사유의 개방성으로 인도하는 일이 된다.

한편, 스테이블(Stables, 2005: 190-193)은 인간의 주체성과 능동성을 뒷받침할 수 있는 철학적 근거로 허무주의(nihilism), 실존주의, 그리고 후기구조주의를 제시한다. 허무주의와 실존주의는 개인의 삶을 판단하고 평가하거나 규정짓는 데 사용되는 일체의 외적 준거(external reference)를 부정하는 입장이다. 예컨대, 니체는 외적인 조건에 집착하며 살아가는 삶을 천한 것으

---

5. 플레스너는 인간 의식의 본질적 특이성을 특히 순수하게 철학적으로 드러내려고 하였는데, 그에 따르면 인간의 의식과 경험은 그의 '탈중심성'으로 인해 동물의 그것과 확연히 구분된다. 즉, 동물의 인식이란 자신의 환경에 철저히 종속되어 있고 그 직접성으로부터 벗어날 수가 없다. 그러나 인간의 정신은 주어진 환경을 대상화하여 거기로부터 벗어날 수 있고, 그 일차적 환경이 아닌 개념이나 관념으로 구성된 이차적 환경을 만들어 낼 수 있으며, 또한 자기 자신의 의식 내용과 관점까지도 다시 대상화하는 지금 여기의 중심으로부터 독립할 수 있는 존재라는 것이다(이은선, 1997: 115).

로 간주하며 이를 '노예의 도덕'으로 명명했다. 이는 니체가 각 개인 스스로가 자신의 삶에 대해 책임을 지며 살아갈 것을 강조하였던 입장에서 기인하며, 이러한 니체의 입장은 교육철학에서의 허무주의적 입장에 커다란 영감을 제공한 것으로 평가받는다. 물론 나치즘을 정당화하는 이론으로 사용되었던 바에서 알 수 있듯이, 니체의 작업은 무한한 정치적 해석의 여지를 남기는 경향이 있지만, 그의 입장을 스스로가 삶의 조건을 형성해 나가는 삶을 가치 있는 것으로 평가한 것으로 해석할 때, 개인과 집단 간 우선성 문제와 관련하여 다문화 교육의 이론적 체계 구성에 있어서도 일정한 기여를 할 수 있을 것이다. 실존주의적 입장을 견지하고 있는 사르트르 역시 니체와 마찬가지로 자아에 대한 책임 및 자기 창조적(self-created) 존재로서의 삶을 가치 있는 것으로 평가하였다. 그는 개인에게 주어진 것과 각 개인의 존재 사이에는 커다란 간극이 존재한다고 보았다. 즉, 각 개인은 그들에게 이미 주어진 문화적 관습에 대한 탐구만으로는 충분히 이해할 수 없다는 것이다.

'예측 불가능한 자아(unpredictable self)'의 비전을 공유하고 있다는 점에서 후기구조주의 역시 허무주의나 실존주의의 연장선상에서 이해될 수 있다고 스테이블은 강조한다. 후기구조주의적인 관점은 의미의 관계적 성격을 강조하지만, 이러한 관계가 작동하는 데 있어 절대적이고 고정된 기본 틀(framework)이 존재한다는 사실을 부인한다. 또한 후기구조주의는 통일성을 공유하는 어떤 형태의 정형화된 삶도 필요하지 않다고 보는 입장이다. 특히 라캉(J. Lacan)은 '욕망과 사회적 역할의 통약불가능성(incommensurability)'에, 데리다(J. Derrida)는 '기호의 끝없는 상대성'에 주목하였다. 이러한 후기구조주의적인 관점에 따르면, 각 개인의 삶의 경험은 비결정적(indeterminate)이고 독특하며 자기 창조적인 것일 뿐만 아니라, 유동적이고 불완전하며 모순적인, 그리하여 결국 이해할 수 없는(ungraspable) 것이다. 그리하여 후기구조주의적인 맥락에서의 도덕교육은 타자의 중요성과 어떤 완전히 공유된 가치 체계의 불가능성에 대한 인정 모두를 요구한다. 레비나스에 따르면, 타인은 단순히 '우리'와 '그들', 혹은 '나'와 '너'의 관계로서는 포착 불가능한 비정형적인 존재이다. 따라서 여기에는 각 개인을 측정 가능한 범주로서 환원시켜 버리는 것을 부인할 수 있는 철학적 근거가 존재한다. 즉, 개인의 특질(personhood)은 끊임없는 흐름 속에서 비합리적이고 독특하며, 파편화되어 있고 불완전하며, 맥락적일 수밖에 없으며, 본질적으로 일반화 및 보편화가 불가능하다는 것이다.

철학적 인간학, 허무주의와 실존주의, 타자성의 윤리, 포스트모더니즘과 같은 구체적인 철학적 근거를 제시하고 있지는 않지만, 파레크(B. Parekh)와 같이 사회 결정론(social determinism) 혹은 환원론적 주장에 반대하는 입장에도 주목해 볼 필요가 있다. 파레크(2000)가 지적하는 바와 같이, 사회 결정론 혹은 환원론적 주장은 매우 위험한 것일 수 있다. 학생 개개인이 독특한 경험 체계와 삶의 역사를 가진 독립적이고 개별적인 존재라는 사실이 망각될 수 있기 때문이다. 즉, 학생 개개인의 독특하고 구체적인 삶의 역사 또는 삶의 이야기들을 단지 그가 속한 문화 집단에 대한 잔여적 범주로서 간주할 수 있다. 우리는 우선 타인을 이해하기 위한 시도는 그들의 독특한 삶의 이야기들을 이해하는 데에서 비롯되며, 단순히 그들을 둘러싸고 있는 문화적 의식(rituals)을 해석하는 것으로는 불충분하다. 이와 같이 우리가 학생 개개인의 삶의 이야기들을 단일한 범주의 패턴으로 귀착시킬 수 있는가에 대해서는 의문이 제기된다. 물론 학생들의 상이한 삶의 모습들이 그가 속한 집단의 영향력에서 자유로울 수 없는 것은 사실이지만, 이들을 단지 집단의 한 구성 요소로 환원시켜 버리는 것과 이들의 삶이 사회적으로 구성된다는 사실을 인정하는 것 사이에는 커다란 차이가 있다. 각 개인의 삶을 구조적인 특성에 기초하여 판단해 버리는 것은, 그 동기가 무엇인가의 문제와 관련 없이, 분명 바람직하지 않은 일이다. 문화적 동질성에 기초하여 문화 집단의 각 구성원들을 보편적이고 추상화된 일반적 특징들에 귀착시키는 것은 우리로 하여금 정초 없는 편견에 빠지게 할 가능성이 농후하며, 따라서 이러한 형태의 다문화 교육은 폐지되어야 한다. 사회 결정론에 대한 믿음과 결합된 집단주의적 가정들에 근거를 둔 다문화 정책과 교육 실천들은 의도된 효과와 다른, 그리고 심지어 잠재적으로 상반된 효과를 초래할 수 있다.

이제까지 언급한 철학적 주장들은 모두 각 개인의 삶의 경험들을 동일한 문화적 속성에 근거하여 설명하고 이해하는 것이 불가능함을 암시해 준다. 이러한 주장은 도덕교육이 (타자에 대한 배려와 책임을 배운다는 측면에서) 단순히 집단적인 문화적 관행들에 초점을 맞추기보다 개인적 삶의 경험의 무한한 다양성에 초점을 맞춤으로써 훨씬 더 효율적인 방식으로 진행될 수 있음을 시사하고 있다. 즉, 이러한 관점에 따르면, 도덕교육은 집단 간 관찰 가능한 차이점 혹은 근본적인 차이점에 대한 상상에 초점을 맞추지 말고, 독자성과 존재의 무한성을 가진 개인에 보다 초점을 맞추어야 한다.

이 글에서도 다문화 교육에서 문화에 대한 관점은 인간의 주체성과 능동성을 전제로 이해되어야 한다는 관점에 대해 기본적으로 동의하는 입장을 취한다. 이러한 인간의 주체성과 능동성은 다양한 문화를 보편 규범적 관점에서 조망하고 평가해 볼 수 있도록 돕고, 보편 규범의 관점에서 자기 자신과 자신이 속한 집단을 윤리적으로 성찰하게 만들며, 타인을 수단이 아닌 목적으로 대우하기 위해 그 사람의 문화적 배경에 보다 민감하도록 만들어 준다.

인간과 문화의 관계를 규범적 차원에서 규정한다면, 문화를 개별적 실체로 인식하면서 각각의 문화 자체를 존중하는 것이 아니라, 문화가 개별 존재의 삶의 토대이고 인간의 삶의 맥락을 제공해 주는 바탕(ground)이기 때문에, 그리고 인간 존중을 위해서는 그가 가진 문화적 배경도 존중해야 하기 때문에, 문화에 대한 존중의 태도를 증진시킬 필요가 있는 것이다. 따라서 다문화 윤리 교육에서는 인간 존중을 위해 문화 이해가 필요하다는 인식을 기본적으로 강조해야 하며, 특정 문화가 개별 인간의 인지적, 정서적, 행동적 특성을 결정한다는 문화 결정론적 관점을 경계하도록 가르쳐야 한다.

2) '비교에 의한 존중'인가, '절대적인 존중'인가?

사람을 존중한다는 것은 그 사람의 문화적 맥락을 고려해야 한다는 것이며, 진정한 인간 혹은 인류에 대한 존중을 위해서는 문화 존중이 전제되어야 한다. 하지만 인간 존중을 위해 문화를 존중한다고 했을 때, 문화가 그 자체(in itself)로 존중될 수 있는가에 대해서는 또 다른 논의를 필요로 한다. 헤이든(Haydon, 2006: 465)은 2005년 9월 덴마크의 신문에 실린, 이슬람교의 창시자 마호메트를 테러리스트로 묘사한 카툰 논쟁을 소개하면서, 세계시민성의 담론에서는 직접적인 '인간 대 인간'의 관계 이상의 '문화 대 문화'의 의미심장한 관계가 내재되어 있음을 설명한다. 그는 카툰 논쟁의 본질적 논점은 단순히 이미 고인이 된 마호메트에 대한 무례한 풍자가 아니라 그가 지니는 상징적 지위에 대한 모욕에 있다고 설명한다. 즉, 그는 이면의 상징적 의미를 파악한다면 카툰 작가와 출판업자는 단순히 마호메트 한 사람을 대상으로 한 것이 아니라 세계의 수많은 무슬림들을 수단으로 삼고 모욕했다고 해석한다. 이 사례를 통해 헤이든은 세계시민성의 담론에서 문화에 대한 존중이 요청되고 있으며, 그 문화를 제대로 알지 못한다면, 그것은 존중의 결핍으로 이어질 수 있다고 경고한다.

이어서 헤이든(Haydon, 2006: 466)은 "과연 어떤 문화를 존중하도록 학생들을 교육시킬 수 있는가?"라는 질문을 던지며 논의를 전개하고 있다. 그는 이사야 벌린(I. Berlin)식의 가치 다원주의적인 입장에서, 비록 다른 문화에 대한 존중의 태도가 중요한 것이기는 하되 존재하는 모든 문화 ― 예컨대, 인권을 심각한 정도로 위협하는 문화 ― 가 가치 있는 것으로 존중받아야 하는 것은 아님을 역설한다. 이를 위해 그는 존중의 태도를 '비교에 의한 존중(comparative respect)'과 '비교에 의하지 않은 존중(non-comparative respect)'으로 구별하면서, 전자가 그 문화가 이룩한 뛰어난 업적이나 성취 ― 예를 들어, 이슬람 문화가 수학이나 아리스토텔레스 철학의 발전에 기여한 정도 — 에 따라 문화를 평가, 존중하는 것인데 반해, 후자는 문화 '그 자체(in itself),' 즉 문화적 신념, 가치, 언어, 역사적·지리학적 뿌리, 예술 양식, 복식 문화, 음식 문화 등을 그 자체로 존중하는 것을 의미한다고 설명한다. 그는 기본적으로 문화적 감수성을 통해 문화 자체를 존중하려는 문화적 소양과 태도를 길러야 하지만, 우리가 개인적 특성에서의 결핍, 도덕적 결점에 대하여 개인들을 비판할 수 있는 것과 마찬가지로 문화 또한 비판할 수 있다고 주장한다. 요컨대, 문화들의 특별한 면을 평가하고 칭찬하거나 비판하는 것과 문화 그 자체를 존중하는 것은 양립 불가능한 것이 아니라는 것이다. 필자가 보기에, 헤이든이 말하는 '비교에 의한 존중'과 '비교에 의하지 않은 존중' 간의 구분은 인간의 존엄성을 심각하게 위협하는 문화를 비판할 수 있는 여지를 남겨 두면서도, 동시에 문화적 다양성을 존중할 수 있는 근거를 마련해 준다. 달리 말해, 극단적인 문화상대주의나 회의주의를 거부하면서도 문화의 다양성 및 각 문화 고유의 가치를 인정할 수 있는 근거를 마련해 준다.

이러한 헤이든의 관점은 "개별적 인간들 사이 및 사회집단과 다양한 문화 사이에 비록 차이가 존재하지만 그러한 다양성이 바로 인간의 삶과 문화를 풍요롭게 한다는 점은 물론이거니와 차이를 넘어서는 공통점과 보편성 또한 존재한다는 점에서 다문화 교육의 본질을 찾으려는 자세가 필요하다"는 정영근(2009: 128)의 주장과도 맥을 같이한다고 말할 수 있다.

이 글에서도 헤이든 및 정영근과 같이, '비교에 의하지 않은 존중,' 즉 글로벌 공동체나 한 국가 안에 복수의 문화가 있다는 사실을 받아들이고 각 문화가 갖는 고유한 가치를 존중하는 태도를 길러야 하지만, 이것이 윤리적인 판단 중지로 나아가서는 안 된다는 점을 분명히 지적하고자 한다. 이것은 '비교에 의한 존중'과 '비교에 의하지 않은 존중'이 갈 수 있는 극단을 경계할 필요가 있다는 점으로 해석해도 무방하다. 이를 보다 구체적으로 말하자면, 각 문화가 갖는 고유한 가치를 존중하는 것은 반드시 필요하고 중요한 기본자세이지만, 자칫 우리가 문화 '그 자체'를 존중하는 태도를 함양하려고 할 때 직면하게 되는 보다 근본적인 문제 중의 하나는 "과연 그 자체로서의 문화라는 것이 존재하는가?"라는 점이다. 우리가 '이것은 이슬람 문화다,' '이것은 기독교 문화다,' '이것은 유럽 문화다,' '이것은 일본 문화다'라는 구분을 할 때, 이는 실체가 분명하지 않은 문화적 차이를 작위적으로 나누는 결과를 초래할 수 있을 뿐만 아니라, 문화에 대한 거짓된 편견을 학생들에게 심어줄 위험 또한 내포한다.

반면, 문화가 그 공헌 정도나 업적에 따라서 평가가 가능하다는 생각도 자칫 위험할 수 있다. 특히 예술이나 학문적 성취와는 별개로 문화는 지금도 '힘'의 논리에 의해 논의되는 측면이 있기 때문이다. 프랑스 문화는 인류의 진보에 많은 기여를 하였지만 아시아나 아프리카 국가들의 문화는 그렇지 않다는 식의 주장이 그러한 예에 해당한다. 사실 이와 같은 주장은 서구 선진 국가들의 입장이 반영되어 나온 것이라고 볼 수 있다. 이전에는 비과학적이며 비위생적이라고 해서 주목받지 못했던 중국의 침술 문화가 중국의 성장과 함께 인정받기 시작하였다는 것은 우연의 일치가 아니다. 특정 문화가 가지고 있는 일부 공헌도 및 장점만으로 그 문화를 우수하게 평가하거나, 특정 문화에 대한 결과론적 평가로써 인류에 대한 기여가 부족하다고 하여 열등한 문화라고 평가한다면, 어떤 문화가 가지고 있는 존재 가치가 심각하게 훼손되거나 왜곡될 여지가 있다. 그러므로 문화에 대한 정치적·경제적 고려와 결과론적 평가는 지양되어야 한다.

이 글에서는 도덕과에서 다루는 다문화 교육, 즉 다문화 윤리 교육은 '비교에 의하지 않은 존중'보다는 '비교에 의한 존중'에 초점을 맞추어야 한다고 본다. 물론 이것은 상대적인 강조점을 후자에 두어야 한다는 말이다. '비교에 의하지 않은 존중'은 문화 '그 자체,' 즉 문화적 신념, 가치, 언어, 역사적·지리학적 뿌리, 예술 양식, 복식 문화, 음식 문화 등을 그 자체로 존중하는 것을 의미하는데, 이러한 측면은 교과 배경 학문으로 사회과학이나 생활

과학 등을 설정하고 있는 교과에서 보다 중점을 둘 필요가 있다. 도덕과 교육은 보편적으로 옳고 바람직한 삶에 대한 사유의 불가피성을 전제로 할 수밖에 없다. 따라서 상이한 문화 사이에서 관용과 이해를 목표로 서로의 공통점과 각각의 특수성을 찾아나가는 다문화 교육을 도덕과에서 다룰 경우, 보편적 도덕성과 그것에 의한 중재를 지향하도록 구상되어야 한다. 인권 같은 근본 가치가 사회집단 간 상호 협의 대상으로 전락하지 않기 위해서는 모든 문화에 보편적으로 통용되며 구속력을 지니는 보편 윤리 규범의 원칙을 지향할 가능성이 열려 있어야 할 것이다(정영근, 2009: 124). 요컨대 문화를 존중한다는 것이 때때로 부정적이거나 바람직하지 못한 특성을 소유하고 있는 문화까지도 다양성을 증진시킨다는 명목 하에 존중해야 한다는 것을 의미하는 것은 결코 아니며, 그것이 다른 방법으로는 달성할 수 없는 인간의 존중과 번영을 위한 가능성을 열어주기 때문에 존중할 가치가 있는 것이다.

3) 민족주의와 다문화주의는 양립 가능한가?

다문화 시대에 민족주의 자체를 폐기해야 하는가에 대한 논쟁이 발생하고 있다. 즉, 민족주의와 민족국가가 초래한 부정적인 역사와 논리적 속성을 근거로 폐기를 주장하는 입장과 현실적인 실체로서 민족과 민족주의 정서를 존치해야 한다는 입장이 대립한다. 조계원(2009: 24-25)에 따르면, 이러한 논쟁은 자유주의적 입장과 비자유주의적 입장에 따라 주장하는 바와 주장의 초점이 확연히 구분된다. 분리된 존재로서의 인간을 가정하고 개인의 권리를 전정치적으로 주어진 것으로 보는 자유주의적 관점에서는 집단주의, 외부에 대한 배타성과 불관용, 문화적 동질성의 강조 등을 가져왔던 민족주의를 긍정하기 어렵다. 이그나티에프(M. Ignatieff)는 민족주의는 그다지 크지 않은 차이도 큰 것으로 과장하여 오히려 차이를 조장하고 사회를 분열시킨다고 비판한다. 민족주의는 하나의 허구이자 만들어진 정체성으로, 불관용을 내포한 집단적 자아도취이다(조계원, 2009: 24 재인용). 자유주의적 입장에서는 특수주의(particularism)에 기반을 둔 민족주의나 민족적 정체성 자체가 부정되며, 인정된다 하더라도 사회적 갈등을 야기하지 않는 범위 내에서 개인이 향유하고 선택할 수 있는 권리로서만 긍정된다.

이러한 자유주의자들의 입장에 대해 칼훈(C. Calhoun)은 민족주의가 해 왔고, 여전히 행하고 있는 긍정적 역할을 이해하지 못하는 편향적 태도라고 비판한다(조계원, 2009: 25 재인용). 민주주의는 분리되고 개인적인 행위자가 아니라 적극적이고 응집력 있는 집단의 구성원으로서 시민을 필요로 하는데, 이러한 집단적 정체성을 제공해 온 가장 강력한 힘은 민족주의였다는 것이다. 정치란 권력을 배분하고 제도를 발전시키는 것이기도 하지만, 공통의 삶의 양식을 적극적으로 만들어 가는 것이기도 하다. 칼훈이 강조하는 것은 특히 후자의 측면이다. 민주주의는 응집된 집합으로서의 데모스(demos), 즉 시민을 필요로 하며, 이는 시민들 상호 간에 신뢰와 헌신이 있을 때에만 가능하다. 이러한 상호 책임성 또는 사회적 연대감은 민족이 국가와 결합하면서 민족주의를 통해 생겨났으며, 모든 인류에 대한 의무로는 민주적 시민의 바탕이 되는 이러한 사회적 연대감을 대신할 수 없다는 것이다. 더구나 계급, 지역, 문화 등으로 인해 분열될 수 있는 현대사회에서 민족주의의 가장 중요한 역할은 바로 사회 통합의 구조로서 그 문화적 기반을 제공하는 것이다.

이러한 논쟁은 학문적이고 이론적인 수준에서뿐만 아니라 실제로 여러 국가에서 발생하고 있는 문제이기도 하다. 즉, 일반적으로 다문화 국가라고 불리는 미국, 호주는 물론, 일본과 EU의 다문화 국가들에서도 신민족주의가 부흥하면서, 맥락에 따라 차이가 있으나, 대체로 다문화 교육이 애국심 교육, 국민 정체성 교육, 민족주의 교육과 갈등을 빚고 있다(양영자, 2007: 24). 이 글에서는 이러한 민족주의와 다문화주의 간 관계에 대한 선행 연구를 참고하면서, 이 두 이념 간의 양립 가능성에 주목하고자 한다. 이 과정에서 한국은 외국의 다른 다문화 국가와 비교할 때, 다문화가 진전된 과정이나 정도가 다르기 때문에, 한국적 상황(분단 상황과 다문화 상황 등)을 충실히 고려하고자 한다. 이와 같이 한국적 상황을 염두에 두며 다문화주의와 민족주의의 양립 가능성을 탐색하기 위해, 이 글에서는 우선 '민족주의에 대한 요구는 과연 필요하고 도덕적으로 정당한가?' 라는 근본적인 물음에 대한 답변을 추구할 것이고, 그런 다음 민족주의와 다문화주의의 양립 가능성을 탐색해 볼 것이다.

① 민족주의에 대한 요구는 과연 필요하고 도덕적으로 정당한 것인가?

세계화, 다문화 시대에도 민족주의가 지속되는 것은 일정한 필연성이 있기 때문이다. 왜 세계화 및 다문화 된 상황에서도 민족주의가 지속되는가 하는 질문은 여러 차원에서 대답할 수 있는 큰 질문이지만, 세계화 및 다문화가 가져오는 사회의 파편화와 공동체적 연대의 약화도 그 원인의 하나라고 할 수 있을 것이다. 김창근(2009: 41-42)의 주장에서와 같이, 다문화 공존을 위한 시민성의 기초로서 민족의식은 필요하다. 오히려 과거의 부정적 역사를 넘어설 수 있도록 민족의식을 잘 인식하도록 하는 문제의식이 더 필요한 것이다. 물론 민족주의는 사회적 연대의 기초가 될 수 있지만, 반면 전체주의를 지향하게 되면 개인의 자유를 침해하고 특정 집단의 독점적 지배를 유발할 수 있다. 이와 같이 양면성을 가진 민족주의 가치를 다문화 시대에 단순히 폐기 처분해야 할 대상으로만 치부한다면 소속감이나 정체성의 상실과 같은 또 다른 폐해가 있을 수 있다.

이와 같이 민족주의가 사회적 연대의 기초가 될 수 있다는 이유 외에, 한국적 상황에서는 분단의 극복과 통일이라는 역사적 과업을 위한 당위적 과제이므로 민족 정체성 이념을 '극복의 대상' 으로 보기에는 어려움이 많다는 사실을 보여주고 있는 것이다. 특히 북한 이탈 주민이나 재외 동포 자녀를 대상으로 하는 교육에서는 민족 정체성의 개념이 중요한 교육 이념으로 고려될 수밖에 없다(양영자, 2007: 24).

다음으로, 이주 외국인들을 대상으로 민족주의를 반영한 국민 의식 형성의 노력은 도덕적으로 결코 정당화될 수 없는 것인지, 이주 외국인들의 한국 생활을 돕기 위해 한국 문화와 민족 정신을 가르치는 것은 그 자체로 그들에 대한 부정의인가 등의 문제에 대해 생각해 보도록 하자. 물론 다수자 혹은 주류 집단의 국민 만들기(nation-building)가 소수자에 대한 부정의를 야기하는 측면이 있으며, 따라서 소수자의 권리가 일정 부분 보장되어야 하는 경우가 있다. 하지만 이 질문에 관해서는 한국 문화와 민족정신을 어떤 내용으로 어떻게 가르치느냐에 따라 그 답은 달라질 수 있음에 유의해야 한다. 민족주의는 도덕적으로 양가적이어서, 한편으로 민족 집단의 연대에 기여하기도 하지만, 다른 한편으로 민족주의라는 이름으로 자행된 범죄의 정면에 존재하는 증오의 표출이기도 하다. 이 사이에 도덕적 긴장이 자리 잡고 있는 것이다(양영자, 2007: 34). 후자의 측면에서 볼 때, 민족주의에는 차별과 편견, 경계와 구분을 강조하면서 피해 의식이나 열등감을 자극하거나 민족정기나 민족 자존심이라는 추상적 구호 아래 배타적 민족주의에 머물도록 만들며, 도덕적 감성을 동일 민족과 신앙고백으로 돌아가게 제약을 가하는 특성이 있다. 이러한 민족주의를 일반적으로 '폐쇄적 민족주의'라고 한다. 순혈주의와 혈통 이데올로기에 기초한 단일민족주의, 자문화중심주의 등이 모두 폐쇄적 민족주의에 포함되며, 이러한 형태의 민족주의는 결코 도덕적 정당성을 확보할 수 없다.

반면, 억압과 차별의 근원인 폐쇄적 민족주의를 넘어서, 민족성을 중심에 두면서도 민족주의를 지배하는 규율이 민족의 이익에 그치는 것이 아니라 정의(justice)를 지향해 가는 '성찰적 민족주의'는 도덕적인 정당성을 충분히 확보할 수 있다. 또한 자신이 속한 민족 공동체에 대한 애정은 있어도, 다른 민족보다 더 낫다는 우월감을 수반하지 않는 '열린 민족주의'도 도덕적인 정당성을 지닐 수 있다. 이러한 형태는 한 핏줄, 한 민족, 한 언어, 한 문화로 요약되는 단일민족의 신화를 주입하고 한 민족문화에의 동화를 강요하는 것과는 분명 다르다. 단일 문화로의 흡수 통일을 위한 극단적인 동화주의 모델을 내세우는 것과 분명 다르다. 이러한 성찰적 민족주의와 열린 민족주의에 기초를 둘 때, 민족 통일은 민족의 이익에 근거해서만이 아니라 훨씬 더 근원적인 논의, 국민의 깊은 의식의 변화를 포함하여, 북한 동포의 인권이라든가 통일 이후의 세계 역사에서 한반도의 역할에 대한 성찰까지를 포함할 수 있을 것이다.

민족 정신, 민족의식, 민족 사상, 한국 철학 등에 기초한 성찰적 민족주의 혹은 열린 민족주의 교육은 이 땅에서 함께 사는 외국인 이주자들의 고유한 문화와 생활방식을 훼손하지 않는 한 동화주의 발상이라고 폄하해서는 안 된다. 이주민들은 한국인의 민족 정신을 알아야 하고, 우리는 이주민들의 문화를 적극적으로 이해하고 배우려는 자세를 가져야 한다. 그들에게 우리의 문화를 익히게 하는 동시에 우리 역시 그들의 문화를 익힘으로써, 한국 사회는 포용성과 다양성, 역동성을 확보하여 미래에 생겨날지도 모를 모든 유형의 갈등을 예방하고 건강한 민주 시민사회로 성장해 나가는 방향을 찾아내야 할 것이다(김연권, 2010: 35).

② 민족주의와 다문화주의는 양립 가능한가?

다문화주의가 오늘날 다문화 사회의 모든 문제를 해결하는 만능열쇠는 아니다. 다문화주의 자체가 내재하고 있는 다원주의가 상호 유기적으로 소통되지 않고 극단적인 차이만 강조된다면 인종과 문화 사이의 갈등만 심화될 우려가 있다. 이에 대해 조너선 색스가 『사회의 재창조』에서 지적한 내용을 참고할 필요가 있다(서대경 역, 2009). 조너선 색스에 따르면, 흑인들의 민권운동(미국), 대규모 이민 유입(유럽) 등 격렬한 사회 변화는 1970년대부터 서구 사회로 하여금 다문화주의 정책에 귀를 기울이게 했다. 이를 통해 민족적, 종교적 소수집단이 사회 공동의 언어와 정치 체계를 공유하면서도 그들만의 정체성을 유지해야 한다는 다문화주의가 전면에 부상했지만, 그와 동시에 공동의 사회적 목표 안에서 개인을 하나로 묶어 주던 도덕적 유대의 끈도 끊어지기 시작했다고 그는 지적한다. 조너선 색스가 보기에, 도덕성의 붕괴는 애초 다문화주의의 목표였던 공동체의 '공존' 대신 '분열'을 가속시키는 촉매가 됐던 것이다.

이렇게 볼 때, 민족주의와 마찬가지로 다문화주의 또한 양면성을 가지고 있다고 평가할 수 있으며, 따라서 어떤 형태의 민족주의와 다문화주의의 조합이냐에 따라 양립 가능성 여부에 중요한 영향을 미치게 된다. 그러므로 이 글에서는 이념 유형의 조합 차원에서 양립 가능성을 모색해 보고자 한다.

비롤리(M. Viroli)와 같이 "민족주의를 같은 영토에서 태어났거나, 같은 인종에 속한다거나, 같은 언어를 사용한다거나, 같은 관습을 가지는 것에서 발생하는 전정치적 요소들에서 생겨나는 자연적 감정"으로 규정하기보다는 "역사적 성취와 위기 극복이라는 역사적 과정을 통해 형성된 공통의 정체성, 공유된 민족성이며, 본원적 정체성이자 미래의 비전을 위해 계속 구성되어 가는 개념으로서 민족주의"를 생각해 볼 수 있을 것이다(조계원, 2009: 34에서 재인용). 앞서 언급한 민족주의의 유형을 통해 볼 때, 다문화 교육의 이념은 '폐쇄적 민족주의'에서 벗어나 '성찰적 민족주의' 혹은 '열린 민족주의'로 나아가야 할 시기라고 진단할 수 있다. 그러나 민족주의의 이념적 측면만으로는 다문화 시대의 문제를 이해하고 해결하기 어렵다. 민족주의가 동질성을 강조하여 결과적으로 차이를 과소평가함으로써 오히려 공존을 위한 노력이 실패할 수 있기 때문이다(양영자, 2007: 41).

그러므로 이주민들과의 공존을 위해 다문화주의도 수용해야 한다. 문제는 어떤 형태의 다문화주의인가 하는 점이다. 뱅크스는 다문화주의와 세계주의를 명백히 구분해, 세계주의는 다른 나라의 문화와 사람들을 강조하지만, 다문화주의는 미국 내 인종적 다양성의 문제를 다룬다고 하면서, 다문화주의의 강조점이 국가 경계 내에 있다는 사실을 확인시켜 준다. 이러한 관점에서 한국에서 추구하는 다문화 교육의 교육과정 상의 이념이 '국가적 다문화주의(multiculturalism)'에서 비롯된다고 말할 수 있다면, 국가의 경계를 넘어서 인류의 보편적 가치에 호소하고 인식론적 다원주의를 수용하는 글로벌 차원에서의 '초국가적 다문화주의로서의 세계시민주의(cosmopolitanism)'로 구분해 볼 수 있다. 양영자(2007: 39)의 제안과 마찬가지로, 이 글에서는 현재 분단 상황의 한국에서 강조되어야 할 것은 'cosmopolitanism'보다는 'multiculturalism'이어야 한다는 문제의식에서 다문화주의가 국가 경계를 인정한다는 특성을 강조하고자 한다. 무엇에 기반을 두고 있느냐에 따라 국가 경계 내의 교육을 강조하느냐, 범국가적 교육을 강조하느냐로 강조점이 달라지며, 이 사실은 미국에서 오랫동안 다문화 교육과 글로벌 교육이 대립해 온 중요한 이유이기도 하다(Banks 2006; 양영자, 2007: 39 재인용). 궁극적으로는 초국가적 다문화주의와 국가적 다문화주의의 연대가 필요할 수 있겠으나, 초국가적 다문화주의의 강조는 현재 한국에서 국가적 다문화주의가 발전된 이후에 제기될 수 있는 논의라고 할 수 있다.

 이런 점을 고려할 때, 민족주의와 다문화주의의 양립 가능성 여부는 민족주의와 다문화주의가 각각 어떤 유형 혹은 성격을 취하느냐에 달려 있다고 결론 내릴 수 있다. 만약 민족주의를 폐쇄적 민족주의로 이해하고, 다문화주의를 초국가적 다문화주의 차원에서 접근할 때, 민족주의와 다문화주의의 조합은 상호 대립적인 두 가지 이념적 지향일 뿐이다. 하지만, 민족주의를 성찰적 민족주의로 이해하고 다문화주의를 국가적 다문화주의로 이해할 때, 두 이념은 양립 가능성을 확보하면서 상호 보완적 역할을 담당할 수 있다(양영자, 2007: 43). 인식론적으로 볼 때, 폐쇄적 민족주의와 초국가적 다문화주의는 특수주의와 보편주의의 연속선상에 놓인 두 극점으로 이해할 수 있다. 이 연속선상에서 두 극점을 피하면서 성찰적 민족주의와 국가적 다문화주의 간의 보완적 접근은 분명히 가능하고, 앞서 언급한 한국의 분단 및 다문화 상황을 고려한다면 이 두 유형 간에 상호 접점을 찾는 것이 우리가 풀어 나가야 할 시급한 과제인 것이다.

2. 다문화 윤리 교육의 교육과정을 어떻게 개발할 것인가?

문화가 우선이냐 개인이 우선이냐? '비교에 의한 존중'인가 '절대적인 존중'인가? 민족주의와 다문화주의는 양립 가능한가? 등에 대한 논의 결과를 바탕으로 이제 다문화 윤리 교육의 교육과정을 간략하게 설계해 보고, 다문화 윤리 교육을 현장에 적용하기 위한 도덕 교사의 자질과 역할을 규명해 보도록 하자.

1) 다문화 윤리 교육의 성격

세계화, 다문화 시대에 다문화 윤리 교육의 궁극적인 목적이자 도덕교육의 본질은 '모든 인간을 인간답게 대할 수 있는 능력과 품성'을 함양하는 데 있다. 즉, 모든 인간은 남에게 양도할 수 없고, 함부로 침해할 수 없는 존엄성을 지니고 있다. 따라서 개인과 국가 모두 이 인간의 존엄성을 존중하고 배려해야 할 책임과 의무가 있다. 사람들이 활동하는 모든 영역에서 인간은 언제나 권리의 주체이고 목적이어야 하며, 결코 단순한 수단이나 객체가 되어서는 안 된다. 따라서 다문화 윤리 교육에서는 인간 존중을 위해 문화 이해가 필요하다는 인식을 강조해야 하며, 특정 문화가 개별 인간의 인지적, 정서적, 행동적 특성을 결정한다는 사회문화 결정론적 관점을 경계하도록 가르쳐야 한다. 또한 도덕과에서 다루는 다문화 교육, 즉 다문화 윤리 교육은 '비교에 의하지 않은 존중'보다는 '비교에 의한 존중'에 초점을 맞추어야 한다. 도덕과 교육은 보편적으로 옳고 바람직한 삶에 대한 사유의 불가피성을 전제로 할 수밖에 없으므로, 다문화 교육을 도덕과에서 다룰 경우, 보편적 도덕성과 그것에 의한 중재를 지향하도록 구상되어야 한다. 인권 같은 근본 가치가 사회집단 간 상호 협의 대상으로 전락하지 않기 위해서는 모든 문화에 보편적으로 통용되며 구속력을 지니는 보편 윤리 규범의 원칙을 지향할 가능성이 열려 있어야 할 것이다.

한편 다문화 교육과 글로벌 교육을 수용하는 과정에서 교육과정 이념에 대한 체계적이고 치밀한 검토가 이루어지지 못했기 때문에, 2007년 개정 도덕과 교육과정에서는 기존의 이념인 민족주의와 새로운 이념인 다문화주의 간에 그 관계성을 구체적으로 어떻게 규정해야 할 것인지에 대한 대답을 주고 있지 않다. 교육과정 이념에 대한 치밀한 검토 없이 단지 단일민족주의 관련 표현을 교육과정과 교과서 상에서 삭제한다고 해서 그것이 곧 단일민족주의 기조의 교육을 변화시킬 수 있다고 단정할 수는 없다. 그보다 중요하고 근본적인 것은 교육 이념 상의 변화인 것이다(양영자, 2007: 27). 앞서 논의한 바를 바탕으로 다문화 윤리 교육의 이념적 지향을 설정할 경우, 민족주의의 긍정적 측면을 담보하면서도 다문화 교육의 도전을 의미 있게 수용하는 차원에 대한 고려가 필요하다. 이것은 분단과 통일이라는 시대적 과제에 적합하면서도, 다문화 사회로의 전환을 고려해야 하는 중층적인 문제이기 때문이다. 앞서 언급한 바와 같이, 성찰적 민족주의와 국가적 다문화주의의 보완적 접근은 분명히 가능하고, 한국의 분단 및 다문화 상황에서는 이 두 유형 간에 상호 접점을 모색해야 할 필요가 있다.

2) 다문화 윤리 교육의 목표와 내용

다문화 윤리 교육의 목표는 인종이나 문화적 차이에 근거하여 부당한 방식으로 다른 사람을 차별하지 않으려는 능력과 태도를 기르고, 다문화적 맥락에서 발생하는 불공정한 문제들을 윤리적으로 탐구함으로써 사회정의의 실현과 공동선의 증진에 기여할 수 있는 지식, 기능, 태도를 함양하는 데 두어진다. 이러한 목표의 추구는 국가적·사회적 측면에서 볼 때 인종과 문화 간의 갈등을 해소하고 사회 통합 및 사회적 연대감을 증대시키는 공동의 문화를 창출하는 데 기여할 수 있을 것이다.

세계 대부분의 국가에서 문화, 인종, 언어, 그리고 종교의 다양성은 존재한다. 이러한 대부분의 국가에 주어진 과제 중의 하나는 다양한 집단을 구조적으로 포용하여 그들이 국가에 대한 애착심과 충성심을 느낄 수 있는 국가를 건설하는 동시에, 해당 집단이 사회질서를 저해하지 않는 범위 내에서 그들 고유의 문화를 보존할 수 있도록 기회를 보장해 주어야 한다는 것이다. 다양성이 결여된 통일성은 문화적 억압과 헤게모니로 귀결되고, 반대로 통일성이 결여된 다양성은 분파주의와 균열을 야기할 수 있기 때문이다. 이런 이유에서 다양성과 통일성은 다문화적 국민국가 내에서 정교하게 균형을 이루며 상호 공존해야 한다. 이와 같이 다양성과 통일성 간에 정교한 균형을 이룸으로써 사회적 연대감의 증진과 도덕적 가치 기반의 공고화를 추구하는 것이 민주 국가의 핵심 목표인 동시에 다문화 윤리 교육의 종국적인 목표가 되어야 한다.

이 글에서는 다문화 윤리 교육을 통해 길러야 할 역량 중에 간문화 역량 (intercultural competence)에 특히 주목하고자 한다. 정영근(2009: 124)은 간문화성(interculturality)[6]을 "독특한 개별성을 지닌 각각의 문화들 사이에 존재하는 공통된 보편성"이라고 규정한다. 또한 '다문화'의 의미가 단순히 여러 문화들의 병존 내지는 공존을 지칭하는 표현이라면, '간문화'는 그와는 달리 문화들 사이의 연관성과 상호작용을 드러내는 것이라고 말한다. 또한 정영근은 다문화 교육의 목표를 이러한 '간문화 역량' 형성에 두면서 ① 문

---

6. 정영근은 '간문화성'이라는 개념 대신에 '상호문화성' 개념을 사용하고 있다. 이 두 개념 모두 'interculturality'를 나타낸다.

화 사이의 차이점과 공통점을 발견하는 능력, ② 자신이 지닌 사고와 태도 및 행위의 문화 종속성을 타 문화의 시각에서 반성하는 능력, ③ 특정한 상황에서 의사소통 전략을 수립하여 소통할 수 있는 능력, ④ 역지사지의 관점에서 타 문화 동료를 이해·관용하고 서로 협력할 수 있는 능력 및 비판적 관점에서 낯선 문화를 인정하고 공동체 삶의 통합을 추진하는 능력 등을 강조하고 있다. 타 문화의 관점과 인류 보편적 관점을 통해 자신의 문화를 바라보게 함으로써 자기 문화 및 자기 자신에 대한 윤리적 성찰을 가능하게 하고, 이를 통해 개인적으로는 타인에 대한 존중을 실천하고 집단적 차원에서는 문화적인 갱생을 추구해 나가는 데 도움을 주어야 하는 도덕과 입장에서는 '간문화 역량' — 특히 '자신이 지닌 사고와 태도 및 행위의 문화 종속성을 타 문화의 시각에서 반성하는 능력'과 '역지사지의 관점에서 타 문화 동료를 이해·관용하고 서로 협력할 수 있는 능력 및 비판적 관점에서 낯선 문화를 인정하고 공동체 삶의 통합을 추진하는 능력' — 개념이 도덕과 교육에 시사하는 것에 더 많은 관심을 가질 필요가 있다.

이 글에서는 이와 같이 다문화적 삶의 맥락에서 타인 및 타 문화와의 참된 만남과 상호 존중을 중시하는 '간문화 역량,' 다문화적 맥락에서 발생하는 다양한 도덕 딜레마 및 쟁점에 대한 '윤리적 탐구 능력,' 그리고 문화 현상을 철학 및 윤리학적 관점에서 근본적으로 조망할 수 있는 안목을 중시하는 '철학적·윤리학적 소양' 및 자문화에 대한 존중과 타 문화와의 공존을 추구하는 '문화적 정체성'의 형성을 도덕과에서 다문화 윤리 교육을 통해 길러 주어야 할 자질과 역량으로 규정하고자 한다. 이러한 핵심 목표와 이에 따른 내용 요소를 체계적으로 제시하면 〈표3〉과 같다.

또한, 도덕과에서는 윤리적 탐구와 성찰을 중시하는 교과 특성상, 다문화 윤리 교육의 과정에서 다음과 같은 질문들을 통해 윤리적 탐구와 성찰 기회를 제공할 수 있다. 이 질문들은 학생들에게만 해당되는 것이 아니라, 교사 자신의 다문화적 역량과 태도를 윤리적으로 성찰할 수 있는 계기를 마련해

핵심 목표	하위 목표 (지식 · 기능 · 태도)	내용 요소
철학적 · 윤리 학적 소양	• '문화와 인간' 관계 이해 • '보편성과 특수성' 관계 이해 • '통합성과 다양성' 관계 이해	• 문화가 우선이냐 개인이 우선이냐? • '비교에 의한 존중'과 '절대적인 존중' • 민족주의와 다문화주의의 양립 가능성
문화적 정체성	• 자문화에 대한 정체성 형성 • 자문화 및 타 문화 공존적 문화 정 체성 형성	• 민족 공동체에 대한 소속감과 애착심 • 자민족중심주의 및 문화적 사대주의 문제 • 타 문화에 대한 존중과 자문화와의 공 존 및 조화
간문화 역량	• 역할 채택, 배려, 관용, 공감적 이해 • 상호 교차적 이해를 통한 타 문화 및 자문화에 대한 성찰 • 보편 규범을 통한 타 문화 및 자문 화에 대한 성찰적 이해	• 역할 채택, 배려, 관용, 공감적 이해를 통한 편견 및 차별 극복 • 문화 간 상호 비교를 통한 타 문화 및 자문화 성찰 • 인간 존엄성과 보편적 인권에 기반한 타 문화 및 자문화 성찰
윤리적 탐구 능력 (정의 추론 및 쟁점 탐구 능력)	• 다문화적 딜레마에 대한 자신의 도 덕 판단 기준 및 관점의 윤리적 타 당성 성찰 능력 • 사회정의(보편 도덕원리) 및 윤리 이 론에 기초한 다문화적 맥락에서의 윤리적 쟁점 탐구 능력	• 다문화적 맥락에서 발생하는 다양한 도덕 딜레마(moral dilemmas) 해결 • 다문화적 맥락에서 발생하는 동시대 의 다양한 윤리적 쟁점 탐구

〈표3〉 다문화 윤리 교육의 목표와 내용

줄 수 있다.

3) 다문화 윤리 교육의 실천적 적용 방법

타인 존중과 타인을 향한 의무가 다문화 윤리 교육의 필수 조건이라면, 어떤 형태로 교육 현장에서 적용되어야 할까? 첫째, 인간을 개별적 주체로 바라보며 각각의 다름을 인정하는 교육은 타자성 혹은 타자성 존중의 내용에 대한 명시적(explicit) 교육과 더불어 이런 타자성 존중을 은연중에

다문화적 맥락에서 윤리적 성찰을 유도하는 핵심 질문 내용(예시)

▶ 다문화적 맥락에서의 인간관계를 윤리적으로 구축하기 위해 인간 상호 간 '공통점'
  과 '차이점'에 대해 성찰할 수 있도록 질문을 제시할 수 있다.

- 나는 '차이'에 대한 관념과 더불어 편안할 수 있는가? 나와 (성·연령·인종·민족 등의 측
  면에서) 서로 다른 사람을 마주하게 될 때, 거부감을 갖지는 않는가?
- 나는 다른 사람을 대할 때 (성·연령·인종·민족 등) 차이점에 주목하고 이러한 점을 고
  려하면서 상대방을 존중하려는 자세를 취하는가? 그렇다면 혹은 그렇지 않다면, 그
  이유는 무엇인가?
- 내가 상대방과의 차이점에도 불구하고 유사성 혹은 공통점을 가지고 있다는 것을 경
  험한 적이 있는가?
- 인간에게서 기본적인 유사점과 차이점은 무엇인가?

▶ 문화에 대한 개인적 신념과 태도, 세계관, 편견, 고정관념 등을 윤리적으로 성찰할
  수 있도록 다음과 같은 질문을 제시할 수 있다.

- 문화적으로 이질적인 배경을 가진 다른 사람을 대할 때, 나 자신이 가진 문화적 배경
  과 경험들이 어떤 영향을 미치는가? 이것이 혹시 선입견이나 편견을 조장하지는 않
  는가?
- 타 문화에 대한 자신의 관념과 태도는 마치 빙산과 같은 것일 수 있다. 빙산의 90%는
  수면 아래에 있다. 빙산의 꼭대기에서 여러분 자신을 볼 때 타 문화에 대한 자신의 관
  념과 태도는 무엇인가? 또한 내가 수면 아래에 놓여 있는 빙산의 나머지 부분을 마음
  의 눈을 통해 볼 때, 내가 가진 다문화에 대한 근본 가정들과 편견들은 무엇인가? 당
  신의 친구 혹은 동료들이 위와 같은 질문을 내게 적용하게 한 다음(그 친구가 나의 드러
  난 면과 잠재된 면을 지적), 이를 통해 새롭게 알게 된 사실은 무엇인가?

(implicit) 체감하고 습득할 수 있는 잠재적 교육이어야 할 필요가 있다. 이를
위해서는, 무엇보다도 명백하게 도덕적으로 문제가 되는 상황이 아니라면,
서로 다른 가치 지향이나 태도, 모습들이 학교나 사회 속에서 용인될 수 있
어야 할 것이고, 학교의 수업 방식도 일방적인 내용의 주입이 아닌 교사 및

동료 학생 간에 존중하는 분위기 속에서의 상호작용을 통해 자연스럽게 교수·학습이 이루어지는 방식이어야 할 것이다. 또한 생산적이고 도전적인 학습이 가능한 과업에 기초하여 '배려'와 '책임'을 포함하는 인간적 만남을 통해 타자와 함께 활동할 수 있는 기회를 제공해야 한다.

둘째, 학생 개개인의 '학습 스타일'을 존중하는 교수·학습에서의 '차별화 전략'이 적용되어야 한다. 학교 영역의 교육에서는 모든 학생들이 같지 않기 때문에 같은 방식으로 가르칠 수 없다. 그들이 가지고 있는 다른 욕구, 기능, 경험들은 교수 전략의 개발 과정에서 고려되어야 한다. 각각의 학생들은 다양한 심리적·정신적 능력, 인종, 종족, 성, 언어, 종교, 계층적 배경을 갖고 있다. 따라서 교사는 각 학생들의 학습 필요와 요구를 어떻게 충족시켜 줄 수 있을까를 고민해야 한다. 이러한 학습 필요와 요구를 충족시켜 주기 위해서는 '학생들이 각자 어떻게 학습하는가,' '어떤 형태의 학습에 참여하기를 원하는가' 등을 확인해야 하고, 이를 존중하는 방향에서 교수-학습 방법을 적용해야 한다. 하지만 초·중학교에 비해 고등학교에서는 학급당 학생 수가 많고 입시 준비로 인해 교과 지식에 대한 학습 부담을 가질 수밖에 없기 때문에, 개인적 학습 스타일을 고려한 '차별화 전략'을 적용하기 어려운 한계가 있다. 따라서 개인의 차별화에 중점을 두고자 한다면, 가드너의 다중 지능 이론에 기초한 수업 방식을 활용하고, 다문화적 역량을 길러주기 위해서는 프로젝트 학습, 협동 학습 등의 기회를 부여할 필요가 있다. 특히 인종, 민족, 성, 종교, 계층 등이 다양한 이질 집단으로 학습 단위를 구성하여 진실한 대화(meaningful dialogue)를 통해 개별 경험을 공유할 수 있는 협동 학습 기회를 다양하게 제공해야 한다. 협동 학습은 민주주의를 위한 교수법이며, 나아가 다문화 역량을 구축하기 위한 첫걸음이다. 협동 학습은 학생들이 공익을 추구하고, 자기 자신보다는 다른 사람을 중심에 놓도록 권장하고 참여적 동기를 유발하는 학급의 실천 활동이다. 협동 학습은 권위적이 아닌 사람들에게 권한을 위임한다. 협동 학습은 공동 관심사에 대한 대화, 다양한 관점 갖기, 집단적인 판단·행동과 같은 시민 의식과 역할의 발달을 장려한다(김영순, 2010: 53).

끝으로, 다문화적 맥락에서 발생하는 문제와 쟁점 위주의 수업이 전개될 필요가 있으므로, 교사가 다루기 편한 주제를 다루기보다는 학생들이 원하는 학습자 요구 중심의 교육이 이루어지도록 한다. 이를 위해 학생들의 교육적 요구를 파악할 필요가 있으며, 학생들이 도덕적인 관점을 가지고 복잡한 논쟁적 성격을 지닌 다문화적 문제와 쟁점을 탐구할 수 있도록 교육적 지지를 나타내야 한다. 이를 통해 도덕과 교사는 다문화 사회로 급속하게 진입하고 있는 우리의 현 상황에서 발생하는 윤리 문제 및 쟁점을 탐구하고, 우리 자신 및 우리 문화가 지니고 있는 편견과 선입견 등에 대해 반성적으로 성찰할 수 있는 계기를 학생들에게 마련해 주어야 한다.

V. 결론

이 글에서는 다문화 교육 일반론이 아니라 도덕과의 특성을 반영한 다문화 교육의 설계와 적용이 중요하다는 전제 아래, 다문화 윤리 교육이 무엇이고 어떤 연구 영역을 포함해야 하는가에 대해 논의하고자 하였다. 이를 위해 우선 이 글에서는 다문화 윤리 교육을 '(윤리학 및 정치철학에 근간을 둔) 다문화 윤리학을 바탕으로 다문화적 맥락에서 발생하는 다양하고 복잡한 윤리적 이슈와 사건을 활용하여 윤리적 탐구 능력과 성찰적 태도를 함양하고, 타인 및 타 문화에 대한 존중과 배려를 실천할 수 있는 도덕적 동기 및 실행력을 길러주기 위한 교육'으로 규정하였다. 그런 다음, 다문화 윤리 교육의 연구 영역을 '다문화 윤리학 차원의 쟁점을 다루는 기초 영역'과 '다문화 교육을 도덕과 교육의 목적을 위해 활용하는 응용 영역'으로 나눈 후,

각 영역별로 제기될 수 있는 질문에 대한 답변을 찾는 데 연구의 초점을 맞추었다.

 도덕 교과에서 다루는 다문화 교육, 즉 다문화 윤리 교육은 단순히 문화 현상에 대한 이해에 일차적으로 초점을 맞추어서는 안 된다. 도덕과 교육은 우리들 내부의, 그리고 우리들 사이에 존재하는 타인에 초점을 맞추어야 한다. 물론 여기에서의 '타인'이란 집단들 사이의 관찰 가능한 차이에 근거한 타인이 아니라, 배려와 책임을 수반하는 사람들 사이의 연결 관계 유형에 근거하는 타인을 의미할 것이다. 다문화 윤리 교육은 단순히 자신과 다른 문화 집단에 대한 인지적 이해를 강조하는 수준을 넘어서 서로 간의 차이를 존중하게 하고, 서로에 대한 책임을 강조하는 동시에 진정한 인간적 만남과 상호작용을 촉진시키는 것이어야 한다.

제15장

통일 교육 영역

I. 서론

도덕과에서 통일 교육은[1] '왜(why), 무엇을(what), 어떻게(how)' 가르쳐

---

[1] 한국의 초·중등학교에서 통일 교육은 이념 교육의 차원에서 실시되어 온 바 있다. '제1차 교육과정기로부터 제4차 교육과정기(1954-1986)'에 이르기까지 학교 통일 교육은 이른바 '반공 교육'이라는 이름으로 시행되었다. 도덕과가 독립 교과로 설치(제3차 교육과정기 1973)된 배경에도 반공 교육의 역할이 주요했다. 그 후 제5차 교육과정기(1987-1991)에 이르러서 학교 통일 교육은 '통일·안보 교육'으로 변모하였다. 이는 기존의 '반공 교육'이 공산주의와 관련된 모든 것에 대한 체질적인 거부감과 적대감을 갖게 한 나머지 통일 의지의 함양이나 통일 여건의 조성에 걸림돌로 작용했다는 비판에 대한 조정의 결과로 볼 수 있다. 1992년 이후, 일시적으로 부침이 없었던 것은 아니나, 통일 교육은 적극적인 통일을 모색하고, 통일 이후의 민족 공동체의 미래상을 준비하는 "평화 통일 교육"의 성격을 띠게 되었다. 이로 인해 교과의 내용 체계에 있어서 공산주의 이론을 상당 부분 줄이고, 남북한 간 동질성 회복과 민족 공동체의 번영에 초점을 맞추게 되었다. 이처럼 도덕과는 제3차 교육과정기가 시작(1973)된 이래로 양적·질적 양면에서 학교 통일 교육의 핵심 교과로서 그 역할을 수행해 왔다(황인표, 2009b). 그런데 통일 교육은 도덕과의 내용 체계에서 중요한 위치를 점하고 있지만, 그것은 보편성을 지닌 내용이라기보다는 남북한 분단 상황이라는 한국의 특수한 현실을 반영한 것으로 간주되어 왔다. 때문에 도덕과의 통일 교육은 정치적인 상황과 정책에 따라 그 기조가 변하는 문제점을 안고 있었으며, 오랜 기간 통일 교육은 정치학이나 사회학 등 주로 사회과학에 기반함으로써 통일의 당위성과 필요성에 대한 가치 및 규범 차원의 논거를 충분하게 제시하지 못했다. '사실' 수준의 담론을 제시하는 사회과학적 논거에

야 하는가? 우선 종래와 마찬가지로 '한국인에게 필요한 바람직한 통일 의식을 형성하려는 교육'으로 도덕과 통일 교육의 성격을 규정한다고 하더라도, 여기서 사용된 '바람직한(desirable)'이라는 수식어의 의미와 '통일 의식(unification consciousness)'이라는 핵심 개념을 도덕과 교육의 특성을 고려하면서 보다 세밀하게 정의 내릴 수 있어야 한다. 또한 이러한 도덕과 통일 교육의 개념 및 성격과의 정합성을 고려하면서 '다루어야 할 내용'과 '가르쳐야 할 방법'을 어떻게 구성할 것인가에 대한 답변을 찾아 나가야 한다.

사실상 이 문제는 '2007년 개정 도덕과 교육과정'을 마련하는 과정에서 매우 심각하게 제기되었음에도 도덕과 교육학의 범위 내에서 여전히 미해결의 상태로 남아 있다. '2007년 개정 도덕과 교육과정'을 마련하는 과정에서 도덕과 교육 관련 학·단체에서는 도덕과의 정체성을 주제로 다양한 의견들을 개진했고, 또한 그 과정에서 몇 가지 중요한 쟁점들이 제기되었는데, 그 가운데 "도덕과에서 통일 교육 영역을 그대로 유지할 것인가? 만약 그렇다면 도덕과에서 통일 교육을 어떻게 다루어야 하는가?"에 대한 문제(이하 '통일 교육 관련 쟁점')가 핵심 쟁점 중의 하나로 부각되었다. 도덕과의 정체성을 확립하면서 새로운 교과 교육과정을 마련하고자 했던 일련의 논의 과정에서 '통일 교육 관련 쟁점'이 주요 의제로 부각된 것은 무엇을 의미하는가? 또한 도덕과의 미래 지향적인 비전을 논의하는 데 있어서, 통일 교육의 의의와 정당성에 대한 의문을 해명하는 것은 왜 중요한가? 이 글에서는 이러한 물음에 답하기 위해 도덕과에서의 '통일 교육 관련 쟁점'을 성격, 내용, 방법 차원에서 각각 살펴보고, 이를 기반으로 도덕과 통일 교육 영역의 향후 연구 과제와 방향성을 제안하고자 한다.

도입 차원에서 '통일 교육 관련 쟁점'의 본질을 미리 간략하게 해명하자면, 첫째, 통일 교육에 대한 도덕 교과 차원의 접근을 위해서는 '도덕성'과

기반하는 한 통일 교육은 대북 정책이나 남북한의 관계 변화에 따라 출렁일 수밖에 없는 어려움이 있다. 윤영돈·정창우(2013), p. 201 참조.

'통일 의식' 간의 관계를 타당하게 모색하고, 이를 통해 통일 교육의 핵심 목표로서 '통일 의식'의 개념을 명료하게 제시할 것을 요구한다는 점이다. 둘째, 도덕과의 통일 교육의 정체성을 확립하는 차원에서, 기존의 단일 배경 학문이나 단일한 접근법에서 벗어나 배경 학문을 어떻게 조직화할 것인가 하는 점을 요구한다는 점이다. 끝으로, 기존의 도덕적 사회화 접근에 편중된 문제점을 분석하고, 이를 극복하기 위한 대안으로서 도덕성 발달론의 최근 성과(특히 튜리엘의 사회 영역 이론)를 통일 교육에 적용하는 방안을 모색하는 것이 요구된다는 점이다.

이와 같이 '통일 교육 관련 쟁점'의 본질을 해명하는 것은 도덕과 통일 교육의 성격과 목표, 핵심 가치, 내용 요소, 교육 방법 등을 뒷받침하고 있는 전반적인 인식의 틀(framework)에 대한 재검토를 요구한다. 이것은 반공 담론이나 통일 안보 담론과 같이 통일 교육을 전반적으로 안내하기에는 협애한 인식 틀이 상호 이질적인 요소들을 동일시하는 오류를 범하면서 교육 방법과 교육 내용 설정의 근간으로 기능했던 경험에 대한 성찰에 기초한 것이다. 예를 들어, '민주주의' 가치와 '반공' 이념은 서로 상관없는 이질적인 요소임에도 불구하고, 한때 거의 동의어처럼 사용되면서 '민주주의 = 반공'을 정당화하기 위한 내용이 통일 교육의 주요 내용 요소로 간주된 적이 있다. 바로 이와 같은 비합리적인 관계 설정을 정당화하는 인식 틀의 대표적인 사례가 제3차 교육과정에서 제5차 교육과정 시기까지의 반공 교육 담론이라 하겠다.

기실 오늘날 통일 및 통일 교육의 담론 구도는 근대적인 이원화 구도에 여전히 포위되어 있다. 보편 대(對) 특수, 이성 대 감정, 이상 대 현실, 진보 대 보수, 통일 대 안보 등의 개념 쌍들은 둘 중 어느 하나의 우위를 당연시하며, 다른 것과의 양립 가능성보다는 갈등 가능성을 전제(前提)하는 담론으로 이어진다. 예를 들어, 통일 교육 담론을 안보 논리로 재단하는 시도가 그 대표적인 경우인데, 이는 통일 의식을 '보편적 지평(universal viewpoint)'

에서 정초(定礎)하지 못하고, '그때 그때의 상황 및 필요성에 근거를 둔 맥락적 지평(contextual viewpoint)'에서 정초하는 것에서 비롯한다. 이러한 관성이 오늘날 도덕과 내의 '통일 교육 관련 쟁점'이 발생한 근원이며, 나아가 도덕과의 정체성을 혼란하게 만든 원인 중 하나로 지적할 수 있다.

이러한 문제점에 주목하면서 이 글에서는 '통일 교육 관련 쟁점'의 본질적 의미를 명확하게 해명하고 향후 통일 교육의 이론적 과제와 방향성을 논의하기 위해, 우선 도덕과 통일 교육 영역에서 설정해 온 인식 틀의 한계를 지적하고자 한다. 그런 다음, 통일 교육을 어떻게 자리매김해야 '도덕성의 본질에 적합한 가치 교육을 할 수 있을 것인가'에 대해 근원적으로 성찰하는 계기를 마련하고자 한다. 이 글에서는 이와 같이 오늘날 도덕과 통일 교육 관련 쟁점의 본질 및 통일 교육 담론의 이론적 과제와 방향성 설정에 초점을 맞추고자 하기 때문에, 구체적인 해결 방안을 모색하는 각론(各論) 수준의 연구는 향후 연구 과제로 남기고자 한다.

II. 도덕과에서 '왜' 통일 교육을 다루어야 하는가?

1. 통일 의식의 성격

일반적으로 통일 의식이란 통일에 대한 태도(attitude) 전반을 지칭하는 것으로 통일에 대한 인식(cognition), 감정(affect), 그리고 행태(behavior)를 포괄하는 개념이다(박명규 외, 2009: 4). 하지만 통일을 둘러싼 혹은 그와 연관된 상황적 배경의 특성을 충실하게 고려한다면, 통일 의식은 통일 자체에 대한 의식뿐 아니라 북에 대한 이해와 인식, 남북 관계에 대한 인식, 통일 정책에 대한 인식과 평가 등을 포괄하는 총체적인 성격을 갖는다(김현옥, 2001:

79-81). 따라서 통일 의식은 대체로 다음과 같은 내용을 포함하고 있다. 첫째는 통일에 부여하는 의미이다. 여기에는 통일에 대한 인지적 내용과 심리적 정향이 포함된다. 둘째는 북한을 어떻게 바라보는가이다. 이것은 북한에 대한 심리적 거리, 즉 배제 및 거부의 정도 그리고 관심 정도를 통해 살펴볼 수 있다. 셋째는 통일을 자기 자신과 연관짓는 통일 유관성이다. 넷째는 통일을 위해 자신이 할 수 있는 일이 있다고 생각하는지를 살펴볼 수 있는 통일 개입성이다. 그리고 이러한 의식상의 내용들은 북한, 통일, 통일 정책 등 통일과 직·간접적으로 관련된 분야에 대한 입장 속에 내재해 있다.

그렇다면 통일 의식은 도덕성과 과연 어떤 연결고리를 갖는 것인가? 남북한 관계 및 통일 문제가 한국 사회와 한국인의 삶에 막대한 영향을 미친다는 점을 생각해 볼 때, 그리고 한국 사회의 지속 가능한 미래를 위해 통일 및 평화가 필수 불가결한 조건이라는 점을 고려해 볼 때, 통일 문제에 대한 올바른 인식 및 바람직한 통일 의식은 다른 일반 교과에서뿐만 아니라 도덕과에서도 반드시 형성시켜야 할 중요한 자질 및 역량으로 간주되어야 한다. 하지만 통일 의식과 도덕성이 상호 수렴되지 않고 평행선을 그린다면, 도덕과 차원에서는 이 영역을 왜 중요하게 다루어야 하는지에 대해 회의감을 가질 수밖에 없다. 2007 교육과정 개정 상황에서 제기되었던 '통일 교육 관련 쟁점' 또한 이와 같이 통일 교육을 통해 최종적으로 형성하고자 하는 통일 의식이 도덕성과 어떤 관련성이 있느냐 하는 문제의식과 관련이 깊다. 다시 말해, '한국인에게 필요한 통일 의식이 과연 도덕성과 어떤 관련이 있느냐' 하는 질문인데, 이것은 다름 아닌 보편 윤리와 특수 윤리 간의 관계를 설정하는 문제와도 직결된다.

2007년 개정 도덕과 교육과정에서는 도덕과의 정체성을 강화하는 연장선상에서 통일 문제를 다루도록 요청했는데, 이것은 도덕과에서 다루는 도덕적 문제들을 한국적 상황과 맥락에 연관시켜 다루는 것은 당연하나, 도덕의 본질상 보편 윤리를 추구해야 한다는 점을 상기시키고자 하는 의도에서 비롯된 것이다. 도덕과가 통일 문제를 협소한 지역적 관점에서 바라보는 것이 아니라 전(全) 지구적 관점, 그리고 한국 사회의 지속 가능한 발전을 가능하게 하는 관점으로 바라볼 필요가 있다는 점은 통일 의식과 도덕성 간에 일정 정도 접점을 마련할 수 있는 단초를 제공한다고 말할 수 있다. 그런데 이러한 요청의 본질에 대해 무관심한 채, 도덕과에서 다루는 통일 문제를 제한된 시·공간적 차원의 문제로 바라보며 통일 의식의 특수성을 강조하는 흐름도 여전히 남아 있다. 이와 같이 통일 및 통일 문제를 지엽적인 문제로 바라보는 발상은 단지 통일의 본질을 이해하지 못하는 한계에서 파생되는 경우도 있으나, 주되게는 통일 문제를 보편 윤리가 아닌 특수 윤리에 위치하게 하는 것과 관련되어 있다. 보편 대(對) 특수의 관계를 중심 대 부차의 관계로 등치하는 담론 구도 또한 통일 문제를 특수 윤리와 부차적 과제로 간주하게 만들기도 한다. 이 점은 국가·민족의 문제를 한반도라는 제한된 시·공간적 차원에서 다루는 것이 아니라(교육과학기술부, 2008: 226), 세계화된 사회의 지구 공동체라는 좀 더 넓은 맥락에서 객관적이고 보편적인 시각으로 다룰 수 있어야 한다는 취지와 상응하지 않는 발상이라 하겠다. 도대체 보편 대 특수의 관계는 왜 항상 중심 대 부차의 관계에서 설정되어야 하는가? 이러한 이분법 구도 및 관계 설정을 무비판적으로 받아들이는 것이 과연 타당한가의 측면에서 기초적 인식 틀부터 재검토해야 할 것이다.

2. 보편과 특수의 경계 허물기

도덕적인 옳고 그름, 선과 악에 관한 질문은 동서고금을 막론하고 유구한 역사를 가진 주제 중 하나로, 도덕이나 도덕성의 본질을 규명하는 핵심 물음이라고 할 수 있다. 이러한 물음은 옳고 그른 것의 차이는 무엇이며, 바람직한 것과 그렇지 않은 것의 차이는 무엇인가를 구체적으로 밝히는 담론과 도덕성에 해당하는 가치의 본질을 규명하는 담론으로 이어진다. 선과 악,

옳고 그름은 특정 사회의 관습을 반영하여 구체적인 규범 형태로 체계화될 때, 문화마다 다양한 해석이 허용되고 가미되면서 서로 다른 모습을 띠기도 한다.

그렇다면 도덕이란 무엇인가에 우리는 어떻게 답할 수 있을까? 도덕의 본질에 대한 이 물음은 곧잘 '도덕은 특정 사회, 문화의 규범을 반영하는 것인가, 아니면 시대와 장소를 초월한 어떤 보편적이고 절대적인 가치를 추구하는 것인가'로 구체화된다. 즉, 도덕의 본질에 대한 담론은 흔히 보편 윤리 대 특수 윤리 간의 관계를 설정하는 논의로 구체화되는 경향이 있다. 그런데 이러한 논의에서 한 가지 유의해야 할 점이 있다. 만약 논의가 보편과 특수 중 양자택일하거나 위계를 설정하는 구도로 전개된다면, 그것은 공허하거나 혹은 임의적일 수밖에 없는 결론에 도달할 것이다. 왜냐하면 인간의 도덕성을 보편적인 것 아니면 상대적인 것으로 범주화하는 것은 불필요한 오해를 양산하기 때문이다. 개인 및 사회가 처한 '구체적 현실'과 유리된 도덕은 공허할 수밖에 없다. 동시에, 인간은 원하건, 원하지 않건 간에 늘 선택하고 행위하며, 인간의 일상은 좋음과 싫음 사이에서 하나를 선택할 것을 요구받으며, 끊임없는 선택과 행위를 통해 자신이 누구인가를 표현할 것을 요구받는다. 이렇듯 인간의 행위로 이루어진 일상의 맥락은 '도덕적 주체로서의 나'의 보편적 선택과 결단을 전제하고 있다(이진우, 1997: 28).

도덕이라는 말의 뜻이 '인간이 마땅히 행할 바 도리를 깨달아 그것을 실천할 수 있는 능력'이라고 풀이할 수 있다면, 도덕을 단지 보편과 특수로 나누는 것은 도덕의 본질을 확인하기에 턱없이 부족한 담론임을 쉽게 확인할 수 있다. 삶의 문제들을 단순히 "하늘의 별과 가슴의 양심"으로 해결하기에는 사회가 너무 거대하고 복잡해졌으며, 인간의 삶을 총체적으로 조망하는 것은 더욱 어려워졌기 때문이다(이진우, 1997: 150). 즉, 우리는 도덕적 가치를 철저히 상대화하려는 극단적 상대주의도 경계해야 하지만, 도덕을 박제된 교리로 만드는 도덕적 근본주의도 피해야 한다. 그래야 도덕적 주체로서의 '나'의 삶에 의미를 부여하면서도, 동시에 바람직하고 지속 가능한 공동체적 삶을 지향하는 보편 도덕을 구체적인 교육 프로그램으로 기획할 수 있다. 따라서 통일 의식에 관한 담론은 보편과 특수가 조화롭게 공존하는 것을 전제하고, 도덕성은 특정 사회의 규범 내에 보편 원리가 조화롭게 어우러지고 있는지를 판별하는 능력을 뜻하는 것임을 전제하는 가운데 일련의 논의를 진행해야 한다. 그렇지 않고 특정 사회문화의 규범을 '특수 윤리'로 규정하고, 이를 보편 윤리와 이항 대립 관계로 설정하는 사고방식은 실천적 결론을 내기에 부적절하다. 왜 모든 가치를 보편 대 특수의 범주 내에 구획하고, 그중 어느 하나만 '도덕'의 권좌에 앉혀야 하는가? '세계 속의 한국'과 '한국 속의 세계'는 공존하는 것이지, 그중 선후차가 있거나 어느 하나가 가치 판단의 우월한 기준점이 될 수는 없을 것이다. 보편 속에 특수가 존재하고, 특수 속에 보편이 내재하는 것은 지극히 자연스러운 현상이다. 따라서 우리는 둘의 경계를 세우고 우열을 가리기보다는 이미 고착(固着)되어 버린 경계를 허물어 주는 담론을 필요로 한다. 다만 이것과 별개로 '보편 원리를 보편으로 규정하는 논거'를 제시하는 문제나, 보편 원리가 각 사회 현실에서 구체적으로 드러나는 형태에 관한 연구는 아무리 강조해도 지나치지 않을 것이며, 이것이야말로 우리 시대에 반드시 필요한 도덕의 담론일 것이다.

사실, 윤리적 규범 체계가 광범위하게 문화 상대적이라는 점은 이미 하나의 상식이 되다시피 했다(박찬구, 2006: 36). 그러나 '상식(常識)이 곧 진리(眞理)'일 수는 없다. 아무리 특정 문화권에서 상식에 가까운 규범이나 인습으로 인정받고 있을지라도, 해당 규범 체계의 옳고 그름 여부는 따져야만 한다. 도덕성이 복지(well-being), 정의, 권리에 대한 추론에 바탕을 두고 있다고 한다면, 한 집단이나 집합체(사회, 문화)의 전통이나 관습적 규범에 대해 수동적이어서는 안 되고, 인간의 존엄, 가치, 자유 등의 관점에서 비판적으로 해석하고 판단하며 추론해 보아야 한다. 추론적 존재로서 인간은 도덕적 선택의 권능을 소유하며, 자율성과 힘을 갖고 자신의 삶을 계획한다. 또한 인간의 도덕적 선택은 인간이 평등한 존엄성과 가치를 지닌 존재이며, 각자 서로에 의해 그리고 사회에 의해 자유와 공정한 대우가 부여되어야 한다는 인식을 내포한다(Nussbaum, 1999: 54). 이렇게 볼 때, 한때 남한이 반공주의 및 관련법을 당시 민주주의 발전을 저해하는 도구로 남용했던 경우를 단지 문화적 다양성의 일환이라고 해석한다면, 그것은 다양성과 극단주의를 구분하지 않은 무지의 소산(所産)일 뿐이다. 이것은 중세 시대의 마녀사냥이나 20세기의 홀로코스트(Holocaust), 매카시즘(McCarthyism) 현상을 두고, 특정 문화에서 '있을 법한' 일이라고 할 수 없는 철학적 근거와 상응한다. 문제는 반공 이념, 마녀사냥, 유대인 대학살 그리고 매카시즘이 사적(史的) 연구 대상으로 접할 때는 이렇듯 선악시비(善惡是非)를 어렵지 않게 판단할 수 있지만, 그것들이 막상 성행하던 시·공간 차원에서는 관행처럼 행해지는 악습에 대해 무비판적이고 수동적인 입장을 취하는 경우가 많다는 점이다. 그러므로 다양하고 특수한 문화권의 현재적 모습과 특성을 분석하고, 그것의 도덕적 시비를 따지는 작업은 생각보다 만만치 않은 과정을 거쳐야 한다.

3. 도덕성과 통일 의식 간의 관계

통일 의식과 도덕성의 관계는 깊은 간극(deep chasm)이 존재할 수밖에 없었고, 이로 인해 지금까지 도덕과 통일 교육에서 핵심 개념으로 사용해 온 '통일 의식'이라는 용어는 역동적인 부침을 겪어온 사회적·역사적 맥락의 연속선상에 여전히 놓여 있다. 이 글에서는 '도덕성'과 '통일 의식' 간의 연결 고리를 찾아 그 간극을 메워 가는 것이 도덕과 통일 교육 영역에서 발생하는 보편 윤리와 특수 윤리, 그리고 글로벌 차원과 지역 차원의 부조화 문제를 해결할 수 있는 필수 조건이라고 본다. 보편 윤리 대 특수 윤리를 동전의 양면처럼 뗄 수 없는 관계라고 전제하는 맥락에서 본다면, 한국인의 통일 의식은 세계시민을 지향하는 보편적 도덕원리 및 가치와 양립할 수 있어야 하는 것이다. 다만 이러한 관계를 단지 추상적으로 설정하는 데 그치지 않고, 둘 간의 양립 가능성을 구체적으로 탐색하면서 한국의 도덕과 교육에 적용하는 방안을 모색하는 것이 '통일 교육 관련 쟁점'이 함의하고 있는 본질이라 하겠다. 즉, 보편 대 특수의 조화로운 관계를 전제하고, 세계와 지역, 사회와 개인, 그리고 한국인의 도덕성과 통일 의식 간의 관계 및 질서를 어떻게 교육 내용으로 조직화할 것인지에 대해 대안을 모색하는 것이 '통일 교육 관련 쟁점'의 핵심 과제이며, 이 핵심 과제를 해명하는 과정은 곧 도덕과의 정체성을 확인하는 첩경이 될 것이다. 특히 전 세계적으로 지구적(global) 차원의 통합 움직임과 지역적(local) 차원의 다양한 움직임이 공존하는 동시에 양측의 상호작용이 활발해지는 추세를 고려한다면, '통일 교육 관련 쟁점'을 규명하는 작업은 우리나라 도덕과 교육의 미래 지향적인 비전 마련을 위한 하나의 대안으로서의 가능성을 잠재하고 있다. 따라서 이러한 노력이 결실을 맺게 된다면, 즉 2007년 개정 도덕과 교육과정을 전후해서 전면 부상한 '통일 교육 관련 쟁점'이 '도덕성과 통일 의식'의 관계성에 대한 이해와 통찰을 통해 일정 정도 해소될 수 있다면, 통일 교육 영역으로 인해 부지불식간 부침을 겪게 했던 교과 내외의 간섭 요인을 털어버릴 동력으로 작용할 수 있으리라 생각한다.

4. 통일 교육의 교육철학적 접근의 과제: 도덕철학에 대한 고려

통일 교육의 교육철학(敎育哲學)이란 통일 교육을 왜 해야 하느냐, 통일 교육을 왜 받아야 하느냐에 관한 답변을 추구함으로써 통일 교육의 목적을 설명하는 영역에 해당한다. 일반적인 교육철학에서와 마찬가지로, 통일 교육의 교육철학에서도 통일 교육의 개념이나 목적 등 통일 교육에 관한 원리나 통일 교육과 관련한 내용을 철학적으로 연구한다. 이러한 통일 교육의 교육철학적 관점에서 볼 때, 우리나라의 통일 교육은 아동 및 청소년들에게 남북한 관계 및 통일 문제에 대한 올바른 가치 지향을 형성시켜 주기 위해 필요하며, 이러한 통일 교육의 가치 및 실천 지향적 성격으로 인해 실천철학(도덕철학, 사회철학, 정치철학 등)이 중요한 학문적 토대로서 역할을 한다고 볼 수 있다.

그렇다면 우리나라 통일 교육의 교육철학은 실제로 어떻게 설정되어 왔는가? 넓게 말해, 우리나라 통일 교육, 좁게 보아 우리 도덕과 통일 교육에서 설정해 온 통일 교육의 교육철학이란 무엇이었는가? 엄밀하게 말해, 안타깝게도 광의 차원 및 교과 차원에서 모두 우리나라 통일 교육은 성급한 목전의 성과를 우선적으로 추구하고, 가치론적인 깊은 이해를 결여한 채 직접적 경험에 사로잡혀 원리적 추구를 등한히 해 온 측면이 없지 않다. '실용'이 우선시되어 의미를 묻는 가치 기준이 바로서지 못한 채, 맹목적인 사고와 실천을 교육을 통해 요구한 측면이 없지 않다.

이러한 통일 교육의 교육철학적 빈곤은 바로 통일 교육의 내용과 방법의 빈곤과 직결될 수밖에 없다. 건전한 교육철학의 정립 없이는 건전한 교육의 가능성을 생각할 수 없기 때문이다. 또한 '철학 없는 삶은 맹목'이라는 칸트의 말처럼, '철학이 없는 통일 교육'은 언제나 맹목적인 도구로 오용될 가능성이 있다. 이와 같이 교육철학이 부재한 통일 교육의 내용 요소가 표방하는 선악 구도 및 흑백논리는 잘못 사용될 경우, 사람들의 도덕적 추론 및 판단을 방해하는 논리로 작동할 가능성이 충분히 존재한다. 모든 가치를 선과 악으로 나누는 발상은, 그 기준이 편협할수록 도덕적 주체로서의 한 개인의 이성을 마비시킬 가능성이 높다. 따라서 이러한 위험 가능성에 노출되지 않도록 하기 위해, 통일 교육의 핵심 가치와 교육 내용을 규정하고 그 방향성을 제시할 수 있는 교육철학의 기반을 확립하는 데 힘써야 한다.

이 글에서는 도덕과에서 통일 교육의 교육철학을 정립하기 위해 도덕성과 사회문화의 관계에 대한 최근 도덕 심리학적 논의를 바탕으로, 통일 의식을 도덕성의 맥락에서 재설정하기 위한 노력이 필요하다고 본다. 즉, 한국인의 통일 의식 형성에 영향을 미치는 사회문화적 요소에 주목하면서 이를 윤리적·규범적으로 평가해 보고, 도덕의 근본원리와 정합하는 가치로서 '통일 의식'의 개념을 재규정하는 것은, 도덕과의 정체성을 형성하는 데 필요한 보편적 인식의 틀을 제공할 수 있을 것이라고 본다.

사회 구성원들의 의식이나 가치관은 해당 사회의 정치, 경제를 포함한 사회문화를 통해 복합적으로 형성되는 인식 체계를 바탕으로 한다. 그러나 의식이나 가치관 형성에서 문화의 중요성을 인정하더라도, 너스바움(Nussbaum, 1999: 32)은 문화라는 용어가 너무 흔히 "인간 존재의 복잡성, 곧 우리는 우리 문화의 소산물임과 동시에 유일무이한 개인이라는 사실을 덮어버린다"고 주장했고, "문화란 완전한 통일체가 아니다. 인간은 사회적 인습이라는 강력한 기계에 의해 동전처럼 똑같이 찍혀 나오지 않는다"고 주장하였다. 여기서 문화를 완전한 통일체로 볼 수 없다는 관점에 함축된 의미는 문화가 전통, 공공 이데올로기, 사회적 규범에 대한 공유된 보편적 이해나 책무에 의해 형성되거나 규정되지 않을 수 있다는 것이다. 즉, 동일한 문화권에 속한 구성원이 대부분의 도덕 문제에 대하여 공통된 의견을 갖는다는 것은 오히려 드문 경우이다. 튜리엘(Turiel, 2005: 33)은 어린 아동조차도 다양한 관심과 목표를 고려하고 균형을 찾으려는 경향을 보인다고 지적한다. 또한 그는 도덕성이 복지, 정의, 권리에 대한 추론에 바탕을 두고 있다는 비상대주의적 명제가 모든 사람이 이들 개념을 옹호하는 근거에 관한 공유된 보편적 이해를 갖고 있다는 것을 의미한다고 본다. 그러면서 공정한 대우와 상호성(reciprocity)으로 구성되지 않는 사회의 상황에서는 반드시 보편적 이해에 기초한 도덕 판단이 다른 사회 인습적·개인적 개념과 견주어 맞서게 된다고 주장한다.

이러한 렌즈를 통해 우리의 상황을 볼 때, 바람직한 통일 의식을 형성하고자 하는 통일 교육이 보편 원리에 근거하지 않고 아동의 자율적인 판단 능력을 인정하지 않은 채 특정 이념과 가치를 주입한 것은 비합리적인 적대 감과 거부감 형성을 조장하는 원인이 되었다. 이와 같이 사회 체제나 문화 적 관행에 의해 각자에게 주어진 역할을 단순하게 수용하게 한 관행의 결과 는 다름 아닌 체제에 저항하는 성향을 발달시키는 것이었다. 실제로 1960 년대부터 1990년대 중반에 이르기까지 한국 사회에서 발생한 통일 관련 정 치 시위나 집회가 주로 젊은 세대들에 의해 주도되었고, 이들이 학교교육을 통한 반공 교육의 대상이었던 점을 감안한다면, 피교육자가 단순히 사회체 제나 관행에 따른 역할을 수용하지 않고 오히려 이에 저항할 수 있다는 증 거를 확인할 수 있다. 따라서 사회나 문화를 한 가지 유형으로 단순하게 특 징짓는 것은 아동 발달에 영향을 주는 다양한 요인들을 무시하는 것이며, 또한 사람들의 다양한 사회적 판단을 설명할 수 없다.

한편, 튜리엘은 이러한 문화적 관습에 대한 광범위한 반대와 저항이야말 로, 도덕 발달이 사회적·문화적으로 존재하는 것을 수용하는 과정이기보 다 '무엇이 존재해야만 하는가에 관한 판단을 구성하는 과정'임을 암시하 는 것이라고 주장한다(Killen & Smetana, 2010: 71). 즉, 구성원의 도덕 발달 은 해당 사회의 규범과 질서에 순응하는 것이 아니라, 사회문화적인 맥락을 고려하며 자율적으로 판단을 구성하는 과정에서 이루어진다는 것이다. 실 제로, 오랜 냉전 체제 하에서 남한의 경우 사회 내의 통일 운동 집단에 대한 과도한 처벌, 반공 반북 교육 기획 등 뿌리 깊은 부정의에 대한 사회적 투쟁 이 확대되고, 이것이 이른바 한국 사회 민주화의 실현, 즉 남한 정치사회구 조의 변화에 일정 정도 기여했다. 인종차별, 성차별, 소수자에 대한 핍박 등 은 정의와 권리를 옹호하는 집단의 다양한 사회운동을 전 세계적으로 양산 했고, 한국 사회도 이러한 흐름에서 예외가 아니었다. 이것은 도덕성이 단순 히 사회규범에 따르는가에 의거하지 않고 상위의 보편 원리에 근거한다는 점을 보여주는 것이며, 또한 도덕 발달을 '자율적 판단을 구성하는 과정'으로 바라볼 필요가 있음을 암시하는 것이다. 따라서 튜리엘의 주장처럼 도덕이나 도덕성을 단지 전통적인 사회규범 및 가치 체계의 전수로만 바라보는 관점은 더 이상 유효하지 않다.

한국인의 통일 의식은 이러한 도덕성의 맥락에서 재설정되어야 한다. 예를 들어, 통일 의식은 한국 사회의 제도적 관행이나 법적 규범에 근거하는 가치가 아니라, 통일이 상징하는 도덕철학적 의미와 맞아떨어지는 '상생적 자유주의'에 의해 설정되어야 한다. 상생의 원리란 다른 사람을 비롯한 모든 존재의 소중함을 인정하고 그들의 정당한 권리를 존중하며 함께 살아감을 의미하며, 공생하는 모든 존재가 서로 돕고 사는 것을 일컫는다. 모든 사람은 개인성(개체성)과 사회성(공동체성)의 두 측면을 갖는데, 이 중 개인성의 원리를 '자유'라고 한다면, 사회성의 원리를 '상생'이라고 제안할 수 있다(이근식, 2009: 142). 따라서 이러한 제안에 의하면, 남북 통합에서 개인 및 사회적 차원의 도덕적 가치 원리를 동시에 기획하는 필수 조건으로 자유민주주의 이념에 기초하는 것이 아니라, 상생적 자유주의를 기본 원리로 할 수 있다. 앞서 지적한 바와 같이, 잘못 설정된 인식 틀에서 벗어나 도덕의 근본원리와 정합하는 가치로서 '통일 의식'의 개념을 재규정하는 것은 도덕과의 정체성을 형성하는 데 필요한 보편적 인식의 틀을 제공할 수 있을 것이다.

이와 관련, 박찬석(2007: 178-179)은 도덕과에서 인문학적 인식과 사회과학적 시각을 통합적으로 보려는 인식이 향후 도덕과 교육에 대한 보편적 인식을 확산시키는 방향으로 나아갈 수 있는 학문적 기초를 제공하고 있다며, 도덕과 교육에서의 '바람직한 한국인 육성'을 위한 교육적 노력을 강조한다. 그리고 이를 위해 도덕과의 통일 교육 연구자들이 일방적으로 평화를 가르치거나 혹은 안보를 중시하는 입장 중에서 양자 선택하는 것이 아니라, 양자 수용하는 차원에서 접근하는 노력을 해야 한다고 제안한다. 아울러 통일 교육이 민족의 공통된 기반, 예를 들어 열린 민족주의적 입장을 견지하는 가운데 한반도의 모든 구성원들이 보편적으로 옹호할 수 있는 내용으로 이루어져야 한다는 기존의 몇몇 선행 연구의 입장을 지지하고 있다(박찬석, 2007: 184). 또 그는 도덕과 교육의 배경 학문으로 통일학과 북한학이라는 두 학문이 도덕과 교육과정의 내용 체계상 '국가·민족·지구 공동체와의 관계' 영역에서 발생하는 도덕 문제를 다루는 데서 중요한 존재 의의를 갖는다며, 두 학문의 심층적인 근거를 마련할 것을 요구하고 있다(박찬석, 2008: 238). 이상의 논의를 포함, 통일 교육에 관한 상당수의 선행 연구(김국현, 2004; 김창근, 2007; 안승대, 2009; 추병완, 2003; 2009; 황인표, 2009b)가 기존의 이분법 구도에서 벗어나 다각도의 접근을 시도하고 있으며, 동시에 이러한 시도의 정당성을 증명하고 있다.

그러나 이와 달리 기존의 구도를 무비판적으로 받아들인 채 단지 수사학적인 차원에서 패러다임의 전환을 주장하는 경우는 대부분 그 문제 제기의 시의적절함에도 불구하고, 결과적으로 통일 담론으로 이어지는 것에 실패할 수밖에 없다는 지적을 피해 가기 어렵다. 생산적인 통일 담론은 공동체의 유지와 존속을 위한 원리 및 가치와 관련이 있을 뿐만 아니라, 지구 공동체를 포함하는 전 지구적 관점을 요구하기 때문이다. 특히 통일은 남북 및 해외의 민족 구성원들의 삶의 질과 연계된 문제만이 아니라, 주변국가들, 특히 동북아를 포함한 아시아, 그리고 전 세계의 평화 실현 문제와 관련된 글로벌 이슈라는 점을 감안할 때, 이것을 구체화할 핵심 가치를 구상해야 하는 것이다.

과거의 반공 담론이나 통일 안보 담론처럼 이념 경쟁과 승패가 분명한 구도에 통일 및 통일 의식의 가치와 내용을 가두면, 도덕과 교육은 또다시 특정 이념에 대한 전달과 특정 입장만 대변하는 함정에 빠지게 될 것이다. 20세기적 한국식 이분법 구도에서 도출된 통일과 통일 의식의 개념 및 교육 내용은 올바른 도덕관이나 통일 담론으로 발전하는 데 명확하게 한계가 있을 수밖에 없다. 도덕과가 통일 교육 영역을 통해 교과 교육으로서의 더 큰 성장을 이루기 위해서는 통일 교육의 교육철학에 대한 보다 깊은 고민과 성찰이 요구된다.

III. 도덕과 통일 교육에서는 '무엇을' 가르칠 것인가?
도덕과 통일 교육의 배경 학문 설정 및 소통 방식을 중심으로

1. 단일 학문 및 다학문적 접근법, 그리고 학제적 접근법

'통일 교육 관련 쟁점'은 통일 의식 형성이 사회학과 정치학 등의 사회과학적 접근을 통해 형성 가능한지, 아니면 도덕철학과 도덕 심리학을 중심으로 하는, 일련의 학제간 소통(interdisciplinary communication)을 통해 형성 가능한지 여부를 논증하는 문제와 관련이 깊다. 즉, '통일 교육 관련 쟁점'은 도덕과 통일 교육의 배경 학문을 규명하는 문제이자, 이를 통해 통일 교육의 내용 영역이 도덕과 교육의 성격 및 목표에 부합하는지 그 정합성(coherence) 여부를 확인하는 문제라고 할 수 있다.

학제적 접근은 개인을 도덕적·사회적·주체적 인간으로 길러내기 위한 도덕 교과의 최소한의 필수 조건임에도 불구하고, 기존의 도덕과 통일 교육은 학제적 접근을 지향한다는 명분 아래, 특정 배경 학문과 접근법에 의존하거나, 다(多)학문이 상호 소통하지 않고(즉, 'interdisciplinary'가 아니라) 각기 자신의 고유한 학문적 관점 및 접근법을 통해 통일 교육을 논하는 일종의 다학문적 접근(multidisciplinary)으로서의 한계를 보여 왔다. 다시 말해, 학제적 접근을 시도한다고 하면서도 실제로는 다학문적 접근 수준에 머물렀던 것이다. 이것이 도덕과의 학제적 접근에 대한 임의적인 해석을 가능하게 한 요인으로 작용했다고 볼 수 있다.

한때 철학 관련 학회나 단체에서는 도덕 교과의 학적 배경으로서의 '학제적 접근'을 가리켜 불분명한 '연합'에 불과한 접근법이라 비판하며, 도덕과의 학문적 정체성을 해치는 상황 논리일 뿐이라고 문제를 제기하였다. 그러나 그 문제 제기의 진지함과는 별개로, 과연 '학제적 접근'을 단순히 여러 학문을 나열하거나 연합하는 방식이라 평가하는 근거가 타당한지, 또 그러한 근거 자체를 성실히 증명하고 있는지 등을 확인할 필요가 있다. 만약 이러한 문제 제기의 진의(眞意)가, 학제적 접근을 표방한 연구물이 본래 취지와 달리 특정 학문에만 치중하고 있거나 여러 학문을 병렬하고 있는 오류를 비판하는 것이라면 매우 타당한 지적이라 할 수 있다. 그러나 만약 이러한 지적이 학제적 접근 자체를 문제 삼는 것이라면, 이러한 문제 제기는 재검토될 필요가 있다. 개인과 공동체, 덕과 원리, 보편과 특수 등의 관계를 타당하게 설정해야 하고, 도덕성의 본질과 발달 특성을 규명하고 인격 형성에 영향을 미치는 사회구조 및 제도를 규범적으로 평가하며, 그리고 사회윤리 혹은 응용 윤리적 쟁점 등을 도덕교육적 맥락에서 활용하기 위한 방법을 모색하는 등 다양하고 복잡한 주제를 해결 과제로 떠안고 있는 도덕과가 만약 특정 학문에만 치중하여 연구를 실행한다면, 이것이야말로 도덕과의 정체성을 모호하거나 편협하게 만들 여지가 농후함은 두말할 필요가 없다. 도덕과의 배경 학문으로서 학제간 상호 원활한 소통을 추구하는 것은 우리 시대 도덕교육에 매우 타당하고 유용한 접근법이라 할 수 있다. 다만 우리가 명심해야 할 점은 통일 교육, 민주시민교육, 다문화 교육 등 도덕과 교육의 하위 영역마다 다양한 학문들 간의 관계를 어떻게 설정할 것인가를 신중하게 검토하는 연구 절차를 병행해야 한다는 점이다.

그렇다면 도덕과 통일 교육의 배경 학문에는 어떤 것이 있으며, 그 학문들의 관계를 설정할 수 있는 기준은 무엇인가? 학제간 소통을 전제로 하는 도덕과 교육의 하위 영역 중 하나인 통일 교육 영역에서도 학문 간의 관계를 설정하는 연구 주제는 기초연구 차원에서 매우 중요한 의의를 지니는 것이다. 도덕과의 통일 교육도 연관된 학문들을 명확히 제시하고, 그들 간의 관계를 설정할 수 있는 기준을 밝혀야 할 필요성이 제기되며, 이것이 '통일 교육 관련 쟁점'이 함의하는 중대한 문제의식이라 할 수 있다.

한때 통일 교육이 사회과학적 접근을 통해 실시되어야 한다고 강조되었던 현상은 다름 아닌 반공 교육의 여진(餘震)에서 기인하는 관성 정도로 해석될 수 있다. 당시 주류 경제학, 사회학, 정치학 등의 사회과학은 특정 이념을 절대 가치로 설정하고, 이와 다른 해석과 적용을 시도하는 타(他) 체제 이념을 부정하는 근거로서의 역할을 자처했다. 즉, 자본주의의 상대적 우월성을 보편적·절대적 가치로 설득하는 논리를 제공하는 것이 당시 사회과학의 소명이었으며, 반공 교육은 이러한 사회과학의 입장을 우리 사회의 보편 원리이자 절대 가치로 포장하여 학습자에게 교화하는 것에 관심을 둔 것이다. 즉, '무엇 무엇이 옳다'를 강변하는 것만 관심을 갖고, 정작 '왜 그런가' 혹은 '옳고 그른 것의 기준이 과연 타당한가'라는 규범적 차원의 물음에 대해 답변하거나, 자본주의와 사회주의 등의 이념적 원리를 도덕철학적 관점에서 비교·확인하는 것을 경시하고 외면했다. 또한 남한의 체제 이념인 자본주의의 절대적 우월성을 이해하고 신념화하였는가를 '바람직한 국민 의식상'으로 정형화하고, 이를 위해 단순 주입 방식으로 학습자에게 교화하는 데 집중하였다. 구성원에게 체제 참여적·비판적 사고 능력을 함양하는 것이나 그에 필요한 교육 방법(이를테면 도덕 사회화와 도덕 발달에 대한 도덕 심리학적 접근 등)을 고민하는 것은 당시 반공 교육 패러다임의 특성상 전혀 상상할 수 없었던 한계를 드러낸 것이다. 이러한 연유로 통일 교육의 배경 학문으로 사회과학적 접근이 강조된 것이며, 국가가 원하는 '국민'을 형성하려던 교육 전통에서 결국 '통일 교육 관련 쟁점'이 배태되었음을 확인할 수 있다. 또한 이러한 전통이 무비판적으로 받아들여지는 학문적 타성(惰性)을 극복하지 못한 것도 한계를 탈피하지 못한 이유일 것이다.

한편, 우리가 유의해야 할 점은, 도덕과 통일 교육이 사회과학적 접근'만'

고집함으로써 한계를 많이 노정했지만, 그렇다고 사회과학적 접근을 아예 외면하는 것은 또 다른 편향을 가져올 뿐이라는 것이다. 통일 교육 영역에서 줄곧 제기되는 한계는 사회과학 '만'을 고집함으로써 학제간 소통을 소홀히 했던 점에서 기인하지, 사회과학적 접근 자체에서 기인하는 한계가 아니기 때문이다. 복잡한 도덕 문제에 대한 인식을 단일 학문적 관점에만 국한할 경우, 보다 포괄적인 문제 인식이나 합리적인 문제 해결책을 강구하는 데 한계가 발생한다. 이러한 맥락에서 콜버그, 나딩스 등 대표적인 도덕교육 학자들은 현대사회에서 발생하는 다양하고 복잡한 도덕 문제들을 단일 학문 내에서 해결책을 마련하기란 쉽지 않다고 강조했으며, 따라서 도덕성 발달에는 해당 내용 영역과 연관된 다(多)학문들의 상호 소통을 원활하게 보장하는 것이 필수 조건이라 하겠다(정창우 외, 2007: 26-28).

그렇다면, 통일 교육의 패러다임을 새로운 차원에서 모색하겠다는 의도를 실현하려면, 도덕과 통일 교육의 배경 학문들에는 어떤 것들이 있으며, 그 학문들의 관계를 설정할 수 있는 기준은 무엇인가를 논의하는 것부터 실시해야 한다. 또한 도덕과 통일 영역에서 이른바 패러다임을 전환하겠다는 연구 목적을 실천하려면, 최소한 도덕과 통일 교육의 핵심 가치는 어떠한 성격의 것인지, 즉 '바람직한' 통일 의식의 성격은 어떠한지, 그리고 도덕과가 지향하는 도덕성과는 어떤 관계의 가치인지 등을 해명해야 한다. 이 해명은 연관된 학문들의 상호 소통적 접근을 통해 이루어지고, 이후 핵심 가치, 내용 요소 및 쟁점, 그리고 교수·학습 방법까지 체계적으로 구상해야 할 것이다. 특히 통일 의식의 개념적 성격을 규명하는 일은, 이원화 관점 하에서 양자 간의 위계가 작동하고 있는 일련의 개념 쌍들, 즉 전체와 부분, 지구화와 지역화, 사회와 개인, 보편과 특수, 사회화와 발달, 통일과 안보 등의 각 관계를 재조명할 수 있는 전환적 계기가 되어야 한다. 이러한 경계 허물기 작업은 도덕철학, 도덕 심리학, 사회학, 한국학, 통일학, 평화학 등의 주요 학문들이 상호 보완적이고 협력적인 관계를 유지하는 가운데, 도덕과 통일 교육의 성격과 목표, 내용, 그리고 지도 방법에 대한 타당한 관점을 도출하는 데 크게 기여할 것이다. 특히 지구화와 지역화의 경계를 허물고, 전(全) 지구적 관점에서 한국인의 도덕성을 정초하는 작업은 매우 중요하다. 현재의 세계는 전 세계인들에게 지구 시민의 관점을 공통적으로 요구하고 있다. 예를 들어, 한국인이라면 한반도의 분단과 통일 문제를 국내 문제로만 바라보는 지엽적 관점에서 벗어나, 전 지구적인 차원의 평화 실현, 자연환경 등의 이슈로 바라보는 글로벌 관점을 지향해야 한다.

　사실, 위협과 불안은 인간 실존의 조건으로 늘 존재해 왔다. 질병이나 기아, 전염병, 가뭄이나 홍수, 지진 등은 예나 지금이나 개인뿐만 아니라 공동체의 안전을 위협하는 것들이다. 다만 오늘날은 단지 자연재해나 전염병 차원이 아닌 미래의 불확실한 위험과 연관된 것들이 더욱 위협적이다. 울리히 벡(2010: 28-29)은 현대사회의 한 시대를 개념화한 '위험사회'라는 개념 대신 '글로벌 위험사회'를 최근 새롭게 제기했다. 시대는 전통적인 생활양식에서 벗어나 성공적인 현대화의 부작용과 불확실한 위험이 상존(常存)하며, 누구도 이 위험을 피할 수 없고 누구도 적절한 보호책을 마련할 수 없다는 것이다. 위험은 비단 한 국가의 내정 문제가 아니기 때문에, 국가 단독으로 위험에 대비할 수 없으며, 이로 인해 전(全) 지구인이 '글로벌 위험 공동체'의 구성원이 되며, 사회적 불평등의 새로운 갈등 역학에 직면한다는 주장이다. 게다가 글로벌 위험사회는 일상적으로 상존하는 불확실한 위험이 인간의 삶을 결정하고, 이에 가치의 위계에서도 자유와 평등 대신 안전이 정상을 차지하게 되며, 이른바 '위험 방어의 전체주의'가 등장할 수 있다는 주장이다. 그가 지적한 것처럼, 한 사회와 국가 차원을 뛰어넘는 위험과 불안은 이미 세계적인 추세에 접어들었으며, 한국에서의 불안은 더욱 강력하고 구체적이라 하겠다. 20세기 말의 탈냉전이라는 세계적 추세에 함께 동반하지 못한 한반도의 경우, 국내외의 예상치 못한 사안의 발발이나 정치 역학의 변동기, 그리고 남북 관계의 갈등이 고조되는 국면마다 위험 지수가 급증한다. 남북 구성원의 집단 심리 상태를 한마디로 규정한다면, 아마도 그건 '일상적인 불안이 만연한 사회 맥락'과 관련된 개념일 것이다. 남북 간의 일상적인 갈등의 상존은 각 체제 내부의 경제 발전 문제, 즉 빈부의 양극화, 새로운 질병 및 전염병의 등장, 군사적 긴장의 불연속성, 사회적 불평등으로 인한 계층 간의 갈등 문제, 경쟁에서 도태되는 집단의 무기력과 집단 불안 등과 결부되면서 증폭하는 것처럼 보인다. 이런 측면에서 본다면, 울리히 벡이 새롭게 제시한 '글로벌 위험사회'라는 개념은 한반도가 직면한 시·공간적 특성과 적절하게 들어맞는다.

특히 인류 사회가 직면한 핵무기의 위협은 그 존재 자체가 인류 문명과 지구의 생존을 위협한다. 자국의 핵무기는 폐기하지 않으면서, 다른 나라의 핵 보유는 막으려는 현존 핵보유국들의 이중적인 태도와 형평성 문제는 40여 년 전 NPT(Non-proliferation Treaty, 핵확산금지조약 혹은 비확산조약) 체제가 등장한 이후 꾸준히 제기되며, 냉전 시대의 대표적 유산인 '경보 즉시 발사' 태세가 여전히 유지되고 있어 우발적인 핵전쟁의 위험성은 상존한다(정욱식, 2010: 45). 무기인 동시에 에너지원으로도 이용될 수 있는 핵은 또 다른 지구 종말의 전초인 지구온난화가 등장하면서 관심 밖으로 벗어난 듯 보이고, 한국 내(內) 핵 문제에 대한 이해 수준은 매우 낮고, 관심 영역도 '북핵'에서 벗어나지 못하는 단순한 수준이다. 오바마 미 대통령이 외친 '핵무기 없는 세상'을 만들기 위한 세계시민들의 실천이 그 어느 때보다 중요하고, 특히 지속적으로 핵 위협에 노출되어 있으며, 남북 분단 및 정전 체제 속에서 한미 동맹의 핵우산과 북한의 핵 개발이 마주하고 있는 한반도에서는 이에 대한 지속적인 관심이 유난히 중요하다고 할 수 있다(정욱식, 2010: 14).

2. 학제간 소통을 통한 전 지구적 관점의 통일 의식 형성

21세기는 무엇보다 평화나 상생의 질서를 창조할 수 있는 능력의 주체를 요구한다. 상생의 원리가 구현되는 규범을 구별하고, 그에 의거한 자율적 판단력을 갖추게 하려는 교육적 기획은 다가오는 미래를 지속적으로 발전 가능한 삶·사회·지구의 관점으로 전제할 때 그 타당성을 인정받을 수 있다. 점차 글로벌화 되는 세계는 도덕철학이라는 학문을 전공하는 사람에게 누구나 보편타당하다고 여길 만한 규범적 원리를 정초할 담론에 집중할 것을 요구한다. 담론의 기저에 다원주의적 가치는 허용하더라도 극단적 상대주의를 용인하지 않는다는 원칙을 전제하는 것은 물론이다. 그러나 동시에 다원주의적인 분산을 가리켜 인간의 실존적 조건을 부정하는 것이라 쉽게 단정 짓는 태도를 경계하려는 의지가 필요하다. 성급한 규정을 내리는 대신, 우선 '있는 그대로'의 다원주의 현상을 수용하고, 어떻게 하면 다원주의와 더불어 인간 본연의 도덕성을 추구하는 개인 및 사회로 발전해 갈 것인가에 대해 학문적으로 성찰하는 것은 도덕교육만의 온전한 몫이라고 생각한다. 따라서 현 시기 세계, 국가, 사회 차원에서 충돌하는 모순된 목적 및 가치들을 정교한 도덕적 규범으로 선별하고, 개인적 차원에서 판단, 선택할 수 있는 능력을 함양하기 위한 도덕교육적 처방은 매우 중요하다.

그러나 문제는 이런 교육적 처방을 모색하는 과정에서 그 혜안을 우리 내면에서 찾든, 다른 사람과 마주치는 공동의 공간에서 찾든 간에, 결코 흔들리지 않는 도덕적 기준이 필요하다는 점이다. 이 기준은 도덕적 주체인 '내'가 사회나 국가, 세계의 다른 사람들과 '소통'할 수 있는 공감과 합의점으로서의 역할을 충실히 할 수 있는 것이어야 한다. 따라서 이 글은 도덕적 주체인 '나'의 삶을 유의미하게 기획하고 영위할 수 있는 조건이 곧 사회와 국가 공동체가 지향해야 할 핵심 원리라고 주장한다. 글로벌 경쟁 구도가 급변하고 에너지 자원 경쟁도 심화되고 있다. 고령화가 확산되고, 기후변화와 생태계 위기에 대한 우려의 목소리 또한 높아지고 있다. 각 분야별로 전문화된 기술 개발 및 대안을 모색하는 노력은 유의미하나, 복잡하고 다층적인 과제를 해결하기에는 아직 턱없이 부족하다. 이러한 시대를 살아가는 한국

도덕과 통일 교육의 핵심 목표와 물음	관련 학문 영역
• 평화적 통일 의식의 형성 및 촉진 → 평화적 통일은 왜 중요하며, 어떻게 실현 가능한가?	평화학, 통일학
• 미래 지향적 통일 의식의 형성과 촉진 → 미래 지향적인 통일이란 무엇이며, 이를 가능하게 하는 한국 사회의 조건은 무엇인가?	통일학, 한국학
• 상생적 통일 의식의 형성 및 촉진 → 남북통일에서 상생과 공존의 가치는 왜 중요하며, 어떻게 실현할 것인가?	윤리학
• 글로벌 윤리 관점의 통일 의식 형성 및 촉진 → 문화 간(cross-cultural) 이해를 실현하는 동시에 사회적 정의와 배려를 실천하는 통일은 왜 중요하며, 어떻게 실현 가능한가?	정치철학
• 사회문화적 관점의 통일 의식 형성과 촉진 → 통일 사회에는 사회적·문화적으로 무엇이 존재해야 하는가?	도덕 심리학, 사회학

〈표1〉 도덕과 통일 교육의 핵심 목표 및 물음과 관련 학문 영역

인에게 도덕성과 통일 의식을 기르고자 하는 교육 패러다임이라면, 제한된 경계를 자유롭게 넘나들고, 연관된 다학문 간의 소통을 통한 핵심 주제를 상정하는 것이 절실하다. 이와 관련, 도덕과 통일 교육의 목표 및 그와 관련된 주요 학문 영역을 찾아본다면, 〈표1〉과 같이 제시할 수 있을 것이다.

또한 이를 기반으로 도덕과 통일 교육의 배경 학문에 따른 핵심 주제를 제시하면, 〈표2〉와 같다. 즉, 제시된 표는 학제간 소통을 통해 전(全) 지구적 관점의 통일 의식을 형성하는 데 필요한 관련 배경 학문 및 핵심 주제를 일례로 제시한 것이다. 각 배경 학문마다 제시된 주제는 학문별로 엄밀히 구분되기보다 상호 연관되거나 중복되는 것이 상당한 탓에 임의로 분류했다고 봐도 무방하다. 추후 이에 대한 구체적인 논의와 수정·보완하는 연구 작업이 뒤따라야 할 것이다.

〈표2〉에서 제시된 바와 같이, 각 핵심 주제는 다섯 가지 관점으로 요약되며, 이는 통일 교육의 교수·학습 원리로 연계되어야 할 것이다. 이를 보다 구체적으로 설명한다면, 첫째, 도덕과의 통일 교육은 먼저 (적극적) 평화의

배경 학문	핵심 주제	관점	핵심 주제
평화학 통일학	• 세계 평화/통일, 전쟁/분쟁, 갈등/화해, 분단 체제/평화 국가, 한반도적 맥락의 평화 개념, 평화 운동, 핵문제와 한반도 평화	평화 지향	• 평화 지향의 가치·태도 신장: 인류가 공동으로 희구하는 최고의 가치인 평화를 지향하고, 특히 개인적·구조적 폭력의 부재 상태를 의미하는 적극적 평화 개념을 이해하고 실천한다.
통일학 한국학	• 통일/통일론, 생활 세계 통합, 통일과 통합, 연합과 연방, 통일 국가의 미래, 정치·제도·사람·민족 통합, 체제 통일과 생활 세계 통일	미래 지향	• 미래 지향적 도덕성 지향: 통일에 대한 교육은 한국 사회의 '지금, 여기'를 반성하고, 도덕적 주체인 '내'가 지향해야 할 삶의 의미, 나아가 통일된 한국 사회 공동체의 기반을 구체적으로 묻고 말할 수 있어야 하며, 이러한 근본적인 주제에 대해 성찰한다.
윤리학 정치철학	• 삶의 목적, 도덕성, 자아실현, 사회정의, 자유/평등, 인권/분배, 상호 의존성, 자유와 상생, 화해 협력, 공존·공영과 변증법적 발전	상생 과정	• 상생과 공존의 관점으로 통일 바라보기: 상생 과정으로서의 통일을 가르치는 것, 이를 위해 한국 사회의 반북 의식과 냉전 문화를 극복하고 남북한의 공존·공영·화해·협력의 문화를 창출하기 위한 여러 조건과 가능성을 모색한다.
	• 글로벌 이슈, 지속가능 발전, 다양성, 공감대적 가치관, 지구 평화와 인류공영, 지구화와 지역화	글로벌 윤리	• 글로벌 윤리 관점으로 통일 성찰하기: 남북 분단과 통일 문제를 지구촌의 환경문제를 비롯하여 사회 구조적 불평등의 문제를 해결하기 위한 노력의 연속선상에서 고민할 수 있는 통찰력을 함양한다.
도덕 심리학	• 도덕성의 사회문화 요소, 보편과 특수(보편과 맥락), 개인과 사회, 남북 문화의 다양성, 맥락적 사고, 집단 심리와 이중성, 상호 구성	사회 문화	• 규범이나 관습의 습득보다 '사회적·문화적으로 무엇이 존재해야 하는가'에 관해 사고하고 성찰한다.
사회학	• 통일 사회와 문화, 문화 이해, 문화 공존, 문화 통합, 공존과 통합, 남북 간 문화 이해, 차이의 인정과 공존, 다양성의 존중		

〈표2〉 도덕과 통일 교육의 핵심 목표 및 물음과 관련 학문 영역

관점을 지향해야 한다. 이때의 평화란 인류가 공동으로 희구하는 최고의 가치로서, 단순히 '전쟁이 없는 상태'라는 의미의 소극적 평화가 아니라, 적극적으로 개인적·구조적 폭력의 부재 상태를 지향한다는 의미의 적극적 평화 개념을 전제한다(강순원, 2000: 61 재인용). 또한 이때의 평화는 안보와 서로 상보적인 관계를 유지하기 때문에, 마찬가지로 소극적 차원의 안보(정치적, 군사적 관점) 대신 적극적 차원의 안보 개념(정치, 군사, 경제, 사회, 문화 등을 고루 고려하는 관점)을 차용할 것을 제안한다.

둘째, 통일 교육은 한국 사회의 미래를 구체적으로 기획한다는 의미인 미래 지향의 관점을 필요로 한다. 2007 교육과정 개편 과정에서도 이미 확인한 것처럼, 현재 도덕과 통일 교육의 내용 설정은 매우 복잡한 쟁점을 선결해야 하는 조건과 결부되어 있다. 그런데 쟁점의 복잡성은 단순히 사회 내부 이념 대립에서 기인하는 복잡한 성격보다 구체적인 미래를 구상하는 교육적 기획의 부재에서 기인한다. 근래 한국 교육 전반에서 파생하는 난제는, 원론적인 차원에서 분석하면, 교육철학의 부재와 교육 이념의 도구화를 강요하는 흐름에서 유래한다. 특히 외재적 목적으로 경도되고 있는 한국 교육의 방향성은 도덕 교과 및 도덕과의 통일 교육에도 고스란히 투영되고 있다. 삶과 사회를 사유하는 학문과 교과를 억압하고, 그 자리에 이 시대의 논리만 과잉 주입하는 교육 발상은 매우 위험하다. 즉, 최근의 교육과정처럼 성찰적 학문을 기반으로 하는 도덕 교과가 제 역할을 하지 못할 정도로 경시받는 추세가 장기화된다면, 개인은 물론 공동체의 삶과 미래가 지향할 바를 어디에서 찾을 것인가? 모름지기 공교육의 교육과정은 '지금, 여기'를 반성하고, 시대가 지향해야 할 방향과 삶의 의미, 나아가 공동체의 기반을 묻고 말할 수 있는 교과를 근본으로 삼아야 한다. 그렇지 않고 한국 교육의 책임 주체가 이러한 교과를 경시한다면, 그 결과 개인과 사회의 도덕적 기반은 극단의 위기에 내몰리게 될 것이다. 우리 사회가 극단적 상대주의로 흐르지 않게, 혹은 공허한 탁상공론의 지성인을 양산하지 않게, 도덕 교과는 이론과 실천의 경계를 자유롭게 소통하고 넘나들며 학생의 미래 지향적 성찰력을 증대하는 교육을 실시해야 한다. 물론 이것이 도덕과에 국한되는 역할이라고 볼 수 없으나, 그럼에도 교과 본질상 도덕과가 주축이 되어 진행할 수 있음은 분명하다. 이러한 맥락에서 미래 지향의 관점은 한국 교육 전반에 공통적으로 요구되는 방향성이며, 동시에 도덕과(의 모든 내용 영역)의 장점이 발휘될 수 있는 방향성이라 할 수 있다.

셋째, 도덕과 통일 교육은 상생적 과정을 중시하는 관점을 지향해야 한다. 이 점은 남북통일이 상생과 공존의 가치를 실현하는 과정이 되기 위한 조건을 반영하고 있다. 과정으로서의 통일을 중시하는 것은 우리 사회 내부에 자리 잡은 반북 의식과 냉전 문화를 극복하고 남북한의 공존·공영·화해·협력의 문화를 창출할 것을 강조하는 것이며(추병완, 2003: 122), 이것은 앞에서 언급한 평화 지향의 관점을 보완하는 측면의 내용이다. 통일을 지향하는 과정은 일관되게 상생의 정신, 공존의 가치를 구현하는 것임을 교과 내용의 핵심 주제 및 내용 요소로 구체화해야 한다.

넷째, 도덕과 통일 교육은 글로벌 윤리의 관점을 지향해야 한다. 이것은 글로벌 시대를 살아가는 아동 및 청소년들에게 '지구촌 구성원은 누구나 평등하며 지구 내에 실재하는 생명체나 무생물체가 서로 연결되어 있음을 인식하고, 의로움을 기반에 두고 사회정의와 약자에 대한 배려를 실천하는 인간'의 모습을 지향하게 하는 것이다(정창우, 2010: 254). 또한 이와 동시에 각 나라의 문화를 있는 그대로 존중하도록 교육하며, 문화 간(cross-cultural) 이해를 높이는 데 집중함으로써, 각국의 문화를 각 문화에 속한 일반 사람들의 시각에서 가르치고, 지구촌의 환경문제를 비롯하여 사회구조적 불평등의 문제 등 글로벌 이슈들을 가르치는 데 초점을 맞추는 것을 의미한다(박성춘, 2008: 10). 통일 교육이 이러한 관점을 지향한다는 것은, 예를 들어 남북 구성원이 누구나 평등한 존재이며, 서로 연결되어 있는 관계임을 인식하고, 상대방의 문화를 있는 그대로 존중하도록 교육하며, 상대방의 문화에 속한 사람들의 시각에서 바라볼 줄 아는 문화 간 이해를 높이는 것이다. 또한 남북 분단과 통일 문제를 지구촌의 환경문제를 비롯하여 사회구조적 불평등의 문제를 해결하려는 노력의 연속선상에서 고민할 수 있는 통찰력의 교육을 지향해야 한다.

마지막으로, 앞에서 언급한 글로벌 윤리의 관점과 일정 부분 중복되는 관점으로, 도덕과의 통일 교육의 내용은 사회문화적 관점을 지향해야 한다. 우리는 지난 60여 년간 남북의 서로 다른 체제의 정치, 경제, 사회, 문화를 끊임없이 비교하면서 '이질성'을 부각시키고, 민족 동질성 회복이란 이름으로 서로 '다른 것'을 극복해야 한다며 '다르다'는 이유로 차별할 수 있는 의식을 키웠다. 이제 서로 간의 신뢰를 회복하기 위해, 서로 다름을 수용하고 존중하면서 '더불어 살아가는 공존의 삶의 자세와 태도'가 요구된다고 할 수 있다(강순원, 2002; 오기성, 2007: 12-13에서 재인용). 또한 통일 교육이 사회문화적 요소를 고려한다는 것은, 통일 의식 발달에서 규범이나 관습의 습득을 강조하기보다는 '사회적·문화적으로 무엇이 존재해야 하는가'에 관한 판단을 구성하는 과정을 중시해야 한다는 주장과 상통한다. 이러한 관점 하의 통일 의식 교육은 도덕 발달 단계에 따른 적절한 학습이 선행되는 것은 물론이요, 이것이 학습자의 능동적이며 목적 지향적인 활동과 조화를 이루도록 각별히 유의해야 한다. 특히 통일 의식 교육의 내용 및 교수·학습은 학습자의 자율적인 참여 과정에서 도덕성이 재구성 내지 창조되는 것이라고 보는 구성주의적 관점이나 개인·환경과의 호혜적인 상호작용의 결과로 도덕성이 발달한다고 제안하는 도덕 발달 이론(특히 튜리엘 등 사회 영역이론)의 주장에 대해 진지하게 검토할 것을 제안한다.

IV. 도덕과에서 통일 교육을 '어떻게' 가르칠 것인가?

1. 지도 방법 설정의 이론적 토대로서 발달 및 사회화의 관계 설정

'통일 교육 관련 쟁점'은 도덕과 통일 교육의 목표 및 방법 설정 차원에서 도덕 사회화 접근이 여전히 유효한지, 아니면 도덕 발달 지향의 자율론적 접근이 보다 강조되어야 할 것인지에 대한 문제의식과 긴밀히 관련되어 있다. 이와 같이 도덕과 통일 교육의 목표 및 방법이 도덕 사회화 관점에 근거해야 하느냐, 아니면 자율적 도덕성의 관점에 근거해야 하는가의 여부와, 학교급별이나 학년별로 교수·학습 방법을 구안하기에 앞서 '도덕성과 깊이 연결된 통일 의식'이 어떻게 획득되고 발달되는지 여부는 도덕 심리학의 연구 성과를 활용하면서 풀어가야 할 문제라고 할 수 있다.

지금까지 도덕의 기반을 개인의 자율적 이성에 두느냐, 아니면 사회의 존속 및 유지에 두느냐에 따라 도덕성의 개념 및 접근법은 달리 제시되어 왔다. 예를 들어, 도덕의 기반을 개인의 이성에 두는 자율론적 접근은 도덕의 의미를 합리적인 가치판단 능력으로 파악하는 반면, 도덕의 기반을 사회에 두는 도덕 사회화 접근은 규범의 습관적 실천을 중시하는 입장으로 귀결된다(남궁달화, 1996: 342-348). 이 외에도 도덕의 기반을 '내용과 형식,' 혹은 '습관과 이성' 등의 이원적 관점으로 설명하는 경우도 많으나, 주로 개인과 사회, 도덕 사회화와 도덕 발달의 관계를 어떻게 정립할 것인가에 주목해 왔다. 이러한 관점은 도덕이 인간 밖에 존재하는 그 무엇이라고 했을 때 도덕교육은 학습자에게 덕목 이해나 습관 형성을 위한 내면화에 관심을 두고, 도덕이 인간 내부에 존재하는 그 무언가라고 하면 도덕교육은 학습자로 하여금 차원 높은 도덕원리를 함양하는 데 관심을 두는 것으로 요약할 수 있다. 그러나 도덕과 통일 교육의 인식론적 바탕을 들여다보면, 앞에서 이미 지적한 것처럼 보편과 특수의 관계를 위계적으로 바라보는 만큼, 도덕 사회화와 도덕 발달의 관계도 위계적으로 고착되어 있다. 따라서 통일 교육의 도덕 심리학적 접근의 핵심 주제는 이러한 이원적 관점을 극복하고, 양자 간의 관계를 교차하는 새로운 지점을 모색하는 것이어야 한다. 즉, 개인의 삶이 자율적이며 도덕적으로 의미 있는 곳에서 사회와 공동체의 질서도 바람직하며 도덕적인 질서도 유지할 수 있다는 점을 명심하고, 어떻게 해야 개인만을 강조하는 관점을 극복하고 공감과 합의, 나아가 상생을 지향하는 전(全) 지구적 관점의 통일 의식을 함양할 수 있는지 여부가 통일 교육의 도덕 심리학적 접근의 주요 관심사가 되어야 한다는 것이다. 이것은 도덕과 통일 교육의 본질 및 교육 목적과의 정합성을 추구하는 교수·학습을 구안하기 위한 차원에서 매우 중요한 주제라고 할 수 있다. 아울러 도덕 사회화에 치우친 기존의 교수·학습 원리를 반성하고 도덕 발달 접근을 다각도로 검토함으로써 이를 보완하는 모색을 시도해야 한다.

모든 사회는 구성원들이 지켜주기를 기대하는 가치와 행위의 규범 체계를 가지고 있는데, 도덕 사회화 이론은 아이들이 성장하면서 부모나 권위 있는 어른의 가르침과 통제에 의해 이러한 가치와 행위의 규범 체계를 내면화한다고 본다. 즉, 정신분석 이론과 행동주의 및 사회 학습 이론 등 대표적인 도덕 사회화 이론은 대부분 외적인 사회규범을 내적인 신념으로 내면화하는 과정을 통해 도덕성이 획득된다고 전제하고 있다. 이러한 도덕 사회화 입장은 도덕성이 외적인 통제에 의해 학습될 것이라고 주장함으로써, 인간 고유의 내재적인 성향을 인정하지 않는 본질적 한계를 드러낸다. 예를 들어, 아이들이 '남북 갈등이나 전쟁은 나쁘다'라고 판단하는 것은 그렇게 인식하도록 길들여진 결과로 믿으며, 보다 근원적으로 '왜 갈등이나 전쟁이 인간성과 사회를 파괴하고, 나아가 세계 질서를 어지럽히나,' '갈등이나 전쟁이 가져올 결과로 인해 한반도와 동북아 구성원의 삶에 미치는 영향력은 무엇인가' 등에 대해 내적인 인식과 통찰을 할 수 있는 아동의 능력을 존중하지 않는다. 도덕 사회화 이론은 이와 같이 아동의 자율적 능력을 외면하는 것에서부터 그 한계를 노정하기도 하지만, 다른 한편으로 도덕 사회화 입장에 전적으로 의거한다면 외적인 가르침과 통제가 없어질 때 도덕적 가치 체계와 행위도 함께 무너질 수 있다는 위험성을 내포한다는 한계도 지적될 수 있다. 이미 지적했듯이, 도덕과의 통일 교육은 사회과학이라는 단일 학문 영역을 강조했던 것과 같은 맥락에서, 도덕 사회화 접근만을 강조하는 경향을 보였다. 즉, 특정한 정치 이념을 신념화하고 체제 옹호를 위한 국민적 의무만을 중시하기 위해 도덕 사회화 접근을 강조하였다. 그러나 체제 옹호의 시각과 체제 개혁 및 비판적 시각이 공존하는 동시에 상호 보완할 수 있다는 점을 고려하지 못함으로써, 이러한 발상은 오히려 반공 제도나 당시 관행에 대한 국민적 저항을 유발하는 동력으로 작동한다. 모름지기 참여와 비판이 허용되는 민주적 교실 분위기에서 가치관과 태도를 형성한 구성원들이 자율적으로 사회체제도 옹호할 것이라는 점을 유념하는 가운데, 관련 사례 연구를 통해 이것을 직접 증명하는 것도 유의미하겠다.

통일 교육의 도덕 심리학적 접근의 관건은 개인만을 강조하는 관점을 극복하고, 공감과 합의, 나아가 상생을 지향하는 전(全) 지구적 관점의 통일 의식을 함양할 수 있는지 여부에 달려 있다. 이를 위해 일방적이며 비(非)상호작용적 접근인 도덕 사회화 흐름과 일정 정도 거리를 유지하며, 구성원의 상호작용 과정을 중시하는 도덕 발달론 접근에 대해 적극 검토할 필요가 있다. 원론적인 차원에서만 고민해 보더라도, 가치 관련 교육은 피교육자의 의식과 자발성을 전제하는 것이 기본이며, 동시에 사회 구성원들의 합의와 공감 등 상호작용의 영향력을 고려하는 작업은 필수가 아니던가. 주입이나 전달에 치우치는 접근법은 그 기능적 장점과 효율성에도 불구하고, 더 이상 도덕과 통일 교육의 교육과정에서 유일한 접근법으로 대우받거나 중심축으로 허용할 수 없다.

2. 통일 교육의 사회 영역 이론 접근

도덕과의 통일 교육이 도덕 사회화 입장에 근거한 교육 내용과 교수·학습 원리를 일관되게 고수한 것과 달리, 도덕과의 다른 내용 영역에서는 콜버그의 인지 발달론적 패러다임에 대한 적용과 재해석 논의 과정을 통해 도덕 사회화와 도덕 발달의 조화가 중요하다는 결론을 공론화하기에 이른다. 기실 콜버그조차 발달만을 중시했던 초기 입장으로부터 후기의 정의 공동체 접근으로 변화하는 과정에서, 사회화론의 장점을 자신의 발달적 입장에 부분적으로 적용하였고, 레스트(J. Rest)의 경우 콜버그의 이론을 한 차원 발전시키기 위해 DIT(Defining Issues Test)로부터의 경험적 연구 자료 결과들을 바탕으로 자신의 모형을 구축하였다. 이 과정에서 레스트 또한 콜버그와 같이 개인을 그가 속한 문화의 이데올로기를 수동적으로 수용하는 존재로서가 아니라 자율적으로 의미를 구성하는 존재로 인식하고 있지만, 도덕성이 사회적으로 구성되고 삶의 특정한 경험들과 밀착되어 있으며, 이데올로기가 미치는 일상적인 영향과 도덕적 사고에 대한 종교의 영향 등을 강조한 스웨더(R. Shweder)의 입장에 부분적으로 동의함으로써 콜버그의 입장을 보다 확장시키기 위해 노력하였다(정창우, 2004: 254).

이 글에서는 도덕과 통일 교육에서 도덕 사회화와 도덕 발달 간 상호 보완적 관계를 모색하는 과정에서, 특히 도덕적 판단과 문화적 관행에 대한 문화 간 비교 연구와 발달 연구를 통해 이들의 긴장과 복잡성을 잘 풀어 설명하고 있는 튜리엘(E. Turiel)의 이론에 주목해 볼 것을 제안한다. 튜리엘, 스메타나(J. Smetana), 킬렌(M. Killen), 헬위그(C. Helwig), 와인립(C. Wainryb) 등 사회문화적·맥락적 관점을 중시하는 입장은 도덕(성)을 자연 발생하는 보편적인 개념으로 보지 않고, 구체적인 사회·문화·역사적 맥락에서 나타나는 사회적 상호작용이나 사회적 의사소통의 결과로 이해해야 한다고 주장한다. 그리고 사회 구성원들의 인식 체계나 가치관은 그 사회구조에 종속되는 특징을 보이며, 구성원들의 가치관이나 특정 의식이 변화하는 것은 곧 그 사회구조에 뭔가 중대한 변화가 도래했다는 증거로 분석한다. 한국 사회에서도 종종 구성원들의 통일 의식이 변화하고 있다는 설문 조사와 통계 수치가 한국 사회구조 상의 중대한 변화를 설명하는 증거로 활용되는 것을 볼 수 있을 것이다.

특히 튜리엘은 문화권에 따라 서로 다른 도덕규범은 본질적으로 인습으로 봐도 무방하며, 한 사회나 문화권이 관습적으로 정한 도덕규범은 그러한 관습을 수용하거나 배척하는 도덕적 행위가 있을 뿐이지, 인습 수준을 넘어서는 보편적 도덕원리가 있는 것이 아니라는 의견을 제시한다. 이는 콜버그의 패러다임처럼 도덕 발달이 개인 이익에 집착하는 단계에서 사회의 인습과 제도에 길들여지다가 공정성과 합리성, 그리고 정의를 추구하는 단계로 발달해 가는 것을 전제하는 것이 아니라, 두 가지 영역(도덕 영역과 사회 인습 영역)에서 발달이 서로 다르게 진행된다고 주장한 것이다(Turiel, 권민균 외역, 2009, vi). 예를 들어, 미국에서는 나이 구분 없이 같은 방식으로 인사하지만, 우리나라에서는 윗사람에게 허리를 굽혀 인사해야 하며, 허리를 굽히지 않고 손을 흔들며 인사하는 것은 비도덕적인 행동으로 간주된다. 즉, '인사법'과 같이 문화권에 따라 서로 다른 도덕적 규범은 본질적으로 인습적이라는 것이 튜리엘의 입장이다. 또 인류의 보편적인 권리의 하나인 '사상의 자유'는 어떤가? 모든 입헌 국가가 헌법으로 보장하고 있는 '사상 및 의견의 자유'는 한국 사회처럼 분단된 나라에서는 예외 적용 사례를 자주 목격한다. 민주주의 국가인 한국 사회는 헌법에서 '사상 및 의견 표명의 자유'를 필수 불가결한 것이라고 규정하고 있지만, 사회윤리나 국가 안전보장 및 질서유지라는 명목으로 이를 제한하는 법률이 동시에 존재한다. 그리고 특정 출판물이나 영상물을 금기시하는 것은 일종의 문화적 관습처럼 정착했다. 그런데 현실이 이렇다고 해서 한국 사회를 민주주의 국가가 아니라고 부정하거나 '사상의 자유'가 부재한 국가라고 볼 수 없다. 다만 이러한 사례를 통해 우리는 모든 인간에게 공통적인 권리, 가치, 존엄성, 정의에 대한 보편적인 과정인 인습 이후(post conventional) 과정으로서의 도덕 발달이 필연적으로 특정 문화권의 인습과 갈등할 수 있다는 점에 주목할 수 있을 것이다.

이처럼 튜리엘은 콜버그의 단계 이론에 수정 작업을 요구한 대표적인 학자로서, 특히 도덕 발달이 개인주의적 차원에서 사회의 인습에 길들여지는 차원을 거쳐, 공평성이나 정의를 추구하는 차원의 단계로 발달해 간다는 요지의 3수준 6단계 이론에 정면 도전했다. 이러한 도전은 이른바 '사회 영역 이론(social domain theory)'으로 지칭되는데, 튜리엘은 콜버그가 말한 발달이 사실은 두 가지 영역, 즉 도덕적 영역과 사회 인습적 영역에서 각각 다르게 발달한다고 주장한다(Turiel, 1983: 130). 영역 이론은 사회적 지식의 영역이 도덕적(moral), 사회 인습적(conventional), 개인적(personal) 영역으로 구별될 수 있으며, 세 가지 지식은 서로 다른 발달 근원을 가지고 있음을 전제한다. 아동이 다른 종류의 사회적 상호작용을 경험하기 때문에, 서로 차이 나는 발달을 하게 된다는 것이다(Turiel, 1983: 102-103). 또한 아동은 권위자의 명령이 도덕적으로 수용할 만한 것이 아니라고 판단하면 명령 모두를 따르지 않게 되며, 이것은 아동들이 그들의 권위에 의거하지 않고, 명령의 유무와는 상관없이, 도덕적으로 수용할 만한 것인가에 대해 스스로 판단하고 있음을 보여준다. 즉, 한 문화의 가치 체계가 단지 권위를 통해 다음 세대에게 전달되는 것이 아니라, 구성원이(어린 아동조차) 권위자나 권위 집단의 다양한 속성과 사회적 맥락에 대해 충분히 고려한 결과를 바탕으로 권위의 적법성을 따져 묻는다는 것이다. 한국 사회에서 민주화 운동과 통일 운동의 분위기가 두드러진 1980년대 이후에 반공 담론과 통일 안보 담론의 위상이 약화되고, 오히려 반공주의를 표방하는 관련 집단의 권위를 불신하는 기제로 작동했던 경우를 떠올려보면 쉽게 이해할 수 있다. 이런 측면에서 본다면, 오늘날 학교 통일 교육의 실시에도 불구하고 통일 문제에 대한 학생들의 무관심과 회의적인 반응이 늘고 있다면, 도덕과 통일 교육의 방향성, 핵심 가치, 내용 요소 등에 도덕적으로 수용할 수 없는 이질적 요소가 섞여 있으며, 아동과 청소년이 이에 대한 의구심을 갖거나 회의하고 있다는 증거일 수도 있다.

'분단과 통일'은 전 세계적으로 몇몇 나라만 공유하는 사회적·역사적 경험이다. 즉, 오랜 세월 동안 하나의 영토나 지역을 배경으로 하던 국가나 민족이 둘 이상으로 분리되어 갈등했던 분단 사례는 제2차 세계대전 이후에 독일, 베트남, 예멘, 팔레스타인, 중국, 오스트리아, 그리고 한국 등 7개 나라로 국한된다. 대부분의 국가는 그 국가가 지닌 사회적·역사적 상황에 맞는 도덕규범을 발전시켜 왔을 뿐 아니라, 그 규범들이 때로 개인의 행동 결정에 영향을 미치는 중요한 요인이었다는 점은 더 이상 의심의 여지가 없는 명백한 사실이다. 따라서 '분단과 통일'이라는 역사적, 사회적 조건 속에서 형성된 도덕규범을 단지 보편 원리에 근거해서만 타당성 여부를 판단한다는 것에는 한계가 있다. 그러나 이러한 역사적, 사회학적 결론은, 도덕 분야가 가지는 궁극적인 의미란 그것이 인간 삶의 중요한 한 부분을 구성하는 것으로서, 그러한 삶 가운데서 성숙해진 개인이 그가 살고 있는 사회가 어떤 상황에 처해 있든 사회적 전통이 어떠하든 그 사회의 행동 규범을 자유로이 선택할 수 있다는 사실을 은닉해서는 안 된다는 것이다. 즉, 도덕철학적으로 말하자면, 도덕 및 도덕성은 이미 부여된 사회적 규범을 지키는 데만 목적을 두고 있는 것은 아니다(이병승 역, 2005: 20).

이렇게 볼 때, 분단과 통일이라는 한국 사회의 역사적·문화적 맥락에서 형성되고 유지되어 온 고유한 가치 체계를 돌아보고, 이것이 한국 구성원 특유의 도덕 발달 방향에 미치는 영향을 살펴보는 데 있어서, 튜리엘의 모형이 일정 부분 유의미할 것으로 짐작된다. 구체적으로 말해, 아동의 도덕 발달의 과정과 양상을 아동이 속한 문화적 체계 내에서 이해하고 논의해 보는 것은 매우 중요할 것이다. 하지만 사회문화적 접근에서 특수성을 지나치게 강조하는 것이 자칫 인간 고유의 보편적 가치를 부정하는 극단적인 상대주의를 조장하거나 자문화중심주의에 빠짐으로써 오히려 도덕 발달의 역기능을 조장할 수 있으므로, 문화 특수성에 대한 고려는 보편성과 적절한 조화를 이룰 때 그 특성을 발휘할 수 있다는 점을 반드시 고려할 필요가 있는 것이다.

이상과 같이 사회 영역 이론의 관점을 통해 볼 때, 통일 교육의 방법은 '도덕적 사회화'와 '구성주의적 도덕 발달'의 관점을 적절히 활용하되(혹은 '공동체의 의무에 근거한 도덕성'과 '개인의 자율성에 근거한 도덕성'의 관점을 모두 활용하되), 특히 후자에 강조점을 둘 필요가 있다. 즉, 통일이 되어야 하는 이유에 대해 탐구하기, 보편적 인권 관점에서 북한 주민에 대한 고통 공감하기, 바람직한 통일 방식 혹은 통일 유형 설정하기, 이상적인 통일 국가의 미래상 기획하기(즉, 자신이 살고 싶은 통일 국가의 모습 상상하기. 도덕적·사회적·문화적 이상에 기초하되, 특히 도덕적 이상에 초점을 맞추어 통일 국가의 모습 설계하기 등), 통일을 위해 할 수 있는 일 알아보기 등의 활동을 통해 기본적으로 '통일에 대한 올바른 관점과 태도를 전수하는 방법'을 활용하면서도, 특히 '도덕의 기본 정신 및 보편 원리 차원을 고려하면서 탐구와 성찰을 통해 북한 및 통일에 대한 올바른 인식과 태도를 스스로 형성해 나가는 방법'에 보다 강조점을 둘 필요가 있다.

V. 도덕과에서 통일 교육 관련 쟁점에 대한 향후 연구 과제

도덕과에서 통일 교육 담론의 위기는 곧 도덕과의 위기로 이어질 수 있다. 그간 도덕과의 통일 교육에서 교육철학, 도덕철학 및 도덕 심리학적 논의 빈곤은 도덕과의 부침(浮沈)을 반복시키는 주요 원인이 되어 왔다. 즉, 도덕과에서 통일 교육 담론의 위기는 교육철학의 부재 속에서 도덕규범과 상관없는 정치 논리가 도덕철학을 대신하려는 데서 일정 부분 연유한다. 통일 영역의 교육 담론은 정치 이념의 철학적 쟁점을 탐구하는 수준이라면 포용할 수 있지만, 정치 이념을 절대 진리나 가치로 떠받드는 것은 경계해야 한다. 극단적 상대주의로부터 보편과 특수 간의 조화로운 질서를 보장해야 하는 것만큼, 특정 정치 이념을 강요하는 교육 흐름으로부터 도덕과 통일 담론을 방어하는 것이 중요하다.

이와 같이 도덕과의 정체성 확립을 위한 노력의 일환으로 이 글에서는 총체적인 통일 교육의 '방향 전환'을 시도하기 위해 도덕의 본질과 관계없는 사회과학적 접근의 부적절한 혹은 과도한 개입을 차단할 수 있는 방안 및 필요성에 대한 깊이 있는 연구를 제안하는 바이다. 통일과 통일 교육에 관한 논의가 주로 정치학, 경제학 등 사회과학적 접근법에 의한 담론 영역에서 이루어진 결과, 그간의 통일 담론은 한국 사회 구성원들의 '좋은 삶(good life)의 추구'라는 도덕 가치보다는 정치 지배 집단의 기득권을 보장하기 위한 도구적 목적과 맥이 닿아 있었다. 그러나 냉전의 해체와 세계사적 질서 변화는 한국인에게 통일 교육의 개념적 전환을 이루어야 할 필요성을 부각시키고 있다. 따라서 우리는 '현재 통일 교육 영역의 문제는 무엇이며, 어떻게 해결할 수 있는가'에 대한 통일 교육 담론을 통해, 한국 사회의 지속 가능한 발전과 도덕적인 주체로서의 '나'를 세계시민으로서의 역할 인식에 미치게 할 수 있어야 한다. 특히 한반도를 넘어 동북아, 아시아, 아시아·태평양, 그리고 전(全) 지구적 차원을 고려하고자 기획하는 통일 담론은, 통일 전후 과정의 단기 과제부터 통일 이후에 그려볼 수 있는 장기 과제에 이르는 과정에 일관되게 적용할 인식 틀을 필요로 한다. 이러한 인식 틀의 든든한 기반이 전제된다면, 현재 도덕과가 당면한 통일 교육의 쟁점인 '통일 교육은 왜, 무엇을, 어떻게 가르칠 것인가'라는 물음에 어렵지 않게 답할 수 있을 것이다.

이 글에서는 '통일 교육 관련 쟁점'을 세 가지 차원에서 살펴보면서, 전형

쟁점 본질	관련 접근법	향후 연구 과제
왜 통일 교육을 다루어야 하는가?	교육철학적 접근 (도덕철학 고려)	• 통일 의식 개념 및 통일 교육 성격 규명(도덕성과 통일 의식의 관계 규명 포함) • 통일 의식 형성을 위해 학생들이 답변을 추구해야 할 핵심 물음 도출 • 통일 교육에서 보편 윤리와 특수 윤리 간 관계 설정
통일 교육에서 무엇을 가르칠 것인가	배경 학문 간 학제적 접근	• 통일 교육 배경 학문 규명 • 배경 학문 간 관계 설정 • 핵심 내용 요소(주제 및 쟁점) 추출
통일 교육을 어떻게 가르칠 것인가	도덕 심리학적 접근	• 통일 의식과 도덕성 발달 이론의 연결 • 통일 의식 발달 특성 규명 • 통일 의식 발달 특성을 고려한 교수·학습 방법 개발

〈표4〉 통일 교육 관련 쟁점의 본질과 향후 연구 과제

적인 이원화 관점 혹은 이분법적 가치 구도에서 벗어날 것을 반복적으로 강조했다. 통일과 안보를 대립 개념으로 상정하는 최근의 통일 관련 연구는 그간 사회화 대 발달, 보편 대 특수, 사회 대 개인 등을 이항 대립 개념으로 전제한 관점에서 유래하며, 도덕과는 이러한 이원화 관점에 대한 진지한 비판적 성찰을 시도해야, 이른바 지속 가능한 발전을 위한 지구적 관점의 도덕 담론, 통일 담론을 활성화할 수 있다. 유일 체제, 유일 가치 등이 강조되는 세계는 획일성이 지배하는 세계이다. 만약 진리나 기준이 하나가 아니라고 인정한다면, 우리는 사회문화, 종교, 언어 등이 각각의 고유성과 특수성을 인정받는 다양성이 꽃피는 세계를 지향하는 가치 교육으로서의 성격을 보다 분명하게 실현할 수 있다. 이런 차원에서 2000년대 전후에 등장한 도덕과 통일 교육의 평화적 접근이나 사회문화적 접근을 강조한 선행 연구(김국현, 2004; 김창근, 2007; 박찬석, 2001, 2007; 오기성, 2005, 2007; 정현백 외, 2001;

추병완, 2003; 황인표, 2007, 2009b)는 향후 도덕과 통일 교육에 유의미한 시사점을 던져준다. 특히 이러한 문제의식이 보다 구체적인 연구 성과로 결실을 맺을 수 있다면, 도덕과 통일 교육이 바람직한 가치 교육으로서의 위상을 정립하는 데서 중요한 쟁점을 제시할 수 있을 것이다.

이상에서 전개된 논의를 간략하게 정리하면서 향후 도덕과 통일 교육 연구의 과제 및 방향성을 제시하자면, 우선 이 글에서는 '도덕과에서 왜 통일 교육을 다루어야 하는가'에 대한 해답을 모색해야 한다고 제기했다. 따라서 통일 교육의 본질과 방향성에 대한 이론적 기초연구 차원에서 '통일 의식과 도덕성 간의 관계'를 규명하는 연구가 필요하며, 아울러 연구의 사전 작업으로서 통일 의식과 도덕성의 개념을 각각 규명하고, 한국인의 통일 의식이 도덕성으로 포섭될 수 있는가에 대한 심층적 논의를 필요로 한다. 둘째, '도덕과 통일 교육에서 무엇을 가르칠 것인가'에 대한 연구로, 통일 교육의 미래 지향적인 비전을 확보하는 차원에서 '배경 학문의 설정 및 학제간 접근 방식'에 대한 연구를 필요로 한다. 끝으로, '도덕과에서 통일 교육을 어떻게 가르칠 것인가'에 대한 연구로, 도덕 심리학적 접근을 중심으로 도덕 사회화와 도덕 발달 간의 관계를 통일 교육에서 정립하고, 학생들의 발달 특성에 부합하는 교수·학습 방법을 어떻게 구안할 것인가를 밝히는 차원에서 연구가 필요하다. 이상의 내용을 요약하면, 〈표4〉와 같다.

VI. 결론

2007년 개정 도덕과 교육과정을 개발하는 과정에서는 정규 교과의 하나로 가르치고 있는 도덕과 교육의 정체성을 확립할 수 있도록 교육과정을 새롭게 구성하자는 방향으로 관계자들의 의견이 수렴되었다(교육과학기술부,

2008: 171). 곧 도덕과가 교과로서의 독자성과 차별성을 갖도록 내용과 방법을 구성하여 교사와 학생들이 '도덕과답게 가르치고, 배울 수 있도록' 도덕과 교육과정을 제시하자는 것이다. 여기서 '도덕과답게' 가르친다는 것은 무엇을 의미하는가? 2007년 개정 도덕과 교육과정에서는 도덕과 정체성의 근간을 '도덕적 탐구와 성찰의 중요성'에서 찾고 있다. 그렇다면 개정 교육과정 고시 이후, 도덕과에서 통일 교육에 대한 논의가 과연 어떻게 전개되고 있는가?

이 글에서는 이와 같이 통일 교육 영역이 '2007년 개정 도덕과 교육과정'의 연구·개발 단계에서 핵심 쟁점 중의 하나로 부각될 수밖에 없었던 이유에 주목하면서, 도덕과 통일 교육 영역에서 발생하고 있는 담론의 성격을 분석한 후, 향후 연구 과제를 제시하고자 했다. 이 과정에서 도덕과 통일 교육 영역에서 제기되는 주요 쟁점들을 '교육 목적' 차원('왜 통일 교육인가'에 대한 성격 연구), '교육 내용' 차원('통일 교육에서 무엇을 가르칠 것인가'에 대한 내용 연구)과 '교육 방법' 차원('통일 교육을 어떻게 가르칠 것인가'에 대한 방법 연구)에서 각각 논의해 보고, 이 틀을 기반으로 도덕과 통일 교육의 연구 과제 및 방향성을 모색해 보고자 하였다.

여기서 '왜 통일 교육인가'에 대한 연구는 통일 교육의 본질과 방향성에 대한 이론적 기초연구의 성격을 갖는 것으로, 특히 도덕과 통일 교육의 핵심 개념인 '통일 의식'의 성격을 '도덕성'과 관련하여 규명하는 차원에서 필요하다고 보았다. 다음으로, '통일 교육에서 무엇을 가르칠 것인가'에 대한 연구는 기본적으로 도덕과 통일 교육의 목적과 정합성을 추구하면서 도덕 철학, 도덕 심리학, 사회학, 한국학, 통일학, 평화학 등의 배경 학문 간 소통을 통해 교육 내용을 선정하는 차원에서 필요하다고 보았다. 끝으로, '통일 교육을 어떻게 가르칠 것인가'에 대한 연구는 도덕 심리학적 접근을 중심으로 도덕 사회화와 도덕 발달 간의 관계를 통일 교육에서 정립하고, 학생들의 발달 특성에 부합하는 교수·학습 방법을 어떻게 구안할 것인가를 밝히는 차원에서 필요하다고 보았다. 한마디로 이 글의 기본 관심은 '도덕과에서 통일 교육 영역을 도덕과답게 가르치기 위해서' 향후 어떤 연구 노력이 필요한가를 밝히는 것이며, 이 물음에 답하기 위해 튜리엘의 사회 영역 이론이 제공할 수 있는 시사점이 무엇인가에 대해 주목하고자 하였다.

기존의 통일 교육 방식에 대해 깊은 성찰을 요구하고 있는 이러한 연구 노력이 단기적으로는 도덕과에서 통일 교육 영역이 제자리를 찾아 나가는 데 단서를 제공하고, 장기적으로는 남북한 관계 및 통일 문제에 대해 학생들이 바람직한 가치 지향의 세계관을 형성해 나갈 수 있도록 돕기 위해 도덕과에 요구되는 역할을 찾아나가는 데 의미 있는 시사점을 제공할 수 있기를 기대해 본다.

제16장

과학기술 윤리 교육 영역

I. 서론

현대사회는 첨단 과학기술의 발전에 따른 우수한 과학적 성과와 더불어 그에 따른 심각한 윤리적 문제들이 지속적으로 대두되고 있다. 각종 언론 매체에서는 환경 보존과 경제성장 딜레마, 생명과학·생명공학·유전공학의 발전이 인류의 현재와 미래의 삶에 미치는 영향 등 과학기술의 사회적 영향 및 책임에 관련된 문제를 연일 보도하고 있다. 그런 문제는 대부분 과학 지식을 응용하거나 과학적 방법을 적용하는 것만으로는 해결하기 어렵다. 과학기술 시대의 규범적인 방향 설정 및 새로운 윤리 문제의 해결을 위해서는 그 문제와 관련된 과학적 지식과 아울러 윤리학적 지식, 도덕적 추론 및 도덕적 탐구 능력의 습득 등을 필요로 한다.

이와 같이 오늘날 과학기술의 발달이 가져온 새로운 문제들에 대한 규범적인 방향 설정 및 윤리 문제 해결의 필요성은 최근 윤리학, 특히 응용 윤리학(applied ethics) 혹은 실천윤리학(practical ethics)에 대한 관심을 제고시키는 배경이 되었다. 과거에 제기되지 않았던 새로운 형태의 윤리 문제들이 생겨냥으로써, 그러한 문제들에 대한 철학적인 성찰과 도덕적인 고려의 필요성이 자연스럽게 윤리학적 관심을 높이는 계기가 된 것이다.

이 글에서는 통제되지 않는 과학기술의 발전이 현대 기술 문명 사회에 던진 근본적인 문제를 풀어 나가기 위해서는 '과학과 윤리의 관계에 대한 올바른 인식'과 '과학과 윤리학 간의 긴밀한 학문적인 소통'이 필요함을 강조하고자 한다. 다시 말해, 과학기술의 발달로 인한 현실 문제 해결의 관점에서 볼 때, 예상할 수 없을 만큼 빠른 속도의 과학기술의 발달은 새로운 윤리적, 사회적 문제를 야기하고 있으며, 이러한 문제의 해결을 위해서는 윤리가 과학기술이 나아가야 할 방향을 안내하는 나침반의 역할을 해야 한다는 점, 과학과 윤리학 간의 긴밀한 학문적 소통이 반드시 필요하다는 점 등을 강조하고자 한다. 또한, 이 글에서는 과학과 기술에 대한 의존도가 더욱 높아지고 있는 시대적 상황 속에서 책임 있는 시민성과 도덕성 발달을 촉진시키는 데 있어 보다 효과적인 교과목에는 어떤 것들이 있는지 탐색할 것이다. 이를 통해 이 글에서는 과학기술 윤리 교육의 교육적 실천을 위해 기존 방식과 같이 '과학교육'(Driver et al., 1996; Sadler, 2004; Siebert & McIntosh, 2001; Zeidler, 2003)을 통한 적용과 더불어 도덕교육, 특히 '도덕 교과'를 통한 과학기술 윤리 교육의 적용 방안에 주목하고자 한다. 이와 같이 도덕 교과를 통한 과학기술 윤리 교육이 과학과 윤리학 간의 학문적인 소통의 장으로서, 그리고 과학기술의 발달로 인해 현대인이 새롭게 직면하게 된 윤리 문제들에 대한 민감성과 판단력을 향상시킬 수 있는 효과적인 교육의 통로로서 기능하기 위해 어떤 주제로 교육 내용을 구성해야 하고, 실천적 적용을 위한 기본 틀(framework)을 어떻게 마련할 수 있는가에 대해 구체적으로 논의하고자 한다.

II. 과학기술과 윤리의 관계 및 과학기술 윤리 교육의 주체

1. 과학기술과 윤리의 관계에 대한 올바른 인식

과학기술과 윤리의 관계에 대한 올바른 인식을 위해서는 다음과 같은 두 가지 측면에 대한 고려가 필요하다. 첫째, 과학기술 시대에 발생하는 윤리적 문제에 대해서는 과거 전통 사회에서와는 다른 새로운 차원의 윤리적 고려가 요구된다는 점을 인식해야 한다. 과학과 윤리의 역사를 되돌아볼 때, 과거의 전통 사회에서는 인간의 행위에 대한 선과 악의 구분이 비교적 단순하였고, 행위의 동기가 선하면 그 결과도 대체로 선한 것으로 나타났다. 그러나 현대의 과학기술 활용에서는 이러한 단순한 선형 관계가 성립되지 않는다. 이러한 맥락에서 한스 요나스(H. Jonas, 2005: 42-44)는 현대 과학기술의 특징을 논하면서 그 결과의 모호성과 시·공간적 광역성이 이전과는 다른 윤리적 고려를 요청한다고 주장했다. 다시 말해, 현대 과학기술은 그 기술의 개발로 일어날 수 있는 직·간접적 결과들이 긍정적일지 부정적일지가 불투명하고, 그 개발의 파장이 전 세계와 다음 세대로까지 이어질 수 있기 때문에 개인 간의 관계 차원에서 고려하는 것과는 다른 차원의 윤리적 고려가 필요하다는 것이다. 이렇게 본다면, 지금 우리에게는 과학기술이 인간의 삶과 사회에 미치는 윤리적 영향에 대해 보다 엄밀하고 체계적으로 관심을 가져야 하고, 과학기술 시대에 맞는 가치 이념 혹은 윤리적 이념형을 제시하기 위해 노력해야 한다. 만약 새로운 시대에 맞는 가치 이념을 마련하지 못한 상태에서 엄청난 힘을 발휘하는 과학기술을 활용하는 행위는 마치 미숙한 아이에게 위험한 도구를 주는 것과 같은 상황이 될 것이다.

둘째, 과학기술은 기본적으로 야누스적 성격을 지니고 있음을 인식하고, 인간과 자연에 미치는 과학기술의 부정적 영향을 개선하고 극복하기 위해서는 윤리가 과학기술의 훼방꾼이 아니라 과학기술이 나아가야 할 방향을 안내하는 나침반의 역할을 해야 한다는 점을 깨달아야 한다. 엘륄(J. Ellul)이 지적한 바와 같이, 모든 기술적 진척은 대가를 요구한다(Ellul, 1962: 394; 류지한, 2011: 25). 과학기술의 진보는 문제의 해결 못지않게 새로운 문제를 만들어 내며, 긍정적 효과와 함께 부정적 효과를 동반한다. 즉, 과학기술의 발달은 인류의 삶에 긍정적·부정적 영향을 미치고 있고, 그에 따라 개인은 과학기술에 대한 가치 판단을 내릴 것을 요구 받고 있다. 과학은 진리의 발견을 통해 학문의 발전을 가져오고, 기술은 과학적 발견을 응용하고 활용하여 인간의 삶의 질을 향상시킨다. 반면에 과학기술은 이전에 존재하지 않던 새로운 문제들을 만들어 내기도 하고, 자립성을 획득하여 인간 위에 군림하는 과학기술 지배 현상을 낳기도 하며, 핵무기와 환경오염을 통해 인류와 생태계의 생존을 위협하기도 한다. 이와 같이 인류가 직면한 위기를 극복하고 과학기술의 바람직한 발전을 위해서는 과학기술의 목적이 진리의 발견과 활용이라는 자체의 목적을 넘어서 궁극적으로 인간의 존엄성 구현과 삶의 질 향상이라는 윤리적 목적과 연결되어 있다는 점을 이해할 필요가 있다. 만일 윤리가 새 시대에 부합하는 가치 이념을 제공해 줄 수 있다면, 인류는 과학기술과 함께 위기를 극복하며 더 밝은 미래를 향해 나갈 수 있을 것이다. 요컨대, 도덕적·윤리적 이상(moral and ethical ideals)은 과학기술이 공헌해야 할 공통된 가치 기반을 제공하고, 윤리적 규범은 과학기술이 윤리적 책임을 다할 수 있도록 안내해야 한다는 점을 인식해야 한다.

한편, 이러한 과학과 윤리의 올바른 관계에 대한 인식과 함께, 현대 과학기술의 급속한 발전으로 인해 초래된 문제들에 대한 우리의 자세를 윤리적인 성찰의 방향으로 이끌고, 또한 진정한 학문의 발전을 기대하기 위해서는 과학과 철학(특히 윤리학) 간의 긴밀한 학문적 소통이 반드시 필요하다는 점을 인식해야 한다. 앞서 지적한 바와 같이, 현대 과학기술의 급속한 발전은 새로운 윤리적 상황을 만들어 내고 있으며, 이를 둘러싼 논쟁을 윤리적인 성찰의 방향으로 이끌기 위해서는 과학과 철학(특히 윤리학) 간의 개별 학문적 접근만으로는 명확하게 한계가 있다는 점을 고려해야 한다.

물론 과학과 윤리학이라는 분과 학문에는 그 학문만의 고유한 가치가 존재한다. 각 학문마다 연구 대상, 이론 체계, 선호하는 방법론, 세계관 등에서 독자성이 있는 바와 마찬가지로, 과학과 윤리학이라는 분과 학문에는 그 학문만의 고유한 가치와 특성이 존재한다. 이와 같이 상호 독립성을 유지함으로써 과학과 윤리학은 고유한 인식 대상이 분명하게 설정되고, 이러한 인식 대상에 특정한 이론 체계와 방법론을 적용할 수 있게 된다. 하지만 그것이 곧 배타적인 연구를 정당화하는 것은 아니다. 다음의 예를 살펴보자.

> 윤리학과 과학은 상호 침투할 수 없는 그 자체의 독자적인 영역을 가지고 있다. 윤리학은 우리가 열망해야 할 목표를 우리에게 보여주지만, 과학은 어떤 목표를 달성할 수 있는 방법을 우리에게 가르쳐준다. 그러므로 그것들은 결코 서로 만나지 않기 때문에 충돌 또한 발생할 수 없다. 과학적인 도덕이 있을 수 없는 것과 마찬가지로 비도덕적인 과학 또한 존재할 수 없다(Poincaré 1920/1958: 12).

이러한 진술을 통해 푸앵카레(Poincaré)는 중세 이후 르네상스와 과학혁명으로부터 시작된 자연과학의 전문화 분위기 속에서 가치(value) 관련 학문들과 자연과학 간의 명확한 분리를 주장한 것으로 보인다. 이러한 학문적 동향은 적어도 20세기 중반까지 지속되었으며, 20세기 초·중반에 걸쳐 검증 가능성의 원리를 전제로 (도덕적 가치를 포함하여) 형이상학적 실재의 개념을 배제한 논리실증주의의 윤리관은 가치 관련 학문들과 자연과학 간의 이와 같은 간극을 더욱 넓혀 놓는 결과를 초래하였다.[1] 하지만 20세기 중반

---

1. 그 대표자는 에이어(Alfred J. Ayer)로 그는 검증 원리를 통해 도덕적 언명이 무의미하다고 주장하면서 과학과 윤리의 영역을 구분하고자 하였다. 에이어를 포함한 논리실증주의자들 및 정의주의자들에 대한 비판은 사하키안, 송휘칠·황경식, 『윤리학의 이론과 역사』(박영사, 1986), pp. 363-367을 참고하기 바란다.

이후에는 과학과 인문학 간의 상호 협력 및 교류의 필요성이 일부 학자들에 의해 본격적으로 제기되기 시작하였다. 인문학과 자연과학 간의 의미 있는 학문적 소통의 필요성 및 중요성을 역설한 대표적인 학자로서 영국의 물리학자이며 문학가로 알려진 스노(C. P. Snow)를 들 수 있다. 그는 『두 문화(*Two Cultures*)』(Snow, 1959)라는 책을 통해 현대 서구 사회에서 자연과학적 문화와 전통적인 인문학적 문화 사이의 단절을 문제시했다. 그는 두 문화 사이의 단절과 분극화 현상이 심화되면 진정한 문화 자체의 발전은 물론이고, 정상적인 사회 발전에 치명적인 요인이 될 거라고 경고했다. 이러한 그의 주장은 학제 연구의 의의를 논의한 대다수의 논문에서 거론될 만큼 큰 영향을 미쳤다.

이러한 문제 제기에도 불구하고, 비교적 최근에는 과거와 같이 과학과 윤리학 간의 분리 형태가 아니라 윤리학, 인문학, 사회과학 등의 학문보다 자연과학이 우월하다는 논리가 전개되기도 하였고, 자연과학, 특히 도덕적 의사 결정에서 경성 결정론(hard determinism)을 포함한 과학 맹신주의(radical scientism)적 관점은 윤리학, 인문학, 사회과학 등의 존재를 위협하고 있는 실정이다. 과학적 지식이 인문학과 도덕성 및 가치 관련 학문 영역을 설명할 수 있다는 관점을 취하면서 자연과학의 우월성을 강조한 대표적인 학자로는 에드워드 윌슨(E. Wilson)을 들 수 있다. 그는 인문학, 철학, 윤리학 등의 학문들은 과학적 지식, 특히 신경 생물학 및 사회생물학 등의 지식에 의해 설명할 수 있다고 주장한 바 있다(Wilson, 1999). 또한 도덕적 의사 결정에서 경성 결정론적 관점은 우리의 사고 과정이 생물학적, 신경학적 요인들에 의해 결정되고, 자유의지 및 책임감은 환상에 불과하다고 주장하고 있다.

하지만 푸앵카레, 논리실증주의, 과학 맹신주의 등의 관점은 자연과학의 기능이 가치 추구에 있는 것이 아니라 사물에 대한 앎을 추구하고 새로운 사실을 알려주는 것에 대체로 한정되어 있기 때문에 어떠한 가치 이념을 토대로 어떻게 살아야 하는지 그 방향을 제시하기 어렵다는 점, '사실적 명제'로부터 '가치 규범적 당위 명제'를 설명하려는 시도는 자연주의적 오류를 범할 수 있다는 점, 과학과 철학(특히 윤리학) 간의 상호 교류를 통해 연구 및 학문의 발전을 추구할 수 있다는 점(즉, 개별 학문적 접근만으로는 얻을 수 없는 시너지 효과를 얻게 된다는 점) 등이 간과되어 있고, 통제되지 않는 과학 기술의 발전이 현대 기술 문명 사회에 던진 근본적인 문제를 풀어나가기 위해서는 두 학문 간의 학제적 소통이 반드시 필요하다는 점 등을 통해 볼 때, 수용하기 어려운 한계가 있다. 요컨대, 우리는 과학과 윤리학 간의 의미 있는 상호 교류를 통해 학문 발전과 과학기술의 발달로 인한 새로운 윤리적 문제의 해결을 도모해야 한다.

2. 과학기술 윤리 교육의 주체: 과학 교과와 도덕 교과

학교에서의, 특히 중·고등학교에서의 과학기술 윤리 교육은 과학과, 도덕과, 사회과, 기술과 등을 통해 다양하게 적용할 수 있다. 과학기술 윤리 교육은 과학뿐만 아니라 사회적, 문화적, 윤리적, 법적 요소들과 유기적으로 복잡하게 얽혀 있는 학제적 성격을 띨 수밖에 없기 때문에, 이를 '과학'이라는 특정 교과에서만 다루는 것은 과학기술 윤리 교육의 특성에 맞는 교육을 하는 데 제한적일 수 있다. 따라서 각 교과마다 실현해야 하는 목표가 설정되어 있기 때문에 교과 정체성과의 연결 속에서 과학기술 윤리 교육을 시도할 필요가 있는 것이다.

하지만, 교과의 특성상 과학기술 윤리 교육을 위해 보다 중점적인 역할을 수행할 교과와 보조적인 역할을 수행할 교과의 구분은 가능하다. 여기서 전자에 해당하는 대표적인 교과에 '과학 교과'와 '도덕 교과'를 포함시킬 수 있다. 풍부한 과학적·인문학적 소양과 공적 책임감을 지닌 훌륭한 시민으로 성장할 수 있도록 다양한 학습 기회를 제공해야 한다는 보다 넓은 교육

의 지평에서 볼 때, 과학기술 윤리 교육은 과학교육과 도덕교육 중의 택일
적 접근보다는 두 교과의 특성을 반영하여 각각 이루어질 필요가 있다. 학
생들은 과학 교과를 통해 과학 연구와 그 적용 과정에서 발생하는 다양한
법적·윤리적 문제들에 대한 성찰과 토론 기회를 가질 수 있고, 또한 도덕
교과를 통해 개인적, 사회적, 전(全) 지구적 맥락에서 발생하는 다양한 과학
기술 관련 윤리적 문제 상황에 대한 도덕적 민감성(moral sensitivity)과 판단
력(moral judgment)을 기를 수 있는 기회를 가질 수도 있다. 일반적으로 말
해, 과학 교과를 통한 과학기술 윤리 교육은 과학에 대한 전문 지식을 바탕
으로 과학기술이 인간 삶과 사회에 미치는 영향을 이해하고 과학적 소양을
기르는 데 보다 효과적이겠지만, 과학에 대한 윤리(학)적 안목 형성과 도덕
성 발달을 의도적·계획적으로 촉진시키기에는 일정 부분 한계가 있을 것이
다. 라이스(Reiss, 1999)의 연구에 따르면, 과학 교사들은 공감과 도덕적 추
론, 신중한 윤리적 고려 등을 요구하는 논쟁적 자료를 다룰 때 스스로 준비
가 되어 있지 않다는 문제에 흔히 직면하게 된다고 한다. 그러면서 이 점을
감안한다면 SSI 접근[2]을 통해 시민성과 도덕성 발달을 촉진하려는 것이 과
학 교실 활동에서 주변적인 위치에 놓이게 되는 것은 별로 놀라운 일이 아
니라고 지적한다.

　반면, 도덕 교과를 통한 과학기술 윤리 교육은 과학과 윤리의 관계에 대
한 이해력 증진, 그리고 도덕적 민감성 및 도덕적 판단력을 포함한 도덕성
발달을 도모하는 데 보다 적합하겠지만, 과학기술을 둘러싼 새로운 문제 사
태를 보다 '깊이 있게' 이해하면서 이것이 나 자신의 삶과 사회와 인류의 미

---

2. 현대 인류는 과학기술이 초래한 핵전쟁의 위험, 생태계의 파괴, 기술에 의한 인간 소외
등으로 인하여 인류의 생존이 위협받는 위기에 직면해 있다. 이와 같이 과학·기술과 사회
의 관계를 포함하고 있는 이슈를 '과학과 관련된 사회윤리적 문제'('socioscientific issues'
associated with science and technology, 이하 SSI)라고 한다. SSI는 일반적으로 논쟁적이고 정
답이 없는 비구조화된 문제(unstructured problems)이기 때문에(Zeidler, 2003), 의사 결정을
하는 데 있어 다양한 입장의 의견을 수렴·존중하는 태도가 필요하고, 개인 및 사회의 가치
관을 고려한 판단 능력을 요구한다.

래에 미치는 영향을 검토하기에는 일정 부분 한계가 있을 것이다. 이와 같이 '과학 교과'와 '도덕 교과' 간에는 발휘할 수 있는 장점 차원에서 차이가 존재하지만, 상호 협력적 관계를 통해 지향할 수 있는 교육 목표에는 '과학기술이 인간 삶과 사회에 미치는 영향, 그리고 과학과 윤리의 관계에 대한 이해 증진'과 '도덕적 민감성과 도덕적 판단력을 중심으로 한 도덕성 발달'이라는 공통분모가 일정 부분 존재한다. 과학기술에 관계된 윤리적 이슈에 관한 학습을 통해 학생들은 도덕성을 형성할 수도 있으며, 또한 과학에 대한 균형 잡힌 시각과 태도 및 과학적 소양을 함양할 수 있다. 이렇게 볼 때, 과학기술 윤리 교육을 통해 길러줄 수 있는 다양한 교육 목표 달성에 있어 '과학 교과'와 '도덕 교과'는 상호 보완적인 역할을 수행할 수 있다.

III. 과학기술 윤리 교육의 주요 접근법 비교 분석과 SSI 접근의 도덕교육적 의의

21세기에 접어든 이후, 과학교육학자들은 과학적 문해력(scientific literacy) 개념을 여전히 강조하면서도 여기에 '과학과 관련된 사회윤리적 쟁점(socioscientific issues; SSI)' 탐구와 이를 통한 도덕적 추론 능력 발달의 중요성을 추가함으로써 과학적 문해력의 개념과 범위를 보다 확장시키려고 노력해 왔다. 다시 말해, 이들은 과학교육에서 윤리적인 차원에 대한 중요성을 새롭게 반영하는 '보다 진전된 형태의 과학적 문해력'에 대한 비전을 제시하면서, 과학적 문해력을 성취하기 위해서는 과학과 교육과정에 도덕적이고 윤리적인 이슈를 포함할 필요가 있다고 역설하고 있다(Zeidler & Keeper, 2003: 8-11). 이러한 주장은 과학기술 시대에 아동 및 청소년들이 사회에 대한 합리적이고 식견 있는 의사 결정을 할 수 있기를 기대한다면, 당연히 이러한 종류의 의사 결정을 실천하고 적용할 수 있는 경험이나 기회를 과학 교실에서 실제로 제공할 수 있어야 한다는 점을 전제로 두고 있다.

이러한 교육목표를 위한 이론적 토대는 이미 과학-기술-사회(Science-Technology-Society; 이하 STS) 교육이나 과학-기술-사회-환경(Science-Technology-Society-Environment; 이하 STSE) 교육에서 1970년대부터 구축되어 왔지만, 이러한 접근법들은 과학과 관계된 윤리적 이슈들과 학생들의 추론에 특별한 강조점을 두는 데 한계가 있는 것으로 지적되어 왔다(Zeidler et al., 2005: 359). 다시 말해, STS 교육은 전형적으로 과학과 기술의 사회적 영향에 대한 의사 결정을 강조하지만, 수단과 목적에 대한 선택이 수반된 윤리적 이슈에 주목하지 않을 뿐만 아니라 학생들의 도덕적 혹은 인격적 발달을 중요하게 고려하지도 않는다는 것이다.

물론 최근 일부 과학교육론자들은 과학-기술-사회-환경 교육(STSE education)의 형태를 추구하면서 STS 교육에 비해 이슈 중심적 교육과정의 중요성을 강조하기도 하였다. 이렇게 본다면 STSE가 STS 교육보다 한 단계 향상된 측면이 있다고 간주할 수도 있지만, 여전히 학생들의 도덕적이고 윤리적인 발달을 직접적으로 언급하지 않고 있으며, 대부분의 과학교육론자들은 STS와 STSE 간의 미묘한 차이를 제대로 인식하지 못하고 있는 실정이다. 전통적인 STS와 비교적 최근의 STSE 교육은 모두 윤리적 딜레마 혹은 논쟁점들을 일부 지적하고만 있을 뿐, 윤리적 담론과 도덕적 추론의 교육적 힘, 과학의 성격에 대한 엄밀한 고려, 이슈 자체와 학생들의 정서적, 발달적, 인식론적 연결에 대한 고려가 미약한 한계가 있다. 그런 이유에서 STS와 STSE 접근법은 교육과정 및 교육적 실천 영역에서 주변 영역으로 밀려나거나 실제적인 중요성에 비해 과소평가되어 왔던 것이 사실이다(Zeidler et al., 2005: 359).

반면, 현행 중등 도덕과 교육에서 과학 윤리 교육 영역의 개선을 도모하기 위해 이 글에서 핵심 개념으로 설정한 '과학과 관련된 사회윤리적 쟁점 접근(SSI)'은 과학과 사회 간의 상호 의존에 대한 인식을 갖게 하고 도덕성과 윤리의 측면에서 지적 발달을 자극하고 촉진시키는 데 강조점을 두고 있다. 이것은 과학 학습의 내용을 사회적 맥락에 위치시킴으로써 학생들의 관심과 흥미를 제고시키는 데 목적을 두는 STS 접근법과 분명 차별화될 수 있는 새로운 대안적 접근법이라고 볼 수 있다.

과학교육에서 SSI 접근법은 단순히 과학 학습을 위한 맥락 제공이 아니라, 분명하게 규정된 목표를 가진 교육 전략으로서 기여할 수 있다. 최근 자이들러(Zeidler et al., 2005: 360)를 비롯한 현대 과학교육학자에 따르면, SSI 교육은 과학에 기초한 이슈들과 이에 대한 의사 결정 과정에서 어떻게 도덕 원리와 주요 가치·덕목을 반영할 수 있는가를 학생 스스로 고려할 수 있도록 그들에게 권한을 부여한다고 주장한다(Sadler, 2004; Zeidler et al., 2005: 360). 즉, SSI 교육은 과학적 주제에 대한 윤리적 고려 및 도덕 판단과 긴밀하게 연결된다는 것이다. 자이들러는 "SSI는 STS가 제공하는 것을 모두 포함하는 보다 확장된 개념인데, 특히 과학의 윤리적 차원, 학생들의 도덕적 추론 및 정서적 발달에 강조점을 두는 것이다"라고 역설한 바 있다(Zeidler et al., 2002: 344). 이런 이유에서 자이들러와 같은 과학교육학자들은 과학과 관련된 사회윤리적 쟁점에 대한 담론과 도덕성에 대한 토픽을 과학교육에서 핵심적 위치에 두면서 '과학교육에서의 SSI 교육 혹은 접근법'이라는 개념을 본격적으로 사용하기 시작하였다(Sadler, 2004; Zeidler et al., 2005).

이와 같이 최근 과학교육학자들에 의해 SSI 교육이 강조되면서 도덕성 발달에 대한 관심이 차츰 증가되고 있는 것이 사실이지만, 그렇다고 SSI 교육의 종국적 목표가 "과학의 윤리적 차원, 도덕 추론 및 정서 발달"이라고 판단하기는 어렵다. STS(E)이든 SSI든 모두 과학교육에서의 강조점을 약간 달리 설정하고 있을 뿐이지 이들 모두 과학교육의 범위 내에 있으며, 과학적 지식을 중시하는 과학적 문해력 계발을 종국적 목표로 설정하고 있다는 점을 생각하지 않을 수 없다. 따라서 STS나 STSE 접근법보다 SSI 접근법이 도덕성 발달을 추구하는 도덕과 교육의 개선을 위해 보다 유용하게 활용할 수 있는 장점을 분명 지니고 있지만,[3] 최근 과학교육 전공자들에 의해 연구·개발되어 온 SSI 접근법을 도덕교육에 그대로 이식하여 여과 없이 적용하는 것은 한계가 있을 수밖에 없으며, 따라서 도덕성 발달을 그 자체의 목적으로 설정하는 도덕교육의 성격에 맞게 활용해야 하는 것이다.

IV. 도덕과 교육을 통한 과학기술 윤리 교육의 적용 방안

1. 도덕과 교육을 통한 과학기술 윤리 교육의 목표

도덕과를 통한 과학기술 윤리 교육의 목표는 과학기술 사회에서 발생하는 윤리 문제를 제대로 볼 수 있는 안목 형성 및 도덕성 발달에 있으며, 보다 구체적인 하위 목표는 다음과 같이 설정할 수 있다.

- 과학기술과 윤리의 관계에 대한 이해 증진
- 과학기술 영역에서 발생하는 윤리 문제에 대한 윤리적 분석 및 의사 결정 능력
- 도덕적 민감성 및 공감적 태도의 발달
- 도덕적 판단력의 발달

우선 '과학기술과 윤리의 관계에 대한 이해'에는 과학과 윤리학의 관계

---

3. 학생들의 도덕성 발달을 교과 교육의 목표로 설정하고 있는 중등 도덕과에서, 특히 과학 윤리 교육 영역의 목표 설정, 내용 체계 및 지도 방법의 개선을 위해 SSI 교육의 학문적 성과를 활용하는 것은 매우 의미 있는 시도일 것이다.

이해, 과학기술의 가치중립성 문제에 대한 이해, 생명 및 자연을 바라보는 기본 관점, 과학기술의 사회적 영향에 대한 이해 등이 포함된다(Andre, 2002; 조희형, 2008: 33). 또한 과학기술 영역에서 발생하는 윤리 문제에 대한 윤리적 분석 및 의사 결정 능력은 이러한 윤리 문제의 속성을 윤리적·비판적으로 분석하고 해석하며 평가하여 올바른 의사 결정을 내릴 수 있는 능력을 의미한다(Bybee, Powel & Trowbridge, 2008; 조희형, 2008: 47). 도덕적 민감성은 어떤 상황에 도덕적 측면이 함유되어 있다는 것을 인식할 수 있는 능력을 의미하며, 도덕적 지각, 도덕적 상상력 및 공감과 같이 인지적이고 정서적인 정보처리에 관한 것이다(Narvaez & Vaydich, 2008). 도덕적 민감성이 발달한 사람은 과학기술과 관련된 윤리적 문제에 직면하게 되면, 그 상황을 해결할 수 있는 가능한 대안들이 어떤 방식으로 타인 및 사회에 영향을 미칠 것인가를 예측할 수 있다. 파울러(Fowler et al., 2009)와 클락번(Clarkeburn, 2002)의 연구 결과는 도덕적 민감성의 발달이 '과학과 관련된 사회윤리적 쟁점 접근(SSI)'을 통해 촉진될 수 있다는 것을 보여주고 있다.

도덕적 판단력은 주어진 상황에서 도덕적으로 바람직한 행동을 판단하고 도덕적 행동에 대해 추론하는 것이며, 1958년 콜버그의 박사 논문 이후로 도덕 심리학 영역에서 가장 체계적으로 연구되어 왔다(Narvaez & Vaydich, 2008). 도덕적 판단력이 발달한 사람은 과학기술과 관련된 윤리적 문제 상황에서 도덕적으로 최선의 행동을 결정하고, 그 이유에 대한 정당화 근거를 제시할 수 있으며, 비판적 사고의 기술을 통해 자신의 입장을 방어할 수 있다(Fowler et al. 2009). 추상적이고 가상적인 도덕 딜레마보다 과학기술 사회에서 실제로 발생하고 있는 윤리적 이슈와 도덕적 딜레마는 학생들로 하여금 맥락적 대화(contextualized dialogue)에 참여하게 함으로써 도덕적 판단과 비판적 사고의 향상을 위한 기회를 제공한다(Krebs, Denton, & Wark, 1997).[4]

---

4. 오늘날 도덕적 민감성과 도덕적 판단력은 국내외 도덕 심리학계에서 핵심적인 도덕성의

2. 도덕과 교육을 통한 과학기술 윤리 교육의 내용

도덕과에서 과학기술 윤리 교육을 제대로 다루기 위해서는 무엇보다 교육 내용을 체계적으로 선정하고 조직해야 한다. 이러한 내용 선정·조직의 체계화를 위해 이 글에서는 우선 사회과(social studies)를 통해 STS를 핵심 주제 중의 하나로 강조하고 있는 미국의 국가 수준 교육과정에 나타난 과학기술 윤리 교육 관련 내용 체계와, 우리나라를 포함하여 독립 교과 형태로 '윤리학' 혹은 '도덕교육' 관련 교과 교육을 실시하는 국가들 중 PISA 결과(OECD, 2009)에서 최상위권에 속한 세 개 국가(핀란드, 한국, 싱가포르)의 과학기술 윤리 교육 내용 체계를 분석해 보고자 한다. 분석 대상은 초등학교, 중·고등학교 교육과정을 모두 포함한다. 그런 다음, 이러한 4개 국가들의 내용 체계 비교 분석 결과를 'UNESCO의 과학기술 윤리(Ethics of science and technology)' 프로그램에서 설정한 주제 영역들과 비교해 보고자 한다.

PISA 결과에서 최상위권에 속한 세 개의 국가, 즉 핀란드, 한국, 그리고 싱가포르 중 싱가포르와 한국은 윤리학뿐만 아니라 도덕 심리학을 도덕과 교육의 핵심 배경 학문으로 설정하고 있으며, 실제 다루는 교과의 내용 선정은 규범윤리학과 응용 윤리학(혹은 실천윤리학)의 토대 위에서 이루어지고 있으며, 선정된 내용의 수직적 조직화는 도덕 심리학에 기초하여 이루어지고 있다. 이들 세 개 국가들의 과학기술 윤리 교육의 내용 체계를 상호 비교

구성 요소 혹은 도덕적 행동에 영향을 미치는 심리적 요소들로 고려되고 있다. 이와 같이 도덕 심리학을 핵심 배경 학문으로 설정하고 있는 도덕과 교육을 통한 과학기술 윤리 교육의 시도는 '과학과 교육'을 통한 접근의 한계를 보완할 수 있는 중요한 장점을 지니고 있다. 또한, 과학기술 윤리 교육 영역은 윤리학의 분과 학문인 응용 윤리학적 토대 위에서 체계적으로 다루어질 수 있다는 점을 감안할 때, 윤리학을 핵심 배경 학문으로 설정하고 있는 '도덕과 교육'을 통한 과학기술 윤리 교육 접근의 또 다른 장점을 확인할 수 있다. 응용 윤리학은 학제적 접근을 시도하면서 인간의 삶에 있어서의 실천적인 면, 특히 응용적인 면에서 구체적인 윤리 문제를 해결하는 데 관심을 둔 윤리학 분야이다. 오늘날 과학기술의 발달과 더불어 현대사회에서 제기되고 있는 새로운 도덕 문제들을 해결하려는 과학기술 윤리 교육 영역은 이러한 응용 윤리학 혹은 실천윤리학의 일부분으로 고려될 수 있는 것이다.

주제 영역	핵심 이슈 혹은 주제	관련 접근법
과학기술과 윤리	• 과학기술과 과학자의 가치중립성 문제	한국*
	• 인간, 자연, 사회에 대한 과학기술의 영향	한국* 미국
	• 과학기술의 바람직한 활용; 과학기술의 윤리적 과제	한국*
생명 윤리	• 줄기세포 연구	싱가포르
	• 생명 복제	한국* 싱가포르
	• 유전공학; 유전자 변형; 유전자 검사; 유전자 조작	한국* 미국 싱가포르
	• 이종 이식(cross-species organ transplantation) 및 장기 이식	한국* 싱가포르
	• 연구 윤리(예: 생명과학 연구와 관련된 책임감, 인체실험, 약물 검사에서 동물 사용 등)	한국* 싱가포르
	• 낙태와 생식보조술	한국*
	• 출생과 죽음의 윤리적 의미	한국 * 핀란드
	• 죽음: 자살, 안락사, 뇌사의 윤리적 쟁점	한국*
정보 윤리	• 사생활 존중과 보호; 전자 감시(electronic surveillance)	한국* 미국
	• 사이버공간의 특성과 도덕적 책임	한국*
	• 사이버공간에서의 표현의 자유와 한계	한국*
	• 사이버공간에서 인간의 심리와 자아 정체성	한국*
	• 인터넷 예절	한국*
	• 인터넷 중독	한국*
환경 윤리	• 지속가능 개발	한국* 미국 싱가포르 핀란드
	• 자연관(인간중심주의, 동물중심주의, 생명중심주의, 생태중심주의); 자연과 인간의 관계	한국*
	• 지구온난화; 기후변화의 윤리적 문제	미국 핀란드
	• 환경 친화적인 삶의 실천	한국* 싱가포르

〈표1〉 핀란드, 싱가포르, 한국, 미국의 초·중·고 과학기술 윤리 교육 내용 체계 분석

〈출처〉
• Finland: *National Core Curriculum for Basic Education 2004*, Finnish National Board of Education.
• Singapore: *Civics and Moral Education Syllabus 2007*, Ministry of Education, Singapore.
• South Korea: *Moral Education*, 2011, Ministry of Education, South Korea.
• NCSS, *National Curriculum Standards for Social Studies*, 2010. Purposes & Questions for Exploration (p. 150), Contents (p. 21).

해 보면 〈표1〉과 같이 제시할 수 있다.

　〈표1〉에서와 같이, 4개 국가의 과학기술 윤리 교육 내용을 종합해 보면, 4개의 주제 영역(과학기술과 윤리의 관계 문제, 생명 윤리, 정보 윤리, 환경 윤리)을 중심으로 구체적인 이슈 또는 토픽을 제시할 수 있다. 4개 주제 영역 중에서 특히 상대적으로 비중이 높은 영역은 생명 윤리와 환경 윤리 영역인 것으로 나타났다. 이러한 4개 주제 영역 설정의 타당성 검토를 위해 '유네스코의 과학기술 윤리' 프로그램에서 설정한 주제 영역들과 비교해 보았을 때 상당 부분 일치한다는 점을 확인할 수 있다.

　유네스코는 과학 연구에 관한 특정한 책임을 가진 유일한 유엔(UN) 기구이다(Ten Have, 2006). 이 책임은 유네스코 헌장 1장에 명시된 바와 같이, "과학기술의 진보는 법과 정의, 그리고 인권과 기본적 자유를 위한 보편적 존중"의 틀 내에서 이루어진다는 것을 확신시키는 것을 함축하고 있다. 유네스코에서는 과학적 진보와 기술 개발을 안내하는 윤리적 원칙을 홍보하고, 공통 규범 및 가치를 고취시키며, 과학 및 기술 발달의 혜택에 대한 평등한 접근을 보장할 필요성을 강조해 왔다(UNESCO, 2008: 1). 특히 유네스코의 '사회 및 인문과학(Social and Human Sciences)' 분야 내에 개설된 '과학기술 윤리 분과(Division of Ethics of Science and Technology)'에서는 과학기술의 연구와 그 적용 과정에서 발생하는 윤리적 이슈들에 대한 성찰을 촉진시키기 위해 다양한 교육 활동을 개발하고 적용하는 책임을 맡아 왔다. 이 분과에서 담당하고 있는 주된 두 영역은 '생명 윤리(Bioethics)'와 '과학기술(Science and Technology)'이다. '생명 윤리' 영역을 위해 개발된 '생명 윤리 핵심 커리큘럼(Bioethics Core Curriculum)'에서는 생명과학 영역에서 이루어지는 연구와 그 적용에 의해 발생하는 중요한 윤리적 이슈에 대한 성찰과 토론을 촉진시키기 위해 17차시(17 units) 단위로 구성된 내용(보다 자세한 내용은 UNESCO, 2008 참조)이 제시되어 있다. 또한, '과학기술' 영역 프로그램에서는 과학 연구 및 그 적용에서 고려되어야 할 기본 가치와 규칙을 논의하는 '과학 윤리(Science ethics),' 환경과의 관계 속에서 촉진될 필요가 있는 도덕적 가치들을 확인하고 강조하는 '환경 윤리,' 그리고 나노 기술과 같이 '새롭게 부각되고 있고 기술과 관련된 윤리적 이슈들'에 초점을 맞추고 있다. 이와 같이, 4개 국가의 과학기술 윤리 교육에 대한 내용 종합을 통해 도출된 '과학기술과 윤리의 관계,' '생명 윤리,' '환경 윤리' 문제는 유네스코의 '사회 및 인문과학' 분야에 포함되어 있고, 정보 윤리는 '커뮤니케이션과 정보(Communication and Information)' 분야 내의 '표현의 자유(Freedom of expression)' 영역에서 일부 다루어지고 있다.

필자는 분석 대상 국가들에서 실시되고 있는 과학기술 윤리 교육의 주제 영역(thematic areas)과 유네스코에서 설정하고 있는 주제 영역 간의 상당한 유사성을 통해 볼 때, 과학기술 윤리 교육을 통해 우리나라 도덕과에서 가르쳐야 할 주제 영역 수준에서의 내용 선정에는 별 문제가 없다고 본다. 하지만 각 주제 영역 내에서 다룰 수 있는 구체적인 토픽이나 이슈들은 매우 다양하기 때문에, 윤리적인 성찰과 치열한 논쟁을 가능하게 하고 다른 이슈들보다 근원적인 성격을 갖는 핵심 쟁점을 각 주제 영역마다 1-2가지 정도 선정하고 이를 명료화할 필요가 있다고 본다. 다시 말해, 이 글에서는 과학기술 윤리 영역에서 축적된 연구 성과를 토대로 과학기술 윤리 교육에서 4개 주제 영역별로 핵심 쟁점이 무엇인가를 보다 분명하게 제시하는 것이 향후 교육 실천(특히 고등학교 단계)을 위한 함의를 보다 풍부하게 제공할 것이라고 본다. 기존의 연구 성과(류지한, 2011)를 바탕으로 4개 주제 영역별로 핵심 쟁점을 1-2개 정도 제시해 보면 〈표2〉와 같다.[5]

우선, '과학과 윤리의 관계' 영역에서의 핵심 쟁점으로는 '과학기술 낙관주의 대(對) 과학기술 비관주의' 논쟁을 고려할 수 있다. 과학기술의 긍정

---

5. 핵심 쟁점 추출과 이에 대한 설명을 위해 류지한(2011), 「과학기술 · 생명윤리 등의 쟁점영역 분석 및 집필의 일반원칙 · 기준」, 『초 · 중등학교 도덕과 교과서 집필기준(안) 개발』, 교육과학기술부. pp. 25-47을 많이 참고했음을 분명히 밝혀둔다.

주제 영역	핵심 쟁점
과학기술과 윤리	• 과학기술 낙관주의 vs. 과학기술 비관주의
생명 윤리	• 생명에 대한 의무 윤리 입장 vs. 공리주의적 입장 • 배아가 도덕적 지위를 갖는가에 대한 논쟁
정보 윤리	• 사이버공간에서 표현의 자유 우선론 vs. 규제론 • 저작권 보호(copyright) vs. 정보 공유 권리(copyleft)
환경 윤리	• 인간중심주의적 자연관 vs. 생태중심주의적 자연관 • 성장(growth) vs. 보존(protection)

〈표2〉 4개 주제 영역별 핵심 쟁점

적 측면을 강조하는 과학기술 낙관주의와 과학기술의 부정적 측면을 강조하는 과학기술 비관주의는 과학기술 윤리의 중요한 쟁점이다(Gannon, 2008; Taylor, 2009; 류지한, 2011: 25). 전자의 입장은 오늘날 과학기술로 인해 야기된 문제들을 더 진보된 과학기술에 의해서 해결할 수 있다고 간주한다. 문제의 원인과 해결에 있어서 중요한 것은 과학기술의 결핍 때문이지 과잉 때문은 아니라는 것이다. 후자의 입장은 기본적으로 과학기술은 그것이 해결한 문제보다도 더 많은 문제를 야기하고, 궁극적으로 과학 맹신주의와 기술 지배로 인해서 과학기술에 의한 인간 소외와 지배를 초래할 것이라고 본다. 문제의 원인과 해결에 있어서 중요한 것은 과학기술의 과잉 때문이지 결핍 때문이 아니라고 본다.

생명 윤리 영역의 중요한 쟁점 가운데 하나는 '생명에 대한 의무 윤리 입장과 공리주의적 입장의 대립'이다(Bryant et al. 2005; Childress, 1998; 류지한, 2011: 30-32). 의무 윤리와 공리주의는 규범윤리의 양대 산맥으로서 생명 관련 윤리 문제에 있어서도 첨예하게 대립하고 있다. 의무 윤리적 생명 윤리는 생명의 신성성과 생명 존중의 입장에서 생명 자체의 가치를 강조하고, 다른 가치들에 대해 생명 가치의 우선성을 강조한다. 공리주의적 생명 윤리는 생명 자체의 가치보다는 생명 활동으로 인해 얻게 되는 행복이나 불행, 쾌락이나 고통, 또는 선호 만족을 강조한다. 공리주의적 입장에서 중요한 것은 생명 자체가 아니라 생명 활동으로 인해 얻게 되는 결과, 생명의 질과 공리성이다. 한편, 배아 줄기세포의 연구는 의료적 중요성에도 불구하고 수많은 논란을 일으켰다. 그 이유는 배아가 인간이 될 잠재성을 지니고 있다는 사실 때문이다. 배아의 도덕적 지위에 대한 상이한 견해차 속에서 명확한 결론을 내지 못한 채 배아 줄기세포의 연구는 진행되었고, 아직까지도 배아 줄기세포의 '배아'의 도덕적 지위는 논란이 되고 있다.

정보 윤리는 정보화에 따라 생겨난 새로운 윤리적 문제들을 다루는 응용 윤리의 한 분야이다. 정보 윤리 영역의 주요한 쟁점으로는 '인터넷 익명제 대(對) 실명제,' '사이버공간에서 표현의 자유 우선론 대 규제론,' 그리고 '저작권 보호 대 정보 공유 권리' 등을 들 수 있다(Moor, 1985; 1990; 류지한, 2011: 33-34). 여기서 인터넷 익명제와 인터넷 표현의 우선론 관련 문제는 본질적인 속성을 공유하고 있기 때문에 하나로 통합해서 다룰 수 있다. 인터넷 익명제와 인터넷 표현의 자유 우선론을 주장하는 쪽은 익명성을 인터넷의 본질적 특성이라고 보고, 이 익명성으로 인해서 인터넷 공간은 '사상의 자유 시장(free marketplace of ideas)'에 따라 표현의 자유를 가장 높게 실현할 수 있는 매체라고 주장한다. 이에 반해서 인터넷 실명제와 인터넷 표현의 자유 규제론을 주장하는 쪽은 익명성의 금제 해제 효과(탈억제 효과, disinhibition effect)로 인한 각종 일탈 현상의 폐해를 지적하면서, 사람들은 실명을 사용할 때 자신의 행동에 책임을 지게 되고 보다 인격적으로 타인을 배려하기 때문에 인터넷 실명제를 실시하고 현실 공간에서와 같은 수준과 정도로 인터넷 표현의 자유를 규제해야 한다고 주장한다. 저작권과 관련해서도 사이버공간에서도 지적 재산의 대상물들의 저작을 보호해야 한다는 주장과, 정보와 지식과 같은 지적 재산은 나눌수록 풍요로워지는 속성을 지녔으므로 많은 사람이 공유할 수 있도록 하는 것이 마땅하다는 주장이 팽팽히 맞서고 있다(류지한, 2011: 34).

환경 윤리의 중요한 쟁점 가운데 하나는 '자연관(nature view)'에 관한 것이다. 자연관은 자연과 인간의 관계 설정에 관한 것으로서, 이는 자연의 가치 논쟁과 밀접히 관련되어 있다. 자연관은 인간을 제외한 자연(생태계와 그 구성 요소)이 도구적 가치만을 가지느냐 아니면 도구적 가치 외에 그 자체의 본래적 가치(inherent value)나 내재적 가치(intrinsic value)를 가지느냐에 따라 '인간중심주의적 자연관(anthropocentrism)'과 '생태중심주의적 자연관(ecocentrism)'으로 구분된다(Kortenkamp & Moore, 2001; Nash, 1989; 류지한, 2011: 36-37). 이러한 자연관과 직접적으로 연결된 환경 윤리의 쟁점은 '도덕적 지위(moral status) 논쟁'이다(Nash, 1989; Singer, 1975; Taylor, 1986; 류지한, 2011: 37-38). 어떤 존재가 도덕적 지위를 가진다면, 그 존재는 도덕적 고려의 대상에 포함되어야 하며, 그 존재의 이해관심은 다른 도덕적 지위를 가지는 존재의 이해관심과 평등하게 고려되어야 한다. 인간이 도덕적 지위를 가진다는 것에 대해서는 이견이 없지만, 인간 아닌 존재(non-human beings)가 도덕적 지위를 지니는지에 대해서는 이견이 존재한다. 인간 아닌 존재의 도덕적 지위에 대해 인간중심주의 윤리(anthropocentric ethics)와 탈인간중심주의 윤리(non-anthropocentric ethics)가 대립하고 있으며, 탈인간중심주의 윤리 내에서도 다양한 견해들이 대립하고 있다.

'성장(growth)과 보존(protection)의 딜레마'도 환경 윤리의 중요한 논쟁점 중의 하나에 해당한다(Cordero et al., 2005; Rajeswar, 2001). 우리 인간의 삶의 복지와 풍요를 위해서는 경제의 성장이 요구되지만, 경제성장은 그에 따른 부수 효과로서 환경의 파괴를 낳을 가능성이 높다. 반대로 환경의 보존은 그 자체로서 가치 있는 자연환경을 유지·보호하는 중요한 가치가 있는 반면에, 일정 부분 경제성장을 제약하고 둔화시키는 문제가 있다. 성장과 개발은 환경의 보존을 방해하고, 환경의 보존은 성장과 개발을 가로막는다. 이러한 '경제성장과 환경 보존의 딜레마'를 어떻게 해결할 것인가 하는 문제는 환경 윤리의 핵심 쟁점 가운데 하나이자, 인류가 당면한 전 지구적 과제의 핵심이기도 하다.

3. 도덕과에서 과학기술 윤리 교육의 실천적 적용 틀과 지도 방법

'도덕과를 통한 과학기술 윤리 교육'은 윤리학(특히 응용 윤리학 혹은 실천 윤리학)과 과학(특히 과학적 지식, 과학철학, 과학 사회학) 등의 배경 학문을 바탕으로 과학기술 사회의 맥락에서 발생하는 다양하고 복잡한 윤리적 이슈와 사건을 윤리적인 관점에서 해석 및 평가하고 해결책을 모색함으로써 과학기술과 윤리의 관계에 대한 이해력, 그리고 도덕적 민감성 및 판단력 등을 향상시키려는 도덕교육적 노력의 일환으로 정의될 수 있다. 과학기술 윤리 교육의 핵심 배경 학문으로서 윤리학 혹은 도덕철학은 철학의 한 분과 학문이며, '도덕의 본질과 근거에 대한 철학적 탐구' 혹은 '인간의 도덕적 행위에 대한 학문'으로 간주된다. 윤리학은 도덕의 최종적 근거로서 인간 존엄성 및 존중을 이론적으로 뒷받침해 주고, 윤리적 이슈나 딜레마를 탐구하기 위해 필요한 의무 윤리, 공리주의, 덕 윤리, 배려 윤리 등의 이론적 렌즈를 제공한다. 윤리학은 크게 보면 규범윤리학(normative ethics)과 응용 윤리학(applied ethics)으로 구분할 수 있다. 규범윤리학은 인간의 바람직한 행위의 원리나 목적 및 법칙을 철학적으로 논증하는 분야이고, 응용 윤리학은 학제적 접근(interdisciplinary approach)을 시도하면서 인간의 삶에 있어서의 실천적인 면, 특히 응용적인 면에서 구체적인 윤리 문제를 해결하는 데 관심을 둔 윤리학 분야이다. 대체로 규범윤리학은 응용 윤리적 문제를 도덕적으로 평가하고 해결하기 위한 이론적 토대를 제공한다([그림1] 참조).

과학기술의 발달과 더불어 현대사회에서 제기되고 있는 새로운 도덕 문제들을 해결하려는 과학기술 윤리 영역은 응용 윤리학의 일부로 고려될 수 있다. 일반적으로 응용 윤리학 분야에서 활용되는 대표적인 윤리 이론에는 의무 윤리, 공리주의, 덕 윤리, 배려 윤리 등이 포함된다. 우선 의무 윤

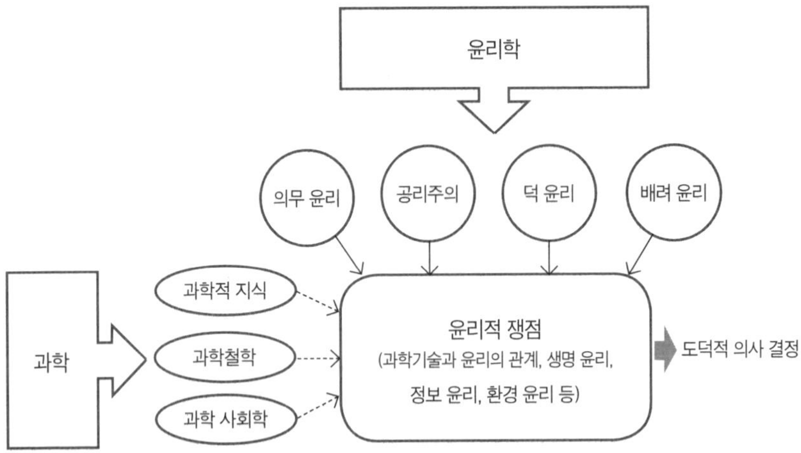

〈그림1〉 효과적인 과학기술 윤리 교육을 위한 실천적 적응 틀

리에서는 어떤 종류의 행동이, 언제나, 어떤 종류의 환경에서나, 그 행동의 결과와 상관없이 옳거나 그르다고 주장한다(Broad, 1930). 의무 윤리에서는 행위 판단의 중요한 원리로 자율성과 정의를 강조한다(Reiss, 2003; 조희형, 2008: 17). 대표적인 결과론(consequentialism)인 공리주의는 행위의 옳고 그름을 그 행위에 수반되는 효과나 결과에 비추어 판단한다. 즉, 공리주의는 행위의 동기에 관해서는 별 관심을 보이지 않고, 행위의 목표를 선의 극대화에 둔다. 덕 윤리는 외적 행위들의 옳고 그름 또는 행위의 결과들에 대한 판단보다는, 도덕철학에서 인격과 덕의 중요성을 강조하는 이론적 전망을 말한다. 배려는 윤리학적 관점에서는 다른 사람이 성장할 수 있도록 도와주는 것을 의미한다. 이는 단순한 관심의 범위를 넘어서 배려해 주는 사람(care giver)과 배려를 받는 사람 간의 상호 의존성에 기초하고 있는 것이다. 배려 윤리에는 5가지 기본적인 생각, 즉 도덕적 관심(moral attention), 동정적 이해(sympathetic understanding), 관계 인식(relationship awareness), 수용(accommodation), 반응(response)이 포함되어 있다(Manning, 1998/2001).

배려 윤리에 관한 논의는 도덕성 발달에 성차가 존재한다는 길리건(C. Gilligan)과 배려 윤리에 기초한 교육을 주장한 나딩스(N. Noddings)에 의하여 전개되었다.

이러한 대표적인 윤리 이론들은 윤리적 문제의 해석 및 평가와 그에 관한 의사 결정에 적용되는 기준 역할을 하는 도덕원리를 제공한다. 일반적으로 과학기술에서의 윤리적 문제에 대한 의사 결정 과정에는 자율성(autonomy), 정의(justice), 자선(beneficence), 해악금지(non-maleficence) 등의 도덕원리(moral principles)가 적용된다. 도덕원리로서의 자율성에는 자기 규제(self-rule), 권리, 사생활의 존중, 사적 선택의 존중 등의 관념이 포함되어 있다. 또한 정의는 다른 사람의 자율권을 존중하고 누구나 동등하게 대우해야 할 의무를 강조하고, 자선은 이타적 행위를 규정하며, 해악금지는 남에게 해를 끼치는 행동을 회피하는 원리를 의미한다(Bryant et al., 2005). 일반적으로 자율성과 정의는 '의무 윤리'의 원리로, 자선과 해악금지는 '공리주의' 원리로 간주할 수 있다. 이러한 도덕원리는 도덕적 전제로서, 그리고 윤리적 판단에 적용하는 기준으로서 특별히 옳고 그름을 지적하는 도덕적 기준을 규정하고 이해하는 수단을 제공한다(Morris, 2006).

하지만 과학기술적 맥락에서 발생하는 구체적인 윤리 문제를 해결하고자 할 때, 우리는 윤리 이론이나 도덕원리를 기계적으로 적용해서 해결하는 경우는 많지 않다. 과학기술적 맥락에서 발생하는 복잡하고 다양한 윤리 문제를 특정 윤리 이론이나 도덕원리 내에서 파악하는 것이 쉽지 않을 뿐만 아니라, 여러 가지 윤리 이론이나 도덕원리를 동시에 고려하더라도 과학기술이라는 새로운 적용 분야 혹은 독특한 맥락 속에서 용해되어야 하기 때문에, 특정 윤리 이론이나 도덕원리의 단순 대입 차원을 넘어선다고 봐야 한다.

여기서 우리는 '과학기술'이라는 새로운 적용 분야 혹은 독특한 맥락 속에서 발생하는 윤리 문제에 대한 도덕적 의사 결정을 실행하기 위해서는 윤리학적 이해(ethical understanding)뿐만 아니라 과학적 지식, 과학철학과 과학 사회학 등에 대한 기본 이해도 필요하다는 점에 주목할 필요가 있다. 다시 말해, 과학기술의 윤리적 특성을 올바로 이해하고 그와 관련된 문제를 제대로 해결하기 위해서는 윤리학뿐만 아니라 과학기술 영역에서의 윤리 문제와 관련된 '과학적 지식,' 과학에 대한 철학적 성찰을 시도하는 '과학철학,' 과학과 사회적·문화적 구조 간의 상호작용 및 과학기술의 사회적 영향을 연구하는 '과학 사회학' 등을 최소 수준 이상 이해해야 한다.

우선 과학기술 윤리 교육 영역에서 인간 복제와 같은 응용 윤리학적 문제에 대한 올바른 판단 혹은 의사 결정을 내리려면, 생명과학·생명공학·유전공학 등 관련되는 자연과학적 지식이 기본적으로 요구된다. 즉, 과학기술 영역에서의 윤리 문제는 그 본성상 다양한 관점의 정보를 수집해야 하며, 관련된 과학 지식의 기본적 이해 없이는 수집한 정보의 진위성, 편향성 등을 판단하기 어려울 수 있다. 또한 과학의 가정과 토대, 방법 및 함의에 대해 연구하는 '과학철학' 분야에서 특히 '과학과 인간의 가치문제'(Lowrance, 1986), 즉 과학과 가치가 어떻게 서로 만나고, 윤리적·사회적 가치가 복잡한 과학기술적 기획들과 어떻게 관련될 수 있는지에 대한 학생들의 기본 이해가 필요하다. 이와 더불어, 과학과 사회적·문화적 구조 간의 상호작용과 과학기술이 사회에 미치는 영향을 연구하는 '과학 사회학'(Merton, 1973)은 특히 과학기술이 어떻게 개발되고 형성되어 가는지를 심도 있게 분석하여 과학기술의 사회적 본질과 성격을 올바르게 이해함으로써 현대사회의 변화를 탐색하고 과학기술문명과 관련된 부작용이나 환경문제 등 다양한 사회 문제에 대한 올바른 대응책을 마련하는 데 도움을 제공하기 때문에, 과학기술 윤리 교육을 위해 학생들의 기본 이해가 필요한 분야이다. 과학철학과 과학 사회학 모두 현대사회에서 압도적 권위를 부여 받고 있는 과학기술 만능주의(scientism 및 techno-centrism)를 비판적으로 접근할 수 있는 가능성을 열어주고 있다는 측면에서 학생들의 기본 이해가 필요한 분야이다.

이와 같이, 윤리학에 기반한 대표적인 윤리 이론들(의무 윤리, 공리주의, 덕 윤리, 배려 윤리 등)과 과학적 배경 하의 과학 지식, 과학철학 및 과학 사회학 등의 이론적 토대 위에서 과학기술 사회의 맥락에서 발생하는 다양하고 복잡한 윤리적 이슈와 사건에 대한 윤리적 탐구를 시도할 필요가 있다. 이때 과학기술과 관련된 윤리 문제 자체가 학제적 성격을 띤 '비구조화된 문제(unstructured problems)'를 의미하기 때문에, 효과적인 교수(instruction)를 위해서는 윤리적 이슈 및 딜레마의 본질적 특성을 충분히 살릴 수 있는 요소들, 즉 도덕적 추론 및 의사 결정 같은 사고 기술(thinking skills)을 특히 중시하면서, 공감적 태도와 같은 가치·태도 부분도 동시에 고려해야 할 것이다.

일반적으로 윤리적 탐구 중심의 교수·학습은 탐구 공동체(Fisher, 2008), 소크라테스식 탐구, 콜버그식 딜레마 토론 방식, 상호 토론(transactive discussion; Berkowitz & Simmons, 2003) 등을 활용할 수 있다. 필자는 학생 주도적으로 과학기술의 맥락에서 발생하는 윤리 문제의 본질을 탐구해 보고, 선택 가능한 대안을 모색하며, 각 대안의 윤리적·사회적 결과를 예측해 볼 수 있고, 최종적으로 가장 합리적인 대안을 도출할 수 있게 해 주는 학습 방법에 초점을 맞추면서 〈표3〉과 같은 교수·학습 방법의 절차와 활동 내용을 제안한다.[6]

---

6. 여기서 제시하는 '과학기술 윤리 교육 교수·학습의 절차와 활동 내용'은 이인재(2005), 「생명공학의 윤리적 특성에 관한 생명 윤리 교수·학습 모형 개발」, 『윤리교육연구』 제7집, p. 170을 참고로 작성하였음을 밝혀둔다.

수업의 절차	활동 내용
문제 상황(사례) 제시	교사가 과학기술과 관련된 윤리적 쟁점 혹은 딜레마가 담긴 문제 상황(ethical issues or dilemmas), 즉 사례(cases)를 제시한다. 사례를 제시할 때는 교사가 사전에 자료의 출처가 믿을 수 있는지, 자료는 해당 차시(unit)의 수업을 위해 타당한지 등에 대해 충분히 검토하여야 한다.
윤리적 쟁점 혹은 딜레마의 확인	제시된 사례에 들어 있는 윤리적 쟁점이나 딜레마가 무엇인지 확인하는 단계이다. 즉, 쟁점 혹은 딜레마를 발생시키는 문제의 핵심이 무엇이며 어떤 성격인지, 관련된 사람은 누구이며 어떤 관계인지, 왜 문제가 발생했는지 등을 파악한다.
윤리적 쟁점 혹은 딜레마의 분석	윤리적 쟁점이나 딜레마를 확인한 후, 보다 세부적으로 문제가 되고 있는 상황을 해석하고 분석하고 논증하며 해결책(대안)과 함께 그에 대한 정당화를 제시하는 단계이다.
상호 토론을 통한 대안적 해결책 마련	각 모둠별로(혹은 개인별로) 윤리적 쟁점 혹은 딜레마 분석을 통해 제시한 해결책에 대해 서로 장·단점을 비교한다. 이때 장기적인 도덕적 결과를 확인하고 평가해 본다. 그런 다음 상호 토론을 통해 최종적인 대안적 해결책을 도출하고, 이러한 최종 대안적 행동이 어떤 결과를 가져올지 예측해 본다.
반성 및 종합	전체 학생을 대상으로 토론 활동을 종합 정리하고 반성한다. 지금까지의 토론 활동에서 논의되었거나 고려된 논점들에 대한 자신의 입장을 정리하는 기회를 주어야 한다. 즉, 토론 활동을 통해서 배운 점은 무엇인가? 처음의 나의 생각에서 바뀐 것이 있다면 무엇인가? 왜 그렇게 바뀌었는가? 수정된 관점이나 견해가 다른 친구들에게 더 지지받을 수 있다고 보는가? 등에 대한 것이 정리되어야 한다.

〈표3〉 과학기술 윤리 교육 교수·학습의 절차와 활동 내용

V. 결론

예상할 수 없을 만큼 빠른 속도로 진행되고 있는 과학기술의 발달은 새로운 윤리적, 사회적 문제를 야기하고 있으며, 이와 같이 인류가 직면한 위기

를 극복하고 과학기술의 바람직한 발전을 위해서는 이러한 문제들에 대한 철학적인 성찰과 도덕적인 고려가 반드시 필요하다.

이러한 문제 인식에 기초하여 이 글에서는 인간과 자연, 인간과 과학, 인간과 사회의 올바른 관계를 정립해 나가기 위해서는 인간이 지녀야 할 기본적인 윤리 의식이나 도덕성에 기반을 두면서 과학기술 윤리 교육을 초·중등 학교 단계에서 실행할 필요가 있다고 보았다. 이와 같이 인간과 자연, 인간과 과학, 인간과 사회의 바람직한 관계 이해를 통해 삶의 일부로서의 과학기술을 바라보고 과학기술 시대의 규범적인 방향 설정 및 새로운 윤리 문제의 해결 능력을 향상시켜 줄 수 있는 교육 방식으로서 특히 '도덕 교과 교육'의 중요성을 강조하였다. '도덕성'이라는 것이 "어떻게 살아야 하는가?" "이 세계가 어떻게 변화되어야 하는가?"에 대한 합리적이고 바람직한 안목을 갖는 것이고, 이를 생활 속에서 실천하려는 태도를 갖는 것이므로, 생명과 인간 존엄성, 보편적 인권, 환경 등을 배제하고서는 논의가 불가능한 특성이 있다. 향후 과학기술 영역에서의 윤리적 쟁점들을 활용한 도덕교육을 '과학교육' 영역에서뿐만 아니라, 전(全) 세계적으로 적지 않은 국가에서 독립 교과로 설정하고 있는 '윤리학' 혹은 '도덕교육' 관련 교과를 통해[7] 실행할 수 있는 방안에 대한 연구가 국제적인 수준에서 본격적으로 이루어질 필요가 있을 것이다. 특히 이 교과를 통해 다루어질 과학기술 윤리 교육의 표준적인 내용 체계와 교수·학습 상황에 적용할 수 있는 다양한 윤리적 탐구 방법을 개발해야 할 것이다.

---

7. 국제적으로 '윤리학' 혹은 '도덕교육' 관련 교과를 독립 교과 형태로 개설하고 있는 실태에 대해서는 박장호, 「PISA(2009)에 나타난 도덕교육의 현황과 의미」, 『도덕윤리과교육』 제34호, pp. 1-28 참조.

참고 문헌

Abernathy, C.M., & Hamm, R.M.(1995), *Surgical intuition*, Philadephia: Hanley & Belfus.

Ainsworth, M.D.S.(1991), "John Bowlby - A Memoir," *SRCD Newsletter*, Spring, 1-3.

Althof, W. & Berkowitz, M.(2006), "Character and citizenship education," *Journal of Moral Education*, 35(4).

Andre, J.(2002), *Bioethics as practice*, Chapel Hill, NC: The University of North Carolina Press.

Aristoteles, 이창우 · 김재홍 · 강상진 역(2008), 『니코마코스 윤리학』, 이제이북스.

Banks, J.A., & McGee Banks, C.A. (Eds)(1995), *Handbook of research in multicultural education*, New York: Macmillan.

Bargh, J.A. & Ferguson, M.J.(2000), "Beyond behaviorism: On the automaticity of higher mental processes," *Psychological Bulletin*, 126(6), pp. 925-945.

Bargh, J.A.(1989), "Conditional automaticity: Varieties of automatic influence in social perception and cognition." In *Unintended Thought*, ed. J.S. Uleman and J.A. Bargh, 3-51. New York: Guilford Press.

Bargh, J.A.(1990), "Auto-motives: Preconscious determinants of thought and behavior." In *Handbook of Motivation and Cognition*, vol. 2, ed. E.T. Higgins and R.M. Sorrentino, 93-130. New York: Guilford Press.

Bargh, J.A.(1996), "Principles of automaticity." In *Social Psychology: Handbook of Basic Principle*, ed. E.T. Higgins and A. Kruglanski, 169-183, New York: Guilford Press.

Bargh, J.A.(1997), "The automaticity of everyday life." In *The Automaticity of Every Life*, ed. R.S. Wyer, Ir. Advances in Social Cognition, vol. 10, 1-61, Mahwah, NJ: Lawrence Erlbaum Associates.

Bar-On, R.(2000), "Emotional and social intelligence." In R. Bar-On & J.D.A. Parker, *The Hand Book of Emotional Intelligence*, San Francisco: Jossey-Bass.

Bennett, D.(2009, August 23), "Happiness: A buyer's guide," *The Boston Globe*. Retrieved from http://www.boston.com/bostonglobe/ideas/articles/2009/08/23/happiness_a_buyers_guide/.

Berkowitz, M., & Simmons, P.(2003), "Integrating science education and character education." In D.L. Zeidler., (dd.), *The role of moral reasoning and discourse on socioscientific issues in science education*, Dordrecht: Kluwer Academic Press.

Berkowitz, M.(1997), "The complete moral person," in J.M. DuBois (ed.), *Moral issues in psychology: Personalist contributions to selected problems*, Lanham, MD: University Press of America.

Berlin, I.(1990), *The crooked timber of humanity*, Oxford: Oxford University Press.

Berlin, I.(2002), *Liberty*, Oxford: Oxford University Press.

Blasi, A.(1980), "Bridging moral cognition and moral action: a critical review of the literature," *Psychological Bulletin*, 88(1).

Blasi, A.(1984), "Moral identity: Its role in moral functioning," in W. Kurtines & J. Gewirtz (eds.), *Morality, moral behavior and moral development* (pp. 128-139), New York: Wiley.

Blasi, A.(1983), "Moral cognition and moral action: A theoretical perspective," *Developmental Review*, 3, 178-210.

Blasi, A.(2009), "The moral functioning of mature adults and the possibility of fair moral reasoning," in D. Narvaez & D.K. Lapsley (eds.), *Personality, identity, and character*, NY: Cambridge University Press.

Blatt, M., & Kohlberg, L.(1975), "The Effects of Classroom Moral Discussion upon Children's Moral Judgment," *Journal of Moral Education*, 4, 129-161.

Boston, B.O.(2005), *Restoring the balance between academics and civic engagement in public schools*, Washington, D.C.: American Youth Policy Forum.

Boyd, D.(1986), "The ought of is: Kohlberg at the interface between moral philosophy and developmental psychology." In *Lawrence Kohlberg: Consensus and Controversy*, ed. S. Modgil and C. Modgil, 43-64, Philadelphia: Falmer Press.

Braungart, R., & Braungart, M.(1998), "Citizenship and citizenship education in the United States in the 1990s," *Citizenship and Citizenship Education*, London: The Woburn Press.

Bryant, J., la Velle, L.B., & Searle, J.(2005), *Introduction to bioethics*. West Sussex: John Wiley & Sons.

Bull, B.L.(2006), "Can civic and moral education be distinguished?," in D. Warren & J.J. Patrick (eds.), *Civic and moral learning in America*, New York: Palgrave Macmillan.

Burack, J.(2003), "Students, the world, and the global education ideology," *Leming, Ellington, and Porter-Magee 2003*.

Butts, R.F.(1988), *The morality of democratic citizenship: goals for civic education in the republic's third century*, Calabasas, CA: Center for Civic Education.

Butts, R.F.(2006), "The politics of civic and moral education." In D. Warren & J.J. Patrick (eds.), *Civic and moral learning in America*, New York: Palgrave Macmillan.

Bybee, R.W., Powell, J.C., & Trowbridge, L.W.(2008), *Teaching secondary school science: strategies for developing scientific literacy*, ninth edition. Columbus, Ohio: Upper Saddle River.

CASEL website: http://casel.org/

Center for Civic Education(1994), *National standards for civics and government*, California: Center for Civic Education.

Chazan, B.I. & Soltis, J.F.(1973), *Moral education*, Columbia University: Teachers

College, 이병승 역(2005), 『도덕교육의 철학』, 서광사.

Childress, J.F.(1998), "A principle-based approach." In H. Kuhse & P. Singer (eds.), *A companion to bioethics* (pp. 67-71), Oxford, UK: Blackwell Publishers.

Christopher, J.C. & Hickinbottom, S.(2008), "Positive psychology, ethnocentrism, and the disguised ideology of individualism," *Theory & Psychology*, 18, 563-589.

Clarkeburn, H.(2002), "A test for ethical sensitivity in science," *Journal of Moral Education*, 31(4), 439-453.

Colby, A. & Damon, W.(1992), *Some do care: Contemporary lives of moral commitment*, New York: Free Press.

Colby, A., Ehrlich, T., Beaumont, E., & Stephens, J.(2003), *Educating citizens*, San Francisco, CA: Jossey Bass.

Compton, W.(2005), *An introduction to positive psychology*, Wadsworth Publishing.

Cordero, R.R., Roth, P., & Silva, L.D.(2005), "Economic growth or environmental protection? The false dilemma of the Latin-American countries," *Environmental Science & Policy*, 8, 392-398.

Crain, W.(2005), *Theories of development*, 송길연 외 공역(2011), 『발달의 이론』, 서울: 시그마프레스.

Critchley, H.D., Wiens, S., Rotshtein, P., Ohman, A., & Dolan, R.J.(2004), "Neural systems supporting interoceptive awareness," *Nature Neuroscience*, 7(2).

Csikszentmihalyi, M.(2003), "Legs or wings? A reply to R.S. Lazarus," *Psychological Inquiry*, 14, 113-115.

Csikszentmihalyi, 최인수 역(2005), 『몰입, FLOW』, 한울림.

Damon, W.(1984), "Self-understanding and moral development from childhood to adolescence," In W.M. Kurtines & J.L. Gewirtz, *Morality, Moral Behavior and Moral Development*, New York: John Wiley & Sons, 102-107.

Damon, W.(1999), "The Moral Development of Children," *Scientific American*, 281(2), 72-79.

Darling, L.(2006), "Solidarity and strangers: shifting our global perspectives,"

Explorations in development/global education (Vancouver, Canada: University of British Columbia: Simon Fraser University, Occasional paper No. 26).

de Quervain, D.J.F., Fischbacher, U., Treyer, V., Schellhammer, M., Schnyder, U., Buck, A., & Fehr, E.(2004), "The neural basis of altruistic punishment," *Science*, 305(5688).

DfID, DfEE, QCA, DEA & CBIET(2000), *Developing a global dimension in the school curriculum*, London: DfID, DfEE, QCA, DEA & CBIET.

Diener, E., Suh, E.M., Lucas, R.E., & Smith, H.L.(1999), "Subjective well-being: Three decades of progress," *Psychological Bulletin*, 125.

Dower, N.(2007), *World ethics: the new agenda*, 2nd ed., Edinburgh University Press.

Doyle, W.(1990), "Classroom knowledge as a foundation for teaching," *Teachers College Record*, 91, 347-360.

Driver, R., Leach, J., Milar, R., & Scot, P.(1996), *Young people's images of science*, Bristol, PA: Open University Press.

Durkheim, E.(1951/1897), *Suicide*, New York, Free Press.

Durkheim, E.(1956), *Education and Sociology* (S.D. Fox, trs.), Free Press, 이종각 역(1978), 『교육과 사회학』, 배영사.

Elias, M.(1997), *Promoting social and emotional learning: Guidelines for educators*, Association for Supervision & Curriculum.

Elias, M., Parker, S., Kash, M., Weissberg, R., & O'Brien, M.U.(2008), "Social and emotional learning, moral education, and character education: A comparative analysis and a view toward convergence," L. Nucci & D. Narvaez (eds.), *Handbook of moral and character education*, New York: Routledge.

Elias, M., Tobias, S.E., & Friedlander, B.S.(1999), *Emotionally intelligent parenting*, Random House.

Elksnin, L., & Elksnin, N.(2003), "Fostering Social-emotional learning in the classroom," *Education*, 124 (1): 63-48.

Endicott, L., Bock, T., & Narvaez (2003), "Moral reasoning, intercultural development, and multicultural experiences: relations and cognitive underpinings," *International Journal of Intercularal Relations*, 27, 403-419.

Erikson, E.H.(1963), *Childhood and society* (2nd ed.), New York, W.W. Norton & Co.

Evans, R.W. & Saxe, D.W.(1996), *Handbook on teaching social issues*, Washington, D.C.: NCSS.

Finland: *National Core Curriculum for Basic Education 2004*, Finnish National Board of Education.

Flanagan, O.(1991), *Varieties of moral personality*, Harvard University Press.

Flanagan, O.(2007), *The really hard problem: Meaning in a material world*, Cambridge, MA: MIT Press.

Flanagan, O.(2009), "Moral science? Still metaphysical after all these years." In D. Narvaez & D.K. Lapsley (eds.), *Personality, identity, and character*, NY: Cambridge University Press.

Fowers, B.J.(2005), *Virtue and psychology*, American Psychological Association.

Fowers, B.J.(2008), "From continence to virtue. Recovering goodness, character unity, and character types for positive psychology," *Theory & Psychology*, 18, 629-653.

Fowler, S.R., Zeidler, D.L., & Sadler, T.D.(2009), "Moral sensitivity in the context of socioscientific issues in high school science students," *International Journal of Science Education*, 31(2), 279-296.

Fredrickson, B.L.(1998), "What good are positive emotions?," *Review of General Psychiatry*, 2, 300-319.

Fredrickson, J.R., & Collins, A.(1989), "A system approach to educational testing," *Educational Researcher*, 18(9).

Gable, S.L. & Haidt, J.(2005), "What (and why) is positive psychology?," *Review of General Psychology*, 9, 103-110.

Gannon, F.(2008), "The end of optimism?," *EMBO reports*, 9(2), 111.

Gijselaers, W.H. and G. Woltjer(1997), *Expert-novice differences in the representation of economics problems*. Paper delivered at the annual meeting of the American Educational Research Association, Chicago.

Gillham, J.E., Brunwasser, S.M., & Freres, D.R.(2007), "Preventing depression early in adolescence: the Penn Resiliency Program." In J.R.Z. Abela & B.L. Hankin (eds.), *Handbook of depression in children and adolescents*, New York, Guilford Press, 309-332.

Gillham, J.E., Hamilton, J., Freres, D.R., Patton, K., & Gallop, R.(2006), "Preventing depression among early adolescents in the primary care setting: a random-ized controlled study of the Penn Resiliency Program," *Journal of Abnormal Child Psychology*, 34, 203-219.

Gilligan, C.(1977), "In a difference voice: Women's conceptions of the self and of morality," *Harvard Educational Review*, 47, 481-517.

Gilligan, C.(1982), *In a difference voice: Psychological theory and women's development*, Cambridge: Harvard University Press.

Glucksman, M.(1974), *Structuralist analysis in contemporary social thought: A comparison of the theories of Claude Levi-Strauss and Louis Althusser*, London: Routledge & Kegan Paul.

Goldberg, E.(2002), *The executive brain: frontal lobes and the civilized brain*. NY: Oxford University Press.

Goleman, D.(1995), *Emotional intelligence*, New York: Bantam.

Gordon, M.(2001), *Roots of empathy: Changing the world child by child*, Toronto, Canada: Thomas Allen.

Gottman, John (2004), *What am I feeling?*, 정창우 역(2007), 『존 가트맨식 감정 코치법』, 경기: 인간사랑.

Greene, J. & Haidt, J.(2002), "How (and where) does moral judgment work?," *Trends in Cognitive Science*, 6.

Greene, J., et al.(2004), "The neural bases of cognitive and control in moral judgment," *Neuron*, 44.

Griffiths, R.(1998), *Educational citizenship and independent learning*, London: Jessica Kingsley.

Haidt, J.(2001), "The emotional dog and its rational tail: A social intuitionist approach to moral judgment," *Psychological Review*, 108(4).

Haidt, J.(2001), The emotional dog and its rational tail: A social intuitionist approach to moral judgment, 강인구 역(2003), 『도덕적 판단에 관한 사회적 직관주의 모델』(경기: 서현사).

Haidt, J.(2010), "Moral psychology must not be based on faith and hope: Commentary on Narvaez(2010)," *Perspectives on Psychological Science*, 5(2), 182-184.

Haidt, J. & Bjorklund, F.(2008), "Social intuitionist answer six questions about moral psychology," *Moral Psychology 2: The cognitive science of morality*, MA: The MIT Press.

Halstead, J.M. & Pike, M.A.(2006), *Citizenship and moral education, Values in action*, London and New York, Routledge.

Hampshire, S.(1978), *Public and private morality*, NY: Cambridge University Press.

Hart, D. & Fegley, S.(1995), "Prosocial behavior and caring in adolescence: Relations to self-understanding and social judgment," *Child Development*, 66.

Haydon, G.(2006), "Respect for persons an for cultures as a basis for national and global citizenship," *Journal of Moral Education*, 35(4).

Haydon, G.(2006), *Education, philosophy and the ethical environment*, Abingdon, Routledge.

Held, B.(2005), "The 'virtues' of positive psychology," *Journal of Theoretical and Philosophical Psychology*, 25, 1-34.

Hicks, D.(2003), "Thirty years of global education: a reminder of key principles and precedents," *Educational Review*, 55(3).

Higgins, A.(1995), "Educating for justice and community," In W.M. Kurtines & J.L. Gewirtz (eds.), *Moral development: An introduction*, Allyn & Bacon.

Hirst, P.H. & Peters, R.S.(1970), *The Logic of Education*, London: Routledge and Kegan Paul.

Hoffman, M.(2000), *Empathy and moral development: Implications for caring and justice*, Cambridge, England: Cambridge University Press.

Hoffman, M.(1960), "Power assertion by the parent and its impact on the child," *Child Development*, 31, 129-143.

Hoffman, M.(1963), "Child-rearing practices and moral development: Generalization from empirical research," *Child Development*, 34, 295-318.

Hoffman, M.(1975), "Developmental synthesis of affect and cognition and in implications for altruistic motivation," *Developmental Psychology*, 11, 607-

622.

Hoffman, M.(1984), "Interaction of affect and cognition in empathy." In C.E. Izard, J. Kagan, & R.B. Zajonic (eds.), *Emotions, Cognition and Behavior* (pp. 103-131), Cambridge: Cambridge Unversity Press.

Hoffman, M.(1991), "Empathy, social cognition, and moral action." In W.M. Kurtines & J.L. Gewirtz (eds.), *Handbook of Moral Behavior and Development: Vol. 1, Theory* (pp. 275-301), Hillsdale, N.J.: Lawrence Erlbaum.

Hoffman, M.(1993), "Empathy, social cognition, and moral education." In Andrew Garrod (ed.), *Approach to moral development: New research and emerging themes*, New York: Teachers College, 159-162.

Hogarth, R.(2001), *Educating intuition*, Chicago and London: University of Chicago Press.

Holstein, B.(1976), "Irreversible, stepwise sequence in the development of moral judgment: A longitudinal study of males and females," *Child Development*, 47, 51-61.

Hutchings, K.(2010), *Global ethics*, Cambridge, UK: Polity Press.

Hutchins, R.(1955), *The conflicts of education in democratic society*, New York: Harper.

Irvine, W.B., 박여진 역(2012), 『직언』, 도서출판 토네이도.

Jayawickreme, E., Pawelski, J., & Seligman, M.E.P.(2009), "Happiness: Positive psychology and Nussbaum's capabilities approach." In R. Auxier (ed.), *Library of living philosophers: The philosophy of Martha Nussbaum* (in press), Chicago: Open Court. Retrieved from http://www.dpo.uab.edu/angner/SWB/Jayawickreme&al.pdf.

Johnson, M.(2007), *The meaning of the body*, Chicago: University of Chicago Press.

Jonas, Hans, 이유택 역(2005), 『기술 의학 윤리: 책임원칙의 실천』, 솔.

Karen, R.(1994), *Becoming attached: first relationships and how they shape our capacity to love*, New York, Oxford University Press.

Killen, M. & Smetana, J.G. (eds.)(2006), *Handbook of moral development*, 김태훈 역(2010), 『도덕성 발달 핸드북』, 고양: 인간사랑.

Knoch, D., Pascual-Leone, A., Meyer, K., Treyer, V. & Fehr, E.(2006), "Diminishing reciprocal fairness by disrupting the right prefrontal cortex," *Science*, 314(5800).

Kohlberg, L.(1969), "Stage and sequence: The cognitive-developmental approach to socialization," in D.A. Goslin (ed.), *Handbook of socialization theory and research*, Chicago: Rand McNally.

Kohlberg, L.(1971), "From is to ought: How to commit the naturalistic fallacy and get away with it in the study of moral development." In *Cognitive Development and Epistemology*, ed T. Mischel, 151-235, New York: Academic Press.

Kohlberg, L.(1981), *The philosophy of moral development: Moral stages and the idea of justice*, 김민남 · 김봉소 · 진미숙 공역(2000), 『도덕 발달의 철학』, 서울: 교육과학사.

Kohlberg, L.(1984), *The psychology of moral development*, 김민남 · 진미숙 공역(2001), 『도덕 발달의 심리학』, 서울: 교육과학사.

Kohlberg, L.(1986), "A Current statement on some theoretical issues." In S. Modgil & C. Modgil (eds.), *Lawrence Kohlberg: Consensus and controversy* (pp. 485-546), Philadelphia Falmer Press.

Kohlberg, L., Levine, C., & Hewer, A.(1983), *Moral stage: A current formulation and a response to critics*, 문용린(2000) , 『콜버그의 도덕성 발달이론』, 서울: 아카넷.

Kortenkamp, K. & Moore, C.F.(2001), "Ecocentrism and anthropocentrism: moral reasoning about ecological commons dilemmas," *Journal of Environmental Psychology*, 21, 1-12.

Krebs, D.L., Denton, K., & Wark, G.(1997), "The forms and functions of real-life moral decision-making," *Journal of Moral Education*, 26(2), 131-145.

Kristjansson, K.(2007), *Aristotle, emotions, and education*. Aldershot: Ashgate.

Kristjansson, K.(2010), "Positive psychology, happiness, and virtue: The troublesome conceptual issues," *Review of General Psychology*, 14(4), 296-310.

Küng, H.(1990), *Global responsibility: in search of a new world ethics*, Eugene, OR: Wipf and Stock.

Kupperman, J.(1991), *Character*, Oxford: Oxford University Press.

Lapsley, D.K.(1996), *Moral Psychology*, 문용린 역(2000), 『도덕심리학』, 서울: 중앙적성출판사.

Laupa, M. & Turiel, E.(1995), 문용린 역(2004), 「사회영역이론」, 『도덕성의 발달과 심리』, 서울: 학지사, 563-584.

Linn, R.L., Baker, E.L., & Dunbar, S.B.(1991), "Complex, performance-based assessment: Expectations and validation criteria," *Educational Researcher*, 20(8).

Lowrance, W.W.(1986), *Modern science and human values*. New York, Oxford University: Press.

Lynch, J.(1987), "Building the global dimension of the multicultural curriculum," T. Mebrahtu (ed.), *Swann and the global dimension: education for world citizenship*, London: Youth Education Service.

Mabe, A.R.(1993), "Moral and practical foundations for civic education," *Social Studies*, 84(4).

MacLean, P.D.(1990), *The triune brain in evolution: Role in paleocerebral functions*, NY: Plenum.

Manning, R.C.(1998/2001), "A principle-based approach." In H. Kuhse & P. Singer (eds.), *A companion to bioethics* (pp. 98-105), Oxford, UK: Blackwell Publishers.

Martens, E.(1999), *Philosophieren mit Kindern*, Reclam, 박승억 역(2000), 『어린이와 철학하기』, 지리소.

Martin, M.W.(2007), "Happiness and virtue in positive psychology," *Journal for the Theory of Social Behaviour*, 37, 89-103.

Maslow, A.(1954/1970), *Motivation and personality*, NY: Harper.

Matula, L.L.(2004), "Character education and social-emotional learning: Why we must teach the whole child," from http://www.projectwisdom.com/ERS/Reproducibles/CE_SEL.pdf

McAdams, D.P.(2001), *The Person: An integrated introduction to personality psychology*, Orlando, FL: Harcourt.

McAdams, D.P.(2009), "The moral personality." In D. Narvaez & D.K. Lapsley (eds.), *Personality, identity, and character*, NY: Cambridge University Press.

McKinnon, C.(2005), In D.K. Lapsley & F. Power (eds.), *Character psychology and character education*, Indiana: University of Notre Dame. 정창우 역(2008), 『도덕심리학과 도덕교육』, 경기: 인간사랑.

McKown, Clark, Laura M. Gumbiner, Nicole M. Russo & Meryl Lipton(2009), "Social-emotional learning skill, self-regulation, and social competence in typically developing and clinic-referred children," *Journal for Clinical Child & Adolescent Psychology*, 38(6): 858–871.

Merryfield, M. & Subedi, B.(2003), "A global education framework for teaching about the world's women, Social Education," *Social Education*.

Merryfield, M., Tin-Yau Lo, J., Cho Po, S. & Kasai, M.(2008), "Worldmindedness: taking off the blinders," *Journal of Curriculum and Instruction*, 2(1) (January 2008).

Merton, R.K.(1973), *The sociology of science: theoretical and empirical investigations*, Chicago, IL: University of Chicago Press.

Miller, D.(2000), *Citizenship and national identity*, Cambridge: Polity Press.

Ministry of Education, Culture, Sports, Science and Technology(MEXT)(1988a), *The Course of Study for elementary schools* (in Japanese), Japan: Printing section of Ministry of Finance.

Ministry of Education, Culture, Sports, Science and Technology(MEXT)(1988b), *The Course of Study for junior high schools*(in Japanese), Japan: Printing section of Ministry of Finance.

Minoura, Y.(1992), "A sensitive period for the incorporation of a cultural meaning system: A study of Japanese children growing up in the United States," *Ethos*, 20.

Moor, J.H.(1985), "What is computer ethics?," *Meta philosophy*, 16(4), 266–275.

Moor, J.H.(1990), "Ethics of privacy protection," *Library Trends*, 39(1&2), 69–82.

Morris, J.(2006), *The ethics of biotechnology: biotechnology in the 21st century*. Philadelphia: Chelsea House Publishers.

Musschenga, A.(2009), "Moral intuitions, moral expertise and moral reasoning," *Journal of Philosophy of Education*, 43.

Nadelhoffer, T., Nahmias, E., & Nichols, S.(2010), "Introduction," *Moral psychology: Historical and contemporary readings*, M.A.: Wiley-Blackwell.

Narvaez, D. & Bock, T.(2002), "Moral schemas and tacit judgment or how the Defining Issues Test is supported by cognitive science," *Journal of Moral Education*, 31(3).

Narvaez, D. & Lapsley, D.K.(2005), 「일상의 도덕성과 도덕적 전문성의 심리학적 기초」, in D.K. Lapsley & F. Power (eds.), *Character psychology and character education*, Indiana: University of Notre Dame. 정창우 역(2008), 『도덕심리학과 도덕교육』, 경기: 인간사랑.

Narvaez, D. & Rest, J.(1995), 문용린 역(2004), 「도덕적 행동과 관련된 4구성요소」, 『도덕성의 발달과 심리』, 서울: 학지사.

Narvaez, D. & Vaydich, J.L.(2008), "Moral development and behavior under the spotlight of the neurobiological sciences," *Journal of Moral Education*, 37(3).

Narvaez, D.(2006), "Integrative ethical education," in M. Killen & J.G. Smetana (eds.), *Handbook of Moral Development*, Mahwah, New Jersey: Lawarence Erlbaum Associates.

Narvaez, D.(2008), "The social intuitionist model: Some counter-intuitions," *Moral Psychology 2: The cognitive science of morality*, MA: The MIT Press.

Narvaez, D.(2009), "Triune ethics theory and moral personality." In D. Narvaez & D. Lapsley (eds.), *Personality, identity, and character*, NY: Cambridge University Press.

Narvaez, D.(2010a), "The embodied dynamism of moral becoming: Reply to Haidt(2010)," *Perspectives on Psychological Science*, 5(2), 185-186.

Narvaez, D.(2010b), "Moral complexity: The fatal attraction of truthiness and the importance of mature moral functioning," *Perspectives on Psychological Science*, 5(2), 163-181.

Narvaez, D.(in press), "Moral formation: Neurobiology and virtue cultivation." In M. Jones, P. Lewis, K. Reffitt (eds.), *Character, practical wisdom and professional formation across the disciplines. Macon*, GA: Mercer University Press.

Narvaez, D. and Vaydich, J.L.(2008), "Moral development and behaviour under the spotlight of the neurobiological sciences," *Journal of Moral Education*, 37(3),

289-312.

Narvaez, D.(2007), "How cognitive and neurobiological sciences inform values education for creatures like us." In D. Aspin & J. Chapman (eds.), *Values education and lifelong learning: Philosophy, policies, programmes*, New York, Springer.

Narvaez, D. & Lapsley, D.K.(2005), "The psychological foundations of everyday morality and moral expertise," in D.K. Lapsley & F. Power (eds.), *Character psychology and character education*, Indiana: University of Notre Dame. 정창우 역(2008), 『도덕심리학과 도덕교육』, 경기: 인간사랑.

Narvaez, D. Endicott, L., Bock, T., & Lies, J.(2005), "Minnesota's community voices and character education project," *Journal of Research in Character Education*.

Nash, R.F.(1989), *The rights of nature: a history of environmental ethics*, Madison, WI: University of Wisconsin Press.

NCSS(1994), *Expectations of excellence: Curriculum standards for social studies*, Washington, D.C.: NCSS.

NCSS, *National Curriculum Standards for Social Studies*, 2010. Purposes & Questions for Exploration (p. 150), Contents (p. 21).

Niemi, R.G. & Junn, J.(1998), *Civic education*, New Haven: Yale University Press.

Noddings, N. (ed)(2005), *Educating citizens for global awareness*, New York: Teachers College Press.

Noddings, N.(1984), *Caring: A feminine approach to ethics and moral education*, Berkeley: University of California Press.

Noddings, N.(1992), *The challenge to care in schools*, 추병완 외 공역(2002), 『배려교육론』, 서울: 다른우리.

Noddings, N.(2003), *Happiness and education*, Cambridge: Cambridge University Press.

Noe, A.(2009), *Out of our heads*, 김미선 역(2009), 『뇌과학의 함정』, 서울: 갤리온.

Nucci, L.P. & Turiel, E.(1978), "Social interactions and the development of social concepts in preschool children," *Child Development*, 49, 400-407.

Nucci, L.P. & Turiel, E. (eds.)(2000), *Culture, thought, and development*, Mahwah, N.J.: Lawrence Erlbaum Associates.

Nucci, L.P.(2001), *Education in the moral domain*, Cambridge, New York: Cambridge University Press.

Nucci, L.P.(김태훈 역)(2010), 「도덕발달을 위한 교육」, In M. Killen & J. Smetana (eds.), 『도덕성 발달 핸드북2』(pp. 699-748), 고양: 인간사랑.

Nucci, L.(1998), "The development of morality." In W. Damon (ed.), *Handbook of Child Psychology* (5th ed. Volume 3): N. Eisenberg (Ed.), *Social, Emotional, and Personality Development*(pp. 863-932), New York: Wiley.

Nussbaum, M.C.(2008), "Who is the happy warrior? Philosophy poses questions to psychology," *Journal of Legal Studies*, 37, 81-113.

Nussbaum, M.C.(1999), *Sex and social justice*, New York: Oxford University Press.

NYU Study Center website: http://www.aboutourkids.org/articles/social_emotional_learning_what_it_how_can_we_use_it_help_our_children

OECD(2009), *The OECD Programme for International Student Assessment (PISA)*, from the PISA Web site.

Ohnishi, F.(2007), "Moral education in Japan," *Critical perspectives on values education in Asia*, Singapore: Prentice Hall.

OXFAM(1997), *A curriculum for global citizenship*, Oxford: Oxfam's Development Education Programme.

Pang, V.(2001), *Multicultural education: a caring-centered, reflective approach*, New York: McGraw-Hill Companies, Inc..

Parekh, B.(2000), *Rethinking multiculturalism: cultural diversity and political theory*, Basingstoke: Palgrave.

Paxton, M. & Greene, J.(2010), "Moral reasoning: Hints and allegations," *Topics in Cognitive Science*.

Peterson, C.(2006), *A primer in positive psychology*. Oxford, United Kingdom: Oxford University Press.

Peterson, C.(2009), "Positive psychology," *Reclaiming Children and Youth*, 18(2), 3-7.

Peterson, C. & Seligman, M.E.P.(2004), *Character strengths and virtues: A handbook and classification*. Oxford, United Kingdom: Oxford University Press.

Peterson, C., Park, N. & Seligman, M.E.P.(2005), "Orientations to happiness and life satisfaction: the full life versus the empty life," *Journal of Happiness Studies*, 6, 25-41.

Piaget, J.(1932), *La Judgement Moral chez l'enfant*, 송명자 외 공역(2000), 『아동의 도덕 판단』, 울산: 울산대학교 출판부.

Piaget, J.(1965), *The moral judgement of the child*, New York: Free Press.

Pike, G. & Selby, D.(1988), *Global teacher, global learner*, London, Hodder & Stoughton.

Pike, G. & Selby, D.(1995), *Reconnecting: from national to global curriculum*, Guildford, World Wide Fund for Nature UK.

Pike, G.(2000), "Global education and national identity: in pursuit of meaning," *Theory into practice*, 39(2).

Poincaré, H.(1920/1958), *The value of science*, New York: Dover.

Prinz, J. & Nichols, S.(2010), "Moral emotions," J. Doris (ed.), *The moral psychology handbook*, New York: Oxford University Press.

Rajeswar, J.(2001), "Conservation ethics versus development: how to obviate the dichotomy?," *Sustainable Development*, 9(1), 16-23.

Reed, E. & Turiel, E. (eds.)(1996), *Values and knowledge*, Mahwah, N.J.: Lawrence Erlbaum Associates.

Reiss, M.J.(1999), "Teaching ethics in science," *Studies in Science Education*, 34, 115-139.

Rest, J.(1983), "Morality," in J. Flavell & E. Markham (eds.), *Cognitive development*, from P. Mussen (ed.), *Manual of child psychology* (vol. 3, pp. 556-629), NY: Wiley.

Rest, J.R.(1980), *Moral Development: Advances in Research and Theory*, 문용린 역(2008), 『도덕발달: 이론과 연구』, 서울: 학지사.

Rest, J.R.(1984), "The Major Components of Morality," In W.M. Kurtines & J. Gewirtz (eds.), *Morality, moral behavior and moral development*, New York: Wiley, 24-38.

Rest, J.R.(1995), 「도덕적 행동과 관련된 4구성요소」, 문용린 역(2004), 『도덕성의 발달과 심리』, 서울: 학지사, 487-503.

Rest, J., Narvaez, D., Bebeau, M.J., & Thoma, S.J.(1999), *Postconventional moral thinking: A neo-Kohlbergian approach*, Mahwah, NJ: Erlbaum.

Richardson, R.(1976), *Learning for change in world society: Reflections, activities and resources*, London, World Studies Project.

Ridley, M.(1998), *The Origin of Virtue*, 신좌섭 역(2002), 『이타적 유전자』, 서울: 사이언스북스.

Robertson, D., Snarey, J., Ousley, O., Harenski, K., Dubois Bowman, F.B., Gikley, R. & Kilts, C.(2007), "Neural processing of moral sensitivity to issues of justice and care," *Neuropsychologia*, 45.

Robinson, F.E.M.(1997), "Beyond human rights: Ethics and world citizenship," 『유럽연구』 통권 5호.

Sadler, T.D.(2004), "Moral sensitivity and its contribution to the resolution of socio-scientific issues," *Journal of Moral Education*, 33(3), 339-358.

Sahakian, W.S., 송휘칠·황경식 역(1986), 『윤리학의 이론과 역사』, 박영사.

Sanfey, A.G., Rilling, J.K., Aronson, J.A., Nystrom, L.E. & Cohen, J.D.(2003), "The neural basis of economic decision-making in the ultimatum game," *Science*, 300(5620).

Schwartz, B. & Sharpe, K.E.(2006), "Practical wisdom: Aristotle meets positive psychology," *Journal of Happiness Studies*, 7, 377-395.

Schwartz, J. & Begley, S.(2003), *The mind and the brain: neuroplasticity and power of mental force*, New York, Harper Perennials.

Seligman, M.(1999), "The president's address," *American Psychologist*, 54, 559-562.

Seligman, M.(2002), *Authentic happiness: Using the new positive psychology to realize your potential for lasting fulfillment*. New York: Free Press.

Seligman, M.(2011), *Flourish: A Visionary New Understanding of Happiness and Well-being*, New York: Free Press.

Seligman, M., & Csikszentmihalyi, M.(2000), "Positive Psychology: An Introduction," *American Psychologist*, 55(1): 5-14.

Seligman, M., Ernst, R., Gillham, J., Reivich, K., & Linkins, M.(2009), "Positive education: positive psychology and classroom interventions," *Oxford Review of Education*, 35(3), 293-311.

Seligman, M., Steen, T.A., Park, N. & Peterson, C.(2005), "Positive psychology progress: Empirical validation of interventions," *American Psychologist*, 60, 410-421.

Seligman, M. & Royzman, E.(2003), "Happiness: The three traditional theories," Adapted and edited by Paul Quek. Retrieved from http://pq.2004.tripod.com/happiness_three_traditional_theories.pdf.

Sen, A.(2009), *The idea of justice*, Cambridge, MA: Harvard University Press.

Shaffer, D.R.(2002), *Developmental psychology: Childhood & adolescence*, 송길연 외 역(2005), 『발달심리학』, 서울: 시그마프레스.

Sher, D.T.(1997), *Educating for public democracy*, New York: State University of NY Press.

Sherrod, L., Flanagan, C. & Youniss, J.(2002), "Dimensions of citizenship and opportunities for youth development: the what, why, when, where, and who of citizenship development," *Applied Developmental Science*, 6(4).

Sichel, B.A.(1988), *Moral education: Character, community and ideals*, Philadelphia: Temple University Press.

Siebert, E.D. & McIntosh, W.J. (eds.)(2001), *College pathways to the science education standards*, Arlington, VA: NSTA Press.

Singapore Ministry of Education website: http://www.moe.gov.sg/

Singapore Ministry of Education(2007), *Civics and Moral Education Syllabus: Secondary*.

Singapore: *Civics and Moral Education Syllabus 2007*, Ministry of Education, Singapore.

Singer, P.(1975), *Animal liberation: a new ethics for our treatment of animals*, New York: Random House.

Singer, P.(2004), *One world: the ethics of globalization*, 2nd ed., New Haven and London: Yale University Press.

Sinnott-Armstrong, W.(2008), "Introduction," *Moral Psychology 2: The Cognitive Science of Morality*, MA: The MIT Press.

Snow, C.P.(1993), The Rede Lecture(1959): "The Two Cultures." In C.P. Snow & S. Collini (Eds.), *The Two Cultures*, Cambridge, Cambridge University Press.

Soder, R., Goodlad, J.I. & McMannon, T.J.(Eds)(2001), *Developing democratic character in the youth*, San Francisco, CA: Jossey Bass.

South Korea: *Moral Education*, 2011, Ministry of Education, South Korea.

Stables, A.(2005), "Multiculturalism and moral education: individual positioning, dialogue and cultural practice," *Journal of Moral Education*, 34(2).

Straughan, R.(1988), *Can we teach children to be good?: Basic issues in moral, personal, and social education*, 남궁달화 역(1996), 『도덕철학과 도덕교육』, 서울: 교육과학사.

Sugarman, J.(2007), "Practical rationality and the questionable promise of positive psychology," *Journal of Humanistic Psychology*, 47, 175-197.

Suissa, J.(2008), "Lessons from a new science? On teaching happiness in schools," *Journal of Philosophy of Education*, 42, 575-590.

Szostak, R.(2003), "Comprehensive curriculum reform: Providing students with a map of the scholarly enterprise," *The Journal of General Education*, 52(1), 27-49.

Tangney, J.P., Stuewig, J., & Mashek, D.J.(2007), "Moral emotions and moral behavior," *Annual Review of Psychlogy*, 58, 345~372.

Taylor, C.(1990), *Sources of the Self: The Making of the Modern Identity*, Cambridge: Harvard University Press.

Taylor, M.(2006), "The development of values through the school curriculum," in R.H.M. Cheng, J.C.K. Lee & L.N.K. Lo (eds.), *Values education for citizens in the new century*, Sha Tin: The Chinese University Press.

Taylor, P.(1986), *Respect for nature: a theory of environmental ethics*. New York: Princeton University Press.

Taylor, P.A.(2009), "Editorial introduction – Optimism, pessimism and the myth of technological neutrality," *Interactions: Studies in Communication and Culture*, 1(1), 7-16.

Ten Have, Hen(2006), "The activities of UNESCO in the area of ethics," *Kennedy Institute of Ethics Journal*, 16(4), 333-351.

The Institute of Politics, Harvard University(2006), *Refining political attitudes and activism*, Cambridge, MA: Harvard University Institute of Politics.

Thiroux, J.(2001), *Ethics: Theory and practice*, NJ: Prentice-Hall, Inc.

Thoma, S.J., Narvaez, D., Rest, J., & Derryberry, P.(1999), "Does moral judgment development reduce to political attitudes or verbal ability? Evidence using the defining issues test," *Educational Psychology Review*, 11.

Tiberius, V.(2006), "Well-being: Psychological research for philosophers," *Philosophy Compass*, 1, 493-505.

Turiel, E. & Smetana, J.G.(1984), "Social knowledge and social action: The coordination of domain." In J.L. Gewirtz & W.M. Kurtines (eds.), *Morality, moral behavior, and moral development* (pp. 261-282), New York: Wiley.

Turiel, E. & Smetana, J.G.(1998), "The development of morality." In W. Damon (ed.), *Handbook of Child Psychology* (5th ed. Volume 3): N. Eisenberg (Ed.), *Social, Emotional, and Personality Development* (pp. 863-932), New York: Wiley.

Turiel, E.(1983), *The development of social knowledge: Morality and convention*, Cambridge University Press.

Turiel, E.(2006), "Thought, emotions, and social interactional processes in moral development," Killen, M. & Smetana, J. (eds.), *Handbook of moral development*, Taylor & Francis Books, Inc. 김태훈 역(2010), 『도덕성 발달 핸드북』, 경기: 인간사랑.

Turiel, E.(1983), *The development of social knowledge: Morality and convention*, Cambridge, England: Cambridge University Press.

Turiel, E.(2002), *The culture of morality: Social development context and conflict*, 권민균 외 역(2009), 『도덕성과 문화』, 서울: 시그마프레스.

Tye, K.A.(1999), *Global education: a worldwide movement*, Orange, CA: Interdependent Press.

UNESCO(2008), *Ethics of Science and Technology at UNESCO*, Paris: UNESCO.

Urmson, J.O.(1988), *Aristotle's ethics*, Oxford: Blackwell.

Varela, F.J.(1999), *Ethical know-how: Action, wisdom, and cognition*, 유권종, 박충식 역(2009), 『윤리적 노하우』(서울: 도서출판 갈무리).

Varela, F.J., Thompson, E., & Rosch, E.(1991), *The embodied mind: Cognitive science and human experience*, Cambridge, MA: MIT Press.

Vaughn, L.(2007), *Doing ethics: Moral reasoning and contemporary issues*, W.W. Norton & Company.

W.M. Kurtines & J.L. Gewirtz (eds.), *Moral development: An introduction*, 문용린 역(2004), 『도덕성의 발달과 심리』, 서울: 학지사.

Walker, L. & Frimer, J.A.(2007), "Moral personality of brave and caring exemplars," *Journal of Personality and Social Psychology*, 93(5).

Walker, L. & Frimer, J.A.(2009), "Moral personality exemplified." In D. Narvaez & D.K. Lapsley (eds.), *Personality, identity, and character*, NY: Cambridge University Press.

Walker, L.J.(1984), "Sex differences in the development of moral reasoning: A critical review," *Child Development*, 55, 677-691.

Walker, L.J.(1986), "Sex differences in the development of moral reasoning: A rejoinder to Baumrind," *Child Development*, 57, 522-526.

Walker, L.J.(1991), "Sex differences in the development of moral reasoning." In W.M. Kurtines & J.L. Gewirtz (eds.), *Handbook of moral behavior and development: Vol. 2, Research* (pp. 333-364), Hillsdale, N.J.: Lawrence Erlbaum.

Walker, L.J.(2004), "Gus in the gap: Bridging the judgment-action gap in moral functioning." In D.K. Lapsley & D. Narvaez, *Moral development, self, and identity*, Mahwah, New Jersey: Lawrence Erllbaum Associates, 1-20.

Waltzer, K. & Heilman, E.(2005), "When going right is going wrong: education for critical democratic patriotism," *The Social Studies*, July/August 2005.

Westheimer, J. & Kahne, J.(2004), "What kind of citizen? The politics of educating for democracy," *American Educational Research Journal*, 41(2).

White, P.(1996), *Civic virtues and public schooling: educating citizens for democratic society*, New York: Teachers College Press.

Whitehead, A.(1933), *Adventures of ideas*, New York: Macmillan.

Wilson, E.O.(1999), *Consilience: the unity of knowledge*, Vancouver: Vintage Books.

Wilson, E. 최재천·장대익 역(2009), 『통섭: 지식의 대통합』, 서울: 사이언스북스.

Wilson, E.(1975), *Sociobiology*, 이병훈 외 공역(1992), 『사회생물학』, 서울: 민음사.

Windmiller, M. & Turiel, E. (eds.)(1980), *Moral development and socialization*, Boston: Bacon.

Woolfolk, R.L. & Wasserman, R.H.(2005), "Count no one happy: Eudaimonia and positive psychology," *Journal of Theoretical and Philosophical Psychology*, 25, 81-90.

Zeidler, D.L. (ed.)(2003), *The role of moral reasoning and discourse on socio-scientific issues in science education*, Dordrecht: Kluwer Academic Press.

Zeidler, D.L. & Keefer, M.(2003), "The role of moral reasoning and the status of socioscientific issues in science education," D.L. Zeidler (ed.), *The role of moral reasoning and discourse on socioscientific issues in science education*, Dordrecht: Kluwer Academic Press.

Zeidler, D.L., Sadler, T.D., Simmons, M.L., & Howes, E.V.(2005), "Beyond STS: A research-based framework for socioscientific issues education," *Science Education*, 89(3), 357-377.

Zeidler, D.L., Walker, K.A., Ackett, W.A., Simmons, M.L.(2002), "Trangled up in views: Beliefs in the nature of science and responses to socioscientific dilemmas," *Science Education*, 86, 343-367.

강두호(2009), 『도덕교육의 교과교육학적 탐구』, 서울: 도서출판 역락.

강민석(1999), 「도덕과 교육의 정당화 문제」, 『도덕윤리과교육』 제10호.

강봉수(2008), 『한국유교도덕교육론』, 서울: 한국학술정보.

강상진(2011), 「서양철학의 행복론: 인간적 행복과 신적 지복」, 『행복: 채움으로 얻는가 비움으로 얻는가』, 서울: 운주사.

강선보 외(2008), 『인성교육』, 경기: 양서원.

강순원(2000), 『평화·인권·교육』, 서울: 한울아카데미.

강승호, 「교육평가방법의 변화와 결과 타당도에 대한 토론」, 『21세기 한국교육평가의 과제와 전망』, 한국교육평가학회창립 15주년 기념세미나, 1998.

강영안, 최진덕(1999), 「수양으로서의 학문과 체계로서의 학문」, 『철학연구』 47.

강현석(2006), 『교과교육학의 새로운 패러다임』, 서울: 아카데미프레스.

고대만(2011), 「십이연기와 도덕교육」, 『도덕과교육의 질적 도약을 위한 탐구』, 한국초등도덕교육학회 2011년 하계학술대회 발표 자료.

교육개혁위원회(1995), 『세계화, 정보화 시대를 주도하는 신교육체제 수립을 위한 교육개혁방안』, 제2차 대통령 보고서.

교육개혁위원회(1995), 『신교육체제 수립을 위한 교육개혁 방안』.

교육과학기술부(2008), 『초등학교 교육과정 해설 Ⅲ』, 서울: 대한교과서.

교육과학기술부(2008/2009), 『중학교 교육과정 해설(Ⅱ)-국어, 도덕, 사회』, 교육과학기술부.

교육과학기술부(2009), 『초·중등학교 교육과정 총론』, 서울: 교육과학기술부.

교육과학기술부(2010), 『창의와 배려의 조화를 통한 인재 육성 – 창의·인성교육 기본 방안』, 2010.1.5. 보도 자료.

교육과학기술부(2011a), 『도덕과 교육과정』, 교육과학기술부 고시 제2011-361호.

교육과학기술부(2011b), 『교과 교육과정 개발 방향』, 서울: 교육과학기술부.

교육과학기술부(2011c), 『교과 교육과정 개정 방향에 대한 토론회』, 서울: 교육과학기술부.

교육과학기술부(2012a), 『프로젝트형 인성교육 실현을 위한 교육과정 개정 시안 개발 연구』.

교육과학기술부(2012b), 『사회과 교육과정』, 서울: 교육과학기술부.

교육부(1997), 『도덕과 교육과정』, 서울: 교육부.

교육부(1999a), 『중학교 교육과정 해설(Ⅱ) – 국어, 도덕, 사회』, 교육부.

교육부(1999b), 『수행평가 이렇게 한다』.

교육인적자원부(2007), 『도덕과 교육과정』, 교육인적자원부.

구니이유타카(2012), 「한국과 일본의 도덕 교과서에 나타난 인간상 비교 연구」, 서울대학교 박사학위 청구 논문.

권석만 (2009), 『긍정 심리학: 행복의 과학적 탐구』, 서울: 학지사.

권석만(2011), 「긍정 심리학, 개인과 사회의 상생적 행복을 꿈꾸다」, 『행복: 채움으로 얻는가 비움으로 얻는가』, 서울: 운주사.

권수영(2012), 「서구의 긍정 심리학, 얼마나 긍정적인가」, 『신학과 실천』, 제30호.

권오정·김영석(2006), 『사회과교육학의 구조와 쟁점』, 경기: 교육과학사.

권혁범(2000), 「반공주의 회로판 읽기」, 조한혜정·이우영 엮음, 『탈분단시대를 열며 – 남과 북, 문화공존을 위한 모색』, 서울: 삼인.

김경희, 「수행평가 질 관리의 실제적 이슈와 과제」, 『교육과정 운영에서의 수행평가의 적용 실태와 개선 방안』, 한국교육평가와 연구자료 ORM 2007-8, 2007.

김국현(2011), 「도덕과 평가영역 및 평가내용요소 개선방안」, 『윤리연구』 제81호.

김국현(2012), 「도덕과 교육에서 도덕적 성찰의 의미와 교수학습 방안」, 『윤리교육연구』 제27집.

김기민(1988), 「도덕교육의 세 가지 방식」, 『삶의 원리와 도덕교육』, 제주도: 제주도교육위원회.

김남준(2009), 「도덕과교육에서 환경윤리교육」, 『도덕윤리과교육』 제29호.

김남준(2011), 「도덕과의 정당성 및 정체성에 관한 연구에 대한 토론(II)」, 『초 · 중등 도덕과 교육의 위기와 해법』(한국도덕윤리과교육학회 연차학술대회 자료집).

김명숙(2001), 「수행평가의 가치와 질 관리」, 『교육평가연구』, 제14호 2권.

김명진(2007), 「도덕과 교육을 통한 인성교육의 방법 연구」, 『윤리교육연구』 제14집.

김범부(1978), 「국민윤리특강」, 『국민윤리연구』, 한국국민윤리학회.

김범부(1986), 『범부유고』, 범부유고간행위원회.

김상돈(2009), 「도덕과교육에서 도덕적 시민교육의 학문적 근거와 내용체계」, 『도덕윤리과교육』 제28호.

김성기(2004), 「전통유학 교육관의 반성적 고찰」, 『동양철학연구』 제39집.

김안중 외(1982), 『한국아동의 도덕성 발달에 관한 연구』, 한국교육개발원 연구보고 RR89-1.

김연권(2010), 「한국 다문화 사회의 이해」, 『다문화교육의 이해』, 경기: 양서원.

김영순(2010), 「다문화사회와 시민교육」, 『시민인문학』 제18호.

김옥순 외 공역(2009), 『다문화교육: 이론과 실제』, 서울: 학지사.

김왕근(1993), 「세계화와 다중 시민성 교육의 관계에 관한 연구」, 『시민교육연구』 제28집(1993년 3월).

김유경, 김유신, 박성현(2010), 「국가 정체성(national idenity)의 정립을 위한 이론적 접근」, 『커뮤니케이션 연구』 제18권 2호(2010 여름).

김은수(2007), 「초등 도덕과 교육목표 설정자원 연구」, 『초등도덕교육』 제25집.

김정덕(2009), 「루브릭에 대한 교사의 인식과 수행평가 실행과의 관계」, 『교육방법연구』, 21(1).

김주훈 외 8인(2002), 『학교교육 내실화 방안연구II』, 한국교육과정평가원, 인문사회연구회 협동연구총서, 2002-3.

김진영 · 고영건(2009), 「멘탈 휘트니스와 긍정심리치료」, 『한국심리학회지: 임상』, 15(1).

김창근(2009), 「다문화 공존과 다문화주의: 다문화 시민성의 모색」, 『윤리연구』 제73호.

김철(2008), 「상호문화교육에 대한 교육인간학적 초찰」, 『교육철학』 제42집.

김태훈(1997), 「도덕과에서의 인성교육 방안 연구」, 『도덕윤리과교육』 제8호.

김태훈(1999), 『덕교육론』(서울: 양서원).

김태훈(2002), 「초등 도덕과 참 평가의 원리와 쟁점」, 『초등도덕교육』 제9집.

김태훈(2008), 『도덕성 발달 이론과 교육』, 경기: 인간사랑.

김항인(2011), 「학교 도덕교육의 역할과 통합 탐색: 도덕과, 일반교과, 교과 외 활동의 관계」, 『초·중등 도덕과교육의 위기와 해법』, 2011 한국도덕윤리과교육학회 연차학술대회 자료집.

김현옥(2001), 「남한의 통일의식과 갈등구조」, 『한국사회학회 심포지움 논문집』.

김호권(1999), 「수행평가의 정당성과 문제점」, 『교육평가연구』 제12호.

남궁달화(1996), 『도덕교육론』, 서울: 철학과 현실사.

남궁달화(2009), 「도덕교육에서 통합적 접근방법과 통합논리에 대한 탐색」, 『교원교육』 제25권 3호.

남명호(2007), 「다시 생각해 보는 수행평가: 회고와 전망」, 『교육과정 운영에서의 수행평가의 적용 실태와 개선 방안』, 한국교육평가와 연구자료 ORM 2007-8.

노영란(2003), 「덕윤리의 행위 지침력」, 철학연구회, 『철학연구』 제62집, 227-244.

노영란(2005), 「도덕·윤리과교육의 덕윤리적 접근」, 『도덕·윤리과교육의 학제적 접근』, 서울: 교육과학사.

노영란(2007), 「도덕교육에 대한 덕접근의 쟁점과 과제」, 『윤리연구』 제65호.

노영란(2011), 「도덕과의 정당성 및 정체성에 관한 연구에 대한 토론(Ⅲ)」, 『초·중등 도덕과 교육의 위기와 해법』(한국도덕윤리과교육학회 연차학술대회 자료집).

다치바나 다카시, 이규원 역(2004), 『뇌를 단련하다』(서울: 청어람미디어).

도홍찬(2011), 『이야기 문학 도덕교육』, 경기: 인간사랑.

류지한(2004), 「정보화 시대의 사이버 성윤리」, 『윤리연구』 제57호.

류지한(2008), 「서양고대의 행복사상」, 『웰빙문화시대의 행복론』(서울: 경인문화사).

류지한(2011), 「과학기술·생명윤리 등의 쟁점영역 분석 및 집필의 일반원칙·기준」, 『초·중등학교 도덕과 교과서 집필기준(안) 개발』, 교육과학기술부.

모경환(2010), 「다문화교육의 개념과 필요성」, 『다문화교육의 이해』, 경기: 양서원.

문용린 역(2000), 『콜버그의 도덕성 발달 이론』, 서울: 아카넷.

문용린(1997), 「인성 및 시민교육: 교육내용과 방법적 원리의 재개발」, 『한국교육개발원 창립 25주년 학술대회자료집.,

문용린(2010), 「이제는 창의 인성 교육이다」, 『과학창의』 149호, 2010. 2월호,

미산(2011), 「최상의 행복을 향하여」, 『행복: 채움으로 얻는가 비움으로 얻는가』, 서울: 운주사.

박균섭(2008), 「학교 인성교육론 비판」, 『교육철학』 제35집.

박도순(1995), 「연구의 최근동향과 수행평가의 문제」, 교육진흥, 제27호, 중앙교육연구소.

박명규 외(2009), 『2009 통일의식 조사』, 서울: 서울대학교 통일평화연구소.

박병기(2007), 「도덕 교과와 철학, 그 연속성과 불연속성」, 『사회와 철학』 제14호.

박병기(2008), 「도덕과 교육의 배경학문으로서의 윤리학」, 『윤리교육연구』 제16집.

박병기(2009), 『동양 도덕교육론의 현대적 해석』, 경기: 인간사랑.

박병기(2011), 「도덕 교과에서 윤리학적 접근의 의미: 도덕적 탐구와 윤리적 성찰」, 『통일다문화교육연구』 제9집.

박병기(2012), 「지눌 수행론의 도덕교육론적 해석과 실천적 함의」, 『윤리교육연구』 제28집.

박병기·추병완(2007), 『윤리학과 도덕교육1』(개정증보판), 경기: 도서출판 인간사랑.

박병춘(1999), 「초등 도덕과교육의 목표 설정을 위한 통합적 도덕성 연구」, 『도덕윤리과교육』 제10호.

박성춘(2008), 「다문화 교육과 글로벌 에듀케이션이 통일교육에 주는 시사점」, 『통일교육협의회 회보』 제26호.

박성현(2007), 「위빠사나 명상, 마음챙김, 그리고 마음챙김을 근거로 한 심리치료」, 『인지행동치료』 7(2).

박수선(2008), 「첫째도 둘째도 학생중심 … 인격발달도 챙겨」, 『교수신문』, 2008년 4월 7일자, 4면.

박용헌·유한구·이돈희·이홍우(1989), 『도덕과교육(II)』, 서울: 한국방송통신대학.

박인기(2006), 「교과교육학의 학문 위상과 현 단계 도전 과업」, 『교과교육학연구』 제10권 1호.

박장호 편(1999), 『윤리의 응용과 교육』, 부산: 경성대학교 출판부.

박장호(2011), 「PISA(2009)에 나타난 도덕교육 현황과 의미」, 『도덕윤리과교육』 제34호.

박장호(2012), 「네오-콜버그 학파의 새로운 지평: D. 나르바에즈의 신경생물학(II)」, 『인문학논총』 제29집.

박장호(2013), 「도덕과 비교론」, 『도덕윤리과 교육학 개론(개정판)』, 경기: 교육과학사.

박재주(2000), 『동양의 도덕교육사상』, 서울: 청계.

박진환·류혜숙(2007), 「도덕과교육에서 문학을 활용한 반편견·다문화교육」, 『윤리교육연구』 제20집.

박찬구(2004), 「한국의 도덕교육에서 칸트 윤리적 접근법이 가지는 의의」, 『칸트철학과 한국 사회 문화』, 칸트 서거 200주년 기념 학술대회 자료집.

박찬구(2005), 「도덕·윤리과교육의 의무론적 접근」, 『도덕·윤리과교육의 학제적 접근』, 서울: 교육과학사.

박찬구(2006), 『개념과 주제로 본 우리들의 윤리학』, 서울: 서광사.

박찬석(2003), 「가족에서의 청소년 역할강화를 위한 도덕교육」, 『윤리연구』 제43호.

박찬석(2007), 「도덕과 교육과정에서의 통일교육 논의와 과제」, 『도덕윤리과교육』 제24호.

박찬석(2008), 「도덕과 교육의 내용과 통일학·북한학의 접목」, 『도덕윤리과교육』 제26호.

박천환(2010), 「듀이의 교변작용에 대한 교육인식론적 해석」, 『초등교육연구』, 23(4).

박철홍(2002), 「도덕을 중심에 두는 학교교육」, 『도덕성 회복과 교육』, 서울: 교육과학사.

박효종(2005), 「도덕·윤리과교육의 정치·경제의식적 접근」, 『도덕·윤리과교육의 학제적 접근』, 서울: 교육과학사.

박효종(2008), 「정치사회사상의 쟁점과 도덕과 교육」, 『2008중등 도덕과 심화단계 직무연수』, 서울: 서울특별시 교육연수원.

배호순, 『수행평가의 이론적 기초』(서울: 학지사, 2000).

백남진(2007), 「수행평가 관련 지침과 중학교에서의 적용 현황」, 『교육과정 운영에서의 수행평가의 적용 실태와 개선 방안』, 한국교육평가와 연구자료 ORM 2007-8.

백순근(1997), 「수행평가의 이론적 기초, 한국교육평가연구회」, 학술세미나.

백순근·황은희(2003), 「수행평가가 '교육적 가치'에 미치는 영향」, 『교육평가연구』, 제16호 1권.

백춘현(2011), 「도덕과의 정당성 및 정체성에 관한 연구에 대한 토론(I)」, 『초·중등 도덕과 교육의 위기와 해법』(한국도덕윤리과교육학회 연차학술대회 자료집).

변순용(2010), 「윤리학의 관점에서 도덕과 교과지식의 현황과 발전 방안」, 『윤리교육연구』 제22집.

변종헌(2007), 「도덕교육의 내용: 국가 시민성과 지구적 시민성의 조화」, 『도덕교육과 시민교육의 관계 탐색』, 한국도덕윤리과교육학회 제70회 학술발표대회 자료집.

서강식(2002), 『도덕과 평가』, 서울: 양서원.

서강식(2005), 「초·중·고 도덕·윤리 교과교육 연구 활동의 변천」, 『도덕윤리과교육』 제20호.

서대경 역(2009), 『사회의 재창조』, 서울: 말글빛냄.

서울대학교 사범대학 기획위원회(2004), 『서울대학교 사범대학의 구조조정 및 장기발전 방안』, 서울대학교 사범대학.

서울대학교 사범대학(2005), 『서울대학교 사범대학의 역사와 과제』, 서울대학교 사범대학.

서울대학교 행복연구센터(문용린·최인철 외, 2013), 『행복 교과서』, 서울: 주니어 김영사.

서은숙(2007), 『동양윤리교육론』, 서울: 한국학술정보.

서지영(2008), 『학교교육 내실화를 위한 수행평가 개선연구(1)』, 한국교육과정평가원, 연구보고 RRE 2008-1.

성태제(2000), 「초등 수행평가의 장애요인 분석과 개선안」, 『교육학연구』, 제38권, 제11호.

성태제(1998), 「교육평가방법의 변화와 결과타당도」, 『21세기 한국교육평가의 과제와 전망』, 한국교육평가학회 창립 15주년 기념 세미나.

성태제(1999), 「수행평가의 본질과 장단점: 우리나라에서의 문제점과 원인분석 그리고 해결방안」, 한국교원대학교 교육개혁 대토론회: 수행평가 어떻게 할 것인가 발표 자료집, 1999.

손동현(2005), 「도덕과교육의 목적과 내용에 대한 재론: 국가·민족생활의 도덕에 주목하여」, 『동서철학연구』 제38호.

손봉호(1995), 「인성교육: 필요, 성격, 방법」, 『철학과 현실』 1995 겨울, 서울: 철학문화연구소.

송명자(1992), 「도덕판단 발달의 문화적 보편성: 영역구분모형의 가능성과 한계」, 『한국심리학회지』 제11권 제1호.

송명자(1995), 『발달심리학』, 서울: 학지사.

신창호(2004), 『공부, 그 삶의 여정』, 서울: 서현사.

신창호(2010), 『함양과 체찰』, 서울: 미다스북스.

신현숙(2011), 「학업 수월성 지향 학교에서 사회정서학습의 필요성과 지속 가능성에 대한 고찰」, 『한국심리학회지: 학교』, 8(2), 175-197.

신현우(2007), 「도덕과교육의 목표 설정을 위한 실천적 지혜에 관한 연구」, 『도덕윤리과교육』 제25호.

양미지(2012), 「긍정 심리학의 'VIA성격강점과 덕목 분류체계'에 따른 2009개정 초등 도덕과 교육과정 내용 분석」, 한국초등도덕교육학회 2012 하계학술대회 자료집.

양영자(2007), 「분단-다문화시대 교육이념으로서의 민족주의와 다문화주의의 양립가능성 모색」, 『교육과정연구』 25(3).

에드가 모랭, 고영림 역(2006), 『미래교육에 반드시 필요한 7가지 원칙』, 서울: 당대.

오기성 외(2011), 『2011 도덕과 교육과정 개정 시안 연구 개발』, 2011년 교육과정 시안 개발 수탁과제 답신보고, 교육과학기술부.

오기성(2007), 『통일사회로의 발돋움, 그 성공을 위하여』, 파주: 양서원.

오수학, 「타당도 개념의 변천과 수행평가에의 적용」, 『한국체육측정평가학회』, 제3호 2권, 2001.

오헌석 외(2012), 「융합학문은 어떻게 탄생하는가?」, 『교육문제연구』 제43집.

울리히 벡, 박미애 · 이진우 역(2010), 『글로벌 위험사회』, 서울: 길.

유병열(1992), 「도덕과 교육의 정당화와 과제」, 『한국교육논총』 제5권.

유병열(2006/2008), 『도덕교육론』, 서울: 양서원.

유병열(2009a), 『도덕과교육론』, 파주: 양서원.

유병열(2009b), 「초등 도덕교육에서 내러티브 접근에 관한 연구」, 『초등도덕교육연구』 제29집.

유병열(2011), 『도덕과 교육론(개정 증보판)』, 서울: 양서원.

윤건영(2007), 「도덕과 통일교육의 새로운 패러다임 탐색」, 『초등도덕교육』 제23호.

윤병오(2012), 「긍정 심리학의 VIA성격 강점 및 덕목 분류체계의 윤리학적 특성」, 『도덕윤리과교육』 제37호.

윤수영(2009), 「중등 도덕과 교육에서 핵심쟁점탐구에 대한 논평」, 『윤리와 사상』, 22.

윤영돈(2007), 「도덕교육에서 도덕신학의 정초와 도덕과 종교 관련 내용의 집필 방향」, 『도덕윤리과교육』, 25.

윤영돈(2009), 「효과적인 인성교육의 방향」, 『도덕윤리과교육』 제29호.

윤영돈(2010), 『다문화시대 도덕교육의 프리즘과 스펙트럼』, 경기: 이담북스.

윤영돈 · 김남준(2008), 「존재-당위의 소통문제로서 도덕철학과 도덕심리학의 관계 정립」, 『도덕윤리과교육』 제27호.

윤영돈 · 정창우(2013), 「도덕과의 학문적 정체성 제고와 타교과와의 내용 중복성 지양 방안」, 『윤리연구』 제88호.

윤인진(2008), 「한국적 다문화주의의 전개와 특성」, 『한국사회학』 42(2), 한국사회학회.

윤현진 외(2004), 『국민공통기본 교과별 평가도구 개발연구』, 한국교육과정평가원.

윤현진(2005), 「제7차 도덕과 교육과정 내용의 적정성 평가를 위한 조사 연구」, 『윤리연구』 제59호.

윤현진 · 추병완 · 정창우(2009), 『도덕과 교육 내용 개선 방안 연구』, 서울: 한국교육과정평가원.

은지용(2009), 「다문화적 인성발달이론에 기반한 다문화 학습모형 탐색」, 『시민교육연구』 제41권 1호.

은지용 · 모경환(2006), 「사회 · 문화 교육과정의 문제점과 개선 방향에 대한 연구」, 『시민교육연구』, 38(3).

이경원 · 홍성민(2007), 「초등학교 도덕과 내용의 적정화 연구」, 『초등도덕교육』 제23집.

이계학 외(1998), 『덕성함양의 전통적 방법론』, 경기: 한국정신문화연구원.

이계학(2004), 『교육의 알파와 오메가』, 서울: 청계.

이근식(2009), 『상생적 자유주의 - 자유, 평등, 상생과 사회발전』, 파주: 돌베개.

이남인(2009), 「인문학과 자연과학은 어떻게 만날 수 있는가: 통섭 개념에 대한 비판을 토대로 삼아」, 『철학연구』 제87집.

이돈희(1994), 「교과교육학의 성격과 과제」, 『교과교육학 탐구』, 서울: 교육과학사.

이돈희(2002), 「도덕성의 회복을 위하여」, 『도덕성의 회복과 교육』, 서울: 교육과학사.

이명준(2008), 「개화기 전후의 도덕과 교육과정에 대한 교육사적 고찰」, 『교육철학』 제43호.

이범웅(2011), 「북한 · 통일학 분야에서 고등학교 도덕과 교과지식의 현황과 발전 방안」, 『윤리연구』 제80호.

이소영(2009), 「2007 개정 교육과정의 내용체계 구성원리에 대한 비판적 성찰」, 『윤리와 사상』, 22.

이승연(2009), 「일본 초등학교 도덕과 내용체계에 관한 소고」, 『한국초등도덕교육학회』, 29.

이영문(2011), 『도덕교육의 이론과 수업』, 서울: 도서출판 하우.

이원희(2008), 「세계화 시대의 초등학교 교육과정의 구성 방향」, 『교육과정연구』 26(4).

이은선(1997), 「20세기 철학적 인간학의 전개와 교육인간학」, 『교육철학』 제17집.

이인재(2005), 「생명공학의 윤리적 특성에 관한 생명윤리 교수·학습 모형 개발」, 『윤리교육연구』 제7집.

이인재(2006), 「차기 초등학교 도덕과 교육과정 개정 시안의 평가와 교과서 개발 방향」, 『윤리연구』 제62호.

이재호(2009), 「2007년 개정 교육과정에 기초한 초등학교 도덕과 평가 방안 모색」, 『초등도덕교육』 제30호.

이정렬(2009), 「도덕심리학에서 상보성 논제의 도덕교육적 의의와 한계」, 『윤리연구』 제73호.

이정렬(2010), 「도덕과교육에서 다문화교육의 방향과 방법론에 대한 고찰」, 『다문화 사회, 글로벌시대 초·중등 도덕과교육의 과제와 지향』, 한국도덕윤리과교육학회 연차학술발표대회 자료집.

이정렬·정창우(2012), 「도덕심리학의 흐름 및 쟁점과 도덕과교육의 과제」, 『윤리연구』 제87호.

이종은(2010), 『정치와 윤리』, 서울: 책세상.

이진우(1997), 『도덕의 담론』, 서울: 문예출판사.

이진희(2007), 「검정 교과서 체제에서의 도덕 교과서 개발 방향에 관한 연구」, 『윤리연구』 제66호.

이초식(1996), 『논리교육』, 서울: 대한교과서.

이태동(2005), 「서평: '문학의 숲'으로 가는 길에서」, 『문학의 숲을 거닐다』, 서울: 샘터.

이해명(1987), 「갑오교육개혁에 대한 연구」, 『동양학』 17집.

이홍우(2008), 『지식의 구조와 교과』, 서울: 교육과학사.

이홍우(2010), 『증보 교육과정탐구』, 서울: 박영사.

이홍우(1984), 「덕은 지식인가: 『프로타고라스』와 『메논』의 고찰」, 『도덕교육연구』

제2집.

임시혁(2002), 「수행평가 타당화 모형의 고찰」, 『초등교육연구』, 제15호 2권.

장대희(1994), 「한말 갑오교육개혁의 사상적 배경」, 『교육발전논총』 15(1).

장상호(1997), 『학문과 교육(상)』, 서울: 서울대학교출판부.

장승희(2006), 『전통윤리교육론』, 경인문화사.

장승희(2011), 「도덕과 내용체계에서 제4영역 '자연 · 초월적 존재와의 관계' 분석」, 『윤리연구』 제80호.

정세구 외(2005), 『도덕 · 윤리과 교육의 학제적 접근론』, 서울: 교육과학사.

정세구(1994), 「도덕 · 윤리 교과교육학의 성격과 구조」, 서울대학교 사범대학.

정세구(1997a), 「도덕 · 윤리 교과교육학 관련 강좌 구성안」, 『교과교육학 강좌 편성과 명세』, 한국교과교육학회.

정세구(1997b), 「도덕과 교육의 개선 방향, 교과교육연구 및 교과담당 교사교육 실태」, 『교과교육 연구와 실제의 의사소통 매체』, 한국교과교육학회.

정세구(1998), 「도덕 · 윤리 교과교육학 정립을 위한 접근법」, 『도덕 · 윤리 교과교육학 개론』, 서울: 교육과학사.

정세구(1999), 「중 · 고등학교 도덕과 교육과정의 주제중심 내용체계 개발」, 『도덕윤리과교육』, 11.

정세구(2003), 「도덕과 교육과정 개정방식의 개선방안 탐색」, 한국교육과정평가원과 한국교육과정학회 공동주최 발표 자료.

정세구(2005), 「초 · 중 · 고등학교 도덕 · 윤리 교과의 수호 및 존속의 역정」, 『도덕 · 윤리과 교육의 발전 방향과 과제』, 서울: 교육과학사.

정영근(2009), 「한국사회의 다문화화에 대한 교육학적 성찰」, 『교육철학』 제44집.

정욱식(2010), 『글로벌 아마겟돈』, 서울: 책세상.

정창우 외(2007), 『도덕과 교수 · 학습방법 및 평가』, 경기: 인간사랑.

정창우 외(2012), 『미래 사회 대비 국가 수준 교육과정 방향 탐색 연구 – 도덕』, 교육과학기술부.

정창우(2004), 『도덕 교육의 새로운 해법』, 서울: 교육과학사.

정창우(2006a), 「도덕 · 윤리과 교사양성 교육과정의 변천과 발전과제」, 『윤리연구』 제63호.

정창우(2006b), 「새로운 도덕과 교육과정 시안에 대한 평가와 교과서 개발의 기본 방향」, 『국민윤리연구』, 62.

정창우(2006c), 「도덕과 평가의 현황과 문제점 및 향후 연구과제」, 『도덕윤리과교육』 제23호.

정창우(2007a), 『윤리와 논술1』, 서울: 울력.

정창우(2007b), 「도덕·윤리과 교사 양성 교육과정의 변천과 발전 과제」, 『미래 교육 변화와 중등 교육』, 서울: 학지사.

정창우(2008a), 「도덕과 교육에서 시민교육 영역의 교육내용과 지도 방법」, 『도덕윤리 과교육』 제26호.

정창우(2008b), 「도덕과 교육의 배경 학문으로서 윤리학과 도덕심리학의 역할과 관계 탐색」, 『윤리연구』 제69호.

정창우(2009), 「도덕과 내용 구성 원리의 쟁점과 개선 방안」, 『도덕윤리과교육』 제29 호.

정창우(2010), 「초·중등 도덕과에서 글로벌 윤리교육의 과제와 지향」, 『윤리연구』 제 79호.

정창우(2011a), 「도덕심리학 연구의 최근 동향과 도덕교육적 함의: 헤이트(J. Haidt)의 뇌과학 연구를 중심으로」, 『초등도덕교육』, 제37집, 95-130.

정창우(2011b), 「도덕과의 정당성 및 정체성 연구」, 『윤리연구』 제82호.

정창우(2012a), 「도덕발달론」, 『2012 경기도 도덕과 1정 정교사 자격연수 교재』.

정창우(2012b), 「도덕과교육학의 학문적 정체성과 연구방향」, 『교육과정평가연구』 제 15권 제2호.

정창우(2012c), 「도덕과교육학의 학문적 위상 정립 방안」, 『도덕과교육학의 학문적 위상 정립과 새로운 지평 탐색』, 한국도덕윤리과교육학회 84회 학술발표대회 자 료집.

정탁준(2007a), 「도덕과 교과교육학 정립을 위한 일 연구」, 『도덕윤리과교육』 제24호.

정탁준(2007b), 「다문화교육의 도덕과 교과교육적 적용에 대한 연구」, 『교육과정평가 연구』 제10권 1호.

조계원(2009), 「지구화 시대의 애국심」, 『민족연구』 제40권.

조난심 외(2001), 『학교교육내실화 방안연구 I』, 한국교육과정평가원, 연구보고 RRC 2001-16.

조난심 외(2005), 『도덕과 교육과정 개선방안 연구』, 한국교육과정평가원 RRC 2005- 4.

조난심(1995), 「인성교육과 도덕교과서」, 『철학과 현실』 1995 겨울(서울: 철학문화연구소, 1995).

조난심(1998), 「도덕윤리과 평가론」, 『도덕윤리과교육연구』 제9호.

조난심(2011), 「초등 도덕과 교육내용 적절성에 대한 재음미」, 『도덕과교육의 질적 도약을 위한 탐구』 한국초등도덕교육학회 2011년 하계학술대회 발표 자료.

조난심(2013), 「도덕과 정당화론」, 『도덕윤리과 교육학 개론(개정판)』 경기: 교육과학사.

조일수(2008a), 「도덕과 교육의 내용으로서 민주주의론에 대한 토론」, 『도덕과 교육의 학문적 배경에 관한 학제적 연구』, 한국윤리교육학회 경북대윤리교육과 공동 주최 2008 춘계학술대회 자료집.

조일수(2008b), 「한국 사회에서의 윤리 연구 및 교육에 대한 전망」, 『윤리연구』 제60호.

조일수(2009), 「윤리와 정치의 관계에 관한 연구」, 『윤리교육연구』 제18집.

조희형(2008), 『과학윤리교육의 이론과 방법』, 집문당.

존 크리스먼, 실천철학연구회 역(2004), 『사회정치철학』, 서울: 도서출판 한울.

지은림 · 김성숙(2008), 「초등학교 수행평가의 교육적 효과와 활용 방식」, 『교육평가 연구』 제18호.

진교훈(2011), 「김범부의 풍류정신과 국민윤리」, 서울대학교 윤리교육과 창립 30주년 행사 기념 강연 자료.

차유규(2002), 「도덕과 교육목표 및 내용체계 연구(1)」, 연구보고RRC 2002-5.

차우규 외(2005), 『도덕과 교육과정 내용체계와 지도방법 개선』, 한국교육과정평가원 ORM 2005-38.

차우규(2006), 「초등 도덕과 교과서의 개발 방향」, 『초등교과교육연구』 제7호.

최문기(2003), 「윤리학과 도덕교육 관계」, 『국민윤리연구』 제54호.

최용성(2003), 「도덕교육에 있어서 배려의 공동체에 관한 연구」, 『도덕윤리과교육』 제17호.

최현희(2007), 「수행평가의 필요성과 시행의 문제점 및 개선 방향」, 『교육과정 운영에서의 수행평가의 적용 실태와 개선 방안』, 한국교육평가와 연구자료 ORM 2007-8.

추병완(2000), 『열린 도덕과 교육론』, 서울: 도서출판 하우.

추병완(2003), 「통일교육에서 평화교육적 접근의 타당성」, 『통일문제연구』, 제15권 제1호, 평화문제연구소.

추병완(2004), 『도덕교육의 이해(개정판)』, 서울: 백의.

추병완(2005), 『정보윤리교육론(개정판)』, 서울: 울력.

추병완(2008), 「다문화교육을 위한 도덕 교사의 역할 탐색」, 『교육과정평가연구』 11(2).

추병완(2009), 「학교 통일교육에서 다문화교육 접근의 타당성」, 『도덕윤리과교육』 제29호.

추병완 외(2005), 「도덕과 수업과 평가」, 『윤리학과 도덕교육2』, 서울: 인간사랑.

토플러, 유재천 역(1984), 『제3의 물결』, 서울: 학원사.

하정혜(2007), 「도덕·윤리교사의 전문성 성장을 위한 새로운 접근」, 『윤리연구』 제67호

한국교육개발원(2013), 『학교폭력예방프로그램 개발과 적용』, KEDI-MEST 학교폭력예방 국제세미나 자료집.

한국교육과정평가원(2003), 『도덕과 교육목표 및 내용체계 연구』, 한국교육과정평가원 연구보고 RRC 2003-6.

한국교육과정평가원(2005), 『도덕과 교육과정 개선 방안 연구』, 한국교육과정평가원 연구보고 RRC 2005-4.

한국교육학회(2001), 『인성교육』, 서울: 문음사.

한국국민윤리학회(1986), 『국민윤리학개론』, 서울: 형설출판사.

한국도덕윤리과교육학회(1998a), 『도덕·윤리교과교육학 개론』, 서울: 교육과학사.

한국도덕윤리과교육학회(1998b), 『세계의 도덕·윤리교육』, 서울: 교육과학사.

한국청소년정책연구원·한국교육개발원(2010), 『청소년 핵심역량 개발 및 추진방안 연구III: 사회적 상호작용 영역』, 연구보고 10-R17-2.

한면희 외(1991), 『초·중등학교 교육과정 체제 및 구조 개선 연구』, 한국교육개발원 제2회의실 발표자료.

한상범(1991), 『인권』, 서울: 교육과학사.

허남결(2011), 「동물의 권리문제와 불교의 생명윤리」, 『윤리연구』 제81호.

홍석영(2005), 「인간배아줄기세포연구에 대한 윤리적 고찰」, 『윤리연구』 제60호.

홍은숙(2008), 「도덕교육의 배경 학문 논의와 교육학적 접근」, 『도덕과 교육의 학문적 배경에 관한 학제적 연구』(한국윤리교육학회·경북대윤리교육과 공동주최 2008년도 춘계학술대회 자료집).

황경식(1997), 「한국 윤리학계의 연구현황II(80-현재)」, 『철학사상』 특집호.

황금중(2004), 「'마음교육론'의 학문적 성격과 전망」, 『교육학연구』 42(4).

황인표(2005), 「통일교육론 체계화와 도덕과교육 적용 연구」, 박사학위논문, 서울대
학교.

황인표(2009a), 「글로벌 교육을 통한 통일교육의 새로운 접근」, 『도덕윤리과교육』 제
29호.

황인표(2009b), 「평화지향적 학교 통일교육」, 『도덕윤리과교육』 제28호.